中国儒学三千年

马勇◎著

孔學堂書局

图书在版编目（CIP）数据

中国儒学三千年 / 马勇著 . —贵阳：孔学堂书局，2021.10（2024.12重印）
ISBN 978-7-80770-285-6

Ⅰ . ①中… Ⅱ . ①马… Ⅲ . ①儒学 – 思想史 – 研究 – 中国 Ⅳ . ① B222.05

中国版本图书馆 CIP 数据核字（2021）第 147449 号

中国儒学三千年 马勇 著
ZHONGGUO RUXUE SANQIANNIAN

策划编辑：韩 笑
责任编辑：张发贤 陈 真
责任校对：杨翌琳 张基强
责任印制：张 莹

出　　品：贵州日报当代融媒体集团
出版发行：孔学堂书局
地　　址：贵阳市云岩区宝山北路 372 号
印　　制：河北京平诚乾印刷有限公司
开　　本：710mm×1000mm 1/16
字　　数：520 千字
印　　张：38 彩插 16 页
版　　次：2021 年 10 月第 1 版
印　　次：2024 年 12 月第 4 次
书　　号：ISBN 978-7-80770-285-6
定　　价：148.00 元

目录

鸟瞰三千年中国儒学（代序）

据说，巴黎和会在讨论山东问题时，被誉为民国第一外交家的顾维钧有一个精彩发言。顾维钧说，山东是中国文化的摇篮，中国的圣人孔子和孟子就诞生在这片土地上。孔子犹如西方的耶稣，中国不能失去山东，就像西方不能失去耶路撒冷。

我们不是在这里讨论顾维钧的发言与巴黎和会的得失，而是觉得顾维钧的精譬之语道出了孔子、儒家对中国及世界的意义。作为圣人，孔子与耶稣地位相埒；作为圣地，山东与耶路撒冷同等重要。这个判断，也最简洁地说出了这部《中国儒学三千年》的写作旨趣。孔子、儒家，对于中国人来说，不是简单的文化现象，而是与生命相关联，是中国文明的根，其意义、表征，就像耶稣、基督教在西方人心灵深处那样，是一体的，而不是外在的依附关系。

从历史学的视角说，孔子并不是儒学的最初创造者。儒和儒学的起源，都远在孔子之前。孔子只是儒家典籍的整理者，儒家思想体系化的创建者。但“曾经圣人手，议论安敢道”，儒家经典经过孔子之手，后世儒生一般不会提出疑问，足见后世对孔子所谓的“顶礼膜拜”“马首是瞻”，也反映了孔子、儒学、经典对我们民族的巨大影响力。

据研究，儒的发生大约在殷周之际。在那个天崩地裂的大变动时代，官学解体，学术重心下移，渐渐转移至民间。儒的前身大约是负责礼仪典章的文化管理者，原本依附于殷商王朝，然而在殷商王朝灭亡后，很多殷商遗民也因周朝统治者的安排，离开故都，迁往宋国等地，集中居住，便于管理。贵族的文化传统养成绝非一朝一夕，而彻底丧失更非易事。于是，这批殷商遗民在宋国一定程度上反而自得其乐，传承着自己的文明，尤其是在殷商那几百年来形成的制度、典制、礼仪、习俗。

反观周朝的统治者并不是一批起自乡野的文盲，在漫长的“先周时期”，周人的祖先也在创造、传承着自己的文明，因而当周人取代殷人统治时，他们并不是只顾着庆贺、狂欢，而是有着居安思危的忧患意识。他们思考的问题是，如此强大的殷商王朝为什么不堪一击，周王朝如何才能避免重蹈殷商王朝的覆辙？

思索的结果是我们看到中国历史至此出现了第一次大的转折，根据王国维先生《殷周制度论》的研究，就是一个全新的宗法社会体系由此建立了起来。其要点有：立子以嫡的嫡长子继承制，比较稳妥地制定了一个政治权力传承、经济财富继承的基本规则；以嫡长子继承制为中心，又衍生出一系列宗法社会规则，诸如尊尊、亲亲、长长、男女有别，直至以个人为同心圆的五服制度；同姓不婚的婚姻制度等。这些制度不仅结束了此前中国社会的无序、混乱的面貌，而且建构了一个新的文明体系。

新兴的周王朝统治者确实有大格局，有长远的考量，特别是周文王姬昌倡导笃仁、敬老、慈少、礼贤下士，为周王朝网罗了一大批有用之才。而他的第四子周公旦更是任劳任怨，竭尽全力协助幼主周成王执政，既让周王朝平稳度过了建立之初的困难时期，更为周王朝的长治久安制定了一套文明制度。周公之所以被誉为儒家功臣，孔子之所以时常梦见周公，其实都应该从制度层面给予解读。

周公主持制定的礼乐制度，主要凭借的还是那些迁徙至宋国的殷商遗民，这些遗民拥有渊博的知识。而周朝统治者的礼遇，让他们有了一个传承文明的机会，儒家文化就是在这样的历史背景下得以产生的。

据太史公《史记·孔子世家》记载，孔子的先人就是迁徙于宋国的殷商贵族，拥有较高程度的知识、教养，精通殷商的礼乐制度。

经过周朝八百年发展，政治架构、社会经济、文化思想诸多方面都获得了极大的提升。特别是周王朝政治架构上的双层体制，既有以周天子为中心的联邦要素，又有以各诸侯为中心的地方自治。各诸侯国的政治制度绝无完全相同，它们之间相互比较、相互竞争、相互激励。周天子有自己的经济来源，除了象征意义，用以维持“天下共主”身分而令各诸侯国按礼制进贡方物外，周天子实无力向诸侯国摊派更多的费用，但周天子、周王朝是正义的化身，率有道伐无道，占据道德至高点。因而各诸侯国不论国力强弱，在很多时候仍愿意与周天子一起，“同仇敌忾”。所谓“挟天子以令诸侯”，从另外一个角度观察，周天子确有可以利用的价值。这种双层政治架构既维持了一个大的共同体以应对新的挑战，又使各诸侯国因时因地最大限度地发挥了自己的主动性。孔子后来动辄赞美周制，梦见周公，是因他确实看到了周制的价值与意义。

然而，周朝的这种政治制度发展到中途，也遇到了新的问题，礼乐征伐自诸侯出，周天子的实力和影响逐渐式微，诸侯弱肉强食，遂相继形成了几个大的诸侯国。所谓“春秋五霸”“战国七雄”，其实就是这些诸侯国在丛林规则中的胜出，征服、兼并其他诸侯国的结果。假如周王室仍然能维持一个强有力的政治体制运行，并始终占据主导，那么即便出现几大诸侯国相继或同时争雄称霸的政治格局也并不是绝对的坏事，毕竟许多事情超出了一个小的诸侯国范围，诸如治水。可惜的是，到了战国晚期，秦国异军突起，以武力征服诸国，一统天下，进而彻底废除了具有象征联邦意义的周天子。

秦帝国的统一，对于后世中国确实具有许多意义，但秦帝国的政治架构是对周朝双层政治架构的彻底破坏，以单一架构取代双层架构，完全废除了诸侯国的自治权，天下一统；又以郡县制替代封建制，对全国实行垂直管理。对于秦帝国的政治选择，当年的争论不可谓不激烈，但统治者无视反对者的意见，一意孤行。统一帝国建立了，但相应的问题其实两千年来并未获得真正解决。这是中国历史上继“殷周之变”之后发生的第二次大变动，许多历史学家称之为“周秦之变”。

殷周之变产生了儒家，周秦之变遏制了儒家。在周秦之变争论最剧烈的时候，力主维持双层政治架构的仍是那些儒家学者，只是秦王朝的统治者没有接受他们的建议，而坚定不移地废封建行郡县，甚至不惜以“焚书坑儒”的极端方式解决了持不同政见的儒者。这是儒学史上最惨烈的一幕，被坑杀的儒者不算多，但焚书确实是对文明的摧残，给后来的儒学发展，甚至儒家学术史留下来许多持续争论的问题。后来所谓的“今古文之争”、汉宋之争，尤其是清代学术的内在理路，其实都与秦王朝的坑焚之虐有着某种程度上的关联。

我在这本书里解释了，焚书坑儒的实际结果与动议者、批准者、执行者的愿望完全相反。坑焚之虐反而提升了儒家的地位，推动了儒家典籍更大范围的流传。到了汉武帝时期，儒学甚至被提升为统治阶级意识形态，儒术独尊，一家独大，而且持续了两千多年。直至20世纪，儒学的地位才受到冲击。

晚近儒学受到冲击的根本原因是中国历史上的第三次大变局，即继“殷周之变”“周秦之变”之后，因大规模的中西文化交流而引发的大变局。这个变局至今没有结束，如何定位还可以研究。

中西文化交流引发的对传统价值的再思考，其实是晚近的事情。在中西文明交流之初，双方彼此间都抱持着一种欣赏的态度。本书中就专门讲述了明清之际的中西文化交流的情形，不论是最早的利玛窦、徐光启、李之藻、王徵，还是稍后的汤若望、南怀仁、梅文鼎、方以智，他们似乎都没有像佛教东来之初儒佛之间那样的相互敌视。中国的儒家学者谨记圣人“儒者以一事不知以为耻”的教诲，对利玛窦、汤若望、南怀仁等人带来的西方文化抱着一种急切的学习态度，他们发誓与西儒合作，用二十年时间，将西儒带来的六千部西方典籍，就像《几何原本》那样全部译成中文。果真如此，中国的面貌将焕然一新，西方也将在文化交往中受益良多，比如中国文化中的人文主义也确以某种形式参与了西方的启蒙运动。

换言之，起初以儒学为主体的中国文化在与西方文化交流时，并没有感到丝毫不适和无所适从，但中西文化后来发生冲突也是事实。18世纪中期之后，英伦三岛的工业革命给全世界注入新的动力，遥远的东方也被波及。因工业革命而产生的工业社会、工业文明，与中国旧有的农业文明、儒家文明，并没有结构性的冲突，工业文明并不是要直接取代农业文明、消灭农业文明，即便融合到后来，也不过是用工业文明的手段去调整农业文明。用从事农村建设的专家梁漱溟的观点解释，引进吸收西方工业文明之后的中国，工业文明的好处不妨应有尽有，中国固有的农业文明也会在西方工业文明的冲击下，调整自身。中国是在农业文明基础上增加一个工业文明，而不是工业文明完全替换掉农业文明。

理解这个道理现在当然不是问题，充分工业化的西方成了世界最大的粮食生产基地，而现代农业机械化水平不高的中国反成了世界工厂。但在过去很长时间里，人们并不清楚这些道理，因而当中国的工业化进程缓慢不前，又不断受制于先发国家的丛林规则，处处吃亏时，一些思想者如陈独秀、吴虞等人将中国落后的责任推向思想文化，以为儒家伦理、孔孟之道必须承担中国落后的责任。

然而历史的吊诡之处在于，正像贺麟后来在《儒家思想的新开展》中所说，陈独秀等人对儒家、孔子的责难，不仅没有将孔子、儒家打倒，反而从另一个角度彰显了孔子和儒学的意义。“后五四时代”新儒学的崛起，在很大程度上就是对五四新文化极端反传统的回应。这个思潮深刻影响了20世纪中国思想文化的走向。20世纪末再度掀起国学热、儒学热，以及对孔子地位不断的重新认同。这些历史细节，书中尽量都予以描述与解释。由此可见，对于中国人而言，儒学就是类似于基督教在西方的意义，即便儒学不是宗教，但对中国人而言，它确实具有准宗教的意义。

书中没有从形而上的视角解读儒学、儒家与孔子、孔孟之道，因为纯理论的探讨、解读过于艰涩与枯燥，本书的主旨是希望从大历史的视角，给三千年的儒学发展史做一个鸟瞰式的描述，为读者诸君呈现一个宏观景象。

是为序。

马勇

第一章 儒家学说的起源与早期发展

自从西汉武帝时期儒家学说由先秦时期在野的诸子之一独占统治阶级意识形态的宝座之后，儒家学说对中国人的影响就几乎从未中断。作为一个中国人，不论他是否信奉儒家学说，也不论他是否认真读过儒家经典，以及那些卷帙浩繁的笺注与义疏，其思维方式与行为方式都必然留有儒家思想的深刻烙印。从这个意义上说，儒家学说对于中国人，犹如基督教文明对于西方人一样，实际上久已转化成民族文化的印记，是中华民族无论如何都难以真正彻底摆脱的文化符号。因此，当我们着意要探讨儒学发展史的时候，便不能不从这种文化符号的原初本意说起。

儒的起源

就儒，以及儒家、儒学的原初本意来说，至少在20世纪之前并不存在分歧，既无概念性的差异，也无多少不同的理解。然而进入20世纪之后，特别是随着西方思想文化及其研究方法的不断传入，人们对这一原本还算清楚的概念却产生了疑问，并由此引发了相当大的分歧。

根据比较可信的资料，“儒”这一名词的最早记载见于《论语·雍也篇》。孔子在这里告诫他的学生子夏说：要当就当“君子儒”，千万不要当“小人儒”。由此可见，儒的起源应远在孔子之前，因为到了孔子的时代，儒这一阶层已发生了相当大的分化，至少形成了“君子儒”与“小人儒”两极阵营。据此，胡适在著名的论文《说儒》中推测最初的儒都是殷人，都是殷的遗民。这话虽然言之凿凿，但缺少更多的证据，因此就很难使人相信。

刘歆：儒家出于司徒之官

在中国学术史上，最早探讨儒之起源的是汉代学者刘歆。据《汉书·艺文志》引其《别录》说，儒家者流，最早可能出于“司徒之官”，其功能是“助人君顺阴阳明教化”。其特征是游文于六经（《诗》《书》《礼》《乐》《易》《春秋》）之中，留意于仁义之际，祖述尧舜，宪章文武，宗师仲尼，以重其言，以道为高。刘歆还说，殷周之盛，唐虞之隆，儒学实已获得相当的成功。然而孔子之后，惑者既失精微，而辟者又随时抑扬，违离道本，苟以哗众取宠。后进循之，是以五经乖析，儒学渐衰，此辟儒之患。

刘歆据《周礼》的记载，不仅分析了儒的起源，而且大体描述了孔子之后儒学演变的一般情况。就儒的起源来说，刘歆强调他们是由司徒之官演变而来，帮助君主顺应自然，宣明教化。这种说法当然并非毫无根据，《周礼·大宰》说：“以九两系邦国之民：一曰牧，以地得民；二曰长，以贵得民；三曰师，以贤得民；四曰儒，以道得民……”由此可见，儒之起源甚久，似乎与王官的产生、发展与演变也不无关系。

然而，如果按照清代学者康有为的说法，刘歆辅佐王莽建新朝是出于托古改制的需要而伪造了《周礼》。因此，《周礼》的说法既没有成为历史事实，也并不可靠。特别是《周礼》中井井有条的种种设计，也不能不引起人们对其历史真实性的怀疑。刘歆伪造《周礼》的说法不必尽信，但在当时的政治背景下，他整理《周礼》的目的显然也不是一种为学术而学术的活动。如果说他依据前人的资料整理《周礼》时勾勒出一种理想的社会模式，并以儒者“助人君顺阴阳明教化”作为一种政治期待的话，那么刘歆的说法还是有一定可信度的。

章太炎：儒家出于官学

近代学者章太炎认为，包括儒家在内的诸子百家实际上都是出于古代的“王官”。他在《诸子学略说》中说：“古之学者，多出王官世卿用事之时，百姓当家，则务农商畜牧，无所谓学问也。其欲学者，不得不给事官府，为之胥徒，或乃供洒扫为仆役焉。故《曲礼》有云：宦学事师……所谓宦于大夫，犹今之学习行走尔。是故非仕无学，非学无仕，二者是一而非二也。如果从中国古代社会的实际情况来观察，学在官府毕竟是学者公认的事实，故而从这个意义上说，“儒家者流，盖出于司徒之官”虽为推测之词，但推测的方向似乎并无大错。

如果从儒的内涵来分析，章太炎认为儒者不是一个十分固定的智者集团，其内涵相当复杂。如果强为分类，至少存在类名、达名和私名三种情况。他在《原儒》一文中说：“儒有三科，关达、类、私之名。达名为儒，儒者，术士也……类名为儒，儒者，知礼乐射御书数；私名为儒。”即那些“助人君顺阴阳明教化”者。因此，章太炎强调：“今独以传经为儒，以私名则异，以达名、类名则偏。要之题号由古今异，儒犹道矣。儒之名于古通为术士，于今专为师氏之守；道之名于古通为德行道艺，于今专为老聃之徒。”显而易见，章太炎是以发展变化的眼光来分析儒之起源的。

胡适：儒是殷商礼教的教士

章太炎的研究虽有相当的道理，但是他过于相信古籍的记载，而对先秦学术发生的时代背景缺少深切的体会和理解，故而其结论引起后来学者的怀疑。胡适在《诸子不出于王官论》一文中与章氏的说法明显立异，强调指出诸子之学绝无出于王官的道理。他说：“《周礼》司徒掌邦教，儒家以六经设教，而论者遂谓儒家为出于司徒之官。不知儒家之六籍，多非司徒之官之所能梦见。此所施教，固非彼所谓教也。此其说已不能成立。”胡适认为，关于诸子起源的探讨，一定要深切体会其思想背景，不应囿于前人所无法明了的成见。学术之兴，由简而繁，由易而赜，其简其易，皆属草创不完之际，这当然不意味着其要义已尽具于草创时期。包括儒家在内的先秦诸子“皆忧世之乱而思有以拯济之，故其学皆应时而生，与王官无涉”。“及时变事异，则向之应世之学，翻成无用之文。于是后起之哲人乃张新帜而起。”应该承认，胡适的分析要比章太炎的论述更有道理。

当然，对于章氏的研究成果，胡适并未一概抹杀。他在《说儒》一文中指出，太炎先生在儒家起源的研究上实有开山之功。他关于达名、类名与私名的分析，特别是第一次提出了“题号由古今异”的见解，使我们知道古人对“儒”这个名词的使用实有广狭不同的三种用法，以及由广到狭的历史演变过程。胡适说：“太炎先生的大贡献，在于使我们知道‘儒’字的意义经过了一种历史的变化，从一个广义的，包括一切方术之士的‘儒’，后来竟缩小到那‘祖述尧舜，宪章文武，宗师仲尼’的狭义的‘儒’。这虽是太炎先生的创说，在大体上是完全可以成立的。”关于儒的起源的探讨，胡适认为无论如何都要在章太炎已取得的学术成就的基础上前进。

胡适认为章氏的这些说法，现在看来还有可以修正的地方。而章氏所使用的材料，基本上都是秦汉人的，似乎还不足以说明儒的来历，以及他们起源于何时、生活状况如何等。为此，胡适在章氏研究成果的基础上继续探讨，结论为儒是殷民族礼教的教士，他们在困难的政治状态之下，仍然保持着殷人的宗教典礼。然而经过六七百年的发展变化，他们中的绝大多数人变成了教师，虽然其职业还是治丧、襄礼和教学，但他们的礼教已渐渐深入到统治阶级了。向他们求学的，已有各国贵族子弟；向他们问礼的，不但有各国的权臣，还有齐、鲁、卫的国君。这才是那个广义的“儒”。儒是古宗教的教师，除治丧、襄礼之外，他们还要做其他的宗教事务。显而易见，在胡适的概念中，儒的职业有点类似于基督教中的牧师。

对于胡适的这篇论文，当代学者争议很大，赞成者如唐德刚称其不但是胡适治学的巅峰之作，也是中国近代文化史上最光辉的一段时期，即20世纪30年代的巅峰之作。他在《胡适口述自传》的注释中写道，胡适的这篇文章，从任何角度来读，都是中国国学现代化过程中一篇继往开来的划时代之作。胡适把孔子以前的儒看成犹太教里的祭师和伊斯兰教里的阿訇。这个看法是独具只眼的，是具有世界文化眼光的。乾嘉时代的大师们是不可能有此想象的。后来老辈的国粹派也不可能有见于此。反对者如郭沫若在《驳说儒》中称胡适的研究成果不可信，理由是胡适的这种研究态度正是所谓的公式主义，正是所谓观念论的典型。冯友兰也在《原儒墨》一文中表示，胡适的一些观点需要进行商榷。他说："照我们的看法，儒之起是起于贵族政治崩坏以后，所谓'官失其守'之时。胡先生的对于儒及孔子的看法，是有点与今文经学家相同。我们的看法，是有点与古文经学家相同。所谓儒是一种有知识、有学问之专家；他们散在民间，以为人教书相礼为生。关于这一点，胡先生的见解，与我们完全相同。我们与胡先生之不同者，即是胡先生以为这些专家，乃因殷商亡国之后，'沦为奴虏，散在民间'。我们则以为这些专家，乃因贵族政治崩坏以后，以前在官的专家，失其世职，散在民间，或有知识的贵族，因落魄而亦靠其知识为生。这是我们与胡先生主要不同之所在。"

儒的原初职业性质：术士

胡适的结论正确与否我们暂且勿论。但他对儒者职业性质的定位似乎比章太炎所依据的"助人君顺阴阳明教化"更具有说服力，而且也更合乎《说文解字》的经典性解释："儒，柔也，术士之称。从人，需声。"因为我们知道，中国人素来重视死的观念与丧葬形式，正是这种广泛的社会需要才造成一个特殊的社会阶层或职业。早在新石器时代晚期，山顶洞人的骨化石旁一般都摆放着含赤铁矿的粉末，还有死者生前使用过的装饰品等。这表明，至少在当时，中国人已有相当成熟的丧葬观念。

观念是人们的行动在意识中的表象或残存。历史事实表明，在中国古代社会，至迟在殷代就有了专门料理丧葬事务的神职人员。这些人便是早期的儒，也可称为术士。他们精通所在地区多年形成的丧葬礼仪，久而久之便形成了一种相对独立的职业。但是，由于这种职业毕竟低微，收入菲薄，从业者既无固定的财产，还要看主人的眼色行事，故而形成了比较柔弱的性格，这便是儒的原初本意——柔，也是他们职业的原初性质——术士。

儒作为一种相对独立的职业，能从社会中逐步分化出来，具有相当重要的意义。不论他们的原初职业如何低贱，实际上都意味着社会经济的发展足以承受这一部分人从直接劳动中脱离出来，成为一个相对清闲的阶层。同时，也正因为他们清闲，才有可能将原来那些经验的礼仪逐步提升、规范，并最终使自身成为社会结构中一个比较特殊的智者阶层。从此，他们中的一些人又不甘于原来的低贱职业，或期望成为政府的典礼官，或期望成为“助人君顺阴阳明教化”的君子儒。由此我们也不难理解孔子对弟子们的告诫：“女为君子儒，无为小人儒！”实际上是期望弟子们勤奋努力，不要再沦为那种只能为民间礼仪活动——诸如丧葬之类的吹打、揖让之事——的贱民阶层。

儒的演变

《淮南子·要略》说：“墨子学儒者之业，受孔子之术，以为其礼烦扰而不说，厚葬靡财而贫民，服伤生而害事，故背周道而用夏政。”这里所说虽为周代之后的事，但我们由此也不难想见，儒者素来所重视的“礼”，在儒学形成之前实际上存在一个由简而繁的演变过程。这个过程大体应该发生在殷代。否则，便无法说明西周初年周公制礼作乐时何来那么多的资源凭借。

殷商遗民中的有文化者

殷代的详细情况，我们现在知道的还不算太多。但殷人极端重视宗教礼仪，则不仅有古文献的记载，而且有殷墟出土的大量卜辞可以证明。根据《礼记·表记》的记载，孔子在比较夏商周三代的一般情况时说过："夏道尊命，事鬼敬神而远之，近人而忠焉。先禄而后威，先赏而后罚，亲而不尊。其民之敝，惷而愚，乔而野，朴而不文。殷人尊神，率民以事神，先鬼而后礼，先罚而后赏，尊而不亲；其民之敝，荡而不静，胜而无耻。周人尊礼尚施，事鬼敬神而远之，近人而忠焉。其赏罚用爵列，亲而不尊。其民之敝，利而巧，文而不惭，贼而蔽。"根据这段记述，后来的研究者大致认为夏商周三代在信仰、制度、社会诸多层面有着很大差异。大致而言，夏人尊命，事鬼神而远之；殷人尊神，率民以事鬼，凡事无不向鬼神请教；周人尊礼尚施，事鬼神而远之，敬神如神在，但周人更重视的则是制度安排，礼仪秩序。

《礼记·表记》中孔子接着评价道："夏道未渎辞，不求备、不大望于民，民未厌其亲。殷人未渎礼，而求备于民。周人强民，未渎神，而赏爵刑罚穷矣。"据郑玄注，"未渎辞"者，谓时王不尚辞，民不亵为也。"不求备、不大望"，言其政宽，贡税轻也。"强民"，言承殷难变之敝也。"赏爵刑罚穷矣"，言其繁文备设。据历代通儒再疏解，夏商周三代亲尊有异，治民有异。大要而言，夏代为政之道，未亵渎于言辞；而殷人则不然，不求备，不大望于民，每事征求，皆令备足，在日常生活中充满浓郁的宗教气息。在孔子看来，正是这种宗教情怀、宗教氛围，不仅为儒者提供了一个恰当的职业选择，而且为儒者将殷代的神学文化由简而繁创造了或者说提供了相当的历史机遇与时代条件。

正是在这批儒者的不懈努力下，殷代晚期的神学文化与早期相比，确乎有了较大的变化。在这一过程中，儒者的地位也发生了演变。他们中的相当一部分人已由原来只会治丧、作揖的贱民阶层上升为智者阶层，既掌握了社会文化的主导地位，又成为与殷商贵族利益休戚相关的一个特殊阶层。正是从这个意义上说，我们可以不赞成郭沫若在《驳〈说儒〉》中的那些论证与驳难，但不能不承认他对儒者必柔的分析还是独具慧眼的。他说：“儒之本意诚然是柔，但不是由于他们本是奴隶而习于服从的精神的柔，而是由于本是贵族而不事生产的筋骨的柔。古人之称儒，大约犹今之人称文绉绉、酸溜溜，起初当是俗语而兼有轻蔑意的称呼，故尔在孔子以前的典籍中竟一无所见。”

郭沫若在《论儒家的发生》一文中还分析道：“在过去奴隶制的时代，诗书礼乐为贵族阶级的专有品，下层人是没有资格读书习礼乐的，所谓‘礼不下庶人’。”社会转变之后，上层阶级降落下来，成为庶人。这批升为上层阶级的庶人，过去没有读过书、习过礼，不懂这一套礼乐，现在则觉得礼乐不可少，便拼命学习。过去的上层阶级，没有生产能力，却晓得礼乐，新兴的上层阶级虽然骂他们文绉绉的，但因新兴的上层阶级还是要学礼乐，故堕落的上层阶级的人又被重新重视起来。儒被重视之后，儒家便成了一种职业，和农工商一样，成为人们的选择对象之一。

毫无疑问，郭沫若基于阶级分析方法的这些推论是对的，但他在演绎儒者演变的过程时似乎搞错了时代。我们在郭氏的研究基础上继续分析，比较可信的描述应该是：儒在殷商时代的早期，或儒发生之初，可能还是从直接劳动者中分化出来的一个贱民阶层，他们最初的职业性质不外是为人们办理丧葬等事务，由于没有固定的收入和丰厚的财产，他们只能仰人鼻息，苟且生活，从而养成一种柔弱的性格。尽管如此，由于久已脱离直接生产劳动，他们有大量余暇时间钻研业务，将原本并不复杂的礼仪形式复杂化、理论化，无意中创造了一种新的文化。他们也由于这种文化的缘故而逐渐改变生存环境和社会地位，他们的职业性质不再是单纯地为人们治办丧葬事务，其范围不断扩大，举凡军国典礼、重大仪式，以至民间的各种带有文化意味的活动，都可以看到他们的身影。久而久之，他们便因这种文化的提升而改变了自己的社会地位，由原来的贱民阶层提升为平民阶层。

同时，由于他们是当时社会群体中拥有文化的一部分人，他们的地位便极为特殊。一方面，他们并没有被真正的统治阶级和贵族阶层瞧得起，而且在相当多的场合也为那些直接劳动者所轻视，他们的柔弱性格并没有因为地位的改变而改变；另一方面，虽然他们没有直接成为统治阶级和贵族阶层中的正式成员，但是由于他们已经跻身平民阶层，且其利益与统治阶级、贵族阶层有千丝万缕的联系，因而在他们身上便也存在着贵族式的柔弱性格。这一复杂的演变过程应该在殷商灭亡之前完成，否则便无法解释胡适所提出的问题，即何以儒者在殷周易代之际主要是殷的遗民，并且继续保留着殷人的生活习惯、文化传统，乃至继续穿戴着殷人的衣冠；也无法解释郭沫若的分析，即在时代大变动之际，那些儒者何以不代表着新兴的上层阶级，而是具有没落贵族精神上和筋骨上的柔性。

商周易代之际的儒者

殷周之际的更姓易代，对于儒者阶层来说是一个痛苦的选择和考验。鉴于儒者在殷代的发展和演变，他们虽然还没有真正上升为贵族阶层，但具有相当文化水平的殷商贵族和具有良好文化氛围的殷商社会，为他们留存了相当优越的生存空间。而周朝虽然生机勃勃、欣欣向荣，但毕竟缺少足够的文化积淀，从根本上瞧不起殷商的没落贵族阶层，时常对这些殷商遗民不够尊重。于是在西周建立的最初阶段，包括这些儒者在内的殷代遗民便不时与西周统治者发生各种形式的冲突。所谓周公克殷、践奄以及东征三年等，都是这些冲突的具体表现形式。

殷商遗民对西周的反抗当然不能成功。周公东征胜利后，尤其是周公“建侯卫”，即封宋、封卫、封鲁、封齐、封燕之后，包括儒者在内的殷商遗民实际上已经被迁出西周统治的政治中心地区，而集中在宋、卫、鲁、齐、燕等地。于此，我们便不难理解这些地区何以在后来差不多都成为儒学发生的区域中心。实际上是他们把殷商的先进文化带到了这些地区，并在这些地区持续发展。但使后来人感到困惑的问题也跟着出现，即儒学的最初发生何以基本上都是殷人。

儒阶层的形成

殷商遗民被西周政权集中安置在宋、卫、鲁、燕、齐等地之后，在一个相当长的时期里，仍无法真正认同周人的统治，不时进行一些小规模的骚乱。为了真正解决殷商遗民的复辟问题，周王朝在全国政权初步巩固以后，把姬周王族中最为可靠和最有力量的宗亲和勋臣分封到殷商遗民集中居住的地区。如周公之子伯禽封鲁、召公之子封燕、太公望封齐等。这样一来，在殷商遗民聚居地的最高统治者都是周王室中最有权势的人物，包括儒者在内的殷商遗民便实际上被周人分而治之。

周公制定礼乐制度

殷商遗民被分而治之后，反抗的可能性就更微乎其微。但作为新兴统治者的周人在夺取政权之后，实际上也面临着规范制度、重建秩序的迫切任务。因此，在西周初年便有周公制礼作乐的事情发生。从西周初年周人的实际文化状况看，单凭周人的努力根本不可能完成。西周的统治者想到了殷商遗民，想到了这些遗民中的儒者。这些儒者在最初阶段或许并没有接受周人的邀请，因为尽管他们并不是殷商的真正贵族，但他们毕竟在很大程度上与殷商贵族的利益相关。但从另一个角度想，他们既然不是殷商贵族的成员，便没有为殷商王朝守节的道理。于是，可能出于生存的需要，在与西周统治者经过一段时间的磨合之后，有些儒者终于接受了周人的邀请而协助周公制礼作乐。这就是《论语》所说，“周因于殷礼，所损益可知也”“周监于二代，郁郁乎文哉”。

这些儒者参与制礼作乐的详细情况，我们目前尚不太清楚。但根据历代学者对周公所制礼乐制度的性质与内容的分析，比较一致的意见是，周朝的礼乐制度在很大程度上存在着对殷商制度的因袭，是在殷商已有制度的基础上的改造与创新。据《尚书·洛诰》记载：

> 周公曰："王肇称殷礼，祀于新邑，咸秩无文。予齐百工，伻从王于周。予惟曰：'庶有事。'今王即命曰：'记功。宗以功，作元祀。'惟命曰：'汝受命笃，弼丕视功载，乃汝其悉自教工。'孺子其朋，孺子其朋，其往。无若火始焰焰，厥攸灼叙，弗其绝。厥若彝，及抚事如予，惟以在周工。往新邑，伻向即有僚，明作有功，惇大成裕，汝永有辞。"
>
> ……
>
> 王曰："公，予小子其退即辟于周，命公后。四方迪乱，未定于宗礼，亦未克敉公功。迪将其后，监我士师工，诞保文武受民，乱为四辅。"

其实这段文字所要表达的意思，就是在周朝建立之后，新制度还没有制定，各地秩序还没有恢复，"祀于新邑，咸秩无文"。不得已，只好承袭前朝旧制，"肇称殷礼"。但这总不是办法，"四方迪乱，未定于宗礼，亦未克敉公功"。为了新朝之合法性，为了尽早恢复秩序，还是应该仔细体会并检讨旧朝的制度安排，合理者存之，不合理者弃之，重构新朝礼仪制度，"迪将其后，监我士师工，诞保文武受民"，这就是儒学史上最为人津津乐道的周公"制礼作乐"的伟大事功。这里的周公，其实也不能做狭义的理解，而应该视为周初统治集团的文化精英。

再据《礼记·明堂位》记载：" 周公相武王以伐纣。武王崩，成王幼弱，周公践天子之位以治天下。六年，朝诸侯于明堂，制礼作乐，颁度量，而天下大服。七年，致政于成王。成王以周公为有勋劳于天下，是以封周公于曲阜，地方七百里，革车千乘，命鲁公世世祀周公以天子之礼乐。”由此可见，周公制礼作乐对周初政治的发展具有何等重要的意义。

周公制礼作乐对于周朝来说，最根本的意义无疑在于重建和稳定了社会秩序。但是我们于此想到的另一个问题是，既然周朝的礼仪制度在很大程度上因袭了殷商制度，既然周公在“五年营成周”时仍沿用殷商的礼乐，那么，他又如何“六年制礼作乐”而天下大服，“七年致政于成王”？也就是说，在短短的一年或一年稍多的时间里，如果没有一个相当规模的工作班子协助周公，仅凭他个人的智慧，何以能够在鉴于殷商教训的基础上，完成一代制度的规范和制定？果真如此，即便不陷入英雄史观，我们也不能不承认周公具有超人的本领。

揆诸情理，如果我们不怀疑周公制礼作乐是一个历史事实的话，那么应该相信，周公在制礼作乐的过程中，一定组织过一个相当规模的工作班子。正是经过这个工作班子的辛勤努力和有效工作，周公才有可能在那么短的时间里制定出一代礼乐制度。

殷商儒者辅助周公

那么，周公的这个工作班子究竟有哪些人，它的重要成员是否包括我们最为关心的殷商遗民中的儒者？答案是肯定的。第一，作为一个新兴政权，它的成员中似乎并没有太多的人既对殷商制度有通盘的考虑，又有能力完成新的礼乐制度的制定。第二，如果承认周代的礼乐制度是对殷商制度的基本因袭与继承，那么，对殷商制度的损益最有资格与能力的人，毫无疑问是殷商遗民中的那些儒者，正是他们的辛勤努力与有效工作，方使得周朝的礼乐制度在那么短的时间里初具规模。第三，从后来儒家学者与周公的关系及感情看，他们之所以言必称周公，成王之所以“以周公为有勋劳于天下”而封于鲁，都不是偶然的。最根本的原因是周公适时起用这些殷商遗民，并给予相当的尊重，使这批儒者终于由殷商的拥护者，转而为西周所用。这既符合后来儒者“不足于进取，但能守成”的自我评估，由此也比较容易理解孔子在颠沛流离、怀才不遇的时候，何以总是哀叹：“甚矣，吾衰也！久矣，吾不复梦见周公。”

周公起用殷商遗民中的儒者参与周朝礼乐制定的详尽情况我们已不得而知。但可以作为相关的旁证材料是，这些殷商遗民确曾在亡国之后被分门别类地安排做自己熟悉的工作。《左传·定公四年》载有祝佗的一段话：

> 昔武王克商，成王定之，选建明德，以蕃屏周。故周公相王室，以尹天下，于周为睦。分鲁公以大路、大旂，夏后氏之璜，封父之繁弱，殷民六族，条氏、徐氏、萧氏、索氏、长勺氏、尾勺氏，使帅其宗氏，辑其分族，将其类丑，以法则周公，用即命于周。是使之职事于鲁，以昭周公之明德。

这段话的大意是，武王克商，成王定之，天下初定，周初统治者就开始思考“选建明德，以蕃屏周”“以保佑天下”。其中一个最重要的举措，就是大封天下。对于夏遗民、殷商遗民，以及那些实力可能并不是很大的条氏、徐氏、萧氏、索氏、长勺氏、尾勺氏等也“使帅其宗氏，辑其分族，将其类丑”，像周王室宗室子弟一样，分封各地，以示不私，“以昭周公之明德”。

那么，在这种背景下，周公起用殷商遗民中学有专长的儒者参与制定礼乐制度，又有什么不可能或不可理解的呢？故而我们赞成胡适在《说儒》中的判断，即殷商亡国之后，这些有专门知识的人往往沦为奴隶，或散在民间。因为他们是有专门知识技能的，故能靠他们的专长换得衣食之资。他们在周人社会里，仍旧受到人们的尊敬；而统治阶级，为了安定民众，也许还为了“多士攸服，奔走臣我，多逊”，也就不过分摧残他们。

这些人和他们的子孙，就在那几百年中，形成了一个特殊阶级。他们不是那新朝的士，士是一种能执干戈、卫社稷的武士阶级，是新朝统治阶级的下层。他们只是儒，负有保存故国文化遗风的责任和使命，故而在那几百年的社会变迁中，在民族融合的形势之中，他们能够继续保持殷商的古衣冠。在他们自己民族的眼里，他们是殷礼即殷商文化的保存者与宣教师；在西周民族的眼里，他们是社会上多才多艺的人，是贵族阶层依赖的清客与顾问，是多数民众的安慰者。基于这种特殊的身份，即便这些儒者没有直接参与周公制礼作乐的工作，他们也一定以自己的知识才艺为这项工作做出过贡献。

探讨这些儒者是否参与过周公制礼作乐的工作，并不是我们的任务。我们的兴趣之所在，是透过周公制礼作乐这件事看到另外一个结果，即原本为殷商遗民的那些儒者于此看到了新的希望。他们相信他们所拥有的知识与智慧并不会随着殷商的灭亡而无用。任何新兴政权都会需要他们，关键就看他们自己的态度了。至此，我们看到的另一个更重要的结果是，后世儒者之所以对周公充满深情，唯一的原因便是周公通过制礼作乐，使这些儒者由原来殷商贵族的依附者变为一个真正相对独立的阶层。这就是儒阶层的形成。

附录

儒学人物小传

周公（生卒年不详），即周公旦，姬姓，名旦，亦称“叔旦”。周文王之子，周武王之弟。因采邑在周（今陕西岐山北），故称“周公”。西周初年重要的政治人物。

如果仅从儒学史的角度而言，周公实在是中国三千年儒学史上第一人。孔子对他格外推崇，时常梦中与之相晤，隔一段时间没有梦见周公，就有点不安，就要抱怨。孔子之后，孟子、荀子等历代大儒，都将周公视为儒家第一圣人。

如果仔细梳理史料，很容易发现周公可能属于“箭垛式的人物”，人们将周初制度设施、文化建设的一系列功绩都堆到了他的身上。摄政七年，一年救乱，二年克殷，三年践奄，四年建侯卫，五年营成周，六年制礼乐，七年致政成王（将周王朝的实际统治权还给了长大成人的成王）。如果仅从儒学史的观点看，周公最大的贡献，就是“六年制礼乐”，为周朝及后世中国制定了一套制度框架。王国维在《殷周制度论》中认为，殷周之际的制度建设，最重要的就是制礼作乐，其要有三：一是立子立嫡之制，由此而生之后三千年宗法及丧服之制，并由是而有封建子弟之制、君天子臣诸侯之制；二是庙数之制；三是同姓不婚之制。这几项制度在传统中国社会，也即工业化进入中国之前，是最基本的制度建设，也是中国社会长期稳定的基础。周公对于中华文明的意义，即在于此。

第二章 孔子与早期儒学

西周建立之初，殷商遗民中的儒者万念俱灰，人心惶惶。然而为时不久，却又因周公制礼作乐而带来了新的希望。经过一段时间的磨合之后，这批儒者逐渐认同了周朝的统治者，不仅其人逐渐跻身西周贵族阶层的行列，而且其学说也逐渐被统治者所接受，成为官学的一部分。然而，积久弊生。随着西周政治的逐步发展与演化，儒者的地位又一次遇到了相当大的危机。这时，是孔子起而救之，并终于建立起早期儒学的思想体系。

对殷商制度的扬弃

西周政权的建立与巩固，尤其是周公通过制礼作乐等意识形态的重建工作，对殷商遗民中的儒者进行安抚，自然使这些儒者逐渐摆脱亡国的阴影和恐惧，逐渐对周朝统治者产生了某些认同。也正是在这一过程中，文化水平相对落后的周人，虽然在形式上征服了殷人，夺取了政权并建立了自己的统治，却又反被殷人的文化所征服。尤其是再加上这些儒者的努力与参与，我们看到，获得胜利的周人在制度建设方面基本上因袭了殷商已有的体制。

故而，孔子在谈到周代制度的本质时再三强调："殷因于夏礼，所损益可知也；周因于殷礼，所损益可知也。""周监于二代，郁郁乎文哉。"正如侯外庐等人在《中国思想通史》中所分析的那样："按周人战胜殷人，以其社会的物质生产水准来说，实在还没有具备消化一个庞大族人的条件，军事的成功，并不能保证统治战败者的政治上的成功。因此，周人必然要向殷代制度低头，尤其在胜利者的文明程度不如失败者的文明程度时，胜利者反而要在文化上向失败者学习。”这似乎已成为人类历史发展过程中的一个定律。

当然，这样说并不意味着周人制度是对殷人制度的简单摹取。事实上，所谓“损益”，所谓“监于二代”，所谓周公制礼作乐云云，都意味着周人是鉴于前代亡国的教训而做出的创造和革新，只是这种创造与革新并不是建筑在一张白纸上而已。

殷人制度虽然已经体制化且相当严密，已经进化到相当高的水平，但从目前所知的文献资料看，其毕竟没有像周人制度那样表面化、形式化和条理化。我们可以否认诸如《周礼》这样高度条理化的著作出自周公之手，或西周初年那个时代，但如果我们不怀疑周公制礼作乐确实为中国历史上已经发生过的一个重大事件，那么，我们就有理由相信周人制度的形式化并不仅仅是一种外在的形式，而是对包括殷人制度在内的历史经验与教训的超越。从这个意义上说，周人制度既有因袭的成分，又有自己的创造。而这种创造，便构成殷周之际的大变革。

王国维在《殷周制度论》中说：“中国政治与文化之变革，莫剧于殷、周之际。”“殷、周间之大变革，自其表言之，不过一姓一家之兴亡与都邑之移转；自其里言之，则旧制度废而新制度兴，旧文化废而新文化兴。又自其表言之，则古圣人之所以取天下及所以守之者，若无以异于后世之帝王；而自其里言之，则其制度、文物与其立制之本意，乃出于万世治安之大计，其心术之规摹，迥非后世帝王所能梦见也。”王国维再三强调，欲明了周之所以定天下，必须弄清周人制度在实质上是对殷人制度的扬弃与变革。

按照王国维在《殷周制度论》中的分析，周人制度异于殷人者，不外乎三点：一是立子立嫡之制，由是而生宗法及丧服之制；二是庙数之制；三是同姓不婚之制。“此数者，皆周之所以纲纪天下，其旨则在纳上下于道德，而合天下、诸侯、卿、大夫、士、庶民以成一道德之团体。”因此从这个意义上说，周之制度典礼，实皆为道德而设，周之所有制度典礼，皆为道德之器械，而尊尊、亲亲、贤贤、男女有别等，则为更具体的表现形式。

在急剧性的社会制度变革过程中，儒的地位发生了怎样的变化，以及这些儒者在这一变革过程中起到了怎样的作用？

殷商儒者与周初政治

周初统治者之所以把天下规范为一个道德结合体，之所以制定严密而有序的社会等级秩序，显然是基于殷亡的教训与现实需要。而最明白这些教训与现实需要，并有能力从制度层面进行思考和操作性设计的，毫无疑问是殷商遗民中的儒者。这些儒者在基本认同了周朝统治者后，将殷亡的教训与现实进行理论的加工与提升，谆谆告诫他们，并在参与制定新体制的过程中进行适度的规范与调整。

据《史记·周本纪》记载："武王已克殷，后二年，问箕子殷所以亡。箕子不忍言殷恶，以存亡国宜告。武王亦丑，故问以天道。"

作为殷商遗民，箕子未必是儒者，但传说他做过帝纣师，故而说他是与儒者相似的智者阶层，似乎并无大错。他面对武王"殷何以亡，周何以兴"的大历史叩问，虽然不忍言故国之恶，正面批评自己母国的错误，但箕子还是忍不住内心的愤懑，以当时之所宜言做了回答，"以存亡国宜告"武王。箕子尽管说得很委婉，但仍然让听者周武王羞愧，让一个忠臣去分析自己王朝何以亡的历史根源，实在不忍卒听，"武王亦丑，故问以天道"。于是箕子的情绪也稍有缓解，作《洪范》九畴，从更高的理论层面，且比较抽象、比较形而上地分析一个王朝之所以兴、必然亡的历史规律。

曾做过周初太史，并事武王、成王、康王三朝的尹逸（逸一作佚），就曾多次向统治者分析殷亡的教训。显然尹逸属于殷商遗民中的儒者阶层。据《淮南子·道应训》记载，成王问政于尹佚曰："吾何德之行而民亲其上？”对曰：“使之时而敬顺之。”王曰：“其度安在？”曰：“如临深渊，如履薄冰。”王曰：“惧哉！王人乎？”尹佚曰：“天地之间，四海之内，善之则吾畜也，不善则吾仇也。昔夏商之臣，反仇桀纣而臣汤武，宿沙之民，皆自攻其君而归神农；此世之所明知也，如何其无惧也？”

这段话的意思是，周成王向三朝元老尹逸问计，我究竟应该用什么办法才能让老百姓有亲近感呢？尹逸回答，不要整天瞎折腾，要尊重老百姓的习惯、选择，不要想着为他们做主，要顺着老百姓的意思。成王再问，如何把握这中间的尺度、节奏呢？尹逸再答，也不难，“如临深渊，如履薄冰”，小心伺候，不要刚愎自用，将自己的想法强加给老百姓。成王闻言，情不自禁脱口而出，如此整天谨小慎微，提心吊胆，哪儿还有为王的乐趣、意义呢？尹逸正色回答，天地之间，四海之内，治理好了一切好说，所有成绩或许与你有关，或许无关；治理不好就大不一样了，你就绝对无法逃脱责任，天下之人皆把你视若仇雠。“昔夏商之臣，反仇桀纣而臣汤武；宿沙之民，皆自攻其君而归神农。”这些历史教训太多，再明白不过了，为人君者怎能不时时刻刻如临深渊，如履薄冰，“如何其无惧也”？如此清楚明白的智慧分析，怎能不引起周朝统治者的高度重视和尊重呢？

从尹逸等人的故事，以及后来中国历史上的惯例，我们不难推测，殷商遗民中的儒者，除个别人坚持气节、不食周粟外，恐怕相当多的儒者，尤其是那些与殷商贵族利益并不太密切的中下层儒者，在经过一段的时间犹豫之后，基本上都归附了新朝，做了“贰臣”，开始了为周朝服务。由于这批儒者毕竟是当时社会各个层面中文化素质最高的人，因而他们在新朝中的地位不降反升，他们所信奉和营构的那些理论也理所当然地逐渐成为新朝的官学。

儒者所信奉的理论成为周朝官学的过程，当然要比我们已经说过的更为复杂，只是由于史料奇缺，我们已无法复原其中的细节。不过最值得注意的是，殷周制度的变迁。正是在这种制度兴革的过程中，这批儒者不仅将他们的理论、理想糅进了新体制的范围，而且其身价大增，一个个成为官方学者，他们的理论也由此成为官方的学说。否则，我们便无法理解后世儒者何以言必称周公，何以要将他们所凭借的那些原典的成文时代基本都推到周初，并或多或少地都与周初那几位开明的统治者存在某种关系。

再从周初制度兴革的实际内容来分析，即便退一步说这些儒者并不是因为参与这一过程而提高了身价，这些新兴制度的实际内容也为儒者的将来参与留下了相当大的活动空间。假如我们承认前述王国维的分析大体不错，那么周代制度新特色的第一条即立子立嫡之制，以及由此而生的宗法及丧服之制，实际上便是儒者在殷商社会的专门化职业，是儒者之所以为儒者的基本象征和原初意义。至于第二条庙数之制，其实际情况也与第一条相同，都是殷商儒者最为习惯的工作。第三条所谓同姓不婚之制的创建，或许不是殷商儒者最先提出，而是周人的新意识，但此种意识既然发生在周初并被写进了法典，可见此种经验之积累与意识之积淀必有一个相当的过程，绝非周初突兀而生的新观念。

周朝建立之后不久，那些被视为儒者的殷商遗民，除了个别人不愿与新政权合作外，绝大多数儒者都不同程度地介入了周人的建国事业。为了安置这些知识分子型的儒者，周人在新政权的权力模式中尽可能地为这些人安排适当的角色或位置。《礼记·王制》说：

> 司徒修六礼以节民性，明七教以兴民德，齐八政以防淫，一道德以同俗，养耆老以致孝，恤孤独以逮不足，上贤以崇德，简不肖以绌恶……乐正崇四术，立四教。顺先王《诗》《书》《礼》《乐》以造士。春秋教以《礼》《乐》，冬夏教以《诗》《书》。王大子、王子、群后之大子，卿大夫、元士之嫡子，国之俊选，皆造焉。

黄仁宇不止一次批评古代中国缺少“数目字管理”，其实这个批评也并不确切。中国自古以来最为流行的就是数目字，尽管这些数目字说到后来，恐怕连那些最初的发明者也不明所以，但它确实是中国亘古不变的管理学。据历代学者研究，这里所说的“六礼”，指冠礼、婚礼、丧礼、祭礼、乡饮酒礼、乡射礼；“七教”，指父子、兄弟、夫妇、君臣、长幼、朋友、宾客；“八政”为饮食、衣服、技艺、器物品类、长度单位、容量单位、计数方法、物品规格规制；“四术”，指诗、书、礼、乐四种经术，其实也是四种治国方法，并不是简单的儒家学术传承。周初儒者帮助统治者制定这些人伦规模、制度安排，其主要目的是要以这些规范约束人们的日常生活，养成行不逾矩的习惯，节制性情，提升德行，营造一种无须强制而自觉遵守践行的社会伦理认同。所以这里说：“乐正崇四术，立四教，顺先王《诗》《书》《礼》《乐》以造士。春秋教以《礼》《乐》，冬夏教以《诗》《书》。”

《礼记》的文本公认为晚出，但它所描述的这些事情应是对周初往事的追述，细节或许有误，但其大要应是周初儒者的主要职能。

至于这些儒者在周初所可能担任的职务及名称，另一部晚出的儒家经典《周礼》，在其《大宰》中曾有详尽的规范：

> 大宰之职，掌建邦之六典，以佐王治邦国：一曰治典，以经邦国，以治官府，以纪万民；二曰教典，以安邦国，以教官府，以扰万民；三曰礼典，以和邦国，以统百官，以谐万民；四曰政典，以平邦国，以正百官，以均万民；五曰刑典，以诘邦国，以刑百官，以纠万民；六曰事典，以富邦国，以任百官，以生万民。

凡此种种，不敢说就是儒者之职，但至少治典、教典与礼典应与儒者的职业性质有关。它在下面说得更明白、更具体：“以九两系邦国之民：

一曰牧，以地得民；二曰长，以贵得民；三曰师，以贤得民；四曰儒，以道得民；五曰宗，以族得民；六曰主，以利得民；七曰吏，以治得民；八曰友，以任得民；九曰薮，以富得民。”其他几项我们暂且不说，这里既然明确地提到儒及其功能，由此可见，包括儒学在内的先秦诸子，即便不像胡适说的那样不出之于王官，但在其发展过程中，也存在一个由在野而分散的子学上升为王官的过程。否则，我们便不易理解春秋末期的学术下移运动，更无法理解包括孔子在内的早期儒学人物何以动辄将儒学的历史追溯到周初，并归功于周初那几位开明的执政者。

对于西周前期的历史来说，儒的官学化显然有助于周朝社会的发展与和谐，尤其是这些儒者鉴于殷亡的教训而进行的制度兴革，更有助于西周前期的政治稳定。据《史记·周本纪》说，成王去世之后，“康王即位，遍告诸侯，宣告以文武之业以申之，作《康诰》。故成康之际，天下安宁，刑错四十余年不用”，为周朝的发展与稳定赢得了一个可贵的时机。

积久弊生与道法为本的政治设计

然而，这种内外安宁的局面并没有持续很久，康王卒，昭王即位，西周的政治结构已呈现些微裂痕，“王道微缺”，“昭王南巡狩不返”，命且不保。昭王南巡的结果对周人来说实在是一件难以启齿的事情。

昭王之后，相继为天子的有穆王、共王、懿王、孝王、夷王和厉王，在他们统治的那些年里，西周政治不仅没有丝毫好转，而且每况愈下，以致出现难以入耳的民谣讽刺王室。尤其是厉王即位之后，西周政治除了原有的周王室与诸侯之间的矛盾尚未化解外，又因厉王本人“好利”及性格残暴，更加重了西周王朝的政治危机，结果引起国人的集体反抗，厉王被迫出逃。

厉王出逃为西周的发展赢得了契机。召公、周公二相行政，号曰“共和”，经过长达十四年之久的共和改良，二相乃共立太子静为王，是为宣王。宣王即位，二相辅之，“法文、武、成、康之遗风，诸侯复宗周”。此即史书上津津乐道的“宣王中兴”。

宣王在位四十六年，继其位者为幽王。幽王之时，西周政治的衰败景象再次呈现，且因内外矛盾的纠缠更严重于往昔，再加上幽王个人生活的极度不检点和用人不当，在周边诸侯的攻击下，幽王在骊山被杀。其子平王即位，但已无法按照既有的模式统治下去，于是有东迁之举，周朝政治由此发生重大转折。

纵观西周政治发展，尤其是在康王之后不断走下坡路的事实，我们觉得除了历史上的“积久必弊”的惯性运动外，实际上与周初政治设计有相当的关联，当然也与殷商遗民中的那些儒者的政治劝告不无关系。

周初以道德为本位的政治设计，其核心是维护以周天子为中心的等级秩序，它所强调的礼不下庶人、刑不上大夫，以及礼乐征伐自天子出等原则，显然都是鉴于殷亡的教训。这种以周王室为中心的政治设计，虽然有助于周初政治的稳定与发展，但它毕竟忽略或无视了诸侯国和国人的利益。再加上康王之后诸天子个人素质不高，这些矛盾在旧体制内显然已无法解决，那些儒者所持奉的官学便也丧失“以道得民”的功能，同样面临着不可避免的变革。

以儒者为中心的官学虽在周初基本形成，但在随后的发展过程中，由于一味强调道德本位和以天子为中心，因而也时常陷入思维误区，最终伴随着西周政治的颓废而颓废。结果纯道德的说教变得软弱无力，尤其是执政者更不愿受道德的束缚。天子的中心地位也随之动摇，权力中心由周王室向诸侯方伯转移。

这种趋势在平王东迁之后并没有停止，相反，因诸侯国的不断强大而愈演愈烈。周王室虽然在名义上依然是天下的共主，但在实际上已下降到诸侯的地位，不复有控制诸侯、一统天下的力量。

官学向私学的转化

与此政治趋势相伴而行的，在思想文化上便由先前“皆原于一，不离于宗”的官学形态向多元化、多极化发展，统一的官学终于演变成了为各个诸侯国服务的“私学”。《庄子·天下》在描述这一学术转折过程时说：

> 天下大乱，贤圣不明，道德不一，天下多得一察焉以自好。譬如耳目鼻口，皆有所明，不能相通。犹百家众技也，皆有所长，时有所用。虽然，不该不遍，一曲之士也。判天地之美，析万物之理，察古人之全，寡能备于天地之美，称神明之容。是故内圣外王之道，暗而不明，郁而不发，天下之人各为其所欲焉，以自为方。悲夫！百家往而不反，必不合矣！后世之学者，不幸不见天地之纯，古人之大体，道术将为天下裂。

此即春秋战国时期诸子百家竞起的政治背景与文化背景。大意是说，天下大乱，圣贤也不再是原来的圣贤，道德紊乱，人们各持己见，囿于一偏，以偏见代替真实，只相信自己的所见所闻。很显然，这是“不该不遍”的“一曲之士”，与真实世界相差太远。人们囿于一偏，各持己见，各为其所欲，各自按照自己的思路、判断行事，其结果当然是后来的学者再也看不到那个纯洁完美的世界，看不到古代圣贤为真理而求真理的意义与用心。于是乎，“古人之大体，道术将为天下裂”，“学”逐渐被“术”所取代，成为服务于各国的政治工具，不再是知识人为之献身的智慧，不再是“无用之用”。

伴随着政治上的分裂，由周天子一统天下向群雄割据过渡，周王室的影响力愈趋减小，官学中的人即便出于生存的本能需要，也要逐步脱离周王室而向诸侯国转移，更何况官学中的人大都潜存着一种“思以其道易天下”的思想倾向。故而我们看到，后世诸子，不论是儒家，还是道家、法家、刑名家等，只要留心追踪它们的思想起源和背景，莫不与西周官学有相当深切的关系。

从这个意义上说，诸子皆出于王官并无大错。章太炎《诸子学略说》指出：“当时学术相传，在其子弟，而犹称为家者，亦仍古者畴官世业之名耳。《史记》称老聃为柱下史，庄子称老聃为征藏史，道家固出于史官矣。孔子问礼老聃，卒以删定六艺，而儒家亦自此萌芽。墨家先有史佚，为成王师，其后墨翟亦受学于史角。阴阳家者，其所掌为文史星历之事，则《左氏》所载瞽史之徒，能知天道者是也。其他虽无征验，而大抵出于王官。”如果将章氏的这种说法放在西周的背景下来考察，我们觉得这种分析并无大错。

问题在于，西周官学向春秋末年私学的转化究竟通过了怎样的一条途径？包括章太炎在内的前辈学者与时贤似乎都略于分析，而直接认定是因为春秋末年私人公开讲学者蜂起，故而官学逐渐式微。确实，从已有文献看，大约在春秋末年与孔子的时代相当，私人公开聚徒讲学者并非孔子一人，而是一种时代风气。

据《论衡·讲瑞篇》记载：“少正卯在鲁，与孔子并。孔子之门三盈三虚，唯颜渊不去，颜渊独知孔子圣也。夫门人去孔子归少正卯，不徒不能知孔子之圣，又不能知少正卯，门人皆惑。”由此可知，当时不仅私人讲学蔚然成风，而且在聚徒讲学的过程中也出现了竞争。然而我们需要追问的是，孔子既然毕生汲汲待售，奔走公门，何以不像他的先辈们那样于学官中讨生活，何以万念俱灰不得已退而聚徒讲学呢？显然，这不是因为私学兴起而官学没落，恰恰相反，是官学的没落而导致了私学的兴起。这便是孔子所谓“天子失官，学在四夷”。也是时谚所谓“礼失求诸野”。由此我们推想当时的情况可能是，伴随周天子地位的下降，中央官学中的一些人纷纷离开周王室，或奔赴各诸侯国求仕，或回到民间潜心于学术。故而伴随这一转折，原在中央官学各司其职的人物，便将所学带到新的地区，于是随着形势的变化和发展，这些不同特色的学术流派便自然形成。

因此在一定意义上说，诸子百家的源头大概都在于王官，即官学，而官学的成立如前所述又是殷商遗民中的儒者。故而可以说，春秋战国时期的诸子百家，就其本质而言则是同源而殊流。

孔子的学术情怀与早期儒学的形成

说诸子同源而殊流，并非是毫无根据的猜测。由此继续延伸，既可明了早期儒学成立的文化背景与学术资源，也可对中国早期学术史的基本线索有一个通盘的说明与分析。长期以来，由于学术派别之间的尖锐对立以及疑古思潮的兴盛，包括儒学在内的诸子学的起源，迄今未得到很好的解答。欲探明儒学，以及其他学说的起源与流变，除了将材料建立在可信的基础上，另一个更为重要的要求便是要超越学术派别的门户之见，诸如儒道对立、儒墨对立，等等。

诸子起源于官

《汉书·艺文志》在谈到诸子起源时说："儒家者流，盖出于司徒之官"；"道家者流，盖出于史官"；"阴阳家者流，盖出于羲和之官"；"法家者流，盖出于理官"；"名家者流，盖出于礼官"；"墨家者流，盖出于清庙之守"；"从横家者流，盖出于行人之官"；"杂家者流，盖出于议官"；"农家者流，盖出于农稷之官"；"小说家者流，盖出于稗官。"

诸子的起源是否都如此，我们无意讨论，而于此看到的一个显著特点是，这些学说几乎清一色地起源于官。而这个"官"，既是西周的官学，也是周初儒者在建构和规范权力模式时所期望的各司其职。在规范之初，这些官的职责各不相同、各有侧重。但从时代需要的背景看，由于周初社会所面对的问题是如何建立以周天子为核心的道德本位的社会模式，故而这些官虽然各司其职、分工负责，但其目的与功能似乎都不外乎道德问题。在当时的社会背景下，道德问题说到底是礼制问题、名分问题，故而诸子学说的落脚点最终都将归入此类。

既然诸子的关切点都可归入道德与礼制，那么，不管他们后来的论点如何对立，立论的出发点都不可能南辕北辙，而是具有相似性乃至同源。以早期道家为例，不论其后来的著作如《庄子》《老子》怎样抨击道德与礼制，然唯因如此，也可从反面证明其关切点在于道德和礼制。据《史记·老子韩非列传》记载，道家始祖老子曾为周太史，显而易见为官学中的人物。此人是否即为后来《老子》的作者，当然还可以讨论。但作为太史，老子理所当然地对礼有相当精湛的研究。于是，“孔子适周，将问礼于老子”，便不是不可能的事。《史记》写道：“老子修道德，其学以自隐无名为务。居周久之，见周之衰，乃遂去。”于此既见老子的学术宗旨，也可进一步说明西周官学是怎样瓦解，以及私学是怎样兴起的。

孔子问礼老子

至于孔子适周问礼于老子之事，当在老子去周之前。司马迁记载此事说：

> 孔子适周，将问礼于老子。老子曰：“子所言者，其人与骨皆已朽矣，独其言在耳。且君子得其时则驾，不得其时则蓬累而行。吾闻之，良贾深藏若虚，君子盛德，容貌若愚。去子之骄气与多欲，态色与淫志，是皆无益于子之身。吾所以告子，若是而已。”孔子去，谓弟子曰：“鸟，吾知其能飞；鱼，吾知其能游；兽，吾知其能走。走者可以为罔，游者可以为纶，飞者可以为矰。至于龙，吾不能知，其

乘风云而上天。吾今日见老子，其犹龙耶！”

老子这段话的意思是，你所说的这些话，都是前人说烂的话头，毫无新意。学问之要在适时，“得其时则驾”，乘势而起；不得时则任凭本事再大，也无济于事，“蓬累而行”。早就听人说过，“良贾深藏若虚”，整天在街头玩耍的，不可能有什么真功夫；“君子盛德，容貌若愚”，智慧、品德，写在脸上的，肯定不是真智慧、真品德。我能够告诉你的，仅此而已。孔子闻言，深有所悟。

于此我们虽然可以看到老子愤世嫉俗的情怀和批评意识，但孔子既然向他问礼，这一事实本身便足以表明，老子必定对礼制与道德问题有相当研究。

这一点从《礼记·曾子问》中也可得到证明。孔子说，他曾从老聃助葬于巷党。有一天，“日有食之”。老子曰：“丘！止柩就道右，止哭以听变。”将灵柩停在路边，大家也不要再哭了，看看究竟发生了什么事。“既明反，而后行。”老子认为，如此才合乎礼俗。葬礼结束，孔子觉得哪儿不太对劲，于是问老子：“夫柩不可以反者也。日有食之，不知其已之迟数，则岂如行哉？”日食这种事情，谁也不知道会持续多长时间，与其停在路边静等，还不如继续前行呢！老子曰：“诸侯朝天子，见日而行，逮日而舍奠……夫柩不蚤出，不莫宿。见星而行者，唯罪人与奔父母之丧者乎！日有食之，安知其不见星也？且君子行礼，不以人之亲痁患。”老子的意思是，诸侯朝见天子，日出而行，日落而息。灵柩不早出，不会在日出之前就出殡，也不会在日落之后去下葬。披星戴月的，一定有其难言之隐，“唯罪人与奔父母之丧者乎”，“日有食之”，说不准就会遇到星星。最谨慎的做法，为丧家所想，就是防患于未然，停在路边等日食结束，不要给丧家留下更多的遗憾。这里不仅表明老子对礼的见识，也可概见孔子对老子的尊重。

这并不意味着孔子的儒学来源于老子，但于此我们看到的事实毕竟是，孔子的儒学就其实质而言是对老子的消极主义以及周王室彻底失望情绪的一种超越，他既批判性地吸收了老子对礼制的一些见解，又从根本上放弃消极主义和失望情绪。从这个意义上说，老子与孔子即使不构成师生关系，他们分别开创的早期道家与儒家也存在着某种亲缘关系。

换言之，作为周太史的老子，对道德与礼制都有深刻的理解与研究，在思想传统和学术渊源上似乎应属于殷商遗民中儒者的职业和学术遗传。但是，当他看到周王室日趋没落与衰败，自己既无力挽回其颓废的趋势，又不愿为周王室殉葬，故而遁去，且应关令尹之邀，著书上下篇，言道德之义五千言，并由此开启道家学派。而孔子对老子的思想加以批判性地改造与超越，终于创立了儒家学派。

孔子的使命：创建儒家学派

孔子创立儒家学派的过程至为复杂，其思想资源也绝非老子这一个源头。他主要得益于所处的鲁国的思想文化传统。鲁国在西周初年本是周公长子伯禽的封国，也是殷商遗民的主要聚居地。当伯禽就国之际，便将大批的典章文物带往鲁国，从而使鲁国在建立之始就有较好的文化氛围。后又鉴于周公的勋劳，当其去世之后，周王室允准鲁国破格使用天子礼乐祭祀祖先。《左传·昭公二年》记载："二年春，晋侯使韩宣子来聘，且告为政而来见，礼也。观书于大史氏，见《易》《象》与《鲁春秋》，曰：'周礼尽在鲁矣。吾乃今知周公之德与周之所以王也。'"我现在终于知道周公何以具有如此声望，知道殷之所以亡、周之所以兴的根本原因了。其实，于此我们也终于可以理解所谓"天子失官，官学在四夷"，以及"礼失求诸野"的确切含义。即这里的四夷、野等，并不是指周边的"夷狄"，而是指与周王室相对的诸侯国。由此也可体会鲁国的文化氛围对孔子创建儒家学派产生的巨大影响。

到了春秋时期，由于周王室的影响力日趋减小，西周初年所建立的礼乐制度几乎荡然无存，而鲁国由于特殊的历史背景与原因，遂在周王室衰微之后得以保存较为完整的西周典章制度和礼乐文物。在这种文化氛围中，孔子目睹列国交争，愈加感到西周以道德为本位、以天子为核心的典章制度与礼乐文物给人以肃穆庄重的感染力，从而对周初制度发出由衷的赞叹，并信誓旦旦地宣称："周监于二代，郁郁乎文哉！吾从周。"正是孔子面对现实而生发的思周情怀，才使他有条件据鲁而创立儒家学派。

儒家学派的创立是一个艰难而漫长的过程，它既不可能一蹴而就，更不可能发生在孔子的早年与中年，而是有一个酝酿、准备和形成的复杂过程，也与孔子本人精神境界的不断升华密切相关。他在生命的最后岁月，总结自己的思想进程说："吾十有五而志于学，三十而立，四十而不惑，五十而知天命，六十而耳顺，七十而从心所欲，不逾矩。"由此看来，孔子虽然在年轻时即已确立远大的抱负，但他在人生的进程中也因挫折而产生过迷惘和困惑，至于圣人境界的确立，只是他晚年生命的感悟，而儒家学派的创立也正是他晚年的事。

从孔子的家庭背景看，他的祖先相传也是殷商贵族，作为殷商遗民于周初迁往宋地。经过几百年的繁衍生息与变迁之后，当孔子生于鲁国时，他的家族久已没落已没有了贵族的气派，但因为遗传因素，孔子的身上多少还能体现殷遗民中儒者的气息。而且，由于孔子少年丧父，家境贫寒，他早年不仅得到严格的生活锻炼，而且得以继承殷商遗民中儒者代代相传的贱民职业，即帮人料理丧葬事宜。《论语·子罕篇》记载了孔子对其早年生活的回忆："吾少也贱，故多能鄙事。"所谓"鄙事"，似即孔子所说的"小人儒"，即以襄礼为职业的业儒。

艰辛的生活无疑促使孔子早熟，大概在十五岁，他就立志苦学，有志于以个人的奋斗改变"小人儒"的地位。经过一段时间的苦学和向高人如老子等人不断请教，孔子在三十岁之前已具有相当丰富的古代典章制度、礼仪文化方面的知识。因此，他敢自信地宣称自己“三十而立”。只是从职业与生活实际状况说，孔子只是立于“礼”，有了明确的世界观和人生观，但实际生活状况未有大的改善，故而我们相信《孟子·万章下》记载的情况：“孔子尝为委吏矣，曰：‘会计当而已矣。’尝为乘田矣，曰：‘牛羊茁壮长而已矣。’位卑而言高，罪也；立乎人之本朝而道不行，耻也。”也就是说，孔子在三十岁之前虽已确立了人生信念，但其生活之资似乎仍然来源于那些比较低贱的职业，即为人委吏、为人乘田。

孔子在三十岁时生活虽尚无太大改变，但由于他已确定了人生信念，故而在此后的生命历程中就有了不同于往昔的知识基础。当时，由于官学颓废，私学兴起，个人聚徒讲学已成相当风气。据说孔子在当时也已开始招收学生，以学生的那点“束脩”作为生活之资。当然，招收弟子、聚徒讲学绝不是孔子的终极目标，他在讲学的同时，也尽可能地介入政治。《史记·孔子世家》记载：“孔子年三十五，而季平子与郈昭伯以斗鸡故，得罪鲁昭公，昭公率师击平子，平子与孟氏、叔孙氏三家共攻昭公，昭公师败，奔于齐，齐处昭公乾侯。其后顷之，鲁乱。孔子适齐，为高昭子家臣，欲以通乎景公。”孔子有意介入齐国政治，也一度深得景公的赏识，景公欲以尼谿田封孔子。

此时齐国的执政者为晏婴，晏婴对儒者素无好感。他在景公身边挑拨说：“这些儒者能言善辩但不拘于法度，高傲自大且自以为是，因而也无法让他们亲民行政。这些儒者崇尚那些繁文缛节，丧礼铺张，葬礼尽厚。如此不可以成为值得推广的习俗。至于这些儒者不事生产，只会游说乞贷。让他们去治理国家，那还不是越治越穷。”晏婴强调，自从那些能臣贤相相继去世，周室既衰，礼乐残缺，盛世不再。现在孔子乘虚而起，盛容饰，制定了一套又一套礼乐制度，其心或不太坏，但功效不可能有用，太复杂了，太烦琐了，“累世不能殚其学，当年不能究其礼”。晏婴明白地告诉景公，“君欲用之以易齐俗”，恐怕并不是个好办法，那些底层老百姓整天为基本温饱而忙碌，哪有闲情逸致去理会这些锦上添花的事情。晏婴说得很可信，于是景公开始疏远孔子，孔子不得不去齐而返鲁。

齐国之行的后果对孔子来说当然不利，但此过程对孔子思想的进一步成熟起到了重要作用。他之所以敢说“四十而不惑”，主要基于他在三十至四十岁之间所介入的这次政治冲突。因为从已有资料看，孔子在此时期的政治经历只有这么一次可以言说。

四十至五十岁之间，孔子的政治作为依然不大。他在退居鲁国这几年里，鲁国政治极不清明，内部斗争不已，“陪臣执国政，是以鲁自大夫以下皆僭离于正道”。正是在这种混浊局面中，孔子深感在政治上无所能为，于是，“退而修《诗》《书》《礼》《乐》，弟子弥众，至自远方，莫不受业焉”，致力于讲学以及思想体系建构。

定公九年（前501），孔子年五十。鲁国内部争斗基本平息，已知天命的孔子应鲁定公之召出任中都宰一年，颇有成效，“四方皆则之”。后“由中都宰为司空，由司空为大司寇”，并一度“摄行”，即代理宰相事。据荀子说，孔子摄相七日，而诛杀鲁国乱政的大夫少正卯。“与闻国政三月，粥羔豚者弗饰贾；男女行者别于途；途不拾遗；四方之客至乎邑者不求有司，皆予之以归。”用现在的话说，孔子新官上任三把火，严厉整饬社会秩序、市场秩序。杀猪的、卖羊的，再也不敢哄抬物价；男女关系、人伦秩序，也按照孔子的价值理念重构，男女有别，差等有序。于是乎，秩序井然，路不拾遗，夜不闭户。四方游客再来鲁国，即便遇到困难、危难，也比较容易地向市场、社会，以及有关部门寻求支持和解决办法，而不再像过去那样，动辄惊动官府。“全能政府”似乎被孔子的“专业主义”给消解了不少。这应该是最早的“找市场而不是找市长”。显而易见，孔子治鲁效果并不太差，更不太坏。

孔子治鲁引起邻国齐人的恐惧，齐人称“孔子为政必霸，霸则吾地近焉，我之为先并矣。盍致地焉”。于是，齐国实施反间计，选派齐国美女八十人送给鲁定公。结果，鲁定公沉湎于女色，“怠于政事”。在鲁国已不可再有大作为，孔子只好周游列国，寻求可在政治上进行合作的君主。然而，或许因其主张不太合乎时君的口味，或许因为其他原因，总之，孔子在周游列国的过程中，不仅没有得到应有的尊重和任用，反而落得个如“丧家之犬”的处境。经过长达十四年之久的周游，孔子终于在暮年时返回故国，“然鲁终不能用孔子，孔子亦不求仕”。孔子时年业已六十八岁，这就是他所说的“六十而耳顺，七十而从心所欲，不逾矩”。

孔子返鲁之后，除了偶尔对现实政治发表一些议论或建议外，他基本上是坚持“只发言，不行动”的原则，而将主要精力都用于培养弟子，以及整理古代文化典籍等事业上。这样不仅使孔子学派日益壮大，“弟子盖三千焉，身通六艺者七十有二人”，而且使孔子有可能对中国古代典籍进行一次全面的清理，既保留了文化遗产，也为其学派的持续发展准备了足够的思想资源。故而从这个意义上说，孔子是在晚年一手开创了儒家学派，而不是在其早年和中年时期。

孔子是一个极其勤奋的人，又具有极高的天赋和深刻的思想见解。因此，当一生奔波无果，晚年返回鲁国后，他已相当清楚地知道自己已无法在现实政治上继续努力，自己的历史使命已不在于以政治活动来推动中国社会的发展与进步，而在于从儒家学术理论上总结过去，开辟未来，为中国社会的将来提供一种理论范式和结构模型。因此，孔子返回鲁国直至去世，他并没有因为政治上的失意而消沉。相反，他却以“不知老之将至”的勤勉态度潜心于整理古代文献和培养弟子，其结果不仅为儒学的发展奠定了基本的理论框架和人才储备，而且为中国社会的未来发展准备和提供了一套相当完整的智慧资源。后世中国之所以长期尊奉孔子，以及他所创立的早期儒学，最为重要的原因并不在于孔子的个人人格，而在于他在思想文化上的重要贡献，而孔子只是这种文化象征的符号。

相对于后世那些伟大的思想家来说，孔子并没有给我们留下什么皇皇巨著，更没有通过自己的著述活动去建构什么理论体系。孔子的思想贡献是通过那些具体入微的只言片语的讨论，通过那种“述而不作”的著述态度进行古代文献的整理，建立起一个包容万象的思想体系，为后世儒者对思想原典的诠释留下巨大的空间和思想余地。试想，如果孔子真的有系统且条理地著述，真的将各种原理、原则都做了详尽而周到的论述，那么后来儒学的发展或许就是另外一种样子了。故而孟子在讨论孔子的思想贡献时，强调孔子是“圣之时者”，是“集大成”，而不是以直接功利主义作为思维创造活动的唯一目的。

孟子说：“伯夷，圣之清者也；伊尹，圣之任者也；柳下惠，圣之和者也；孔子，圣之时者也。孔子之谓集大成。集大成也者，金声而玉振之也。金声也者，始条理也；玉振之也者，终条理也。始条理者，智之事也；终条理者，圣之事也。智，譬则巧也；圣，譬则力也。由射于百步之外也，其至，尔力也；其中，非尔力也。”

孟子最会骂人，比如骂墨子；孟子也最会夸人，比如，这里说到的几个人。他说伯夷是圣人之中的圣人，最为清高；伊尹是圣人中最负责任的圣人；柳下惠是圣人中最为随和的圣人；而孔子则是“圣之时者”，圣人中最识时务的圣人。而且，孟子说，孔子还集上述圣人的全部优点，“之谓集大成”。孔子金声、玉振，总是能够做到有起有伏，有始有终，有条有理，充分展示了智慧、技巧、力量。百步穿杨，百发百中，凭借的不仅是力，而且还有技巧、智慧、判断力。孔子的思想体系，既是对人类文明既往思想成就集大成式的总结和概括，也是不以直接功利主义为目的的思维创造活动。

这样说当然并不意味着孔子的学说就不具有功利的目的。事实上，孔子虽然毕生怀才不遇，但他对现实政治始终具有极高的热情和参与精神。不过，孔子的这种投入与参与，并不是以一己私利为目的，而是想实现自己的政治理想，达到治国平天下的至大目的。故而当他面对一连串的挫折时，也情不自禁地叹喟道："苟有用我者，期月而已可也，三年有成。"可谓雄心勃勃。

然而，孔子的理想在现实政治中并不曾得到实现，至于其中的原因，子贡曾做过分析："夫子之道至大也，故天下莫能容夫子。夫子盖少贬焉？"对于子贡的分析，孔子并不以为然，他说："赐，良农能稼而不能为穑，良工能巧而不能为顺。君子能修其道，纲而纪之，统而理之，而不能为容。今尔不修尔道而求为容。赐，而志不远矣！"子贡说，老师的学问宏通博大，无人可比，因而招人嫉妒，"天下莫能容夫子"。为什么不能稍微同流合污，出污泥而稍染，降低一点标准，为他人留点面子，也给自己留点方便呢？孔子听了不太高兴，正色直言："赐，好的庄稼人只管耕耘不问收获，能工巧匠可以做出精巧的作品，但他无法迎合或者说满足所有人的期望。同样的道理，一个好的读书人，深思远谋，为国家提出好的治国理念、方案，'纲而纪之，统而理之'，但谁也不能保证，他一定会遇到明君，遇到贤相，得到实施自己方案的机会。但是不要紧，好的终究是好的，好的终究会被人，至少是被历史认可。一个读书人要做的是始终如一地读书、求理、修道。至于结果，非我们自己所能把握。但赐，远大的理想，才是人生的灯塔。"

显而易见，孔子对现实政治的关怀并不以现实政治为目的，更不以能否见容于世、能否取得收获作为成功的标志。他的关怀之所在只是"修其道，纲而纪之，统而理之"，求得内心的平衡与无憾而已。故而当他面对现实政治的时候，所致力寻求的是志同道合者，"道不同不相为谋"，能仕则仕，不仕则隐，现实的荣华富贵对孔子来说都"如浮云"，不足道。这种明智的态度既是孔子最终成功的关键，也是他深得后世儒者高度崇拜的原因之所在。孟子说："孔子之去齐，接淅而行；去鲁，曰：'迟迟吾行也，去父母国之道也。'可以速而速，可以久而久，可以处而处。可以仕而仕，孔子也。"

基于这样一种认识，孔子从来没有把从政作为自己的唯一追求，尤其是当他遇到政治上的挫折时，便很容易在内心建立一种新的平衡，寻求新的人生支撑点。他宣称：“不怨天，不尤人，下学而上达，知我者其天乎！”将个人努力与客观实际效果分开，所强调的是尽人事，至于成功与否，那就不是个人的事了，而是在于天命。他将自己与历史上几个有类似遭遇的人进行比较之后说：“不降其志，不辱其身，伯夷、叔齐与！谓‘柳下惠、少连降志辱身矣，言中伦，行中虑，其斯而已矣’。谓‘虞仲、夷逸隐居放言，身中清，废中权’。我则异于是，无可无不可。”马融注曰：“亦不必进，亦不必退，唯义所在。”如果这种解释能够成立，那么可以说孔子从政的目的并不在于从政，而在于体现儒者应具备的社会良心和文化批判意识。

孔子的发明：借学术谈政治

在后世儒者看来，从政与从学一般应分为两个不同的领域，能仕则仕，不仕则隐，隐则学。将仕与学分为两截，并作为一种连续过程。这种见解实际上有违孔子的精神。从孔子的一贯主张看，他虽然在一定程度上主张学而优则仕，但他既不是把学作为仕的准备阶段，也不认为仕意味着学的中断。在他看来，学与仕只是形式的不同，从人生意义的关联而言，学与仕并无本质区别，而是人生意义不同形式的展开。有人曾问孔子，何不参与政治呢？孔子答道：“《书》云：‘孝乎惟孝，友于兄弟，施于有政。’是亦为政，奚其为为政？”这就将为政看作一种相当广义的生命连续过程。

鉴于此，当孔子明白在现实政治的道路上已不可能再有所作为的时候，他虽然一度表现为失望和消沉，但很快就寻求到新的人生支撑点。那就是以学术性的工作来实现自己梦寐以求的远大政治理想。据《史记·孔子世家》记载，孔子在晚年时曾说：“弗乎弗乎，君子病没世而名不称焉。

吾道不行矣，吾何以自见于后世哉？”那么，怎么办呢？稍经犹豫与困惑，孔子就毅然决定：“因史记作《春秋》，上至隐公，下讫哀公十四年，十二公。据鲁，亲周，故殷，运之三代。约其文辞而指博……贬损之义，后有王者举而开之。《春秋》之义行，则天下乱臣贼子惧焉。”

年复一年，孔子虽说不知老之将至，不愿服输，但岁月无情，他终于认识到现实政治的无可为、无法为，“弗乎弗乎”，难道就这样混吃等死，消磨时光吗？这显然也不符合孔子的价值观，君子更不愿死后悄无声息，更愿意精神永存，思想永在。

人生三不朽，立德、立功、立言。立德是内在修养，是内圣，是终生事业；立功是外王，讲究天时地利人和，具体到孔子“吾道不行矣，吾何以自见于后世哉”。因此，孔子以为行之有效的方式莫过于“因史记作《春秋》”，重写历史，解释历史，重构价值观，于是一部始自隐公元年，止于哀公十四年的鲁国史被孔子编撰完成。以鲁国历史为叙事的基本脉络，以周天子为正统，适度插叙故殷、三代的故事教训，“约其文辞而指博”，以自己独特的书写义例重塑历史价值，“吴楚之君自称王”，孔子作《春秋》贬之曰“子”；“践土之会”实际上是召周天子，孔子作《春秋》“为尊者讳”曰“天王狩于河阳”，以维持周天子的至上威望。孔子推此类以衡量古今历史现实，提供了一套新的价值标准，此即儒学史上津津乐道的“《春秋》笔法”“《春秋》义例”，寓褒贬于叙事之中，一字之差，天壤之别。

“贬损之义，后有王者举而开之。”孔子如此重视笔法义例的深层用意，其实也就是一句话：“让历史展现力量。”中国人至少在孔子时代还没有宗教信仰，无神无畏，那么什么才能让人有所畏惧，知道底线呢？孔子说，一切皆在《春秋》义例中，“《春秋》之义行，则天下乱臣贼子惧焉”。这句话，今天的中国人或许觉得可笑，因为统治者坚信“历史是胜利者书写的”，因而对书写的历史不再畏惧。其实，从大历史看，孔子的自信依然没有过时，依然是绝对真理。统治者相信“历史是胜利者书写的”，这句话本身就意味着统治者、书写者对历史的恐惧、敬畏与不安，总在担心历史的重写。

至于《春秋》的感召力是否真能使乱臣贼子畏惧，我们无意在此讨论。但由此可见，孔子的关怀并不是为学术而学术，而是带有浓厚的政治气息和政治色彩。在一定程度上可以说，这是孔子借助于学术手段而延续其政治生命。

借助学术以谈政治，是孔子的一大发明，也为后世儒者乃至整个中国知识分子开启了先河。它既是中国知识分子在政治上柔弱的突出表现，也是中国知识分子表达、宣泄自己政治情绪的一种主要方式。中国知识分子之所以异于西方知识分子，不愿在自然科学、技术科学上下功夫，恐怕都与这一特点密切相关。即从不以学作为终极目标，学而优则仕，能仕则仕，不仕则隐，隐则学。而这种学也不是为学而学，而是仕的延续，是仕途无奈之后的一种选择。从这个意义上说，孔子的学术情怀说到底仍然是其政治情绪的一种表现方式。因此，不论是研究孔子的思想，还是研究儒家学说发展史，甚至儒学史上那些貌似纯学术的枝节问题，究其初因与精神，恐怕或多或少都与现实政治有所关联，或是现实政治的学术证立，或是现实政治的学术解读与诠释。

孔子与儒家经典

孔子到了晚年潜心于授徒和整理古代文献。关于前者，相传他弟子三千，可谓贤者众多，人才济济；关于后者，相传儒家经典差不多都经过他的整理，“笔则笔，削则削”，不仅使孔子赢得了极高的名声，而且确实有助于中国古典文献的保存和流传。既为后世儒家提供了丰富的智慧资源，也为中华文化的发展与繁荣做出了划时代的贡献。同时，正是由于这些传世的儒家经典曾经过孔子的整理与诠释，因此在后世中国便具有至尊的地位，于是有人认为，“曾经圣人手，议论安敢道”。孔子成了圣人，儒家经典成了中国传统社会的最高法典，儒士便成了中国知识分子的别称和追求目标。学人以名列儒林为荣，著述以敷赞圣旨为贵，派别繁杂，训解浩瀚。

既然孔子的学术旨趣是“述而不作”，即对古典文献只是整理而不是创作，那么，在我们研究孔子与儒家经典之间的关系之前，便有必要对这些经典的主要来源做一简要的概述。

何谓经

儒家经典被称为“经”，那是孔子之后的事。但“经”字至迟在周代铜器铭文中就已经出现。《说文解字》说：“经，织从丝也。从系。”这应该是经的原初本意，引申发挥便有“经纬”“经营”等意思。《释名》说：“经，径也，常典也。如径路无所不通，可常用也。”这便是后来引申发挥出来的意思，显然也与儒家经典的地位早已提升有关。

至于书籍称经的起源，本有多种说法。章太炎在《国故论衡·文学总略》中认为，“书籍得名，实冯傅竹木而起”，如浮屠书以贝叶成书，以线连贯，故谓“经者，编丝缀属之称”。刘师培在《经学教科书》第二课基于《说文》的解释，以为古人见经多文言，于是“假治丝之义而锡以六经之名。即群书之文言者，亦称之为经，以与鄙词示异”。而皮锡瑞在《经学历史》中则认为，六艺之所以称之经，全因经孔子删定，“其微言大义实可为万世之准则”。但章学诚在《文史通义·经解上》则强调，所谓经，“则因传而有经之名，犹之因子而立父之号矣”。显而易见，这些解释或囿于《说文》本意，或陷入后世儒家的偏见，并无助于说明“经”之来源。

事实上，以“经”作为儒家经典的称谓，至少在战国末年就已出现，且并不仅仅限于儒家典籍，如《墨经》。而将儒家经典称之为经，始见于

《庄子·天运》：

> 孔子谓老聃曰："丘治《诗》《书》《礼》《乐》《易》《春秋》六经，自以为久矣，孰知其故矣；以奸者七十二君，论先王之道而明周召之迹，一君无所钩用。甚矣夫！人之难说也，道之难明邪。"
>
> 老子曰："幸矣，子之不遇治世之君也！夫六经，先王之陈迹也，岂其所以迹哉！今子之所言，犹迹也。夫迹，履之所出，而迹岂履哉！"

如果这段对话可信的话，那么所谓儒家六经，就是先王之陈迹，是先王嘉言懿行的档案记录。这些记录使人只知其然，而不知其所以然。换言之，所谓经，并不出于一人之手，孔子所治之六经，实际上都是先王们形成的档案文件。同时，由于这些档案文件无法道明所以然，于是又有后出的"释文"或"释义"，以解释这些档案文件，这种解释之文即称为"传"。故传与经是相对而成立，此中情形盖与前引章学诚的说法相似。

这些先王文献被称为经，本来并没有什么神秘的意味。然而后世儒者出于派别斗争的特殊需要，把这原本正常的称谓愈解释愈复杂，愈解释愈神秘。具有东汉政治法典意义的《白虎通义》释经为常，即"常道"，认为儒家经典蕴含永恒而不可变的真理。皮锡瑞在《经学历史》中也猜测："孔子删定六经之时，以其道可常行，正名为经。"段玉裁在《说文解字注》中也说："织之从丝谓之经，必先有经而后有纬，是故三纲五常六艺谓之天地之常经。"孔广森《戴氏遗书序》更是说："北方戎马，不能屏视月之儒；南国浮屠，不能改经天之义。"显然，此种种说法，都缺少真实根据，且具有浓厚的神秘色彩，并不足以明了经之起源。

其实，如果从儒家经典的主要来源看，这些著作并不带有丝毫的神秘意味。我们知道，中国文明的起源相当早，文字的发明与使用也在孔子之前一个相当久远的年代。据《左传·昭公十二年》记载，王曰："是良史也，子善视之！是能读《三坟》《五典》《八索》《九丘》。"据历代学者的研究，这里的《三坟》是伏羲、唐尧、虞舜之书；《八索》是有关八卦的最早的书；《九丘》为九州土地、风气之书。至于这些书是否具有那么久远的历史，我们不必全信。但由此而得到的启示是，中国古代典籍的起源确实很早，而且有些也确实流传到了孔子的时代。因此，从这个意义上说，孔子之时，中国文化虽然因周王室的衰微而面临着深刻的危机，但各种古典文献的存在既为一种客观的事实，也为孔子对古典文献的整理提供了条件与可能。

何谓六经

《史记·孔子世家》说："孔子之时，周室微而礼乐废，《诗》《书》缺。追迹三代之礼，序《书传》，上纪唐虞之际，下至秦缪，编次其事。"由此可见，孔子对《书》的整理主要是凭借当时所能征集到的古典政事文献。从今存《尚书》看，所谓《尧典》《舜典》《大禹谟》《皋陶谟》等，我们固然不必将之视为真实的历史文献，但其成文则绝对在孔子之前。

我们知道，殷因于夏礼。殷人的制度基本上是从夏制演变而来。因此，夏人的情况我们虽然目前尚不清楚，但从已知殷人的状况大体可以推断。据甲骨文的研究成果可以知道，殷王室已有专职的史官，卜辞中的贞人就部分地充当着这种角色。他们的职责就是记录王室的各项活动，工作细则犹如《礼记·玉藻》所说，"动则左史书之，言则右史书之"，或如《汉书·艺文志》所说，"左史记言，右史记事"。但不管怎样，他们所记录下来的这些言与行，可能就是我们今天尚能看到的《尚书》，也是孔子当年所凭借的文献。

和《书》的情况略相似的是《春秋》。孔子之前的《春秋》绝不止我们目前所能见到的这一种。真实的情况可能是，《春秋》是西周末年以来各诸侯国所形成的档案文件，在性能上与今存《尚书》相似，但在分工上可能因孔子的整理而与《尚书》各有侧重。故而我们看到，《尚书》以夏商周三代时间为序汇编文件，而《春秋》以鲁国的活动为主线记载各国交争与来往的情况。当然，此《春秋》业经孔子整理，并非原貌。孔子之前的《春秋》可能像孟子所说的那样："王者之迹熄而《诗》亡，《诗》亡然后《春秋》作。晋之《乘》，楚之《梼杌》，鲁之《春秋》，一也：其事则齐桓、晋文，其文则史。孔子曰：'其义则丘窃取之矣。'"

按照一般的文明发展规律，往圣前贤那些激动人心的往事被人们逐渐淡忘了，记录这些英雄故事的诗歌也就完成了自己的使命。然后，真正的历史开始出现。《春秋》之作也不是一个孤立的文化现象，晋国的《乘》、楚国的《梼杌》，书名虽然与鲁国的《春秋》不一致，但其内涵、意义，则无二致。所记的事情，不外乎齐桓公、晋文公那些英雄故事，其文本则建构了一段一段不凡的历史叙事。最后，孔子谦逊地表示，自己在《春秋》中发凡起例，制定的那些叙事方式、方法，其实也不是无中生有，而是充分汲取了《乘》《梼杌》等前贤先进的贡献。

当时诸侯国类似于《春秋》的档案文件远不止今本《春秋》，差不多各诸侯国都有类似的档案文件。孔子称曾见过一百二十国《春秋》，墨子也夸口"吾见百国《春秋》"。如此等等，或许都是事实。

《书》《春秋》之后再看《诗》。今存《诗经》是中国最早的一部诗歌总集，共三百零五篇，分风、雅、颂三类。其中有庙堂之诗、卿大夫之诗，也有民间诗歌。它们所反映的时代从西周初年到春秋中叶，但在孔子之前却不是这种状况。司马迁在《史记·孔子世家》中说："古者《诗》三千余篇，及至孔子，去其重，取可施于礼义，上采契、后稷，中述殷周之盛，至幽厉之缺。始于衽席，故曰'《关雎》之乱以为《风》始，《鹿鸣》为《小雅》始，《文王》为《大雅》始，《清庙》为《颂》始'。

三百五篇孔子皆弦歌之，以求合《韶》《武》《雅》《颂》之音。礼乐自此可得而述，以备王道，成六艺。”

《诗经》《春秋》之外，为《礼》《乐》《易》。《礼》《乐》的情况我们在谈到周公制礼作乐时已做过分析，孔子整理时所凭借的原本或许正是西周初年以来形成的那些东西。至于《易》，情况则相对复杂些。前已提及的《八索》似乎是《易》八卦之源头或雏形，起源似应很早，主要为占筮的功能。《汉书·艺文志》在谈到《易》的演变时说：“《易》曰：‘宓戏氏仰观象于天，俯观法于地，观鸟兽之文，与地之宜，近取诸身，远取诸物。于是始作八卦，以通神明之德，以类万物之情。’至于殷周之际，纣在上位，逆天暴物，文王以诸侯顺命而行道，天人之占可得而效。于是重《易》六爻，作上下篇。孔氏为之《彖》《象》《系辞》《文言》《序卦》之属十篇。故曰《易》道深矣。人更三圣，世历三古。”这种说法虽然不见得全为历史事实，但其大要确实反映了《易》在成书之前的主要演变。换言之，伏羲作八卦或许是古代先民的一种传说，或许就是远古以来相传的《八索》，但这种八卦或八索到了殷周之际确乎有了重大变化，其表征便是由文王演为六十四卦，并作卦辞和爻辞。

文王作《周易》的说法由来已久。司马迁《报任安书》就以为“文王拘而演《周易》”，想必太史公不至于在如此重大的问题上毫无根据。《系辞》也说：“《易》之兴也，其当殷之末世，周之盛德邪？当文王与纣之事邪？”虽为推测之词，但基本与太史公的说法相似，以为《周易》基本成形于殷周之际。

当然，这样说并不意味着否认《周易》在此后没有被增饰和修改。从《周易》本身的性质看，由于它主要的功能是占卦，故而当殷周之际由八卦演为六十四卦之后便不可能不经过更多人的实践与检验，于是我们看到在《周易》卦爻辞中所记载的那些故事，有的就出于文王、周公之后，这显然是后人为验证《周易》的功能而增加进去的。总之，在孔子之前，

《周易》的基本结构已经具备，而且因实践的发展，还出现了许多对《周易》原理的解释，所有这些都是孔子整理《周易》时的基本素材。这一点便决定作为六经之首的《周易》，实际上和其他五种典籍具有极为相似的地方。

孔子与六经

当我们基本明了儒家经典的主要来源之后，便有可能进一步探讨孔子与六经的关系，并进一步明了孔子在儒学发展史及中华文明史上何以占据如此重要的地位。

孔子与六经的关系极为复杂。一是因为史阙有间，无足够的资料填补并重建这段历史；二是因为儒家学派内部的门户之争，使这一原本可以不必讨论而默认的问题更趋复杂化。西汉的经学家与以后的今文经学派差不多都认定儒家六经皆经孔子删定，有孔子然后有六经，孔子之前无所谓经。皮锡瑞在《经学历史》开头便说："经学开辟时代，断自孔子删定六经为始。孔子以前，不得有经；犹之李耳既出，始著五千之言；释迦未生，不传七佛之论也。"在他看来，孔子之所以删定六经，并不是要整理所谓古代文献，而是借助于学术手段寄托高远的政治理想。皮氏写道："读孔子所作之经，当知孔子作六经之旨。孔子有帝王之德而无帝王之位，晚年知道不行，退而删定六经，以教万世。其微言大义实可为万世之准则。后之为人君者，必遵孔子之教，乃足以治一国；所谓'循之则治，违之则乱'。后之为士大夫者，亦必遵孔子之教，乃足以治一身；所谓'君子修之吉，小人悖之凶'。此万世之公言，非一人之私论也。孔子之教何在？即在所作六经之内。故孔子为万世师表，六经即万世教科书。"显而易见，今文学者的这些说法即便与孔子当时的内在心情相合，也不免立论过于偏激，极易招致反对者的诘难和批评。

东汉之后，古文经学者依据孔子的学术自述，即"述而不作，信而好古”，推断孔子只不过是把前代已有的史料加以系统整理以传后人，保存古代文化而已。因而，孔子只不过是一个继往开来的史学家，他所整理的那些古代文献并没有微言大义和理论建构。他们一般认为，儒家六经皆为周公旧典，如果一定要推定儒学开创者的话，那也只能是周公而非孔子。

确实，后世的所谓儒家六经并不是到了孔子之时才出现，而是先前已有的文献。问题在于，这些先前已有的各种文献是否经过孔子的整理？如果回答是肯定的，那么孔子在整理时究竟做过怎样的工作？是否使之蕴含深奥且难以理喻的微言大义，是否真的寄托着他托古改制，以及为万世开太平的深意？

孔子据已有旧典整理为六经，原本是一个不必争议的说法。

司马迁在《史记·孔子世家》中已说得相当明白：

> 孔子之时，周室微而礼乐废，《诗》《书》缺。追迹三代之礼，序《书传》，上纪唐虞之际，下至秦缪，编次其事……故《书传》《礼记》自孔氏。
>
> 孔子语鲁大师：“乐其可知也。始作翕如，纵之纯如，皦如，绎如也，以成。”“吾自卫反鲁，然后乐正，《雅》《颂》各得其所。”
>
> 古者《诗》三千余篇，及至孔子，去其重，取可施于礼义，上采契、后稷，中述殷周之盛，至幽厉之缺……三百五篇孔子皆弦歌之，以求合《韶》《武》《雅》《颂》之音。礼乐自此可得而述，以备王道，成六艺。
>
> 孔子晚而喜《易》，序《彖》《系》《象》《说卦》《文言》。读《易》，韦编三绝。曰：“假我数年，若是，我于《易》则彬彬矣。”
>
> 孔子以《诗》《书》《礼》《乐》教，弟子盖三千焉，身通六艺者七十有二人。

……

子曰："弗乎弗乎！君子病没世而名不称焉。吾道不行矣，吾何以自见于后世哉？"乃因史记作《春秋》，上至隐公，下讫哀公十四年，十二公。据鲁，亲周，故殷，运之三代。约其文辞而指博。

如果司马迁的描述确有根据的话，那么，孔子与六经的关系便已相当明白，即《诗》《书》《礼》《乐》基本是据旧典整理而成，《易》《春秋》也是如此，只是更着意下了一番功夫而已。

然而到了近代，特别是随着疑古学派的崛起，开始有人对司马迁的记载表示怀疑，极端如钱玄同者甚至从根本上否认孔子与六经之间的关系。他于1923年在《答顾颉刚先生书》中认为："第一，孔丘无删述或制作六经之事；第二，《诗》《书》《礼》《易》《春秋》，本是各不相干的五部书（《乐经》本无此书）；第三，把各不相干的五部书配成一部而名为六经的缘故，我以为是这样的：因为《论语》有'子所雅言，《诗》、《书》、执礼'和'兴于《诗》，立于礼，成于乐'两节，于是生出'孔子以《诗》《书》《礼》《乐》教'（《史记·孔子世家》）之说……又因为孟轲有孔子作《春秋》之说，于是又把《春秋》配上……第四，六经的配成，当在战国之末……第五，自从六经之名成立，于是《荀子·儒效篇》《商君书·农战篇》《礼记·经解》《春秋繁露·玉杯篇》《史记》（甚多）《汉书·艺文志》《白虎通》等，每一道及，总是六者并举，而且还要瞎扯了什么以五常、五行等等话头来比附。"

对于钱氏的见解，周予同有相当中肯的批评。他在《六经与孔子的关系问题》一文中指出："钱氏从疑古派的怀疑精神出发，全盘否定了六经同孔子有关系的说法。他的见解，自然不好说全不对，比如，关于《诗》《书》性质的判断，就有道理。但总的看来，他的怀疑的立足点，却很成问题。就是说，钱氏对这个问题先存否定的意见，然后在古代文献中去寻找论证来替自己的观点张目，这就不免陷入主观主义。何况《论语》本身也还有学派和传本的问题要仔细解决，并不是字字句句都可信据。拿现行的《论语》来作为判断是非的标准，从而断定六经与孔子无涉，《荀子》《史记》等书的记载都是瞎扯，岂非也有武断之嫌吗？所以，钱氏的主张，表面上同所谓六经悉为孔子所作的主张完全相反，其实都各执一偏，不足为据。”

诚哉斯言！当我们没有足够的证据否认孔子与六经的关系时，如果仅仅出于主观目的的需要，即如钱氏所说“我以为不把六经与孔子分家，则孔教总不容易打倒”的话，那么，我们实际上在犯主观臆断的错误。孔子整理六经是秦汉学者比较一致的看法，至于他整理的程度如何、方法怎样，我们当然可以讨论，但不必从根本上怀疑孔子整理过六经这一事实。

这样说当然并不意味着我们同意今文经学者的说法，以为孔子在整理六经之前或之时，即建立一种理论架构，期望以六经的分工负责为万世开太平。真实的情况可能是，孔子在生命过程的不同阶段，或出于教学授徒的需要，或出于个人爱好（如对《周易》），确曾致力于古典文献的分类整理，删重去复，形成定本。同时，由于当时尚无印刷技术和纸张，这些经孔子整理的定本也只是在孔门弟子中流传，并没有大范围地传播。

至于孔子在整理儒家经典特别是所谓六经时的指导思想，我们还是相信孔子的自述，即“述而不作，信而好古”，就是尽量保持古代历史文献的面貌，一般轻易不做改正，更不会借题发挥，使之蕴含己意。当然，孔子的这个原则也不是没有例外，比如《春秋》，可能因为当时《春秋》的不同版本或原始档案委实太多，孔子在《春秋》的加工整理上不仅投入很大的精力，而且实际上可能有违他所坚信的“述而不作”的原则。所以当《春秋》成书之后，孔子一再宣示：“后世知丘者以《春秋》，而罪丘者亦以《春秋》。”这表明他对整理后的《春秋》似乎没有足够的把握和自信。

《春秋》的整理只是孔子“述而不作”的著述原则的一个变例。同时，我们对“述而不作”的原则也不能做过分机械的理解。而且，这一原则只是就古典文献的整理而言，并不是作为学者的孔子毕生所要遵守的学术原则。不然，孔子除了整理加工过那些经典外，应该毫无一字之著述。显然，这是不可能的。事实上，孔子是一个相当勤奋的人，他到晚年读《周易》还韦编三绝，那么在他毕生之读书生涯中还应该留下一些读书心得、笔记之类的东西。因此，我们相信孔子序《书传》、序《周易》，作《春秋》等，即便不可能都是历史事实，但与事实也不可能相差太远。

聖迹圖

（部分）

仇十洲 绘

文徵明 书

图 1　祷尼山图

图 2　麒麟玉书图

图3　为委吏图

图4　昭公赐鲤图

图 5　为乘田吏图

图 6　问礼老聃图

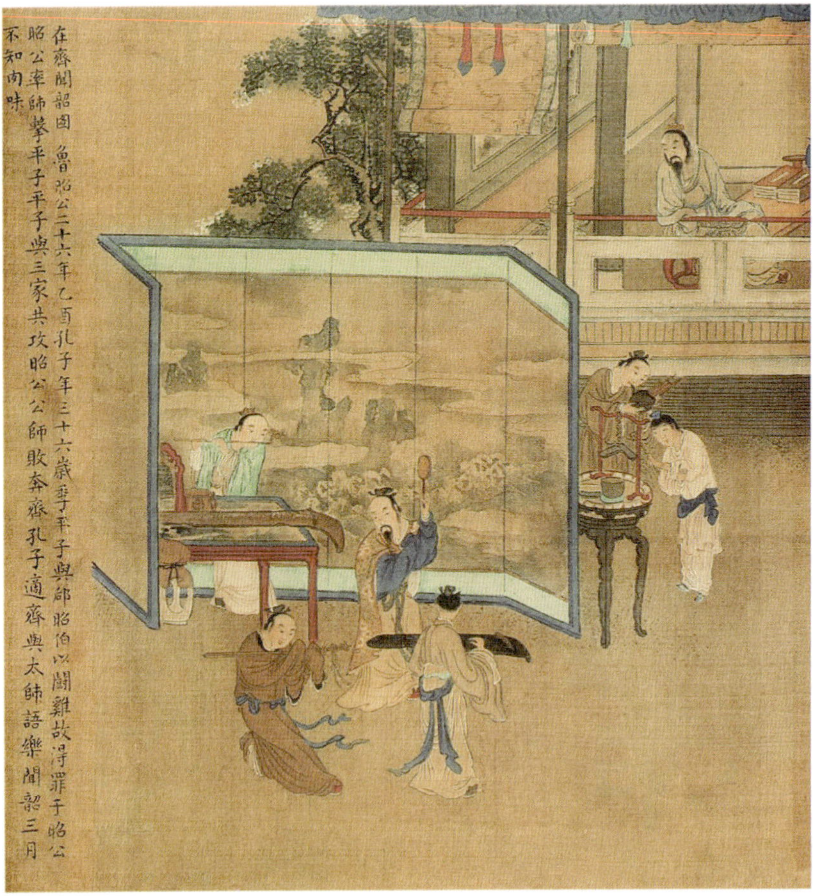

在齊聞韶圖　魯昭公二十六年乙酉孔子年三十六歲季平子與郈昭伯以鬭雞故得罪于昭公昭公率師擊平子平子與三家共攻昭公公師敗奔齊孔子適齊與太師語樂聞韶三月不知肉味

图 7　在齐闻韶图

學琴師襄圖　魯昭公十九年戊寅孔子年二十九歲聞師襄善琴適晉學之十日不進襄子曰可
以益矣曰未得其數也有間曰可以益矣曰未得其志也有間曰可以益矣曰未得其人也有間
曰有所穆然深思焉有所怡然高望而遠志焉曰丘得其為人黯然黑頎然長眼如望洋
非文王誰能為此也襄子避席再拜曰師蓋云文王操也

图 8　学琴师襄图

图 9　晏婴阻封图

图 10　退修琴书图

墮三都圖 魯定公十二年癸卯孔子年五十四歲孔子言於定公曰臣聞家不藏甲大夫無百雉之城
古之制也今三家過制請損之是歲墮三都

图 11　堕三都图

图 12　去鲁图

图 13　围匡图

图 14 击磬图

图 15 子见南子图

图 16 习礼树下图

图 17 累累说圣图

图 18 灵公问陈图

图 19 问津图

图 20　楚王使聘图

在陳絕糧圖　魯哀公六年孔子年六十三歲楚昭王使人聘孔子孔子將往陳蔡大夫謀曰孔子用于楚
則陳蔡危矣於是發兵圍孔子不得行絕糧七日外無所通從者病莫能興

图 21　在陈绝粮图

图 22　接舆狂歌图

图 23　删述六经图

西狩獲麟圖 魯哀公十四年庚申孔子年七十一歲西狩獲麟叔孫氏之車士曰鉏商采薪于大野獲麟
焉折其前左足載以歸叔孫以為不祥棄之郭外使人告孔子孔子曰麟之至為明王也出非其時
而見害吾是以傷之

图 24　西狩获麟图

图 25　赐药图

图 26　子贡庐墓图

附录

儒学人物小传

孔子（前 551—前 479），名丘，字仲尼，鲁国陬邑（今山东曲阜东南）人。春秋末期思想家、政治家、教育家，儒学创始者。

孔子是中国知识人的精神导师，不论后世人信奉什么样的学说，无不以孔子为先知。历代尊奉他的人自不必说，直至今日仍有很多。即便是反对者，不论秦朝还是当世，一旦将目标锁定孔子和他开创的儒家，也就等于承认了孔子罕见的地位。反对一定有反对的理由，批判本身就表明被批判者的价值，批判愈烈，价值愈高，古今中外，概莫能外。

孔氏家族，大约是中国历史上唯一一家血统纯正、纯洁的家族。因为历代统治者除极少数外，无不对孔氏家族给予充分的政治保护，无不歆羡圣人的荣光。这使得孔氏家族在中国历史上保有近乎唯一的连续性，七十余代连绵不断，而保护孔氏家族的那些帝王，没有一家得以延续。

第三章

孔子之后的儒学分化

孔子对传世古代典籍的整理，在客观上有助于儒家思想体系的形成和儒家学派的诞生，为儒学在其之后的发展提供了相当的生存空间和智慧资源。从另一方面看，孔子虽然在讲学的生涯中集聚了数千名弟子，但由于他毕生郁郁不得志，他的及门弟子在其生前也并没有太大作为，只不过是环绕着孔夫子论学论政而已。因此，孔子去世后，无一人可以担当凝聚、维系孔门弟子的重任。孔门弟子遂作鸟兽散，纷纷建立自己的学术门户和人事圈子。儒学的发展就此分化、分裂。从更为久远的利益看，这种分化与分裂显然在客观效果上也是为儒学进一步发展造势，尽管这种造势也不无负面影响。

孔门弟子的分化

分化端倪：弟子学有所长

孔门弟子的分裂是孔子去世之后的事。在孔子生前，孔门弟子虽然相互之间也存在不少矛盾，但因为孔子个人人格的感召力，孔门弟子相对说来还是一个比较团结的集体。顾颉刚在《春秋时代的孔子和汉代的孔子》中说："孔子是一个有才干的人，有宗旨的人，有热诚的人，所以人望所归，大家希望他成为一个圣人，好施行他的教化来救济天下。在孔子成名以前原已有过许多民众的中心人物，如宋国的子罕、郑国的子产、晋国的叔向、齐国的晏婴、卫国的蘧伯玉都是。但是他们一生做官，没有余力来教诲门弟子。惟有孔子，因为他一生不曾大得志，他收的门弟子很多，他的思想有人替他宣传，所以他的人格格外伟大。自孔子没后，他的弟子再收弟子，蔚成一种极大的势力，号为儒家。”于此可知，孔门势力之强大，除了客观环境使然外，实与孔子的个人人格有着莫大的关系。

孔子毕生有心为政而不果，只好广收门徒从事教育。正是他们如众星拱月般地推崇孔子，也正是他们一传再传彰扬光大孔子的学说。可以设想，假如孔子没有这些忠实的弟子，他个人或许依然可以成为圣人，但其学说则未必能如后来那样流传久远与广大。

当然，这数千名弟子并不是同时师事孔子，否则按当时的物质条件去推想，这些人的饮食起居似乎都将成为重大问题。真实的情况可能是，这些弟子在孔子生命的不同阶段师事孔子，早期弟子与晚期弟子或许不曾接触或不曾谋面。而他们所接受的教育、所受到的孔子的影响，也应该随着孔子思想境界的演进而有所不同，或各有所长。

按照孔子晚年的自我评价，在他这些及门弟子中，如若粗略分类，大概可以分为这样几种状况：一是在德行方面表现出众的，如颜渊、闵子骞、冉伯牛、仲弓；二是在政事方面颇为出众的，如冉有、季路；三是在言语方面成就出众的，如宰我、子贡；四是在文学方面可堪造就并有突出成绩的，如子游、子夏。至于其他一些颇负盛名的弟子，孔子的评价是：柴（高柴）也愚，参（曾参）也鲁，师（子张）也辟，由（子路）也喭，回（颜回）也其庶乎，屡空。赐（子贡）不受命而货殖焉，亿则屡中。看来都是各有所长，亦各有所短。

因为孔子对这些及门弟子出众者有真切的认识和了解，故而在对弟子们的教育与训练中，便格外注意因材施教，注意培养学有专长、术有专精的专门人才。他说：“中上之人，可以语上；中人之下，不可以语上也。”因此，我们从现有文献中不难发现，孔子就同一问题，在不同场合，或因面对的对象不同，解释与回答的侧重点一般也不同。这样一来，不仅孔子的教育方法颇富个性与特色，而且对我们将要讨论的问题来说也就比较容易理解了。也就是说，孔门弟子之所以学有专长、术有专攻，除了他们的天赋、个性等原因外，也与孔子的因材施教、分别培养密切相关。更进一步说，孔门后学在学术上的分野与分化，除了外界环境使然外，恐怕也与孔子的这一教育方法有或多或少的关联。

这样说，是否意味着孔子在教学内容上对弟子们分别对待，或有高低不同的差别呢？根据比较可信的记载，孔子整理的那些经典主要是用来教授弟子的，弟子们所使用的“课本”恐怕都是经孔子删定的那些文献。《史记·孔子世家》说：“孔子以《诗》《书》《礼》《乐》教。”“孔子以四教：文、行、忠、信。绝四：毋意、毋必、毋固、毋我。所慎：齐、战、疾。子罕言利与命与仁。不愤不启，举一隅不以三隅反，则弗复也。”凡此种种，都可证明孔子在对弟子们进行因材施教的同时，依然有着共同的原则和教学内容。换言之，孔子在对弟子进行教育时，一方面遵循某些共同的原则和价值准则，从而使这些弟子具有共同的信仰和价值标准，而这些信仰与标准便是他们之所以成为孔学传人和成就早期儒家集团的内在原因；另一方面，孔子格外注意弟子们的个性与天赋，在进行共同教育的同时，也根据弟子们的不同情况而有所区别对待。

基于后一个考虑，我们看到孔门弟子在孔子生前虽不曾另立门户，但事实上这些及门弟子由于学有所长、术有专攻，为儒家的后来发展与分化埋下了伏笔。陶潜在《圣贤群辅录》中说：“颜氏传《诗》为道，为讽谏之儒；孟氏传《书》为道，为疏通致远之儒……公孙氏传《易》为道，为洁净精微之儒。”这种说法虽然晚出，并不具有可靠的史料价值，不必尽信。但揆诸情理，我们应该相信孔子的及门弟子之所谓学有专精，正是指他们各人守一个或几个学术领域，从事某一项或几项专门研究。刘师培在《经学教科书》中据秦汉时的文献分析孔门情况说：“孔子弟子三千人，通六艺者七十二人。故曾子作《孝经》以记孔子论孝之言；子夏诸人复荟集孔子绪言纂为《论语》，而六经之学亦各有专书，《易经》由孔子授商瞿，再传而为子弓，复三传而为田何；《书经》之学由孔子授漆雕开，然师说无传，惟孔氏世传其书，九传而至孔鲋；《诗经》之学由孔子授子夏，六传而至荀卿……《春秋》之学自左丘明作传，六传而至荀卿……《公》《穀》二传咸为子夏所传，一由子夏授公羊高……一由子夏授穀梁赤……《礼》《乐》二经，孔门弟子传其学者尤不乏其人，如子夏、子贡皆深于《乐》，曾子、子游、孺悲皆深于《礼》，六国之时传《礼经》者复有公孙尼子、王史氏诸人，而孔门弟子复为《礼经》作记（如子夏作《丧服记》是），又杂采古代记礼之书以及孔子论礼之言，依类排列，荟萃成书（即今《大戴礼》《小戴礼》是）；而子思作《中庸》，七十子之徒作《大学》……又子夏之徒赓续《尔雅》，以释六经之言。"

刘师培的这些排比，虽然于细节也不可尽信，但它足以说明儒学在后来的发展与分化绝不是偶然。就其学术渊源而言，实得益于孔子的因材施教，以及孔门弟子的学有所长、术有专精。

分化发生：孔门弟子新领袖

如前所述，由孔门弟子的基本状况已可看到儒学必然分化的端倪。但这种分化毕竟是孔子去世之后的事。公元前 479 年，即鲁哀公十六年，孔子走完七十三年的坎坷道路，溘然长逝。据《史记・孔子世家》及相关资料记载，孔子葬于鲁城北大约一里远的泗上，墓地大小约百亩。按照当时通行的儒家礼制，孔门弟子皆服丧三年。又三年心丧毕，相诀而去，各奔东西，各谋营生，各复尽哀。唯子赣，即孔门最著名的弟子子贡，久久不愿离去，他筑庐于孔子墓冢附近，继续为孔子守墓。凡六年，然后去。孔门弟子及鲁人自愿为孔子守墓者百有余室，因而后来此处被命名为"孔里"。"鲁世世相传以岁时奉祠孔子冢，而诸儒亦讲礼乡饮大射于孔子冢。"显而易见，孔门弟子虽然学有不同，但出于对孔子的同样尊敬，估计他们在为孔子服三年之丧、守三年心丧的时候，可能尚未发生别立门户等分化现象。

孔门后学的分化大概发生在弟子为孔子服三年之丧结束时或之后。据《孟子·滕文公上》记载，孔门弟子为孔子服丧三年快要结束时，“治任将归”，相继与同门子贡告别，相向而哭，然后归。子贡返，筑室于场，独居三年，然后归。至此似乎也没有什么异常发生。但是有一天，孔门弟子子夏、子张、子游似乎太思念孔子了，太需要一个像孔子那样的人带领他们继续前行了，他们别出心裁地以为同门有若长得很像孔子，遂决定像尊奉孔子那样去尊奉有若。他们如果自己私下这样做了也就算了，让有若扮演孔子的角色，以满足他们的心理需求。然而子夏、子张、子游三人不甘于此，他们要求在孔门中极富声望的曾子参与，以壮声势。曾子坚决反对：“不可，江汉以濯之，秋阳以暴之，皓皓乎不可尚已。”

本来，按照孔子生前形成的基本格局，在他死后，孔门弟子作为一种利益集团或学术团体，似不必也不会发生太大的分裂。子贡即使没有担当孔门领袖的资格和能耐，但他毕竟是孔子晚年最得意的门生，二人之间的深厚情意也有助于子贡在孔子死后团结维系孔门弟子。据《史记·孔子世家》记载：“孔子病，子贡请见。孔子方负杖逍遥于门，曰：‘赐，汝来何其晚也？’”显然，孔子对子贡寄予了相当的期望。

或许正是基于这种原因，以及子贡超越其他弟子的治事能力，我们看到，在孔子死后，孔子的丧葬之事似乎也由子贡主持和料理。他还批评鲁哀公为孔子致悼词并不合乎情理，以为“生不能用，死而诔之，非礼也；称余一人，非名也”。而且筑室于场，为孔子守六年之丧。因此，当其他弟子守丧三年将归之时，皆入揖于子贡，相向而哭。于此我们感到，尽管子贡没有名正言顺地举起孔门“帅旗”，但其在孔门弟子中的突出地位似乎也已基本确定。

然而出人意料的是，当子贡的地位逐渐确立、孔门之内也没有发生太大问题的时候，子夏、子张、子游等人却以有若的外在形象似孔子，欲以所事孔子事之。显而易见，这是一场不动声色的政变，他们期望以有若取代子贡将要获得的“盟主”地位。是什么原因促使他们这样做呢？欲明白个中奥秘，至少要从两方面分析。

从子贡方面说，由于其“利口巧辩”，性格使然，“喜扬人之美，不能匿人之过”，似乎在某些场合得罪过子夏等人。尤其可能的一种情况是，在子贡的地位于孔子死后逐步上升的过程中，他过于忽略了子夏等人的存在，似乎遇事并不愿意与子夏等人商量，因而引起子夏等人的反感，遂欲以有若取代子贡。另一方面，如果从子夏等人的立场来观察，他们对有若的推举，除了出于对子贡的反感外，似乎也与孔门弟子的凝聚力日趋衰弱有关，他们推举“貌似圣人”的有若作为“盟主”，以期重振孔门声威。

子夏、子游、子张等人的建议并没有得到曾子的响应和支持。其中的原因，除了前述那些冠冕堂皇的理由外，似乎也和曾子与他们之间的微妙关系有或多或少的联系。我们知道，曾子虽是孔门弟子中谨遵师说的忠诚弟子，但他和子张、子夏等人的关系并不是非常密切。《论语·子张篇》记曾子曰：“堂堂乎张也，难与并为仁矣。”表面上曾子对子张似乎很推崇，但实际上也不无贬损之意。至于对子夏，《礼记·檀弓》和《论衡·祸虚篇》都记载曾子指责子夏之事。

> 子夏丧其子而丧其明。曾子吊之，哭。子夏曰：“天乎，予之无罪也！”曾子怒曰：“商，汝何无罪也？吾与汝事夫子于洙、泗之间，退而老于西河之上，疑汝于夫子，尔罪一也；丧尔亲，使民未有异闻，尔罪二也；丧尔子，丧尔明，尔罪三也。而曰汝河无罪欤？”子夏投其杖而拜，曰：“吾过矣，吾过矣！吾离群而索居，亦以久矣！”

《论衡·祸虚篇》的这段记载虽然晚出，但曾子与子夏之间缺少共同的信念和人生原则，似为事实。那么又怎能指望曾子赞同子夏的主张，推举有若为孔门“盟主”呢？更何况有若虽貌似孔子，但其思想见解、人格修养都不可能与孔子相比。

有若没有成为孔门弟子的新领袖，曾子由于天生具有一种战战兢兢，严守孔门遗规而绝不标榜宗旨的人生态度，故而曾子既无能力，也无兴趣成为孔门弟子的新领袖。因此，从这个意义上说，当曾子反对子夏等人推举有若的建议时，孔门弟子的分裂便已从潜在的危险而变为现实的危机，弟子中的强者实际上都各奔东西、自立门户去了。

从学术史的观点看，孔门弟子在孔子死后发生分化是一种必然。大凡显赫一时的思想家在其身后莫不如此，因为思想的解说原本没有固定的模式，思想的继承更取决于后来者所处时代的需要以及继承者的才学、品德等。更何况孔子育人因材施教，没有统一的解说和范式。因此，孔门弟子在孔子之后的分化不仅是一种可以理解的文化现象，更是学术史上的必然趋势。

分化加深：五大弟子自立门户

至于孔门弟子的实际分化情况，《韩非子·显学篇》有一个大概的描述："世之显学，儒、墨也。儒之所至，孔丘也；墨之所至，墨翟也。自孔子之死也，有子张之儒，有子思之儒，有颜氏之儒，有孟氏之儒，有漆雕氏之儒，有仲良氏之儒，有孙氏之儒，有乐正氏之儒。自墨子之死也，有相里氏之墨，有相夫氏之墨，有邓陵氏之墨。故孔、墨之后，儒分为八，墨离为三，取舍相反不同，而皆自谓真孔、墨。孔、墨不可复生，将谁使定世之学乎？"显然，这里的儒学八派不仅指孔子的及门弟子，还包括韩非所处的战国时期的儒学情况。因此，儒家八派的那些弟子暂且勿论，先看看孔子及门弟子在孔子之后的分化情况。

在孔子及门弟子中，应该有所作为的子贡原本以"言语"著称，似乎在学术见解、思想见识方面应该有所作为。但是，可能由于发生前述的那些不愉快事件，子贡在为孔子守了六年丧礼之后便基本上与孔门弟子失去联系，投身于实际的政治活动和经济活动之中，并没有在学术上做出什么突出的贡献。

有可能在思想文化方面做出贡献且未被归入儒家八派的还有曾子、有子、子游、子夏等。曾子为孔子的晚年弟子，相传他天赋不高，经常受到孔子的批评。但他格外注意道德修养，坚持“吾日三省吾身”，终于成为孔门弟子中除颜回之外最重要的道德楷模。孔子去世之后，曾子先是反对子夏等人推举有若做孔门领袖的企图，继则可能聚徒讲学，从事著述，从孝道、伦理道德方面阐释和宣传孔子的遗说。《汉书·艺文志》儒家类著录有《曾子》十八篇，王应麟《汉艺文志考证》称：“隋、唐《志》二卷，参与弟子公明仪、乐正子春、单居离、曾元、曾华之徒述论立身孝行之要，天地万物之理。今十篇，自《修身》至《天圆》皆见于《大戴礼》。”其学术要旨只是阐发儒家关于孝的观念，以孝为人生哲学的第一义，是“天地之大经”，是“众之本教”等。在思想倾向方面，似已偏离孔子的路线，当然也更合乎曾子“战战兢兢”的本然性格。

有子（有若）也是孔子的晚年弟子。荀子在《解蔽篇》中说：“有子恶卧而焠掌，可谓能自忍矣。”他勤勉好学，颇得孔子的赏识与喜爱，不时还受到孔子的夸奖。在学术见解上，有子也大体继承了孔子的学说，重视孝悌道德，主张以和为贵，强调以礼为本。《论语·学而篇》记载，有子曰：“其为人也孝弟，而好犯上者，鲜矣；不好犯上，而好作乱者，未之有也。君子务本，本立而道生。孝弟也者，其为仁之本与。”他虽不若曾子那般极端重视孝道，但也强调孝悌是仁的基础。他还说：“礼之用，和为贵，先王之道，斯为美；小大由之。有所不行，知和而和，不以礼节之，亦不可行也。”他强调：“信近于义，言可复也。恭近于礼，远耻辱也。因不失其亲，亦可宗也。”由此可见，有若不仅在相貌上长得像孔子，其见解似亦得孔子真传。有子后来的情况史阙有间，不得而知，最可能的情况是他承袭孔子遗教，聚徒讲学。只是因为经过同门弟子的打击，其学难以显赫而已。

据《史记》记载，孔子去世后，因有若长得太像孔子了，以致那些思念恩师的孔门弟子稍经商量，便共立有子为师。而有子太没有自知之明了，竟没有推辞。不久，弟子问有子：“当年有一天，孔子准备出门，他老人家嘱咐弟子务必带上雨具。途中，果然下了一场大雨。弟子问孔子何以知道天要下雨。孔子说，《诗经》里不是说了吗？‘月离于毕，俾滂沱矣。’昨天晚上，‘月不宿毕乎’？又过了些日子，‘月宿毕，竟不雨’。这是什么原因？”

弟子继续问道：“商瞿年长无子，其母准备为其再找个媳妇，其实就是为他纳个妾。此时正好遇到孔子，瞿母将自己的想法与孔子相商。孔子说：‘别着急，商瞿年过四十后当有五子。’已而果然。闻者无不称奇。这又是什么原因？”

有若长得像孔子，但知识、经历、才华根本与孔子不可同日而语，有若“默然无以应”，根本不知道该说什么好。弟子起身呵斥有子：“起来，站一边去，那个座位不属于你。”有子经此打击，当然有损声望，后也恐难开创什么宗派了。

子游，姓言名偃，字子游。据说小孔子四十五岁，但由于勤奋好学，深得孔子赏识，被孔子列为“文学第一”，对古典文献及礼乐教化似乎深有研究。与子夏齐名，故而应对孔子学说发展与传播做出过相当大的贡献。据《孟子》记载，公孙丑过去曾经听人们说，“子夏、子游、子张皆有圣人之一体”，似乎只有他们几个得到了孔子的真传，可见子游的名声、贡献实不在子夏、子张之下。

又据《礼记·礼运篇》说，孔子有一次参加鲁国祭祀活动。活动结束后，孔子在外面的楼台上游览，触景生情，追昔忆往，不禁因鲁国的历史与现状而喟然长叹。“言偃在侧，曰君子何叹？”孔子说：“大道之行也，与三代之英，丘未之逮也，而有志焉。大道之行也，天下为公，选贤与能；讲信修睦，故人不独亲其亲，不独子其子；使老有所终，壮有所用，幼有所长，矜寡孤独废疾者皆有所养；男有分，女有归。货，恶其弃于地也，不必藏于己。力，恶其不出于身也，不必为己。是故谋闭而不兴，盗窃乱贼而不作，故外户而不闭，是谓大同。”

孔子有感而发的这篇宏论，最为历代儒者津津乐道。或许正是得之于这种难得而又特殊的机会，我们相信儒家所谓大同小康的社会理想，即便不一定是由子游及其门人所记录，也因是子游亲耳所闻，想必在其思想宗旨方面一定占有极其重要的分量。故而康有为在《孟子微》自序中说，子游受孔子大同之道，传之子思，而孟子受业于子思之门，深得孔子《春秋》之学而神明之。显然，子游之学应是儒学发展过程中的一个重要环节，值得我们格外重视。

和子游一样，子夏也是孔子晚年的得意门生。他姓卜，名商，字子夏，小孔子四十四岁。《荀子·大略篇》说，子夏家贫，平时穿得破破烂烂。有人问他，弄得这样穷酸，为什么不找个机会去做官呢？子夏倒是不在乎，坦然对曰：“诸侯之骄我者，吾不为臣；大夫之骄我者，吾不复见。柳下惠与后门者同衣而不见疑，非一日之闻也，争利如蚤甲而丧其掌。”据此，可见子夏性格有些怪异，但他不同流俗，向志于学，被孔子誉为“文学第一”，与子游同列。

在孔门弟子中，子夏的勤奋好学也是相当突出的，孔子也尽可能地对他加以引导和训练，最终，子夏似乎成为孔门弟子中最全面掌握孔子学说的人。如果仅仅从这一方面来说，子夏在孔子去世之后，最有资格统领孔门弟子。然而他性格怪异，与其他弟子并不能友好相处。加之他在孔子去世之后策划推举有若而未果，只好离开鲁国，前往他地聚徒讲学。

子夏的怪异性格是相当突出的。早在他追随孔子问学的时候，好谈论别人是非的子贡就问孔子：“师（子张）与商（子夏）也孰贤？”孔子答曰：“师也过，商也不及。”子贡又问：“然则师愈与？”子曰：“过犹不及。”孔子的这种评价耐人寻味，朱熹在注这段话时说：“子张才高意广，而好为苟难，故常过中；子夏笃信谨守，而规模狭隘，故常不及。”孔子也曾当面告诫子夏：“女为君子儒，无为小人儒。”这种告诫虽不能说是针对子夏的弱点而来，但按照孔子因材施教的原则，绝不至于无的放矢，随意闲谈。从《论语·子张篇》的记载来看，子张、子游等人似乎也瞧不起子夏。子游说过：“子夏之门人小子，当洒扫、应对、进退，则可矣。抑末也，本之则无，如之何？”子夏的那些学生，让他们做做简单的卫生，端茶倒水，接待一下客人，似乎还可以；但是让他们去做点更重要的事情，似乎就不行了。他们的学问没有基础，只是一点道听途说，这显然不足以委以重任。当子夏听说此事后，深不以为然。

又，子夏门人往访子张，问交友之道。子张问：“贵老师子夏怎么说？”子夏门人对曰：“可者与之，其不可者拒之。”子张闻后曰：“异乎吾所闻：君子尊贤而容众，嘉善而矜不能。我之大贤与，于人何所不容？我之不贤与，人将拒我，如之何其拒人也？”

再则，如果从我们前面反复谈到的子夏策划推举有若一事看，子夏并不是单纯以学术才识、道德素养作为判断标准，肯定还有人际关系的原因在。

基于这样一种背景，子夏在孔子去世之后便离开了鲁国，先在卫国为卫灵公做些事情，然后应邀去魏国西河讲学，声名由此大振，弟子众多，甚者如曾子后来所指责的那样，西河之民一度将子夏当作孔子，像尊敬孔子一样尊敬他，可见其影响之大。子夏的知名弟子可考者，有魏文侯、田子方、段干木、吴起、禽滑黎等。前辈学者如梁启超等人对子夏的西河传经都给予高度重视，以为此一环节在儒学发展过程中具有极其重要的意义。梁氏在《论中国学术思想变迁之大势》中说：“当孔子之在世，其学未见重于时君也。及魏文侯受经子夏，继以段干木、田子方，于是儒教始大行于西河。文侯初置博士官，实为以国力推行孔学之始。儒教第一功臣，舍斯人无属矣。因此，我们有必要对子夏西河传经的情况略做说明。

子夏西河传经发生在孔子辞世、孔门弟子发生分化之后，具体情况因史阙有间无法详述。但可以肯定的是，由于子夏得到了孔子的学术真传，因此，儒家的一些重要经典不仅大都经过子夏的传授，而且许多重要典籍甚至可能还是由他和弟子一起整理成定本的。东汉学者徐防说："臣闻《诗》《书》《礼》《乐》，定自孔子；发明章句，始于子夏。其后诸家分析，各有异说。"也就是说，所谓儒家经典，其大部分都和子夏有着或多或少、或深或浅的关系。

南宋洪迈在《容斋随笔》续笔卷十四《子夏经学》中说得更明白："孔子弟子，惟子夏于诸经独有书。"洪迈说，子夏的这些作品"虽传记杂言未可尽信，然要为与它人不同矣"，毕竟是孔门"文学第一"，留下了自己的作品："于《易》则有传；于《诗》则有序，而《毛诗》之学，一云子夏授高行子，四传而至小毛公，一云子夏传曾申，五传而至大毛公；于《礼》则有《仪礼·丧服》一篇，马融、王肃诸儒多为之训说；于《春秋》所云'不能赞一辞'，盖亦尝从事于斯矣，公羊高实受之于子夏。穀梁赤者，《风俗通》亦云子夏门人；于《论语》，则郑康成以为仲弓、子夏等所撰定也。"综合徐防、洪迈二人的说法可知，后世所谓儒家经典最主要的部分，如《诗》《书》《礼》《乐》《易》《春秋》，以及《论语》《公羊》《穀梁》等都和子夏有关。

徐防、洪迈的说法当然不必尽信。但当我们尚不能提出有力的反证之前，也不必过于怀疑，姑且存之。我们现在的兴趣是，如果按照徐防、洪迈的说法，儒家重要经典与子夏无关者似为《左传》，而我们如果稍加考证，就不难发现，《左传》实际上也与子夏有着密切的关联。

子夏与《左传》

关于《左传》的作者及其早期传授系统，学术界向有争议。《经典释文·序录》指出："左丘明作《传》以授曾申，申传卫人吴起，起传其子期，期传楚人铎椒，椒传赵人虞卿，卿传同郡荀卿名况，况传武威张苍，苍传洛阳贾谊。"这个传授系统大体可信，但对若干细节比如左丘明其人则均不明了而存在分歧。

《史记·十二诸侯年表序》在谈到这一问题时指出："孔子明王道，干七十余君，莫能用故西观周室，论史记旧闻，兴于鲁而次《春秋》，上记隐，下至哀之获麟，约其辞文，去其烦重，以制义法，王道备，人事浃。七十子之徒口受其传指，为有所刺讥褒讳挹损之文辞不可以书见也。鲁君子左丘明惧弟子人人异端，各安其意，失其真，故因孔子史记具论其语，成《左氏春秋》。铎椒为楚威王傅，为王不能尽观《春秋》，采取成败，卒四十章，为《铎氏微》。赵孝成王时，其相虞卿上采《春秋》，下观近势，亦著八篇，为《虞氏春秋》。吕不韦者，秦庄襄王相，亦上观尚古，删拾《春秋》，集六国时事，以为八览、六论、十二纪，为《吕氏春秋》。及如荀卿、孟子、公孙固、韩非之徒，各往往捃摭《春秋》之文以著书，不可胜纪。汉相张苍历谱五德，上大夫董仲舒推《春秋》义，颇著文焉"。由此看来，《春秋》原本是孔子据旧史而删定的当代史，但限于政治气氛与环境，"七十子之徒只能口受其传旨，为有所刺讥褒讳挹损之文辞不可以书见"，因而他们用比较隐晦的文字表达。然而随着时间的推移，口耳相传总不是办法，太过隐晦也容易失真，使后人渐渐不知道历史真相，于是鲁君子左丘明"具论其语"，成《左氏春秋》。还有铎椒、虞卿等人出于其他原因也著有类似的著作。

左丘明作过《左氏春秋》不必怀疑，问题在于这个左丘明的情况实在模糊。《汉书·艺文志》注写道："左丘明，鲁大史。"唐孔颖达《左传正义》引陈沈文阿语云："《严氏春秋》引《观周篇》云：'孔子将修《春秋》，与左丘明乘如周，观书于周史。归而修《春秋》之经，丘明为之传，共为表里。’”果如是，左丘明身为鲁史，又在孔门弟子之列，与孔子同修《春秋》经。只是如《经典释文·序录》所说，担心弟子退而异言，各安其意，以失其真，故论本事而为之传，明夫子不以空言说经也。显然，此左丘明非孔子弟子莫属。

然而，遍考孔门诸弟子，知名且有能力作《左传》者似乎尚未见。《论语·公冶长篇》确实提到过一个左丘明，但关于此人的情况依然模糊。子曰：“巧言令色足恭，左丘明耻之，丘亦耻之。”由于孔子在此引左丘明以自重，因而使许多学者都怀疑此左丘明不可能是孔子的弟子，而是孔子之前的一位贤者。如杨伯峻《论语译注》即做如此判断。然而我们就此想指出的是，孔子引左丘明以自重，并不能证明左丘明一定早于孔子，更不能证明左丘明定非孔子弟子。因为孔子相信“三人行必有我师”，对同时代人乃至自己的学生并不乏赞美之辞。如《论语》同篇中关于“闻知”的问题，孔子就对子贡说：“弗如也。吾与女（子贡）弗如（颜回）也。”我们当然不能由此说颜回的年代早于孔子，且不在孔门弟子之列。要言之，左丘明确为孔子门人，而他的才学也一定是孔门弟子之中最出众的。

说到这里又产生了一个问题，即左丘明是以“左”为姓抑或以“左丘”为复姓，实在也是一个说不清的问题。孔颖达在《春秋左氏传序疏》中以为姓“左”，朱彝尊《经义考》则主张以“左丘”为复姓，而俞正燮《癸巳类稿·左丘明子孙姓氏论》则认为，左是官名，丘是姓。如此分歧，真令人不知所从。于是乎，便有人否认左丘明确有其人，而是别人假冒的。

那么，这个假冒的人又是谁呢？章太炎在《春秋左传读》中说：“《韩非·外储说右上》：‘吴起，卫左氏中人也。’左氏者，卫邑名……《左氏春秋》者，固以左公名，或亦因吴起传其学，故名《左氏春秋》。”钱穆《吴起传〈左氏春秋〉考》说：“然则所谓《左氏春秋》者，岂即以吴起为左氏人故称，而后人因误以为左姓者耶？”并进而推断：“此《左氏传》出吴起，不出左丘明之说也。”显然，这些猜测虽然在一定程度上能自圆其说，也使我们不必怀疑吴起是否真的有能力、有时间作《左氏传》。但由此想到的另外一个问题是，如果我们相信《左传》作于吴起，那么又该如何理解太史公所说的“左丘失明，乃传《国语》”的说法呢？太史公之所以这样说，显然是有根据的。因此，《左传》作于吴起说，虽能自圆其说，但总有使人不能满意的地方。其证据不足，多为推测之辞。当然，他们的探讨无疑也是一个方向，离问题的解决已经不远了。

循太史公的提示，再阅读《史记·仲尼弟子列传》中子夏的材料，使我们觉得《左传》不是作于吴起，而是吴起的老师子夏。所谓左丘明者，也不是吴起以左为姓而来，而是子夏晚年的自号或别称。故而《左传》便极有可能出于子夏之手或由子夏所传。

《仲尼弟子列传》说：“卜商字子夏，少孔子四十四岁……孔子既没，子夏居西河教授，为魏文侯师。其子死，哭之失明。”《史记正义》云：“西河郡，今汾州也……子夏所教处。”西河，战国魏地，一说在今晋陕黄河左右。实际郡治在洛水以东，靠近洛水。魏禧《日录杂说》记载：“江东称江左，江西称江右。盖自江北视之，江东在左，江西在右耳。”如自江南视之，情况反之。实际上，所谓江左江右只是中国古人在划分地理时所使用的一个相对概念。据此再看子夏所教处，不难隐约地感到“左”之来历。

再看《史记正义》所引《括地志》云：“谒泉山一名隐泉山，在汾州隰城县北四十里。《注水经》云：‘其山崖壁五，崖半有一石室，去地五十丈，顶上平地十许顷。《随国集记》云此为子夏石室，退老西河居此。’”《正韵》中说：“阜也，高也，四方高中央下曰丘。”《尔雅·释丘》：“非人为者曰丘。”《博雅》云：“小陵曰丘。”《周礼·春官大司乐》疏谓：“土之高者曰丘。”而子夏石室所在之地，“去地五十丈，顶上平地十许顷”。

据此，似可说明“丘”之来历。

如果说左、丘二字的解析我们还觉得有点牵强的话，那么依据司马迁“左丘失明，厥有《国语》”的指点，考察一下“明”的来历。按照司马迁的本意，《左传》与《国语》原为一书，其作者都是左丘明。至于二书何以合而分，我们不在此详加讨论。但司马迁的这一提示委实重要，他告诉我们，“明”极有可能与失明有关系。据目前所知资料，在孔门弟子乃至先秦诸子之失明者中，因失明而有明确记载并值得一提的，似乎仅有子夏一人。这不正是“明”的来历吗？中国学人用反意以为自号者，难道我们见得还少吗？

所以，左丘明者，即为子夏晚年之自号或别号，似可定论。过去学者于此似乎也是心知其义，不言自明。如《晋书·荀崧传》载，孔子作《春秋》时：“左丘明、子夏造膝亲受，无不精究。孔子既没，微言将绝，于是丘明退撰所闻，而为之传。”在荀崧心目中，左丘明与子夏为一人，似为人所共知的事实。而且在孔子弟子中，实无有资格列名在子夏之前的左丘明。如果一定要强指左丘明为吴起，那么吴起不仅未曾列名孔子之门墙，而且他比子夏还晚一个辈分，怎有资格排名其师之前呢？所以在左丘明子夏之间不必断句，二名一实，这个实正是子夏其人。再者，如果说左丘明与子夏为二人，他们同从孔子受《春秋》，左丘明退而撰所闻，那么子夏干什么去了呢？

其实，在孔门弟子中，只有子夏最具有作《春秋左氏传》的客观条件。

第一，子夏是孔子晚年难得的高才生，孔子的讲稿《春秋经》，可能就是对子夏等人说的。而且所谓“《春秋》属商”，也是秦汉学者比较一致的看法。至于孔子作《春秋》，笔则笔，削则削，子夏之徒不能赞一辞云云，只不过是司马迁或其他人对《春秋》笔法与义理的赞美与推崇，而真实情况可能还是洪迈说得对，子夏“亦尝从事于斯矣”。子夏既传《公羊》

与《穀梁》，为什么不能传《左传》呢？所以廖平的《左丘明考》以为公羊、穀梁皆子夏名号之异文，尽管承认《春秋》三传均为子夏所传，但不知左丘明也为子夏之异号。周予同在《经学历史》注中也仅表示，汉《左传》《公羊传》《穀梁传》亦皆源于子夏，而不敢直接承认正是子夏作了《左传》。

第二，《左传》最后记载到鲁哀公二十七年（前 453），而且还附加一段，说明智伯被灭，还称赵无恤为襄子。智伯被灭在公元前 453 年，距孔子之死已二十六年。子夏少孔子四十四岁，亲身经历了孔子的丧葬，故能在《左传》中记之甚详。

第三，子夏为学勤奋，多次与孔子一起讨论《诗》《书》等古典文献，为孔门弟子中的佼佼者，“文学：子游、子夏”便说明他的能力。他既然能对儒家大部分经典都做了整理与传授，又为什么不能传授《左传》呢？

当然，以如此多的篇幅探讨子夏作《左传》，并不是就《左传》论《左传》。只是想说明，子夏不仅在孔门弟子中地位不容忽视，而且在儒学史、经学史上也占有极为重要的地位。不要说他的弟子魏文侯将儒教立为国教，即便是他对儒家经典的全面整理与传授，也使他成为孔子早期儒学与后学之间相互联系的一个重要环节。但是，由于子夏偏重于整理与传授，而相对忽略了对孔子义理的阐释与发挥，因而使他没有被韩非列为“儒家八派”，还受到荀子等人不无苛刻的指责与攻击。《荀子·非十二子篇》说：“正其衣冠，齐其颜色，嗛然而终日不言，是子夏氏之贱儒也。”所谓“贱儒”，盖不指人格，而有点像子游当年讥讽子夏之徒时说的那样，子夏之门人小子舍本逐末，只可以当洒扫、应对、进退的角色，缺少体系上的宏大规模。

儒学所面临的挑战与回应

孔子之后，儒学发生了相当大的分化。但在战国初期，儒学的这种分化并不十分明显，孔门诸弟子虽然出于利害之争而难以集聚在一起，但他们相互之间尚未发生太大的冲突，只不过分立门户，各自聚徒讲学而已。

其中，毫无疑问，子夏是最大的一系。他不仅弟子众多，而且影响甚大。尤其是他与魏文侯之间的特殊关系，不仅扩大了子夏的名声，而且对儒学的发展产生了重大影响。钱穆在《魏文侯礼贤考》中指出："魏文侯以大夫僭国，礼贤下士，以收人望，邀誉于诸侯，游士依以发迹，实开战国养士之风。于先秦学术兴衰，关系綦大。"即以儒家而言，诚如梁启超在《论中国学术思想发展之大势》中所说的那样，魏文侯实为借国力以推行儒教的第一人，是儒学发展史上的第一大功臣。

得益于魏文侯的扶植，以及孔门弟子如子夏等人的努力，儒学在战国初年确实获得了相当大的发展。但由于社会条件的变化，特别是由于子夏等人实在缺乏宏大的体系与构思，而只着意于文献的整理与传播等枝节末叶，使儒学在顺利发展的同时也不得不面对潜伏着的深刻危机，最典型的代表就是墨子学说与杨朱学说的迅速崛起与挑战。

孟子在谈到这一状况时，不无愤慨地指出，天下无序失范久已，圣王不出也已经很长时间了，诸侯无所忌讳，放荡不拘；一般士大夫也胡言乱语，毫无操守。"杨朱、墨翟之言充盈天下"，蛊惑人心。"天下之言不归杨，则归墨。"杨氏"为我"，主张个人利益高于一切，否认君主、威权的意义，更不承认应该忠于君主，应该有威权体制，目无君上，是"无君"也。墨氏"兼爱"，主张天下人爱无等差，不分亲疏远近，任何人都不应仅尽孝于双亲，而应该孝敬双亲及天下人之父母。孟子认为，墨翟的主张极为荒唐，几乎将人类置于连禽兽都不如的地位。禽兽出于最本能的考量，也知道血缘的远近亲疏，知道护犊子，知道保护自己的子女，这是动物的本能。而墨翟竟然反对这些，主张什么普遍之爱，目无父母，是“无父”也。墨翟、杨朱无父无君，又与禽兽何异？

孟子引公明仪的话说，厨房有肥牛，马厩有肥马，然而民有饥色，野有饿殍，这就是人们常说的“率兽而食人”，是人伦失范、社会失序。孟子强调，杨朱绝对精致的利己主义、为我主张，与墨翟爱无差等的泛爱主义理想，是对常态社会具有毁灭性伤害的危险提议，人们必须站出来坚决反对：“杨墨之道不息，孔子之道不著，是邪说诬民，充塞仁义也。仁义充塞，则率兽食人，人将相食。”

孟子又道：“闲先圣之道，距杨墨，放淫辞，邪说者不得作。作于其心，害于其事；作于其事，害于其政。圣人复起，不易吾言矣。昔者禹抑洪水而天下平，周公兼夷狄，驱猛兽而百姓宁，孔子成《春秋》而乱臣贼子惧。《诗》云：‘戎狄是膺，荆舒是惩，则莫我敢承。’无父无君，是周公所膺也。我亦欲正人心，息邪说，距诐行，放淫辞，以承三圣者；岂好辩哉？予不得已也。能言距杨墨者，圣人之徒也。”意谓，不是我孟某人故意立异，好出风头，好与人辩论，而是实在不得已。我们这一代人如果不能将杨朱、墨翟那些荒唐言辞驳倒，那么又何以继续以圣人之徒存在于这个世界。在孟子看来，杨墨学说就是洪水猛兽，就是邪恶，不仅有害于儒家学说的传播与发展，而且有害于社会的稳定与进步。因此，他自觉担当距杨墨、放淫辞、正人心、息邪说的历史责任。

杨朱：拔一毛利天下而不为

关于杨朱的情况，由于史料不足，我们能说的很少，特别是唯一系统记载其思想言论的《列子·杨朱篇》久已被学术界判定为晚出的伪书而不敢引证，因而杨朱其人愈发显得模糊不清，甚至连他的时代和名字都有异说。其实，如果我们平心静气地来探讨，《列子》一书固为晚出的伪书，但由于作伪者在主观上要造假，那么在实际编纂中便不能不真真假假，如果全都是假的，又有谁会相信呢？因此，我们既要明了《列子》伪书的性质，在使用上要格外谨慎，也不必完全弃之不用。否则，历史上许多重要的环节便无法充实和修补。

基于这种立场，我们拿先秦各书的记载与《列子·杨朱篇》对照着来读，可知杨朱的年代大概在七十子之时或稍后，孟子之时或稍前。他曾游于鲁，也曾见过梁惠王；他曾批评孔门诸弟子，也曾对儒家学说有过相当的研究。从杨朱学说的出发点与实质来看，杨朱学说固然与墨子的学说立异，但仔细分析，似乎不是杨朱与墨子立异，而是墨子与杨朱立异。杨朱思想的出发点似乎只在于对儒家学说的背叛。换言之，杨朱学说之所以盛行一时，可能是因为他对儒家学说的批判，即孟子所说的“为我”与“无君”。

那么，杨朱为什么要对儒家学说进行批判，他批判的依据何在？欲明白此点，还需从儒家思想的原典说起。“为我”与“无君”的反命题是“无我”与“有君”。而“无我”与“有君”的概念在孔子的思想中虽然业已存在，但孔子在谈到这个问题时莫不加以限制。在孔子看来，最理想的社会形态当然是“君君、臣臣、父父、子子”，人人“克己”循礼，非礼勿视，非礼勿听，非礼勿言，非礼勿动。这样便能做到：“一日克己复礼，天下归仁焉。为仁由己，而由人乎哉？”从这个意义上说，孔子的“克己”与“尊君”不论怎样解释，就其思想本质而言，都带有抹杀个性、遏制人性，以及政治独裁的内在倾向。

孔子也意识到了这种倾向，因此，他在谈到这些问题时，也反复强调君主的自律与修养，并对上述弊端设法予以克服和限制，以为：“为政以德，譬如北辰，居其所而众星共之。”“道千乘之国，敬事而信，节用而爱人，使民以时。”“政者，正也。子帅以正，孰敢不正？”“苟正其身矣，于从政乎何有？不能正其身，如正人何？”“子为政，焉用杀？子欲善而民善矣。君子之德风，小人之德草，草上之风，必偃。”

由于政治形势急剧变化，孔子的学说并没有得到全面发展，而是被各国统治者片面利用，孔门后学也因利害关系而未能免俗，只是片面发展了孔子尊君独裁与扼杀自我的这种倾向。如曾子关于孝道的阐释，子思关于正心诚意的发挥，子夏关于君臣观念的宣扬，实际上都是对孔子思想体系的片面理解，都存在内在的缺陷。韩非在《外储说右上篇》中谈到子夏之说《春秋》时指出："势不足以化则除之。师旷之对，晏子之说，皆舍势之易也，而道行之难，是与兽逐走也，未知除患。患之可除，在子夏之说《春秋》也。""子夏曰：'《春秋》之记臣杀君，子杀父者，以十数矣，皆非一日之积也，有渐而以至矣。'凡奸者，行久而成积，积成而力多，力多而能杀，故明主蚤绝之。今田常之为乱，有渐见矣，而君不诛。晏子不使其君禁侵陵之臣，而使其主行惠，故简公受其祸。故子夏曰：'善持势者，蚤绝奸之萌。'"

基于此种考察，我们再看杨朱学说的发生。据《列子·杨朱篇》记载：

> 杨朱曰："伯成子高不以一毫利物，舍国而隐耕。大禹不以一身自利，一体偏枯。古之人，损一毫利天下不与也，悉天下奉一身不取也。人人不损一毫，人人不利天下，天下治矣。"禽子问杨朱曰："去子体之一毛以济一世，汝为之乎？"杨子曰："世固非一毛之所济。"禽子曰："假济，为之乎？"杨子弗应。禽子出，语孟孙阳。孟孙阳曰："子不达夫子之心。吾请言之。有侵若肌肤获万金者，若为之乎？"曰："为之。"孟孙阳曰："有断若一节得一国，子为之乎？"禽子默然有间。孟孙阳曰："一毛微于肌肤，肌肤微于一节，省矣。然则积一毛以成肌肤，积肌肤以成一节。一毛固一体万分中之一物，奈何轻之乎？"禽子曰："吾不能所以答子。然则以子之言问老聃、关尹，则子言当矣；以吾言问大禹、墨翟，则吾言当矣。"

对照先秦可信文献，这就是杨朱所谓“为我”“全生”的理论，也就是孟子所指责的“无君”说。其思想出发点即便不是基于对孔门后学的批判，但按照杨朱思想的内在逻辑，当然如孟子所预料的那样，也是有害于儒家思想的发展与传播，社会将从有序变为无序。于此，孟子便觉得有起而反对的责任。

孟子对杨朱的反击尚在其后，而最先对杨朱学说表示怀疑并起而非难的似乎是墨子。只是墨子在非难杨朱的同时，也表现了对孔子后学的不满，结果在孟子看来，杨墨二家都是儒家的敌人，都有必要进行批判。

墨子：非攻，兼爱

关于墨子其人其说，学术界尚有许多争议。从学术史的观点看，墨子学说虽与孔子学说并列为“显学”，然其发生与发展，既有对杨朱学说的不满，也有对儒家学说尤其是孔门后学的厌恶和背叛。《淮南子·要略》在谈到墨学起源时说：“墨子学儒者之业，受孔子之术，以为其礼烦扰而不说，厚葬靡财而贫民，服伤生而害事，故背周道而用夏政。”也就是说，墨子学说将批判的锋芒对准儒家学派，但其人其学实际上都来自儒家学派，是基于对儒家思想的反省而做出的文化批判。在墨学思想体系中，墨子虽然对孔子并没有过于诋毁且表示了一定的尊敬，但其基本立论诸如“尚贤”“尚同”“兼爱”“非攻”“节用”“节葬”“天志”“明鬼”“非乐”“非命”等，几乎都是孔子哲学的反命题，其思想要旨也就是孟子所概括的“兼爱”与“无父”，其直接后果当然就是“邪说诬民，充塞仁义”。

从现有文献看，墨子对儒家学说的批评，还不是从根本上抽空儒家所凭借的思想原典和立论基础，恰恰相反，他所凭借的思想资源正如韩非所分析的那样，和儒家并无二致。问题的关键在于，他的解释与诠释每每与儒家后学不同，且形成极鲜明的对立。韩非在《显学篇》中说，孔子、墨子都对尧舜称颂有加，只是侧重点不同而已，但又都自诩其所说的才是真尧舜。尧舜不能复生，无法起于九泉之下，那么谁能确认儒墨两家说法的真伪呢？所以那些动辄说自己的学说最得前人真谛、正解，为学术真传的，在韩非看来，不是愚蠢透顶，就是存心欺骗，“故明据先王，必定尧舜者，非愚则诬也。愚诬之学，杂反之行，明主弗受也”。在韩非看来，儒墨之争并不具有根本意义，两者之间的是非曲直既无法参验也无法应用，只是不同学派之间的冲突，故明王可以置之不论，更无须接受与吸收。

韩非对儒墨冲突的评估说到了问题的本质。但作为一个政治理想主义者，墨子之所以处处与儒家立异，显然如荀子在《非十二子篇》中所说，是因为墨子并不懂得儒家精神的三味。荀子说：“不知壹天下、建国家之权称，上功用，大俭约而僈差等，曾不足以容辨异、县君臣；然而其持之有故，其言之成理，足以欺惑愚众。是墨翟、宋钘也。”壹天下，即一天下，统一天下。权称，即礼、礼制、法度，这是荀子思想的核心，即礼制秩序。大俭约，就是重视节俭。僈，即轻视、反对，不以为然。僈差等，就是对儒家一直强调的等级秩序很不以为然，以至于不能容忍、容许人们之间存在事实上的差别，事实上的不平等，甚至君臣之间也作如是观。

如果从儒家的立场来检讨，儒家的那些规范并非没有问题。比如，墨子反复强调节葬与节用，实际在一定程度上道出了儒家文化的虚伪性和奢侈性，故而更容易受到社会中下层的欢迎。再如被孟子视为大逆不道的“兼爱”观，就其本质而言，是对儒家一直企盼的爱有等差的理想社会模式的严重冲击。《墨子·兼爱中》说：“视人之国若视其国，视人之家若视其家，视人之身若视其身。是故诸侯相爱则不野战，家主相爱则不相篡，人与人相爱则不相贼，君臣相爱则惠忠，父子相爱则慈孝，兄弟相爱则和调。”显然，墨子这种爱无等差的说法是孟子难以接受的，故而激起孟子的强烈不满与反击。

儒家八派与先秦儒学的终结

欲明白杨朱、墨子学说对儒学挑战的意义，除了探讨孔门后学的状况外，还要清楚儒学在战国初年的发展状况，此即韩非所谓的儒家八派。

儒家八派的区分，只是韩非个人的学术观念。他在八派中剔除子夏，颇使后人费解，又将孔子及门下弟子与再传、三传弟子并列，使学者不知所从。事实上，韩非对儒家八派的划分并没有严格的学术界定，它所反映的内容也只是孔子去世之后，战国初年至战国末年儒学发展的大概情况。因此，尽管儒家八派中的个别人物可能生于春秋末期，我们也将他们放在此处来论述。

子张之儒

儒家八派中的第一家为子张之儒。关于子张的情况，在探讨孔门弟子状况时已略有叙述。其本名颛孙师，字子张。一说陈人，一说鲁人。《吕氏春秋·尊师》说："子张，鲁之鄙家也……学于孔子……此六人者，刑戮死辱之人也，今非徒免于刑戮死辱也，由此为天下名士显人，以终其寿，王公大人从而礼之，此得之于学也。"由此观之，子张不仅出身低微，而且还是本该受到刑罚之人，只是师从孔子之后，才终成儒林中的名士。《论语》中记载他向孔子学干禄、问从政，似乎心思也不在学术本身，故而身后也没有什么著作传世。至于他在孔门中究竟学到了什么，史料阙如，不便演绎。但从已知情况来看，一是孔子对他似乎并不太满意，曾经批评他"师也过""师也辟"；二是子游、曾参也批评他"未仁""难与并为仁"，似乎其思想品质、精神境界都不高。以致荀子在《非十二子篇》中大骂子张是"贱儒"。可见在儒家系统中，子张的地位并不是很高。但是到了战国时期，子张的后学显然已成为一个很大的学派，否则子张也不致引起如此多而强烈的批评。

是什么因素促使子张学派在战国时期迅速崛起呢？郭沫若在《儒家八派的批判》中以为是子张氏这一派“偏向于博爱容众这一方面”，“特别把民众看得很重要”，“子张氏在儒家中是站在民众的立场的极左翼的”，其思想见解与行为方式与墨家极为相似。显然，郭沫若的评论正如周予同在《从孔子到孟荀》一文中所说，未免把子张氏一派抬得过高。子张主张尊贤而容众是事实，但容众能不能解释成容民众，至少在目前还找不到直接的材料依据。因此，郭沫若的推测未必可信。但是子张一派究竟为什么在战国时期产生那么大的影响，周予同也没有做出回答。

材料不足是无法回答这一问题的唯一原因。从学术史的观点来观察，子张一派在孔门之中原本没有思想贡献和学术见解可言，但正是这一特征使他们在对儒家精神的阐释时便相对少有束缚，而做出一些更合乎现实需要的解释。因此，在严谨如韩非者看来，子张氏的那些解释虽然号称真孔子，也赢得了人们的喝彩，但已远远背离孔子的本意。这既是子张一派在孔子之后不断发展的根本原因，也是荀子骂他们为不修边幅、不守规矩之“贱儒”的实际背景。

子思之儒

儒家八派的第二家为子思之儒。但此子思究竟所指是谁，韩非并没有详加说明。在春秋战国之际实有两个子思，一是孔子的学生原宪，一是孔子的孙子子思。他们二人都与孔子有关，便都有可能成为韩非所指的子思之儒。近代以来的学者多认为此子思为孔子之孙，理由是《非十二子篇》中否定的子思即孔子之孙。荀子说：“略法先王而不知其统，犹然而材剧志大，闻见杂博。案往旧造说，谓之五行，甚僻违而无类，幽隐而无说，闭约而无解。案饰其辞而祇敬之曰：‘此真先君子之言也。’子思唱之，孟轲和之，世俗之沟犹瞀儒，嚾嚾然不知其所非也，遂受而传之，以为仲尼、子游为兹厚于后世。是则子思、孟轲之罪也。”

这段话在指责子思、孟子，即通常所谓的思孟学派只是粗略地知道一些先王遗留的道理，缺少体系，缺少建构。读书不少，但想得不多，思考不够，尽管装出一副很有才能的样子，给人感觉见多识广，其实只有皮毛。思孟学派的基本特征是依据那些陈年往事，臆造出一些稀奇古怪的说法，最典型的例子莫如所谓“五行说”，就是非常荒诞的异端邪说，不伦不类，隐晦无解，没有什么确切的定义，也没有明确的内涵外延，只是恭恭敬敬以尊奉先师替代言说，替代对学术理据的追求，给人一种热热闹闹的气氛，但细究起来则问题很多。不明真相的儒者以为这就是孔子、子游的学术真传，殊不知这只是子思、孟子留给儒家的困扰，甚至可以说是罪恶。

而韩非为荀子的学生，当然要从师说。因此，韩非所否定的子思便是荀子所否定的子思，即孔子之孙。

这种传统的说法当然也有道理。但我们仔细揣摩一下韩非否定儒家八派的原因，主要是他认为这八派虽然号称儒学真传，但实际上是孔学的变种，并不足以代表孔子的真精神。而孔子之孙的子思，曾受业曾子，也算是得到孔门真传，他不仅如郑玄所说“以昭明圣祖之德”为己任，而且通过著述，系统地阐释和深化了孔子的思想。据《汉书·艺文志》记载其著述有二十三篇，流传后世并能确认无误的至少有《礼记》中的《中庸》《表记》和《坊记》等。

从这些篇章可以看到，此子思的学说不仅没有背离孔子的遗训，而且如荀子所说，其“材剧志大，闻见杂博。案往旧造说”，“案饰其辞而祇敬之，曰此真先君子之言也”。因此，即便此子思的学说在客观上可能与孔子的学说有所不同，但其主观意图与效果或许正如周予同所说，是为了“发挥孔子学说，影响在公卿间，仍不脱儒的本色”。故而韩非所批评的子思之儒不可能是孔子之孙，而只能是孔子的弟子原宪。马宗霍在《中国经学史》中便指出，韩非儒家八派中的子思实为原宪之误。

原宪，字子思，也算是孔门中的一个贤者，以安贫乐道而著称。他比孔子小三十六岁，曾当过孔子家的总管，但不贪财，不把物质的东西看得太重。据《论语·雍也篇》记载："原思为之宰，与之粟九百，辞。子曰：'毋！以与尔邻里乡党乎！'"又据《史记·仲尼弟子列传》，孔子死后，原宪遂隐居在草泽中。子贡相卫，而结驷连骑来到原宪居住的穷僻之地，过谢原宪。原宪摄敝衣冠见子贡。子贡耻之，曰："夫子岂病乎？"原宪曰："吾闻之，无财者谓之贫，学道而不能行者谓之病。若宪，贫也，非病也。"子贡感到惭愧，"不怿而去，终身耻其言之过也"。原宪不愿出仕，甘于贫困，并自认为这种行为更合乎孔子的真精神。据此，原宪不仅合乎韩非的批评原则，而且完全可以因退隐而获得大名，从而创建当时甚有影响力的学术派别。

原宪这一派以隐为进，终于沦为游侠之流，其名声急剧上升，由此遭到韩非的抨击，也就在意料之中了。据《史记·游侠列传》记载，韩非曰："儒以文乱法，而侠以武犯禁。"这原本并不被人们瞧得起的两个类别，却也每每有人以此获取高官厚禄，令人称羡，甚者"功名俱著于春秋"。韩非说，这本来也没有什么，但像季次、原宪这样的例子就不一样了。他们二人，原先不过就是个胡同串子（闾巷人也），但后来读书用功，怀抱独特的君子操行，坚守道义，不苟且、不妥协，世俗之人讥笑他们，而他们却甘之如饴，毕生居陋巷，住在空荡荡的茅草棚里，粗衣蔬食。谁也想不到在他们死后四百多年，其影响力却有增无减，追慕者日多。韩非将原宪等列为要批评的儒家八派的第二派，就是因为他们实际上是在打着孔子的招牌而行非儒之实，不论是游侠，还是儒侠，既为侠，实际上就与儒学没有多大关联了。

颜氏之儒

儒家八派中的第三派为颜氏之儒。此颜氏何所指，历来学者也有分歧。据《史记·仲尼弟子列传》记载，在孔门弟子中颜氏有八人，即颜无由、颜回、颜幸、颜高、颜之仆、颜哙、颜何和颜祖。如果仅从这几个人的情况来看，只有颜回最具资格。郭沫若也在《儒家八派的批判》中明确指出，颜氏之儒当指颜回一派。

颜回是孔门第一人，虽然早死，但在生前就已有门人。从颜回一派的资料看，颜回其心三月不违仁，“一箪食，一瓢饮，在陋巷，人不堪其忧，回也不改其乐”，具有很明显的避世倾向，并多次得到孔子的高度赞扬。因此，说颜氏之儒是指颜回一派似乎也没有太大的问题。

然而，在重新检查颜回的全部资料后，我们发现这一原本没有问题的问题仍有不少漏洞。一是颜回毕竟死得太早，即便他在生前就有门人，在他死后，这些门人也不可能脱离孔门而独立。因此，颜回的门人能否在颜回之后成为一个独立的学派，是很值得怀疑的。二是从颜回的学术精神与思想倾向看，颜回的学术实际上是按照自己的理解，尽量秉持孔子的精神，尽量遵循孔子的规范。因此，即便颜回有门人秉持其衣钵形成一个独立的学派，这个学派也不可能像韩非所批评的那样是打着圣人的旗号而兜售自己的“假药”。故而我们相信皮锡瑞在《经学历史》中的说法，所谓儒家八派中的颜氏之儒，未必就是颜回。

假如这一判断能够成立的话，那么这个颜氏究竟是谁呢？在仔细分析《史记·孔子世家》等资料后，我们发现孔子门徒中除了前述的八颜外尚有一颜，即颜浊邹。《史记·孔子世家》记载：“孔子以《诗》《书》《礼》《乐》教，弟子盖三千焉，身通六艺者七十有二人。如颜浊邹之徒，颇受业者甚众。”按照司马迁的意思，颜浊邹虽不在七十子之列，但在三千人之内，故而也为孔门弟子。

关于颜浊邹的情况，我们所知也不多。但知他是春秋末年卫国人或齐国人，一说为子路妻兄。可能正是由于这层特殊关系，《孔子世家》称，孔子周游列国途经卫国时，就应邀住在子路妻兄颜浊邹家里，并由此引起了些许风波。据《孟子·万章上》记载，万章问孟子，听说孔子在卫国时，住在卫灵公最为宠信的阉人痈疽家里，在齐国时住在阉人瘠环家里，真有这样的事吗？孟子答，没有这回事，这是好事之徒编造的。孔子在卫国，住的是颜仇由家。弥子瑕的妻子与子路的妻子为姐妹，弥子瑕对子路说，假如你能够劝孔子住在我家，那么卫国的卿相便不难得到。子路将这个意思告诉了孔子，孔子说，听天由命吧，得到得不到都无所谓。孔子的行为并不以现实功利主义为唯一诉求，而是依礼法而进，以道义而退。如果他住在阉人痈疽、瘠环家里，便不太合乎礼仪、规制了。孔子在鲁国、卫国不得意，又碰上宋国的司马桓魋寻衅，甚至要杀死他，于是孔子绕道而行，微服过宋。这是孔子最不顺的时候，于是便住在司城贞子家里，做了陈侯周的臣子。孟子说，我听人说，要看一个在朝官员如何，近观则看他所招待的客人，远察则看有什么样的客人会寄居在他的家里。孔子如果真的像传言所说，住在阉人痈疽、瘠环等人家里，那还是孔子吗？据此，颜浊邹可能正是因为这种机缘而得列孔子门墙，他之所以接待孔子，其目的或许正如弥子瑕所道出的那样。因此，我们相信颜浊邹如果得传孔学，他一定是像韩非所批评的那样，不过是借孔子作为仕途的敲门砖而已。从这个意义上说，我们怀疑儒家八派中的颜氏之儒可能是指颜浊邹及其后学。

据先秦两汉可信的史料，颜浊邹又作颜雠由、颜涿聚、颜斫聚、颜喙聚、颜烛趋、颜烛雏等。据《吕氏春秋·尊师》说，孔门弟子的出身五花八门，来自各个方面、各个阶层："子张，鲁之鄙家也；颜涿聚，梁父之大盗也……"颜浊邹确实跟随孔子学习过，但终究属于"刑戮死辱之人"。后来追随孔子，学有所成，"非徒免于刑戮死辱也，由此为天下名士显人，以终其寿，王公大人从而礼之，此得之于学也"。尽管他们的底层出身不被一些人看得起，但他们通过跟随孔子学习，后来也取得了一些成绩，因而也就自然成为天下名士显人，得享天年，而且受到社会尊重，王公大臣也礼而敬之。这里将颜浊邹与韩非所批评的儒家八派中的第一家子张并列，似乎也可以证明颜氏之儒，韩非指向的应为颜浊邹一派。

孟氏之儒

如果颜氏之儒指的是颜浊邹一派的说法还可以相信的话，那么，孟氏之儒究竟指谁则问题更多。郭沫若在《儒家八派的批判》中以为孟氏之儒即指孟轲，但并没有提出证据。从《孟子》一书及关于孟子的其他文献看，孟子的学说虽然存在对孔子学说的修正，但不论是主观意图还是客观效果，孟子都不像韩非所批评的那样是打着孔圣人的旗号在兜售自己的“假药”。因此，有人怀疑此孟氏之儒并不是指孟轲本人，而是指孟子的门人。但是，由此而发生的一个连带问题必然是，韩非将此孟氏与孔门弟子颜氏、子张、漆雕氏等并列，而孟子及其门人的活动时间同“孔子之死”相去很远。因此，又有人怀疑这里非指孟轲或孟轲的门人，而是指孔子及门弟子中的孟氏。但是，孔子弟子中姓氏可考者孟氏仅有一人，即孟懿子。

孟懿子原姓仲孙，名何忌，谥号“懿”。据《左传・昭公七年》记载，九月，鲁昭公自楚而来，孟僖子觉得自己对礼仪不太熟悉，而深感羞愧，遂向精通礼仪之人学习。昭公二十四年（前 518），孟僖子（仲孙貜）将死，遂召集他身边的那些大夫、士人，交代后事，强调礼是人们安身立命的根本，必须给予足够重视，“无礼，无以立”。孟僖子说，我听说有一个叫孔丘的人非常厉害，他生于圣贤之家，但整个家族都随着宋国的灭亡而没落。他的祖先弗父何本来有机会成为宋国的君主，却让位给了宋厉公。到了正考父，又辅佐宋戴公、武公、宣公，“三命兹益共”。他们家族的人并没有因为这些非凡的经历而得意忘形，反而更加谦恭，所以其鼎的铭文是：“一命而偻，再命而伛，三命而俯。循墙而走，亦莫余敢侮。饘于是，鬻于是，以糊余口。”臧孙纥有言曰：“圣人有明德者，若不当世，其后必有达人。今其将在孔丘乎？”如果我得以善终，那么我一定把说（南宫敬叔）和何忌（孟懿子）托付给孔丘，拜他为师，“使事之而学礼焉，以定其位”。由此，孟懿子与南宫敬叔得以师事孔子，成了孔门弟子。《史记·孔子世家》的记载也大体相同。据此，孟懿子为孔子的弟子似乎不必怀疑，至少应归入三千人之中。

问题在于孟懿子是否具有传学的可能性，由于史料阙如，我们不便做更多的推测。但由此可以相信的是，作为鲁国贵族的孟懿子既然与南宫敬叔师事孔子以学礼，如果真是学有所成，那便有可能开门授徒，建立学派。或许正因为如此，他所创建的学派，便如韩非所说的那样，不同程度地背离了孔子的宗旨而沦为俗儒。当然，这一推测尚有待发现更为直接的证据来加以证明。

漆雕氏之儒

儒家八派的第五家是漆雕氏之儒。由于孔门弟子中有三漆雕，即漆雕开、漆雕哆、漆雕徒父。因此，此派何所指，学者们也往往因理解不同而有异。如果将此三漆雕进行比较，似乎只有漆雕开最具有传学的资格。其他二人的情况在司马迁的时代就已模糊不清了。

《史记·仲尼弟子列传》记载：“漆雕开，字子开。孔子使开仕，对曰：‘吾斯之未能信。’孔子悦。”而其他二人仅录其名，似不在重要弟子之列。漆雕开有传孔学的可能性，其中一个重要的证据是《汉书·艺文志》儒家类曾著录有《漆雕子》十三篇原注说是“孔子弟子漆雕启后”。于是学者们多相信所谓漆雕氏之儒便是指漆雕开一派。

对于漆雕氏之儒的学术倾向，韩非曾提及，以为：“漆雕之议，不色挠，不目逃，行曲则违于臧获，行直则怒于诸侯，世主以为廉而礼之。宋荣子之议，设不斗争，取不随仇，不羞囹圄，见侮不辱，世主以为宽而礼之。夫是漆雕之廉，将非宋荣之恕也；是宋荣之宽，将非漆雕之暴也。”

据此，在韩非的心目中，漆雕氏之儒的基本特征便是以廉、暴而著称。于是有学者以为漆雕之儒实为游侠之前身，即孔门中任侠的一派。《礼记·儒行》中盛称儒者之刚毅特立，或许就是这一派儒者的典型。果真如此，漆雕之儒便不是孔门正宗，可能已经吸收了一些墨家的思想要素。

仲良氏之儒、孙氏之儒、乐正氏之儒

如果说漆雕之儒的情况还有一些明白的话，那么仲良氏之儒的情况到目前为止我们几乎一无所知。不仅已知文献中孔门弟子无此人，而且非孔门人物中似乎也没有此人的任何记载。梁启超在《先秦政治思想史》中猜测仲良可能是“悦周公、仲尼之道，北学于中国，北方之学者，未能或之先也”的楚国人陈良，认为仲良是陈良的字。据《孟子》记载，陈良或为楚国人，既悦周公、仲尼之道，且有门徒陈相与其弟陈辛事之数十年，足见其在南方讲学甚久，门徒也一定不少。但弟子们并没有完全忠实师说，而是“师死而遂倍之”。因此，从这个意义上说，如果能够从文献学上证明仲良氏即是陈良，那么这一派即为儒家八派之一也未可知。可惜这些假说尚无文献学的依据，故而仲良氏之儒的情况在中国儒学史上仍是一个疑案。

与仲良氏的情况相类似的还有孙氏之儒。在孔门弟子中并无孙氏，故此派学者何所指也一直是人们争相猜测的问题。梁启超、郭沫若等人以为是指荀卿，因为荀卿又称孙卿。但皮锡瑞的《经学历史》则以为是孔门弟子公孙尼子，理由是据文献记载，《缁衣》《乐记》均与公孙尼子有关。此外还有人认为，由于韩非是荀卿的学生，他的所谓儒家八派的划分实际上是在诋毁儒者，谅韩非不致诋毁其师，故孙氏之儒不可能是荀子，而只能是公孙尼子。对这种说法，周予同表示怀疑，以为韩非的八派划分只不过是在说一个客观的事实：“韩非似乎还没有堕落到以主观好恶来歪曲客观事实的地步，何况荀子是当时著名的儒学大师，韩非即使有心回护老师，却又怎能抹杀众所周知的事实呢？”由于荀子即为孙氏之儒也无文献学的根据，因此，孙氏之儒的实际情况依然有待我们继续研究。

儒家八派的最后一派是乐正氏之儒。关于此派的情况，一说乃指曾子的学生乐正子春，一说当指孟子的弟子乐正克。郭沫若在《儒家八派的批判》中便据后说将乐正氏之儒划为孟子一系，并进而指出这一系也就是子游氏之儒。这样，郭氏便勾画出从子游到乐正克的道统和传经图式。但是，对郭沫若一说，周予同以为根据不充分。他在《从孔子到孟荀》中说：“因为子思之学源于曾子抑或子游有疑问，孟氏、乐正氏是谁有疑问，《礼运》等篇的作者也有疑问，所以，我倾向于应该先对三派作分别探讨，再作综合研究。”郭沫若将子思、孟氏、乐正归于一系，这种归类本身可能有悖于韩非划分派别的原则。假如三派真的为一系，那么又怎样理解韩非将儒家分为八派呢？

总之，我们仔细揣摩韩非的意思，仔细探讨先秦儒学源流，便不难发现儒家八派的说法并不是指孔子之后儒学分化的全部情况，而是指那些打着孔子招牌而兜售私货的假儒、贱儒或俗儒。至于那些比较接近孔子学说真相的儒者，如曾子、子夏等，韩非并没有出于派别的原因而肆意攻击。明于此，我们对先秦儒学的发展与演化就比较容易建立一种真切的理解。

我们之所以说韩非的儒家八派不能包括孔子之后到韩非时儒学的全部，主要是因为这八派实际上并没有回答当时非儒学派对儒学的挑战。当时的非儒学派主要是杨朱和墨子。而且杨墨学说之所以发生，在很大程度上可能还是因为这八派对孔子学说不同程度的歪曲。杨墨之学盈天下，儒学发展面临着严峻挑战，如何回应这种挑战，便有待后世儒者对孔子学说进行更有说服力的解释。

孟子：时代责任与儒学使命

真正从理论上回应杨墨挑战的是孟子，而之所以轮到孟子担当起这一历史责任，显然又与其所受的教育、所传承的学说密切相关。关于孟子的基本情况，《史记·孟子荀卿列传》说："孟轲，邹人也。受业于子思之门人。道既通，游事齐宣王，宣王不能用。"遂去齐而适梁，然而梁惠王也不能认同孟子的一些看法，以为迂腐、偏执，顾远不顾近，不切合实际。当是之时，秦用商鞅，富国强兵；楚、魏用吴起，战胜强敌；齐威王、宣王用孙子及田忌之徒，而诸侯东面朝齐。天下方务于纵横捭阖，合纵连横，以攻伐为务，既担心自己被别人吃掉，更幻想着吃掉别人，一切以强大为诉求，"而孟轲乃述唐虞三代之德"。这显然与现实世界，与各国君臣的追求严重不合。历经挫折，孟子终于意识到了这一点，如孔子晚年，"退而与万章之徒序《诗》《书》，述仲尼之意，作《孟子》七篇"。由此可知，孟子在现实生活中的遭遇与孔子相似，其何以至此？便是因为他和孔子一样固持其已有的信念，不为现实短视的功利所惑。而又之所以如此，除了个人的性格原因外，显然也与其所受教育、所传承的学说有着相当的关联。因此，在系统研究孟子学说及其影响之前，有必要将其学说之源做一简略的描述与分析。

按照司马迁的说法，孟子的学术来自孔子之孙子思，不论他是子思的及门弟子，还是子思弟子之门人，他的学术似乎都是在子思学说的基础上发展而来的。而此子思，按照郑玄的说法，为曾子的高足，"以昭明圣祖之德"为己任。《非十二子篇》对思孟五行说的评判是，旁门左道，不入正流，不伦不类，缺少论证，更说不上什么论据，隐晦而不可解，晦涩而不可通。他们只是迎合了那些不学无术的俗儒和陋儒崇拜权威、崇拜深奥的心理，以不通不懂为学术、为精辟、为高深，故弄玄虚。然而不管怎么说，子思那些荒诞不经的说法得到孟子的响应和进一步鼓吹，在战国中晚期形成了影响很大的学术派别，即"思孟学派"，这也是不争的事实。

子思的学术宗旨一如前述，但他究竟传了哪些经，哪些著作传世，目前并不是十分清楚。《汉书·艺文志》儒家类著录有《思子》二十三篇，后亡佚。清人黄以周有辑本。完整的传世著作，据说有《礼记》中的《中庸》和《坊记》等，相传为子思所作。

其中最为重要的，当然要数《中庸》。宋儒对《中庸》格外重视，以为“此篇乃孔门传授心法”，于是朱熹将之从《礼记》中抽出，同《大学》《论语》《孟子》合为“四书”，此后风光了七百年之久。但是，《中庸》与子思究竟有什么关系，尤其是《中庸》中的一些内容特别是用词明显是在秦汉之间才有的，这究竟应该如何解释，宋儒们似乎都无意深究。比如，《中庸》说“今天下车同轨，书同文，行同伦”“载华岳而不重”，以及称民为“黔首”等，显然不可能是子思时的语言。郭沫若在《儒家八派的批判》中说，《中庸》已经后人的润色窜易是毫无问题的。

尽管如此，《中庸》的基本倾向似乎依然是子思的。章太炎在《子思孟轲五行说》一文中指出，《中庸》是在用五行附会人事，古人所谓“洪范九畴”，其实就是用已经发生而人们还不能给予准确解释的事情加以推演。子思“始善附会”，而与他前后还有燕“齐怪迂之士”，奢谈其说，以为神奇。所以章太炎说“耀世诬民，自子思始”，这种解释较为合理与圆满。

子思学说形而上的色彩较浓，他虽然试图从理论上对儒家学说进行更为周密的论证和阐释，但由于无法切合当时的社会实际，因而它在当时并没有发挥作用，真正发挥作用还是在千年之后的宋儒时代。

鉴于子思学说的这种特征，我们看到孟子学说也同样带有不切合实际的形而上色彩。只是孟子的时代毕竟不同于子思的时代，故而孟子在进行形而上的学术建构的同时，更要着力回答杨朱、墨子等非儒学派对儒家提出的疑问和责难。

孟子的政治经历和孔子有点相似。他在学有所成的青壮年时代，如赵岐在《孟子题辞》中所说，“遂以儒道游于诸侯”，到处宣扬他的“仁政”“王道”思想，试图凭借各国诸侯的政治势力推行自己的政治主张。孟子的政治理想对孔子的学说做了重要的发挥和发展，在一定程度上融入此后两千年中国传统社会官方意识形态，其“王道”“仁政”“民贵君轻”等观念，不仅成为中国传统社会知识分子的政治信念，而且成为除朱元璋之外的历代君主的“口头禅”。正是从这个意义上说，孟子在后世被追封为“亚圣”，地位仅次于孔子，并不时有人将儒家学说统称为“孔孟之道”。

不过，由于孟子所处的战国时代社会条件的急剧变化，周王朝既已式微且将不复存在，各国诸侯所面临的问题也不再是如何遵循君臣之义、推行王道、实行仁政，而是在激烈的生死存亡争夺战中保护自我，以求生存、再求发展为第一要义。在这种情势下，孟子的王道理想虽然且美且善，但对人人自危的各国诸侯来说，只能表示赞赏与尊重，却无力推行。于是孟子在周游列国年届六十之际，只好像他素来崇拜的孔子那样，退出现实政治，开始聚徒讲学的生涯，“与万章之徒序《诗》《书》，述仲尼之意”，更加着意于理论体系的建构。

按照孟子的本意，他虽然一再表示遗憾未能亲炙孔子，但他自信从子思一系继承的孔子学说，以及他自己的理解与发挥，实际上都是孔子的原初本意，而由他接着往下说。但当我们仔细考究《孟子》七篇，以及其他的孟子资料时，却发现孟子的学说虽然在总体上合乎孔子的一般原则，但在许多细节和重要的关目上，如钱玄同在《论〈春秋〉性质书》中所指出的那样，孟子只不过是借重孔子的名声而阐释自己的思想见解而已。因此，我们看到，孟子虽然一再声明他序《诗》《书》，是在述仲尼之意，但他在传经等儒家的基本功夫方面，诚如他自道的那样，“尽信《书》，则不如无《书》”，并没有太多地注意综核古事、注解章句，而是以“万物皆备于我”的主观精神，最大限度地利用孔子和儒家的智慧资源，证成己说。

因此，他的哲学理念和政治主张，说到底基本上都是他的创造性贡献与发挥。

这样说，并不意味着孟子的学说与孔子或原始儒家思想见解存在着多大的偏差。事实上包括孟子在内的历代儒者，由于他们所面对的外部环境不尽相同，时代课题总有差异，因此，他们对孔子与原始儒学思想见解的阐释便不可能陈陈相因，旧话旧说，而必然要填充新的内容，在不违反大原则的前提下做出新的解释与发挥。更何况如前所述，在孟子的时代，儒学的发展已面临杨朱、墨子等被孟子视为异端邪说者的严峻挑战，孟子如欲继承儒家道统，推动儒学的进步与发展，便不能不在遵循孔子学说一些大原则的前提下，提出新的理论与证据，以回应时代的挑战。

基于这种分析，我们看到孟子在儒学发展史上所担当的使命，一方面是正面阐释孔子学说，推进儒学理论的发展；另一方面则是基于儒学的原则，批判异端邪说，廓清儒学发展的障碍。关于前者，孟子在儒学发展史上第一次提出儒家的道统问题，以为所谓儒家学说并不具有任何神秘意味，而是尧、舜、禹、汤、文王、武王、周公、孔子等历代先贤往圣心心相传的王道主义和仁政学说，只是到了孔子之后，由于一时无人继承，这个道统险遭中断。孟子暗示这个传承系统是这样的："由尧舜至于汤，中间相隔五百多年；像禹、皋陶这些人，大致还有机会见到过尧舜之道是什么样子；至于汤，时间更远，对于圣人之道，只是闻而知之。由汤至于周文王，又过了大约五百年，像伊尹、莱朱，则见而知之；像文王，则闻而知之。由周文王至于孔子，又有五百余年，若太公望、散宜生，则见而知之；像孔子，则闻而知之。"孟子所要表达的真正意义是："由孔子而来至于今，百有余岁。去圣人之世，若此其未远也，近圣人之居，若此其甚也，然而无有乎尔，则亦无有乎尔。"孟子与孔子相隔百余年，并不算太远；孟子居处也与圣人比邻。孟子是在暗示，他的历史使命正是为了承继这一道统，并力图使之发扬光大。

由于孟子时常感到自己肩负的历史使命，觉得自己有责任站在儒学正统的立场上去回应各种非儒学派的疑问和责难，以维护儒学的纯洁性。为此，当有人问他："外人皆称夫子好辩，敢问何也？"于是他喋喋不休地反复强调："予岂好辩哉？予不得已也……圣王不作，诸侯放恣，处士横议，杨朱、墨翟之言盈天下。天下之言，不归杨，则归墨。"他强调："杨墨之道不息，孔子之道不著……能言距杨墨者，圣人之徒也。"不论孟子对杨墨的批判是否真的如他所说的那样有道理，但我们由此不难看到的一个事实是，孟子至少在主观意图上是为了捍卫儒学的纯洁性，虽说不免有些迂腐，但迂腐得可爱。

孟子建构的儒学道统，以及对杨墨学说等异端邪说的批判，从理论上来说当然也存在相当多的问题，但从当时儒学发展的实际情况，以及从儒学史的意义上看，孟子在这两方面的努力，不仅挽救了儒学，拨正了儒学发展的方向，而且对后世儒学的发展产生了巨大的影响。

韩愈在《原道》中，不仅充分肯定了孟子的道统说，而且以为孟子的传道之功不在大禹之下，并且理所当然地将孟子归为儒学道统的必然环节。他说："尧以是传之舜，舜以是传之禹，禹以是传之汤，汤以是传之文、武、周公，文、武、周公传之孔子，孔子传之孟轲。轲之死，不得其传焉。"宋代学者黄榦也认为，孟子的道统说是儒学史上的一大关键，它在一定程度上解决了儒学发展过程中的正统与非正统，即异端之间的大是大非问题。因而黄榦断定："自周以来，任传道之责者不过数人。而能使斯道章章较著者，一二人而止耳。由孔子而后，曾子、子思继其微，至孟子而始著。"孟子在儒学发展史上的地位由此可见一斑。

邹衍：五行学说与思孟学派

如果说孟子的学说尚能坚持儒学的纯洁性的话，那么孟子后学便无法继续坚持这一原则，而只能采取一些变通的立场和态度。长期以来，关于孟子后学的情况，除了见诸《孟子》的万章之徒外，其余的则名声皆不显赫。何以故？除了这些弟子另立山门，自成一派外，恐怕主要与其后学已严重变质有关。

对此，司马迁在《史记·孟子荀卿列传》中简述孟子的生平事迹之后，相当谨慎地说，孟子“其后有邹子之属。齐有三邹子。其前邹忌，以鼓琴干威王，因及国政，封为成侯而受相印，先孟子。其次邹衍，后孟子……邹奭者，齐诸邹子，亦颇采邹衍之术以纪文”。据此，邹忌与孟子无关，邹奭为邹衍传人，均可置而不论。问题是邹衍与孟子的关系，按照司马迁的暗示，二人之间虽不一定构成师承关系，但其思想学说似乎多少有些承袭或血缘关系。

先看司马迁对邹衍学说的概括：邹衍目睹各国统治者骄奢淫逸，不崇尚德政，不能像《大雅》所描述的那样，“整之于身”，提升自己，治理国家，施及黎庶百姓。于是，邹衍深入观察自然界的变化，探究那些稀奇古怪的事情发生的原因，“作《终始》《大圣》之篇，十余万言。其语闳大不经，必先验小物，推而大之，至于无垠”。表面上，邹衍的讨论海阔天空，无边无际，荒诞不经，其实他很注意从细微之处分析，推而广之，进行验证。而且，邹衍还有一种“历史自觉”，“先序今以上至黄帝，学者所共术，大并世盛衰，因载其机祥度制，推而远之，至天地未生，窈冥不可考而原也”，他从历史脉络进行分析，从中找出某些带有共同性的东西。同时，邹衍还注意对事实的观察，“先列中国名山大川，通谷禽兽，水土所殖，物类所珍，因而推之，及海外人之所不能睹”。通过这些大量历史资料和现实观察，邹衍“称引天地剖判以来，五德转移，治各有宜，而符应若兹”。据此，邹衍给出中国历史上一个最伟大的判断，以为历代“儒者所谓中国者，于天下乃八十一分居其一分耳。中国名曰赤县神州。赤县神州内自有九州。禹之序九州是也，不得为州数。中国外如赤县神州者九，乃所谓九州也。于是有裨海环之，人民禽兽莫能相通者，如一区中者，乃为一州。如此者九，乃有大瀛海环其外，天地之际焉”。那时的知识分子并没有对全球地理进行观察、勘测、计算，但邹衍竟然天才般地以为“中国”只是人类世界的一个组成部分，并不是全部，仅八十分之一而已。中国为小九州，之外还有大九州。中国人对自然的观察和总结，不能不令人称奇，只是邹衍将这些人文观察赋予一种神秘意味，并用于解释社会、政治，“其术皆此类也。然其要归，必止乎仁义节俭，君臣上下六亲之施，始也滥耳。王公大人初见其术，惧然顾化，其后不能行之”，这就不太容易被认同了。但必须强调的是，邹衍的五德终始与大九州、小九州的学说，在中国思想史上具有重要意义，充分体现了那时中国人的世界意识。

果如司马迁所说，那么我们可以说邹衍的学说并没有背离儒家太远，在本质上与儒家学说具有相当的一致性。至于其具体学说，比如，大九州、小九州的说法是否受到儒学的影响，特别是其整齐划一的区分是否受到孟子井田制的启发，我们不便过于推测，但有一点可以肯定，即邹衍的五德终始说不仅与荀子批评的思孟五行说极为相似，即“甚僻违而无类，幽隐而无说，闭约而无解”，而且邹衍及其门徒对这种学说的发挥与证明，即“必先验小物，推而大之，至于无垠”“称引天地剖判以来，五德转移，治各有宜，而符应若兹”等，可能正是荀子所指出的那些“世俗之沟犹瞀儒嚾嚾然不知其所非也，遂受而传之，以为仲尼、子游为兹厚于后世”。换言之，即便邹衍与孟子不构成严格的师承关系，但其学说显然受到思孟学派的深刻影响。

再从司马迁描述的邹衍的遭遇来看，他之所以一再将邹衍与孔孟并列，似乎是在暗示邹衍虽然不是儒学正宗，但其学说是在儒学思想基础上的变种。《史记·孟子荀卿列传》接着写道，是以邹衍在齐国受到尊重，前往梁国，梁惠王也隆重接待了他，“惠王郊迎，执宾主之礼”；往访赵国，也获得很高的礼遇，“平原君侧行撇席”；访燕，“昭王拥彗先驱，请列弟子之座而受业，筑碣石宫，身亲往师之。作《主运》”，燕昭王不仅给予他高规格的礼遇，而且对他执弟子礼，从学于邹衍。司马迁写道：“其游诸侯见尊礼如此，岂与仲尼菜色陈蔡，孟轲困于齐梁同乎哉！故武王以仁义伐纣而王，伯夷饿不食周粟；卫灵公问陈，而孔子不答；梁惠王谋欲攻赵，孟轲称大王去邠。此岂有意阿世俗、苟合而已哉！持方枘欲内圜凿，其能入乎？或曰，伊尹负鼎而勉汤以王，百里奚饭牛车下而缪公用霸，作先合，然后引之大道。邹衍其言虽不轨，傥亦有牛鼎之意乎？”司马迁承认邹衍的学说闳大不经，并有阿世之嫌，但又觉得这种闳大不经以及有意阿世似乎并不是邹衍的目的，而是其见用于诸侯的手段。因此，司马迁相信，邹衍一旦真的被重用，其后果可能也是引诸侯于大道。而这个“道”，可能就是邹衍变通之前的孔孟之道，即儒学。

这样说并不意味着我们已经断定邹衍学说与儒学，特别是思孟学派一定有着血缘或亲缘关系，上述论述只能说明邹衍学说受到了思孟学派的影响，他只是有感于正统儒学的迂腐而稍加变通以迎合时势。于是，我们既可把邹衍学说视为儒学发展的变种，也可将其视为在儒学思想资源基础上的独立创造。

要证明邹衍学说受到思孟学派特别是孟子的深刻影响并不难。现代学者刘节在《洪范疏证》中推测孟子、邹衍二人的关系时说，战国之时，齐鲁之学以孟氏为宗，而阴阳五行之说盛倡于邹衍之辈，也在齐鲁之间，或与孟氏之学有关。顾颉刚在《五德终始说下的政治和历史》中推测得更大胆：“我敢作一假设，《非十二子》中所骂的子思、孟轲即是邹衍的传误，五行说当即邹衍所造。战国时，邹与鲁接壤，邹与鲁又并包于齐。邹、鲁之间为儒学中心……孟子是邹人。邹衍以邹为氏，当也是邹人（《史记》上写他为齐人，或他由邹迁齐，或他以邹人久居于齐，故有此说，均未可知）。《史记》言邹衍后孟子，或邹衍闻孟子之风而悦之，剌取其说以立自己的主张，观其言仁义，言六亲可知。不过那时的齐国人说话是很浪漫的，邹衍是齐彩色的儒家，他把儒家的仁义加上齐国的怪诞，遂成了这一个新学派。给人传讹，即以邹衍之说为孟子之说，因以邹衍的五行说为孟子的五行说……孟子与邹衍因地方的接近和思想的一部分类同，因而在传说中误为一人，也是很可能的。”

刘节、顾颉刚二人的猜测细节我们大可不必相信，但他们强调孟子与邹衍学说的部分类同与重叠，确实在一定程度上道出了历史真相。故而范文澜也一直怀疑邹衍可能正是孟子一派的儒者。他在《与颉刚论五行说的起原》中说得很明白：“我推想邹衍的学说，是与孟子同派的，他把五行组织成一个系统，更鼓之以长广舌，说得生龙活虎一般。”“原始的五行说，经孟子推阐之下，已是栩栩欲活；接着邹衍大鼓吹起来，成了正式的神化五行，来源很明白，似乎不必说孟轲和邹衍误会成一人才通得过去。”如果再证之以长沙马王堆出土的一批帛书，以其中所载的五行说来反观刘节、顾颉刚、范文澜等人的文献研究，我们便不难发现孟子和邹衍之间即便不构成师承关系，但其学说的血缘或亲缘关系似乎可以定案；而不必站在正统儒学的立场上，以为邹衍学说荒诞不经而不愿将之纳入儒学门墙。事实上，邹衍学说特别是其五行学说的闳大不经只是表面现象，而其五行学说不仅道出此前儒学思想的核心与精髓，而且在实际上建构起此后儒学发展的基本理论框架，奠定了儒学发展的基本方向。

儒学五行化在儒学发展史上的意义，我们不能低估，但它真正发挥作用毕竟是在秦汉之后，关于五行的详细内容及其演变，不在此讨论。我们现在的兴趣是，原本久已存在的五行学说何以在邹衍那里得到了充分利用，并由此而演化成荒诞不经的神秘性质？

欲准确地解释这一问题，我们不能不在此简略地探讨一下文化发展过程中地理环境因素的影响。中国地理环境的封闭性构造，使得中国文化的发展即便在秦汉政治统一之后直至现在，各地区都几乎一直存在着明显的区域性差异和特征，遑论先秦尤其是战国诸侯称雄的时代。孔子开创的儒学在后来的发展过程中即便不可能完全背离孔子的为学宗旨，孔子死后，七十子之徒散布各国，他们总要结合当地的风俗民情来谈论、研究与发展儒学，于是儒学在各地的发展既不可能完全平衡，更不可能有统一的解说模式。

据历代学者研究，先秦儒学比较昌盛的是齐鲁二地，而也正是这齐鲁二地的儒学却表现出相当大的差异。《汉书·地理志》在分析齐鲁文化差异的背景时说：

> 太公以齐地负海舄卤，少五谷而人民寡，乃劝以女工之业，通鱼盐之利，而人物辐凑。后十四世，桓公用管仲，设轻重以富国，合诸侯成伯功，身在陪臣而取三归。故其俗弥侈，织作冰纨绮绣纯丽之物，号为冠带衣履天下。
>
> 初，太公治齐，修道术，尊贤智，赏有功，故至今其土多好经术，矜功名，舒缓阔达而足智。其失夸奢朋党，言与行缪，虚诈不情，急之则离散，缓之则放纵。
>
> ……
>
> 鲁地，奎、娄之分野也……周兴，以少昊之虚曲阜封周公子伯禽为鲁侯，以为周公主。其民有圣人之教化，故孔子曰："齐一变至于鲁，鲁一变至于道。"言近正也。濒洙泗之水，其民涉度，幼者扶老而代其任。俗既益薄，长老不自安，与幼少相让，故曰："鲁道衰，洙泗之间龂龂如也。"孔子闵王道将废，乃修六经，以述唐虞三代之道，弟子受业而通者七十有七人。是以其民好学，上礼义，重廉耻。

鲁国的情形则不然。鲁为周公之故国，又是孔子故里，因而保有圣人教化传统，民风民俗也比较淳朴，"其民好学，上礼仪，重廉耻"。

由此可见，齐鲁文化之间的这种差异既有思想背景和文化传统方面的因袭成分，更有地理环境即生存条件方面的影响。

稷下学宫：儒学由孟向荀转变的关捩

儒学史上的齐学特有所指，狭义是指西汉初年齐人传经者之学。其学大抵混合阴阳术数，而以灾异说经。向好处说，即不拘于章句，具有开放、清新的特色；向坏处说，则为学未免太杂，极易引起儒学的变质。齐学的这些特点与燕文化有些相似。如果仅从地理环境而言，盖滨海之地使然。

除了地理环境的因素外，齐学形成当然得力于其文化传统和齐国统治者素来的提倡和支持。正如《汉书·地理志》所追述："昔太公始封，周公问：'何以治齐？'太公曰：'举贤而上功。'"基于这个原则，太公治齐之始，即修道术，尊贤智，赏有功，形成养士的良好风气，故而齐国在相当长的一个时期内，成为学士文人荟萃的中心，周秦学术的盛况也正是在这里形成了一个最高峰。据《史记·田敬仲完世家》记载："宣王喜文学游说之士，自如邹衍、淳于髡、田骈、接予、慎到、环渊之徒七十六人，皆赐列第，为上大夫，不治而议论。是以齐稷下学士复盛，且数百千人。"这可能是先秦学术最为鼎盛的地方和时期。

所谓稷下，按照刘向《别录》《史记索引》等资料的说法，就是齐国都城西门旁边的一个讲堂，又称"稷下学宫"。它是当时齐国最为重要的学术中心，既然宣王时"复盛"，可见稷下之学的兴起应远在宣王之前。徐幹在《中论》中说，齐桓公立稷下之官。这个"桓公"据郭沫若在《稷下黄老学派的批判》中考证，便是齐威王的父亲陈侯午。据此可知，稷下学宫的创建已有相当久远的历史，并几度荣衰，到战国末年似仍一度兴盛。

据《史记·孟子荀卿列传》记载，自邹衍与齐稷下学宫诸先生，如淳于髡、慎到、环渊、接子、田骈、邹奭之徒，各著书来讨论历史上的治乱兴衰之事，以影响各国统治者。如齐人淳于髡，"博闻强识，学无所主"。赵人慎到，以及齐人田骈、接子，楚国人环渊等，"皆学黄老道德之术”，并有所发明、有所发展，形成了自己的思想特色，如慎到著《十二论》，环渊著《上下篇》，而田骈、接子皆有所论。齐国的邹奭，也对邹衍的学说有所发挥，“亦颇采邹衍之术以纪文”。“于是齐王嘉之，自如淳于髡以下，皆命曰列大夫，为开第康庄之衢，高门大屋，尊宠之。览天下诸侯宾客，言齐能致天下贤士也。”显然，稷下学宫既然得到政府的资助与支持，稷下学者便有为齐国服务的责任与义务。但是稷下学宫毕竟也只是具有研究性质的学术机构，这就让其门下学者在享有丰厚待遇的同时，可不必专持某一种特定的意识形态。换言之，他们拥有相当的思考自由与学术自由，因而能够包容儒家、阴阳家、道家、名家等各家各派的思想。

仔细研究稷下学宫各家各派不是我们的任务，我们的兴趣所在，只是儒家学说在稷下学宫的一般状况。我们知道，进入战国以来，儒家学说虽然因七十子散布各地而获得了相当大的发展，形成了相当大的影响。但因儒学固有的思想特征，使它在战国时并不是随处都受到欢迎，而就战国前期思想界的主流来说，大概如孟子所说的那样是杨墨的天下，天下之言不归杨则归墨。到了战国后期，或许是因为厌倦了连年不断的战争，以消极为基本特征的道家学说变得特别受欢迎。反映在稷下人才结构上，虽然那里各家各派的人物都有，但最为突出的派别实际上是汉代学者所说的黄老之学。儒家人物列名稷下可考者，前有孟轲，后有荀卿。其他诸如淳于髡由于学无所主，可能也曾涉猎过儒学；再如邹衍，如前所说自应受到孟子的影响，即便不宜列为儒家，但自其学说观之，应为儒学的变种。故而欲描述儒学在稷下的全部发展过程，就必须说明儒学是怎样由孟学向荀学发生转变的。这个转变，不仅关涉战国中后期儒学的发展，而且在整个儒学史上都具有关键性的意义。

不论孟子是否列名稷下，但由于他和稷下学者有过多次的冲突与辩论，因此，稷下各派学术不仅影响了孟子思想的发展与变化，而且也充分暴露了儒学理论的内在弱点与问题，进而有助于后儒如荀子对儒学理论进行修补和重建。

赵岐《孟子题辞》说："周衰之末，战国纵横，用兵争强，以相侵夺。当世取士，务先权谋，以为上贤，先王大道陵迟隳废，异端并起，若杨朱、墨翟放荡之言以干时惑众者非一。孟子闵悼尧、舜、汤、文、周、孔之业将遂湮微，正途壅底，仁义荒怠，佞伪驰骋，红紫乱朱，于是则慕仲尼周流忧世，遂以儒道游于诸侯，思济斯民。然由不肯枉尺直寻，时君咸谓之迂阔于事，终莫能听纳其说。孟子亦自知遭苍姬之讫录，值炎刘之未奋，进不得佐唐虞雍熙之和，退不能信三代之余风，"耻没世而无闻焉，是故垂宪言以诒后人。"

我们不必说孟子退而与万章之徒著书立说是基于对儒家思想的反省，更不必说孟子在现实世界的遭遇是由于理想高远，生不逢时，但一个明显的事实是，不仅后来儒者如荀子对孟子彰扬的儒家思想进行了一系列重大修正，就连受孟子深刻影响的邹衍在其政治实践中也变得更加灵活与机智。

齐人本性易变，在经过孟子与稷下学者的几次冲突与辩论后，儒学在齐国发展的结果便如《汉书·地理志》所说的那样，"多好经术，矜功名，舒缓阔达而足智""夸奢朋党，言与行缪，虚诈不情"。总之，齐地儒学到了战国末年已很大地吸收其他学派的思想成果，发生了相当严重的变质。

皮锡瑞在《经学历史》中谈及齐学的特点时说："汉有一种天人之学，而齐学尤盛。《伏传》五行，《齐诗》五际，《公羊春秋》多言灾异，皆齐学也。《易》有象数占验，《礼》有明堂阴阳，不尽齐学，而其旨略同。当时儒者以为人主至尊，无所畏惮，借天象以示儆，庶使其君有失德者犹知恐惧修省。"这里所说虽为西汉时的情况，但由此也不难理解战国末年齐地儒学已发生何等严重的变质。

荀子：重建儒家思想体系

儒学在齐地的变质是一种事实。但此时，有一位自认为比较纯正的儒者试图拨开“妖雾”，重建儒家的人文精神和思想体系，这就是我们已经提及的荀子。荀子“年五十始来游学于齐”，当时许多稷下著名学者已去世，故荀子被推举为老师，并三次出任稷下学宫的祭酒。据《史记·孟子荀卿列传》说，荀子根本看不起那些“不遂大道而营于巫祝、信机祥”的俗儒、陋儒和鄙儒，有意重塑儒家的人文主义精神。而他在齐国受到诽谤，可能也正与他这种态度有关。

荀子认为，自然界的一切变异现象都应有其发生的原因，即便有些原因可能一时尚未有圆满的解释，也不应当以神秘主义对待，更不应与人事相联系。他的名言是：“天行有常，不为尧存，不为桀亡。”这种对自然现象的人文主义解释，不仅与齐地儒者的天人之学有天壤之别，而且即便相对于早期儒家而言，也是对孔子思想观念的重大超越与发展。

说到荀子对儒学的发展，我们便不能不提及他和孟子之间的关系。不论他们在稷下学宫是否真的共过事，或见过面，但作为“三为祭酒”的荀子，当然相当清楚曾在稷下学宫大出风头的孟子在思想体系方面的问题与缺陷。因而我们看到一个见怪不怪的现象是：他们虽然同属儒家却势不两立；他们虽然都自认得孔学真传却又每每在一些重大问题上针锋相对。

在政治上，他们都渴望统一，都要求结束春秋以来的混乱状况，建立统一的中央政权，以便恢复和发展生产，促进社会进步。但在如何实现这个目标的手段和步骤上，孟子主张以道德的力量实现统一，他对梁襄王说：“今夫天下之人牧，未有不嗜杀人者也。如有不嗜杀人者，则天下之民皆引领而望之矣。诚如是也，民归之，由水之就下，沛然谁能御之？”荀子则提出“大一统”的思想，主张用“王道”统一，同时不反对用“霸道”，甚至提出“齐其言，壹统类”的总方略。

在人性问题上，孟子主张性善，他在与告子辩论时反复强调：“水信无分于东西，无分于上下乎？人性之善也，犹水之就下也。人无有不善，水无有不下。今夫水，搏而跃之，可使过颡；激而行之，可使在山。是岂水之性哉？其势则然也。人之可使为不善，其性亦犹是也。”人性本善，犹如水往低处流，本性使然。如果给予某种外力，当然谁也可以激而行之，可使在山。但这并不是水的本性，只是外在条件改变的结果。同理，在孟子看来，人性本善，外在条件可以让人性变恶，但恶依然不是人性的本来性质。荀子则明确主张性恶，其《性恶篇》写道：“人之性恶，其善者伪也。今人之性，生而好利焉，顺是，故争夺生而辞让亡焉；生而有疾恶焉，顺是，故残贼生而忠信亡焉；生而有耳目之欲，有好声色焉，顺是，故淫乱生而礼义文理亡焉。然则从人之性，顺人之情，必出于争夺，合于犯分乱理，而归于暴。故必将有师法之化，礼义之道，然后出于辞让，合于文理，而归于治。用此观之，然则人之性恶明矣，其善者伪也。”这段话的大意是，人性本恶，那些所谓的善，其实只是一种伪饰，并不是本真。人生而好利，这是人的本性，因而人们热衷于争夺，而不屑于辞让。基于人性之恶的判断，荀子主张必须有“师法之化，礼义之道”，有一种预设性的礼仪制度安排，强制人们习惯于这种安排，“然后出于辞让，合于文理，而归于治”。

至于其他如“法先王”还是“法后王”、王霸义利的争论等，不一而足。他们似乎处于全面的对立状态。我们如何理解这种冲突呢？

如果将这种冲突从儒家思想发展史的角度来观察，我们便不好说二者孰是孰非、孰优孰劣。大体上可以接受的一种解说应该是，荀子的见解是基于新的社会现实，以及洞察到孟子的理论漏洞后做出的修补和超越，是对儒学理论体系的完善和发展，并不是儒学与非儒学派之间的斗争。

以人性的善恶问题为例，荀子在《性恶篇》说：

孟子曰：“人之学者，其性善。”

曰：是不然！是不及知人之性，而不察乎人之性、伪之分者也。凡性者，天之就也，不可学，不可事。礼义者，圣人之所生也，人之所学而能、所事而成者也。不可学、不可事，而在人者，谓之性；可学而能、可事而成之在人者，谓之伪；是性、伪之分也。今人之性，目可以见，耳可以听。夫可以见之明不离目，可以听之聪不离耳，目明而耳聪，不可学明矣。

孟子曰："今人之性善，将皆失丧其性故也。"

曰：若是，则过矣。今人之性，生而离其朴、离其资，必失而丧之。用此观之，然则人之性恶明矣。

荀子这段话，明确反对孟子的性善论，以为孟子的性善论对人性本善的预设判断是不对的，是根本不明白人性之伪的一面。由此可见，他们在人性问题上的分歧，就其本质而言并没有超出儒学的基本原则。只是在荀子看来，如果承认孟子的性善说，不仅无助于社会秩序的重建，而且必将严重削弱儒家素来看重的礼仪教化的功能。

因此，从这个意义上说，荀子对孟子的批判并不是真的放弃了儒学原则，而是超越孟子以便向早期儒学复归，以便重建儒学思想的新体系。从《荀子》一书尤其是其《非十二子篇》来看，荀子虽然处处与孟子立异，但其批判的锋芒所指并不是孟子一家，而是对诸子百家的思想资料进行了一次全面的清理和批判，"于是推儒、墨、道德之行事兴坏"，弃其所蔽，扬其所见，综合百家，融会贯通，重建一新的庞大的思想体系。正如郭沫若在《荀子的批判》中所说的那样："荀子是先秦诸子中最后一位大师，他不仅集了儒家的大成，而且可以说是集了百家的大成的……公正地说来，他实在可以称为杂家的祖宗，他是把百家的学说差不多都融汇贯通了。先秦诸子几乎没有一家没有经过他的批判。"因此，我们可以说，儒学发展到荀子的阶段，不仅完成了一次新的综合，而且意味着先秦诸子尤其是儒学的终结。

如果仅从儒学史的角度看，荀子确实为儒学史上的一个重要环节或关键人物。清儒汪中在《荀卿子通论》中认为，“荀卿之学出于孔氏，而尤有功于诸经”“盖自七十子之徒既殁，汉诸儒未兴，中更战国暴秦之乱，六艺之传赖以不绝者”，主要应归功于荀子。据汪中考证，儒家诸经如《诗》《书》《春秋》《礼》《易》等，均经荀子传授，西汉儒学各家各派的源流如果详细考究，差不多都可追踪到荀子那里。因此，汪中的结论是：“盖荀卿于诸经无不通，而古籍阙亡，其授受不可尽知矣。《史记》载孟子受业于子思之门人，于荀卿则未详焉。今考其书，始于《劝学》，终于《尧问》，篇次实仿《论语》。《六艺论》云，《论语》，子夏、仲弓合撰。《风俗通》云，穀梁为子夏门人。而《非相》《非十二子》《儒效》三篇每以仲尼、子弓并称。子弓之为仲弓，犹子路之为季路。知荀卿之学，实出于子夏、仲弓也。《宥坐》《子道》《法行》《哀公》《尧问》五篇，杂记孔子及诸弟子言行，盖据其平日之闻于师友者，亦由渊源所渐，传习有素而然也。故曰荀卿之学出于孔氏，而尤有功于诸经。”根据汪中的考辨，荀子之学为孔子学术之正统，重要的儒家经典差不多都得到荀子的传授，荀子之学，实出孔门弟子子夏、仲弓，是儒学史上不可忽视的人物。

汪中对荀子学术源流的考辨细节，我们不必尽信。因为他的这种考辨虽然具有文献学的依据，但于诸多细节仍不免以推测代替考据。不过，我们由汪中的考辨可以得到的一个认识是，荀子虽然与孟子的时代相差不远，但他的儒学并不是接着孟子往下讲，他的立论虽然往往与孟子有异并试图超越，但他所凭借的智慧资源显然不是孟子一系，而是早期儒家的思想原典。

从孟荀二人的为学宗旨与方法来比较，孟子虽然一再信誓旦旦地宣称以接续儒家道统为己任，但其对儒家经典似乎也不屑一顾，对非儒学派的文献更是一概斥为异端邪说，大有“六经注我”“唯我独孔”的味道。而荀子则不然，他不仅系统传授儒家经典，而且旁及诸子百家；他不仅批判性地吸收诸子百家，而且对儒学内部的各种流派也进行了系统的清理与扬弃。正是从这个意义上说，荀子学说之成立，也意味着先秦儒学的终结。

附录

儒学人物小传

子夏（前507—？），姓卜，名商，字子夏，春秋末晋国温（今河南温县西南）人，一说卫国人。

子夏是孔子学问最好的弟子，与子游并列为孔门文学第一，较长时间追随孔子讨论《诗》《书》《春秋》等文献，是孔子晚年删定《诗》《书》，写定《春秋》的重要助手，因而位列孔门七十二贤，被誉为“孔门十哲”之一。

据《史记》记载，子夏比孔子小四十四岁，显然为其后期乃至晚期的弟子。孔子卒于公元前479年，享年七十三岁，子夏此时还不到三十岁。孔子去世后，弟子星散，子夏不久也离开孔子故里，受魏文侯之邀前往魏国为帝王师。这是孔门弟子的普遍理想，也是子夏的期待，他是中国思想史上最先倡导“学而优则仕”的人，对后世中国影响极大，而且应该承认这个影响是正向的，后世中国政治的精英化对于中国社会的发展是有积极意义的。

不过，子夏的品格似乎不太高。对此，孔子因材施教，一再告诫他要为君子儒，勿为小人儒，而荀子、司马迁则在相关记录中，对子夏的品格给出了相当负面的评价。但子夏对儒家学术的传播确实贡献极大，重要经典似乎都经过他之手，尤其是《左传》。过去人们始终不太清楚“左丘明”是谁，我在过去几十年始终思考研读相关史料，以为非子夏莫属。

孟子（约前 372—前 289），名轲，字子舆，邹（今山东邹城东南）人。战国时思想家、政治家、教育家。

孟子受业于子思的门人，不仅被称为“亚圣”（“第二圣人”或“圣人第二”的意思），而且在历史上长期都有“孔孟之道”的说法。据此可以看出，孟子在中国儒学史上的价值与意义。

关于孟子的经历和学说主旨，书里已有很多讨论，兹不重复，这里仅补充三点。第一，孟子的思维极为敏锐，往往见人所不易见处。比如，我们都觉得墨子博爱众生，普遍性地爱一切人，是多么伟大啊！可是孟子上来就叱责墨子是畜生，甚至说他连畜生都不如。早年，我读到这儿也百思不得其解，以为孟子太不厚道、太刻薄了。后来，读书渐多，领悟渐深，才明白孟子的道理。孟子的意思是，儒家伦理的根本是爱有差等，没有不分彼此、不分亲疏的爱。一个不爱自己小家庭父母、子女的人，就不要谈什么爱国家。所以后世儒家一直强调要从自我的内心开始，正心诚意，修身、齐家、治国、平天下，是一个递进的逻辑关系，绝对不能反过来，从大到小，先人后己，先国家后个人。孟子认为，即便是动物都知道这个道理，墨子却刻意传布普遍的无差别的爱，实在是太不厚道了。

第二，孟子对君主和统治者有一种天然的不信任，他的仁政思想和政治主张，都是鼓励怀疑并限制统治者——民为贵，社稷次之，君为轻，这就是历代知识人最欣赏孟子的根本原因。当然，统治者对此就不甚满意，如朱元璋便下令将《孟子》一书阉割，删除其中潜藏的“危险”思想，出版了一个“御制洁本”。

第三，尽管中国自古以来没有逻辑学的概念，除了语录体似乎也不太有大文章出现，但是读《孟子》时，人们最容易被其中的论辩、争吵、驳论所感染，他常说“予岂好辩哉，予不得已也”。每读至此，我都发自内心地佩服孟子的勇气，虽不能至而心无不向往之。

荀子（约前313—前238），名况，时人尊而号为“卿”，赵国人。战国末期思想家、教育家。

荀子数度出任当时最著名的“世界学术研究中心”，即齐国稷下学宫祭酒，“最为老师”，韩非、李斯、张苍都是其门下著名弟子，对后世中国影响巨大。从儒学史的观点看，荀子是孔子之后最重要的人物，与孟子并列，因而司马迁将他们二人归为一类，记录在《史记·孟子荀卿列传》中。

荀子的主要学术观点在书中已有充分的描述，如他的礼论、性恶论、天论、群论、法后王、知行观等，都具有独特性，也深刻影响了后世中国的思想进程。荀子是先秦儒家学术集大成式的人物，他所著的《荀子》，尤其是其中《非十二子》《王制》《礼论》《正名》《性恶》诸篇，均为儒学史上的重要文献，值得反复吟诵。荀子努力建构思想体系和学术体系，是中国学术史上的创举，属于有目的的创作，直接影响了韩非、陆贾、贾谊、董仲舒，以及晚近的章太炎。今天我们去读这些大学者的作品就会发现，它们虽然在形式上只是论文集，但内容之间却有严密的结构，所讨论的问题也有缜密的布局。

邹衍（约前305—前240），“邹”亦作“驺”，齐国人。战国末期哲学家，阴阳家的代表人物。

邹衍活动的时间晚于孟子，是齐国稷下学宫后期最重要的学者，也是中国思想史上一个值得重新思考的人物。邹衍人称“谈天衍”，司马迁说邹衍的学说“闳大不经”，似有贬损之意。其实，邹衍的许多说法都言有所本，而且应该是当时知识界的普遍共识，特别是他的“五德终始”说和“大九州说”，绝不是毫无根据。“五德终始”说，深刻影响了中国的历史进程，之后历朝历代改正朔、易服色都与此有关。“大九州说”的看法是对先前“九州”理论的继承，但其突出的意义在于认定中国只是“大九州”的八十一分之一，所谓神州，并不是世界的全部，更不是唯一。这个认识是很值得进一步讨论的。

第四章

秦朝：儒学的第一次毁灭性打击

公元前221年，秦王嬴政如贾谊在《过秦论》中所说的那样，“奋六世之余烈，振长策而御宇内”，以气吞山河的气概，用不到十年的时间，相继兼并了韩、魏、楚、赵、燕、齐等国，终于在中国历史上第一次建立起统一的王朝，开创了中国社会发展的新格局。这既是儒家大一统观念的实现，也意味着儒学的发展面临着新的转折。

政治统一与学术统一

秦王朝的统一事业，是中国历史发展的必然趋势，也是几个世纪以来中国人的共同向往和追求。自从周王室式微，特别是战国以来，诸侯纷争，称雄割据，人民深受战乱之苦，迫切要求重建统一的国家，以便有一个和平安宁的生存环境。从这个意义上说，秦朝的统一战争符合人们的普遍愿望，“元元黎民，得免于战国”。因此，秦王政才有可能在极短的时间内结束春秋战国以来诸侯混战的局面，并在广袤疆域里建立起统一的大帝国。

军事和政治上的统一可以凭借武力迅速实现，但是如何巩固这种统一，便不是单纯依靠武力就可以解决的了。秦王朝的统治者们清醒地看到了这一点，于是他们在依靠军事实力实现政治统一的同时，便着手进行全国法令、文字、货币、度量衡等统一工作。车同轨，书同文，行同伦，以期将一个幅员辽阔、人口众多、风俗各异的国家置于皇帝一人的统治之下，建立千古一系的不朽伟业。这便不得不涉及政治统一与文化统一之间的关联问题，即以何种思想为主体重建官方意识形态。

就思想传统而言，秦承魏制，秦王朝在统一全国前后都对儒学表示过适度尊重。梁启超在《论中国学术思想变迁之大势》中说得相当准确：

> 当孔子之在世，其学未见重于时君也。及魏文侯受经子夏，继以段干木、田子方，于是儒教始大于西河。文侯初置博士官，实为以国力推行孔学之始。儒教第一功臣，舍斯人无属矣。其次者为秦始皇。始皇焚坑之虐，后人以为敌孔教，实非然也。始皇所焚者，不过民间之书、百家之语；所坑者，不过咸阳诸生侯生、卢生等四百余人，未尝与儒教全体为仇也。岂惟不仇，且自私而自尊之。其焚书之令云：有欲学者，以吏为师，非禁民之学也，禁其于国立学校之外，有所私业而已。所谓吏者何？则博士是也。秦承魏制，置博士官，伏生、叔孙通、张苍，史皆称其故秦博士。盖始皇一天下，用李斯之策，固已知辨上下、定民志之道，莫善于儒教矣。然则学术统一与政治统一，同在一时，秦皇亦儒教之第二功臣也。

秦始皇焚书坑儒的真相如何，我们后面再详加讨论。现在比较清楚的是，如果仅就秦国的思想传统而言，由于秦承魏制，儒学在秦国的历史进程中也具有相当的影响力。

这种影响力的真实情况，我们已无法复原。但是，由于秦国历史的复杂性，特别是如《汉书·地理志》所说，秦国毕竟是一个移民式的国家，“是故五方杂厝，风俗不纯。其世家则好礼文，富人则商贾为利，豪桀则游侠通奸”。因此，儒学在秦国的真实情况恐怕并不能一概而论。尤其是经过商鞅变法之后，极端功利主义的法家思想在秦国开始占据主导地位，儒学势力由此不能不受到相当大的打击和摧残。

儒学在秦国的势力经商鞅变法的打击受到相当程度的摧残，甘龙、杜挚等具有儒学倾向的人物，虽不一定受到商鞅的清洗，但由于社会上极端功利主义风气使然，以及官方的提倡，儒家学者在秦国不太受欢迎或少有传人，似乎为不易的事实。据荀子亲临秦国考察所见：

> 其固塞险，形势便，山林川谷美，天材之利多，是形胜也。入境，观其风俗，其百姓朴，其声乐不流污，其服不挑，甚畏有司而顺，古之民也。及都邑官府，其百吏肃然，莫不恭俭、敦敬、忠信而不楛，古之吏也。入其国，观其士大夫，出于其门，入于公门；出于公门，归于其家，无有私事也；不比周，不朋党，倜然莫不明通而公也，古之士大夫也。观其朝廷，其朝间，听决百事不留，恬然如无治者，古之朝也。故四世有胜，非幸也，数也。是所见也。故曰：佚而治，约而详，不烦而功，治之至也。秦类之矣。虽然，则有其諰矣。兼是数具者而尽有之，然而县之以王者之功名，则倜倜然其不及远矣。是何也？则其殆无儒邪？故曰：粹而王，驳而霸，无一焉而亡。此亦秦之所短也。

如果荀子的这番考察确实可信的话，那么我们看到在商鞅变法之后的秦国，一方面，社会获得了充分的发展，社会风气有了相当大的进步并自成秩序；另一方面，由于整个社会处在法家强权主义的控制下，这种发展与秩序实际上潜伏着相当深刻的危机。在荀子看来，这种将要发生的危机的深层原因，可能就是秦国“殆无儒”造成的，“粹而王，驳而霸，无一焉而亡。此亦秦之所短也”。在荀子看来，只有经济发展，只有国家主义，即便获得了短暂的富强，国家也可能潜藏着更大危机。秦王朝后来的历史证明了荀子的敏感和深刻。

这样说当然并不意味着秦国境内已无儒者的存在，更不意味着与前述梁启超的判断恰好相反。真实的情况可能是，在商鞅变法之后的秦国，儒学已不是显学，儒者也不再显赫，但作为掌管礼乐文化的专职官员，秦国统治者并没有完全排斥他们的存在。尤其是随着统一战争的进程，在怎样才能巩固统一这一历史课题面前，秦始皇并没有忘记征询这些儒者的意见，并没有完全倒向法家路线一边。博士淳于越等人与李斯的冲突，便是极好的证明。

秦王朝的军事统一虽然获得了成功，但如何巩固这种统一实在不是军事本身所能解决的，而势必牵涉文化及各地的不同传统。政治的统一为文化的统一创造了条件，文化方面的某些制度完全可能因政治势力的干预而发生根本性的变革。但是，文化的运动毕竟是一种相对独立的过程，它的某些方面，诸如人们的文化心理素质、思维习惯等深层结构，往往并不因政治的变动而发生显著的变化。

事实上，秦王朝统一帝国的建立仅仅依靠武力征服，其政治上的变动过速、过剧，也超越了人们心理上的实际承受力。一统帝国的建立毕竟是前无古人的盛事伟业，它既无成功的经验可资借鉴，也无失败的教训提供帮助。因此，当秦王朝积极从事文化方面的变革以巩固政治上的大一统时，儒家学者的作用和影响依然存在。只是儒家学者如淳于越不太赞成文化变革中的激进主义作法，强调“事不师古而能长久者，非所闻也”。不论这种观点的主观动机如何，但我们由此看到的一个明显的事实是，面对政治统一的社会现实，儒家的智慧资源不仅相当贫乏，而且充满着不易克服的内在矛盾。

毫无疑问，淳于越从经验主义的立场提出“师古”的主张，就其主张来说与孔孟等儒者确乎一脉相承；就其主观意图而言，这种建议当然不是为了“拆台”而是“补台”，是期望秦王朝的决策者在制定文化政策时，充分尊重已有的文化传统，在保持社会秩序持久稳定的前提下，进行渐进的变革。应该说，淳于越的这种主张不仅其心可嘉，而且未尝不是一种选择。秦王朝的决策者如果就此三思而后行，恐怕不仅儒学的历史将要改写，整个中国历史的发展都可能因此转向，秦王朝也许就不会落个二世而亡的悲惨结局了。

儒法冲突：理想与现实的差异

对于秦王朝的最高统治者秦王政来说，在实现了建立统一大帝国这个梦寐以求的理想后，如何巩固这种统一，便理所当然地成为他日思夜想的重要课题。起初，秦王政并没有完全排斥儒家的方案，甚至在统一过程中和统一之后的一段时间里，秦王朝正是按照儒者的设计建立起了一套权力模式和行政体制。除了秦国原有的疆域外，秦王朝在山东六国并没有立即推行秦国原先实行的郡县制，而是依据各国的不同传统、不同状况，建立了藩属关系，承认各国原有统治者的政治权力的合法性，大体恢复了周初的模式。在事实上接受了儒者“师古”，以及分封诸子以卫社稷的建议。

然而，从当时的实际情况来看，秦王朝的这些作法并不能保障其统治权力的有效性，更无法使统一帝国得到巩固和稳定。恰恰相反，由于秦王朝在统一过程中所暂时保留的诸侯国毕竟都与秦推翻的周王朝有或深或浅、或直接或间接的血缘与姻缘关系，他们的权力来源毕竟都是周天子。因此，尽管秦王朝不得不保留诸侯国的权力和地位，但在中国宗法化的社会结构中，秦王朝统治的合法性又不能不受到同样具有合法性权力来源的诸侯的怀疑。于是，诸侯在忍受了暂时的屈辱之后，便纷纷反叛，他们根本不可能真正成为秦王朝的藩属和臣民。也就是说，这些原有的诸侯国无论如何都不可能像对待周天子那样拱卫秦王朝。因此，儒者师古与分封的建议只是一种高妙的理想，与当时的社会现实相脱离，其假定性的前提是承认了秦王朝权力的合法性。

事实正如秦王政所反省的那样：“异日韩王纳地效玺，请为藩臣，已而倍约，与赵、魏合从畔秦，故兴兵诛之，虏其王。寡人以为善，庶几息兵革。赵王使其相李牧来约盟，故归其质子。已而倍盟，反我太原。故兴兵诛之，得其王。赵公子嘉乃自立为代王，故举兵击灭之。魏王始约服入秦，已而与韩、赵谋袭秦，秦兵吏诛，遂破之。荆王献青阳以西，已而畔约，击我南郡，故发兵诛，得其王，遂定其荆地。燕王昏乱，其太子丹乃阴令荆轲为贼，兵吏诛，灭其国。齐王用后胜计，绝秦使，欲为乱，兵吏诛，虏其王，平齐地。寡人以眇眇之身，兴兵诛暴乱，赖宗庙之灵，六王咸伏其辜，天下大定。今名号不更，无以称成功，传后世。其议帝号。”秦王政已清醒地意识到，尽管他用武力一统天下，使东方六国大致平定，但是权力合法性的危机日益凸显，“名号不更，无以称成功，传后世”，这一点也与儒家素来所强调的“名正言顺”不谋而合。

为了克服权力的合法性危机，巩固秦王朝的统一成果，秦王政和他的谋士们在平定诸侯叛乱的同时，也付出了极大的努力，以期名正言顺地取周而代之，确立秦王朝的合法性地位。丞相王绾、御史大夫冯劫、廷尉李斯等与博士议曰：“古有天皇，有地皇，有泰皇。泰皇最贵。臣等昧死上尊号，王为泰皇，命为制，令为诏，天子自称曰朕。”以此强化秦王政的个人威严和秦王朝的合法地位。

对于王、冯、李等人的建议，秦王政做了些许修改，原则上予以认可。从此秦王政变为秦始皇帝，以至高无上的皇帝身份大权独揽，统治全国。然而在当时的背景下，权力合法性的危机并不仅仅表现在新王朝能否真正建立起来，还表现在新建立的王朝能否成为前代王朝的合法继承者。如果不能真正解决这一点，那么即便新王朝能够建立起来，其合法性依然受到人们的怀疑。为此，秦始皇借助于阴阳五行化之后的儒学，“推终始五德之传，以为周得火德，秦代周德，从所不胜。方今水德之始，改年始，朝贺皆自十月朔。衣服旄旌节旗皆上黑。数以六为纪，符、法冠皆六寸，而舆六尺，六尺为步，乘六马。更名河曰德水，以为水德之始。刚毅戾深，事皆决于法，刻削毋仁恩和义，然后合五德之数。于是急法，久者不赦”。按照这个描述，秦王朝改正朔，易服色，以五德终始说规范政治设施，开后世两千年政治之先河。

由此我们看到，不论阴阳五行化这一儒者建议的本来意义如何，但其结果实际上导致了秦王朝后来的严刑峻法，进而加速了秦王朝的早亡。从这个意义上说，秦王朝政策上的重大偏差，虽然给儒学的发展带来了重大障碍，但推其原始，秦朝儒者并非全无责任，尽管这些儒者已严重变质，并非孔孟时的早期儒者。

如果五德终始说导致秦王朝急刑峻法的说法尚可被具有极端功利主义倾向的法家传人李斯接受的话，那么儒者们所提出的分封及师古等主张则被他坚决反对和排斥，由此导致儒学史上的一场浩劫。

据《史记·秦始皇本纪》记载，以皇权为中心的权力系统确立之后，秦王朝依然面临如何将权力系统延伸到各地的难题。特别是在原有的诸侯王因反叛而被消灭殆尽的情况下，如果不尽快填补各地的权力真空，势必为秦王朝留下巨大的隐患。

就如何解决这一问题，秦始皇的谋士们产生了严重的意见分歧。一种意见以丞相王绾为代表，认为“诸侯初破，燕、齐、荆地远，不为置王，毋以镇之。请立诸子，唯上幸许”。也就是说，在王绾等人看来，秦国已推行有年的郡县制恐怕并不合乎统一后的国情，如欲使统一帝国的行政权力发挥有效作用，应如周初那样立诸子为藩王，镇守各地，拱卫中央，巩固统一的局面。显而易见，这是儒家素来向往的政治理想。

对于王绾等人的建议，秦始皇交给群臣讨论，群臣皆以为便，唯有廷尉李斯独持异议。李斯认为：“周文武所封子弟同姓甚众，然后属疏远，相攻击如仇雠，诸侯更相诛伐，周天子弗能禁止。今海内赖陛下神灵一统，皆为郡县，诸子功臣以公赋税重赏赐之，甚足易制。天下无异意，则安宁之术也。置诸侯不便。”从历史的、长远的观点看，李斯的分析甚有道理，周王朝灭亡的真实原因虽然并非如李斯分析的那样简单，但诸侯之间的相互争夺，以及周天子节制诸侯能力的严重丧失都是非常重要的原因。

秦始皇由衷地赞赏李斯的建议，他总结道："天下共苦战斗不休，以有侯王。赖宗庙天下初定，又复立国，是树兵也，而求其宁息，岂不难哉！廷尉议是。"于是秦王朝将天下分为三十六郡，郡置守、尉、监。更民名曰"黔首"，"收天下兵，聚之咸阳，销以为钟鐻，金人十二，重各千石，置廷宫中。一法度衡石丈尺。车同轨，书同文字。地东至海暨朝鲜，西至临洮、羌中，南至北向户，北据河为塞，并阴山至辽东。徙天下豪富于咸阳十二万户"。此举不仅在广袤的疆域中真正建立起统一的大帝国，而且采取了若干保障统一的具体措施。

秦始皇建立长久稳定机制的愿望我们不必怀疑，问题是，统一既然是包括儒家在内的各家各派的共同愿望，也是久经战乱之苦的人民的共同心声，何以秦王朝真要建立"天下无异意"的统一模式时，不仅没有使这种统一持久下去，反而导致天下散乱了呢？更为微妙的是，对重建统一并无异议的儒家学派，何以在统一过程中又遭受了重大损失呢？这便不能不说到儒法之间的冲突。

如前所说，儒家学派在秦国并非毫无地位，只是不居于权力中心而已。而法家则不然，在秦国不仅具有悠久的思想传统，而且自商鞅以来，特别是统一过程前后，法家人物几乎一直居于权力中心或关键位置。尤其是秦始皇的重臣李斯，以及秦始皇最为欣赏的理论家韩非。他们二人虽然名为荀子的弟子，原本应该成为儒学的传人，却因机缘巧合和性格使然，成为法家的重要代表人物。韩非的法、术、势相结合的行政理论对秦始皇产生了极大的吸引力，使他越来越相信权力的获得与巩固并不能仅仅凭借儒家的仁道与王道，而只能是"天下无异意"的严刑峻法；李斯在理论的建构上虽说不如韩非，但在实践上依旧帮助秦始皇构建了严刑峻法的权力模式。在这种情况下，“好看”而效用甚微的儒家理论便理所当然地被秦王朝抛弃。

文化浩劫：焚书坑儒

应该承认，李斯等法家人物追求统一的愿望并没有错，问题是他们在强调统一的时候，过分看重意志的统一和文化的统一。这样一来，他们原本正确的理论势必产生错误的结果，造成万马齐喑的窒息局面，而无助于统治者在进行决策时能有各种方案进行比较、选择。

事实上，在中国这样一个庞大的国度里，意志统一和文化统一永远都只能是一种理想。因为不论中央政权的政治、军事、经济实力有多么强大，只要人们生存的物质条件没有发生根本性的变革，任何文化统一、意志统一的愿望都要落空，文化发展的内在规律必然导致文化发展的实际结果与文化统一论者的主观愿望相反。因此，在中国传统社会条件下，秦王朝文化政策的正确选择，应该是充分尊重各地各个流派的思想传统和文化传统，在不可能根本动摇、推翻秦王朝的前提下，允许各地不同的文化传统和不同思想背景的学术流派独立发展和合法存在。在思想意识形态领域，允许知识分子在一定范围内言论自由。这样或许较李斯所主张的“天下无异意”的文化专制主义更能有效地维护秦王朝的统一和稳定。

然而，秦王朝的统一成就来得太快，使统治者无法从容地选择一种思想作为根本的治国方略，固有的思维定式使他们觉得文化的发展和政治的统一没有什么本质性的区别，于是采取了更为强硬的思想管制政策，便有了直接针对儒学的焚书、坑儒两大虐政的发生。

焚书事件发生在秦始皇三十四年，即公元前 213 年。从现有资料看，其起因和结局似乎并没有必然的联系。是年，秦始皇大宴群臣，仆射周青臣等七十余人对秦始皇歌功颂德，说了一些过头的颂扬话，诸如“他时秦地不过千里，赖陛下神灵明圣，平定海内，放逐蛮夷，日月所照，莫不宾服。以诸侯为郡县，人人自安乐，无战争之患，传之万世，自上古不及陛下威德”等。

这些话作为颂词似乎也没有什么不妥，但过于“较真”的博士淳于越则深不以为然。他反驳说：“臣闻殷周之王千余岁，封子弟功臣自为枝辅。今陛下有海内，而子弟为匹夫，卒有田常、六卿之患。臣无辅拂，何以相救哉？”俨然以为秦王朝的巩固与发展不是对旧制度的彻底破坏，而是存旧图新，是渐进的变革，充分利用了旧有的传统和手段。

淳于越的话确实带有一种复古主义的倾向，但稍经揣摩，其主观目的似乎并不是要否定秦王朝的统一事业，恰恰相反，而是出于对秦王朝能否持续发展的深沉忧虑而向统治者提出的忠告。

对于淳于越的意见，秦始皇一开始并没有怎样责怪，倒是丞相李斯提出强烈的反对意见，并将问题推向极端。他说：

> 五帝不相复，三代不相袭，各以治，非其相反，时变异也。今陛下创大业，建万世之功，固非愚儒所知。且越言乃三代之事，何足法也？异时诸侯并争，厚招游学。今天下已定，法令出一，百姓当家则力农工，士则学习法令辟禁。今诸生不师今而学古，以非当世，惑乱黔首。丞相臣斯昧死言：古者天下散乱，莫之能一，是以诸侯并作，语皆道古以害今，饰虚言以乱实，人善其所私学，以非上之所建立。今皇帝并有天下，别黑白而定一尊。私学而相与非法教，人闻令下，则各以其学议之。入则心非，出则巷议，夸主以为名，异取以为高，率群下以造谤。如此弗禁，则主势降乎上，党与成乎下。禁之便。臣请史官非秦纪皆烧之。非博士官所职，天下敢有藏《诗》《书》百家语者，悉诣守、尉杂烧之。有敢偶语《诗》《书》者弃市。以古非今

者族。吏见知不举者与同罪。令下三十日不烧，黥为城旦。所不去者，医药卜筮种树之书。若欲有学法令，以吏为师。

这就是焚书事件的来龙去脉。

李斯的理论就其前提而言无疑是正确的，具有进化、变化的思想倾向。但其推论则是错误的，“别黑白而定一尊”“以吏为师”，这种极端主义理论为后世提供了一个很不好的示范、例证。因为政治的统一并不意味着思想意识的必然统一，二者之间并没有必然的内在联系。事实上，在任何社会条件下，人们面对同一事物，往往会产生不同的认识和想法，这是极为正常的现象。从另外一个意义上说，思想的专制与独裁，并不是一个政权强大的正常表现，相反，它是这个政权极度虚弱和自我恐惧的自然流露。周朝的统治者已认识到“防民之口，甚于防川”，面对社会公众对政权的非议，只能疏导，而无法堵塞。

在秦末混乱的政治局面中，之所以有那么多知识分子如郭沫若在《秦楚之间的儒者》中所分析的那样义无反顾地投奔“革命”，根本原因就在于秦王朝试图统一意志的文化高压政策。儒者既然连正常的职业都被剥夺，那么还怎能指望他们与政府合作、同舟共济呢？司马迁也在《史记·儒林列传》中分析道：“及秦之季世，焚《诗》《书》，坑术士，六艺从此缺焉。陈涉之王也，而鲁诸儒持孔氏之礼器往归陈王。于是孔甲为陈涉博士，卒与涉俱死。陈涉起匹夫，驱瓦合适戍，旬月以王楚，不满半岁竟灭亡，其事至微浅，然而缙绅先生之徒负孔子礼器往委质为臣者，何也？以秦焚其业，积怨而发愤于陈王也。”知识人的饭碗被敲碎了，他赖以生存的条件也不存在了，除了与统治者分道扬镳，除了与反叛者合伙，还有什么机会呢？这便是秦王朝文化高压政策所导致的政治恶果。

至于对秦王朝的不信任与离心者日多的现象，在焚书事件发生之后也有明显的表现，并由此演化成坑儒事件。据《秦始皇本纪》记载，焚书之后不久，侯生、卢生私下议论说：“始皇为人，天性刚戾自用，起诸侯，并天下，意得欲从，以为自古莫及己。专任狱吏，狱吏得亲幸。博士虽七十人，特备员弗用。丞相诸大臣皆受成事，倚辨于上。”而秦始皇乐以刑杀为威，天下畏罪持禄，莫敢尽忠。按照秦法，“不得兼方，不验辄死。然候星气者至三百人，皆良士，畏忌讳谀，不敢端言其过”。天下之事无论大小皆决于秦始皇一人，秦始皇的性格缺陷、权力欲望，以及秦朝法律设施的僵化、强硬，都使知识人离心离德，无法与之合作，于是侯生、卢生乃远逃他乡。

侯生、卢生的不合作，应该引起秦始皇的警醒。然而当秦始皇得知这一情况后，不仅毫无反省之意，反而变本加厉，采取更为严厉的思想管制乃至人身摧残和人身毁灭的政策。秦始皇认为，侯生、卢生事件的发生，是他此前尽收天下之书不彻底的缘故。他说：“吾前收天下书不中用者尽去之。悉召文学方术士甚众，欲以兴太平，方士欲练以求奇药。今闻韩众去不报，徐士等费以巨万计，终不得药，徒奸利相告日闻。卢生等吾尊赐之甚厚，今乃诽谤我，以重吾不德也。诸生在咸阳者，吾使人廉问，或为妖言以乱黔首。”政治逻辑没有让秦始皇正确吸取教训，反而让他以为先前的政策还不够严酷，于是下令将在咸阳诸生犯禁者四百六十余人全部坑杀，以为如此天下便可太平。这就是历史上闻名的坑儒事件。

以焚书坑儒为标志的秦王朝文化高压政策，其基本出发点无疑在于期望随着政治上的统一而统一文化和学术，以利于巩固政治上的统一和稳定。这种政策固然能收一时之效，但从长远的观点看则是根本不足取的。上引侯生、卢生的私议所揭露的事实，以及他们不愿与政府继续合作的行为，已充分表明秦王朝文化高压政策在知识分子或博士、儒者心理层面所投下的巨大阴影。

不久，侯生被缉拿归案，他在临刑前与秦始皇的一段对话，不仅深刻披露了这批儒者知识分子的真实心迹，而且也相当准确地预示了秦王朝必然迅速灭亡的悲惨命运和内在原因。对话不长，兹据《说苑·反质篇》的记载节录如下：

> 始皇望见侯生，大怒曰："老虏不良，诽谤而主，乃敢复见我！"
>
> 侯生至，仰台而言曰："臣闻知死必勇，陛下肯听臣一言乎？"
>
> 始皇曰："若欲何言？言之！"
>
> 侯生曰："臣闻禹立诽谤之木，欲以知过也。今陛下奢侈失本，淫泆趋末……所以自奉，丽靡烂熳，不可胜极。黔首匮竭，民力单尽，尚不自知。又急诽谤，严威克下，下喑上聋，臣等故去。臣等不惧臣之身，惜陛下国之亡耳！闻古之明王，食足以饱，衣足以暖……今陛下之淫，万丹朱而十昆吾桀纣，臣恐陛下之十亡而曾不一存。"
>
> 始皇默然久之，曰："汝何不早言？"
>
> 侯生曰："陛下之意，方乘青云飘摇于文章之观，自贤自健，上侮五帝，下凌三王，弃素朴，就末技，陛下亡征见久矣。臣等恐言之无益也，而自取死，故逃而不敢言。今臣必死，故为陛下陈之。虽不能使陛下不亡，欲使陛下自知也。"
>
> 始皇曰："吾可以变乎？"
>
> 侯生曰："形已成矣，陛下坐而待亡耳！若陛下欲更之，能若尧与禹乎？不然无冀也。陛下之佐又非也，臣恐变之不能存也。"

焚书引发侯生、卢生事件，侯生、卢生事件引发坑儒灾难，以及由此二者所引发的缙绅先生往归陈王，都说明了文化政策不仅仅关涉文化本身，而且在相当程度上决定着一个王朝，乃至整个民族的命运。正是从这个意义上说，不论焚书坑儒在事实上究竟给儒学带来多大的灾难，其本质确乎为一场文化浩劫，是中华民族文明史上最黑暗、最沉重的一页。

第五章

汉代：儒学的黄金岁月

经过秦末几年的混战，至公元前202年，经垓下一战，西楚霸王项羽兵败自杀，楚汉相争结束，汉王刘邦终于登上皇帝宝座，建立了统一的汉王朝。中国历史揭开新的一页，儒学的发展也面临着新的机遇和转折。当然，儒学在汉代究竟是否能够获得长足的发展，除了儒家学者能否把握机遇外，也与社会对儒学理论的需求密切相关。

黄老学与儒学同享意识形态宝座

一般认为，秦王朝的焚书坑儒政策虽然殃及诸子和各家学说，但儒学受害最深，几遭灭顶之灾而损失殆尽。比较权威的描述当属刘歆在《移让太常博士书》中的说法。刘歆认为，儒家学说“陵夷至于暴秦，燔经书，杀儒士，设挟书之律，行是古之罪，道术由是遂灭”。按照他的说法，似乎在汉初几十年里，儒学先师虽偶有存在，儒家经典虽偶有发现，但儒学作为一个整体似乎久已灭绝，不复存在。

其实，考诸文献和揆诸情理，尤其是考虑到刘歆《移让太常博士书》的主观目的只是替古文经学争得一个合法地位，那么我们不能不怀疑刘歆的说法夸大了秦王朝焚书坑儒的实际影响力。

秦王朝的焚书坑儒确实是中国文化史上的一场浩劫，也确实给儒学的发展带来了相当大的负面影响，但从实际效果看，则与焚书坑儒的倡导者的主观愿望相反，不仅非儒学派仍然得以流传和发展，即使儒家学说与典籍也并没有遭到根本性的破坏。据《史记·叔孙通传》记载，秦王朝在焚书坑儒事件之后的文化高压政策虽未改变，但坑儒事件并不是与全体儒家学者为敌，博士诸儒生三十余人依然在秦王朝的宫廷里充当顾问的角色，继续为秦王朝服务。再证之以《史记·儒林列传》中的描述，司马迁仅说“六艺从此缺矣”，而不说“六艺从此绝矣”，足见其中差异。

退一步说，即便秦王朝坑杀的那些术士都是纯儒，然损失区区几百人，焉能说蔚为大观的一代学术遭到灭顶之灾？而且，儒学的重镇和中心在齐鲁地区，很难想象在当时的历史条件下，一纸焚书坑儒令就能将远离京师的儒生斩尽杀绝，能将民间的藏书“悉诣守、尉杂烧之”。事实或许正如《史记·儒林列传》所说的那样：“及高皇帝诛项籍，举兵围鲁，鲁中诸儒尚讲诵、习礼乐，弦歌之音不绝……故汉兴，然后诸儒始得修其经艺，讲习大射乡饮之礼。叔孙通作汉礼仪，因为太常；诸生弟子共定者咸为选首，于是喟然叹兴于学。”故而我们相信，焚书坑儒的实际效果并不太大，最多的是一种象征意义。

陆贾：抑法尊儒

西汉初年不乏儒者，诸如陆贾时时在刘邦面前称引《诗》《书》；叔孙通以故秦博士的身份投奔刘邦后，遂征鲁国诸生三十余人为刘邦制礼作乐。至于在民间和各级官吏队伍中，更不乏儒学的信奉者和追随者。

儒学在汉初获得了相当大的发展，但想由此独占统治阶级意识形态的宝座，不仅其理论建构还不具备，客观条件也尚难允许。对于汉初的统治者和知识阶层来说，秦王朝二世而亡的教训是深刻而又惨痛的。因此，西汉重建统一之后，围绕着秦王朝的教训，统治阶层以及知识阶层都进行了深刻的反省，并最终决定采用无为而治的黄老之学作为统治阶级的意识形态。

西汉王朝的迅速建立，得力于许多因素。甚至在某种程度上可以说，刘邦的胜利带有一种侥幸的意味。因此，得天下之后如何治天下，在以刘邦为核心的农民领袖们心中并非完全有数。这些原本以贩夫走卒为主体的

“社会边缘阶级”一旦取得了“社会中心阶级”的地位，实际上也不得不求助于原来社会的中心阶级——知识分子或士阶层，利用知识分子的智慧来重建社会秩序，以便进行有效的政治统治。

早在刘邦起事不久，他身边就已网罗了一大批忠诚的儒生。这批智识者基于对历史的深刻反省，不停地为新王朝的长治久安出谋划策，因而在相当程度上保障了汉王朝各项政策的正确和稳定。据《史记·郦生陆贾列传》记载，陆贾时时在刘邦面前称说儒家的《诗》《书》，刘邦则骂之：“我居马上得天下，安事《诗》《书》！”对此，陆贾从容不迫地答道：“居马上得之，宁可以马上治之乎？且汤、武逆取而以顺守之，文武并用，长久之术也。昔者吴王夫差、智伯极武而亡；秦任刑法不变，卒灭赵氏。向使秦已并天下，行仁义，法先圣，陛下安得而有之？”陆贾的意思很清楚，马上可以得天下，但无法治天下。秦王朝灭六国，统一六合，如果不是延续那些战时政策，临时管制，而是重建一个常态王朝，行仁义，法先圣，哪儿还有陛下的机会？

“高祖不怿而有惭色，乃谓陆生曰：‘试为我著秦所以失天下，吾所以得之者何，及古成败之国。’”于是陆贾著成《新语》一书，以期为西汉王朝的未来发展规划蓝图。

陆贾的思想主旨不外乎建议刘邦“行仁义，法先圣”“握道而治，据德而立”，即以儒家思想作为治国、平天下的根本原则，彻底改变“秦以刑罚为巢”的重大失误，以防“覆巢破卵之患”。由此看来，陆贾对西汉王朝未来发展的对策性思考主要基于秦王朝速亡的教训，并由此得出抑法尊儒的结论。在重建意识形态的过程中，陆贾基于儒学的立场，对先秦诸子的智慧遗产虽然较为尊重，但从总体上说还是对其持一种比较严厉的批判态度，以为诸子的思想见解虽然各具某些合理性，但就意识形态的重建而言，都不足以填补排斥法家之后统治阶级意识形态的真空。他强调，真正足以担当重建社会秩序之任，足以弥补思想真空的唯有儒学，只有儒家思想和儒家伦理才是治世良药。

当然，这样说并不意味着陆贾坚决排斥诸子，或者说他较董仲舒更早就有独尊儒学的思想倾向。事实上，他在推崇儒学的同时，也竭力防止儒学走上独尊的道路。在汉初几十年的学术大潮中，确实已显现出儒学独尊的端倪。叔孙通“儒术不足以进取，但可以守成”的说法，以及他不惜变通儒学传统以媚权贵的政治实践，都足以表明汉初儒家学者确乎有一种独尊的内在倾向。不过，面对这种倾向，陆贾并没有随声附和，他虽然基于儒学的立场对非儒学派进行了严厉的批判，但似乎也预感到儒学一家独尊所可能导致的恶果。他在《新语·术事》中说得很明白：“制事者因其则，服药者因其良。书不必起仲尼之门，药不必出扁鹊之方。合之者善，可以为法，因世而权行。”政治没有什么僵化的教条，一切因时因地因人而异，只要合乎实际，合乎需要，能治病的都是好药，能治天下的都是良治善治，不必拘泥于前人的主张。他主张的是儒学与诸子并重互补，择优而取，因社会实践的实际需要而重新建构统治阶级意识形态。从这个意义上说，陆贾阻止了汉初意识形态方面的“一边倒”，这对汉初社会的发展功莫大焉，但其重建统治原则的主张与实践，也势必导致诸子学的终结，使刚刚获得复兴的诸子学失去独立存在的社会依据，而又不得不将自己的智慧资源无保留地奉献给重建中的新的统治阶级意识形态。

就陆贾思想体系的内在结构来说，他并不是平等对待包括儒学在内的诸子，而是基于儒学的立场，竭力吸收诸子学的合理内核，建立一种既有传统儒学的倾向性，而又有别于传统儒学的新体系。在儒学的倾向性方面，陆贾注意到了传统儒学对事功的淡薄，因而他着力通过对诸子思想的吸收，对儒学传统的重新加以阐释，使儒家的思想原则更合乎社会实际的需要，赋予儒学一种极强的事功、外王色彩。

不过，基于当时的社会现实，陆贾的事功观念与此后汉武帝时期的事功观念有着本质区别。陆贾一方面强调事功应以儒家伦理为根本原则，另一方面则设法确立无为而无不为的政治方略。也正是在这一点上，陆贾的思想既承接了早期儒学的精神传统，又深切满足了汉初社会的现实需要，故而其《新语》在汉初受到欢迎的盛况诚如《史记·陆贾传》所描写的那样："每奏一篇，高帝未尝不称善，左右呼万岁。"

黄老学说

陆贾的思想建构虽然有效地阻止了汉初儒家独尊的思想倾向，但在另一方面则客观上助长了汉初无为而治的黄老思想，使之一度成为汉代官方意识形态。

黄老学是黄帝之学与老子之学的简称，它们的出现或许都在先秦时期，但二者的结合应当很晚。《庄子·天下》在评述先秦学术大势时，仅仅评述过老子其人其说，而并未涉及黄帝之学。在战国末年及秦王朝统治时期也找不到黄老学派的丝毫痕迹，即使在汉王朝建立之后的若干年里，似乎也不存在黄老学派的活动。我们知道，农民出身的开国皇帝刘邦，不仅对儒家学说有一种本能的反感，而且对所有的既成学说都不屑一顾。他只是出于极为现实的功利主义原则，才不得不接受叔孙通、陆贾诸人的忠告，对儒家学说表示一些必要的尊重。在汉初诸帝中，第一个也是唯一一个尊奉黄老学的是景帝，不过那也是因为他的母亲窦太后强迫之故。

窦太后对黄老学的偏爱当然影响到了汉代政治。不过，鉴于诸吕之乱的教训，汉初皇后们的影响力甚为有限，加之窦太后因眼疾失明，在客观上也必然为其政治活动带来明显的不便。她在汉初政治中开始发挥作用，还是在汉文帝去世之后。此时距汉王朝的建立已有半个世纪之久。

汉初诸功臣对黄老学的尊奉也相当晚。《汉书·高帝纪》说："天下既定，命萧何次律令，韩信申军法，张苍定章程，叔孙通制礼仪，陆贾造《新语》。"第一代权臣们似乎尚无暇眷顾所谓黄学或老学。

如果不是牵强附会的话，我们应当承认在汉初位至将相而又尊奉黄老学的仅有曹参、陈平二人，而且他们的这一动向又和汉初政治的发展密切相关，并非完全出自内心的真诚爱好与信仰。

曹参、陈平二人都是刘邦的重要将领或谋士，在其活动早期，似乎更倾心于纵横权谋之术，而与黄老学无缘。如陈平所说："我多阴谋，是道家之所禁。"至于汉朝建立之后，他们确曾转而倾心于某种颓废的思想，似乎有那么一点接近后世所理解的黄老学倾向。但其深意可能如司马光在《资治通鉴·汉纪三》中司马光所说的那样："夫生之有死，譬犹夜旦之必然。自古及今，固未尝有超然而独存者也。以子房之明辨达理，足以知神仙之为虚诡矣，然其欲从赤松子游者，其智可知也。夫功名之际，人臣之所难处。如高帝所称者，三杰而已。淮阴诛夷，萧何系狱，非以履盛满而不止耶！故子房托于神仙，遗弃人间，等功名于物外，置荣利而不顾，所谓明哲保身者，子房有焉。"功勋如韩信、萧何、张良者，在打下江山之后尚且不能自保，其他功臣内心的恐惧便可想而知。曹参、陈平等人玩世不恭的外在表现，无不曲折地反映了他们明哲保身的真实想法。司马迁在《史记·曹相国世家》中说："及信已灭，而列侯成功，唯独参擅其名。"又在《史记·陈丞相世家》中说："及吕后时，事多故矣。然平竟自脱，定宗庙，以荣名终，称贤相，岂不善始善终哉！非知谋孰能当此者乎！"这多少透露出曹参、陈平选择所谓黄老之学的内心苦衷。

不过，我们也必须承认，曹参、陈平等人的黄老学倾向虽然是一种不得已的权宜之计，但其休养无为的政策给汉初社会确实带来了出其不意的效果。特别是他们将这一政策从中央向全国推广，既有利于社会秩序的恢复和稳定，又在某种程度上促进了汉初由乱到治的历史转折，因而在汉代学术上具有至关重要的意义。

汉初清静无为的黄老政治持续了相当长的一个时期，中间虽有几次转变的机会，也都被统治者予以否决。据《史记·礼书》记载：及文帝继位，“有司欲定礼仪，孝文好道家之学，以为繁礼饰貌，无益于治，躬化谓何耳，故罢去之”。

当然，从另外一个角度说，黄老学之所以在汉初得以出现，显然与当时统治阶层的人员构成相关，这实际上是以布衣将相为主要成分的汉初统治者，在面对新王朝出现的一系列棘手问题束手无策，而不得不采取的权宜之计。在西汉之前，秦王朝虽然建立了统一的大帝国，但如何进行统治，秦王朝还没来得及制定一套完整的政策和方略，便被推翻了。在某种意义上说，西汉帝国的建立，仍然是前无古人的事业。刘邦等一代豪杰能够打天下，但对如何驾驭天下、治理天下，并没有一个明晰的规划。

汉初相继的几位统治者实际上是乐于守成、进取不足的，这自然受到客观条件的制约，同时，也与他们自身的素质密切相关。在相当长一个时期，西汉中央政府和各级政权的把持者，都是那些虽有战功，但文化水平低的贩夫走卒、布衣将相。很多人恃功自傲，本能地讨厌知识和知识分子，自觉或不自觉地流露出对知识财富、智慧财产不屑一顾的态度。刘邦西入咸阳，“诸将皆争走金帛财物之府分之，何独先入收秦丞相、御史律令图书藏之”，以此得知天下厄塞，户口多少，强弱之处，民所疾苦者。聪明如萧何者所关心的也只是最实际的物质问题，遑论他人！

适宜的社会条件将黄老学捧上了统治阶级意识形态的宝座，反过来，这种意识形态又极为深刻地影响和刺激着社会生活。在汉初的几十年间，西汉政权的各级官吏几乎都以黄老学相标榜，在这种思想指导下，社会逐渐恢复，但同时也弥漫着一种不思进取的风气。如果经过汉初几十年的休养生息，西汉统治者还是一味谨守黄老无为而治的原则，而不在国家指导思想、施政方针方面适时进入有为状态，那么整个社会生活必将出现不协调因素，社会的进步与发展也会受到阻碍。

很显然，要完成西汉社会的历史转变，黄老学难以担此重任。黄老学本身思想贫乏，其内在结构也不足以吸收和容纳其他积极有为的思想因素。因而，黄老学让位于新的统治学说，就成了历史发展的必然趋势。

但是，黄老学让位于哪一种新的学说，并不是人们的主观意图所能决定的。事实上，在汉初的几十年，由于松散的思想管制，使先秦以来的几家主要学说基本上都得到了一定程度的恢复和发展，“自曹参荐盖公言黄老，而贾生、晁错明申商，公孙弘以儒显”，这就为新统治学说的选择提供了广阔的余地。然而，究竟哪种学说具有取黄老学而代之的资格，则取决于这种学说的内在结构、外在影响，以及社会对理论的需求。

由孔子创立的儒家学派经过早期发展，到了战国末年，其内部已发生很大的变化，各派乃至整个儒学都在不断地相互容纳与排斥，并吸收和改造非儒家学派的思想成分。他们虽然都自命为儒学真传，其实都是打着孔子的旗号在兜售自己的私学。

儒学的这种情况并没有到孟荀为止，而是贯穿了整个儒学发展史。在汉初，叔孙通曾当面讥讽那些死守儒家旧教条的儒生为“真鄙儒也，不知时变”，而他自己则以“知当世之要务”自诩，变通儒学，以合乎当时社会之需要。被许为汉初第一大儒的贾谊，其思想内涵也非纯粹的儒家精神，而是杂糅了道家、法家、阴阳家等复杂的成分。

儒家学说的这些变化是时代使然，因为任何一种学说要想在现实社会有所作为，都不能不立足于现实的社会需要。儒学经过这些识时务的儒生们的不断改造，到汉武帝继位前后基本完成了新的构造，形成了新的凝聚形态。与原始儒学相比，几乎已经脱胎换骨。

新的儒学形态的最大特征，一方面是它建立了一个相对开放的思想体系，能够容纳和吸收其他学派的思想要素，这是除黄老学之外的其他学派都不具备的明显优势。当然，它又不像黄老学那样可以容忍另外一些学派的独立存在，而是将其加以改造，吸收其合理内核，以重新建构自己的思想体系。另一方面是它具有极强的排他性，对于一切不利于自己体系的思想本能地加以反对，一律视为异端。这种兼容性与排他性的高度统一，使儒学更富有弹性，更能满足社会对理论的需求，以及理论对社会的适应性。这就为它上升为统治学说提供了极为有利的内在条件。

当儒学势力一旦膨胀到即将占据统治阶级意识形态的宝座并开始威胁黄老学的存在时，黄老学的势力必然要起而反扑。约当窦太后的权势熏天之际，儒家学者、《齐诗》大家辕固生基于传统儒学的立场，起而与黄老学的代表人物黄生，以及窦太后辩论儒学与黄老学之优劣，从而引发了二者之间的第一次正面冲突。

《史记·儒林列传》就记载了信奉黄老学的黄生与儒家学者辕固生及汉景帝的一段对话：

> 黄生曰："汤武非受命，乃弑也。"
>
> 辕固生曰："不然。夫桀纣虐乱，天下之心皆归汤武，汤武与天下之心而诛桀纣，桀纣之民不为之使而归汤武，汤武不得已而立，非受命为何？"
>
> 黄生曰："冠虽敝，必加于首；履虽新，必关于足。何者？上下之分也。今桀纣虽失道，然君上也；汤武虽圣，臣下也。夫主有失行，臣下不能正言匡过以尊天子，反因过而诛之，代立践南面，非弑而何也？"
>
> 辕固生曰："必若所云，是高帝代秦即天子之位，非耶？"
>
> 于是景帝曰："食肉不食马肝，不为不知味；言学者无言汤武受命，不为愚。"

原本是学术问题，而一旦联系现实政治，连汉景帝也不敢再进行讨论。像"汤武革命"这样敏感的政治问题，还是不讨论为好，道理很简单，说清楚了，就等于自证任何政权都有其不正当、不正义的一面，何必呢？于是以消解问题的方式去解决问题，争论遂罢。

黄生的说法，就其主观目的而言，显然是为了证明汉王朝统治的合法性，以及维护尊卑贵贱、上下之分的合理性，但由于其无法圆满地解释儒学所强调的汤武受命一题，在辕固生的步步紧逼下，势必陷入无法自圆其说的两难境地。平心而论，黄生与辕固生二人的说法都有道理，黄生的思考重点是“革命”后的社会秩序重建问题，但由于其基本价值取向尚未从“革命”前的模式发生根本性变革，因而禁不起辕固生的步步紧逼，甚至其结论差一点走上自己主观目的的反面，得出刘邦夺取政权是不合理、不合法的结论。而辕固生基于儒学的思想传统，以汤武受命论证“革命”的合法性与合理性，就比较好地将价值系统做了适当的转换，显然更有助于社会秩序的重建。然而由于汉景帝此时深受信奉黄老学的窦太后的影响，因而有意偏袒黄老学，故以结束争论作为解决问题的手段，虽然暂时平息了二者之间的争执，但毕竟不足以服人，且实为黄老学全面危机的爆发埋下了隐患。

事后不久，窦太后召见辕固生，问《老子》如何？辕固生直言不讳：“此是家人言耳！”这种目空一切的态度，显然不把统治者信奉的黄老学放在眼里。窦太后虽然设法刁难，但最终也无可奈何，“太后默然，无以复罪”。儒学的势力已膨胀到无法遏制的程度，取黄老之学而代之只是时间问题。

董仲舒：罢黜百家，独尊儒术

公元前 141 年，汉景帝死，皇太子刘彻即位，是为汉武帝。“汉崇儒之主，莫过于武帝”，汉武帝时代是中国历史上的一个转型期，更是儒家学说发展史上的一个关键时期。儒家学说终于由先前被遏制的在野状态上升为统治阶级的意识形态，部分地实现了儒者长期以来梦寐以求的理想。

建元元年（前 140）冬十月，汉武帝下令诏举贤良方正直言极谏之士，问以古今之治道，对者百余人。其中汉景帝时博士董仲舒连对三策，明确建议罢黜百家，独尊儒术。他的理由及论证逻辑是："《春秋》大一统者，天地之常经，古今之通谊也。今师异道，人异论，百家殊方，指意不同，是以上亡以持一统，法制数变，下不知所守。臣愚以为诸不在六艺之科、孔子之术者，皆绝其道，勿使并进。邪辟之说灭息，然后统纪可一而法度可明，民知所从矣。"错误的思想灭绝了，剩下的不都是正确的思想了吗？董仲舒反对教条，反对形而上学，主张更化、变革，但是他的思想方法实在是太简单，非此即彼，似乎世界上的思想不是正确，就是谬误，不承认思想的多样性和复杂性。

董仲舒的建议得到汉武帝的赏识，"对既毕，以仲舒为江都相"。儒学地位的确立似乎也已成为可能。然而事有出人意料者，此次与董仲舒同时应对的百余人或治申不害、商鞅、韩非、苏秦、张仪之言以乱国政，于是丞相卫绾建议将此次对策一律作废。

卫绾的本意似也赞成董仲舒的主张，以为儒学地位的上升有利于统治秩序的重建与稳定，只是在这次对策中，申、商、韩、苏、张之徒也想邀宠，以期跻身统治思想的行列。因此，在某种意义上说，卫绾的建议有利于儒学地位的真正确立。

同年夏六月，丞相卫绾辞职。接替其职的窦婴及太尉田蚡俱好儒术。据《史记·儒林列传》记载，汉武帝将申培公迎入宫中，问治乱之事，无奈申培公年逾八十，仅对出"为治者不在多言，顾力行何如耳"的俗言俗语。武帝此时颇好文词，雄心勃勃，于是好黄老之学的窦太后抓住武帝身边竭力推崇儒学的赵绾和王臧（申培公弟子）的一些问题以责备武帝，武帝遂将赵、王逮捕下狱，后来赵、王皆自杀，申培公也因病辞官归家。儒学通往官方学术的道路又一次受阻。

建元六年（前135）五月，窦太后卒。刚刚二十余岁的汉武帝在彻底摆脱了窦太后的束缚之后，当然要大干一场。其中最重要的活动之一，就是恢复六年前被窦太后阻止的儒学复兴运动。翌年，即元光元年（前 134）冬十一月，从董仲舒之言，令郡国举孝廉；五月，诏举贤良文学之士百余人，策问古今之治道，如建元元年故事。儒家学者终于实现多年来的愿望，独占了统治阶级意识形态的宝座。

很明显，儒家学说之所以在汉武帝时期走上独尊的道路，除了人事的因素外，主要还是取决于儒家思想是合乎当时的社会需要的。西汉初年，反秦道而行之，大封诸侯。有些诸侯国由于拥有较为优越的自然地理条件，其社会经济较中央政权直接管辖的地区更为发达。特别是一些诸侯王骄恣无恐，西汉中央集权面临着极为严峻的挑战。儒生们“援经义以折衷是非”，力图在儒家经典中找出解决现实问题的方案。而董仲舒等人所学的《春秋公羊传》中的大一统的理论模式恰恰给他们提供了这种方便。他们根据这一原则，重建了以天子为人间至高无上者的等级社会结构，并将早期儒家中“君君、臣臣、父父、子子”的理想系统化、模式化。这便为阻止诸侯分裂、维护中央集权提供了切实可行的方案。

当然，此时的《公羊》学也非纯正的儒学，而是明显杂糅了阴阳五行等思想观念。它虽然有利于社会秩序的重建，但也为后来的儒学内部冲突埋下了伏笔。

在董仲舒等人的努力下，《公羊》学终于成为西汉的统治学说。从西汉中叶到东汉之末，《公羊》博士大都是董仲舒一系。如果从学术史的立场来分析，在董仲舒的那些弟子中，除了极个别如嬴公不失师法外，其余人都“质问疑谊，各持所见”，繁衍出一个又一个学派，结果便是儒学的“经学化”。儒学几乎成了一种僵死的教条，在王权的保护下被抬到神圣的地位，只许信奉，不准怀疑。

董仲舒的新儒学，其特色无疑在于理论体系的精密构思，但也非常重视学说的实践意义和价值。这一点对其门人有很大影响，其弟子为郎、谒者、掌故者以百数，而董仲舒子孙皆以学至大官。他们的共同特点是，一方面循规蹈矩，忠心耿耿地执行朝廷的政令，颇有政绩，如贡禹、褚大、左咸等；另一方面他们又以儒家经典特别是《春秋公羊传》作为最高法典，以《春秋》之义作为指导行政，尤其是司法实践的行为准则。这种风气肇始于董仲舒、公孙弘，大盛于西汉一代，如孙宝、吕步舒等人，甚至连酷吏张汤也网罗儒生，精研《春秋》，以便在断狱时使用。

将儒家经典作为法律，这样势必造成两方面的结果：一是儒家学者拥有汉代最高法典的解释权和修订权；二是这些儒者往往不顾客观条件与事实，滥用经典语录，牵强附会，以致败坏儒学的名声。

从儒家经典的基本构成看，除了个别经典晚出外，大部分著作成书时间较早，所记录、反映的内容已离汉代社会生活太远，某些论断和思想见解或许在历史上是正确的，但由于时代条件的变迁，有些可能已经过时，有些则可能是错误的。因此，儒生们如果不顾社会现实的变化与需要，仅仅满足于引用个别儒家经典语录来为现实服务，则往往可能帮倒忙。针对这种状况，儒学发展所面临的历史任务是，必须根据现实生活的需要，重新解释儒家经典，发展儒家思想。于是就逐渐形成了一种专门的学问，即“经学”。

儒学的经学化、经学的谶纬化

经学毕竟是一门没有经过分化的综合学问，如果从经学发展史上的实际情况来看，它至少应当包括义理的阐发与文字名物的解释两方面。所谓董仲舒后学中唯嬴公守学不失师法，也只是说只有嬴公谨守其师对儒家经典的诠释和义理发挥，其他的后学则明显与董仲舒不同。也就是说，他们侧重于义理的阐发，因而出现了种种不同的解释。

这种种不同的解释，今日看来起因并不复杂，因为他们共同的手法都侧重于对灾异现象的诠释。换言之，他们往往是通过某一灾异现象，从儒家经典中寻求其现实意义的解答。如皮锡瑞在《经学历史》中所指出的那样："汉儒借此以匡正其主。其时人主方崇经术，重儒臣，故遇日食地震，必下诏罪己，或责免三公。虽未必能如周宣之遇灾而惧，侧身修行，尚有君臣交儆遗意。此亦汉时实行孔教之一证。后世不明此义，谓汉儒不应言灾异，引谶纬，于是天变不足畏之说出矣。"然而无论心迹如何，其后果则不免是使儒家经典含义的解释具有明显的随意性，产生空疏不实的流弊和各种歧异性的理解。比较典型的事例有董仲舒的二代传人孟卿等人对一些灾异现象的分析。

当然，如此种种，与《公羊》学本身的特征也有关联。《公羊》学的最大特点是着力阐发《春秋》中的微言大义，其基本形式是以意解经而非以实证解经。这样自然容易造成人人言殊的结果，更何况风靡一时的谶纬之学与《公羊》学具有某些相似的特点。

谶纬作为一种文化思潮，主要盛行于西汉晚期和东汉早期。所谓谶，大部分是"诡为隐语，预决吉凶"的宗教预言，是某些别有用心的人或方术之士为了达到某种特殊目的而编造的谎言，如秦始皇时期的"亡秦者胡也"，汉昭帝时期的"公孙病已立"等，显然都是基于现实政治而编造出来的。这些谶与儒家经典没有任何关系，但当谶纬作为一种文化思潮盛行后，儒生们乃至一些政治家为了使这些隐语具有神圣性，便开始使用儒家经典中的义理去诠释这种本就可做多种解释的隐语。

与谶语不同，纬书与儒家经典有相当直接的关系，它的主要倾向是把儒家经典神秘化、儒家思想宗教化。不过，必须指出的是，纬书虽然托名为儒家经典的"支流"，但从学术史的角度观察，它与早期儒家经典并无丝毫共同之处。它们只是后世儒者为获取其学术的神圣性，而假借孔子或早期儒家的名义编造的阐释经典义理的书。

然而由于谶纬之学的根本目的在于现实政治，因此，它在对儒家经典进行解释时，往往不得不借助于极其深奥、神秘的表现形式，以期以宗教式的语言来表达他们对现实政治的关怀。

这种风气虽然流行于西汉末年的政治危机时代，但其肇始则在儒家独步统治阶级意识形态之际。我们知道，汉武帝在即位之初诏举贤良的时候，就在其策问中提出一些并不很容易能从传世儒家经典中寻找到答案的问题，于是只能排除传世的儒家经典，至少要从儒家经典的字里行间去寻求一般人根本不能觉察到的微言大义。武帝问道："三代受命，其符安在？灾异之变，何缘而起？性命之情，或夭或寿，或仁或鄙，习闻其号，未烛厥理。伊欲风流而令行，刑轻而奸改，百姓和乐，政事宣昭，何修何饬而膏露降，百谷登，德润四海，泽臻草木，三光全，寒暑平，受天之祜，享鬼神之灵，德泽洋溢，施乎方外，延及群生？"三代何以兴，灾变何以生，生命何以或长或短，风俗何以如此不同，这系列问题究竟因何而起，因何而生，有没有什么终极原因？凡此都是汉武帝所关切的军国要政，他希望董仲舒能够从儒家学术的立场给出一个比较满意的答复，毕竟董仲舒是当时最负盛名的儒家学者。

汉武帝所关注的虽然为现实生活，但其欲诱导出的答案则根本不可能在传世儒家经典中寻求。

董仲舒或许深知汉武帝的用意，因而在回答这些问题时便毅然放弃训诂的方法，而采取断章取义、主观附会的手段加以编造。这一方面固然可以说丰富与发展了儒家的思想，另一方面则势必将儒学导入一种荒唐的歧路。董仲舒答道："臣谨按《春秋》之中，视前世已行之事，以观天人相与之际，甚可畏也。国家将有失道之败，而天乃先出灾害以谴告之，不知自省，又出怪异以警惧之，尚不知变，而伤败乃至。以此见天心之仁爱人君而欲止其乱也。"董仲舒是说，按照孔子在《春秋》中给出的思路，灾祸的发生并不是毫无征兆，人的活动与自然灾祸之间也不是毫无关联，相反，它们之间的关联度，即"天人相与之际"其实是相当值得关注的，是有内在关联的。国家将有失道之败，天会给出一个警告，一个异象；如果此次警告无效，人主依然不知悔过、改过，天就会给出第二次警告，"又出怪异以警惧之”；第三步，如果人主还不能醒悟，“尚不知变”，那么事不过三，“伤败乃至”。

如果说董仲舒所关怀的重点仍然是人类自身的实际问题，那么至少在形式上这种天人相与之际的灾异论、符瑞说已带有明显的宗教意味，是对原始儒家无神论思想传统的背叛或改造。

以谶纬迷信的形式宣传自己的政治主张是董仲舒等人的发明，但自从经学谶纬化之后，董仲舒后学，以及其他派别的人物在利用谶纬的时候，则与董仲舒的立意截然相反。董仲舒的目的无非是更化、改革，建立与维护中央集权制度下的专制主义。而其后学及其他思想派别，在利用谶纬的时候，即使不计个人或某一集团的私利，但差不多都缺乏董仲舒对汉王朝的忠诚，他们所看到的是西汉政权危机重重，不可救药，甚至要求改朝换代。故而，经学的谶纬化不仅没有使儒家思想获得真正发展，反而将儒学引入歧路。

学术与政治：今古文之争

汉武帝独尊儒术的本意无疑是为了寻求一种新的理论形态为现实服务，在某种意义上说，是期望以儒家学术来取代黄老之学，从而克服黄老学的内在缺陷，为汉帝国的发展奠定一个坚实的基础。然而我们看到的是，在儒家学术获得独尊的同时，旧的问题并没有完全解决，新的问题却立即发生。儒家学术不仅没能真正有效地解决原有的社会危机，反而因其学派的内讧导致一系列新的矛盾与问题。尤其是儒学从先前的诸子之一上升到独尊地位，其思想形态的凝聚化，以及某些儒家学者基于极端现实功利主义原则而对儒学原理进行随意性改造，便成为不可避免的趋势。

《穀梁》学异军突起

儒学的经学化，经学的谶纬化，当然不是汉帝国的主观愿望。但面对既成事实，汉帝国的统治者不得不重新考量儒学独尊的利弊得失。汉武帝之后不久，汉宣帝便倡导意识形态多元化，评定西汉立国以来官方意识形态为“霸王道杂之”。在某种意义上说，汉宣帝企图以思想的多元冲破儒家思想的一元化，从而使汉帝国的指导思想不致因儒术的独尊而僵化。于是有了《穀梁》学的产生。

《穀梁》学也是儒学的一个分支。据传，汉代《穀梁》学由荀子传浮丘伯，浮丘伯传审培公，申培公传瑕丘江公。江公为汉武帝时博士，与董仲舒同时，只是从文化类型上说，董仲舒的《公羊》学属于齐学的范畴，江公的《穀梁》学属于鲁学的范畴。它们在联合推翻黄老学的统治之后，内部曾为最高法典的解释权展开过一场相当激烈的斗争。最终，《公羊》学由于汉武帝和同为《公羊》学出身的丞相公孙弘的偏袒而取胜，《穀梁》学则继续受到冷落。

《穀梁》学尽管受到汉武帝的冷遇，但武帝时太子刘据在学通《公羊》之后，“复私问《穀梁》而善之”。特别是由于包括江公在内的《穀梁》学传人的不懈努力，至宣帝时，《穀梁》学的势力已明显壮大，足以与《公羊》学相抗衡。宣帝是太子刘据之孙，其即位之始，得知刘据本好《穀梁》，以问丞相韦贤、长信少府夏侯胜等人。恰巧这几个人都是鲁人，遂言：“穀梁子本鲁学，公羊氏乃齐学也，宜兴《穀梁》。”于是宣帝更加喜欢《穀梁》学，并于甘露三年（前51）主持召开石渠阁会议，召五经名儒若干人大议殿中，评《公》《穀》异同。结果同意将《穀梁》列为官方学术之一，使之部分地分享了汉代最高法典的解释权，打破了《公羊》一家独尊的格局，使官方意识形态相对多元化。

石渠阁会议之后，《穀梁》学大盛。然而，几乎在《穀梁》学兴起的同时，另一支新的学术派别也正在悄然形成，并跃跃欲试，以期三分天下。此即所谓古文经学。

刘歆与古文经学

古文经学的出现是中国文化史上的特殊现象。所谓古文，是相对于彼时正在流行的今文而言，主要是指秦统一为小篆之前的大篆（籀文）和六国文字。它和今文的最大区别，是文字的异同以及由此引发的理解歧异。这些以古文书写的儒家经典在西汉中晚期多有发现，并在民间流行，引起一些学者的重视和研究。古文经的基本特征不似今文经以义理解经，而更加重视历史事实的陈述和清理，因而实证的色彩较浓。

伴随《公羊》等已立为学官的今文经学的谶纬化，以实证为基本特征的古文经学一旦条件适宜，它们必然要求分享最高法典的解释权，跻身官方意识形态的行列。于是便有了所谓的今古文经学之争。

由于历史的原因，古文经学在王莽、刘歆之前主要在民间流传，未及立于学官，因此，古文经学的一些说法在当时缺少官方意识形态的权威性。为了改变这种状况，也为了推动王莽的“新政”改革，王莽、刘歆必须进行一场意识形态领域的“革命”，至少要提高古文经学的地位，以与传统的意识形态进行抗争。

公元 4 年，王莽、刘歆努力提高古文经学的地位，以减轻已立于学官的今文经学对古文经学发展的束缚。然而这些努力并没有挽救西汉的社会危机，王莽的改革也在反对势力的阻挠下举步维艰。到了公元 9 年，王莽正式去汉号，建新朝，以刘歆为国师，希望重建政治权威并与新型的意识形态相结合，以促进改革的发展。

刘歆为古文名家，他的地位上升，当然意味着其所主之学地位的提升。他在辅佐王莽时，以其学为现实政治服务。只是假如他不急于提出立古文经博士，而是仍将古文经作为一门学问来研究，人们或许并不会怎样责怪他，可能还会对他好古敏求的精神给予充分的理解和敬佩。然而事实却是，刘歆自恃与王莽亲近，急于将《左传》《古文尚书》等古文经典列于学官。碍于面子，汉哀帝只得将刘歆的建议交五经博士讨论，众博士对古文经典并没有充分研究，只好以沉默保持博学的尊严与庄重，“或不肯置对”。沉默也最容易激起倡导者的愤怒，于是乎，刘歆移书太常博士，“责让之”。

在《移让太常博士书》中，刘歆坚持认为古文经传与今文经传有着同等的价值，都在一定程度上从不同侧面反映了早期儒家的思想倾向。举例说，他充分赞成司马迁的看法，以为《左传》为左丘明所作，左丘明好恶与圣人同，亲见夫子，而《公羊》《穀梁》在七十子之后，传闻之与亲见之，其详略不同。他强调，《春秋》三传都出自孔门后学，虽有区别与分歧，但并无根本冲突，只不过是后学们根据自己的见识以强调师说的某一方面而已。刘歆对古文经学价值的正面揄扬，并没有遭到怎样的反对。只是哀帝再三询问刘歆提出的这些古文经典是否能立于学官时，众博士则不置可否，最后不了了之。在这种情况下，那些原先支持古文经学的官僚如龚胜、师丹等人也开始转变，纷纷上奏指责刘歆乱改旧章，非毁先帝所立。

刘歆失败了，但他所开创的事业并没有随着他的失败而告终。后世学者继续努力，终于在东汉初年实现了刘歆的理想。

《左氏春秋》的官学地位

作为皇族的后裔，东汉开国皇帝刘秀毕竟受过儒家思想的系统训练，因而较其祖刘邦更加清楚地认识到儒学巩固政权的作用。于是他即位不久后，便适时立五经十四家博士。

刘秀所立的这十四家博士虽然考虑到古文经学的利益，但古文经学的实际地位与当时已形成的古文经学派别的势力相比，依然有很大的差距。因此，一旦时机成熟，古文经学派便再次发起进攻，以期真正跻身官方意识形态的行列。

建武初，郑兴、陈元习《左氏春秋》，尚书令韩歆颇为支持，上书欲为《左氏春秋》《费氏易》立博士，得到光武帝的同情与支持。建武四年（28）正月，光武帝召集公卿、大夫、博士数人聚会于云台，专门讨论韩歆的建议。范升说："《左氏》不祖孔子，而出于丘明。师徒相传，又无其人。且非先帝所存，无因得立。"遂与韩歆及太中大夫许淑等反复辩难。

范升的理由有三：第一，如果增立《左氏》，那么，《邹氏》《夹氏》等经典的传人也势必要求立于学官。然而，《春秋》之学，"各有所执，乖戾分争"，从之则失道，不从则失人。权衡利弊，宁愿失人而不失道。失人易求，失道难寻。第二，《左氏》"无有本师，而多反异"，既为末学，绝之可矣。第三，东汉初建，百废待举，纲纪未定，已立诸经，尚没有足够的弟子，生源不足。"《诗》《书》不讲，礼乐不修"，再立《左氏》等古文经典，似非当务之急。除这些理由之外，范升又奏《左氏》之失凡十四事及太史公违戾五经，谬孔子言及《左氏春秋》不可录三十一事。

针对范升的指责，陈元上书予以驳斥。他指出：第一，范升对《左氏》不可立的指责，于事实方面基本上不能成立。第二，范升所谓"先帝不以《左氏》为经，故不置博士，后主所宜因袭"云云，实为浅陋之见，更于事理不合。他劝说光武帝，"若先帝所行而后主必行者，则盘庚不当迁于殷，周公不当营洛邑"。如此，东汉又怎能建都洛阳呢？事实上，汉武帝好《公羊》，卫太子好《穀梁》。武帝强迫太子受《公羊》，不得受《穀梁》。但汉宣帝知卫太子好《穀梁》，于是独学之。及即位，为立《穀梁》而论于石渠，使《穀梁》至今与《公羊》并存。"此先帝、后帝各有所立，不必其相因也。"第三，如今天下承平，正是造成一代学术风气的好时机。陈元劝刘秀不要错过这个机会，不要被范升这些鄙儒所蒙蔽。

经过这番斗争，《左氏春秋》等古文经典终于获得了官学的地位，从而有条件真正分享汉代最高法典的解释权，正可谓三分天下而有其一。

儒家学术在东汉重建过程中起过重要的作用，它对于迅速稳定社会秩序、重建社会结构与社会模式，功莫大焉。同时，儒家学术也是东汉重建过程中最大的受益者，不仅儒学内部的今古文之争因统治者的宽容而得到较为妥善的解决，而且，儒学作为一个整体，在东汉一代享有此前不曾真正享有的至高地位。在某种程度上说，儒学至此方真正成为汉帝国的指导思想和实践法则。

然而，东汉一代并不是风平浪静。事实上，由于中国此时正处于重要的历史转折关头，即从先秦时期的诸侯纷争、宗族社会向大一统的社会模式过渡，各种矛盾层出不穷。西汉王朝正因为无法解决这些矛盾而在农民起义的浪潮中灭亡。因而，如何面对社会现实，如何促进中国社会的转化，仅从儒家学术的立场看，也委实有许多工作要做。我们看到，东汉成立之始及整个东汉时期，儒家学者不断地对儒学传统进行不同的诠释与发挥，其目的也在于从儒学的智慧资源中寻求有利于社会进步与发展的积极内容。但是，经典的儒家学术，其思想诠释与发挥无论如何不可能具有无限性，因此，儒学内部因不同诠释与发挥而形成的诸多派别，便是儒学发展过程中的必然环节。

扬雄：重塑儒家精神

从刘歆以来的今古文经学之争，虽然有利于意识形态多元结构的建立，但其内部纷争的白热化，则势必败坏儒学的名声，使儒家优良的思想传统几乎荡然无存。因此，当今古文经学之争刚刚开始，便已有清醒的儒家学者开始考虑如何重塑儒家传统，以回应时代的挑战之类的根本原则问题，其中较为突出的学者当为扬雄。

扬雄身上确实相当多地体现了早期儒家的优良传统，也就是说，扬雄将为学与做人合而为一，将学问的探讨与个人人格的修养融为一体。这一点显然与董仲舒之后的经学家有着本质的差异。唯其如此，扬雄虽为当时有名的饱学之士，但由于不愿识时务地投身政治，故长期不得升迁，并在贫困、孤独、凄凉的环境中结束其坎坷、潦倒的一生。扬雄之所以能够如此安贫乐道，除其内在修养和性格方面的原因外，应该说主要是基于他对儒学发展现状的分析与态度，他期望以身体力行来纠正儒学发展中的偏向，从而使儒学纯净，重振儒家精神。他在《法言·吾子》中写道："古者杨墨塞路，孟子辞而辟之，廓如也。后之塞路者有矣，窃自比于孟子。"换言之，他不仅自视甚高，以为自己的学术直承孔孟，而且对儒学的现状与前途深感忧虑，故而敢以孔孟之道的直接传承者自居，要廓清儒学发展道路上的塞路者。

那么，扬雄心目中的塞路者究竟指的是什么呢？为了准确地理解这一问题，首先有必要弄清扬雄心目中的儒家精神与儒学传统。他认为，儒学作为一种文化现象，无疑属于过去，但由于儒家精神的博大精深，后世儒者对儒学的理解与发展往往容易流于一隅，并没有得到儒家精神的真谛。在他看来，儒学的真精神至简至易，它虽然是治国安邦、修身论学的最高原则，但它毕竟是从实践中来，是对人类实践的一种理性把握与概括，是孔孟从个人生命体验中得出的结论，故而不存在难解或不可理喻的空疏与荒诞。《法言·孝至》写道："或曰：'圣人事异乎？'曰：'圣人德之为事，异亚之。故常修德者，本也；见异而修德者，末也。本末不修而存者，未之有也。'"也就是说，对于儒家精神的理解最好从常识处入手，而不必人为地赋予其某种神秘的意味。只要能以平常心对人对己，就能真正把握儒学的真谛。这种对儒家精神的人文主义诠释，无疑是对儒学经学化、经学谶纬化最直接的批判。

如是说来，我们便不难理解，扬雄所要廓清的塞路者正是那些假借孔子之名而行为己之私的假儒学。也只有从这个意义上理解，才能真正明了扬雄虽学富五车却终身潦倒的原因所在。

从现代学术的立场来说，儒家学说应和其他极富生命力的学说一样，是发展运动中的一个系统，儒学生命不断延续的根本原因也是因为后世儒者依据时代需要而不断增补新的内容。从这个意义上说，扬雄对时儒们的批评便显得没有多少道理。但是，如果从学术史的角度来观察，扬雄对时儒们的批评却别有一番深意在，那就是在儒学发展史上，毕竟是扬雄第一次提出应当区分时儒与原始儒学即“真儒”的不同。也就是说，在对时儒不得已追逐功名利禄有充分的理解与同情的前提下，应该知道儒家精神的真意之所在，尽可能地恢复经典儒学的真面目，展示儒家的真精神。

在扬雄看来，经典儒家的真精神、真面目绝不存在于被时儒改造过的经学化的儒学中，或谶纬化的经学中，而存在于那种具有东方特色的人文主义哲学，即基于血缘宗法关系的理想道德及价值取向。在这里，扬雄真正回复到孔子的经典儒学，即把儒学作为一种关于人的学问，是对人的个体生命与社会生命的双重关怀：对内，作为个人生命修炼的指导；对外，则负有协调社会关系、稳定社会秩序的功能与价值。

扬雄对儒家精神的重新解释，就哲学证立而言取得了相当的成功。但由于其哲学的艰涩深奥，故而对社会的影响，尤其是对儒学的经学化、经学的谶纬化的冲击极为有限，并没有从根本上拨正儒学发展的航向，儒学依然按照固有的惯性向前运动。儒学正宗与异端、正宗内部各派别之间的斗争几乎一天也没有停止过。加之两汉之际的社会危机，儒学的发展遂陷入空前的困境。诚如《后汉书·儒林传》所描述的那样，两汉之际，天下大乱，“四方学士多怀协图书，遁逃林薮”。

谶纬神学的兴起

东汉重建，儒学的发展出现了一线生机。然而由于某种特殊的历史原因，东汉初年的统治者真诚期望获得繁荣的不是正宗儒学，而是荒诞不稽的谶纬。据《后汉书·张衡传》记载：“光武善谶纬，及显宗、肃宗因祖述焉。”“自东汉中兴之后，儒者争学图谶，兼复附以妖言。”

光武帝刘秀之所以在东汉重建之后热衷谶纬，有其独特的历史背景。在其早年奋斗发迹的过程中，刘秀的政治智慧以及天时、地利、人和等条件固已具备，但他能从一个普通的儒生登上皇帝的宝座，主要是依靠谶纬的精神支援。据《后汉书·光武帝纪》记载，当王莽末年，天下大乱时，宛人李通等以图谶劝说刘秀起兵。图谶云："刘氏复起，李氏为辅。"起兵之后，经过多年的奋斗，刘秀在当时诸多军事集团中逐步拥有较强的势力，又有人自关中奉《赤伏符》建议刘秀称帝。谶记曰："刘秀发兵捕不道，四夷云集龙斗野，四七之际火为主。"由此可见，在刘秀政治生命历程中的两次重大转折关头，其精神的支撑不是来自正宗的经典儒学，而是来自谶纬。

谶纬对刘秀的发迹及其成就帝业起到了重要作用，因而刘秀在即位之后也对谶纬之学予以善意的回报，宣布图谶于天下。以图谶取代正宗儒学，作为意识形态乃至军国大事的最高真理标准。这样做的结果，一方面势必对正宗儒学形成强大的冲击；另一方面则容易导致学风的败坏，知识分子为追逐名利而丧失良知。

正宗儒学：危机四伏

在最高统治者的倡导鼓励下，东汉初年，谶纬之学一时间变为最时髦的学问，举国上下到处弥漫着谶纬神学的妖风。但是，由于谶纬的大半内容过于晦涩，模棱两可，无法成为相对独立的学科，因而在东汉初年，不管它的势力有多么强大，都无法从根本上取代正宗儒学，更无法完全代替正宗经学来履行官方意识形态的职能。相反，谶纬之学欲求发展与繁荣，必须牢牢地依附在儒家经典之上，必须借助儒家经典来解释其玄妙的底蕴。因此，有汉一代凡以谶纬名家者，几乎无不通晓儒家经典，经书与谶纬几乎成为不可分割的统一体。这不仅造成经学的虚假繁荣，而且使经学走上更加荒诞的道路，危机四伏。这主要表现在以下三方面：

第一，师法、家法的紊乱。师法、家法是汉代经学的一大特色，也是各家各派最重视的内容。马宗霍在《中国经学史》中说："师法家法名可互施。然学必先有所师，而后能成一家之言。"在某种程度上说，这是一家学派之所以能够成立的内在依据。然而当谶纬成为一时显学后，经生们在谶纬的影响下已很少有人坚守一家一派之说。诚如钱穆在《东汉经学略论》中所分析的那样："大抵东汉儒生多尚兼通，其专治一经章句者颇少，而尤多兼治今古文者。"如善图谶能通百家之言的苏竟"以明《易》为博士讲《书》祭酒"。光武名将马援"师事颍川满昌受《齐诗》，意不能守章句"。这样做的结果是一些儒生为了某种特殊的目的而不惜牵强附会，以合己说。至有纷争朝廷，树朋私里，繁其章条，穿求崖穴，以合一家说。甚者章句遗辞，乖疑难正。使儒学的进一步发展受到严重的滞碍。

第二，章句繁多，使儒家经学走上烦琐的道路。若秦延君之注《尧典》，篇目二字之解说竟达十万余言，但说"若曰稽古"四个字就有三万言。又如光武时经学大师桓荣的《尚书章句》达四十万言，朱普之解三十万言，浮辞繁长，多过其实。及桓荣授显宗，减为二十三万言，桓荣之子桓郁复删定为十二万言。再如立于学官的《齐诗》，伏黯为章句繁多，经其子伏恭为之减浮辞，仍有二十万言，伏恭又作《齐诗解说》九篇。《书》学大师张堪的弟子牟卿作《牟氏章句》竟达四十五万言。如此烦琐的学风，除了造成"自幼童而守一艺，白首乃能言"的结果外，又能使学者从中获得多少真知呢？故而当有人问扬雄，这种以烦琐考证而扬名的人还称得上是经师吗？扬雄感慨而言之："是何师与！是何师与！天下小事为不少矣，每知之，是谓师乎？师之贵也，知大知也。小知之师，亦贱矣。"如果儒学以此继续发展，将会毫无出路。

第三，在谶纬的影响下，已立于学官的诸家学说更趋于荒诞。光武帝之子刘辅"好经书，善说《京氏易》《孝经》《论语》传及图谶，作《五经论》，时号之曰《沛王通论》"。又如《施氏易》学大师刘昆任江陵令，"时县连年大灾，昆辄向火叩头，多能降雨止风”。后转任弘农太守，道多虎灾，行旅不通，刘昆为政三年，仁化大行，虎皆负子渡河从而消弭了虎患。其学其术虽然奏效，但毕竟近似乎巫师，而完全背离了经典儒家的精神。这种荒诞的手法可以收一时之效，但当人们对此都有充分了解时，它的功用便大为降低，而由此连带的儒学信仰则势必发生深刻的危机。

谶纬的流行对正宗经学的发展构成了滞碍，不仅不利于意识形态领域内的思想管制，无法发挥官方学术应有的作用，而且在某种程度上说有可能被别有用心者所利用，对统治阶级的正常统治构成一定的威胁。

事实也正是如此。当统治秩序完全建立起来之前，也就是说，当统治阶级尚没有成为统治阶级的时候，他们完全可以充分利用包括谶纬在内的一切手段去发动群众，组织群众，调动和利用一切力量为完成“革命”的任务而斗争。其时，谶纬的神学意义在于为“革命者”提供某种精神支援或信仰支撑。然而当统治秩序建立之后，当统治者已经成为统治阶级的时候，统治者如果不对这种“革命时期”的意识形态进行彻底的改造，不将破坏性的意识形态彻底转变为建设性的意识形态，那么，统治阶级的地位不仅不容易获得真正的巩固，而且随时有被推翻的危险。

谶纬神学的政治功用

东汉建立之后，官方意识形态由谶纬神学向世俗人学的转换已迫在眉睫。光武帝本人作为谶纬神学的直接受益者，当然十分清楚这种历史转变的现实价值和功利意义。他对以实证为主要特征的古文经学的倾心，以及不顾廷臣的反对而主张将古文经学立于学官的政治实践，除了某些特殊的原因外，显然也与其内心世界的矛盾有关。由于“革命时期”谶纬神学对光武帝过分地神化与渲染，就决定了光武帝本人无法宣布谶纬的不可信。同时，他也不可能完全放弃继续利用谶纬神学来巩固其统治地位的念头。事实上，所谓“光武善谶，及显宗、肃宗因祖述焉”云云，都充分说明了东汉初年的几位帝王欲继续利用谶纬巩固政治统治的主观愿望，而这又必须将谶纬的解释权完全控制在自己手里。

几乎与刘秀称帝的同时，另一军事集团的领袖公孙述在成都自立为帝。他所采用的手段几乎与刘秀相同，即：“妄引谶记，以为孔子作《春秋》，为赤制而断十二公，明汉至平帝十二代，历数尽也，一姓不得再受命。又引《录运法》曰：‘废昌帝，立公孙’，《括地象》曰：‘帝轩辕受命，公孙氏握’，《援神契》曰：‘西太守，乙卯金’。”总之，是以谶纬的内容为其自立为帝提供理论或神学上的根据。这迫使光武帝对谶纬中的这些说法进行另外一种解释。光武帝写信给公孙述说，图谶中的公孙指的是汉宣帝。代汉者是当涂高，你公孙述难道是当涂高本人吗？

光武帝对图谶义蕴的解释固然可以成一家之言，但谶纬的神圣光环却不能不随着公孙述之类的挑战而逐渐暗淡。因此，如何维护谶纬的神圣性以及解释权的一元化，便摆在了光武帝的面前。可供光武帝选择的并非只有一条路，他至少可以部分地放弃谶纬的唯一神圣性，而扶植某种新的学说。然而由于某种特殊原因，新的学说尚不足以担当此重任，光武帝只好依旧在谶纬里寻求出路。他为了使图谶规范化，为了进一步垄断对谶纬义蕴的解释权，遂责成博通经记的尹敏校定图谶，以便更有利地实施统治。

然而，谶纬之学的荒诞空疏毕竟已成为公开的秘密，稍具学术良知的学者也不愿再为此而空耗精力。针对光武帝的命令，尹敏诚恳地劝说道：“谶书非圣人所作，其中多近鄙别字，颇类世俗之辞，恐疑误后生。”忧思之情溢于言表。但光武帝主意已定，根本不考虑尹敏的建议。尹敏遂根据图谶固有的特点，因其阙文而加上一句“君无口，为汉辅”。光武帝见而怪之，召尹敏问其故。尹敏从容对曰：“臣见前人增损图书，敢不自量，窃幸万一。”

尹敏的真实用意显然不在于借这种手段为自己寻求好处，他的目的是以此事使光武帝警醒。无奈，光武帝的处境已如前述，他不可能根本放弃谶纬之学而别寻他途。

桓谭：反对经学谶纬化

光武帝不放弃谶纬之学，那么他与儒者之间的冲突便不可避免。据《后汉书·桓谭传》记载，是时光武帝对谶纬最为着迷，“多以之决嫌疑”。于是桓谭上书谏曰：“凡人情忽于见事而贵于异闻，观先王之所记述，咸以仁义正道为本，非有奇怪虚诞之事。盖天道性命，圣人所难言也。自子贡以下，不得而闻，况后世浅儒，能通之乎！今诸巧慧小才伎数之人，增益图书，矫称谶记，以欺惑贪邪，诖误人主，焉可不抑远之哉！臣谭伏闻陛下穷折方士黄白之术，甚为明矣；而乃欲听纳谶记，又何误也！其事虽有时合，譬犹卜数只偶之类。陛下宜垂明德，发圣意，屏群小之曲说，述五经之正义，略雷同之俗语，详通人之雅谋。”桓谭告诉光武帝，即便那些谶纬也有预言不错的时候，但那毕竟只是偶合、巧合，没有什么规律可言，偶尔高兴一下则可，当作一种信仰则不行。

桓谭为扬雄的朋友，其思想见解与扬雄有相通相容之处，他们一致反对将儒学经学化、经学谶纬化，反对把孔子和儒家经典神秘化，主张直接继承孔子的思想遗产，恢复孔子和早期儒家的人文主义思想。桓谭说：“谶出‘河图’‘洛书’，但有兆朕而不可知。后人妄复加增依托，称是孔丘，误之甚也。”这便从根本上抽空谶纬之学所依据的思想文化基础，彻底摘掉了谶纬的神圣灵光。

在桓谭看来，儒家思想的真谛绝不在于空疏荒诞的谶纬，而在于其合乎时宜、亘古不变的人文主义思想；儒家学术中的理想政治也绝不是以谶纬决嫌疑，而是基于世俗人文主义立场的王霸政治。“安平则尊道术之士，有难则贵介胄之臣。”“唯王霸二盛之义，以定古今之理焉。”显而易见，桓谭期望以经典儒家的人文主义思想纠正光武帝对谶纬神学的迷信。

光武帝对桓谭的言论极端恼火，他明知桓谭对谶纬持不信任的态度，却在会议灵台的时候，公开向桓谭发难："吾欲以谶决之，何如？"桓谭默然良久，只好回答："臣不读谶。"光武帝问其故，桓谭复极言谶之非经。光武帝大怒曰："桓谭非圣无法，将下斩之。"桓谭"叩头流血，良久乃得解"。后被贬为六安郡丞，"意忽忽不乐"，中途病卒。

在光武帝看来，对谶纬的非议已不是一般的学术争论，而是非圣无法的原则问题。这一评定透露出一条重要的信息，那就是汉帝国的存在与发展，必须坚持谶纬之学的基本原则，以谶纬的原则作为检验真理的近乎唯一的标准，将谶纬之学置于不容讨论的地位。

光武帝的想法与做法，在最高统治者方面固然可以坚持下去，但对那些内心根本不信任谶纬之学的学者来说则无济于事。由此必然引发两个消极的后果：一是趋时务的某些人出于功利主义的目的曲意迎合，二是某些正直的人干脆避开这些容易惹是生非的学术领域，将心思用到那些相对安全的学术事业上去，而这些于国计民生似乎并非那么重要。

关于前者，最突出的例子莫如贾逵对《左传》义理的曲解和附会。他不是从学术的立场评估先前《春秋》学的各家得失，而是出于政治的需要片面地总结前此《春秋》学中的争论，并不惜以曲解的手法赋予《左传》根本不存在的谶纬思想和严尊卑、明贵贱的等级观念，以及汉帝国最为看重的帝王统系。这虽然有助于说明《左传》在维护君主专制、解决汉代帝王统系等方面并不具有反面作用，与《公羊》《穀梁》相比，不仅同大于异，而且某些方面可能更为有效、更为深刻。但贾逵的这些做法几乎完全丧失了学者应有的良心，故而不仅在当时受到学术界的谴责和蔑视，而且历遭后人的诟骂和不齿。范晔就曾感慨道："郑、贾之学，行乎数百年中，遂为诸儒宗，亦徒有以焉尔。桓谭以不善谶流亡，郑兴以逊辞仅免，贾逵能附会文致，最差贵显。世主以此论学，悲矣哉！"范晔觉得光武之后的学术发展极为荒诞，正宗学术不被重视，而那些旁门左道、雕虫小技却一再得势，这真是学术的悲剧、时代的悲剧！

关于后者，在当时许多学者纷纷避开谶纬之学而从事古文经典的研究，使古文经学在东汉终于兴盛起来，不仅深刻地左右了东汉一代学术，而且深深地影响了此后的中国学术界。清代乾嘉学者所谓复汉代之古，就其本质而言，实指东汉学术，更准确地说是指郑兴之后的东汉古文经学派别。

经学的沉沦与儒家精神的复归

面对同一认识客体，由于主体方面的原因，人们往往可能得出许多不同的结论。同样的道理，东汉早期在重新诠释儒家精神传统的过程中，由于诠释者的立场、立意和目的等方面的差异，他们对儒家精神的认识便不可避免地存在若干不同。

然而此时的儒学已不同于先秦时期在野诸子之一时的地位，对其思想传统诠释的歧异性理解并不仅仅关涉儒家学说本身，而且在相当程度上影响到汉帝国未来的发展。因此，对儒家精神歧异性的诠释，在一定时期可能有助于儒学的发展与生机的恢复，但这种状况绝不可能也不应该持久。也就是说，由于社会条件的变化而导致儒学内部的分歧，这种情况一般能为统治者理解和接受。而一旦变化了的社会条件趋于稳定，作为汉帝国指导思想的儒家学说如果依然存在内部分歧，或者依然对其精神传统的理解存在重大差异，这便不是统治者能理解与接受的了。此时王权必然出面干涉，从众多的歧异性理解中折中出各方面都能接受的结论。我们看到，东汉初年社会秩序一旦趋于稳定，对儒学精神的理解便出现统一的趋势。

郑兴与东汉古文经学派

在当时，对儒学精神的诠释构成重大威胁的，当属以郑兴为代表的古文经学派。这既是学术风气使然，也自有其必然的内在逻辑。光武帝对谶纬的极端崇拜，已使许多学者失去了信心，他们不愿意背弃学术良心曲意迎合，遂采取政治上的不合作态度，或继续隐居于大泽之中聚徒讲学，或公开宣布未习图谶。由此说来，光武帝初年，因战乱遁逃林薮的学者抱负坟策、云集京师的学术盛况并未持续太久，即或有一些学者已来京师，其后也因种种原因而纷纷离去，留下的学者也不得不做些学术上的变通。

然而，任何追逐时髦的企图只能使学问变质，而并不可能获得真学术。范升、陈元、郑兴、杜林、卫宏等学术大家如果安于贫困，甘于寂寞，恐怕都会取得更大的成就。然当他们一旦热衷于现实政治后，其学术成就尤其是学术见识的增长不仅不能与年龄的增长同步，而且出现了学术倒退的现象。这也是中国知识分子与西方知识分子的一个重要区别。

对中国知识分子来说，屈从于政治，变通学术有种种不同的道路，或曲意迎合现实政治，或碍于某种困难而以思想异端的面貌出现，但仍是以另外一种方式屈从于另外一种政治。如郑兴，他虽然“逊辞”不为谶纬之学，并对谶纬神学表示反对，但他的这种反对未免太过软弱无力，再联系其思想的前后变化，就更难令人肯定他反对的力量和真实的心迹。

在与光武帝合作之前，郑兴主要与古文大家杜林等隐居陇右，探讨学术。他之所以能与光武帝合作，完全由于杜林的推荐。郑兴被征召之后，虽然对谶纬神学表示过不满，但从他谈日食的一篇奏议中，我们也分明可以感觉到他并非全如杜林上书所言“执义坚固，敦悦《诗》《书》，好古博物，见疑不惑”，而是以灾异附会人事，表现出了浓厚的今文经学倾向。也就是说，他的解释不管采取怎样的古文经学的人文主义立场，但其附会灾异的表现形式无疑是合乎当时官方学术的基本要求。

像郑兴这样的情况，在当时并不是个别现象。但毕竟不能以此作为对古文经学的总体评价。事实上，古文经学派为了生存与发展，不能不出现郑兴、贾逵式的人物。只是就这一学派的主流来说，他们更多的还是致力于学术研究，而且取得了相当大的成就。像杜林及其弟子卫宏、徐巡等都是其中较为突出的代表。

东汉古文经学的成就是巨大的，主要表现在这样几方面：

第一，它在立足于学术史研究的基础上，第一次确认古文经传在中国学术史上的地位，特别是对秦火之后幸存的古代文献的系统清理，基本理出了中国古代文化发展的一般脉络，有助于重新评估中国古代文化。尤其是他们对古代学术发展的系统总结，不论后来人们存在怎样的非议，实际上都不能不以他们的研究成果为基础继续前进。

第二，东汉古文经学者以自己的深入研究和独到见解，基本上解决了两汉之际聚讼纷纭的今古文分歧，以实证的方法确认了今古文之异：首在字异，次在意异。这一论证虽然没有超出前人的见解，但它毕竟已有了足够的证据，不似前人空口凭说，有主观臆断的嫌疑。

第三，东汉古文经学派的实证研究，由于主要致力于文字训诂、器数名物、典章制度等内容，不似今文经学派专在义理的发挥，因而使许多古代典籍的价值在失传了数百年之后被重新发现。甚至从某种程度上说，今人如果想对中国古代文化有深切的理解，也不能不借助于东汉古文经学派的学术成就。

但是，在充分肯定古文经学派学术成就的同时，也不能不如实地指出其缺点，这些缺点不仅对后世产生了恶劣的影响，而且也将东汉古文经学引向了歧途。这些缺点概括起来有：

第一，东汉古文经学者，尤其是早期的卫宏、贾逵等人，过于与今文经学者立异，虽然提出许多有价值的见解或猜测，但毕竟失于偏激，缺乏学者应有的平心静气。

第二，东汉古文经学派虽然也推崇儒家学说中的圣道王功，但其基本学术路数不外乎对古代文献进行文字训诂、典章制度的考释等技术性的工作，一般说来缺少思想体系的创建，致使人们在谈到东汉学术时不得不怀疑东汉时期哲学的创造力。故而一般哲学史在写到东汉时，除了王充等少数人物外，无不一笔带过。

尽管古文经学派在当时的发展中尚存在这样那样的缺点或问题，然而由于它在文字及经说两方面处处与今文经学派作对，提出了种种新说，因而在实质上对今文经学构成了严重的威胁，甚至危及今文经学派的存在与发展。

反观东汉时期的今文经学派，他们虽然依旧盘踞在官方学术的位置上，但已是英雄末路，暮气极深。今文经师除个别人仍致力于学术探讨外，大部分人所难以忘怀的只剩“利禄”二字。他们已严重丧失先前的学术精神，而将学术视为直接谋生的手段。

今文经学的没落，从学术史的观点看，是一种必然趋势。因为任何官方学术都不可能一成不变地存在下去，它的得势有其特殊的历史条件，而其失势、没落也就带有必然性。和其他事物一样，任何官方学术都不愿自动退出历史舞台，更不愿主动让位于新的学说，当面临危险的处境时，它又不得不进行无谓的反抗或挣扎，以期保护自己既得的利益和地位。从另外一个角度看，古文经学的崛起与壮大，其目标一直是争夺官方意识形态的主导权。所谓经说歧异，主要是对官方学术的经典文献的理解，已由先前今文经学派的一元而变为多元。

如果这种多元能够长期存在下去，那么它对统治阶级的根本利益未尝没有积极作用。然而，在中国传统政治体制下，官方意识形态的多元化几乎没有存在的余地，跻身官方学术的任何一派都不可能真正具有宽容和理解的内在精神。有时，虽然同为官方或准官方的学术流派，但在最直接的利益冲突方面，比正统思想与异端思想的斗争还要激烈，他们之间的关系大多是真正的你死我活。

因此，当古文经学派的发展足以威胁今文经学派的官方学术地位时，今文经学派并没有束手待毙，而是发起了一次猛烈的反攻。

白虎观会议：今文经学派的反攻

今文经学派的反攻当然是充分利用已经取得的官方学术地位，借助于政治势力的支持而宣布对手为异端，以期通过非学术的手段干预学术分歧，达到仅靠学术论争而无法达到的目的。建初元年（76），今文经师、校书郎杨终上书指出："宣帝博征群儒，论定五经于石渠阁。方今天下少事，学者得成其业，而章句之徒，破坏大体，宜如石渠故事，永为后世则。"很显然，杨终期望借助于汉章帝的行政干预来打击古文学派的"章句之徒"。于是有了白虎观会议的召开。

白虎观会议持续数月，今古文经学派之间的争论相当激烈，最终只得在汉章帝的直接干预下，双方做了一些必要的让步，才使会议勉强结束。据《后汉书·儒林传》记载："建初中，大会诸儒于白虎观，考详同异，连月乃罢。肃宗亲临称制，如石渠故事，顾命史臣，著为《通义》。又诏高才生受《古文尚书》《毛诗》《穀梁》《左氏春秋》。虽不立学官，然皆擢高第为讲郎，给事近署，所以网罗遗逸，博存众家。"据此可知，白虎观会议与先前的石渠阁会议具有同等重要的意义，会议内容的结集《白虎通》，也称《白虎通义》，属于儒家经学史上的重要作品。这次会议的直接结果是提升了先前很多年聚讼纷纭的所谓古文经学作品的地位，如《古文尚书》《毛诗》《穀梁》《左氏春秋》。虽然它们最终没有被列为官学的必要科目，但这些经典的传承者却被给予了比较特殊的待遇。换言之，古文经学派虽然没有通过白虎观会议的斗争在名分上分享汉代最高法典的解释权，但实际上它已被正统的官方学术所承认和接纳。从这个意义上说，白虎观会议的结论并不是统一到今文学派的传统观点上，而是寻求双方都能接受的折中意见。

不过，在形式上看，白虎观会议的结果仍是正统的今文经学派赢得了胜利，至少是为了维护今文经学派的面子，会议的结果依然倾向于今文经学派。皮锡瑞在《经学历史》中说：“《白虎通义》犹存四卷，集今学之大成。十四博士所传，赖此一书稍窥崖略……《白虎通义》采古文说绝少，以诸儒杨终、鲁恭、李育、魏应皆今学大师也。”似乎是人事方面的原因而导致了这样的结果。其实，这种说法是极不确切的：

第一，白虎观会议的参加者具有广泛的代表性，既有今文经学的大师，更有古文经学的名家。今文经学博士李育在会议上以《公羊》义难贾逵，“往返皆有理证，最为通儒”。由此可知，古文经学者也非等闲之辈。事实上，反映在《白虎通义》中的观点，既有今文经学的，也有古文经学的。尤其是在一些最根本的问题上，比如君臣之义等，更多的还是倾向于古文经学。

第二，从学术史尤其是官方意识形态的观点看，今古文经学派在白虎观会议上的争论并无胜负之分。他们在本质上都可归为官方意识形态的范畴，而根本目的也都在于如何更有效地维护汉帝国的统治。他们的区别仅仅在于，已主宰意识形态领导权的今文经学派可能更为保守些，因而某些论点无法回应已经变化了的社会条件的需要，他们需要重新解释儒学传统和经典大义，以回应时代的挑战。从这个意义上说，白虎观会议的结果并不是任何一派的胜利，而是在王权的干预下，重新将儒学传统、经典大义定位。也就是说，使先前多元的意识形态又一次走向一元，只是这个一元已远非先前的面目，而是杂糅了各家各派的思想观点。当然，汉帝国的政治实践才是决定今古文义理取舍的唯一标准。

从学术发展的内在思路说，白虎观会议取得这样的结果是一种必然趋势。至少在白虎观会议召开之前的那些年里，已有人充分正视意识形态的危机，力主重新解释儒学传统，重新认同早期儒家的人文主义精神，重建新的意识形态，以挽救日趋严重的意识形态信仰危机。而王充正是这一思潮的代表者。

王充：解释儒学的传统

对王充的思想倾向长久以来便说法不一。特别是近年来，人们更多地看到王充思想的异端性格，更多地强调其思想的批判价值，而相对忽略了他与早期儒学的思想关系，以及与当时社会思潮的内在关联。

在某种程度上说，王充的思想确实具有一种反叛的现象，但是这种反叛并不是以《白虎通义》为代表的新意识形态为对象。恰恰相反，王充的思想与《白虎通义》的倾向殊途同归，他们所不满意的都是两汉之际以来的官方意识形态，所要着力解决的也都是如何补偏救弊，如何重新认同儒家的早期人文主义思想，重建新的官方意识形态。

对汉代已有的官方意识形态即谶纬神学，王充持一种不妥协的严厉批判态度。他认为，谶纬神学所宣扬的符瑞灾异说，其用心未必坏，但效果却极为恶劣。为正本清源，王充以归纳演绎的双重手法，深刻地揭露了符瑞灾异说的文化底蕴，反复强调必须放弃以符瑞灾异为主要特征和内容的谶纬神学，才能真正恢复早期儒学的人文主义精神，这才是对汉王朝的真正爱护和支持。他指出，谶纬神学或许在汉王朝的重建过程中起过积极作用，但当东汉的秩序得以建立后，这种学说的负面影响已远远超过其积极意义，它所宣扬的那些东西，实际上只能导致民众对社会现实和统治者的不信任。

王充在《论衡·宣汉篇》写道："儒者称五帝、三王致天下太平。汉兴以来，未有太平。彼谓五帝、三王致太平，汉未有太平者，见五帝、三王圣人也。圣人之德，能致太平，谓汉不太平者，汉无圣帝也。"由此可见，王充对时儒的种种不满，一是基于对汉王朝的忠诚，一是基于对传统儒学精神的理解差异。他在《问孔》《刺孟》诸篇中与其说是对以孔子、孟子为代表的早期儒学传统的诘难，不如说是基于时儒对儒家精神的曲解而发出的恢复儒学真面目的呼声。正是在这一点上，王充的思想贡献不仅是对刘歆、扬雄、桓谭等思想前辈智慧资源的逻辑继承，而且与《白虎通义》的贡献有异曲同工之妙。他们所呼唤的都是儒学的早期精神，所反对的都是儒学独尊以来所形成的新传统。

毫无疑问，王充的思想见解是深刻的，然而由于其社会地位和所处地理环境的制约，王充的思想见解并没有在当时立即发挥作用，直到东汉末年，才由南方传到中原。而此时对东汉统治者来说，这已不具有多大的积极意义，只是其思想的负面效应进一步加重了那些不满社会现实的知识分子的清谈浮华之风。

东汉经学中的清谈浮华之风由来已久。据《后汉书·儒林列传》载，东汉和帝曾数度亲临东观，览阅书林。及邓太后临朝称制，这些儒家学者稍有懈怠。当是时，樊准、徐防并陈“敦学之宜”，又言官学中儒职多非其人，不甚合格。于是朝廷下令公卿妙简其选，认真选拔，“三署郎能通经术者，皆得察举”。但到了汉安帝，学风又坏，“薄于艺文，博士倚席不讲，朋徒相视怠散，学舍颓敝，鞠为园蔬，牧儿荛竖，至于薪刈其下”。官学中的师徒都无心读书，无心向学，甚至学宫也因为学风萧条而败坏，破落不堪。至汉顺帝，有感于翟酺进言，于是修建了黉舍，并补充了一大批生员。到了本初元年（146），梁太后下令兴学，自是游学增盛，至三万余人。“然章句渐疏，而多以浮华相尚，儒者之风盖衰矣。党人既诛，其高名善士多坐流废，后遂至忿争，更相言告，亦有私行金货，定兰台桼书经字，以合其私文。”熹平四年（175），汉灵帝“乃诏诸儒正定五经，刊于石碑”，此即“熹平石经”。于是可见东汉中晚期儒家经学走向衰落的一般过程。

儒学衰败的原因是多方面的。就统治阶级方面来说，过于看重意识形态对政治生活、社会生活的反作用，以为一介儒生议政论政、借古讽今便足以动摇帝国的政治统治。这种庸人自扰的惊恐心理一方面加重了对意识形态的依赖，使政治决策往往从属于意识形态；另一方面则势必加强对意识形态的管制，忽视或根本蔑视意识形态自身的发展规律。这种状况在政治的非常时期固然必要，而一旦政治秩序建立之后，还继续人为地制造这种状况，则势必激起知识分子的逆反心理。

意识形态管制的加强，从历史上看，从来都没有收到与主观愿望相吻合的效果。恰恰相反，这种强化势必导致一部分人的曲意迎合，妄释经典大义，造成严重的思想混乱。这也可以说是东汉中叶以后儒学颓废的另一重要原因。

马融：学术革命性变化的起点

针对东汉中晚期儒学的颓废，汉安帝年间由邓太后发起了一场较大规模的校书运动。这是中国学术思想发展史上的一次重大实践，其意义似乎并不在刘向、刘歆父子整理先秦古籍之下。在某种程度上说，它标志着中国思想，特别是儒学思想的重大转折，是白虎观会议以来重新认同早期儒家学术思想的文化思潮演变的必然结果。

这次校书活动持续的时间甚长。先后参加的知名儒家学者有刘珍、王逸、马融等。其中专门负责儒家典籍部分的似乎是马融。马融早年以读书为乐，然而经济生活的窘迫使他不能不重新思考，自己这种自命清高的学术选择是否正确，于是他悔而叹息道："古人有言：'左手据天下之图，右手刎其喉，愚夫不为。'所以然者，生贵于天下也。今以曲俗咫尺之羞，灭无赀之躯，殆非老庄所谓也。"故而马融毅然抛弃先前自命清高的理想，从众从俗，欣然应邀参与东观典校秘书的活动。

马融的这一转变，不仅在其个人的生命历程中具有重要的意义，而且由此透露出儒学发展变化的重要信息。那就是，在此之前当政治混乱之际，纯正的儒家学者并不愿意参与直接的政治斗争，但当生活所迫，或者说当他们看不到政治清明有望的时候，便也不得不介入政治斗争，只是他们的内心深处依然处于激烈的冲突之中。

马融跻身东汉政治高层之后，并没有获得多少政治上的好处。由于他得罪了邓太后，于是滞于东观十年而不得提升。《后汉书·马融传》说："初，融惩于邓氏，不敢复违忤势家，遂为梁冀草奏李固，又作大将军《西第颂》，以此颇为正直所羞。"到了晚年，他甚至变得更加放荡，"善鼓琴，好吹笛，达生任性，不拘儒者之节。居宇器服，多存侈饰。常坐高堂，施绛纱帐，前授生徒，后列女乐，弟子以次相传，鲜有入其室者"。这种基于现实政治的残酷而步入极端的人生观念，就其思想渊源来说，正是开启了魏晋玄学家放浪形骸、蔑视礼法的思想先河。故而从这个意义上说，马融的思想与实践在中国思想史上具有多方面的意义，他既以郑玄、卢植等大儒之师的身份开创东汉末期儒学复兴的思想浪潮，又对魏晋玄学的形成与发展产生了重要影响。

与马融的行为方式形成鲜明对照的，是他在学术上的追求却相当真诚与严谨。据说他尝欲训诂《左氏春秋》，及见贾逵、郑众的注释，乃曰："贾君精而不博，郑君博而不精。既精既博，吾何加焉。"但著《三传异同说》。假如这一传说为事实的话，那么从中不难体会马融对待学术的严肃态度，也就容易明了马融之学在儒学发展史上的地位与价值。

马融为东汉通儒，才高博洽，著述甚丰，于《孝经》《论语》《诗》《易》《三礼》《尚书》《列女传》《老子》《淮南子》《离骚》等皆有注。《后汉书·郑玄传》说："中兴之后，范升、陈元、李育、贾逵之徒争论古今学，后马融答北地太守刘环及玄答何休，义据通深，由是古学遂明。"其实，马融的学术贡献又何止是使古文经学地位得以确立，中国学术在思想方法、学术目的上发生的这次"革命性"的变化，也正是从他开始。今人刘起釪在《尚书学史》中说，东汉以来的今古文之争，除了经文的文字歧异，今古文两家对经义的解释也有不少歧异。较早的卫宏、贾逵等人，当时有意和今文经学家立异，因而遇到问题往往提出与今文经学解释不同的说法。到马融时，古文经学优势渐确立，"他的许多解释较趋平实"。此说虽然过于强调今古文经学之争的意义，但对马融学术"较趋平实"的判断，应该说是极为准确和有意义的。

从表面上看，马融之学是对古文经学的继承和发扬，对古文经学地位的真正确立具有重要意义，基本厘清了今古文经学的本质区别。他的贡献还在于从古文经学的立场重新阐释了儒学传统，而这一点正与西汉以来处于正统地位的今文经学大异其趣。尤其是他亲手培养了一批高足如卢植、郑玄等，形成了一个有影响的学术派别。

马融趋于平实的学术风格并不是突兀而起，他既受到前人学术的深刻影响，又有个人的生命体验。从学术背景和文化氛围来观察，这种学术风格无疑是对早期儒家人文主义精神的认同和复归。因此，在谈到马融学术的时候，我们尤其应当注意这不是一个孤立的文化现象，而是东汉中叶之后学术思潮在马融身上的反映。当时受到这种学术思潮潜在影响的绝不仅仅是马融一人，而是相当广泛的一批学者。比如，张衡对谶纬神学的清算，在某种程度上说，既是对马融学术的呼应，又是时代思潮影响下的一种必然现象。

张衡：以自然科学阐释儒家精神

在学术成就方面，张衡虽然与马融一样，学通五经，贯通六艺，对儒家精神有深刻的理解和独到的心得，著有《周官训诂》。不过，就其最重要的成就来说，张衡是一个自然科学家和技术工程师，他对儒家精神的体认与见解主要是通过他在自然科学与技术科学方面的成就而得以展示的。他的《太玄注》《玄图》等著作，与其说是高深的哲理性著作，不如说是他从自然科学工作者的立场去阐释儒家精神和图解儒学经典，其本质不外乎为他理想中的儒家伦理和儒家精神寻求哲学层面的证立。

事实或许正如他所自道的那样，他之所以致力于天文、阴阳和历算，特别是扬雄的《太玄》，其用心所在并不是纯理论的探讨，而是期望从理论上弄清汉王朝所面临的最现实问题，并以此理论的探讨重新解释儒家学说，重建儒学权威。他说："吾观《太玄》，方知子云妙极道数，乃与五经相拟，非徒传记之属，使人难论阴阳之事，汉家得天下二百岁之书也。复二百岁，殆将终乎？所以作者之数，必显一世，常然之符也。汉四百岁，《玄》其兴矣。"没有比较，就不知道扬雄思想的深刻，张衡通过对扬雄《太玄》的研读，方才领悟扬雄所阐释的那些道理不仅深奥，而且与儒家五经极为相似，并不是简单解释儒家经典义理，而是从阴阳之道解读汉王朝的过去与未来。张衡将扬雄的《太玄》提高到与儒学五经相埒的地位，虽未免太过，但其用心之所在却依然是汉王朝最直接的现实利益。

以自然科学的最新成就去谈论政治问题，虽然难免偶有偏失，但这种方法较以传统的旧观念去解释政治中的问题要更为"科学"一些。换言之，凡试图从自然科学的立场去解释政治，那么他的立论或者说思想前提一定较先前的解释更"人文化"一些。因此我们看到，张衡对汉代若干政治问题的解释，由于他能够吸收最新的自然科学成果，故而他的解释虽有时未能全部摆脱西汉以来正统学说的影响，但毕竟多了一些对社会生活实际情况的理解和关注。

或许正是基于这样的认识，张衡对西汉以来的正统学说，尤其是谶纬神学进行了深刻的反省和批判，并从一个自然科学工作者的立场证明这种学说的荒诞无稽以及对政治生活的恶劣影响。他在著名的《请禁绝图谶疏》中写道："臣闻圣人明审律历以定吉凶，重之以卜筮，杂之以九宫，经天验道，本尽于此。或观星辰逆顺，寒燠所由，或察龟策之占，巫觋之言，其所因者，非一术也。立言于前，有征于后，故智者贵焉，谓之谶书。谶书始出，盖知之者寡。自汉取秦，用兵力战，功成业遂，可谓大事，当此之时，莫或称谶。若夏侯胜、眭孟之徒，以道术立名，其所述著，无谶一言。刘向父子领校秘书，阅定九流，亦无谶录。成、哀之后，乃始闻之。"张衡的意思是，谶纬预言并没有什么新意，只是过去并不用这个名义而已。先前的卜筮、龟策、巫觋等，大都具有预言吉凶的功能，只是过去人们并不将之解读为谶纬。因而张衡认定谶纬晚出，其出现的时间，大致在汉成帝、汉哀帝之后。张衡的解释，既从反面解释了谶纬发生的文化背景和历史原因，也从正面强调了谶纬之学为圣王、明主所不取。因为谶纬不仅不合乎自然界发生、发展的基本规律，无法作为指导政治的依据，而且与自然界的基本原则相悖，是以某些预言假设作为先决条件，再从后来的某些事实中寻找牵强附会的依据。

对于谶纬中自相矛盾、顾此失彼的现象，张衡以科学工作者最为擅长的实证手段进行了深刻的揭露，几乎从根基上抽空了谶纬之学存在的可能。他在《请禁绝图谶疏》中继续写道：

> 《尚书》尧使鲧理洪水，九载绩用不成，鲧则殛死，禹乃嗣兴。而《春秋谶》云“共工理水”。凡谶皆云黄帝伐蚩尤，而《诗谶》独以为“蚩尤败，然后尧受命”。《春秋元命包》中有公输班与墨翟，事见战国，非春秋时也。又言“别有益州”。益州之置，在于汉世。其名三辅诸陵，世数可知。至于图中讫于成帝。一卷之书，互异数事，圣人之言，势无若是，殆必虚伪之徒，以要世取资。往者侍中贾逵摘谶互异三十余事，诸言谶者皆不能说。至于王莽篡位，汉世大祸，八十篇何为不戒？则知图谶成于哀、平之际也。且《河洛》《六艺》，篇录已定，后人皮傅，无所容篡。永元中，清河宋景遂以历纪推言水灾，而伪称洞视玉版。或者至于弃家业，入山林，后皆无效，而复采前世成事，以为证验。至于永建复统，则不能知。此皆欺世罔俗，以昧势位，情伪较然，莫之纠禁。且律历、卦候、九宫、风角，数有征效，世莫肯学，而竞称不占之书。譬犹画工，恶图犬马而好作鬼魅，诚以实事难形，而虚伪不穷也。宜收藏图谶，一禁绝之，则朱紫无所眩，典籍无瑕玷矣。

按照张衡的研究，所谓谶纬，不仅晚出，而且自相矛盾、互为冲突处的情况也极多。他在文中举例说明了那些自相矛盾处，从事实上揭示了谶纬极不可信，更不值得眷恋。

张衡对谶纬的清算，较先前的一些思想家如桓谭、尹敏等人更有力量，并取得了某些实际效果。除去如谶纬本身已成为强弩之末等原因，最重要的是张衡能够站在自然科学成就的基础上，并以自然科学的基本方法去揭露谶纬之学本身最明显的矛盾和不通之处。

赵岐：第一个系统研究《孟子》的人

如果说张衡是站在自然科学的立场上呼唤早期儒家不语怪力乱神的精神的话，那么赵岐对《孟子》的研究，则是纯粹地站在儒学立场上对早期儒学的人文主义精神的呼唤。

赵岐的孟学研究的主要成果见于他所撰写的《孟子章句》，此书对《孟子》进行了系统整理和义理诠释，也是《孟子》成书以来第一次有人这样做。在赵岐看来，孟子是孔子所创儒家学派最重要的传承者，是孔子之后第一位伟大的儒学代表，他不仅全面继承了孔子的思想遗产，而且有许多创造性的发展，是儒学道统中应时而生的一位关键性人物。

赵岐认为，孟子思想的主要贡献当然不是王充所批评的那些宿命论观点，而是《孟子》的人本主义或民本主义观念。他在《孟子·梁惠王上》章指中说："治国之道明，当以仁义为名，然后上下和亲，君臣集穆，天经地义，不易之道，故以建篇立始也。"在赵岐看来，仁义是理解孟子思想主旨的关键，有仁义上下和亲，君臣和睦。"圣王之德，与民共乐，恩及鸟兽，则忻戴其上，大平化兴。无道之君，众怨神怒，则国灭祀绝，不得保守其所乐也。"好的统治者，能够与民同乐，恩及鸟兽；坏的统治者，轻则众怨神怒，重则国灭祀绝。"王化之本在于使民养生丧死之用备足，然后导之以礼义，责已矜穷，则斯民集矣。""王者为政之道，生民为首，以政杀人，人君之咎，犹以白刃疾之甚也。”“以百里行仁，天下归之，以政伤民，民乐其亡，以梃服强，仁与不仁也。”王者之政，没有什么神秘的东西，关键只有一条，即统治者是否具有仁政的思想意识，是否以生民为首，使民以时，与民同乐。这些观念当然不是赵岐强加给《孟子》的，但赵岐对这些观念的看重与发挥，无疑是基于自己所处时代的感受和对孟学的真切体认，他不过是借《孟子》的思想文本，呼唤早期儒家人本主义思想的复归。

东汉末年疑儒思潮

假如政治环境不发生大的变化，东汉政府能与知识分子齐心协力的话，那么按照学术发展的固有规律，经过马融、张衡、赵岐等人的努力，儒家学说应该有可能作出新的解释，重建新的结构与模式以回应时代的挑战，开辟新的未来。

然而，历史毕竟不是依照人们的善良愿望而发展的。据《后汉书·安帝纪》记载，延光四年（125），年仅三十二岁的汉安帝病死于叶县。东汉政府为稳定局势，先是秘不发丧，继则尊皇后为皇太后。太后临朝，以太后之兄大鸿胪阎显为车骑将军，定策禁中，立汉章帝之孙济北惠王刘寿之子北乡侯刘懿为帝。从此，东汉政治进入动荡不安的时期。

拥立北乡侯是后党阎氏家族的阴谋。阎氏家族通过这一手段排斥异己，独揽大权，兄弟并处权要，威福自由。但后党毕竟不是正统的权力中心，当他们的权势登峰造极时，便不可避免地面临着深刻危机和灭顶之灾。据《后汉书·孙程传》记载，“十月，北乡侯病笃”，东汉政治再次面临一场新的转折，宦官孙程与废太子济阴王的谒者长兴渠密谋道：“王以嫡统，本无失德，先帝用谗，遂至废黜。若北乡疾不起，共断江京、阎显，事乃可成。”结果他们获得了成功，废太子济阴王刘保即皇帝位，是为汉顺帝。

汉顺帝的即位得力于宦官集团的帮助，因此在成功之后便不敢忘记他们的恩德，于是封孙程等人为侯。如果这些宦官能满足已有的好处，安分守己，那么东汉政治或许能由此复入正轨。无奈，在对权势的追逐方面，宦官们并不与常人有异。中常侍张防卖弄权势，请托受取，司隶校尉虞诩屡次弹劾张防无果，且身陷囹圄，惨遭迫害。殍阳侯孙程等闻讯，乞见顺帝，为虞诩辩百，并呵叱躲在顺帝身后的张防。最终，张防被流配；孙程等人因“怀表上殿争功”，被顺帝免官遣国。后顺帝无法忘却孙程等人的拥立之功，三年后仍将他们召回京师。直到阳嘉元年（132），汉顺帝立贵人梁氏为皇后，才基本完成政治权力的重新建构，从此东汉政治进入了一轮新的循环。

梁皇后为大将军梁商之女，就中国传统社会的伦理观念来评判，她也算得上是一位贤惠的皇后。但在当时的政治格局下，个人的人格毕竟微不足道，后党集团出于利益借此良机扩展势力。梁商加位特进，拜执金吾，其子梁冀为河南尹。但这些外戚并不满足于已有的权势和利益，据《后汉书·梁冀传》记载，梁冀“居职暴恣”，为非作歹，梁商的亲客洛阳令吕放“颇与商言及冀之所短”，梁商因此责备梁冀。于是梁冀派人刺杀了吕放，但深恐此事被其父梁商知道，又把吕放被杀的嫌疑推到了吕放的仇人身上，请以吕放的弟弟吕禹为洛阳令，“使捕之（吕放的仇人），尽灭其宗亲、宾客百余人”。梁商死后未及葬，顺帝乃拜梁冀为大将军，拜梁冀之弟侍中梁不疑为河南尹。及顺帝崩，冲帝始在襁褓，无法亲政，太后临朝，任命梁冀与太傅赵峻、太尉李固，联合执政，“参录尚书事”。不久，冲帝又崩，梁冀立汉质帝。质帝年少聪慧，知冀骄横，有一次当着群臣的面指着梁冀说：“此跋扈将军也。”梁冀闻之，深恶质帝，遂令左右在其进食中下毒，质帝即日崩。梁翼这般骄横无耻，不仅激起天怨人怒，而且实在有害于皇权的利益，一时激起正直士人的反对与抗争。

在这些清醒正直的士人中，左雄无疑是一个重要的人物，他基于传统的儒家伦理观念，对汉顺帝即位之初封赏宦官、加封梁冀一事，大胆上书谏言，希望皇帝能够远离宦官与外戚，以维护皇权的正统性和合法性；建议朝廷重视儒家的贤人政治，欲以吏制的改革促进东汉政治的健康发展；建议重提儒家伦理，欲以儒家伦理规范人们的行为和社会生活。无奈东汉王朝大势已去，左雄的建议与主张并没有被采纳。

左雄之后，东汉的政治发展依然处在恶性循环之中，思想家们关注的焦点依然是左雄提出的那些建议。如名臣崔寔就主张以“霸政”取代贤人政治的“宽政”。他说：“量力度德，《春秋》之义。今既不能纯法八代，故宜参以霸政，则宜重赏深罚以御之，明著法术以检之。自非上德，严之则理，宽之则乱。”显而易见，这种对强人政治的呼唤，是建立在对儒家政治理想怀疑的基础上的。

对儒家理想的怀疑思潮，在东汉末年不是孤立的个别文化现象，而是长期以来儒家政治软弱无力、不能从根本上扭转社会发展颓势在思想界的必然反映。传统研究所指陈的所谓东汉末年的社会批判思潮，与其说它是在批判现实社会，不如说它是在批判长期作为社会发展指导思想即官方意识形态主导的儒家学说。这些批评者一般认为，儒家理想过于看重政治家的人格，过于倚重以政治家的人格感召力去整合社会力量。事实上，在现实生活中，政治家的个人人格微不足道，政治发展的直接动力主要来自各个政治集团以及政治家个人的实力。这种对儒家理想的怀疑，一方面有助于打破儒家独尊的一统局面，建立多元开放的文化体系；另一方面实际上开启了后来的重才轻德的用人观念和对儒家思想直接批判的魏晋玄学，因而在中国思想发展史上具有极为重要的承前启后的意义。

从当时的实际情况看，东汉政权主要由外戚、宦官交替控制，如梁冀这样的人物不仅随意废立君主，甚至弑君，皇帝成了他的掌上玩物。故而可以说，东汉政府当时所需要的不是如何建立强人政治，而是如何削弱诸如梁冀这样的无耻之徒的权力，重建一平衡而又能相互制约的政治机制。

在崔寔之后的朱穆认为，当尚没有新的观念作为国家指导思想的情况下，无保留地抛弃儒家伦理，除了会带来观念与实践上的混乱外，恐怕并没有多少实际意义。

左雄、朱穆等人对儒家伦理的呼唤，显然是基于东汉末年严峻的社会现实，是对以梁冀为代表的外戚集团和宦官集团黑暗统治的不满、失望与抗争。他们试图重新建构儒家伦理，为社会公众提供一个切实可行的价值参照体系，扭转社会风气以制约少数人的胡作非为。然而，他们的这些意见不仅没有被采纳，而且他们自身也不断受到迫害和打击。这种残酷的事实不能不对那些有心救国的知识分子形成强有力的刺激，迫使他们重新考虑怎样才能真正挽救社会危机，而又不至于因"爱国忠君"而做出不必要的牺牲。

何休：重新解释儒家经典

这些知识分子冷静反思的结果，便是在政治高压的情势无法根本改变的时候，只能采取消极的不合作态度。他们尽量地避开现实斗争，保全自身，静以待变，并在等待中培植新的社会势力。如曾经严厉批评过梁冀的皇甫规，据《后汉书》记载，当皇甫规深知在仕途上至少近期内不可能有大的发展时，"梁冀忿其刺己，以规为下第，拜郎中。托疾免归，州郡承冀旨，几陷死者再三。遂以《诗》《易》教授，门徒三百余人，积十四年"。以十四年之力培养了一大批有用之才，如后来在党锢之祸中有重大影响的陈藩、李膺等人都曾从其学。因而从这个意义上说，皇甫规虽然暂时离开了现实斗争，但他并没有真正脱离政治。

对于知识分子来说，东汉末年的党锢之祸，一方面禁止了知识分子对现实政治的干预，剥夺了他们参与政治活动的权利；另一方面相当一部分知识分子却利用这段难得的时间从事学术研究，取得了相当有意义的成果。其中最典型的事例，便是东汉著名学者何休在被禁锢之后对儒家学术所做的贡献。

何休对儒学的贡献在于对儒家经典的重新解释，这一点充分体现在他因党争失败被禁锢后，“覃思不窥门十有七年”而写就了皇皇巨著《春秋公羊传解诂》。该书不仅是《公羊传》现存的第一个注释本，而且实际上也由此书开启了历代《公羊》学家舍经释传以阐发新的义理、观念的风气。学者的研究向来相信何休坚守《公羊》家法，追述李育之意；或以为何休祖述董仲舒，发挥《春秋繁露》中的观念。其实，这些观点都没有说到点子上，都没有把握住何休的学术精神和思想本质。要言之，何休的《春秋公羊传解诂》虽然大量吸收、融汇了前人与时贤的学术成果，但其学术绝非趋从董仲舒、胡毋生（一作胡母生）、严彭祖、颜安乐或李育，何氏学之所以成为何氏学，就在于不与守文同说。因为从另外一个角度说，东汉经学虽然特别强调师法和家法，事实上是当时师法与家法已被严重破坏的一种反映。当时经学大师的成名道路，一方面在于打着托古的旗帜，号称承袭往昔某一大家；另一方面则在于擅长综合各家精华，标新立异以创己说。所以何休的《春秋公羊传解诂》既坚守了《公羊》学的门户之见，斥《左传》为“膏肓”，损《穀梁》为“废疾”，但他又吸收《穀梁》《左传》中于己说有益的思想内容和学术成果。凡此种种，早已被学者们所指出。

何休既为汉代《公羊》学之殿军，《春秋公羊传解诂》又是汉代《公羊》学集大成的著作，何休本人的兴趣似乎也只在着力发挥其中蕴含的“非常异义可怪之论”，故而其学术价值和思想成就当然不可小视。尤其是他所揭示的《春秋公羊传》中的“三世说”，不仅在当时有相当大的影响，而且一直影响到近代的康有为。

郑玄：全面清理儒家经典

何休对儒家经学的重新解释，更多的不是基于学术立场，而是现实需要。因此难免出现曲解经文、传文和儒家经典原意的地方。或许正是由于这一特点，才有服虔、郑玄等人先后起而攻之。例如，何休在《左氏膏肓》中对《左传·隐公元年》中“春王正月，不书即位，摄也”的解释深不以为然，他以为按照古制，诸侯幼弱，“天子命贤大夫辅相为政”，并没有“摄代”之意。“昔周公居摄，死不记崩。今隐公生称侯，死称薨，何因得为摄者？”凭什么使用特别的书写义理，显然不合乎规矩。何休的这一评判或许具有学术上的根据，但从根本用意上说，他的兴趣并不在于辨明隐公是否为居摄者，而是为了维护皇权的至高无上性。

对何休的这一观点，郑玄似乎并不理解，他在《箴膏肓》中引经据典进行了大量的学术考证，针锋相对地强调：“周公摄政，仍以成王为主，直摄其政事而已，所有大事，禀王命以行之，致政之后乃死，故卒称薨，不记崩。隐公所摄，则位亦摄之，以桓为太子，所有大事，皆专命以行。摄位被杀，在君位而死，故生称公，死称薨，是与周公异也。且《公羊》以为诸侯无摄，宋穆公云：‘吾立乎此，摄也。’以此言之，何得非《左氏》。”如果从学术的观念看，我们觉得郑玄的解释或许更有道理，更接近历史真相，但毕竟多了一些学究气，且具有较为浓厚的门户之见。

显而易见，郑玄的门户之见并不是他坚定地站在《左传》等古文经学的立场上去反对何休，而是他对何休的学术旨趣与学术成就缺乏起码的同情和理解。换言之，何休更多地是从形而上的立场讨论儒家学术，而郑玄则是站在儒家学术的立场上去看待何休。因此，郑玄对何休的不满就不单单是一个学术问题，而是在学术的基本观念上的不同。

郑玄，字康成，18 世纪因避康熙皇帝玄烨讳，学者只称其字康成，或郑君，或郑元，而不称郑玄。据《后汉书·郑玄传》记载，郑玄出身于社会底层，年轻时做过乡里的啬夫（底层小吏，掌管一地税赋收取，以及民间调解之类的角色）。烦琐而又单调的生活让郑玄极为失望，他的志趣似乎只在进学读书，因而在工作之余，郑玄时常前往学宫转转。其父亲对此很不高兴，数度指责他而无奈，不得已勉强同意郑玄赴太学受业。其“师事京兆名儒第五元先，始通《京氏易》《公羊春秋》《三统历》《九章算术》。又从东郡张恭祖受《周官》《礼记》《左氏春秋》《韩诗》《古文尚书》。”从这个简单的书录可以看到，郑玄得名师指点，在不太长的时间里，就对儒家基本典籍有了一个初步掌握，而且更重要的是，郑玄学通古今，并没有在今文经、古文经问题上过分计较。这对他后来的学术成就影响巨大。

专心于学问的郑玄在追随第五元先、张恭祖学习之后，“以山东无足问者，乃西入关”，通过卢植的关系，得拜马融为师。马融有门徒四百余人，登堂入室者五十余生。马融自恃学问不错，极为傲慢，郑玄在其门下三年不得相见，郑玄从马融那儿获得的知识只是马门弟子传授的（“使高业弟子传授于玄”）。功夫不负有心人，尽管郑玄没有获得马融直接教导的机会，但他对所学依然看得很重，“日夜寻诵，未尝怠倦”。学有所成，总会有展现的机会：“会融集诸生考论图纬，闻玄善算，乃召见于楼上，玄因从质诸疑义，问毕辞归。融喟然谓门人曰，郑生今去，吾道东矣。”名师出高徒，青出于蓝而胜于蓝，“后浪”超越“前浪”，这在郑玄和他的诸多老师那里体现得最为真切。

郑玄在外游学十余年，先后师从第五元先、张恭祖、马融，在综合继承诸名师、诸大家、诸派别的学术成绩的基础上，理所当然更容易，甚至可以说必须会有所创新，进而与任何一位老师的学问都不一样。他从诸位先进那里掌握了学问的基本方法，也清楚了各位老师和诸多前贤的学术理路、学术观点。于是郑玄综合各家各派学术成就后再创新，创造出与其师学术理路完全不同的新流派。因而，马融望着郑玄远去的背影不禁感喟“郑生今去，吾道东矣”，马融预感到郑玄一定能在学术方面创造出一个不一样的新天地、新境界。

对于诸先生的教诲，郑玄始终抱有感恩之心，据其自述：“游学周、秦之都，往来幽、并、兖、豫之域，获觐乎在位通人、处逸大儒，得意者咸从捧手，有所受焉。遂博稽六艺，粗览传记，时睹秘书纬术之奥。年过四十，乃归供养，假田播殖，以娱朝夕。”

作为一个读书人，郑玄无意于俗务，也无心于政治，更不愿拿出精力去参与什么党争。但当时社会的实际情形是，无意于党争，并不表明一定能够躲过党争。按照郑玄的规划，他用了这么多时间求学问学，现在年届不惑，返回乡里，正是开始学术研究的大好时机，边耕边读，像前辈大儒董仲舒、马融那样，守住几十亩地，又有一个大菜园子，读书、写作，照样可以“三年不窥园”，安心于圣人之业，读书、课徒，“客耕东莱，学徒相随已数百千人”。

然而，那时的政治斗争业已白热化，发自内心地不愿介入党争的读书人郑玄照样因党锢之祸的扩大化而受到牵连，但与何休一样，因祸得福，潜心读书，安心向学，“及党事起，乃与同郡孙嵩等四十余人俱被禁锢，遂隐修经业，杜门不出”。

在杜门不出的那些年，郑玄度过了自己学术生涯的黄金岁月，他的那些重要著作，差不多都在此期间完成。据其自述，自从宦官专权，政治紊乱，他竟然被禁锢长达十四年之久，之后承蒙朝廷大赦天下，“举贤良方正有道……公车再召”，似乎委以重任，但郑玄自觉不是从事政治的那块料：“吾自忖度，无任于此，但念述先圣之元意，思整百家之不齐，亦庶几以竭吾才，故闻命罔从，而黄巾为害，萍浮南北，复归邦乡。”也就是说，甚至在党禁解除之后，郑玄原本可以在仕途上获取一个机会，寻求发展，但他却毅然放弃了，选择返回故里，去做自己最愿意做的事情，即在学术上，在古文献整理上，尽心尽力，不介入那些无聊的政治。这其实是中国知识分子最难的选择，而郑玄的成功其实也得益于此，自我边缘化，安心于边缘，既无焦虑，也无不平。内心宁静，才能真正在学问上用功，而不是为稻粱谋。

至于郑玄本人的学术成就，主要是他对于儒家经典进行了一次全面的清理、总结与注释，“遭党锢之事，逃难注《礼》；党锢事解，注《古文尚书》《毛诗》《论语》。为袁谭所逼，来至元城，乃注《周易》”。很显然，郑玄的学术关切，主要是汉代以来学者们争议最大、理解分歧最多的几部经典。这些经典经过郑玄的整理与注释，从分歧杂芜的解说中理出一个头绪，找到一条线索，后来的读者通过郑玄的研究大概可以从中看到一些历史真相，人们的认识也才逐步统一。

对于自己的学术成就，郑玄是颇为自信的，他自诩“吾虽无绂冕之绪，颇有让爵之高。自乐以论赞之功，庶不遗后人之羞”，从一定意义上说，在孔子之后的中国学术史上，郑玄的成就确实具有划时代的意义，他对儒家经典歧异处的分疏与解说至今仍具有相当的学术价值。当然，也必须指出的是，郑玄虽然相对说来以古文经说为主，兼采今文经说，然而他毕竟太喜综合，以不同为同，结果又造成许多不应有的附会和失误。因此，从本质上说，郑玄学不主今文，也并未固守古文，而是综合今古，求同存异，下以己意，自成一家之学。清代学者陈澧在《东塾读书记》十五卷中说，何休的《墨守》之说，“有宗主而无不同”；许慎《异义》之学，“有不同而无宗主”；唯郑玄之学，“兼其所长，无偏无弊”。由此可见，郑玄学在儒学思想史、学术史上自成一家。

附录

儒学人物小传

叔孙通（约前245—约前190），秦汉时薛县（今山东滕州南）人。曾为秦博士。初从项羽反秦，后归附刘邦，任博士，号稷嗣君。汉朝建立后，与儒生共立朝仪，并主持修订了汉代礼仪制度。

孔子曾谆谆告诫门生要当君子儒，不要当小人儒。孟子也一再宣扬儒家的浩然之气，劝儒者堂堂正正做事。但是事实上，历代以识时务、通权变为由，行蝇营狗苟之事的儒者并不少，叔孙通就属于见诸记载最为明白的所谓儒者。如果将“贰臣”的做法理解为权变、识时务，那么社会秩序和社会伦理就会因此而受到极大的损害。俗语说，一朝天子一朝臣。一个臣子要忠于故主、忠于旧朝，心甘情愿做遗民遗老，做到达则兼济天下，穷则独善其身，“道不行，乘桴浮于海”，如此才算是体现了儒家的真精神。因此，司马光就很瞧不起叔孙通，以为其思想品格太低，不论是为刘邦制礼仪，还是其“人主无过举”观念给后世遗留的祸患，都被司马光认为是绝不可原谅的事情。

当然，也有人为叔孙通辩护，如司马迁就觉得叔孙通不错，以为其屈尊教诲那些来自社会底层而事实上又获得政治统治权的政治“流氓”不是坏事，毕竟如果你不将“流氓”变成君子，变成常人，实际上也是在默许和纵容这些“流氓”为祸一方一国。如何评价叔孙通，可以探讨的空间还有很多，他确实是中国儒学史上的一个关键人物。

陆贾（约前240—前170），楚人。汉初政论家、辞赋家。

陆贾是刘邦的重要谋士，为了劝说刘邦尊重知识人，重构帝国统治模式，他提出了大家熟知的“居马上得之，宁可以马上治之乎”，即马上可以得天下，但马上不能治天下，治天下比打天下更复杂、更困难。为此，陆贾按照刘邦的指示，专门著《新语》系统讨论秦何以亡，汉何以兴，汉王朝如何才能长治久安，汉高祖如何才能实现秦始皇梦寐以求的理想，一世二世以致万世。他不顾刘邦的不懂、不解、不屑，常常在刘邦面前高谈阔论，讲述孔子以及先贤治国安邦的道理，这让统治者是来自社会底层，无教养、无知识的汉王朝得以向一个常态王朝转型，可谓功劳极大。

陆贾《新语》的预设读者是刘邦这些文化程度不高的军功武夫，文字并不是那么艰涩，不似同时代的贾谊那样炫耀学问文采。

辕固生（生卒年不详），齐（郡治今山东淄博市临淄）人。西汉今文诗学“《齐诗》学”的开创者。

一般看来，秦王朝之焚书坑儒让儒家蒙受了巨大损失，对儒家来说是一场灾难，但事实上由于秦王朝很快走进了历史，汉初就废止了相关做法，所以原先受抑制的儒家学术很快复苏，而辕固生就是这场巨变的亲历者。

作为齐国人，辕固生是当时为数不多的《齐诗》大家，汉景帝时为《诗经》博士，是《诗经》“《齐诗》流派”最重要的创建者之一。不过，辕固生在历史上最值得记住的事件并不是对《诗经》的解读，而是他在御前会议上，与黄老学派的代表人物黄生公开辩论“汤武革命”的问题，险些触及汉王朝合法性这一敏感的政治问题。从其直言不讳、不惧生死的表现观之，辕固生充分体现了儒家的真精神——“虽千万人吾往矣”，敢于坚持自己的立场而不随风摇摆。

董仲舒（前 179—前 104），广川（今河北景县西南）人。西汉哲学家，今文经学大师。

董仲舒活跃于自汉初至汉武帝鼎盛时期，见证了汉初社会从百废待兴到初步繁荣的全过程，但他并不满足于短时的观察，而是试图为汉王朝构建一个长治久安的制度模式。此制度模式的要点如下：

第一，罢黜百家，独尊儒术。思想学术大致统一，以配合政治上的大一统。

第二，独尊的儒术并不是统治思想的唯一来源，其生命力在于充分吸取其他各个思想流派的精华。如果研读董仲舒的作品，就可以发现他将先前各家各派的思想精华都予以吸收与整合，并将它们重构在一个巨大的新儒学体系中。

第三，董仲舒建构了一个天人合一的闭合系统，天子是现实世界的最高统治者，但在这个闭合的天人合一的系统中，天子只是天之子，并不至上，他应该听从天的指令和暗示，否则天就会给予警告。所谓“灾异谴告说”，就是董仲舒参照阴阳五行诸多流派而重组的新理论。那么天是什么？经过仔细分析董仲舒的概念，发现天就是芸芸众生，是沉默的民众。

第四，更化、变革。董仲舒的名言是：“天不变，道亦不变。”过去的研究者将之视为中国形而上学的鼻祖。结合董仲舒整个思想体系进行讨论后，就可以看出他要表达的意思是，天不变，道就不必变，适度守旧，维新、渐进即可。但是反过来，如果天变了，环境变了，那么道理就应当要变，没有不变的道理。

总而言之，董仲舒是中国古代最重要的思想家之一，他接续孔子，以及此后孟子、荀子等人的思考，构建了一个极为庞大的思想体系，为此后中国两千年的帝制时代提供了制度框架。到了近代社会转型期，五四新文化运动的主要目标，说是孔孟之道，其实主旨相当一部分就是董仲舒的思想。

扬雄（前53—后18），一作杨雄。字子云，蜀郡成都（今属四川）人。西汉文学家、哲学家、语言学家。

扬雄仿《论语》著《法言》，模《易经》作《太玄》，另著《方言》，释虫鱼草木等物事，是研究汉代语言文字的主要资料。又因倾慕司马相如辞赋之华丽，遂仿作《甘泉》《羽猎》《长杨》诸赋。扬雄自来具有一种学术自觉，并不愿意将生命奉献给短暂的政治，但他有一位弟子因不恰当地介入政治而犯事，扬雄闻讯以为自己必将受到株连，遂从阁楼跳下。于是有谚语曰："惟寂寞，自投阁；爰清净，作符命。"前半句说的就是这个故事，后半句则是指扬雄作《太玄》。

刘歆（？—23），字子骏，后改名秀，字颖叔，沛（今江苏沛县）人。西汉末期古文经学派的开创者，目录学家、天文学家。

刘歆是两汉时期最重要的儒家学者，由于他的父亲刘向是皇家图书馆的负责人，负责整理皇家图书馆的藏书，刘歆因此受到了良好的教育，对传世儒家经典都有很深的研究，很早就协助其父整理皇家图书馆的藏书。实事求是地说，他们父子对中国学术史的贡献，上接孔子，下启郑玄，如果没有他们父子的整理，后世估计就很难读懂两汉之前的传世文本了，又或许郑玄辈要多付出不少精力才行。

刘歆在刘向《别录》的基础上编制的《七略》，是中国图书分类的奠基之作。如果不是因为他不恰当地介入现实政治，刘歆在中国学术史上的位置应该排在前十名。然而在两汉时期复杂的政治环境中，刘歆选择坚定支持王莽。王莽是一个怀抱理想主义、平均主义的改革家，他的许多想法也不能说没有道理，但他失败了。于是连带所及，刘歆也就成了不受人待见的贪图功名利禄之徒。

在批评者看来，刘歆除了参与王莽"篡汉"之外，在学术上也有问题。康有为的《新学伪经考》指责刘歆伪造经典，利用整理皇家藏书的特权，将那些不知来历、不可信的古文经窜入传世典籍。后来，尽管刘歆在政治上被否定了，但是在他之后，古文经的地位获得极大的提升，这些事实不能像康有为所说的那样被简单地否定。

郑兴（生卒年不详），字少赣，开封（今属河南）人。东汉经学家。

郑兴是两汉时期重要的儒家学者，与刘歆关系密切。郑兴先习今文经学，后笃信古文经学，开启了后世学习古文经学的风气。在中国学术史上，人们将他的学问与东汉贾逵的学术相提并论，命名为“郑贾之学”。东汉初年，光武帝刘秀对西汉中叶以来的谶纬之学很感兴趣，专门问郑兴如何看待谶纬的价值。郑兴没有迎合光武帝，而是淡然强调“臣不为谶”，坚持儒学正统，这也是他的学问能够在后世得以传承的一个最重要的原因。

桓谭（约前 20—56），字君山，沛国相（今安徽濉溪西北）人。东汉哲学家、经学家。

桓谭是两汉时期最具个性的学者，所著《新论》久佚。桓谭官至议郎给事中，他犯颜直谏，当着光武帝刘秀的面，斥责所谓谶纬都是胡说八道，不足凭信。他清楚地知道光武帝好谶纬而如此面谏，想必对可能得到的处分也已经有了足够的思想准备。果然，刘秀大怒，下令将桓谭处死，后有所悟，改为流放。桓谭还没有走到流放地就客死途中，为反对谶纬付出了宝贵的生命。

王充（27—约 97），字仲任，会稽上虞（今属浙江）人。东汉唯物主义哲学家。

王充活跃于东汉早期，病逝于汉和帝永元年间，享年七十余岁。王充是中国学术史上为数不多的有意识营造学术体系的代表之一，因为对当时社会流行的谶纬、迷信、神鬼、法古、命定、祥瑞等说，持严厉批评态度，所以他的思想一直被人们所轻视，直到他去世后才渐渐得到知识界的重视。

贾逵（30—101），字景伯，扶风平陵（今陕西咸阳市西北）人。东汉经学家、天文学家。

贾逵是贾谊的九世孙，其祖为常山太守，其父为刘歆门生。良好的家庭背景，使贾逵无书不读，学问广博，著述等身，时称通儒，学者宗之。当时谶纬之学流行且受到光武帝的推崇，光武帝就如何评价谶纬提问，贾逵表现得最为机会主义。据范晔说，桓谭很耿直，因当面反对光武帝对谶纬的推崇而遭流放死于途中，郑兴则在被问及时，回复不曾研究过，受到了免职处分。唯有贾逵，刻意迎合统治者，“附会文致，谓引《左氏》明汉为尧后”，相比之下就显得最失风骨。

张衡（78—139），字平子，河南南阳西鄂（今南阳石桥镇）人。东汉科学家、文学家。

从儒学史的观点看，张衡属于比较正统的儒者，他对那些背离正宗儒学的所谓谶纬、卜筮、龟策、巫觋等均持批评态度，更多采纳人文主义的可知论。张衡活跃于2世纪上半期，与正统儒者稍有不同的是，除了精研传统儒家典籍，他还醉心于那些小道诸如天文、阴阳、历算、机械等，并且别有心得。

此外，他也是重要的汉赋作者，其《两京赋》《归田赋》等作品，都具有很强的艺术感染力。

马融（79—166），字季长，右扶风茂陵（今陕西兴平东北）人。东汉经学家、文学家。

马融是名将马援的孙辈，因而有机会接受良好的教育，结识名师。马融在政治上不太得意，但学重关西，供职东观，负责整理儒家典籍。他遍注群经，尤有功于古文经学的传布与成熟。其弟子门生遍布朝野，卢植、郑玄等均为弟子，故有名师之师的美誉。初读资料，印象最深的还是马融讲学的派头。当时已经小有名气的郑玄慕名投奔其门下，竟然好几年见不到马融。因为马融授徒有所选择，不仅高居楼上，而且只有极少数门徒可以近距离面授，剩下的只能跟随其弟子，辗转耳食。人气鼎盛时，马融居处聚集了门徒千余人，大有今日艺考之盛景。

马融遍注群经，学问确实很大，眼界也高，相应地对这些儒家经典的研究也比较精深。一个有趣的段子说，他本来想给聚讼纷纭的《左氏春秋》写本注释，做个定本，但他阅读了贾逵、郑众的研究后毅然放弃了这个想法，理由是："贾君精而不博，郑君博而不精。既精既博，吾何加焉。"但最后他还是根据贾、郑的研究成果，完成了《春秋三传异同说》，这才是真正的学问态度。

郑众（？—83），字仲师，开封（今属河南）人。东汉经学家。

郑众是东汉名儒郑兴之子，因官至大司农，而被称为"郑司农"，以别于宦官郑众，以及后来的经学大家郑玄。郑众主要活跃于1世纪，大致为东汉初年的明帝时期。因家学渊源，郑众得以熟读儒家经典，尤精《左传》，并穷毕生精力对其进行了详细注解，这对于《左传》的流传、利用，贡献极大，许多先前不易理解的东西均被其疏通。只是更博学的马融认为郑众的《左传》注疏"博而不精"。

卢植（？—192），字子幹，东汉涿郡涿县（今河北涿州）人。

卢植是名儒马融的入室大弟子，同时也是大儒郑玄的同学。卢植文武双全，数度上马杀敌，率军平息变乱，官至九江、庐江太守，导致他对学术的贡献很少，但他不仅是《熹平石经》重要的发起人和参与者，还是《东观汉记》的主撰者之一，东观典藏儒家经典的重要整理者之一，曹操誉其为“学为儒宗，士之楷模，国之桢干”。

赵岐（约108—201），字邠卿，初名嘉，字臺卿，京兆长陵（今陕西咸阳市东北）人。东汉经学家。

赵岐是东汉晚期极具敏感意识的学者，也是中国历史上第一个从学术上思考孟子历史地位的大学者。赵岐是马融的侄女婿，两人虽然来往不多，但赵岐的学术研究还是受到了风靡一时的马融的影响，使他对儒家学问相当了解，尤精于《孟子》。他所撰的《孟子章句》是《孟子》一书最早的注释本，此作释文通达，简洁清晰，后被收入《十三经注疏》，据此可知赵岐的学术地位。

郑玄（127—200），字康成，世称“后郑”，以别于“先郑”郑兴、郑众父子。北海高密（今属山东）人。东汉经学家。

郑玄是儒学史上重要代表，假如没有他几十年静心研读并整理注释，汉代之前的许多儒家典籍人们可能早就读不懂了。这得益于他的天赋、兴趣，同时也因为东汉晚期的党锢之祸，郑玄被禁锢了很多年，有十四年之久，其间，他静心读书、写作，重整儒家经典。

服虔（生卒年不详），初名重，又名祇，字子慎，河南荥阳人。东汉经学家。

服虔是东汉晚期的儒家学者，活动时期与郑玄大致相当，二人也有交集。服虔专精《春秋左氏传》，著有《春秋左氏传解谊》，以《左传》驳难今文学家何休。另著有《春秋左氏音》《通俗文》《汉书音训》等。

何休（129—182），字邵公，任城樊（今山东兖州西南）人。东汉经学家。

何休口吃，不善言说，却对政治有浓厚兴趣。在反对宦官专权的政治斗争中，他追随陈蕃。党锢事起，陈蕃被诛，何休也被禁锢十七年。

这是何休个人之不幸，却是中国学术史之大幸，因为他利用这十七年精研《春秋公羊传》，略依《公羊》学前辈学者胡毋生的体例，参照董仲舒的学说，以及《严氏春秋》《颜氏春秋》诸家的解读，将其融会贯通，最终完成巨著《春秋公羊传解诂》。

何休对后世《公羊》学的研究贡献极大，尤其是他提出的《公羊春秋》“三世说”（衰乱世、升平世、太平世）和“三科九旨”说（三科：新周、故宋、王鲁，为一科三旨；所见异辞、所闻异辞、所传闻异辞，为二科六旨；内其国而外诸夏、内诸夏而外夷狄，为三科九旨）等，均为后世《公羊》学开无数法门，晚近《公羊》学家康有为等，也多受何休的启发。

第六章

魏晋南北朝：儒学的重振运动

儒学发展到东汉末年，已经发生了相当显著的变化。特别是东汉末年激荡人心的社会批判思潮，其锋芒所指，固然是外戚、宦官集团交替统治所带来的政治黑暗，但是，如果从思想史的背景来分析，我们不难发现，这股社会批判思潮实际上也蕴含着对儒家文化的批判。

批判者认为儒家文化软弱无力，深感其美好的言辞、崇高的理想并不足以解决社会危机，欲真正解决问题似乎有待于一种新学说的重建。即便不能完全抛弃儒家文化，儒家文化也必须经过一番脱胎换骨的改造，重构一种更适合社会需要的新体系。于是，便有魏晋时期儒学的重振运动，从而使儒学完成一次历史性的转折。

儒学的玄学化

东汉末年，如果仅就儒学学术的内部情况而言，可以说是郑玄学术的天下。但是到了魏晋，统治者基于现实政治的考虑，已不再使用经术取士，而代之以九品中正制，做官的必须是门阀士族。因此，这时在学术上继续研究两汉儒生始终没有讲清楚的今古文，在政治上已没有多少意义。当然，门阀制度最讲究的是礼，而郑玄对礼素有研究，他所注的三《礼》（即《仪礼》《周礼》《礼记》）最受重视。因此，郑玄学术在魏晋时期仍有相当重要的地位。

然而，由于郑玄学术杂糅今古文，且往往以谶纬之怪异附会经说，太喜综合，以不同为同，也确实给纯正的儒学造成了一些不应有的漏洞。于是便有王肃起而反对，以期重振儒家威严，重塑儒学权威。

王肃：追溯原典

王肃也算是世家出身。其父王朗是东汉著名经学家杨赐的弟子，博通经史，著有《易》《春秋》《孝经》《周官》等传，均传于世。东汉末黄巾起事时，各地豪强争保自身，一时间枭雄四起，群雄割据。据《三国志·王朗传》说，王朗最初依附徐州刺史陶谦，且以《春秋》“勤王”之义规劝陶谦派遣使者至长安向汉帝请命。寻拜王朗为会稽太守。不久，在与孙策征战中不断失利，以至“朗乃诣策”，但深受孙策的敬重。后又被曹操征召，拜谏议大夫，参司空军事后，后迁少府、奉常、大理。治狱“务在宽恕，罪疑从轻”，并多次上疏劝曹丕育民省刑，主张“丁壮者得尽地力”“穷老者得仰食仓廪”。王朗的这些思想显然对王肃有积极的影响。

除了王朗的影响外，王肃曾习今文经，据说是伏生的十七传弟子。年十八，从宋忠读《太玄》，提出与众不同的解说。魏文帝黄初年间，出任散骑黄门侍郎；明帝太和中，拜散骑常侍，参与内廷机要，并兼领秘书监、崇文观祭酒，实为曹魏政权负责文化意识形态方面的重要人物。

在文化学术活动方面，据《三国志·王肃传》记载，初，王肃善贾逵、马融之学，而不好郑玄之学，他参考各家研究，采会同异，为《尚书》《诗》《论语》《三礼》《左氏》作解，及撰定其父王朗所作《易传》，皆列于学官。“其所论驳朝廷典制、郊祀、宗庙、丧纪、轻重，凡百余篇。时乐安孙叔然，受学郑玄之门，人称东州大儒。征为秘书监，不就。”王肃撰写《圣证论》以说明其学问与郑玄相比根本不在一个层面，甚至不在一个理路上。对王肃于郑玄的批评、讥讽，东州大儒孙叔然当然不会认同，著文“驳而释之”。王肃著述很多，对重要的儒家经典诸如《周易》《春秋例》《毛诗》《礼记》《春秋三传》《国语》《尔雅》等，均有整理注释。《隋书·经籍志》著录二十余种一百九十卷，然均佚。但从《玉函山房辑佚书》所辑十五种二十一卷来看，王肃可谓遍注群经，著述甚多，堪与郑玄相比。

或许是出于意识形态主管的角色需要，王肃在遍注群经时的主要宗旨便是与郑玄立异。他在《孔子家语序》中说，郑玄的学说风行已五十年了，理所当然也影响了他的学术道路，“自肃成童，始志于学，而学郑氏学矣”。承认郑玄对自己的影响是客观事实，但是对于郑玄学术的价值，王肃保持一种批评的立场，以为：“寻文责实，考其上下，义理不安，违错者多，是以夺而易之。然世未明其款情，而谓其苟驳前师，以见异于人。乃慨然而叹曰，岂好难哉！予不得已也！圣人之门方壅不通，孔氏之路枳棘充焉，岂得不开而辟之哉？若无由之者，亦非予之罪也！是以撰经礼，申明其义；及朝论制度，皆据所见而言。”显而易见，王肃强调自己之所以与郑玄立异，主要是因为他站在圣人之徒的立场上，发现郑玄学术问题委实太多，故出而攻之，以期维护圣人学术的纯洁性，铲除通往“圣人之门”“孔氏之路”的枳棘。

在王肃看来，郑玄学术的根本问题，在于错乱家法与师法，杂采今古文而曲解圣意。因此王肃攻击郑玄学术的基本手法，便是追溯原典，以期借重早期儒家的经典解释，推倒郑玄的那些证明和义理性的发挥。问题在于，王肃如果真的能够寻求、借重那些儒家原典，那么即使他不能完全推倒郑玄学术，也必然能在儒学史上留下重重的一笔。然而，王肃和郑玄一样，实在太热衷于立异，甚至不惜以伪造经典的方式攻击郑玄。结果，他不仅没有真正打倒“郑学”，反而在儒学史上留下笑柄，制造了新的混乱。

这样说当然并不意味着王肃在学术上了无建树，不值得重视。事实上，除了王肃伪造经典的做法不值一提外，他也确实揭露了“郑学”的许多内在矛盾和问题。清人马国翰在所辑《毛诗王氏注》的序文中说：“其说申述《毛》旨，往往与郑不同。案郑笺《毛诗》而时参三家旧说，故《传》《笺》互异者多。《正义》于毛、郑皆分释之，凡毛之所略而不可以郑通之者，即取王注以为传意，间有由非其旨而什得六七。欧阳修《本义》引其释《邶风·击鼓》五章，谓郑不如王，亦持平之论也。”马国翰的意思是，王肃伪造经典的手法固然不足为训，但其学术上的价值也不宜一概否定。仅以《诗经》研究为例，欧阳修等人在承认郑玄学术意义的同时，也对王肃的贡献给予实事求是的肯定，并不因人而废言。

王肃与郑玄在学术上立异的细节，我们在此不必深究。就其根本宗旨而言，王肃期望假借圣人的旗帜打倒郑玄，此即皮锡瑞在其《圣证论补评·自序》中所说，“肃以为必假圣训乃足以夺其席”，进而恢复儒家的本来面目。因此，在对经传的解释中，举凡郑玄注疏有损于圣人形象者，王肃必起而反击。如《礼记·檀弓上》说：“孔子少孤，不知其墓殡于五父之衢。”这本是陈述一件事情，并无攻击孔子的意思。但王肃却说：“无此事，注记者谬。”郑玄对此注释说，孔子之父“与颜氏之女徵在野合而生孔子，徵在耻焉，不告”。但王肃不以为然，其《圣证论》强解之曰：“圣人而不知其父死之与生，生不求养，死不奉祭，斯不然矣。”这就将并不太复杂的事情解释成一个道德问题。

泛道德的倾向是王肃学术的一个重要特征，也是王肃攻击郑玄学术的一个利器。如《礼记·祭义》云：“如欲色然。”郑注曰：“如欲色者，以时人于色厚假以喻之。”而王肃在《圣证论》中则说：“如欲见父母之颜色，郑何得比父母于女色？”显然他比郑玄具有更为浓厚的道德化色彩。

价值观念的不同，是郑王学术冲突的一个原因，这种冲突的另外一个学术背景，则是二人凭借的学术资源不同。王肃着力攻击郑玄的基本手法，就是利用郑学混淆今古的缺点，专挑郑学的内在缺陷，以郑学攻郑学。此中的奥妙与意义正如皮锡瑞在《经学历史》中所揭示的那样，王肃曾经专门研究过今文经学，又长时间受到贾逵、马融学术的影响，治贾马之学，“故其驳郑，或以今文说驳郑之古文，或以古文说驳郑之今文，不知汉学重在专门，郑君杂糅今古，近人议其败坏家法，肃欲攻郑，正宜分别家法，各还其旧，而辨郑之非，则汉学复明，郑学自废矣。乃肃不惟不知分别，反效郑君而尤甚焉”。结果当然得不到废郑学的目的。

但是王肃鉴于儒家文化的深刻危机而在思想体系重建方面的无意努力，倒是应该引起思想史的重视。如果我们仔细研究他假借圣人名义而炮制的那些儒家“原典”，便不难发现这些东西实际上和真正的早期儒家思想相去甚远，而带有明显的魏晋气息。他在《孔子家语·大婚解》中假托孔子之口回答“君子何贵乎天道”时说：“贵其不已也。如日月东西相从而不已也，是天道也；不闭而能久，是天道也；无为而物成，是天道也；已成而明之，是天道也。”显而易见，这里所说的天道已带有浓厚的道家无为学说的思想印痕，与早期儒家的自然天道观相当不同，其目的也只在于说明天道就是无为，顺应天道也就是效法自然来治国、驭民、固位和保身。

基于这种认识，王肃当然反对早期儒家关于天命的说法，他在《孔子家语·五仪解》中回答“国家之存亡祸福，信有天命，非唯人也”的问题时，又假孔子之口说：“存亡祸福皆己而已，天灾地妖不能加也……故天灾地妖，所以儆人主者也；寤梦征怪，所以儆人臣者也；灾妖不胜善政，寤梦不胜善行，能知此者，至治之极也。”王肃是说，天灾地妖诚然有之，其与社会和政治究竟是一种什么样的关系，当然也可以继续研究，但是说到底，天灾地妖即便作为大自然对社会的谴告，也只是对人主的警示、对人臣的警示，其根本就是要求人主人臣治国理政保持一种谨慎的立场、善政的立场，只有善政善行才是天下长治久安的根本原因。王肃的这些讨论显然具有浓厚的人文主义倾向，而不似早期儒家尤其是郑玄，当对一些问题无法解释时，便每每归于不可知、不可信的神秘力量。

出于这种人文主义的考虑，王肃理所当然地反对传统儒家关于屈己修身与治国平天下内在关联的分析。他认为这是两个有一定联系但不具有因果关系的问题，屈己修身可以使天下安宁久治，但并不必然导致安宁久治。他在《孔丛子·抗志》中借子思之口回答“屈己以伸道乎？抗志以贫贱乎？”的问题时说：“道伸，吾所愿也，今天下王侯其孰能哉？与屈己以富贵，不若抗志以贫贱，屈己则制于人，抗志则不愧道。”这样一来，便将做人与做事截然分开，与其屈己而为事，不若堂堂正正做一个顶天立地的人。于此，我们不难感到魏晋思想的浓厚气息，那就是名教与自然的关系问题。

王肃的思想倾向代表了汉代经学向魏晋玄学的过渡，但就王肃思想的根本宗旨来说，他并非有意要拆解儒家文化的大厦，他之所以不惜以伪造经典的手段来攻击郑玄，就其本意而言是为了补台，而非拆台，是不惜一切手段重建儒家精神，重振儒学雄风。可惜由于时势使然，王肃儒学的实际效果正好与他的主观意志相反。

荆州学派

在魏晋早期，和王肃学术情况相像的还有刘表所谓的“荆州学派”。这一派的主观目的和王肃一样，也是为了克服两汉烦琐经学所造成的儒学危机。据王粲《荆州文学记官志》：“有汉荆州牧曰刘表，稽古若时，将绍厥绩，乃称曰于先王之为世也，则象天地，轨仪宪极，设教导化，叙经志业，用建雍泮焉，立师保焉。”这些文化制度设施，都是圣人根据需要，参考历史上的经验教训而建构出来的，其功能都是很明白、很有用的，“作为礼乐，以作其性；表陈载籍，以持其志。上知所以临下，下知所以事上，官不失守，民听无悖，然后太阶平焉”。这种稳定的社会秩序，是那时读书人的普遍追求，也是儒家思想一个持久而不变的主题。“夫文学也者，人伦之守，大教之本也。乃命五业从事宋衷所作文学，延朋徒焉。宣德音以赞之，降嘉礼以劝之。五载之间，道化大行。耆德故老綦毋闿等负书荷器，自远而至者三百有余人。”由此可见，刘表荆州学派的为学宗旨依然是期望在儒学内部进行花样翻新，在不违背儒学根本宗旨的前提下从事体制内的改革，从而使儒学以全新的精神面貌回应现实社会的挑战。

荆州学派有刘表这样的地方实力人物作为后盾，更容易在一定范围内取得预想的效果。据王粲说："于是童幼猛进，武人革面，总角佩觿，委介免胄，比肩继踵，川逝泉涌，亹亹如也，兢兢如也。遂训六经，讲礼物，谐八音，协律吕，修纪历，理刑法，六路咸秩，百氏备矣。"也就是说，荆州学派确实在一定的区域内恢复了儒学的气势，从而有助于凝聚人心，重新发挥儒学意识形态本有的功能。

但是，儒学气势的真正恢复与重建毕竟不能囿于一时一地，即便在政治分裂的情势下，传统儒家大一统的政治理想都制约或推动儒家意识形态本有的扩展性。因此，在荆州学派的思想家们看来，儒学功能能否得到真正发挥，关键仍然是需要对儒家精神做出一种全新的解释，从而使之满足社会对理论的需求。为此，荆州学派的学者们做了大量的工作，他们基本抛开汉儒对儒家经典的烦琐分析，着力于重建一种新的价值体系。

简而言之，早期儒家原典并没有汉儒所说的那样晦涩，当然也不需要汉儒那种皓首穷经、动辄数百万言的解释。儒学只是一种人生观念，它只是在讲明人之所以为人的道理。

至于荆州学派究竟信奉什么样的人生道理，即他们究竟是如何诠释儒家经典的，因材料阙如，我们无法做更多的推测。据《南齐书·王僧虔传》所载僧虔之《诫子书》，似乎荆州学派对儒家学术的义理发挥，已与魏晋玄谈的主旨极为相近。《诫子书》写道：

> 汝开《老子》卷头五尺许，未知辅嗣何所道，平叔何所说，马、郑何所异，《指例》何所明，而便盛于麈尾，自呼谈士，此最险事。设令袁令命汝言《易》，谢中书挑汝言《庄》，张吴兴叩汝言《老》，端可复言未尝看邪？谈故如射，前人得破，后人应解，不解即输赌矣。且论注百氏，荆州《八帙》，又《才性四本》《声无哀乐》，皆言家口实，如客至之有设也。汝皆未经拂耳瞥目，岂有庖厨不修，而欲延大宾者哉？就如张衡思侔造化，郭象言类悬河，不自劳苦，何由

至此？汝曾未窥其题目，未辨其指归；六十四卦，未知何名；《庄子》众篇，何者内外；《八帙》所载，凡有几家；《四本》之称，以何为长。而终日欺人，人亦不受汝欺也。

据此，基本可知荆州学派《八帙》的论旨即便与魏晋玄谈的主旨不完全相同，但必定有其相近或相似之处。否则，王僧虔也不会将之与魏晋名士的著作等量齐观。

总之，荆州学派与王肃一样，在本意上或许是出于儒家经学沉沦的考虑，起而救之，但时势使然，他们不仅没有使儒家经学重振雄风，反而不自觉地为汉代经学送终，成为新时代的新人物。虽然尚不能说他们就是魏晋时期的玄谈名士，但他们的思想确实体现了汉代经学向魏晋玄学过渡的某些基本特征。

《春秋》学及其他

魏晋时期的儒学玄学化倾向终于导致了经学的沉沦，然而这也并不意味着儒家经学在魏晋时期毫无成就。事实上，在今存《十三经注疏》中，除了汉代学者的七部经注、唐代学者的一部经注外，其余五部均为魏晋学者所作。如王弼的《易注》、何晏的《论语集解》、杜预的《春秋经传集解》、范宁的《春秋穀梁传集解》、郭璞的《尔雅注》。另外韩康伯的《系辞注》，梅赜所献孔安国所传《古文尚书》等，都颇负盛名，在经学史上具有相当重要的地位。

《春秋》学是汉代今古文之争的焦点，魏晋时期的《春秋》学研究，基本上承继了今古文之争的余绪。杜预在《春秋序》中说："古今言《左氏春秋》者多矣，今其遗文可见者十数家。大体转相祖述，进不成为错综经文以尽其变，退不守丘明之传。于丘明之传有所不通，皆没而不说，而更肤引《公羊》《穀梁》，适足自乱。预今所以为异，专修丘明之传以释经，经之条贯，必出于传。传之义例，总归诸凡，推变例以正褒贬，简二传而去异端，盖丘明之志也。”显而易见，杜预的《春秋》学实际上是站在汉代古文经学家的立场上，视《公羊》《穀梁》为异端，《左传》为真解。

范宁在探讨《穀梁传》的时候，严守《穀梁》立场，对汉代以来《穀梁传》研究者杂引《公》《左》的做法深为不满。他在《春秋穀梁传序》中说：“《左氏》则有服、杜之注，《公羊》则有何、严之训释。释《穀梁传》者，虽近十家，皆肤浅末学，不经师匠，辞理典据既无可观，又引《左氏》《公羊》以解此传，文义违反，斯害也已。于是乃商略名例，敷陈疑滞，博示诸儒同异之说……乃与二三学士及诸子弟各记所识，并言其意。业未及终，严霜夏坠，从弟凋落，二子泯没。天实丧予，何痛如之！今撰诸子之言，各记其姓名，名曰《春秋穀梁传集解》。”也就是说，《穀梁传集解》虽署名范宁，但实为范氏数代及其门生故吏集体劳动的结晶，在学术立场上虽未重提今古文的分歧，但分明是站在《穀梁》的立场上，排斥《公》《左》二家之学。

《春秋》学的研究在魏晋时期除杜预、范宁之外还有多家，各家之间的冲突与分歧除了承袭先前的各家立场外，也确实使《春秋》学的研究有所深入。如晋代学者京相的《春秋土地名》、徐邈的《春秋左传音》等，都对《春秋》学的研究有相当推动。在《春秋》三传的争论中，《左传》每每占上风，故而在晋元帝时有荀崧以太常博士的身份上疏为《公》《穀》二家争立博士。《晋书·荀崧传》说：“元帝践阼……使崧与刁协共定中兴礼仪……时方修学校，简省博士，置《周易》王氏，《尚书》郑氏，《古文尚书》孔氏，《毛诗》郑氏，《周官》《礼记》郑氏，《春秋左传》杜氏、服氏，《论语》《孝经》郑氏博士各一人，凡九人，其《仪礼》《公羊》《穀梁》及郑《易》皆省不置。崧以为不可，乃上疏曰：‘自丧乱以来，儒学尤寡，今处学则阙朝廷之秀，仕朝则废儒学之俊。’”

在谈到《春秋》学各家的情况时，荀崧说：

昔周之衰，下陵上替，上无天子，下无方伯，善者谁赏，恶者谁罚，孔子惧而作《春秋》。诸侯讳妒，惧犯时禁，是以微辞妙旨，义不显明，故曰："知我者其惟《春秋》，罪我者其惟《春秋》。"时左丘明、子夏造膝亲受，无不精究。孔子既没，微言将绝，于是丘明退撰所闻，而为之传。其书善礼，多膏腴美辞，张本继末，以发明经意，信多奇伟，学者好之。称公羊高亲受子夏，立于汉朝，辞义清隽，断决明审，董仲舒之所善也。穀梁赤师徒相传，暂立于汉世。向、歆，汉之硕儒，犹父子各执一家，莫肯相从。其书文清义约，诸所发明，或是《左氏》《公羊》所不载，亦足有所订正。是以三传并行于先代，通才未能孤废。今去圣久远，其文将堕，与其过废，宁与过立。臣以为三传虽同曰《春秋》，而发端异趣，案如三家异同之说，此乃义则战争之场，辞亦剑戟之锋，于理不可得共。博士宜各置一人，以博其学。

这段文字非常重要，它不仅揭示了孔子整理《春秋》的主观学术诉求、价值标准和著述理想，而且讨论了孔子之后《春秋》三传发生的大致脉络，内中虽然仍有不少猜测之词，但毕竟去古未远，他的这些猜测应该有自己的理据。当然也据此可见，《春秋》三传之争犹如东汉初年般激烈。

不过，如果从《春秋》三传研究的实际情况看，魏晋时期的三传之学一如东汉，实在是相互排斥与相互吸收，并明显表现出三传合流的倾向。《晋书·刘兆传》载，刘兆"以《春秋》一经而三家殊途，诸儒是非之议纷然，互为仇敌，乃思三家之异，合而通之。《周礼》有调人之官，作《春秋调人》七万余言，皆论其首尾，使大义无乖，时有不合者，举其长短以通之。又为《春秋左氏》解，名曰《全综》，《公羊》《穀梁》解诂皆纳经传中，朱书以别之”。这是汉代以来最为明显和最为实际的三传合一。同书同卷的《氾毓传》也说：“于时青土隐逸之士刘兆、徐苗等皆务教授，惟毓不蓄门人，清净自守。时有好古慕德者咨询，亦倾怀开诱，以一隅示之。合三传为之解注，撰《春秋释疑》。”可见，《春秋》三传合流为一时风尚，并非个别人所为。

魏晋时期的经学研究除《春秋》学之外，最为热门的是《易》学。王弼、何晏等人的《易》学由于带有浓厚的理论色彩，且已严重玄学化，故而我们在此暂且不论。除了他们之外，魏晋时人韩康伯、干宝等都在《易》学研究上做出了相当的成绩，不同程度地推动了《易》学研究的发展。

《尚书》学的研究在魏晋时期并不算太发达，但此时出现的孔传本《古文尚书》则是当时经学研究中一件最为重要的事情。孔传本《古文尚书》约亡于魏晋之交，但不久却又复出。《隋书·经籍志》说：“至东晋，豫章内史梅赜始得安国之传，奏之，时又阙《舜典》一篇。”陆德明《经典释文·序录》说得更明白：“江左中兴，元帝时豫章内史枚赜奏上孔传《古文尚书》。亡《舜典》一篇，购不能得，乃取王肃注《尧典》从‘慎徽五典’以下分为《舜典篇》以续之……永嘉丧乱，众家之《书》并灭亡，而《古文孔传》始兴，置博士。”到了唐代，孔颖达等奉敕撰《五经正义》，于《书》独取孔传本《古文》，其《尚书正义序》且说：“古文经虽然早出，晚始得行。其辞富而备，其义弘而雅，故复而不厌，久而愈亮，江左学者，咸悉祖焉。”到了宋明之后，人们却发现这部一度畅行于世的书原来是魏晋人伪造的。于此也可见儒学在魏晋时期的遭遇，以及儒家学者不惜一切手段重振儒学雄威的努力。

在汉魏之交，处于思想过渡型的人物不独王肃和荆州学派，而是一股相当普遍的时代思潮。如东吴的虞翻，家传汉代孟氏易学，曾撰有《易注》，自视甚高，宣称不依前人经解，而依经立注，自成一说。《三国志·虞翻传》注引《翻别传》称翻曾自称："前人通讲，多玩章句，虽有秘说，于经疏阔。臣生遇世乱，长于军旅，习经于枹鼓之间，讲论于戎马之上，蒙先师之说，依经立注。又臣郡吏陈桃梦臣与道士相遇，放发被鹿裘，布《易》六爻，挠其三以饮臣，臣乞尽吞之。道士言《易》道在天，三爻足矣。岂臣受命，应当知经！所览诸家解不离流俗，义有不当实，辄悉改定，以就其正。"其说虽然已带有浓厚的神秘色彩，但其关键似乎在于点出虞翻思想资源除正统的儒家学说外，还吸收和借鉴了道家的学说，这一点在先前的《周易》研究和儒学研究中似乎并不多见。

援道入儒：刘劭、何晏、王弼

我们知道，儒道纷争是先秦以来思想史的一个重要内容，就基本思想倾向而言，儒道两家存在着根本的冲突，并不应该走到一起，更不可能合为一体。但是，东汉以后，儒学欲继续在儒学思想的框架内摆脱困境，也似乎越来越不可能。而与此同时，道家学说在东汉时期大有上升的趋势，不仅信仰者日多，研究者也日众。据杨树达在《汉代老学者考》中的统计，汉代研究《老子》的人可考者多达五六十家，大都集中在东汉中期之后。特别是东汉末创立的道教，为了给自己寻找理论上的支援，便拉上原本毫无关系的道家，从而形成东汉末以迄魏晋时期规模不小的道学热。

道学热的形成有着复杂的社会政治因素，但如果从思想史的背景看，则与儒学功能性障碍有着互动的因果关系。从这个意义上说，虞翻在研究《周易》时借鉴道家的思想资源绝非偶然，其意义也并不仅仅是在《周易》研究史上引出了以王弼为代表的义理派，而是透露出魏晋时期谈玄的时代思潮信息，此即历来学者所称说的"援道入儒"。

援道入儒的目的是要以道家简洁明白的概念改造儒学，从而使儒学重新成为一种有用的学说。从这个意义上看，援道入儒并不是要把儒学彻底打倒和摒弃，而只是对汉代烦琐经解的一种反动。事实上，烦琐经解几乎从一开始就受到来自儒学内部的批判，尤其是东汉中晚期以太学生、诸名士为主体的知识分子，就其本质而言，也当然包括对烦琐经学的不满。这种不满继续发展便形成以识鉴人物、辨名析理为基本特征的名理学，这又恰恰迎合了魏晋时期门阀士族政治统治的需要。名理之学趋于简单、抽象与合理化，容易抓住最重要的原理、原则，进一步也能为政治人事寻求一种形而上的根据。因此，名理学的兴起实际上也是导致玄学产生的一个重要原因。

魏晋时期的名理学已与先秦时期的名理学明显不同，因为此时名理学的思想资源已不是儒、道、名、法等单一的因素，而是时代思潮使然，杂糅儒道，故而实际上又成为儒学玄学化的一个过渡环节，这一过渡环节的基本表征是刘劭的《人物志》。《人物志》虽为一种专门的人才学著作，但由于其兼容名、法、儒、道各家思想，并对汉魏以来长期争论的才性之辩在理论上做了一次成功的总结，因而其在儒学史上的地位委实重要。

就品评人物德才的标准而言，《人物志》基本上根据儒道的思想原则和价值体系，以为“夫仁者，德之基也；义者，德之节也；礼者，德之文也；信者，德之固也；智者，德之帅也”，并没有脱离早期儒家伦理观念的基本道德。问题在于，刘劭在对这些传统德目进行更为详尽的诠释时，又凭借道家的思想资源做了一些新的发挥。他说：“《老子》以无为德，以虚为道；《礼》以敬为本，《乐》以爱为主；然则人情之质有爱敬之诚，则与道德同体，动获人心而道无不通也。”又说：“是故守业勤学，未必及材；材艺精巧，未必及理；理义辨给，未必及智；智能经事，未必及道。道思玄远，然后乃周。是谓学不及材，材不及理，理不及智，智不及道。道也者，回覆变通。”这样一来，刘劭便将“道”作为贯通传统德目中最根本的东西，从而一反道家视仁义礼智信为“失道”的根本态度，将儒家伦理与道家的“自然”有效地串联在一起，将原本冲突的儒道二家合为一体，且无窒碍。

这样说当然并不意味着刘劭对儒道二家平等对待。事实上，刘劭在糅合儒道时，只是在做援道入儒的功夫。也就是说，他所依据的基本概念和学术框架还是儒家的东西，只是他对这些概念重新进行诠释时又凭借了道家形而上的分析。故而刘劭的思想贡献只是儒学的道学化或玄学化，而不是相反。也正因为这样，刘劭在魏晋玄学史上便具有承先启后的意义。

刘劭援道入儒的学术路径对何晏、王弼等人有直接的影响。何晏、王弼正是沿着这样一种学术思路，在调和名教与自然矛盾的理性追求中，很自然地建立起玄学本体论的思想体系，完成儒学玄学化的改造。据《晋书·王衍传》记载：“魏正始中，何晏、王弼等祖述《老》《庄》，立论以为：天地万物皆以无为本。无也者，开物成务，无往不存者也。阴阳恃以化生，万物恃以成形，贤者恃以成德，不肖恃以免身。故无之为用，无爵而贵矣。”

在魏晋玄学人物中，何晏、王弼都是“贵无论”的首倡者和突出代表，他们引进《老》《庄》“以无为本”的学说去诠释儒学，就其本意而言，绝不是要抛弃儒学，另立新说，而是要以道家的思想资源充实儒学，重建儒学的新体系，即完成儒学玄学化的改造。

这样说当然并不意味着何晏、王弼二人援道入儒的唯一目的就是以道救儒，对儒家学说毫无非议。事实上，何晏、王弼之所以坚持以道救儒的学术路线，主要在于他们已经认清儒学的内在缺陷，尤其是汉儒烦琐注经带来的恶果，所以他们才能像《四库全书总目提要》所评论的那样：“乘其极敝而攻之，遂能排击汉儒，自标新学。”故而我们看到，不论何晏、王弼等人怎样热衷于道家学说，他们的研习对象依然只是那些传世的儒家经典，只是他们巧妙地绕开汉儒的烦琐解释，借助于道家的思想，意欲直承早期儒家的真精神，重建儒学的新体系。

清代学者钱大昕在《何晏论》中正确地指出，昔范宁之论王弼、何晏，以为二人之罪甚于桀、纣，《晋书》既载其文，又以“崇儒抑俗”称之。钱大昕认为，范宁“之论过矣，史家称之，抑又过矣”。事实上，在王弼、何晏的时代，“士大夫以清谈为经济，以放达为盛德，竞事虚浮，不修方幅，在家则丧纪废，在朝则公务废”，而范宁为此著文批评，其意非不甚善，然以此批评嵇康、阮籍还多少说得过去，以是苛责王弼、何晏，无论如何说不过去，实在背离了具体的历史情景。据记载，何晏为尚书，曾奏言：“善为国者，必先治其身；治其身者，慎其所习，所习正则其身正……是故为人君者，所与游必择正人，所观览必察正象，放郑声而弗听，远佞人而弗近……可自今以后，御幸式乾殿及游豫后园，皆大臣侍从，因从容戏宴，兼省文书，询谋政事，讲论经义，万世法。”钱大昕据此指出：“予尝读其疏，以为有大儒之风，使魏主能用斯言，可以长守位而无迁废之祸，此岂徒尚清谈者能知之而能言之者乎？”只有从这个角度来理解，我们才能明白为什么何晏的《论语集解》和王弼的《周易注》自唐以后被定为儒家经典的标准注解，并为清人编辑的《十三经注疏》本所采用。

何晏、王弼没有以道代儒的思想企图，他们的行为方式当然也不似此后那些彻底不拘礼俗的放荡之士，而带有相当浓厚的儒家气象，这些都是事实。问题在于，何晏、王弼二人毕竟是首开儒道合一玄学取向的重要人物，他们援道解儒虽然给儒家学术带来若干的新气象、新精神，但他们将早期儒家最具现实功利色彩的伦常之道解释为道家的自然无为之道，且每以道家的虚无为本，以儒家的仁义礼乐为末，主张圣人体无，视“无为”为儒家最高的理想人格。这样一来，尽管使儒学比较容易地摆脱汉儒神秘、烦琐、迂腐的经训形式，开出儒学重义理而疏训诂的魏晋新学风，使儒学在理性化的道路上获得了新的拓展，但是如果沿着这条思路继续发展，则势必推导出重道轻儒乃至取道废儒的思想异端。

从这个意义上说，范宁对何晏、王弼的指责固属过分，然如果注意到他们思想的消极影响一面，也不能不说范宁的批评自有一番道理。据《晋书·范宁传》，范宁认为，王弼、何晏的时代，“时以浮虚相扇，儒雅日替”，究其根源，不是别的，而是王弼、何晏等人作为知识领袖的失职失责，“其源始于王弼、何晏，二人之罪深于桀、纣”。范宁的苛责是，王弼、何晏等人“蔑弃典文，不遵礼度，游辞浮说，波荡后生，饰华言以翳实，骋繁文以惑世。搢绅之徒，翻然改辙，洙泗之风，缅焉将坠。遂令仁义幽沦，儒雅蒙尘，礼坏乐崩，中原倾覆”。范宁对何晏、王弼思想及行为多有不满，不过，他站在卫道的立场上，真正担忧的还是何晏、王弼的思想所带来的后果，而不是他们本身。

随着何晏、王弼援道入儒学术思路的传播，受其“波荡”的“后生”们走得更远，他们越来越觉得道家的自然无为思想才是人生的最高境界，觉得应对儒家名教进行批判。于是便有阮籍、嵇康等人所表现的强烈思想异端，他们把何晏、王弼等为代表的正始玄学以自然为本的思想推向极端，且极力贬斥名教，大胆倡言“越名教而任自然”，而这些正是范宁等人所忧虑和指责的内容。

“竹林七贤”：越名教而任自然

阮籍、嵇康“越名教而任自然”的思想，是何晏、王弼思想的逻辑继承和发展，也是当时政治环境下的必然产物。阮籍、嵇康的时代是中国政治变化最为急剧的时代之一，汉魏的禅让，魏晋的禅让，这一幕幕政治闹剧无一不打着儒家名教的旗号，而这些政治弄权者的个人行为则与儒家名教的基本要求相去甚远，名教成了统治者的“遮羞布”。具有儒学正统思想的名士们耻于与政治家合作，“恨乌及屋”，于是决定把统治者的“遮羞布”彻底掀掉。

据《三国志·阮籍传》记载，阮籍“才藻艳逸，而倜傥放荡，行己寡欲，以庄周为模则”。裴注引《魏氏春秋》也说，阮籍“旷达不羁，不拘礼俗。性至孝，居丧虽不率常检，而毁几至灭性。兖州刺史王昶请与相见，终日不得与言，昶叹赏之，自以不能测也。太尉蒋济闻而辟之，后为尚书郎、曹爽参军，以疾归田里。岁余，爽诛，太傅及大将军乃以为从事中郎。后朝论以其名高，欲显崇之，籍以世多故，禄仕而已，闻步兵校尉缺，厨多美酒，营人善酿酒，求为校尉，遂纵酒昏酣，遗落世事。尝登广武，观楚、汉战处，乃叹曰：‘时无英才，使竖子成名乎！’时率意独驾，不由径路，车迹所穷，辄恸哭而反”。

如果我们仔细体察这些矛盾的性格和行为，以及阮籍不得已而做出的各种选择，就会发现，阮籍对儒家名教的批判虽是发自内心的真诚，但他所批判的内容与他所要归复和所要恢复的东西，恐怕相当复杂，并不意味着他对儒家学术已彻底失望。真实的情况可能是，他不满意于统治者对名教的利用，也不满意后儒对名教的曲解与发挥。基于前者，他不能不对名教有所批评；鉴于后者，他又期望超越后儒，复归先儒，真正回到早期儒学的形态中去，于是他才表现出这么复杂矛盾的思想与行为。

这种矛盾的思想和行为是包括阮籍在内的“竹林七贤”的共同特征。《三国志·嵇康传》注引《嵇氏谱》，说嵇康“家世儒学，少有俊才，旷迈不群，高亮任性，不修名誉，宽简有大量，学不师授，博洽多闻，长而好老庄之业，恬静无欲。性好服食，尝采御上药。善属文论，弹琴咏诗，自足于怀抱之中。以为神仙者，禀之自然，非积学所致。至于导养得理，以尽性命，若安期、彭祖之伦，可以善求而得也。著《养生篇》，知自厚者所以丧其所生，其求益者必失其性，超然独达，遂放世事，纵意于尘埃之表”。因此，如何理解“竹林七贤”的怪诞行为，恐怕只能从现实政治中去寻找答案。否则如果只看到他们激烈批评儒学传统的一面，便很难解释他们为何一定要这样做。

《世说新语·雅量》注引钟会廷论嵇康的罪名是："上不臣天子，下不事王侯，轻时傲世，不为物用，无益于今，有败于俗。"《晋书·嵇康传》："初，康居贫，尝与向秀共锻于大树之下，以自赡给。颍川钟会，贵公子也，精练有才辩，故往造焉。康不为之礼，而锻不辍。良久会去，康谓曰：'何所闻而来？何所见而去？'会曰：'闻所闻而来，见所见而去。'会以此憾之。及是，言于文帝曰：'嵇康，卧龙也，不可起。公无忧天下，顾以康为虑耳。'因谮'康欲助毌丘俭，赖山涛不听，昔齐戮华士，鲁诛少正卯，诚以害时乱教，故圣贤去之。康、安等言论放荡，非毁典谟，帝王者所不宜容。宜因衅除之，以淳风俗'。帝既昵听信会，遂并害之。"这是中国思想文化史上一个著名的故事，此中不仅充分展示了那一代名士的智慧气质，而且也可以体会出这些名士之间的恩怨发生的政治社会根源。

我们不必夸大钟会与嵇康个人之间的矛盾与冲突，但钟会对"闻所闻而来"以及"卧龙"的判断，却应引起我们的重视。也就是说，嵇康与竹林诸公之所以抱定政治上的不合作主义，并敢于公开"非汤武而薄周孔"，除了他们对儒家思想的认识外，最为重要的原因恐怕还在于现实政治利益集团的冲突。"竹林七贤"与正始名士之间存在着各种联系，除了气味相投外，还有着错综复杂的亲缘关系。而正始名士是司马氏玩禅让故技的障碍，曹魏和司马氏两大集团的利害冲突势必影响竹林名士的政治选择。

司马氏集团掌权之后又祭起名教治国的大旗，一时间形成"礼教尚峻"的局面，自然引起竹林名士的反感。嵇康在《难自然好学论》中写道："六经以抑引为主，人性以从欲为欢。抑引则违其愿，从欲则得自然。然则自然之得，不由抑引之六经；全性之本，不须犯情之礼律。故仁义务于理伪，非养真之要术；廉让生于争夺，非自然之所出也。"当儒家伦理成为他们所反对的政治势力的"敲门砖"和"遮羞布"之后，又怎能指望他们对儒家伦理表示适当的尊敬呢？

鲁迅在其名篇《魏晋风度及文章与药及酒之关系》中说："大凡明于

礼义，就一定要陋于知人心的，所以古代有许多人受了很大的冤枉。例如嵇阮的罪名，一向说他们毁坏礼教。但据我个人的意见，这判断是错的。魏晋时代，崇奉礼教的看来似乎很不错，而实在是毁坏礼教，不信礼教的。表面上毁坏礼教者，实则倒是承认礼教，太相信礼教。因为魏晋时所谓崇奉礼教，是用以自利，那崇奉也不过偶然崇奉，如曹操杀孔融，司马懿杀嵇康，都是因为他们和不孝有关，但实在曹操司马懿何尝是著名的孝子，不过将这个名义，加罪于反对自己的人罢了。于是老实人以为如此利用，亵黩了礼教，不平之极，无计可施，激而变成不谈礼教，不信礼教，甚至于反对礼教。——但其实不过是态度，至于他们的本心，恐怕倒是相信礼教，当作宝贝，比曹操司马懿们要迂执得多。”这大体可以说明阮籍、嵇康以及竹林其他诸公对待传统儒学的态度。

魏晋时期的儒道佛纷争

阮籍、嵇康们对儒学的反对不是发自真心，但是这并不意味着他们的反对不起作用。事实上，他们承何晏、王弼儒道合一之余绪，也发自内心地对儒家许多的重要理念表示怀疑，并从何晏、王弼关于名教本于自然的命题出发，终于推导出“越名教而任自然”的结论，强调“贵无”和“任自然”，超越儒家而归于道家。阮籍在《达庄论》中写道：

人生天地之中，体自然之形。身者，阴阳之精气也；性者，五行之正性也；情者，游魂之变欲也；神者，天地之所以驭者也。以生言之，则物无不寿；推之以死，则物无不夭。自小视之，则万物莫不小；由大观之，则万物莫不大。殇子为寿，彭祖为夭；秋毫为大，泰山为小。故以死生为一贯，是非为一条也。

别而言之，则须眉异名；合而说之，则体之一毛也。彼六经之言，分处之教也；庄周之云，致意之辞也。大而临之，则至极无外；小而理之，则物有其制。夫守什五之数，审左右之名，一曲之说也；循自然、性天地者，寥廓之谈也。

阮籍认为天地万物是自然而然生成的，虽然自然界的万事万物形态各异，但都统一于自然之气；对生与死的问题，人要顺其自然，泰然处之。阮籍在这里不惜以贬斥儒学而抬高庄学，不论是出于何种目的，也不论是基于何种背景，其结果必然导致人们对儒学的怀疑，给儒学功能的发挥制造新的障碍。

应该说，阮、嵇对儒学的认识是清醒的，他们对儒学的批判实际上是在批判对儒学的利用，并非完全是儒学本身。阮籍在《大人先生传》中说："且汝独不见夫虱之处于裈中，逃乎深缝，匿乎坏絮，自以为吉宅也。行不敢离缝际，动不敢出裈裆，自以为得绳墨也。饥则啮人，自以为无穷食也。"与其说阮籍在这里讥讽儒学为"坏絮"，为"裈裆"，不如说他在讥讽那些依附于坏絮、裈裆之中的虱子，正是他们不仅"饥则啮人"，而且自以为找到了最为理想的避难所。

儒学作为一种学说，素来被人利用，利用者固然可恶与可恨，但是如果批判性地反省儒学自身，不难发现儒学也委实存在一些内在缺陷。特别是将道家以自然人性为特征的学说作为一种参照系后，再反观儒家学说，便更容易看到儒家伦理的基点是违反了自然人性的，其所倡导的"仁义"不仅不能如道家学说那样"全性""保真"，而且极容易将人引向虚伪。因为人们为遵从这些仁义礼仪等道德或社会规范，便不能不压抑个体欲求和自然人性。嵇康在《释私论》中说："夫气静神虚者，心不存于矜尚；体亮心达者，情不系于所欲。矜尚不存乎心，故能越名教而任自然；情不系于所欲，故能审贵贱而通物情。"

嵇康在《难自然好学论》中也说："及至人不存，大道陵迟，乃始作文墨，以传其意，区别群物，使有类族，造立仁义，以婴其心，制其名分，以检其外，劝学讲文，以神其教；故六经纷错，百家繁炽，开荣利之途，故奔骛而不觉。"嵇康将儒家伦理视为违反人性的教条，他说，提倡仁义孝悌，扰乱人们的天性；制定各种名称辈分，钳制他们的行动。六经杂乱无章，各家思想看起来好像很繁盛的样子，其实是他们开创了利禄之途。在他看来，普通人的本性都是喜欢安逸厌恶辛劳的。洪荒时期，大道没有亏损，万事万物情理通畅，怡然自得，吃饱了就睡觉，饿了就吃饭，一切都顺应自然，哪里还需要知道仁义孝悌的大道理呢。

基于这种分析，阮籍、嵇康等人向往"大朴未亏"的洪荒社会，当然容易接受以自然人性为基本特征的老庄之学，认为至少在人性问题上，道家实在比儒学高明许多，从而最终舍弃儒学礼乐治世的思想，转而信奉庄子遁世逍遥的学说，希望超脱世俗，纯任自然，过恬静而无忧无虑的生活。

如果阮籍、嵇康的这些认识仅仅停留在理论层面，那么由此引起的儒道纷争也只不过是儒学发展史上的一个插曲，对于儒学体系的完善也不无好处。问题在于，阮籍、嵇康及竹林诸贤们毕竟是坐而言、起而行的人，他们认识多少，便实践多少，于是魏晋时期的儒道纷争便没有停留在思想层面，而是触及文人们的行为方式问题。

据《世说新语·德行》二三条注引王隐《晋书》载："魏末，阮籍嗜酒荒放，露头散发，裸袒箕踞。其后贵游子弟阮瞻、王澄、谢鲲、胡毋辅之之徒，皆祖述于籍，谓得大道之本，故去巾帻，脱衣服，露丑恶，同禽兽，甚者名之为通，次者名之为达也。"这种类似于"嬉皮士"的反社会行为固然是出于对现实社会的反省和批判，对统治者假借礼教以摧残人性的虚伪也是一种有力的鞭挞和反抗。但是，这种"放荡越礼"的行为方式毕竟对社会具有极大的破坏性，特别是到了西晋元康时期，这种放荡的时风已不具有“竹林七贤”的任何思想性，而是在追求一种形式，只是“纵恣”而已，其破坏性更大，不能不引起人们的忧虑。

东晋隐士戴逵说：“夫紫之乱朱，以其似朱也。故乡原似中和，所以乱德；放者似达，所以乱道。然竹林之为放，有疾而为颦者也，元康之为放，无德而折巾者也，可无察乎！”简言之，元康之放与竹林之放不可同日而语，后来者只是一味模仿前人的形式末节，而失其真精神。

傅玄、杨泉、欧阳建：对儒学玄学化的拨乱反正

这种乱礼狂放、空谈虚无的玄学时风盛行，追根求源是汉末以来援道入儒的学术路线所带来的恶果。因此，如欲有效地纠正和克服这种时风，便有必要对儒道两家的根本精神做一评估。前已提及的戴逵在谈到这一问题时说，儒家追求荣誉，是为了求贤，如果失去了这个根本目的，则容易导致作伪；道家远离虚名，是为了求实，如果失去了这个根本目的，则容易出现不厚道的现象。因此，儒道两家各有所失和所得，并不存在着非此即彼的绝对选择。

在当时清醒地看到这一点的并非戴逵一人。事实上，傅玄、杨泉、裴頠、欧阳建等人都不同程度地看到了这一点。他们都觉得如果不对乱礼狂放、空谈虚无的玄风进行遏制，如果不重提儒家学说和儒家精神，必将对社会造成更加严重的危害。为此，他们一方面注意吸收道家的合理内核以济儒学之穷；另一方面则坚持以儒学为核心，以儒学作为济世治国的根本原则。

据《晋书·傅玄传》记载，傅玄在分析儒学威信降低的社会原因时说：自古以来，先王行仁义，但是秦始皇却灭先王典制，用严刑酷法进行统治，导致从先王以来的仁义之心逐渐衰亡。近来魏武帝好法术、贵刑名；魏文帝又慕通达，而天下之人以守节为耻。因此，社会纲常不在，而虚无放诞的言论遍布朝野，今日看来，秦朝灭亡时的弊端又复发了。

那么，怎么办呢？傅玄郑重建议："夫儒学者，王教之首也。尊其道，贵其业，重其选，犹恐化之不崇；忽而不以为急，臣惧日有陵迟而不觉也。"儒学向来是治理国家最重要的手段。学儒道，重儒业，选拔优秀的儒士，如此下功夫推崇儒学，尚且还担心儒学的教化功能得不到推广，现在竟然不以儒学为当务之急。他在《傅子·正心》中说："立德之本，莫尚乎正心。心正而后身正，身正而后左右正，左右正而后朝廷正，朝廷正而后国家正，国家正而后天下正。故天下不正，修之国家；国家不正，修之朝廷；朝廷不正，修之左右；左右不正，修之身；身不正，修之心。所修弥近，而所济弥远。"总之一句话，傅玄建议以儒学作为治国的根本方略，以正人心为统理万物之本原。显然，傅玄开出的药方依然还是"古时丹"，还是《礼记·大学》中那套修齐治平的传统儒学思想。

和傅玄的见解略有不同，对"物理"与"太玄"颇有研究的杨泉，虽然同样敏锐地感觉到只有儒家思想能够拯救社会危机，但他对道家之学却是既有批评，又有吸收。其《物理论》批评虚无之玄谈说："夫虚无之谈，尚其华藻，无异春蛙秋蝉，聒耳而已。"拿儒道二教进行比较，杨泉认为："见虎一毛，不知其斑。道家笑儒者之拘，儒者嗤道家之放，皆不见本也。"然而在谈到社会伦理等问题时，他又强调："天地成岁也，先春而后秋；人君之治也，先礼而后刑。"更明显地倾向于儒家学说。

至于欧阳建，他的思想贡献主要在于站在传统儒学的立场上，批判魏晋玄学家一再强调的"言不尽意"论。此论与"贵无"论相配合，是清谈玄风在认识论领域的一块基石，其基本理论就是认定语言不能反映客观实际。

据《三国志·荀彧传》注引何劭《荀粲传》记载："粲诸兄并以儒术论议，而粲独好言道，常以为子贡称夫子之言性与天道，不可得闻，然则六籍虽存，固圣人之糠秕。粲兄俣难曰：'《易》亦云圣人立象以尽意，系辞焉以尽言，则微言胡为不可得而闻见哉？’粲答曰：‘盖理之微者，非物象之所举也。今称立象以尽意，此非通于意外者也，系辞焉以尽言，此非言乎系表者也；斯则象外之意，系表之言，固蕴而不出矣。’及当时能言者不能屈也。”

按荀粲的说法，“理之微者”如“性与天道”之类，只可意会，而无法用“言语”“物象”来表现。所谓“立象以尽意”，并不能尽象外之意；所谓“系辞以尽言”，并不能尽系表之言。如果从现代语言哲学的角度看，荀粲的这种分析固无大错，任何语言确实都有表达不出的东西。问题在于，荀粲用这种观点去分析儒家六经，以为六经虽存，但并不一定代表圣人思想的精华，恰恰相反，可能是“圣人之糠秕”。这样一来，荀粲的理论实际开启了魏晋玄学对儒家经典的怀疑思想，对王弼的“得意忘言”说、嵇康的“天下微事，言所不能及”说均应有所启发。

此后尚有嵇康、蒋济以及晋代的张韩介入讨论。嵇康在《难宅无吉凶摄生论》中说：“况乎天下微事，言所不能及，数所不能分，是以古人存而不论。”并专门写有《言不尽意论》一文。至于蒋济，以为观察眼睛就能足以知人。晋张韩在《不用舌论》一文中强调：“论者以为心气相驱，因舌而言。卷舌翕气，安得畅理？余以留意于言，不如留意于不言；徒知无舌之通心，未尽有舌之必通心也。”彻底否定语言作为思想交际工具的功能和作用，和蒋济观察眼睛以知一切具有同等的意义。

语言的局限性无须待言，举凡用语言表达出来的思想并不能逼真地反映思想者致思过程的真相，思想与语言之间确乎存在差距和差别。然而如果一味强调这种差别和差距，彻底否认语言的功能，那么势必为玄谈虚无留下广大的空间，否定全部经典的存在意义。如果我们结合魏晋时期反儒思潮来看，这一文化现象显然对儒学的存在与发展是很有害的。因而欧阳建起而反对“言不尽意”说，也就在情理之中了。他在《言尽意论》中说：“古今务于正名，圣贤不能去言，其故何也？诚以理得于心，非言不畅；物定于彼，非名不辩……欲辩其实，则殊其名；欲宣其志，则立其称；名逐物而迁，言因理而变，此犹声发响应，形存影附，不得相与为二矣。苟其不二，则言无不尽矣。吾故以为尽矣。”既然言能辩物，言能尽意，那么无休止的玄谈虚无还有什么存在的意义呢？

欧阳建的“言尽意”论，是对魏晋时期“言意”之辩的一次批判性总结和超越，虽然他无视言意之间的矛盾性，过分强调言意之间的统一性，具有明显的理论缺陷。但是，欧阳建的这次总结，不仅几乎结束了中国思想史上“言意”之辩的讨论，而且更重要的是基本抽空了清谈玄风在认识论领域的基石，捍卫了儒家经典的权威性，为儒学在魏晋时期儒道纷争中重振河山助了一臂之力。

裴颀：崇有论

魏晋清谈玄风的另一理论基石是“贵无”，它是以道家之“无”作为最高本体，意欲取代儒家的理想人格。这在魏晋早期即何晏、王弼的时代具有一定的积极意义，至少是以道家的自然人性论作为儒家伦理的必然补充。问题在于，以无为本不仅为谈玄说无提供了理论上的依据，也为儒道纷争埋下重要伏笔，为“越名教而任自然”，以及此后放荡的时风提供了理论上的口实。

于是有裴颀提出“崇有”论以与之抗衡。裴颀的《崇有论》主要是基于儒家文化的立场，其矛头所指便是道家以无为本影响之下的清谈玄风。裴颀基本抛开王弼“名教”本于“自然”的天人模式，单刀直入地从现存事物出发，引导出以“有”为本的本体论，从而捍卫了儒家伦理的合理性。他说：

> 夫总混群本，宗极之道也。方以族异，庶类之品也。形象著分，有生之体也。化感错综，理迹之原也。夫品而为族，则所禀者偏，偏

> 无自足，故凭乎外资。是以生而可寻，所谓理也。理之所体，所谓有也。有之所须，所谓资也。资有攸合，所谓宜也。择乎厥宜，所谓情也。识智既授，虽出处异业，默语殊途，所以宝生存宜，其情一也。众理并而无害，故贵贱形焉。失得由乎所接，故吉凶兆焉。是以贤人君子，知欲不可绝，而交物有会。观乎往复，稽中定务。惟夫用天之道，分地之利，躬其力任，劳而后飨。居以仁顺，守以恭俭，率以忠信，行以敬让。志无盈求，事无过用，乃可济乎！故大建厥极，绥理群生，训物垂范，于是乎在，斯则圣人为政之由也。

统领万有之本的是道，把万物进行不同的分类，是万物的类别，外形是万物的载体，万物错综复杂地变化感应，是事理的根源。既然万物都分成了不同的种类，那么各类事物所禀受的道就有所不同。圣贤君子知道欲望是不能完全放弃的。因此，利用天道，分享地利，安分守己，各自致力于自己的本分，做到仁顺、恭俭、忠信、谦让，这样就可以成就大事了。这就从社会存在本身引发出儒家伦理的合理性。

反观道家之无，裴頠认为毫无道理可言，“观老子之书，虽博有所经，而云‘有生于无’，以虚为主，偏立一家之辞，岂有以而然哉”，如果太过于肯定虚无，则势必带来礼制的废弛、名教的毁弃等恶果。事实上，人类社会之所以存在与发展，绝不是老子所谓的“无中生有”，而是基于现实存在之“有”。如果无视此点，那便无益于“已有之群生”。于是，他的必然结论便是“崇有”，从形而上的角度指出“贵无”的片面性和有害性，证实“崇有”的必然性与合理性，从而使儒家文化摆脱玄学化的纠缠，为儒家文化在经过道家文化强有力的冲击之后，能超越自身、重建新的思想体系做出了相当重要的贡献。刘勰在《文心雕龙·谈说》中评价道：“夷甫（王衍）、裴頠交辨于有无之域，并独步当时，流声后代。”可见其思想价值之重要性。

郭象：贵有论

裴頠的崇有论是对儒学玄学化的当头棒喝，至少从理论上比较有效地遏制了儒学玄学化的倾向。与裴頠几乎同时代的郭象也采取这一立场，他通过注释《庄子》严厉批评何晏、王弼以来的玄学贵无派。其《齐物论》注写道："无既无矣，则不能生有；有之未生，又不能为生。然则生生者谁哉？块然而自生耳……则我自然矣。自己而然，则谓之天然。天然耳，非为也，故以天言之，所以明其自然也。"在他看来，"无"就是什么都没有，因而"无"不能生"有"，而"有之未生，又不能为生"，有只能是"块然而自生"。这样便有力地否定了玄学贵无派的理论前提，而与裴頠的崇有论相互发明。

不过，郭象的贵有论虽与裴頠的主张相互发明，但从比较可信的文献记载来看，他们二人之间并没有学术上的承继关系，其思想相通之处只在以崇有反对贵无，在对"有"的理解，对有无之间的关系，自然与名教的关联等问题的看法上则不尽相同。显然他们所凭借的思想资源并不一致：裴頠是从贵无观念的反对面出发，而郭象则是从"竹林七贤"之一的向秀思想基点出发。据《晋书·向秀传》记载，向秀"雅好老庄之学。庄周著内外数十篇，历世才士虽有观者，莫适论其旨统也，秀乃为之隐解，发明奇趣，振起玄风，读之者超然心悟，莫不自足一时也。惠帝之世，郭象又述而广之，儒墨之迹见鄙，道家之言遂盛焉"。《晋书·郭象传》也说："先是注《庄子》者数十家，莫能究其旨统。向秀于旧注外而为解义，妙演奇致，大畅玄风，惟《秋水》《至乐》二篇未竟而秀卒。秀子幼，其义零落，然颇有别本迁流。象为人行薄，以秀义不传于世，遂窃以为己注，乃自注《秋水》《至乐》二篇，又易《马蹄》一篇，其余众篇或点定文句而已。其后秀义别本出，故今有向、郭二《庄》，其义一也。"但不管怎样说，郭象之学从向秀之学"述而广之"，则为显明的事实。

向秀的《庄子注》在"竹林七贤"的时代影响颇大，《世说新语·文学》注引《向秀别传》说，向秀与嵇康、吕安为友，趣舍不同，嵇康傲世不羁，吕安放逸迈俗，而向秀雅好读书，二子颇以此嗤之。后来向秀将注《庄子》，告诉嵇康、吕安二人，二人皆反对注此书。等向秀注完《庄子》给二人看，嵇康曰："尔故复胜不？"吕安乃惊曰："庄周不死矣。"由此可知向秀所注《庄子》确实受到玄学家们的热情欢迎。

向秀的贡献如其本传所言，是"为之隐解，发明奇趣，振起玄风"，为玄谈虚无提供了思想资源，尤其是他发挥了庄子的逍遥玄义，更易使读者"超然心悟"。具体而言是他明确提出"儒道为一"的主张，为妥善解决名教与自然的关系问题提供了一种新的解释。自夏侯玄提出"天地以自然运，圣人以自然用"的说法之后，名教与自然的关系问题一直是玄学家们讨论的重要问题之一。这个问题的实质并不仅仅在于两者的关系，而是关涉儒学的价值、意义与前途。

王弼以为，无即自然，无为本体，从而得出自然为本、名教为末的结论，主张以道家的自然原则统御儒家名教，开儒道纷争之先河。循王弼的思路，阮籍、嵇康提出"越名教而任自然"，以为名教是对自然人性的束缚，应该打碎，应该超越，一任自然。结果引发此后毁礼坏制的放达时风，儒家伦理陷入重重危机之中。当此时，向秀提出"儒道为一"的说法，既将自然与名教做了适当的区别，又强调自然与名教并非根本对立的范畴。这样便为解决儒道纷争提出了一个新思路。

向秀"儒道为一"的具体思路我们不得而知，除谢灵运在《辨宗论》中所云"昔向子期以儒道为一"之外，并无更可靠的资料来证明向秀理论的推导过程。《世说新语·文学》注曰："向子期、郭子玄《逍遥义》曰：夫大鹏之上九万，尺鷃之起榆枋，小大虽差，各任其性，苟当其分，逍遥一也。然物之芸芸，同资有待，得其所待，然后逍遥耳。唯圣人与物冥而循大变，为能无待而常通，岂独自通而已。又从有待者不失其所待，不失则同于大通矣。"

循此思路，郭象在《庄子注》中“述而广之”，进一步强调至人与物冥而循大变，故能无待而逍遥，但无待又能常通物情，顺应有待，于是能够无往而不通。换言之，在郭象看来，至人的逍遥，虽为无待而逍遥，但又能顺有待而同于大通。他在注《逍遥游》时写道：“苟有待焉，则虽列子之轻妙，犹不能以无风而行，故必得其所待，然后逍遥耳，而况大鹏乎！夫唯与物冥而循大变者，为能无待而常通，岂自通而已哉？又顺有待者，使不失其所待，所待不失，则同于大通矣。”这样一来，郭象的注释便具体论证了向秀儒道为一的思想，从理论上证明要得到道家的至上境界而逍遥自得，并不能无视儒家伦理，更无须弃世离俗，而是必须在世俗中满足自己的本性，在境界上才能做到“玄同彼我”“与物相冥”。在这里，郭象所强调的是内在的自由，即真自由，而不是外在的自由，即废弃名教。

如果追求内在的自由，人们并不会感到名教的束缚；但如果追求外在的自由，人们便很容易将名教视为一种精神枷锁。因此，如何调和名教与自然的冲突，便是思想解放时代思想家们无法回避的问题。我们看到，郭象通过对名教即自然的论证，基本上解决了儒道之间的冲突，从理论上完成儒道为一的证明。他在《骈拇》注中说：“夫仁义自是人之情性，但当任之耳。恐仁义非人情而忧之者，真可谓多忧也。”既然仁义是出于人之情性，那么由仁义而演绎出来的一切社会行为规范自有其有用与合理之处。他在《大宗师》注中说：“刑者，治之体，非我为；礼者，世之所以自行耳，非我制。”礼义刑政既然是人类社会别无选择的选择，那么人们就应该在不违背这些规则的同时去追求内在的自由即真自由。

郭象在《逍遥游》注中归纳道：“夫圣人虽在庙堂之上，然其心无异于山林之中，世岂识之哉？”虽身在庙堂之上，但并没有感受到名教的束缚。郭象便比较好地解决了游外与宏内、自然与名教的矛盾，既遏制了儒学的进一步玄学化，也为儒学在儒道纷争中巩固自己的地位提供了理论上的依据。

儒佛之争

儒道纷争借助向秀、郭象等人在理论上的贡献基本平息了。但与儒道纷争几乎同时发生的另一股学术思潮，即儒佛纷争也是对儒学发展的一次重大考验。儒道纷争所要解决的是正统儒学与本土异端思想的冲突与融合，而儒佛纷争则是中华本土文化第一次面对域外文化的挑战而不得不做出的回应。因此，儒佛纷争在儒学发展史上的意义至关重大，儒学如不能有效地回应域外佛教文明的挑战，便无法继续存在和发展，当然更不会有后来的宋明理学，以及儒学的再生与辉煌。

佛教传入中土的确切时间今已不可考，大体说来至少在东汉时期中土士人就已经知晓佛教的存在，并模糊地感觉到儒佛之间的差别，朦胧地预感到儒佛之间将不可避免地发生冲突。据袁宏《后汉纪》记载："浮屠者，佛也，西域天竺国有佛道焉。佛者，汉言觉，将悟群生也。其教以修慈心为主，不杀生，专务清净。其精者号为沙门。沙门者，汉言息心，盖息意去欲而归于无为也。又以为人死精神不灭，随复受形，生时所行，善恶皆有报应。故所贵行善修道，以炼精神而不已，以至无为而得为佛也。"在佛教传入中土的早期阶段，在士人的心目中，极易将这种域外文明与本土文化的思想异端即道家之学相类比。于是，在其传入中国不久之后，便与儒学思想发生冲突，而与道家思想合流。

儒佛之间的冲突在东汉时期还只局限在一些形式末节的问题上，真正从理论层面进行交锋还是在魏晋及其之后。牟子所著的《理惑论》于汉末魏初出现，通观之后便可发现，此时儒佛之间的冲突主要是儒佛同异、本末等问题。牟子认为儒佛相合而不相乖，"书不必孔丘之言，药不必扁鹊之方，合义者从，愈病者良"，其用意似乎是以佛补儒，借用佛家的道理以济儒学之穷。《高僧传·康僧会传》所载三国时僧人康僧会与东吴之主孙皓的一段对话，大体可以说明当时人心目中的儒佛关系。

皓问曰："佛教所明，善恶报应，何者是耶？"

会对曰："夫明主以孝慈训世，则赤乌翔而老人见；仁德育物，则醴泉涌而嘉苗出。善既有瑞，恶亦如之。故为恶于隐，鬼得而诛之，为恶于显，人得而诛之。《易》称：'积善余庆。'《诗》咏：'求福不回。'虽儒典之格言，即佛教之明训。"

皓曰："若然，则周、孔已明，何用佛教？"

会曰："周、孔所言，略示近迹，至于释教，则备极幽微。故行恶则有地狱长苦，修善则有天宫永乐。举兹以明劝沮，不亦大哉。"

由此不难看出，康僧会一方面论证儒佛为一，认为二者在根本理念上并不冲突；另一方面则论证佛教的理论备极幽微，比儒学的理论更高一筹。如此一来，便极易引起儒佛之间的冲突。

从孙皓的视角看，儒家伦理既然与佛教义理并不存在根本的冲突，那有什么理由舍弃儒教而专用佛教？康僧会虽然以佛教义理备极幽微加以解释，但儒家士人素来"内诸夏而外夷狄"，由此并不能减轻他们的困惑，以及对佛教义理的本能排斥。佛教之徒如果不能有效地回应这种责难，那么儒佛为一说便根本不能成立。

对此，牟子在《理惑论》中以设问的形式明确触及这一问题。

问曰："孔子曰：'夷狄之有君，不如诸夏之亡也。'孟子讥陈相更学许行之术，曰：'吾闻用夏变夷，未闻用夷变夏者也。'吾子弱冠学尧舜周孔之道，而今舍之，更学夷狄之术，不已惑乎？"

牟子曰："此吾未解大道时之余语耳。若子，可谓见礼制之华，而暗道德之实，窥炬烛之明，未睹天庭之日也。孔子所言，矫世法矣；孟轲所云，疾专一耳。昔孔子欲居九夷，曰：‘君子居之，何陋之有？’及仲尼不容于鲁卫，孟轲不用于齐梁，岂复仕于夷狄乎？禹出西羌而圣哲，瞽叟生舜而顽嚚，由余产狄国而霸秦，管蔡自河洛而流言。传曰：‘北辰之星，在天之中，在人之北。’以此观之，汉地未必为天中也。佛经所说，上下周极，含血之类物，皆属佛焉。是以吾复尊而学之，何为当舍尧舜周孔之道，金玉不相伤，精魄不相妨。谓人为惑，时自惑乎？”

确实，从文化交流的观点看，如果继续以夷夏之辨的立场看待佛教文明，当然是一种心胸较为偏狭的“自惑”。

然而问题在于，佛教的传入，以及在魏晋时期流行的这一阶段，毕竟不是儒学的黄金时代。恰恰相反，儒学除了陷入玄学化的危机外，其自身也面临着信仰危机。因此，儒佛之间的冲突并不仅仅是夷夏之辨，更是佛道合流共同推进了儒学的玄学化过程。《高僧传·支遁传》载，支遁曾在白马寺与刘系之等谈《庄子·逍遥游》云：“各适性以为逍遥。”遁曰：“不然，夫桀、跖以残害为性，若适性为得者，彼亦逍遥矣。”于是退而注《逍遥游》。群儒旧学，莫不叹服。

那么他们叹服的究竟是什么呢？请看《世说新语·文学》注云：

支氏《逍遥论》论曰：“夫逍遥者，明至人之心也。庄生建言大道，而寄指鹏鷃，鹏以营生之路旷，故失适于体外；鷃以在近而笑远，有矜伐于心内。至人乘天正而高兴，游无穷于放浪；物物而不物于物，则遥然不我得；玄感不为，不疾而速，则逍然靡不适。此所以为逍遥也。若夫有欲，当其所足，足于所足，快然有似天真，犹饥者一饱，渴者一盈，岂忘烝尝于糗粮，绝觞爵于是醪醴哉？苟非至足，岂所以逍遥乎？”此向、郭之注所未尽。

支遁的解释之所以令众儒叹服，主要在于他纠正了向秀、郭象“从有待者不失其所待”的偏颇，而直认庄周以“至虚之心”全然超脱了现实的物质世界，而不是依顺于现实世界。这样一来，佛家义理便与道家思想若合符节，从而对儒学的玄学化起到推进作用。故而孙绰《道贤论》以为“支遁、向秀雅尚庄、老。二子异时，风好玄同矣”。

佛道合流推动了儒学玄学化的过程，然而也不可避免地激起一些人对佛教的公开反对，尤其是当佛教的生死轮回、因果报应、神不灭等思想，越来越被下层民众所接受时。在某种程度上说是与儒学在争夺民众的信仰，儒家学说的命运与前途岌岌可危。为此，东晋名士批判佛教的生死轮回说，开启了南朝神灭与神不灭论争的先河。此后，戴逵等人又向因果报应说发起了批判。

儒学的佛学化与道教化

由于统治集团内部之间争夺政权的长期斗争，以及民族矛盾的激化，西晋朝廷在经历了几十年的风雨飘摇之后，被迫南渡，建立东晋，偏安江左，南北分治。东晋之后，南方依次出现宋、齐、梁、陈四姓政权，是为“南朝”。

南朝儒学：萎靡不振

南朝儒学从总体上说，大体与东晋相同，儒家学者承魏晋玄学之余绪，或绝经世之志而兴厌世之思，或斥儒道佛无益于天下而耽于酒色，或痛骂仁义礼法之不足用而寄托于老庄之虚无，玄学盛行，清谈成风。儒学界通行王弼注《周易》、杜预注《左传》、何休注《公羊》，学问偏于清通简要。

唐李延寿所撰《北史·儒林传》对南朝儒学总评道："自永嘉之后，宇内分崩，礼乐文章，扫地将尽……大抵南北所为章句，好尚互有不同。江左，《周易》则王辅嗣，《尚书》则孔安国，《左传》则杜元凯。河洛，《左传》则服子慎，《尚书》《周易》则郑康成。《诗》则并主于毛公，《礼》则同遵于郑氏。南人约简，得其英华；北学深芜，穷其枝叶。考其终始，要其会归，其立身成名，殊方同致矣。"这大体可以说明南北学术之差别及南方学术的基本学风。

南朝儒者长于文笔，又濡染于玄谈佛理，重文辞，轻经术，故其说经之文多空虚浮华，这是南朝儒学的总体特色。但是具体而言，南朝四代儒学，至少可分为两大阶段，这两个阶段的基本情况是同中有异，异中有同。

第一阶段主要是宋、齐时期。从官方的情况看，儒学的地位并没有下降，依然是诸学之首，担负官方意识形态的重要角色。但是，由于玄、史、文学的分割，儒学明显丧失一家独霸的地位，与诸学平分秋色。《资治通鉴》南朝宋元嘉十五年载："豫章雷次宗好学，隐居庐山。尝征为散骑侍郎，不就。是岁，以处士征至建康，为开馆于鸡笼山，使聚徒教授。帝雅好艺文，使丹阳尹庐江何尚之立玄学，太子率更令何承天立史学，司徒参军谢元立文学，并次宗儒学为四学。"以致具有传统儒学观念的司马光不无感慨地说："然则史者儒之一端，文者儒之余事；至于老、庄虚无，固非所以为教也。夫学者所以求道；天下无二道，安有四学哉！"于此可知，儒学地位在南朝前期确实有所下降，而不久前兴起的玄学则脱离儒学，自成一家。

宋、齐时期儒学地位的下降为历史事实，然考诸此时儒学发展的实际情况，却发现《礼》学格外兴隆，大家辈出，著述繁富，远非他朝可比。

皮锡瑞在《经学历史》一书中写道："南学之可称者，唯晋、宋间诸儒善说礼服。宋初雷次宗最著，与郑君齐名，有雷、郑之称。当崇尚老、庄之时，而说礼谨严，引证详实，有汉石渠、虎观遗风，此则后世所不逮也。"究其原因，盖与政治混乱中如何重建社会秩序这一议题有一定的关联，也多少反映出儒学在此时期虽然地位下降，但其功能犹在。

到了南朝儒学的第二阶段，即梁、陈时期，由于梁武帝公开宣布儒、道、释三教并行，因此，其合流的趋势更为明显，当然也为此后隋唐时代儒学的统一奠定了基础。

在整个南朝时期，儒学除在梁武帝的扶持下有过短暂的辉煌外，基本上都因政治环境的恶劣而萎靡不振。

政治环境对于学术发展具有相当大的制约作用，在干戈未息、政治动荡不安的年代，不可能指望学术真正繁荣。而且从南朝的总体形势看，由于儒、道、释三家的不断争夺与冲突，因此，政治对文化的选择也就有了相当大的空间。在南朝诸帝中，除梁武帝有意识地扶持过儒学外，其他帝王则更是信仰佛教和道教，这也是南朝儒学一直衰微的原因。

南朝儒佛融合

说到南朝儒、道、释之间的冲突，此一时期直接承袭魏晋，尤其是东晋时期的一些争论问题并有所发展。儒家学者依然坚持"华夷之辨"及正统的原则，排斥佛道二教。由于佛道二教的许多义理已深入人心，故儒家学者的排斥虽然有力，但效果并不理想，相反却是三教合流、三教兼宗的趋势更明显。

刘宋年间，上清派道士顾欢站在道教的立场上发表了著名的《夷夏论》，凭借儒家夷夏之辨的思想武器，论证道教才是华夏的根本宗教，佛教乃为夷狄之法，以期为尊王攘夷、王政一统教化张目，结果招致佛教徒的强烈反对，引发佛道二教的一场激烈论战。

司徒袁粲托名道人通公著文，予以反驳，“孔、老、释迦，其人或同，观方设教，其道必异。孔、老治世为本，释氏出世为宗”，二者并不存在根本的冲突。至于夷夏习俗的差别，袁粲认为并不会因此而妨害佛教义理的传播，“变本从道，不遵彼俗，教风自殊，无患其乱”，在华夏兴行佛教，只是传播佛教的道理，并不是要中国人必须遵从佛教的风俗。而且，习俗也不是一成不变的，它的任何改变都必然遵循圣道的教化，所以佛教在中土传播，只会对中土旧有习俗有所移易，绝不会由此而破坏华夏旧有的社会秩序。其后，僧人僧佑又在《弘明集》后序中强化这一观点，并从历史文化的变迁、地理位置的相对性等方面论证华夷无别，历史上华夷地域的分野并不是固定不变的，佛教在中土完全有可能发展成为有利于社会秩序的正统思想。

南朝早期的佛道之争虽然没有正面触及儒佛之间的关系，但显而易见，传统儒家“内诸夏而外夷狄”的思想观念根本无法阻挡佛教在中土的传播和发展，佛教不仅要与儒学争抢民众的信仰，而且势必要与儒学争夺在官方意识形态中的地位，于是有了沙门是否应该敬王者的争论。早在东晋咸康六年（340），庾冰就在代晋成帝拟定的诏令中明确提出“沙门应尽敬王者”的主张，以为“名教有由来，百代所不废”“王教不得不一，二之则乱”，佛教徒应该遵循名教的原则礼敬王者，否则尊卑不分，会导致社会秩序的混乱。

庾冰的主张激起了一些佛教徒和佞佛权贵的强烈不满。尚书令何充在《沙门不应尽敬表》中说，佛教“五戒之禁，实助王化”，佛教戒律与儒家名教并不矛盾。慧远则在《沙门不敬王者论》中说，佛教并不违反名教，二者出发点虽然有异，但其对社会的效果是一样的，“道法之与名教，如来之与尧孔，发致虽殊，潜相影响；出处诚异，终期则同”。在维护社会秩序的稳定方面，二者殊途同归，甚至佛教在某些方面还要略高儒学一筹，“如令一夫全德，则道洽六亲，泽流天下，虽不处王侯之位，亦已协契皇极，在宥生民矣”。总之，在慧远看来，佛儒之间并不存在根本的冲突，相反，二者之间具有相当多的一致性。

然而问题在于，佛教在此一时期获得了极大的发展，它不仅在与儒家文化争夺信民众，而且由于寺院经济的急剧膨胀，实际上已经危及皇权，以及世俗地主阶级的利益。因此在南朝时期，儒佛之间的冲突便不只限于思想文化观念上，而且具有相当重要的社会经济背景。范缜在《神灭论》中强调：“浮屠害政，桑门蠹俗，风惊雾起，驰荡不休。吾哀其弊，思拯其溺。”“家家弃其亲爱，人人绝其嗣续。”佛教既有害于国治俗正，又毁弃人伦，那么就应该予以排斥和取缔。

据《南史·郭祖深传》载，时梁武帝大弘释典，将以易俗，郭祖深上疏直谏：“都下佛寺五百余所，穷极宏丽。僧尼十余万，资产丰沃。所在郡县，不可胜言。道人又有白徒，尼则皆畜养女，皆不贯人籍，天下户口几亡其半。而僧尼多非法，养女皆服罗纨，其蠹俗伤法，抑由于此。”寺院经济的发展已经严重影响国家的收入和社会秩序的稳定，如果不严格清理和有限度地允许佛教的传播，那么“恐方来处处成寺，家家剃落，尺土一人，非复国有”。

佛教寺院经济的膨胀损害了世俗地主阶级的经济利益，但佛教义理所提供的精神鸦片，尤其是其神不灭论则又满足了动荡时期世俗地主阶级在精神上的需求。因此，儒家学者如果不能在义理，尤其是神不灭等理论问题上给佛教以沉重的打击，那么儒佛之间的冲突便不可能真正平息，儒学发展的前途当然更不容乐观。于是我们看到，在南朝一个相当长的时期内，儒佛在理论上的冲突主要是围绕着神灭、神不灭的问题展开的。

最早起而反对佛教神不灭论的是晋人孙盛，但由于各种原因，孙盛在理论上并没有真正展开。之后重提这一问题的是刘宋时的学者何承天，他在《报应问》《答宗居士书》以及《达性论》等文章中，着重批评了佛教的因果报应说、轮回转世说，特别是神不灭论。何氏指出，佛教的因果报应说，“其枝末虽明，而即本常昧；其言奢而寡要，其譬迂而无征，乖背五经，故见弃于先圣”，因而并不足信。至于轮回转世，何承天认为更是欺人之谈，“杀生者无恶报，为福者无善应”，这是人生常识，何来因果轮回。而且，人“必有死，形毙神散，犹春荣秋落，四时代换，奚有于更受形哉”，哪里又有生死轮回、神不灭的可能呢？

继何承天之后给佛教以致命打击的是南朝萧梁时期的范缜。他在其《神灭论》中汲取早期儒者荀子的“形具而神生”，汉儒桓谭的“薪火之喻”，以及何承天的“形神相资”等思想资源，明确提出“神即形也，形即神也；是以形存则神存，形谢则神灭”的思想主张。他认为：“形者神之质，神者形之用，是则形称其质，神言其用，形之与神，不得相异也……神之于质，犹利之于刀；形之于用，犹刀之于利；利之名非刀也，刀之名非利也；然而舍利无刀，舍刀无利，未闻刀没而利存，岂容形亡而神在？”即人的精神活动必须依附于人的形体，人的形体既不存在，那么又怎能说此一形体依然有能力进行精神活动呢？

范缜的神灭论是对佛教神不灭论的一次重大打击，此论一出，“朝野喧哗”，一些佛教徒和佞佛朝臣等纷纷著文反击，最后由梁武帝出面，以早期儒家经典中飨亲、祭神的告慰性语言为据，指责范缜的神灭论“违经背亲”，言语可息，才终于平息了佛儒之间的一场大冲突。

梁武帝以政权的力量平息了神灭与神不灭之间的争论，但是如果从思想史的观点看，无疑是以范缜为代表的儒学理性主义在理论上占了上风。同时，由于争论的双方都引用早期儒家经典来证明自己的论点，因而这场争论的实际后果是谁都没有取得真正胜利，反而因这场争论促进了儒佛在思想上的融合。其主要表现为：

第一，开启了以儒释佛、儒佛互证的学术思潮。他们一方面将儒家思想引入佛教义理，促进佛学的中国化和儒教化；另一方面又将佛教的一些思想引入儒学，使传统儒学在佛教思想的影响下不得不发生一些本质性的变化，从而为后来的儒佛合一提供理论上的铺垫和准备。刘宋时“兼内外之学”的名僧慧琳在其所著《均善论》中，便坚守佛教的立场，主张儒、道、释三教调和，以为三教的创始人均是圣人，三教的义理亦各有长处，应该调和，应该“均善”。梁人刘勰所著《灭惑论》也说：“夫佛家之孝，所包盖远。理由乎心，无系于发，若爱发弃心，何取于孝？”明确承认佛教义理不仅不违反传统儒家的孝道，而且与儒家的孝道相互发明，“夫孝理至极，道俗同贯，虽内外迹殊，而神用一揆”。其孝道的原理与精神是基本一致的，尽管二者存有内外之别。

以儒释佛、佛儒互证在南朝的另外一种表现形态是把儒家的一些理论融入佛理，以期由此证明佛教义理不仅不妨碍儒教的推行，反而会有相当大的推动作用。梁和尚僧顺著有《释三破论》，其中便强调佛教教义中自有仁义忠孝之道，只是表现形式不一，但其功用相同，“释氏之训，父慈子孝，兄爱弟敬，夫和妻柔，备有六睦之美，有何不善，而能破家”。基于这样的认识，南朝儒释之间的冲突尽管激烈，但相互吸引与融合则是趋势。当时学者不论是站在儒家还是佛教的立场上，都逐渐承认二教之间确乎有相通相融之处，理应携起手来，为社会的稳定与发展贡献自己的智慧。于是南朝儒佛在思想上融合的第二个表现就是宣扬三教同源，功能则一，力主三教并用。

确实，就人类文化的初期形态而言，各种文化形态尽管存在许许多多的特征和差异，但它们产生的根本原因只能是人们的精神需要，从这个意义上说，不仅儒、道、释三教同源，而且很有可能人类文化的所有形态都起源于此背景。问题在于，儒佛之间经过几百年的冲突，到了南朝突然发现二者同源，便使人不能不觉得这是二者冲突过程中相互容忍和让步的结果。梁武帝萧衍在大力弘扬佛教的同时，并不废儒道二教，尤倡儒学，采取“孔释兼弘”，三教并用的文化政策，大体可以说明南朝统治者及一般士人和僧人对三教关系的基本态度，由此亦可知他们论证三教同源的根本目的。当然，这样做的结果，便是儒学不可避免地走向佛教化。

南朝儒道合一：葛洪、陆修静、陶弘景

在南朝时期，宗教学术思想比较活跃，儒佛之间的冲突与融合只是问题的一方面。在与佛教进行斗争的过程中，儒学也曾自觉或不自觉地与中国本土宗教——道教亲近，以期与之结盟联合抗衡佛教。

由于道教产生于汉代，彼时儒学被定为一尊，虽然在一开始道教不断高扬老庄的旗帜，但其在思想资源和体系建构上不能不受到儒学的深刻影响。道教创始人之一的张角所奉行的《太平经》，虽然“其言以阴阳五行为家，而多巫觋杂语”，但仔细分析起来，也确乎吸收了不少儒家的道理，明显表现出儒道合一的思想特征。它赞扬儒家的三纲六纪时说：“三纲六纪所以能长吉者，以其守道也，不失其治故常吉。”因此，它要求其信徒应当遵循“父慈、母爱、子孝、孙顺、兄良、弟恭”等基本伦常关系原则。道教几乎从一开始便表现出儒学化的倾向，这也正是后来儒道之所以能够合一以抗拒佛教的内在思想依据。

再者，道教所奉行的思想权威主要是老子之学，而这一背景又恰好与魏晋玄学家们的思想倾向相契合，因此，当魏晋玄学兴起之后，玄学家们的思想中也包容了相当多的道教因素。像魏晋玄学的开创者何晏，便竭力期望将儒家经典《论语》与《老子》沟通起来，他的《论语集解》就思想本质而言，其实是以老解儒、以道解儒的典范。至于玄学中的重要人物王弼，其思想基本出发点也是以道解儒，将孔子老子化。阮籍、嵇康“越名教而任自然”的基本命题便表现出相当浓厚的道家意味。所有这些，都为儒道联合抗衡佛教的努力提供了可能。

儒道合一在东晋之前还只是某些思想的沟通与融会，儒家学者真正从儒学的立场走上道教的立场，还是从东晋的葛洪开始。据葛洪在《抱朴子》中的自叙，他早年也是儒家的忠实信徒，“年十六，始读《孝经》《论

语》《诗》《易》。贫乏无以远寻师友，孤陋寡闻，明浅思短，大义多所不通。但贪广览，于众书乃无不暗诵精持。曾所披涉，自正经诸史百家之言，下至短杂文章近万卷。既性暗善忘，又少文，意志不专，所识者甚薄，亦不免惑。而著述时犹得有所引用，竟不成纯儒，不中为传授之师”。由此可见，他之所以抛弃儒学而转向道家，并不仅仅是出于个人爱好，而是时代和社会思潮使然。

这不仅反映了儒家文化僵化与式微的一般趋势，也说明新起的道教确实存在吸引人的内容。正如葛洪在《抱朴子》序所说：“道士弘博洽闻者寡，而意断妄说者众。至于时有好事者，欲有所修为，仓卒不知所从，而意之所疑，又无足谘。今为此书，粗举长生之理。其至妙者，不得宣于翰墨。盖粗言较略，以示一隅，冀悱愤之徒省之，可以思过半矣，岂谓暗塞必能穷微畅远乎！聊论其所先觉者耳。世儒徒知服膺周、孔，莫信神仙之事，不但大而笑之又将谤毁真正。”足见其对道家“长生之理”的倾心，以及对传统儒学的厌恶。

当然，这样说并不意味着葛洪对儒学的全面排斥。事实上，他只是厌恶传统儒学的僵化部分，对道教的倾心也只是道教中那些可以纠正、补充儒学不足的内容，他并不是真的要彻底葬送儒学，而是期望以道教的积极思想挽救儒学，重建以道为本、以儒为末、儒道合一的新体系。

他在《抱朴子·塞难》中评估儒道二家时说：“仲尼，儒者之圣也；老子，得道之圣也。儒教近而易见，故宗之者众焉。道意远而难识，故达之者寡焉。道者，万殊之源也。儒者，大淳之流也。三皇以往，道治也。帝王以来，儒教也。谈者咸知高世之敦朴，而薄季俗之浇散，何独重仲尼而轻老氏乎？是玩华藻于木末，而不识所生之有本也……且夫养性者，道之余也；礼乐者，儒之末也。所以贵儒者，以其移风而易俗，不唯揖让与盘旋也。所以尊道者，以其不言而化行，匪独养生之一事也。若儒道果有先后，则仲尼未可专信，而老氏未可孤用。”在这里，葛洪对儒家独霸意识形态深表不满，但他并不否认儒家在经世、移风易俗方面的功用，只是这些有用性都是大淳之流，而不是道之本，不是万殊之源，因此葛洪所期待的理想的意识形态，便是儒道双修，内神仙而外儒术，内外并用，即以道为本，以儒为末，本末互补与互用。

儒学虽有不足和缺陷，但其功能的有用性必须承认，只是这些功能的真正发挥，在葛洪看来应该建立在以道为本、儒道互补的基点上。为了实现自己的理想，葛洪将儒家伦理引入道家的思想系统，有效解决了早期道家与道教欲达到修炼的目的而摒绝人间事务的矛盾。他在《对俗篇》中说："欲求仙者，要当以忠孝、和顺、仁信为本。若德行不修，而但务方术，皆不得长生也。"这样一来，便将道教追求肉体成仙和精神解脱与儒家在现实生活中追求理想的道德境界的内在冲突基本调和，对后来的儒道合一、三教合流产生极为深远的影响。

南朝在葛洪之后的一批道教学者如陆修静、陶弘景等人都曾致力于研讨儒家经典，以便把儒学引入道教的思想体系，从而使儒道二教真正融会无碍。

刘宋时著名道士陆修静在整顿天师道组织、制定道教科戒制度和斋醮仪式的过程中，大量吸收儒家的礼法制度和礼法精神，强调"道以斋戒为立德之根本，寻真之门户。学道求神仙之人，祈福希庆祚之家，万不由之"。以为教徒们在接受"科禁威仪"的训练之后，便能知法守法，确保家国太平。他说："夫斋直是求道之本，莫不由斯成矣。此功德巍巍，无能比者。上可升仙得道，中可安国宁家，延年益寿，保于福禄，得无为之道。下除宿愆，赦见世过，救厄缓难，消灭灾病，解脱死人忧苦，度一切物，莫不有宜矣。"这样一来，道教信徒在追求肉体成仙的过程中，便不易与现实世界、儒家伦理发生太大的冲突。

与葛洪、陆修静的思想倾向相似，齐梁间道士陶弘景在把儒家的宗法制度、伦理观念引入道教理论和教规中的同时，更主张三教合一，以为

“百法纷凑，无越三教之境”。为此，他精研儒家思想，著有《孝经论语集注并自立意》《三礼序并自注》《注尚书毛诗序》等书，以儒家义理作为道教改革与发展的重要思想资源。据研究，他在《真灵位业图》中之所以把道教的真灵分为若干等级，除了有现实生活的启示外，其思想资源主要来自传统儒家的等级伦理观念。他在《真灵位业图序》中说：“虽同号真人，真品乃有数；俱目仙人，仙亦有等级千亿。若不精委条领，略识宗源者……岂解士庶之贵贱，辨爵号之异同乎？”显而易见，陶弘景是站在宗教神学的立场上证明等级制度的合理性，这与儒家是站在理性主义的立场上证明等级制度的必要性相比较，正是殊途而同归。

总之，南朝儒学在面对佛道二教的挑战时，并没有一味退却。虽然在意识形态领域中儒学的独霸地位有所改变，但佛道二教并没有能力取儒学而代之。经过一段长时间的发展，三教冲突的裂痕渐渐地弥合，思想理念的融合与吸收越来越多，排斥越来越少，为三教后来的合流提供了可能。

北朝儒学：纯朴求实

大约从东晋开始，由于中国政治的分裂，儒学分为南北二宗，在学术上的差异甚为明显。大抵说来，南朝偏安江左，政治前景暗淡，儒家学者除谈玄说空外，尤其倾向于以老庄玄学作为人生道路的取径。因此，南朝儒者在阐发经义时，大多不拘章句、家法，或引道佛入儒，或三教兼宗。

而北朝则不然。自晋惠帝永兴元年（304）刘元海据离石称汉，到北魏太武帝太延五年（439）统一北方，整个中国的北半部基本上处于民族纷争的混战状态，史称“五胡十六国”。北魏统一北方之后，南北依然分治，中经几次政权的更迭与转移，至隋朝，南北再次统一。在这长达几百年的时间里，儒学不仅在相当长的时期内一统天下，而且学风也较南朝更为纯正。其间的原因，除了学术精神的传承性之外，最重要的背景是北方少数民族统治者在面对中原文化时，不得不进行一次汉化过程。

考诸史实，除北齐高氏自称汉人（其实是鲜卑化了的汉人）外，北朝时期的北方统治者绝大部分是少数民族。他们入主中原之后，为了站稳脚跟，既要加强对文化素质较高的汉民族的控制，也要充分吸收中原汉文化的成就，尽快缩小胡汉在文化上的差距，以便取得汉族士人的支持与合作，从而提升他们在中原地区的形象，巩固他们的政治统治。

从留居中原的汉族知识分子方面说，他们既要面对“非我族类”的少数民族统治的现实，但又很难从心理上真正接受这种现实。于是，他们只能运用儒家“以夏变夷”的传统手法，希望通过传道解惑、灌输儒家文化，使少数民族统治者能够比较快地接受和采纳汉族的社会制度和文化。

据《魏书·儒林列传》：

> 太祖初定中原，虽日不暇给，始建都邑，便以经术为先，立太学，置五经博士生员千有余人。天兴二年春，增国子太学生员至三千……四年春，命乐师入学习舞，释菜于先圣、先师。太宗世，改国子为中书学，立教授博士。世祖始光三年春，别起太学于城东，后征卢玄、高允等，而令州郡各举才学。于是人多砥尚，儒林转兴。显祖天安初诏立乡学，郡置博士二人，助都二人，学生六十人。后诏：大郡立博士二人，助教四人，学生一百人；次郡立博士二人，助教二人，学生八十人；中郡立博士一人，助教二人，学生六十人；下郡立博士一人，助教一人，学生四十人。太和中，改中书学为国子学，建明堂辟雍，尊三老五更，又开皇子之学。及迁都洛邑，诏立国子太学、四门小学。高祖钦明稽古，笃好坟典，坐舆据鞍，不忘讲道。刘芳、李彪诸人以经书进，崔光、邢峦之徒以文史达，其余涉猎典章，关历词翰，莫不縻以好爵，动贻赏眷。于是斯文郁然，比隆周汉。

于此可见儒学在北方的发展盛况，亦可知北方少数民族统治者的汉化过程。

在学风上，北朝儒学不似南朝儒学与释道结合求异创新，而是趋于重蹈汉末的传统，以接受、应用并宣传儒家经典为主要任务，因而其研究方向与研究方法并不是要追求新奇的思想，从事新的创造和体系建构，而是要弄清儒家经典中固有的典章制度和思想学术的基本内容，具有相当明显的实学倾向。

赵翼在《廿二史札记》卷十五《北朝经学》中说："六朝人虽以辞藻相尚。然北朝治经者，尚多专门名家。盖自汉末郑康成以经学教授，门下著录者万人。流风所被，士皆以通经绩学为业。而上之举孝廉，举秀才，亦多于其中取之。故虽经刘、石诸朝之乱，而士习相承，未尽变坏……其所以多务实学者，固由于士习之古，亦上之人有以作兴之……可见北朝偏安窃据之国，亦知以经术为重，在上者既以此取士，士亦争务于此以应上之求。故北朝经学较南朝稍盛，实上之人有以作兴之也。"可见北朝学风就总体而言，依旧更多地保持了汉代经学，尤其是东汉古文经学纯朴求实的学术风尚。

北朝以儒家经典的传授、理解为主要风尚，大致情况略见于《北史·儒林传》，其中写道：

> 汉世，郑玄并为众经注解，服虔、何休，各有所说。玄《易》《诗》《书》《礼》《论语》《孝经》，虔《左氏春秋》，休《公羊传》，大行于河北。王肃《易》，亦间行焉。晋世，杜预注《左氏》。预玄孙坦，坦弟骥，于宋朝并为青州刺史，传其家业，故齐地多习之。
>
> 自魏末，大儒徐遵明门下讲郑玄所注《周易》。遵明以传卢景裕及清河崔瑾。景裕传权会、郭茂，权会早入邺都，郭茂恒在门下教授，其后能言《易》者，多出郭茂之门。河南及青齐之间，儒生多讲

王辅嗣所注，师训盖寡。

齐时，儒士罕传《尚书》之业，徐遵明兼通之。遵明受业于屯留王聪，传授浮阳李周仁及勃海张文敬、李铉、河间权会，并郑康成所注，非古文也。下里诸生，略不见孔氏注解。武平末，刘光伯、刘士元始得费甝《义疏》，乃留意焉。

其《诗》《礼》《春秋》，尤为当时所尚，诸生多兼通之。

三《礼》并出遵明之门。徐传业于李铉、祖俊、田元凤、冯伟、纪显敬、吕黄龙、夏怀敬。李铉又传授刁柔、张买奴、鲍季详、邢峙、刘昼、熊安生。安生又传孙灵晖、郭仲坚、丁恃德。其后生能通《礼经》者，多是安生门人。诸生尽通《小戴礼》。于《周仪礼》兼通者，十二三焉。

通《毛诗》者，多出于魏朝刘献之。献之传李周仁。周仁传董令度、程归则。归则传刘敬和、张思伯、刘轨思。其后能言《诗》者，多出二刘之门。

河北诸儒能通《春秋》者，并服子慎所注，亦出徐生之门。张买奴、马敬德、邢峙、张思伯、张奉礼、张彤、刘昼、鲍长宣、王元则并得服氏之精微。又有卫觊、陈达、潘叔虔，虽不传徐氏之门，亦为通解。又有姚文安、秦道静，初亦学服氏，后兼更讲杜元凯所注。其河外儒生，俱伏膺杜氏。其《公羊》《穀梁》二传，儒者多不厝怀。

《论语》《孝经》，诸学徒莫不通讲，诸儒如权会、李铉、刁柔、熊安生、刘轨思、马敬德之徒，多自出义疏。虽曰专门，亦皆相祖习也。

由此可见，北朝虽在少数民族的统治下，整个社会的文化素质或许无法与南朝相比，但由于北方地区学术传统的固有影响，北朝儒学不仅较为纯正，而且甚为发达，人才辈出，儒家诸经典差不多都由专人传授和研习。

北朝名儒

当然，北朝儒学的情况也不能一概而论，相对说来以北魏最盛。究其原因，一方面是因为北魏的统治时间较长，拓跋氏的汉化程度最深，统治者大量任用汉人硕儒，有意识、有目的地提倡和促进拓跋氏的汉化和儒学的复兴；另一方面则是因为北魏的统治中心长期位于凉州一带，极易受到大量避居此地的中原士人的影响。永嘉之乱后，凉州一带就成为中原士人避难的集聚地之一，中原文化的重心亦移于此处。

前凉的统治者张轨，不仅出身于汉族，其家族亦是以儒学为业。因此，张轨极力提倡儒学，课农桑，拔贤才，置崇文祭酒，征九郡贵胄之子数百人，设立学校专门训练。西凉的统治者李暠，亦为汉族儒学世家出身，在他的统治下，凉州儒学不仅没有中断，而且有相当的发展，其统治方略、方法及形式都具有浓厚的儒家色彩。这些都对凉州归顺北魏后的北魏文化产生了深远的影响。

从北魏统治者的个人情况看，魏道武帝拓跋珪初定中原，便认识到儒学的治世功能，决定以经术为先，重太学，置五经博士生员千余人。其后明元帝拓跋嗣不仅倡导儒学，支持儒学的发展，本人亦严重汉化，好览史传，以为刘向所撰《新序》《说苑》，于经典正义多有所缺，乃亲撰《新集》三十篇，采诸经史，该洽古义。对其后的北魏统治者重视儒学起到重要的示范作用。到了献文帝拓跋弘、孝文帝拓跋宏时，北魏统治者便顺理成章地推行更大规模、更为自觉的汉化运动，北魏儒学的盛况一度“比隆周汉”，人才济济。

由于历史传统的惯性作用，北魏儒学的发展对其后北朝诸代也产生了相当重要的影响。尤其是经过北魏多年的学术准备，到了北齐、北周相继统治北方时，涌现出了一大批甚有影响的名儒，如卢景裕、李同轨、徐遵明、刘献之、李业兴、郭茂等人，不仅学贯五经，而且差不多都能开宗立派，独有心得。

如徐遵明，先后师事王聪、张吾贵、孙买德等名儒，学通《毛诗》《尚书》《礼经》等重要经典，但总觉诸师解说“名高而义无检格，凡所讲说，不惬吾心”，于是发愤自学，潜心六年，遍读诸经，终于成为一代名儒。《北史·徐遵明传》说：“是后教授门徒，每临讲坐，先持经执疏，然后敷讲。学徒至今，浸以成俗。遵明讲学于外二十余年，海内莫不宗仰。”魏齐之际名儒，大都出其门下。

北朝大儒除徐遵明之外，最值得称说者为刘献之。据《北史·刘献之传》记载，献之少而孤贫，雅好诗传，曾受业渤海程玄，后遂博观众籍，终成一代名儒，为海内所宗。《北齐书·儒林传》说：“通《毛诗》者多出于魏朝刘献之。献之传李周仁，周仁传董令度、程归则，归则传刘敬和、张思伯、刘轨思。其后能言《诗》者多出二刘之门。”足见刘氏为当时儒学大家。

此外，北朝大儒值得一提的还有李业兴、李铉、沈重、熊安生等。但就实际成就而言，北朝儒者对儒学发展的功劳主要是对汉魏之前儒家经典的整理与传承。汉代经学流至魏晋，学者兴趣久已转移，又中经战乱，许多重要经典毁失殆尽。魏晋人虽多有整理，然亦难免疏漏。诸如《大戴礼记》及《仪礼》等，如果不经北朝儒者整理，恐怕很难传诸后世。

《大戴礼记》的主要整理者为活动于北魏、北周时期的著名学者卢辩。《大戴礼记》是研究中国上古社会情况特别是儒家思想的重要资料，如其中的《孔子十三朝记》和《曾子》十篇之于儒家学说的探讨，《五帝德》《帝系》之于上古世系的考察，《诸侯迁庙》《诸侯衅庙》《投壶》《公冠》之于古代礼制的研究，都是儒学史上相当重要的文字。相传这部书是由西汉时礼学名家戴德选编，为与戴德从兄之子戴圣选编的《小戴礼记》相区别，故名《大戴礼记》。其实这部书的真正编定大约在东汉时期，但所收的八十五篇文字大都产生于公元之前，其中有许多篇可能是战国时期的作品。由于这部书在东汉时期几乎无人问津，更由于《小戴礼记》由郑玄做了相当出色的注释，遂使《大戴礼记》至南北朝时几乎湮没无闻。

正是在这种情况下，卢辩站出来而为之作注，方使这部重要的典籍流传于世并为士人所知。《周书·卢辩传》说："辩少好学，博通经籍，举秀才，为太学博士。以《大戴礼》未有解诂，辩乃注之。其兄景裕为当时硕儒，谓辩曰：'昔侍中注《小戴》，今尔注《大戴》，庶纂前修矣。'"于此可见卢注的价值。在一定意义上可以说，如果没有卢辩为《大戴礼记》作注释，恐怕这部重要的儒家思想典籍早已全部亡佚了。

总之，北朝儒学虽然在思想史上贡献不大，但其在儒家经典的整理、注释和传承方面确实做了相当重要的工作，是儒学发展过程中的一个重要环节。

魏太武帝灭佛

如前所说，北朝的儒学特征确实比较纯正，基本能够严守汉代经学重训诂的传统。但是，在南朝甚有影响的三教冲突与融合的现象在北朝也并非毫无反应。事实上，在北朝相当长的一个时期内是儒释道三教并立和并重，儒学虽然严守自己的学统，但又不能不面对释道二教的挑战与冲击。尤其是北朝的统治者基本上都是少数民族，因而他们对来自域外的佛教，以及中国本土的思想异端——道教，更容易建立感情。北魏拓跋氏政权自道武帝开始即一直信奉佛教，有意识地利用佛教以收拾人心、巩固统治。在北魏统治的早期，佛教在政治生活中具有相当重要的地位。

但是到了魏太武帝拓跋焘统治时期，"锐志武功"的太武帝因嵩山道士寇谦之及司徒崔浩的进言，遂于太延四年（438）三月，令五十岁以下的沙门一概还俗，以充军役。太平真君五年（444）正月，又禁止官民私养沙门。太平真君七年（446）二月，因对盖吴义军用兵，发现长安一寺院收藏兵器和官民寄存的很多财物，因此怀疑僧徒与起义有关，遂再次听从崔浩的建议，命尽杀长安及各地沙门，焚毁经像。此即中国佛教史上三武一宗灭佛之始。

太武帝对佛教的打击，得益者当然首先是北魏政权，但如果站在三教冲突的立场上看，则与道教的兴盛及道士寇谦之和儒学信徒崔浩有关。因为，在此之前北魏的统治者对儒学的政治功能已深有了解，已意识到儒家学说对于鲜卑统治者而言，是强化皇权、笼络汉族士人不可缺少的工具，所以儒学在北魏早期就受到相当的尊重。至于佛道二教，由于是北魏统治地区最为流行的民间宗教，因而太祖道武帝、太宗明元帝等北魏早期统治者也都先后表示了相当的尊重，置仙人博士、玄仙坊，煮炼百药。太武帝拓跋焘即位后，嵩山道士寇谦之遂利用太武帝“锐志武功”的心理，于泰常八年（423）十月造作迎合北魏统治者需要的神书《录图真经》，并与司徒崔浩联合起来，建议太武帝打击佛教势力，独尊道教。

而崔浩之所以赞赏寇谦之的“法术”，又与崔氏自身的情况有关。崔浩为北方第一高门清河崔氏的后人，其家族自汉以来不仅历代冠缨满朝，备受宠信，而且实为儒学世家，崔浩也素以当时北方儒学正宗自诩。他一方面对佛教的兴盛深恶痛绝，主张以儒家思想排斥佛教；另一方面也深知儒学的力量不足以将佛教彻底排斥，他虽不喜老庄之书，却又对方术具有相当的兴趣。于是，当寇谦之向他提出联手打击佛教时，正在被迫赋闲的崔浩很自然地觉得机会来了。

基于此种背景，崔浩在上太武帝书中着力宣扬寇谦之的符命之说，并竭力诋毁佛教，也确实收到一定的效果。再加上因盖吴起义而发现的寺院内的问题，于是太武帝怒沙门非法，诏诛长安沙门，并宣布“彼沙门者，假西戎虚诞，妄生妖孽，非所以一齐政化，布淳德于天下也。自王公已下，有私养沙门者，皆送官曹，不得隐匿。限今年二月十五日，过期不出，沙门身死，容止者诛一门”。由此可见，太武帝决心摧毁佛教，除了政治原因外，实与当时儒释道三教的利害冲突有着重要的关联。

太武帝灭佛当然是对北朝佛教的重大打击，但实际得益者并不必然是儒道二家。因为不久之后崔浩及其姻亲范阳卢氏、太原郭氏等北方门阀大族被太武帝借故处死或灭门，寇谦之及太武帝本人也很快先后去世。文成帝拓跋濬于452年即位后立即宣布复兴佛教，因此三教的冲突并没有因为太武帝灭佛而获得根本解决，此后的北魏统治者基本上都持三教并重的原则。

北周武帝灭佛

在太武帝灭佛后不到一百年，北魏在孝静帝（534—550）时分裂成东、西二魏，高欢迁孝静帝到邺都，为东魏，西魏则都长安。继东魏政权的是北齐，而北齐诸帝多半好佛，佛教在北齐又有较大发展。代西魏政权的是北周，北周虽然承袭北魏太武帝灭佛的影响，佛教一时衰歇，但西魏与北周诸帝也颇好佛，于是经过一段时间的恢复，到了北周明帝（557—560）年间佛教又有相当大的发展，当时名僧昙延、道安被誉为“玄门二杰”，南方来游关中的学僧也为数不少。

佛教的大发展不仅导致寺院与世俗政权的经济利益冲突，而且佛教的过分兴盛也势必破坏三教并立、并重的格局，引起三教之间的新冲突。因此，当北周武帝（560—578）登基之后，北周政权再也不能容忍佛教的发展，于是又发生了北周武帝灭佛事件。

北周武帝是北朝末年比较有作为的英主，为了适应当时社会趋于统一的大势，他积极推行汉化改革，实行富国强兵政策，在意识形态上也格外重视儒家礼教，希望以儒家思想统一三教。北周天和四年（569）二月，武帝御大德殿，集百僚、道士、沙门等两千余人讨论释老义，“亲量三教优劣废立”，又令司隶大夫甄鸾“详佛道二教，定其先后浅深同异”。于是甄鸾撰《笑道论》献上，嘲笑道教三洞真经伪妄及道法浅陋；僧人道安作《二教论》，宣扬儒佛二教一致，佛教炼心为内教，儒教救形为外教，而“道无别教，即在儒流”。武帝本欲在此次讨论中借道教而废斥佛教，结果除了将甄鸾的《笑道论》“于殿庭焚之”外，废佛之议并未能成立。

又过了三年，即北周建德元年（572）春正月，武帝幸玄都观，亲御法座讲说，公卿道俗论难。再次试图扶道废佛，不料是年有愿果寺僧蔼诣阙，著论攻击道教所说老子、尹喜西度化胡。结果武帝又未能如愿。

翌年十二月，武帝再集群臣及沙门、道士等，帝升高座，辩论三教先后，结果宣布“以儒教为先，道教次之，佛教为后”。以行政手段确立三教的位置，当然难以使佛教徒真诚信服。于是到了建德三年（574）五月，武帝下诏再集诸僧道论难，并敕道士张宾出面与僧人智炫辩论。智炫据理力争，武帝大怒而退，并下令“初断佛道二教，经像悉毁，罢沙门、道士，并令还俗，并禁诸淫祀，礼典所不载者尽除之”。既而又玄通道观，简取佛道二教名人一百二十人，并令衣冠笏履，称为通道观学士，命通阐三教经义。后三年，北周灭齐，攻占邺都，又毁齐地佛教，夺寺庙四万，僧徒三百万人悉令还俗，从而最终完成北周武帝毁佛的全过程。

武帝灭佛并不单纯是世俗政权与佛教的冲突，事实上这一事件之所以发生，除武帝笃信儒道外，还和三教不断地争宠互斗密切相关。然而，信仰的问题并不能靠世俗权力解决，因此，当武帝于灭佛之后第二年去世不久，继其而立的宣帝不得不屈从还俗僧人的压力，允许佛教恢复，佛教再次取得合法地位。三教并立、并重的格局至隋朝建立都未被打破。

通观北朝三教争宠互斗及二武灭佛的全过程，我们发现主要原因是佛道之间的冲突，而儒学在其间并没有产生太大的作用。儒学作为一种具有理性主义色彩的政治学说，理所当然地不愿过分介入宗教冲突。但是，如果仔细分析全部过程，我们又能比较容易地感到儒学不仅是在利用道教反对佛教，而且自身在坚守纯正学统的同时，也委实多少掺杂了一些“胡化”的成分，即期望自身的改造，能更好地赢得统治者的欢心和支持。

比如，崔浩虽然出身于儒学世家，并以儒学正宗自诩，但又对寇谦之的新道教表示容忍、赞赏和支持，除了个人爱好外，也可说明他的所谓“儒学正宗”并非真的纯正。再如北朝名儒刘献之，他在倡导儒学的同时，也不能不受到佛道二教的影响，他在生命最后岁月所注而未完成的一部书，便是佛教的重要典籍《涅槃经》。像刘献之这种情况，在北朝儒者中多有所见，值得重视。因此，我们说儒学在北朝实际上存在着一个“胡化与汉化同步”的过程，它一方面加速了北方少数民族的汉化，另一方面又不能不受到各少数民族及佛道二教的深刻影响。

附录

儒学人物小传

王肃（195—256），字子雍，东海郯（今山东郯城北）人。三国魏经学家。

王肃是儒学史上一位值得细说的人物。其父王朗是著名学者，又是晋文帝司马昭的岳丈。良好的家庭背景，使王肃博通经史，文武双全，官至散骑常侍，封兰陵侯。王肃遍注群经，以学问自负，许多重要儒家典籍，都因其注释而得以疏通。

但是王肃有两个不可原谅的错误：一是他为反对而反对，刻意与郑玄立异，尽管他对郑玄学术的批评并非全无道理，但刻意立异以为高，混淆了许多问题。二是他借圣人及其所谓后人之口伪造经典，尽管《孔丛子》《圣证论》并非全伪，但王肃通过整理加进了许多经典原本没有的内容，借圣人之口兜售私货，篡改典籍，给学术史留下许多令人生厌的恶例。

刘劭（生卒年不详），字孔才，广平邯郸（今属河北）人。三国魏哲学家。

刘劭官至尚书郎、散骑侍郎，赐爵关内侯。他学问渊博，著述颇多，但除了探讨封建统治者如何选拔人才的《人物志》外，其他诸多著作已散佚，极为可惜。

何晏（约 190—249），字平叔，南阳宛县（今河南南阳）人。三国魏玄学家。

何晏是东汉大将军何进之孙，曹操之婿。他博学多思，能言善辩，曹爽执政时为散骑常侍，官至侍中尚书，典选举。后因介入政治纷争，被司马懿诛杀。

何晏是魏晋时期的名士，对儒学和老庄的典籍都有深入的研究和体悟。他“援老入儒”，用老庄的思想重读儒学，得出不少新颖的见解，带来一股全新的学术气息，为儒家经学的玄学化贡献极大。当然，他蔑视典文、不守礼法、游辞浮说等行为，同样带坏了风气，也深受后儒批评，以为罪过于桀纣。著有《道德论》《无名论》和《论语集解》。

阮籍（210—263），字嗣宗，陈留尉氏（今属河南）人。三国魏文学家、思想家。

阮籍曾为步兵校尉，故又世称“阮步兵”。正始初，阮籍与嵇康、山涛、向秀、刘伶、王戎、阮咸诸人趣味相投，作“竹林之游”，史称“竹林七贤”。阮籍原本为儒家信徒，后来受到老庄思想的影响以及现实政治的刺激，转而排斥儒家的名教，开始信奉道学的自然。以庄周为楷模的他，放浪形骸，不拘礼法，所著《大人先生传》《通老论》《达庄论》，都是正始玄学之音的名篇，在中国文化史上占据重要地位。

傅玄（217—278），字休奕，北地泥阳（今陕西铜川市耀州区）人。魏晋哲学家、文学家。

傅玄出身于官宦之家，曾任散骑常侍、司隶校尉，但他无心于仕途，更不愿意钻营，而是醉心于儒家经学，很早就有营造学术体系的雄心，著有《傅子》《傅玄集》。傅玄就万物创生、治国安邦、公平正义、行政体制等诸多方面进行了极富创造性的研究，并提出了一些前人没有想到的问题，体现了那个时代的思想水平。

杜预（222—284），字元凯，京兆杜陵（今陕西西安东南）人。西晋将领、学者。

杜预的父亲是曹魏时的名臣，杜预因此受到良好的教育，他博览群书，热心学术，对《春秋》，尤其是《春秋左氏传》钻研甚深，别有心得，著有《春秋释例》《春秋左氏经传集解》《春秋长历》，对后世相关研究起到了先导作用，由此奠定他在儒学史上的地位。

政治上，杜预入晋后官至镇南大将军，都督荆州诸军事，文武双全，人称“杜武库”。

嵇康（223—262 或 224—263），字叔夜，谯郡铚县（今安徽涡阳）人。三国魏文学家、思想家、音乐家。

嵇康也是“竹林七贤”之一，与阮籍齐名。他与曹魏宗室通婚，官至中散大夫，因而世人又称他为“嵇中散”。因与曹魏的姻亲关系，嵇康非常瞧不起司马氏，屡屡找碴讥讽司马氏，最终遭钟会构陷，被司马昭以“言论放荡，非毁典谟”的罪名处死，临死前索琴弹奏《广陵散》，为文坛千古绝唱。

嵇康表面上“非汤武而薄周孔”“越名教而任自然”，给人们一种反儒学、反名教的印象，其实正如鲁迅所分析的那样，嵇康真正反对的是司马氏集团对儒学的利用，而在实际生活中，嵇康对儒家精神有自己的理解和坚持。嵇康作品最好的读本，还是鲁迅辑录校订的《嵇康集》。

王弼（226—249），字辅嗣，魏国山阳（今河南焦作）人。三国魏玄学家。

王弼出身于名门望族，曾外祖为荆州牧刘表，继祖为“建安七子”之一的王粲，父亲王业官至谒者仆射。王弼极为聪慧，幼年早熟，博通今古。他能言善辩，精通老庄，深研《周易》，并为之作注，以老解《易》，废弃汉人烦琐的经学考订方法，直抒心胸，开“正始玄风”。王弼病逝于正始十年（249），年仅二十三岁，但这并不妨碍他成为魏晋玄学清谈的重要代表人物之一，在中国儒学史上占据不可替代的位置。

向秀（约227—272） 字子期，河内怀（今河南武陟西南）人。魏晋之际的哲学家、文学家。

向秀作为“竹林七贤”之一，通儒学，善老庄，主张以无为本，以为儒道同而非异，名教出于自然，许多观点与王弼、何晏相同或相似。曾为《庄子》作注，“发明奇趣，振起玄风”，借助先前各种思想资源，妙析奇致，见解超凡，大畅玄风。读之者超然心悟，莫不自足一时，别有韵味。可惜还未完成就离开人世，残稿被郭象获得。郭象在此基础上继续加工，成为魏晋时期最具代表性的作品。但此注的版权，千百年来一直聚讼纷纭，莫衷一是，为中国学术史上一桩无解的公案。

欧阳建（269—300），字坚石，渤海南皮（今河北南皮东北）人。西晋哲学家。

欧阳建属于早慧型的天才，他的“言尽意”论不足三百字，认为“形不待明而方圆已著，色不俟称而黑白已彰”，这实际上是从传统儒学的立场出发，批判玄学家的“言不尽意”论。欧阳建认为外在世界、客观世界，并不以人们是否意识到、感知到，或是否能表达出来为标准而决定其有无。“有无”是客观存在的，独立于人的意识。

永康元年（300），欧阳建因卷入一场政治冲突而被赵王司马伦所杀，年仅三十余岁，甚为可惜。

裴頠（267—300），字逸民，河东闻喜（今属山西）人。西晋哲学家。

裴頠出身于官宦大族，见多识广，学术功力深厚，官至尚书左仆射。永康元年因政争被赵王司马伦所杀，年仅三十余岁。裴頠反对王弼、何晏的“贵无”学说，针锋相对地提出“崇有”学说，承认了世间万物的客观存在与相互关联性，这是对正始之音虚无主张的有力反驳。裴頠的主张独步当时，流芳后世，在儒学史上具有重要意义。

郭象（252—312），字子玄，今河南洛阳人。西晋哲学家。

郭象官至黄门侍郎、太傅主簿。他少有才思，好老庄，善清谈。郭象与向秀之间关于《庄子注》的公案一直众说纷纭，并无定解。一说郭象以向注为己注，类似于将向秀的知识产权据为己有；一说郭象在向注的基础上述而广之，类似于魏源在林则徐《四洲志》的基础上编撰《海国图志》。我个人比较倾向于后说。

戴逵（？—396），字安道，谯郡铚县（安徽濉溪西南）人，后迁至会稽剡县（今浙江嵊州）。东晋学者、雕塑家和画家。

戴逵出身于官宦之家，曾拜名师门下，接受过良好的教育。他多才多艺，善鼓琴，精山水人物画，尤精雕筑佛像。他终身不仕，是当时极具盛名的隐者。戴逵在儒学史上的表现有：一是著有《五经大义》，比较公允地讨论了儒家经典的贡献与问题；二是对当时极度玄学化的风气持严厉批评态度。

范宁（339—401），字武子，南阳顺阳（今河南淅川东南）人。东晋经学家。

范宁官至中书侍郎、豫章太守。他精通儒家经学，坚守儒学正统，坚决反对何晏、王弼等玄学家对儒家经典的理解，以为这些玄学家“援老入儒”，是对儒学精神的毁灭性伤害，其罪孽与桀纣不分高下。

范宁精通《春秋穀梁传》，穷数十年之力为之疏解，撰写的《春秋穀梁传集解》是今存最早的《穀梁传》的善本和注释本，在儒学史上具有不可替代的地位，直至今日依然是经学史研究中非常重要的参考书。

范缜（约 450—约 510），字子真，南乡舞阴（今河南泌阳西北）人。南朝齐梁唯物主义哲学家和无神论者。

范缜出身微贱，先后仕齐、梁，官至尚书殿中郎、尚书左丞。范缜博通儒家经典，尤精三《礼》，最著名的贡献是与佛教教徒辩论“因果报应”的可能性，作《神灭论》反对佛教神不灭论。《神灭论》一书的发表是中国思想史上的一件大事，作品本身更是名篇，其论证理由、逻辑已见于正文，兹不赘。

徐遵明（475—529），字子判，华阴（今属陕西）人。北魏经学家，北学代表人物之一。

徐遵明自幼好学，广益良师，服膺并谨守郑玄的学术路径，又传服虔《春秋》学，将其融会贯通，自成一家之言。徐遵明终身不仕，以课徒著述为生。

第七章 隋唐：儒学再度官学化

581年，北周王朝手握重权的隋王杨坚始受相国、百揆、九锡之命，建台置官。开府仪同大将军庾季才，劝隋王宜以今月甲子应天受命。太傅李穆、开府仪同大将军卢贲亦劝之。于是北周静帝下诏，逊居别宫，并命兼太傅杞公宇文椿奉册，太宗伯赵煚奉皇帝玺绂，禅位于隋。重演了一场儒学素来称道的不流血革命，即皇位禅让。北周遂亡，隋朝正式建立，改元开皇。

隋朝建立之时，广大的北部中国实际上已经统一，能与隋朝相抗衡的是南方的陈朝。因此，隋朝建立之始，即做灭陈的准备。经过长达九年的对峙，待到589年即开皇九年，隋吴州总管贺若弼自广陵引兵渡江，庐州总管韩擒虎自横江夜渡采石。大兵压境，陈朝危在旦夕。而陈后主素怯懦，不达军事，唯昼夜啼泣。不数日，隋军入建康，生擒陈后主，陈亡。中国在经历了长达三百余年的南北分裂之后，再度走上政治统一的发展道路。

政治统一与三教合一

隋朝的统一，是中国历史上的重大事件。它不仅结束了几百年来南北分治的局面，而且开始将南北文化融为一体，优势互补，从而为唐朝的文化繁荣，以及宋明时期中国文化的再生创造了条件。仅从儒学的发展情况看，享国短暂的隋朝虽然并没有最终完成南北儒学的统一，儒释道三教的融会与合一，但是，如果没有隋朝的短暂过渡及隋朝儒家学者的努力，恐怕唐初的儒学统一不可能那样快、那样彻底。故而从这个意义上说，隋朝历史虽然不长，但隋朝儒学则在儒学史上具有承前启后的意义。

隋朝统治者对儒学的态度基本上是利用与扶持。隋文帝杨坚凭借儒学的智慧资源先是和平完成了北周到隋的权力交替，后又凭借儒学的大一统理念完成了南北统一，因而无论他如何喜欢释道二教，也根本不可能对儒学表示反感。相反，在他夺权之后更感儒学足以利用，于是不仅多次下诏提倡儒家的礼仪道德以恢复和重建社会秩序，而且上台伊始，尽易北周官仪，依照儒家典籍中的规范，复汉魏之旧。儒家学术一时间获得空前发展。

然而必须指出的是，就隋文帝的个人兴趣而言，他对儒学的尊重并非发自内心，他几乎始终如一地认为，隋朝之兴皆由于佛法。特别是他出生在冯翊般若寺，受智仙尼抚养的特殊经历，以及少年时代那些僧尼近于神奇的预言都深刻影响了他，使文帝对佛教发自内心地产生好感，所以他在夺取政权之后，便立即改变北周武帝毁灭佛法的政策。据《隋书·经籍志》记载："开皇元年，高祖普诏天下，任听出家，仍令计口出钱，营造经像。而京师及并州、相州、洛州等诸大都邑之处，并官写一切经，置于寺内；而又别写，藏于秘阁。天下之人，从风而靡，竞相景慕，民间佛经，多于六经数十百倍。"所有这些，不能不对儒学的恢复与发展产生相当负面的影响。《隋书·儒林传》说："及高祖暮年，精华稍竭，不悦儒术，专尚刑名，执政之徒，咸非笃好。暨仁寿间，遂废天下之学，唯存国子一所，弟子七十二人。"儒学再次步入衰落期。

继文帝而立的是炀帝，他和父亲杨坚一样笃好佛教，只是他在倡导佛教的同时，也注意对佛教进行一定的限制，为儒学的恢复与发展留存了一定的空间。根据《隋书·儒林传》所说，尽管炀帝有心兴儒弘道，无奈时势使然，儒学在隋朝并没有真正获得恢复，更不要说有多少发展了。

从文帝、炀帝的基本心态看，他们一方面看重儒学的教化治世功能，对儒学的恢复与重振给予了适当的扶持，而另一方面由于他们从骨子里相信“我兴由佛法”，因而在扶持儒学的同时，对于佛教的恢复与发展给予更多的财力及政策支持。在这种不平等的竞争条件下，儒学虽然可以获得一定程度的恢复，但与释道二教相比，儒学的地位最低。据《隋书·隐逸传》记载，曾有人问隋朝名士李士谦三教优劣，士谦曰：“佛，日也；道，月也；儒，五星也。”儒学只是佛道二教的陪衬，这大体可以反映儒学在隋朝的实际地位。

如果儒学能够始终如一地坚守独立的陪衬作用也还不错，但最为可悲的是，隋朝儒学的这种陪衬作用并不是独立存在的，而是依附于释道二教，起到助佛宣教的作用。据《隋书·隐逸传》：“士谦善谈玄理，尝有一客在坐，不信佛家应报之义，以为外典无闻焉。士谦喻之曰：‘积善余庆，积恶余殃，高门待封，扫墓望丧，岂非休咎之应邪？佛经云轮转五道，无复穷已，此则贾谊所言，千变万化，未始有极，忽然为人之谓也。佛道未东，而贤者已知其然矣。”似乎儒家的道理只是为了证明佛教的义理而已。

又据《续高僧传·达摩笈多传》载：“又有晋府祭酒徐同卿，撰《通命论》两卷……意在显发儒宗，助佛宣教。”儒家学者都如此自觉地借儒典以宣扬佛教，又怎能指望儒学的地位能有多大的提高呢？

不过，如果从政治统一的大背景来观察，儒家学者自觉地证明儒释相通虽然有碍于自己学统的纯正，但由此也带来另外一个并非太坏的后果，那就是真正结束几百年来儒释之间的冲突与斗争，应政治大一统的需要，重建学术一统的新体系。

王通：“三教可一”

学术一统的趋势是政治一统的必然产物，从隋朝儒学的实际情况看，学术一统的最先发生尚不在儒释道三教之间，而是南北方儒学的沟通与融会。事实上，长达几百年的南北分治使儒学形成南北不同的学术风格与学术流派，如何重建统一的儒家学术，实在是隋朝建立之后儒家学者所面临的最为迫切的问题。伴随着隋朝在政治上的统一，儒家学术不仅必将消弭南北门户的畛域，而且势必要经过一次去伪存真、考其异同、定其得失的筛选。

但是从隋朝儒学统一南北的实际情况看，并不是学统比较纯正的北学统一了南学，而是严重掺杂释道二教思想因素的南学统一了北学。南方虽在政治上亡国，但其学术文化成就并没有随之灭亡，而是得以延续和发展。对此，皮锡瑞在《经学历史》中分析道：“学术随世运为转移，亦不尽随世运为转移。隋平陈而天下统一，南北之学亦归统一，此随世运为转移者也；天下统一，南并于北，而经学统一，北学反并于南，此不随世运为转移者也。”

南北儒学并不存在优劣之分，它们在学术风格、学术取向上的区别，只是南北不同的地理环境、政治环境、学术传统使然。当北方征服者发现南学重文采、标新异、善名理后，于是决定大度吸收南学又有什么不可以理解的呢？而且，南方士人基于亡国之痛，更易产生一种莫名其妙的文化优越感，因而当南方并入北方之后，南方士人咄咄逼人，欲以文化上的优越鄙视北人、统一北方的心态也就在情理之中了。

由南学统一北学是隋朝儒学发展的一个客观事实，由此必然连带的一个问题是，南方儒学经过几百年与释道二教的冲突与斗争，已完成三教合流的融会过程。因此，当隋朝实现政治统一后，以南方儒学为基本架构的隋朝儒学不会再与释道二教发生更为激烈的冲突，而容易趋于调和与融会。儒家学者不再认为三教之间存在着不可调和的利益冲突，而在相当程度上接受南朝一些名僧的说法，以为三教都是统治阶级的工具，它们从不同角度、不同层面维系和支持社会发展的正常秩序。

隋朝名儒王通在《中说·周公篇》中说：“《诗》《书》盛而秦世灭，非仲尼之罪也；虚玄长而晋室乱，非老庄之罪也；斋戒修而梁国亡，非释迦之罪也。《易》不云乎：苟非其人，道不虚行。”在王通看来，儒释道三教都只是一种学说，它们可以对政治产生相当的影响，但并不能决定政治的进程和结果。

这样说当然并不意味着王通超越三教，站在一种更为公平的立场上评估三教得失。事实上，王通的儒学立场没有丝毫改变，他只不过是比先前的儒者多了一点儿宽容心，能够坦然地承认释道二教有其独立存在的价值。据《中说·周公篇》记载：“或问佛，子曰：‘圣人也。’曰：‘其教何如？’曰：‘西方之教也，中国则泥。轩车不可以适越，冠冕不可以之胡，古之道也。’”王道承认佛教自有其意义和价值，但是同时强调佛教毕竟是一种外来宗教，有与中土风俗相扞格的地方，故入中国则泥。又据《中说·礼乐篇》，或问长生神仙之道，王通说：“仁义不修，孝悌不立，奚为长生？甚矣，人之无厌也！”强调生命的意义与价值不在于生命过程的长与短，而在于能否修仁义、重孝悌。这样，王通便站在儒学的立场上，对释道二教进行了批判和扬弃，既承认它们的价值与意义，又拒斥它们的虚诞，以及与儒学传统格格不入的内容。

基于这种认识，王通一方面渴望儒学的复兴与重振，另一方面当然也不会像先前的儒者那样盲目排斥释道。相反，他期望在容忍二教独立存在的同时，儒学的复兴与发展应该利用、吸收和凭借释道二教的智慧资源，从而实现“三教归儒”的最终目的，重建儒学的新体系。《中说·周公篇》载：“子谓史谈善述九流。‘知其不可废，而知其各有弊也，安得长者之言哉？’子曰：‘通其变，天下无弊法；执其方，天下无善教。故曰：存乎其人。’”对于那种欲废除佛道二教的强硬主张，王通以北朝二武灭佛的经验教训为例，强调信仰的问题只能靠改变信仰来解决，强力压制只能适得其反。《中说·问易篇》载：“程元曰：‘三教何如？’子曰：‘政恶多门久矣。’曰：‘废之何如？’子曰：‘非尔所及也。真君、建德之事，适足推波助澜，纵风止燎尔。’子读《洪范谠议》，曰：‘三教于是乎可一矣。’程元、魏徵进曰：‘何谓也？’子曰：‘使民不倦。’”

据研究，《洪范谠议》即为《皇极谠议》，为王通之祖安康献公王一所作。此书的内容不得而知，然据书名，可知是以解释皇极之义为核心的著作。《中说·王道篇》载：“同州府君之述，曰《政小论》八篇，其言王霸之业尽矣。安康献公之述曰《皇极谠义》九篇，其言三才之去就深矣。铜川府君之述曰《兴衰要论》七篇，其言六代之得失明矣。余小子获睹成训，勤九载矣。服先人之义，稽仲尼之心，天人之事，帝王之道，昭昭乎！子谓董常曰：‘吾欲修《元经》，稽诸史论，不足征也，吾得《皇极谠义》焉。’”由此可见，《皇极谠议》不仅是王氏家族的一部重要著作，而且对王通思想的形成产生过决定性的影响，尤其是其“三才之去就”的分析在很大程度上促成了王通“三教可一”思想的形成。他所欲著的《元经》便是对这一思想的进一步阐释。惜其真本已佚，详尽情况已不可知。

“三才”亦称“三材”，是中国古代哲学的一组重要概念，主要指天、地、人，又指天道、地道和人道。《周易·系辞下》说：“《易》之为书也，广大悉备，有天道焉，有人道焉，有地道焉。兼三才而两之，故六。六者非它也，三才之道也。”王一的《皇极谠议》讨论“三才之去就”，可能就是讨论天、地、人的关系和地位。王通据此讨论三教，估计也只是借用了《皇极谠议》的观点和方法，即三教之去就的可能和意义。而所谓皇极，据清代学者俞正燮在《癸巳存稿·极中也》的解释，就是“中道”，就是调和，就是圆融无碍。于是王通借用这种观念与方法，得出了“三教可一”的结论。

王通的“三教可一”并不是简单的三教合流，或者是将三教归为一教。事实上，他在承认三教各有长短的同时，更多的是强调以传统儒学为主体，“通其变”，发挥各家之长，而不是“执其方”，胶着于一家之门户。因此，从这个意义上说，王通的思想贡献在于一方面承认三教独立存在的价值；另一方面坚守了儒学的立场，为儒学真正融合、吸收释道二教的思想因素并重振雄风提供了理论上的可能。

然而，王通的贡献只具有理论上和思想史上的意义，并不能说明隋朝儒学的实际情况和现实可能。从实际情况看，儒学在隋朝政治生活中不仅地位每况愈下，沦为三教之末，只是释道二教的陪衬，而且其自身也确实存在着深刻危机，如果不加以克服和纠正，必将更趋没落，以致无力整合自身与社会。

儒学的内在危机与颜之推的出现

儒学在隋朝的危机是多方面的，特别是伴随着政治统一而来的学术统一，并没有真正解决南北学术在思想趋向、学术风格等方面的差异和分歧。据《隋书·房晖远传》记载，当时被誉为“五经库”的名儒房晖远于隋初“擢为国子博士。会上令国子生通一经者，并悉荐举，将擢用之。既策问讫，博士不能时定臧否。祭酒元善怪问之，晖远曰：‘江南、河北，义例不同，博士不能遍涉。学生皆持其所短，称己所长，博士各各自疑，所以久而不决也。’祭酒因令晖远考定之，晖远览笔便下，初无疑滞。或有不服者，晖远问其所传义疏，辄为始末诵之，然后出其所短，自是无敢饰非者”。据此可知，房晖远可以凭借渊博的学识解决一时之难题，但几百年来形成的儒学南北义例的不同绝不可能随之完全消解。

经义本身的矛盾混乱，实在有碍于儒学的复兴与发展。儒学内部的这种分歧不仅消耗了儒学整合社会的力量，而且势必影响儒学的威信，加深南北学者的分歧与矛盾。

隋朝儒学虽然从表面上说是由南学统一北学，但这种统一并没有真正完成，故而带有明显的过渡特点。这不仅表现在南北学义理不同的情况依然存在，而且因政治统一的突然到来，学者们一时无所适从，他们在积极营建体系，一以其道易天下，满足现实政治需要的同时，不免有点背离儒学关注现实、注重道德修养、既为学又为人的思想传统，而表现出极其强烈的名利倾向。儒家学者的道德水准低下，实已成为相当严重的社会问题。如刘焯“怀抱不旷，又啬于财”；或如刘炫“性躁竞，颇俳谐，多自矜伐”。他们附会经义，投机逢迎，道德低下，品行恶劣，实在难孚人望。

据《隋书·马光传》记载，马光“少好学，从师数十年，昼夜不息，图书谶纬，莫不毕览，尤明三《礼》，为儒者所宗。开皇初，高祖征山东义学之士，光与张仲让、孔笼、窦士荣、张黑奴、刘祖仁等俱至，并授太学博士，时人号为六儒。然皆鄙野，无仪范，朝廷不之贵也。士荣寻病死。仲让未几告归乡里，著书十卷，自云此书若奏，我必为宰相。又数言玄象事。州县列上其状，竟坐诛。孔笼、张黑奴、刘祖仁未几亦被谴去，唯光独存”。大儒辈的道德品质尚且如此，遑论一般士风。

《隋书·刘炫传》写道：“时牛弘奏请购求天下遗逸之书，炫遂伪造书百余卷，题为《连山易》《鲁史记》等，录上送官，取赏而去。后有人讼之，经赦免死，坐除名，归于家，以教授为务。”伪造图书不始于隋，但尚未闻此前的图书伪造者是为了“取赏”，而一代名儒刘炫竟能做出此等低下之事，儒家学者的道德形象在隋朝究竟怎样不难推而想之。

当然，人心不古、士风低下的情况代代都有。问题在于，处在中国社会重大转折时期的隋朝，儒学的地位本来就不高，如欲使儒学获得更高的地位，除学术水准外，自然不应无视儒家学者道德楷模的作用和力量。如果儒家学者不能克服道德上的危机与困境，那么儒学的振兴与恢复便很难实现。于是有了隋朝的重要思想家颜之推及其《颜氏家训》一书的出现。

颜之推为琅琊临沂人，出身于世业儒术的官宦家庭。青少年时代的颜之推并不是一个如自己在《颜氏家训》中所要求的那种规矩人，而在相当程度上依然保留着南朝玄谈之士的狂放遗风。

约二十岁时，颜之推的生命历程和人生观念似乎发生了一次重大转折。这一年，他随萧绎之子萧方诸出镇郢州，掌管记。可惜不久遇到侯景之乱，侯军攻占郢州，颜之推不幸被俘，几乎被杀，幸赖行台郎中王则相救，刀下留命，但依然被囚，送往建业。

552 年，侯景之乱被平息，颜之推终于结束了囚徒生活，回到江陵。是时，萧绎已在江陵即位，是为孝元帝。颜之推被任命为散骑侍郎，奏舍人事。然而为时不久，554 年，西魏军攻占江陵，颜之推再次成为俘虏，并被押送到长安。过了几个月，他听说北齐遣送梁使徐陵等人回国，便打算奔齐而后返梁。“值河水暴长，具船将妻子来奔，经砥柱之险”，终于抵达齐国。

北齐文宣皇帝高洋久慕颜之推的文名，“见而悦之，即除奉朝请，引于内馆中，侍从左右”，颜之推只好暂时做了高洋的御用文友。不过，按照颜之推原先的计划，北齐只是他的必经之地，他的愿望是经此而回到故国。不幸的是，还没等到返回，梁国就发生了剧变，陈霸先废梁敬帝自立，梁国变为陈国。故国既不复存在，颜之推只好断绝南归之望。

具有正统观念的颜之推似乎无意事异主，但情势所迫，他又不得不留在北齐，充当宫廷御用文人。高洋及北齐其他决策层面的人物对颜之推相当推重，但心有不甘的颜之推一方面消极怠工，“营外饮酒”，一方面当北齐面临周兵威胁时，又乘机向高洋进言南投陈国。颜之推依然抛不掉正统观念，由此不难想见他在北齐那些年内心的分裂状态。

尽管如此，在北齐生活的二十年，仍是颜氏生命历程中最重要的时期，他不仅主持编纂了大型类书《修文殿御览》，而且因受皇帝和执政祖珽的推重，对北齐的制度建设、文化发展都做出了相当大的贡献，表现出南方士人的才华。但是，受正统思想的支配，二十年的北齐生活也没能让他把这里当成自己的第二故乡。因而齐亡之后，他与卢思道、薛道衡等人共赴长安，接受灭齐之周国的委任，为御史上士。为时不久，周相国杨坚又受周禅，建立隋朝。杨坚及太子杨勇素闻颜氏文名，将他召为学士，“甚见礼重”，颜之推常与文士阮卓、薛道衡等聚集在杨坚及杨勇周围，

“谈宴赋诗，赐遗加礼”。

在隋朝的日子，是颜之推一生中最舒心的时候，他虽然历经战乱，多次被俘，但毕竟在生命的最后岁月看到了“今日天下大同”，故而感到特别欣慰和兴奋。可惜“夕阳无限好，只是近黄昏”，他只在隋朝度过短暂的时光，便因病不治而卒。不过，也正是在这几年间，颜氏终于完成那部流传广泛、意义深远的《颜氏家训》，为重构儒家伦理做出了相当重要的贡献。

《颜氏家训》是颜之推通过自己的生命感受而留给子孙后代的道德箴言。今存二十篇，涉及范围极广，以传统的儒学道德观念及古今事例，阐述教子治家、立身扬名的道理，谆谆告诫后代守道尊德、治学修业、养生归心，成为于国于家有用之人。这是前此中国人道德观念和道德戒律的全面总结和系统整合，对此后的中国传统社会影响深远，几乎被社会各个阶层所接受。

就其思想渊源来说，《颜氏家训》无疑是以儒家的正统观念为基本指导思想，对传统儒学经过玄学的改造和佛学的冲击而严重变质深为忧虑。因而它一方面抨击崇尚虚无的玄学，一方面主张恢复早期儒家的道德观念。其《序致》写道：“夫圣贤之书，教人诚孝，慎言检迹，立身扬名，亦已备矣。魏、晋以来，所著诸子，理重事复，递相模效，犹屋下架屋，床上施床耳。吾今所以复为此者，非敢轨物范世也，业以整齐门内，提撕子孙。”故而竭力发挥早期儒家的忠孝仁义观念，强调建立儒家所期望的理想人格的重要性。其《省事》说：“君子当守道崇德，蓄价待时，爵禄不登，信由天命。须求趋竞，不顾羞惭；比较材能，斟量功伐，厉色扬声，东怨西怒；或有劫持宰相瑕疵，而获酬谢，或有諠聒时人视听，求见发遣；以此得官，谓为才力，何异盗食致饱，窃衣取温哉！”这里虽充满着儒家思想的迂腐，但也是对当时士风的尖锐批判，在一定程度上可以说是浊世中的一股清流。

儒家思想当然是《颜氏家训》的核心，但由于时代风气使然，早年即熟读《老》《庄》，晚年尤徘徊于释道之间、出入于内外两教的颜之推，无法完全拒绝释道的影响。恰恰相反，尽管他的主观意图是要恢复早期儒家的伦理思想，却又每每在实践中不自觉乃至有意吸收释道的思想观念，表现出三教合一的思想倾向。他强调，就思想本质而言，儒释道三教并无根本冲突，不论在国家的根本利益上，还是在个人修养方面，释道二教的观念都应该是重建儒学道德体系时可以凭借的智慧资源。

儒学的统一和地位的提升

不论儒学在隋朝还存在多少问题和困境，但伴随着隋朝在政治上的南北统一，儒家学术也表现出明显的统一趋势。这种趋势不仅体现在儒家学术南北差异的逐渐消失上，还充分体现在儒家学者已开始能够以坦然的心态面对释道二教，既站在儒家立场批判释道二教的思想异端，也能大度吸收和融会释道二教的“合理”思想要素。然而，隋朝的历史毕竟过于短暂，儒家学术的这种趋势只是在隋朝显露端倪，而真正将这种趋势变为现实，并推动其向理学过渡的，是唐朝的政治家和儒者。

汉代儒学重在明经，魏晋儒学重在义理，南北朝诸儒虽抱残守缺，但当汉学已逝、唐学未兴的绝续之际，南北诸儒所倡导的逐字逐句注释经典的“义疏之学”，实对唐代儒学的发展具有先导作用。

初唐三教冲突

唐朝统治者对于儒学基本上是尊重和提倡的，然而由于儒释道三教冲突与斗争的复杂背景，因而在各个时期的表现并不完全一致。唐朝建国之初，原则上是以儒释道三教并举作为思想文化领域的基本国策。高祖李渊对儒学甚有好感，颇重儒臣，登基之始，就下令恢复学校，置国子、太学、四门生，合三百余员，郡县学亦各置生员，为儒学的恢复提供了基本前提和条件。武德二年（619）又下诏说："朕君临区宇，兴化崇儒，永言先达，情深绍嗣。宜令有司于国子学立周公、孔子庙各一所，四时致祭。仍博求其后，具以名闻，详考所宜，当加爵土。"并不时亲临国子学释奠，听诸生讲解经义。武德三年（620），唐王朝在讨平东夏之后，海内无事，更锐意于儒学，在李世民的倡议和直接组织下，于秦府开文学馆，广引文学之士，命杜如晦、房玄龄、虞世南、褚亮、姚思廉、李玄道、蔡允恭、陆德明、孔颖达、许敬宗等十八人各以本官兼署学士，分班轮值，讲述儒学义理。

李渊、李世民父子对儒学的赞许与支持，无疑有助于改变儒学在隋朝居于三教之末的局面，并为三教合一提供了可能。然而从儒家学者的内在心态看，他们既无法忘怀儒术独尊的辉煌岁月，更难以真正与释道二教和平共处，良性互动。因而，当遇到李渊父子这样明确支持儒学的统治者时，他们不是保持适度的姿态去发展儒学，并为释道二教留下必要的生存空间，而是站在强硬的立场上，坚决排斥释道二教。武德四年（621）六月，太史丞傅奕上奏《请废佛法表》，请求废除佛法。武德七年（624），傅奕再次上《请除释教疏》，主张废除佛教。

排斥佛教或许有利于儒学的发展，但并不必然合乎统治者的利益。唐初统治者的真实想法是儒释道三教并重，既不允许儒学一枝独秀，也不可能彻底排斥释道二教。李渊在《赐学官胄子诏》说："三教虽异，善归一揆。沙门事佛，灵宇相望。朝贤宗儒，辟雍顿废。公王以下，宁得不惭。"显然是以三教并用为意识形态的基本原则。鉴于此，唐初统治者当然不会一味支持傅奕的反佛主张，李渊诏令百官议其事，只有太仆卿张道源称傅奕的上奏是"合理"的，而中书令萧瑀等人却坚决反对。

释明概在《决对傅奕废佛法僧事并表》中说："释迦愍斯涂炭，哀其沈溺，陈经教劝善以诱贤，制戒律禁恶以惩罪，皆令息妄归真，还源返本。”佛教不仅是为了治天下而产生的，而且其功能并不比儒学差。那么还有什么必要排斥佛教呢？于是，由傅奕引发的这场争论终李渊一朝不了了之。

但这并不意味着傅奕的反佛主张没有产生丝毫影响。事实上，由于寺院经济的恶性膨胀，以及寺院内部混乱等问题，世俗王权在利用佛教的同时，也不能不对佛教的发展加以遏制。武德九年（626），李渊发布《沙汰佛道诏》，决定：“诸僧、尼、道士、女冠等，有精勤练行、守戒律者，并令就大寺观居住，给衣食，勿令乏短。其不能精进、戒行有阙、不堪供养者，并令罢遣，各还桑梓。所司明为条式，务依法教，违制之事，悉宜停断。京城留寺三所、观二所，其余天下诸州，各留一所。余悉罢之。”由此可知，李渊虽不像傅奕建议的那样彻底废除佛教，但其整顿宗教的做法显然也是在一定程度上回应了傅奕的反佛主张。

如此一来，儒学的地位得到了提升，但也破坏了三教并立的格局，有损于唐王朝的政治统治。因此，当这道诏令下达仅仅两个月左右，李渊又下令撤销这一决定，“其僧、尼、道士、女冠并宜依旧”。由此既可见唐初统治者对三教的真实心迹，也可知三教冲突在唐初是何等严重。

李渊未能解决儒佛之间的冲突就传位给了太宗李世民。李世民曾多次公开宣布：“朕于佛教，非意所遵。”“朕所好者，唯尧舜周孔之道。”然而出于现实政治的考虑，李世民也不愿破坏三教并立并用的既成格局。在即位伊始，他就向反佛健将傅奕问道：“佛道玄妙，圣迹可师，且报应显然，屡有征验，卿独不悟其理，何也？”及听傅奕阐述“佛是胡中桀黠，欺诳夷狄……于百姓无补，于国家有害”的观点后，却又“颇然之”，表现出模棱两可的态度。

三教冲突在唐初愈演愈烈，李世民模棱两可的态度显然无助于问题的解决，他虽然清醒地意识到佛教无益于治国，但他也不愿真的废除佛教，于是在“玄武之变”不久，便促使高祖李渊下令“复浮屠、老子法”。

李世民作为一代英主，他在内心深处又十分清晰地认识到，唐王朝真正应该依赖的精神支柱只能是儒学。他不止一次地说过：“朕今所好者，惟在尧舜之道、周孔之教。以为如鸟有翼，如鱼依水，失之必死，不可暂无耳。”

他即位之后，继续执行为秦王时所制定的重儒政策，尊崇儒学，提倡教化，设弘文殿集四部之书二十余万卷，殿侧开弘文馆，精选天下儒学名士于殿内讲论经义，商讨政事，或至夜分乃罢。又诏勋贤三品以上之子孙来弘文馆就学，为弘文馆学生。贞观二年（628），以周公为先圣，始立孔子庙堂于国学，以宣父为先圣，颜子为先师。“大征天下儒士以为学官。数幸国学，令祭酒、博士讲论，毕，赐以束帛。学生能通一经已上，咸得署吏。又于国学增筑学舍一千二百间，太学、四门博士亦增置生员……是时四方儒士，多抱负典籍，云会京师。俄而高丽、百济、新罗、高昌、吐蕃等诸国酋长，亦遣子弟请入于国学之内。鼓箧而升讲筵者八千余人，济济洋洋焉，儒学之盛，古昔未之有也。”儒学的地位被提升到了相当高的程度，在三教中居于中心地位。

释道二教无法与儒学争雄，于是相互之间的关系趋于紧张。它们一方面援引儒学攻击对方，一方面在佛道孰先孰后的问题上争论不休，大有你死我活的味道。李渊于武德八年（625）下诏论三教先后，钦定老先、次孔、最后为佛的次序。李渊之所以将道教排为第一，是唐皇室为了提高家族的社会地位，自认是老子李耳的后裔，因此终有唐一朝，不论儒学地位怎样高，而道教实际一直是唐王朝的国教。因此，连傅奕也不能不在《请废佛法表》中与老结盟，以为唐王朝意识形态的正确选择应该是：“布李老无为之风，而民自化；执孔子爱敬之礼，而天下孝慈。”并在临终时谆谆告诫其子：“老、庄玄一之篇，周、孔六经之说，是为名教，汝宜习之。妖胡乱华，举时皆惑，唯独窃叹，众不我从，悲夫！汝等勿学也！”由此可知道教地位之高。

儒道联手是唐初三教冲突中的事实，高祖李渊钦定的三教次序并没有使佛教徒真正心服，到了贞观十一年（637）二月，李世民在访求孝悌儒术之士、推崇儒学的同时，发布《令道士在僧前诏》，站在经邦治国的立场上，再次确认道先佛后的次序。

李世民的这一决定理所当然地再次招致佛教徒的激烈反对，他在采取强制性措施的同时，也不能不对佛教徒的要求有些让步。贞观十五年（641），他到弘福寺向僧人解释道先佛后政策的背景时说："以老君是朕先宗，尊祖重亲，有生之本，故令在前。"并宣布一项变通政策："今李家据国，李老在前；若释家治化，则释门居上！"这才将道佛之间的冲突基本平息。

孔颖达儒家经典整理

在唐初三教冲突的过程中，由于统治者的大力支持，儒学一直处在比较有利的地位，但是如果从儒学自身的情况看，由于此前几百年的中衰和分裂，儒学很难真正担当起意识形态的主帅重任。因此，唐太宗李世民在着意提高儒学地位的同时，也不得不着手整顿儒学。据《旧唐书·儒学传》记载：

> 太宗又以经籍去圣久远，文字多讹谬，诏前中书侍郎颜师古考定五经，颁于天下，命学者习焉。又以儒学多门，章句繁杂，诏国子祭酒孔颖达与诸儒撰定五经义疏，凡一百七十卷，名曰《五经正义》，令天下传习。
>
> 十四年，诏曰："梁皇侃、褚仲都，周熊安生、沈重，陈沈文阿、周弘正、张讥，隋何妥、刘炫等，并前代名儒，经术可纪。加以所在学徒，多行其疏，宜加优异，以劝后生。可访其子孙见在者，录名奏

闻，当加引擢。”

二十一年，又诏曰：“左丘明、卜子夏、公羊高、穀梁赤、伏胜、高堂生、戴圣、毛苌、孔安国、刘向、郑众、杜子春、马融、卢植、郑玄、服虔、何休、王肃、王弼、杜元凯、范宁等二十一人，并用其书，垂于国胄。既行其道，理合褒崇。自今有事太学，可与颜子俱配享孔子庙堂。”其尊重儒道如此。

即通过对儒家经典的系统整理和对历代名儒的褒扬，提高儒学的地位，完成儒学思想体系的重建。

贞观时对儒家经典的整理具有非同寻常的意义，它不仅真正结束了南北经学义例的分歧，使版本和经义两方面达到形式上的统一，而且，此次经典整理是在政治统一、稳固之后以政府为主导的主动行为，因而整理后的经典可以最大限度地满足意识形态的需求，成为官方的教科书。马宗霍在《中国经学史》中评论此事说：“自五经定本出，而后经籍无异文；自《五经正义》出，而后经义无异说。每年明经，依此考试，天下士民，奉为圭臬。盖自汉以来，经学统一，未有若斯之专且久也。”

此次经典整理，起于贞观四年（630），成于高宗永徽四年（653），前后长达二十余年。除由颜师古、房玄龄、孔颖达等名儒领衔外，实际撰修者皆为各个门类的专家。据皮锡瑞《经学历史》研究：“颖达入唐，年已耄老；岂尽逐条亲阅，不过总揽大纲。诸儒分治一经，各取一书以为底本，名为创定，实属因仍。书成而颖达居其功，论定而颖达尸其过。究之功过非一人所独擅，义疏并非诸儒所能为也。其时同修《正义》者，《周易》则马嘉运、赵乾叶，《尚书》则王德韶、李子云，《毛诗》则王德韶、齐威，《春秋》则谷那律、杨士勋，《礼记》则朱子奢、李善信、贾公彦、柳士宣、范义頵、张权。标题孔颖达一人之名者，以年辈在先，名位独重耳。”据此可知，《五经正义》实为集体劳动的成果，因而其水平也难免参差不齐，内容或有自相矛盾之处，体例也并非整齐划一。

据《五经正义》各书序言，《周易正义》以王弼注为本，“去其华而取其实，欲使信而有征，其文简，其理约，寡而制众，变而能通”，但王注毕竟掺杂许多老庄虚无的玄理，故而《周易正义》的疏文亦难免失之虚浮。

《尚书正义》以东晋梅赜所献孔安国传本为本，以为：“古文经虽然早出，晚始得行。其辞富而备，其义弘而雅。故复而不厌，久而愈亮。江左学者，咸悉祖焉。”于是《尚书正义》在前代学者工作的基础上，“览古人之传记，质近代之异同，存其是而去其非，削其烦而增其简”，工作不可谓不辛苦。殊不知孔传之伪，并不足以凭信。

如《毛诗正义》，以《毛传》《郑笺》为本，并参酌刘焯、刘炫之注，以为“焯、炫并聪颖特达，文而又儒，擢秀干于一时，骋绝辔于千里，固诸儒之所揖让，日下之所无双”。只是“焯、炫等负恃才气，轻鄙先达，同其所异，异其所同；或应略而反详，或宜详而更略”，故亦“削其所烦，增其所简”。

再如《礼记正义》，亦以郑注为本，兼主皇侃、熊安生等众家。“熊则违背本经，多引外义，犹之楚而北行，马虽疾而去愈远矣。又欲释经文，唯聚难义，犹治丝而棼之，手虽繁而丝益乱也。皇氏虽章句详正，微稍繁广；又既遵郑氏，乃时乖郑义；此是木落不归其本，狐死不首其丘。”“然以熊比皇，皇氏胜矣。”故《礼记正义》“仍据皇氏以为本，其有不备，以熊氏补焉”，精于拣择与分析，故而一般认为，在《五经正义》中，以《毛诗正义》《礼记正义》为优。

最后为《春秋左传正义》，此书以杜预注为本，吸收南北朝义疏成果，并参酌刘炫、沈文阿、苏宽等人的成果，择善而从，以为定本，引据的材料较为丰富，注释的内容也相当全面。只是过于拘泥“疏不破注”的原则，因而在引征各家注释时，基本以杜注作为取舍标准，凡有违反杜注之处，一般驳之，甚至不惜曲徇杜注之误，这样便不可避免地影响此书的学术价值。

《五经正义》是唐初儒家经典整理工作的重头戏，此外，唐初学者的重要著作还有许多，诸如陆德明的《经典释文》，贾公彦的《周礼疏》《仪礼疏》，徐彦的《春秋公羊传疏》，杨士勋的《春秋榖梁传疏》，以及李鼎祚的《周易集解》等，都颇负盛名，价值甚高。尤其是陆德明《经典释文·序录》，实际上就是一部小型的儒家学说发展史，对隋以前儒家学说发展演变的基本情况都有概况性的描述与总结，因而引起历代儒学研究者的高度重视。

儒学的困境与更新

唐太宗李世民倡导并支持的儒家典籍整理工作，对儒家学术来说原本是一件好事。然而，由于唐太宗过于看重儒家学说的意识形态功能，因而此次经典整理的主要目的也就变成了编纂出适合现实政治需要的官方教科书。这样一来，便不可避免地出现两个问题：

一是经典整理的工程虽然浩大，成就颇多，但并无助于恢复传统儒学的真精神，而仅仅实现了儒学在形式上的繁荣。特别是由于唐太宗过分强调儒学的社会实践功能，而相对忽视其内圣意义，儒学不再是通向身心性命，由“正诚格致”来安顿生命和升华生命，而仅仅是“讲论经义，商略政事”的外王之道。

二是整理儒家典籍的根本目的是制定天下无异议的官方教科书，结果自《五经正义》出，而后经义无异说，这势必在一定程度上封闭和束缚儒学的灵性，扼杀儒学进步发展的生机，使儒学重蹈汉代经学的覆辙，久而久之沦为一种僵化烦琐的理论体系。

于是我们看到，伴随着初唐儒学形式主义的繁荣，文人学士除了将儒学作为通往仕途的“敲门砖”，参加唐王朝组织的科举考试外，他们对于儒学的真实态度似乎正如韩愈后来所形容的那样，“《春秋》三传束高阁，独抱遗经究终始”，儒学并没有引起他们的兴趣和真诚信仰。他们的真实兴趣之所在，或趋于诗文，以猎取功名，光宗耀祖，显身扬名；或逃入禅门，以佛教作为安身立命之所。这就是唐代诗文何以空前繁荣，佛教何以空前鼎盛，儒学何以空前冷落的根本原因之所在。

儒学新动向：刘知幾“六经皆史”

儒学的现实状况引起了人们的忧虑，在官方儒学日趋僵化的同时，也有一些学者敢于摒弃传统，抒发己见，为儒学的发展另辟新途。如刘知幾的《史通》、啖助的《春秋集传》、陆淳的《春秋集传纂例》《春秋微旨》《春秋集传辨疑》、史征的《周易口诀》、韩愈与李翱的《论语笔解》，以及柳宗元等人的相关著作，不仅其内容已远远超出《五经正义》的范围，而且大胆疑古，提出了许多新颖独到的见解。他们撇开传统，摒弃今古文的门户之见，直接从经文中阐释圣人之意，实为宋代学者开创了疑经改经的先河，为儒学的健康发展注入了新的生机，预示着儒学必将发生新的转变。

刘知幾的《史通》并不是一部儒学专著，而是一部史学理论著作，只是古代中国经史难分，讨论史学便不能不触及经学，何况刘知幾在书中还专门辟有《惑经》《申左》两章，以讨论经学史上的一些重大问题。刘知幾对儒学发展的主要贡献是，他敢于冲破传统观念的束缚，摘除儒学经书上的神圣光环，首开“六经皆史”的先河，使儒家经书摆脱了神秘主义的氛围。

自西汉中期儒术独尊之后，儒家经书就被抬到至高无上的神圣地位，从而影响人们进行实事求是的研究和整理。刘知幾把经书作为史书史料看，以平常心对待这些神圣经典，是对这些经典的真正重视与解放。他在《六家》中认定，《尚书》《春秋》《左传》皆为史书，并不因经孔子的整理而神秘，他在《探赜》中反问道："儒者徒知其一，而未知其二，以为自反袂拭面，称吾道穷，然后追论五始，定名三叛。此岂非独学无友，孤陋寡闻之所致耶？"

至于《左传》，刘知幾认为这更是典型的史学著作，是为释《春秋》之事而作，他在《六家》中说："观《左传》之释经也，言见经文而事详传内，或传无而经有，或经阙而传存，其言简而要，其事详而博，信圣人之羽翮，而述者之冠冕也。"作为史书，刘知幾认为《左传》优于《公羊传》和《穀梁传》。

如果站在儒学史的立场上评估刘知幾《史通》的价值，则其贡献主要在于他对儒家经典背景的人文主义解释，有助于消解儒学的神秘主义因素，同时开启了对儒家经典本身的怀疑思潮。怀疑是学术进步的必要前提，其《惑经》说得很明白："昔孔宣父以大圣之德，应运而生，生人已来，未之有也。故使三千弟子、七十门人，钻仰不及，请益无倦。然则尺有所短，寸有所长，其间切磋酬对，颇亦互闻得失。何者？睹仲由之不悦，则矢天厌以自明；答言偃之弦歌，则称戏言以释难。斯则圣人设教，其理含弘，或援誓以表心，或称非以受屈。岂与夫庸儒末学，文过饰非，使夫问者缄辞杜口，怀疑不展，若斯而已哉？"连孔子的言行都难免有时失检，那么儒家经典，尤其是那些庸儒末学的解释又有什么不能怀疑、不能从容地重新检讨呢？

大历年间的疑经学派

对儒家经典的怀疑，是刘知幾在儒学史上的重大贡献。循此思路继续发展，便有了大历年间以啖助、赵匡、陆淳等人为代表的疑经学派的崛起和发展。《旧唐书·陆质传》说："质（陆质本名淳）有经学，尤深于《春秋》，少师事赵匡，匡师啖助，助、匡皆为异儒，颇传其学，由是知名。”正是他们的“异儒”性格促成了对儒家经典神圣性的怀疑。关于啖助，《新唐书·啖助传》说：

> 啖助……善为《春秋》，考三家短长，缝绽漏阙，号《集传》，凡十年乃成，复摄其纲条为例统。其言孔子修《春秋》意，以为：“……故《春秋》以权辅用，以诚断礼，而以忠道原情云。不拘空名，不尚狷介，从宜救乱，因时黜陟。古语曰：‘商变夏，周变商，春秋变周。’而公羊子亦言：‘乐道尧舜之道，以拟后圣。’是知《春秋》用二帝、三王法，以夏为本，不壹守周典明矣。”……以左氏解义多谬，其书乃出于孔氏门人。且《论语》孔子所引，率前世人老彭、伯夷等，类非同时；而言“左丘明耻之，丘亦耻之”。丘明者，盖如史佚、迟任者。又《左氏传》《国语》，属缀不伦，序事乖刺，非一人所为。盖左氏集诸国史以释《春秋》，后人谓左氏，便傅著丘明，非也。助之凿意多此类。

显然，啖助对儒家重要经典的看法与传统的评论相去甚远，而具有明显的异端性格。

啖助对儒学的基本看法主要集中在《春秋》及其三传上，他的那些怀疑深深启发了他的学生赵匡和陆淳，于是他们几乎集一生的精力，对《春秋》及其三传进行了“通儒”式的研究，写下了三部共计二十三卷的著作，为系统清理儒学史上的一些重要难点做出了相当重要的贡献。

对此，皮锡瑞在《经学历史》中评价道：“唐人经说传今世者，惟陆淳本啖助、赵匡之说，作《春秋纂例》《微旨》《辨疑》……颇能发前人所未发。惟《三传》自古各自为说，无兼采《三传》以成一书者；是开通学之途，背颛门之法矣。”陈振孙《直斋书录解题》也说：“汉儒以来言《春秋》者，惟宗三传。三传之外，能卓然有见于千载之后者，自啖氏始，不可没也。”这些都充分肯定了啖助疑经学派的学术价值。

如果考虑到中唐时期儒家经学在官方学术中的实际状况，就很容易发现啖助疑经学派的怀疑性思考不仅不合乎官方的需求，而且几乎等于釜底抽薪。因为从史实看，唐代科举主要是以儒经为考试科目的制度，在所试的九部儒家经典中，按字数多少分为大中小三类，据《新唐书·选举志》说：“凡《礼记》《春秋左氏传》为大经，《诗》《周礼》《仪礼》为中经，《易》《尚书》《春秋公羊传》《穀梁传》为小经。通二经者，大经、小经各一，若中经二。通三经者，大经、中经、小经各一。通五经者，大经皆通，余经各一，《孝经》《论语》皆兼通之。”

《春秋》三传既为官方的教科书，当然不能让人随便怀疑，而啖助学派集中精力揭发《春秋》三传的问题，自然很难合乎官方的口味。故而《新唐书·啖助传》在评价啖助等人的学术意义时说：“啖助在唐，名治《春秋》，摭诎三家，不本所承，自用名学，凭私臆决，尊之曰‘孔子之意也’，赵、陆从而唱之，遂显于时。呜呼！孔子没乃数千年，助所推著果其意乎？其未可必也。以未可必而必之，则固；持一己之固而倡兹世，则诬。”啖助学派的《春秋》三传研究确有穿凿附会之处，但对官方学术的冲击与釜底抽薪才是其真实意义与价值。

自啖助、赵匡、陆淳之后，疑经思潮更为发展，许多学者越来越倾向于相信自己的判断，而不再把早期儒者对儒家经典的意见视为定见。如卢仝的《春秋摘微》，以及中晚唐时期冯伉的《三传异同》、刘轲的《三传指要》、韦表微的《春秋三传总例》、陈岳的《春秋折衷论》等，实际上都是继续啖助学派的探讨，舍传求经，凭借自己的学术感受直探圣人之意，从而使疑经思潮蔚然成为一代学风。

韩愈：重建儒学道统

如果说啖助等人还是站在异端的立场上揭发早期儒学的疑点，开启怀疑思潮的话，那么中唐时期的韩愈、李翱、柳宗元则更多的是站在正统儒学的立场上攻击思想异端。他们力图通过“求圣人之志”“明先王之道”，不拘于经文章句，敢于以己意独断来重建儒学思想体系，重建儒学道统。他们的思想起点差不多与啖助等人相同或相似，都是对唐代官方儒学束缚的反抗，都是儒学向理学过渡的重要环节，但是在致思倾向与论证过程上则迥然不同。

韩愈是唐代著名的文学家，古文运动的领导者，他毕生“以兴起名教弘奖仁义为事”“抵排异端，攘斥佛老”，期望以自己的努力重建儒家精神。他认为，先王之道久已丧失，孔子之学亦久已失传。因此，有必要去“原道”，去“原学”。那么先王之道是什么呢？

韩愈认为，先王之道的基本思想就是仁义道德。其《原道》说：

> 博爱之谓仁，行而宜之之谓义，由是而之焉之谓道，足乎己，无待于外之谓德。仁与义为定名，道与德为虚位……曰：斯道也，何道也？曰：斯吾所谓道也，非向所谓老与佛之道也。尧以是传之舜，舜以是传之禹，禹以是传之汤，汤以是传之文、武、周公，文、武、周公传之孔子，孔子传之孟轲，轲之死，不得传焉。荀与扬也，择焉而精，语焉而不详。由周公而上，上而为君，故其事行；由周公而下，下而为臣，故其说长。

由此可见，韩愈自信为儒学的嫡传和正统，千百年来只有他真正获得了儒学的根本精神，尤其是他所提出的“道统说”，不仅解决了儒学的传承问题，而且直接启发了宋明理学，成为其与释道进行斗争的有力武器。

重建儒学道统、恢复儒学精神是韩愈在学术上的主要追求，之所以如此，除了唐中期官方儒学日趋僵化的原因外，也与佛老的迅猛发展及逼人的气势有着直接的因果关联。

儒学虽然在贞观年间辉煌一时，但为时甚短。玄宗即位之后，儒学的境况稍有好转，但依旧为时不久，又有“安史之乱”，儒学再次陷入困境。此后终有唐一代，儒学再也难以重振。

而与此同时，佛道势力却日渐壮大，尤其是武则天出于政治原因对佛教大肆利用，使佛教的势力恶性膨胀，几乎形成独尊的格局。据狄仁杰在谏武则天疏中揭露：“今之伽蓝，制过宫阙，穷奢极壮，画缋尽工，宝珠殚于缀饰，环材竭于轮奂……膏腴美业，倍取其多；水硙庄园，数亦非少。逃丁避罪，并集法门，无名之僧，凡有几万，都下检括，已得数千。”足见佛门香火之盛。武则天之后，信佛佞僧之风更盛，社会上下承流相化，皆废人事而奉佛事，政刑日紊，秩序日乱。尤其是唐德宗，“诏出岐山无忧王寺佛指骨迎置禁中，又送诸寺以示众，倾都瞻仰，施财巨万”。尊佛之风达到高潮，儒家伦理自然无处措置。

正是基于这种背景，韩愈在重建儒家道统、重振儒学精神的同时，不能不对佛教进行严厉的批判和排斥。他在《论佛骨表》中说：“伏以佛者，夷狄之一法耳。自后汉时流入中国，上古未尝有也……夫佛本夷狄之人，与中国言语不通，衣服殊制。口不言先王之法言，身不服先王之法服，不知君臣之义、父子之情……乞以此骨付之有司，投诸水火，永绝根本，断天下之疑，绝后代之惑。”很明显，这是韩愈站在儒家理性主义立场上对佛教非理性主义进行的批判。在他看来，佛教之盛的祸害尚不在于浪费资产，而是以夷狄之法严重破坏了儒家伦理的推行，破坏了中国社会的人伦秩序。

因为在中国传统社会形态下，只有基于儒家伦理的“君臣之义，父子之情”才是维护社会秩序的根本保障，才是完善道德人格、体现人的自我价值的根本出路，而佛教所强调的恰恰相反，“口不言先王之法言，身不服先王之法服，不知君臣之义、父子之情”。其结果必然如其《原道》所指出的那样：“必弃而君臣，去而父子，禁而相生养之道，以求其所谓清净寂灭者。”韩愈认为儒佛之间存在着根本的观念冲突，且无任何调和的可能。

儒佛在观念上的冲突是本然事实，其最大者莫如佛教超现实的因果报应论。此论不仅与儒家入世的现实主义观念对立，而且也是佛教赢得无数善男信女盲自崇拜的最大原因。因此，欲彻底排斥佛教，必须先批判佛教的因果报应论。韩愈在《与孟尚书书》中说：“有人传愈近少信奉释氏，此传之者妄也……非崇信其法，求福田利益也。孔子云：‘丘之祷久矣。’凡君子行己立身，自有法度。圣贤事业，具在方册。可效可师，仰不愧天，俯不愧人，内不愧心。积善积恶，殃庆自各以其类至。何有去圣人之道，舍先王之法，而从夷狄之教，以求福利也？……假如释氏能与人为祸祟，非守道君子之所惧也，况万万无此理。且彼佛者，果何人哉？其行事类君子邪？小人邪？若君子也，必不妄加祸于守道之人；如小人也，其身已死，其鬼不灵，天地神祇，昭布森列，非可诬也，又肯令其鬼行胸臆，作威福于其间哉？进退无所据而信奉之，亦且惑矣。”据此，佛教的因果报应说已然无法成立。

韩愈对佛教的批判，是他回归孔孟，确立儒学正统地位，重建儒学道统，重振儒学雄威的一个重要前提。问题在于，当时佛教思想已深入民间，如果仅是批判佛教，倡导回归孔孟，似乎并不能真正解决问题。因此，韩愈在批判佛教、重建儒学道统的同时，对儒学的一些重要理论做出新的阐释，从而填补儒学价值体系在排斥佛老之后的空间。韩愈认为，佛教的势力之所以如此强大，除了其因果报应论足以迷惑那些善男信女外，另外一个重要原因就是佛教具有一套相当精致与完备的心性学说。因此，儒学要彻底战胜佛教，绝不能像以往的儒者那样，仅仅满足于在社会政治伦理方面的理论优势，而是要批判性地吸收佛教理论上的优点，建立起儒家自己的心性理论，从而战胜佛教，取代佛教。

为此，韩愈系统总结了先前儒者在心性问题上的理论得失，以为只有以宗法主义为主要特征的《大学》足以与佛教的心性论相抗衡。他在《原道》中指出，佛教讲治心，重视心性修养，但佛教“治其心而外天下国家，灭其天常，子焉而不父其父，臣焉而不君其君，民焉而不事其事”，将治心、治身与治家、治国、平天下视为对立的两橛，只求其“清静寂灭”之道和个人解脱，而不愿承担社会责任。这样，佛教的心性之学不论有多少道理和优点，都不可能取得积极的社会效果，更与中国的宗法社会相悖。而儒学则不然，《大学》中所强调的正心诚意，同样重视治心修身，然而这种治心修身并不仅仅是为了个人解脱，而是通过内圣达到外王，即由个人的身心修养达到治国平天下的社会目的。这样，儒家的心性论不仅合乎中国国情，而且在理论形态上也比佛教更为精致。

佛教的心性说虽然重视心性修养，但毕竟是以牺牲个人情欲为基本前提，而儒学则不然。为此，韩愈在总结先儒如孟子、荀子、扬雄等人在心性问题上的理论得失后，明确提出“性三品”的主张。他在《原性》中认为，所谓性是一种先验的本质，是人本来具有的内在东西；所谓情，是具有这种本质的人在后天与外界客观事物发生接触时所表现出来的东西。性的本质就是儒家伦理所规定的仁义礼智信五种道德；情的内容是人对事物所产生的喜怒哀惧爱恶欲七种情感。

韩愈由此继续推论，把性区分为上中下三品，以为在具有不同性品的人身上，五德的搭配及其所发挥的作用不同，因此人性就有上中下之分。上者为善，下者为恶，中者可以为善，也可以为恶。与此相应，韩愈又把情分为三品，上者即便随心所欲，也能“动而得其中”；下者“直情而行”，只是听从情的放纵；中者时有过，时有不及，“然而求合其中者也”。据此，韩愈认为，儒家伦理的根本任务在于指出性与情的内在关联，再由各人视自己的情况通过修养以期达到“动而得其中”的上品。

按照韩愈的本意，性三品的设计是为了儒家伦理的推行，也是为了与佛教的心性说相抗衡。然而，由于尘世间的事情过于复杂，上品之人永远只是少数，下品之人似乎也很难通过个人的修养而到达上品，于是这一设计实际上难以推行。而且，由于其时禅宗大为流行，禅宗的所谓“一切众生，皆有佛性”“万法尽是自性”“前念迷即凡，后念悟即佛”“识心见性，自成佛道”等顿悟成佛之说，更易被一般民众所接受，因而韩愈那种深奥高远的“性三品”论便根本无法推翻佛教的心性论。

李翱：复性论

鉴于此种困难，韩愈的追随者李翱更进一步，引进儒家另一部早期经典《中庸》中“诚”的概念，融摄佛道之性，建立以儒家德行为主体，以性命为中心的“天人合一”的伦理价值体系，此即中国儒学史上有名的“复性论”。

李翱认为，人性并不能简单地分为几品，事实上，性的善恶只与情相关，就性的本质说，人人都可为善，只是因为情的遮蔽，于是有人为善，有人为恶。其《复性书》说：“人之所以为圣人者，性也。人之所以惑其性者，情也。喜怒哀惧爱恶欲，七者皆情之所为也；情既昏，性斯匿矣。非性之过也。七者循环而交来，故性不能充也。”也就是说，对于所有人而言，人人都具有善的根性：“‘凡人之性犹圣人之性欤？’曰：‘桀纣之性，犹尧舜之性也。其所以不睹其性者，嗜欲好恶之所昏也，非性之罪也。’”因此，在一定程度上可以说，李翱跳出了韩愈“性三品”说的框架，重新回到孟子的性善论，在理论上肯定人人可以成为尧舜的可能，从而为道德说教留下了地盘，也为儒家的心性论与佛教人人可以成佛的佛性论相抗衡提供了理论上的可能。

人人皆可以成尧舜仅仅是一种理论上的可能，然而由于现实生活的复杂性，并不是所有人都能将这种可能转化为现实，于是有圣凡之别。

李翱在《复性书》中说，百姓之性与圣人之性原本并没有什么差别，都是“天之命”。只是在现实生活中，圣人能够把握天性而不为情所惑，故能成为圣人；百姓则溺于情而不能返本于性，故无法成为圣人。

如是说来，真正的教化不是告诉人们应该如何，而是要求人人尽其性，复其性。李翱引子思言曰：“能尽其性，则能尽人之性；能尽人之性，则能尽物之性；能尽物之性，则可以赞天地之化育；可以赞天地之化育，则可以与天地参矣。”这样，便能完成个人的修身养性，达到天人合一的圣人境界。

归复人的本性是李翱“复性论”的终极目的。然而问题是通过什么样的手段或方法才能达到这一目的呢？为此，李翱除了吸收融会佛道的治心修身的方法外，格外推崇《中庸》所提出的“至诚”论。他说：“是故诚者，圣人之性也。寂然不动，广大清明，照乎天地，感而遂通天下之故，行止语默，无不处于极也。复其性者，贤人循之而不已者也，不已则能归其源矣。”在他看来，只有“诚”能够真正解决性与情之间的冲突，能够使人性复归为本然状态，并达到复性的目的：“循其源而反其性者，道也。道也者，至诚也。至诚者，天之道也。诚者，定也，不动也。修道之谓教何谓也？曰诚之者，人之道也；诚之者，择善而固执之者也。修是道而归其本者，明也。教也者，则可以教天下矣。”至此，便真正完成复性的全过程，实现复性的终极目的。

李翱的“复性论”很明显地借用了佛学的某些方法，具有浓厚的佛学情调，故而朱熹说他“只是从佛中来”“至说道理，却类佛”。但他确实解决了儒佛之间的冲突，健全和完善了儒学的心性理论，而且为宋儒的心性论做了理论上的准备，开宋明理学之先河。故而李翱及其“复性论”在中国儒学史上具有极其重要的转折意义。

柳宗元：统合儒释，融会百家

与韩愈、李翱一样，柳宗元对儒学的转折与发展也做出了相当大的贡献。他鉴于儒学中衰的残酷现实，毕生“以中正信义为志，以兴尧舜孔子之道利安元元为务”。只是在儒学的发展方向上，柳宗元并不像韩愈那样坚决排斥佛老，而是明确主张统合儒释、融会百家，重建儒学的新体系。

在有唐一代思想家中，真正对佛教义理有深刻理解并富有相当同情心的是柳宗元。他说：“吾自幼好佛，求其道积三十年。”正是基于他数十年对佛教义理的精心研究，以及与佛教中人的友好往来，从而使他对佛教的态度并不像韩愈那样坚决排斥，而是在儒学的基础和框架内融合释老，进而融合百家，重建新说。

他认为，像韩愈那样坚决排斥释老主要是因为韩愈对释老成见太深，太隔膜，只看到了释老的表象而并不理解其精神实质。他在《送僧浩初序》中分析自己与韩愈对待佛教态度的差异时说：

> 浮图诚有不可斥者，往往与《易》《论语》合，诚乐之，其于性情奭然，不与孔子异道。退之好儒未能过扬子，扬子之书于庄、墨、申、韩皆有取焉。浮图者，反不及庄、墨、申、韩之怪僻险贼耶？曰：“以其夷也。”果不信道而斥焉以夷，则将友恶来、盗跖，而贱季札、由余乎？非所谓去名求实者矣。吾之所取者与《易》《论语》合，虽圣人复生不可得而斥也。
>
> 退之所罪者其迹也，曰：“髡而缁，无夫妇父子，不为耕农蚕桑而活乎人。”若是，虽吾亦不乐也。退之忿其外而遗其中，是知石而不知韫玉也。

在柳宗元看来，对佛教义理绝不能以夷狄之道而盲目排斥，即使从儒学发展的立场而言，也不能固守早期儒者的那些道理而盲目拒斥一切思想资源。事实上，儒学从来都不是封闭的系统，而是基于一种多元文化心态，不间断地吸收其他学派的思想贡献。更何况如果仔细地研究佛教义理，并不都是与儒学相冲突，假如进行适当的吸收、转化与调整，不仅与儒学的原则相吻合，而且有些方面似乎还可弥补儒学的不足。这样说，当然并不意味着柳宗元是站在佛教的立场上统合儒学，实际上他的价值尺度并没有因为他对佛教甚有好感而有丝毫改变。他谈论佛教义理价值是以儒学为标准，除了他反对教徒"髡而缁，无夫妇父子，不为耕农蚕桑而活乎人"的生活状态外，他着意寻求的是儒佛之同，而不是儒佛之异，并真诚地希望由同而和，重建儒学的价值体系。

在他看来，儒佛之同除了前述与《易》《论语》合，不爱官、不争能、乐山水嗜闲安者外，更重要的一点是佛教并不像人们所批评的那样完全抛弃孝道，而是别有一番深意在。他认为，佛教不仅讲生老病死、苦集灭道，而且不排斥与儒家伦理相通的孝敬、众德等观念。他在《送元暠师序》中说得很明白："余观世之为释者，或不知其道，则去孝以为达，遗情以贵虚。今元暠衣粗而食菲，病心而墨貌。以其先人之葬未返其土，无族属以移其哀，行求仁者，以冀终其心，勤而为逸，远而为近，斯盖释之知道者欤？释之书有《大报恩》十篇，咸言由孝而极其业。世之荡诞慢訑者，虽为其道而好违其书，于元暠师，吾见其不违且与儒合也。"在柳宗元看来，真正的佛教徒并不追求"去孝以为达，遗情以贵虚"，而是由孝极其业。

从这个意义上说，儒佛二家在孝道问题上并无冲突，儒家学者还有什么必要坚决排斥佛教呢？为什么不能站在儒学的立场上以宽容的心态统合包括儒释道在内的各家各派呢？

柳宗元统合儒释、融合各家的论证或有可訾可议之处，但当儒学因与佛道的冲突而日趋陷入困境时，他的这种尝试不仅为儒学的复兴找到一条具体的道路，提供了一种智慧资源，而且开启了改造儒学的方向。既是中唐时期儒学更新运动的必然结果，也为宋明儒者“出入于老释”、借佛兴儒提供了重要启示。

晚唐儒学与开成石经

安史之乱后，唐王朝元气大伤，国势一蹶不振，肃宗、代宗、德宗、宪宗几代皇帝虽然都力图恢复当年贞观、开元时期的盛世，无奈地方割据势力日趋强大，中央权威日趋式微，终究难以达到目的。唐王朝在风雨飘摇中又支撑了百余年，907 年，朱温称帝，废唐哀帝为济阴王，五代十国正式开始，唐王朝寿终正寝。从晚唐儒学的实际情况看，值得称说的仅有如下数端：

一是在安史之乱这一重大政治事件之后，儒家学者痛定思痛，希望从学术上回答何以“禄山一呼而四海震荡，思明再乱而十年不复”。反思的结果，他们承认是儒学自身出了毛病，以明经为基本特征的经学化儒学，除了为儒生们提供食禄之资外，似乎无助于纯洁道德和解决社会问题。据《旧唐书·杨绾传》记载，尚书左丞贾至在安史之乱后分析道：“夫一国之事，系一人之本谓之风。赞扬其风，系卿大夫也，卿大夫何尝不出于士乎？今取士试之小道，而不以远者大者，使干禄之徒，趋驰末术，是诱导之差也。夫以蜗蚓之饵杂垂沧海，而望吞舟之鱼，不亦难乎！所以食垂饵者皆小鱼，就科目者皆小艺。四人之业，士最关于风化。近代趋仕，靡然向风，致使禄山一呼而四海震荡，思明再乱而十年不复。向使礼让之道弘，仁义之道著，则忠臣孝子比屋可封，逆节不得而萌也，人心不得而摇也。”于是我们看到，安史之乱之后的儒学思想家，几乎无不关注科举考试的改革以及纯洁士风等问题。韩愈的《原道》《原毁》《师说》等名篇，以及李翱的《复性书》，就其伦理学的意义而言，都是重建儒学道德体系的努力和尝试。

针对安史之乱带来的地方割据势力和藩镇势力无限膨胀，以及中央权威式微的政治现实，儒家学者的第二个反思便是重提“尊王攘夷”的《春秋》微言大义，于是中晚唐时期的《春秋》学研究格外兴盛。他们试图通过对《春秋》“微旨”的重新阐释与发挥，为现实政治提供某种借鉴或可能。从这个意义上来观察中唐以后啖助《春秋》学派的兴起，以及由此而带动的晚唐和五代时期的《春秋》学热，我们就不会感到突兀和奇怪了。

晚唐时期儒家学术最值得称说的第三点，是唐代宗大历年间的壁经和唐文宗开成年间所刻的石经。据张参《五经文字序例》和刘禹锡《国学新修五经壁记》，“大历壁经”初修于大历十年（775）六月至十一年六月，六十年后予以重修，当在文宗大和八年（834）左右。初修由国子司业张参主其事，根据儒官勘校过的经本书于太学论堂东西厢之壁，“辨齐鲁之音取其宜，考古今之文取其正。由是诸生之师心曲学、偏听臆说，咸束之而归于大同”。如是度过了六十年，壁经文字“崩剥污蔑，澳然不鲜”，而唐文宗尚文章、尊典籍，于是责成国子祭酒齐皞、博士韦公肃主持重修。

至于“开成石经”，据《旧唐书·文宗纪》及《郑覃传》所说，先由国子祭酒郑覃于太和元年（827）创议并主持，太和九年（835）开雕，开成二年（837）雕成。其目的也是鉴于“经籍讹谬，博士相沿，难为改正”，故“召宿儒奥学，校定六籍，准后汉故事，勒石于太学，永代作则，以正其阙”。不论其效果究竟如何，其规模、气势都可以称之为晚唐儒学史上的一件大事。

附录

儒学人物小传

颜之推（531—约590以后），字介，琅琊临沂（今属山东）人。北齐文学家，音韵训诂学家。

颜之推出身官宦大家庭，自幼博览群书。初仕南朝梁元帝萧绎，任散骑侍郎；在西魏大军攻破江陵之后，颜之推投奔北齐，初任黄门侍郎，后任平原太守；北齐灭亡后，他进入北周，任御史大夫。后入隋，任东宫太子学士，不久便病逝了。

颜之推经历了大变动时代的兵荒马乱，三为“亡国之人”，有过成功、得意，但更多的是失望、教训。于是他著《颜氏家训》二十篇，力主以儒家伦理来正心诚意，修身、齐家、治国、平天下，反对华而不实，讨厌清谈、玄谈，属于孔子儒学系统中颜回、曾参一系。其《颜氏家训》显然也不是仅为颜氏一族，而是为万世儒生立法。事实上，后世儒者多推崇《颜氏家训》，以为它代表了儒家修身养性的真功夫。

王通（584—617），字仲淹，死后门人私谥“文中子”，绛州龙门（今山西河津）人。隋代思想家。

有一书名为《文中子》（亦称《中说》），文体刻意模仿《论语》，记录了王通与其门下弟子的问答，显然为其门人制作。隋文帝时，王通西游长安，上书《太平世十二策》，没有得到朝廷的重视，遂辞官归野，以课徒著述为乐。王通以振兴孔子儒学为职志，时人誉其为“王孔子”，后世还将他开创的儒学道统称为“河汾道统”。

刘知幾（661—721），字子玄，彭城（今江苏徐州）人。唐代史学家。

刘知幾少年时代以词学闻名，弱冠及第，历仕高宗、中宗、睿宗及玄宗四朝，官至太子中允、散骑常侍等，均领史职，兼修国史。

刘知幾数十年如一日地潜心读书，学问贯穿古今，他洞悉利病，著述繁多，最著名者为《史通》。《史通》是中国历史学史上第一部专门讨论历史理论的著作，其思想上接孔子、司马迁，下启司马光、章学诚。

啖助（724—770），字叔佐，赵州（今河北赵县）人，后移居关中。唐代经学家。

啖助于玄宗天宝年间入仕，官至临海尉、丹阳主簿。啖助将自己的主要精力都投入到了读书和思考中，并刻意标新立异，所论往往与前儒相异。他还长于《春秋》之学，考核三家长短，缝绽漏阙，凡十余年撰《春秋集传》和《春秋统例》，集中表达对《春秋》及其三传的看法。《新唐书》说其穿凿附会，其实啖助的讨论并非全无意义，而是深刻启发了时人，尤其是稍后儒者对经典来路可信性的怀疑，开启了宋代儒学的新风气。

赵匡（生卒年不详），字伯循，河东（今山西永济西南）人。唐代经学家。

赵匡官至洋州刺史，其主要活动时间为大历年间，主要事功是补订其师啖助所撰的《春秋集传》和《春秋统例》，并撰文发挥啖助的微言大义，开后世疑经之风。

陆淳（？—806），字伯冲，因避唐宪宗讳而改名质，吴郡（今江苏苏州）人。唐代经学家。

陆淳大致活动于唐宪宗时期，官至信州、台州刺史，师事啖助、赵匡，传其《春秋》学。他在衡量了《春秋》三传得失长短后，认为《左传》虽然长于叙事，但在义理阐释上远不如《公羊传》和《穀梁传》。陆淳在啖助、赵匡学说的基础上，自撰《春秋集传纂例》《春秋微旨》和《春秋集传辨疑》等，与啖助、陆淳等人一起开启了唐朝后期以迄宋代对儒家经传传本可信性的怀疑思潮。

韩愈（768—824），字退之，河南河阳（今河南孟州南）人。自谓"郡望昌黎"，世称"韩昌黎"。唐代文学家、哲学家。

韩愈出身于一般官僚家庭，性本好文学，但因父母早逝，使得他困厄悲愁，遂发愤于儒家经传和史记百家之说，崇尚古文，欲自振于一代。韩愈于唐德宗贞元八年（792）进士及第，后官至国子祭酒、吏部侍郎、京兆尹等。

在儒家学术发展史上，韩愈的贡献主要有以下几点：第一，他最先提出了自尧舜至孔子、孟子的道统，对当时及后世都影响巨大。第二，韩愈格外推崇孟子在儒学史上的贡献，是唐宋时期"孟子升格运动"的发起者和奠基人。这开启了后世"孔孟之道"、至圣、亚圣提法之先河，不仅有功于孟子，而且极大地丰富了儒家思想的内涵。第三，在思想界普遍佛教化、道教化的时代氛围中，韩愈大义凛然地排斥佛老、推崇儒学，在一定程度上拨正了中国思想发展的方向。

另外，韩愈还是古文运动的重要推手，是唐宋八大家之首。

李翱（772—836），字习之，陇西成纪（今甘肃静宁西南）人，一说赵郡人。唐代散文家、哲学家。

李翱于唐德宗贞元年间进士及第，历任礼部郎中、桂州刺史等。他追随韩愈推进古文运动，践行儒家伦理，倡言去情复性，开启宋儒天命之性与气质之性思辨的先河，对宋明理学家的天理人欲之辨极具启示。

柳宗元（773—819） 字子厚，河东解县（今山西运城市西南）人，世称“柳河东”。唐代文学家、哲学家。

柳宗元是唐德宗贞元年间的进士，官至监察御史，后因参与政治斗争失败，被贬为永州司马，后迁柳州刺史，故又称“柳柳州”。柳宗元是中国历史上著名的文学家，也是唐宋八大家之一。而他对儒家学术的贡献主要是他并不坚决反对佛老，以为儒学是千百年来中国人安身立命的根本，儒学思想体系可以也应该重建，佛老的思想并非都是糟粕，儒学应该适当吸收包括佛老在内的各种思想流派。因而柳宗元的主张是统合儒释，融会当时所知的各家各派的思想贡献，创造出新的知识体系。

第八章

宋辽夏金元：儒学的转型

960 年，后周殿前都点检赵匡胤在陈桥驿发动兵变，黄袍加身，代后周称帝，建立宋朝，定都开封，史称北宋。接着，他消灭南方割据势力，统一了中国的大部分地区，与契丹族所建立的辽国南北对峙，由此结束了五代十国长达半个世纪的混乱局面。

五代时期，王朝更替频繁，历经后梁、后唐、后晋、后汉、后周，共有五姓十三位君主登台，其中有八位君主被臣下刺杀身亡。除五代的连续更替外，在周围还存在着吴、南唐、吴越、前蜀、后蜀、南汉、楚、闽、南平、北汉等十国。那时的武人，只要稍有力量，便割地称王、独霸一方，致使天下四分五裂，君不君，臣不臣，礼崩乐坏，社会失序。

五代十国混乱局面的形成，源于唐中期藩镇势力的强大和儒家伦理价值体系的崩溃。因此，北宋王朝建立后，除了在政治、军事上采取一系列措施，加强中央集权，防止藩镇割据重演外，更需要寻求一种理论以说明皇权的至上性和不可侵犯性，以重建社会伦理秩序。于是以纲常伦理、名分等级为主要内容的儒家伦理便义不容辞地担当起了意识形态的主角。儒学的复兴便不再是一种可能，而是非常迫切的现实问题。

理学的形成与发展

儒学的复兴，首先得力于统治者的需要、爱好和提倡。赵匡胤虽戎马一生，但在北宋王朝建立之后却远比刘邦聪明，深知可以马上得天下，但无法以马上治之。他不仅自己喜欢看书，手不释卷，且严格要求臣下都要积极读书，以知治国之道。于是在北宋王朝的官僚队伍中，自开始就形成一种“重文轻武”的风气。宋太祖“杯酒释兵权”，宰相赵普“半部《论语》治天下”，以及宋初确立以文官知州事的制度等，都是这种风气的必然反映。

在提倡读书的同时，赵匡胤竭力褒扬孔子和儒学。登基伊始，他下令增修国子监学舍，修饰先圣十哲像，画七十二贤及先儒二十一人像，并亲自为孔子、颜渊等撰写赞辞，命宰臣分撰余赞，车驾一再临幸。所有这些，对宋初儒学的复兴都起到了至关重要的作用。

宋初三先生：孙复、胡瑗、石介

统治者对儒学的厚爱激励着儒生们奋发求学、贡献智慧，儒生们也确乎没有辜负统治者的期待。有鉴于宋初的政治格局与外部环境，儒学的复兴最先体现在《春秋》学这一热点问题上。因为在儒家诸多重要经典中，只有《春秋》学的“大一统”和“尊王攘夷”的宗旨无须经过多少改装，就可以用来为宋初的政治现实服务。因此，宋初儒家学者出于最直接的现实感受，很自然地将研究的焦点集中在《春秋》上。

据《宋史·艺文志》著录，宋人有关《春秋》的著述在两百种以上，而仅仅在宋初学者刘敞之前，所列宋人《春秋》传注就达十七种、一百八十四卷。据此可知，宋初儒学复兴确以《春秋》经传之学为主。其中如“宋初三先生”之一的孙复撰写的《春秋尊王发微》，明确宣布他的研究目的在于尊王，在于正君臣之分，明大一统之义，开宗明义地强调隐公“元年春王正月”的基本主题就是“孔子之作《春秋》也，以天下无王而作也，非为隐公而作也。然则《春秋》之始于隐公者非他，以平王之所终也”。在他看来，《春秋》之所以书“王正月”，原因在于“夫欲治其末者，必端其本；严其终者，必正其始。元年书王，所以端本也；正月，所以正始也”。这就是他所揭示的《春秋》尊王的微言大义。

孙复的《春秋》学研究不仅为有宋一代的《春秋》学研究开风气、定调子，而且更为重要的是他舍弃传注，直探经文本义的研究方法，实际上是儒家经典研究史上的一种“范式革命”，它的价值似乎不在于儒学的复兴，而在于儒学的更新。对此，欧阳修、朱熹以及四库馆臣等都深明孙复学术中的意蕴，不论他们是否赞成孙复的学术观念，他们都不能不承认孙复的研究方法对后世儒学进程具有重要的启迪作用。

仅就方法而言，孙复不惑传注的做法，实际上是唐中期以啖助、赵匡、陆淳等为代表的怀疑学派思想传统的必然延续。也就是说，包括孙复在内的宋儒，继承了啖助、赵匡、陆淳的学术传统，在合《春秋》三传为通学的同时，依然怀疑早期传注的权威性，以为儒学的真正复兴，不在于记诵传统传注的训诂，而是要结合现实社会需要，抛开传注，直探经文本义。易言之，儒学复兴的真正出路，不在于对传统传注的因袭，而在于重新注释，探讨与现实相关的微言大义，从而使儒学在内容与形式上都能回到经典的形态。

疑传尊经是宋初儒学的基本特征，宋初学者号召回归经典，展开了一场远比中唐疑传学派规模更大的怀疑运动。这一运动由孙复肇其始，中经其门人石介、士建中、张炯等人的发挥，加之范仲淹、欧阳修等人的呼应，至庆历年间继续深化，终于演化成由“疑传”向“疑经”的根本转变。这一思潮的结果，不仅给传统儒学带来极大的冲击和挑战，而且意味着儒家精神的解放，为抛开传注、自由议论的性命义理之学开辟了一条通路。

如果说对儒家经传的怀疑思潮是由孙复肇其始的话，那么范仲淹、欧阳修的呼应与支持则是这一运动得以开展的最大助力。严格地说，范仲淹和欧阳修都不是纯粹的学者，作为文坛执牛耳的人物，他们在宋初最早倡导儒学复兴，并将儒学的忧世情怀与宋初政治现实密切结合起来。

这种以天下为己任的精神复苏，既是对早期儒学“士不可以不弘毅”精神的认同与复归，也是对汉唐烦琐经学的批判与扬弃。它的意义除使士大夫崇尚高风亮节，“先天下之忧而忧，后天下之乐而乐”外，便是开导儒家知识分子不能脱离现实皓首穷经，而要学以致用，积极干预政事、议论国事，“宁鸣而死，不默而生”“开口揽时事，论议争煌煌”。这实际上开启了宋儒自由议论的风气。

自由议论是一切学术得以进步的基本条件。宋代儒学之所以获得超越汉唐的进步，并影响此后数百年，一个最为重要的前提就是宋代统治者虽然实行高度的中央集权，但同时尊重手无寸铁的知识分子的自由议论。宋太祖曾立下誓规，“不杀士大夫”，而且“不欲以言罪人”。知识分子面对这种情势，在自由议论的同时，当然极容易自觉或不自觉地遵守必要的规则。试看宋人文集和各种语录，天下事似乎没有他们不敢议论的，但却极少见他们有与统治者直接对立的情绪。宋代儒者不论是对现实的忧患，还是对传统的批判与怀疑，都极易获得统治者的同情和支持，因为统治者不难觉察他们的忠诚心迹。

以范仲淹为代表的宋初知识分子首开自由议论之风，这种风气对儒学的直接影响便是使以孙复为代表的怀疑精神成为学术界的主流，视为正常而不视为异端。尤其是范仲淹对孙复的竭力举荐，更使宋儒的怀疑精神获得相当的自觉与充分的发展。

与范仲淹几乎同时代的欧阳修，虽然同样不是一个严格的儒家学者，但凭借大文学家的睿智与敏感，他对儒家经典提出多方面的质疑，使宋初的疑传疑经思潮高涨，并终于促进儒学发展的转变。他大胆批评被钦定为儒学标准解释的唐代《五经正义》，揆诸人情史实，疑传疑经。他认为，儒家经典经过秦火的摧残早已大量散失，汉唐以来的诸家解说收拾亡逸，发明遗义，正其讹谬，得其粗备，故而有参考价值。但同时又必须看到，自孔子殁，群弟子散亡，而六经多失其旨，再经秦火，六经之旨更隐而不显。因此，汉唐以来的诸家解说，虽有一定的参考价值，但毕竟不可尽信。他对儒家群经的可信性提出全面疑问，从而使宋初的疑传疑经思潮达到高峰。

但欧阳修毕竟不是一个纯正的经学家，他的大胆怀疑虽对学界有重要的启发意义，然而其论证过程总显得粗疏。真正将这种怀疑转化为一种正面的研究并进行详尽论证的，还是刘敞等人。刘敞的《七经小传》标志着儒学由汉唐训诂之学向宋明理学的正式转变。

《七经小传》虽然不乏穿凿之辞，但其毕竟首开议论之风，将原先奉为至上而神圣不可侵犯的儒家经典拿出来议论了一番。因此，其价值不在个别论点的得失，而在学风的转移，在于学术范式的革命和重建，那就是义理之学的兴起并终于取代训诂之学而成为时代思潮的主流。儒家学者一改汉唐诸儒的章句训诂之学，转而探求儒学的身心性命之学，从而为新儒学体系即“宋明理学”的开创和奠基打下了基础。

在宋初诸儒中，最先探讨身心性命义理之学的首推胡瑗。作为“宋初三先生”之一，他似乎比孙复更进一步。如果说孙复对儒家经典权威性的怀疑开启了宋初怀疑思潮的话，那么胡瑗以经义和时务为重点进行教学，则一反隋唐以来重文辞的学风，标志着宋明理学的正式开端。

从儒学史的观点看，以义理解经并不始自胡瑗。在儒学史上，大凡有创见的思想家，差不多都能抛开经典的传统解说，结合自身的生命体验，重新阐释传统，以合乎现实需要。孟子、荀子、董仲舒、王弼、王通等莫不如此。从这个意义上说，包括儒学在内的传统，并不存在唯一的解释模式，而因条件不同，结论必异。据此再看胡瑗对儒家经典的义理化解释，不论是他的《周易口义》《春秋口义》《洪范口义》，还是《中庸义》《安定言行录》等，虽然对先儒的解说有相当的困惑，但就其总体而言，则是适合宋初的社会现实的，在价值体系和运思模式上完成重大转变。比如，在他的《周易口义》中，他的解说既不同于传统的象数派，也不同于传统的义理派，而是在两派之外别出新解，征引史事以证经义，进而阐释他所理解的儒学思想本质。这实际上意味着《易》学研究的范式转换，开启了宋儒以性命道德之学解说《周易》的先河。

性命道德之学的探究，是宋明儒学的主题，也是胡瑗学术的一个重要关切点。他推崇孟子，反对荀子，在承认圣人也有情有欲的前提下，鼓励人们圣人可学，不必在圣人面前自卑。在胡瑗看来，圣人既非木石，当然有情有欲，问题在于圣人的情欲并不会引出罪恶，故而胡瑗并不是后来道学家那种伪善的绝对禁欲主义者，而是肯定了情与欲的合理性与必然性。为此，胡瑗提出“明体达用”的修身养性之学。

其所谓“体”依然是儒家伦理中的三纲五常，所谓“用”依然是实践这些观念。由于胡瑗在宋初最先提出体用之说，因而对宋儒尤其是程颐的天理观起到了相当重要的先导作用。程颐在《易传序》中说：“至微者，理也；至著者，象也。体用一源，显微无间。”将体视为理，将胡瑗的体用思想作为理学的内涵继承下来。因此，胡瑗便自然成为理学的重要先驱者之一。

在理学的先驱者中，除了胡瑗、孙复等人外，最值得注意的还有石介。他们三人合称“宋初三先生”，均可视为理学的开山人物。就其思想主体而言，石介与胡瑗、孙复一样，皆以复兴儒学为己任，故而其学术的出发点从批评佛教与道教开始。石介在《辨惑》中声称，天地间本没有佛，更没有什么神仙；在《怪说下》中说只有自古以来圣圣相传的“尧舜禹汤文王武王周孔之道”，才是“万世常行不可易之道也”。他认为，儒家关于君臣父子、礼乐刑政、仁义忠信的道理皆合乎人道，而佛道二教所鼓吹的非君臣、非父子、非夫妇、非兄弟、非宾客、非朋友等奇谈怪论，显然有悖人道。因此，石介对佛道二教采取了不妥协的批评态度，宣称：“吾学圣人之道，有攻我圣人之道者，吾不可不反攻彼也。”唯此点与后来的理学家“援佛入儒”或“以儒补佛”明显不同。

石介在思想史上的另一贡献，是继承唐中期以来开始的古文复兴运动的基本精神，竭力反对北宋初年轻浮华丽的文风，主张承继韩愈“文以载道”的思想，以为文章之弊不亚于佛老之害，宣称只有去此三者，乃可以有为。为此，他竭力推崇、发展韩愈的道统说，认为儒家的真精神自孔子之后基本上没有得到发挥，“孔子后，道屡塞，辟于孟子，而大明于吏部”。然而自韩愈之后又三百年，中无圣者贤人，道统又断。其师孙复出，“上宗周孔，下拟韩孟”，继承道统。且不说石介的道统编制是否有漏洞，但是可以肯定地说，石介的这种主张对宋儒，尤其是朱熹反复强调的道统问题实在是启发良多。

总之，“宋初三先生”的思想贡献不是营构理学的完整体系，而是以其批判性的思考启发后儒，从而对宋明理学的形成具有先导意义，是构成理学思想资源的一条重要线索。与此前后，周敦颐、张载等人也在进行类似而又有所不同的思想探索。

理学奠基者：周敦颐、张载、邵雍

周敦颐素来被看作理学的开山祖师。宋明理学的主题即“心性义理”的提出，主要还是周敦颐的贡献。

所谓“心性义理”主要是指性命道德问题，它既是宋明儒学的主题，也是整个儒学史上一直争论不休的问题。最早提出这一问题的是子思和孟子，但限于当时的历史条件，他们并没有就这些问题展开充分的论证。此后的一些儒者如荀子、董仲舒、扬雄、韩愈等，虽不同程度地提出各种说法，但由于主要停留在儒学淑世济人的教化目的上，因而只能触及人性的善恶层面，而不可能具有本体的意义。到了佛教传入中土后，一些佛教徒为了解决佛性问题，开始借用儒学的心性术语，从而使心性义理问题具有本体的意义。因而从这个意义上说，周敦颐重提心性义理之学且得到宋儒的赞赏与支持，其思想资源主要是来源于佛教的启示，是对数百年来儒佛冲突的真正化解。

周敦颐思想贡献的另一个方面是他吸收道教的思想资源而提出简明扼

要的宇宙生成模式论，他以《周易》的“太极”范畴为主体，杂糅道教的无极、无欲、主静等概念，从而组合出一个优美和谐的宇宙图式，完成理学世界观的建构。其《太极图说》仅寥寥二百五十余字，但结构谨严，精密而完整地向人们展示了一幅系统的宇宙生成图式和人类生成发展的全部过程，极富哲学思辨色彩，为其后的理学发展提供了理论基础，故而被后世的理学家奉为经典文献。

如果就思想资源来说，周敦颐的《太极图说》固然包含先儒的许多意思，但如果没有释老的启示，特别是道教宗师陈抟的思想贡献，其图式便很难成立。即便是最不愿承认周敦颐之学出于老氏的朱熹，也不能不承认周氏之太极图主要来源于陈抟的道教系统。

综合明清以来学者的研究，《太极图》主要源于道教系统的《太极图》或《太极先天图》，其基本线索一如南宋朱震所说，陈抟以《先天图》传种放，种放传穆修，修传李之才，之才传邵雍。种放以“河图”“洛书”传李溉，溉传许坚，坚传范谔昌，谔昌传刘放。穆修以《太极图》传周敦颐，敦颐传程颢、程颐。然而问题在于，陈抟的《太极图》毕竟没有周氏《太极图说》中的儒学气味，否则只有陈抟，何须周敦颐？因此，不论《太极图》是否真的来源于道教系统，都似乎无关对周敦颐思想贡献的基本评价。因为周氏的贡献不在于此图的改造与创新，而是他基于此图提出了一套全新的解释。这才是周敦颐营构思想体系的基本路数，即“出入释老”而“反诸六经”的特色。

作为周敦颐思想体系的基本纲领，《太极图说》提供了一套完整的宇宙观、动静观和人生观。在谈到宇宙本原问题时，周敦颐抛弃了道教体系中的成仙得道的炼丹术，吸收了其中宇宙生成论的一些说法，描绘了一幅世界生成、发展的图景。他把道教的无极视为宇宙的本原，把儒家的太极视为无极的派生物，由无极而为太极，由太极的阴阳运动而生五行，由五行的运动而生万物、生男女。这样，周敦颐借助于道教的无极概念便比较好地解决了宇宙万物和人类的发生、发展与统一问题，既沟通了天人之间的关系，又抛弃了佛道二家，以及其他的唯心主义神学创世说，并有效地容纳了汉代以来的宇宙生成论，从而为宋明理学提供了本体论方面的依据。

在谈到动静问题时，《太极图说》比较好地解决了阳动与阴静的关系问题，也比较好地回答了太极运动的形式与动力问题。在周敦颐看来，所谓“太极动而生阳，动极而静，静而生阴，静极复动，一动一静，互为其根”云云，并不是把太极作为一切运动的根本动力，因为太极并不是最后的本原，而是无极而太极。这样，不仅阳动与阴静相互转化，而且相互依存、相互依赖。也就是说，就具体事物而言，运动与静止是相互排斥的，是不能并存的，运动时没有静止，静止时没有运动。但是对于“妙万物”的“神”来说，则是静止中有运动，运动中有静止。这便是万物生生而变化无穷尽的基本规律。

在谈到人生观等问题时，周敦颐在《太极图说》中明确提出“圣人主静”的主张。他认为，自无极而太极的运动结果，最后产生了“得其秀而最灵”的人。因此，人具有判断善恶的知觉能力和思维能力，于是圣人以静作为身心休养的基本途径。与此同时，他明确提出无欲的主张，以为“无欲故静”。显然，周敦颐这种无欲的主张并不来源于早期儒家，而是受到了道家无欲、主静的影响。早期儒家包括孟子最多只讲“寡欲”，而不讲无欲，况且对于现实中的人来说，寡欲是可能的，无欲则是不可能的。然而周敦颐却认为，寡无之别虽为量的界定，但实际上却反映了两种不同的人生境界。在周敦颐看来，只有无欲，才能达到静的境界；只有达到静的境界，才能实现圣人身心修养的基本标准。

那么，周敦颐的圣人境界究竟是一种什么样的境界呢？简言之，就是一种“诚”的境界。“诚”的概念最先见于《中庸》和《孟子》，基本上可以断定是思孟学派提出的。只是由于周敦颐对此大加发挥，并以此作为其论学的基础，故而“诚”的概念在周敦颐那里格外重要。周敦颐对“诚”

的理解已不是一个简单的伦理学概念，而是具有一种本体论的意义。

总之，作为理学思想的先驱，周敦颐对早期儒家思想进行了全面的重新解释。正是在这一解释过程中，他不自觉地吸取了佛道的思想因素，从而有可能在新的基础上重建儒学思想体系。

与周敦颐在理学中地位相当的还有张载。举凡对理学有所推崇的后世儒者，大都极为推崇张载。他的著作也一直被视为理学的经典著作，尤其是他的代表作《西铭》《东铭》和《正蒙》。

《西铭》原名《订顽》，本是张载书于学堂西墙的一篇短文，在很大程度上带有座右铭性质。后来，程颐以为《订顽》之名容易引起争端，遂改称《西铭》。由于此文立意高远，意蕴无穷，因而极受后世理学家的推崇。二程（程颢和程颐）说，《西铭》是儒学史上最重要的经典文献之一，也是最优秀的作品之一。在《横渠学案》中，黄百家案曰："程子曰：'《订顽》之言，极纯无杂，秦汉以来学者所未到。意极完备，乃仁之体也。'又曰：'《订顽》立心，便可达天德'。""孟子而后，却有《原道》一篇，其间语固多病，然要之大意尽近理。若《西铭》则是《原道》之宗祖也。"二程对《西铭》的推崇，主要是《西铭》中所体现的道德理想的新建构，也正是这种新建构基本解决了宋以前儒者所面临的理论困难。

张载在《西铭》中提出的道德理想，简单地说就是"民胞物与"的泛爱论。其主要思想实际上是以儒学伦理去规范社会行为，所表现出的价值趋向基本上是传统儒学的那一套。只是他在强调泛爱的同时，也相当明确地与墨子的"兼爱"主张相区别，更加强调了爱的等级次序。他再三强调"民，吾同胞；物，吾与也"，对中国知识分子性格的形成起到极其重要的作用。

与此同时，我们还应注意到程颐在谈到《西铭》的价值时所提出的另一种见解，即《西铭》中所强调的"理一分殊"。"理一分殊"是宋明理学的一个重要概念，它最初也见于此。其意义是认为宇宙间只有一个最高的"理"，而万物各自的理只是最高的理的具体体现。后来朱熹借用佛教"月印万川”说来解释，强调：“本只是一太极，而万物各有禀受，又自各全具一太极尔。如月在天，只一而已，及散在江湖，则随处可见，不可谓月已分也。”这样，朱熹便将个别与一般绝对对立起来，并以此论证中国传统社会“尊卑贵贱”等级秩序的合理性。

《正蒙》是张载的另一部重要著作。在这部书中，张载利用《周易》《诗经》《论语》《孟子》的思想资料，着重发挥儒学的天道学说，以期建立以气为一元本体的宇宙论。张载认为，宇宙间一切现象都是由于气的变化。这种气就是太虚。从自己方面看，其中间有活动性，称为太和；从本性看，其德为虚明之气。气凝聚时，便成物；气分散时，便是虚空。其聚其散，都是太虚所变化的客形，而本体就是太虚。万物千变万化，仍复归于本体的太虚。这样一来，张载就在理论上真正解决了前儒提出而并未解决的宇宙本体问题。

据此，张载进一步推论，人要“穷理尽性”，要通过不断地反省自己，以改变“气质之性”，以发现自己的“本然之性”，以使性与天道合一，以达到内外一致的诚的境界。也就是说，人有各种脾气，有才与不才，这是气质之性；养其气，令其返本而不偏；去情欲，以天之德性为其之德性，此即“尽性”。

张载所提出的“穷理尽性”，以及对“天地之性”与“气质之性”的区别，都是对儒家思想的重大贡献，都是前人所未道。它不仅有效地化解了先前儒者在人性论上的各种矛盾和冲突，而且具有相当重要的实践意义。

从这个理论出发，张载进一步提出“德性之知”与“见闻之知”的区别，强调人们的认识仅仅满足于靠感官经验得来的“见闻之知”是远远不够的；要想达到“诚”的境界与“圣”的境界，就必须凭借另一种知识，即“德性之知”。所谓“德性之知”，就是不依赖于见闻的天赋的道德观念，“德性所知，不萌于见闻”，而是主观自生的，“圣人尽性，不以见闻梏其心”，“大其心，则能体天下之物”，只要通过内心修养便可认识一切事物。显然，张载的这些思想已使儒学超越传统的经学而向心性义理、道德修养等领域深入，从而使儒学呈现出一副全新的面貌。从这个意义上说，张载是宋明理学的重要奠基者之一。

由于张载的特殊地位，其学说在当时和后世的影响都很大。张载不仅与王安石、司马光等学界名流有着广泛的接触与来往，培养了一大批有名的弟子，形成了“关中学派”，而且由于他与二程是亲戚关系，相互之间的来往比较多，二程对张载也比较尊重，从张载那里吸收了许多东西，如“理一分殊”“天地之气”与“气质之气”等理论。这些理论经过二程及朱熹等人的扩充与发展，成为理学思想体系中一些最重要、最基本的概念。

在宋明理学奠基者的名列中，除了周敦颐、张载之外，应该提到的还有邵雍。邵雍的思想贡献主要在于对宇宙本原及其演化规律的探讨上。其《皇极经世》一书据“物理之学”敷衍铺陈，创造成“洞彻蕴奥，汪洋浩博”的象数学，尤其是他以元、会、运、世之数推演天地运化终始、治乱兴衰时节等，都对后世儒学产生了极其深远的影响。

在这部书中，他以《周易》的六十四卦进行推演，以期证明天地万物产生之前就已存在一种先验的图式。这一推论过程相当复杂，但其结论只是说：一是宇宙万物只是由一个总的本体即“太极”演化而来。这一点与周敦颐的思想极其相似，同样对宋明理学的正式形成起到相当重要的作用。后经朱熹等人的扩充与发挥，遂成为理学的一个重要概念。二是强调太极在生万物时遵循“一分为二，二分为四”的加一倍法进行演化。三是指出太极为心。以心为太极，则宇宙万物生于心；宇宙的法则就是我心的法则。这样心物不分无二，天地之道便备于人。

如此一来，就必然涉及人的认识从何而来的问题。在这个问题上，邵雍的明确答复是人的认识并不在于如何把握客观外界，而是如何认识自心。邵雍认为，知识只能是心本身所固有的，致知之途只有返求于心，不可外求于物。为此，邵雍提出“以物观物”的认识论，以为宇宙间的万事万物在本质上与人体构造并无太大差别，天有四时，地有四方，人则有四肢，故而最终天地与人合一。

由此看来，邵雍的“以物观物”并不是指理性对外部事物的分析综合与抽象，而是指主体运用一定的精神境界去观照事物、看待事物。这样一来，邵雍便和张载一样，将儒学原来的经学传统转换为心性之学，从而为理学的最终形成奠定了基础，理所当然地成为理学的奠基人之一。

理学体系建构者：程颢、程颐

经过周敦颐、张载、邵雍等人的共同努力，宋明理学的思想体系大体形成。而理学作为一种典型的形态正式形成，还要归功于“洛学”的兴起。洛学是宋明理学中的重要学派，由程颢、程颐兄弟二人所开创。前面说过，二程与张载有着亲戚关系，他们在一定程度上接受了张载的思想影响，但从根本上说，二程的思想具有相当的独创性，不仅别具一格，而且自成体系，特别是他们进一步摆脱了道教的影响而回归到儒学正宗，因而其思想便理所当然地成为理学的正统。

当然，二程的思想并非绝对一致，在某种意义上说，他们二人之间的分歧并不算小。

先看程颢。程颢为程颐的胞兄，人称“明道先生”。其学据《宋史》说，是以述仁为主，力主“仁者浑然与物同体”，明于庶物，察于人伦；尽性至命，本于孝悌；穷神知化，通于礼乐。程颢是儒学道统的真正传人。《宋史》中所载其弟程颐为之所撰墓表曰：“周公没，圣人之道不行；孟轲死，圣人之学不传。道不行，百世无善治；学不传，千载无真儒……先生生于千四百年之后，得不传之学于遗经，以兴起斯文为己任。”

至于程颐，于书无所不读，以《中庸》《论语》《孟子》《大学》为基本途径，而达于六经。其为人不苟言笑，一副圣人派头。

性格及行为方式的差异对于二程来说是次要问题，从学术史的观点来观察，他们之间的理论区别可能更有意义。虽然他们二人都是理学的创建者，但是他们对于“理”的理解却是同中有异。

程颢认为，理是自然而然的自然趋势，“理者，天也”“言天之自然者，谓之天道”；对于“道”与“器”，则认为“器亦道，道亦器”，将道视为无始无终的万物主宰。强调“天人本无二”，人心与万物不可分，人心本无内外，天地万物皆与我浑然一体。只要“诚敬存之”，使心寂然无事，“郭然大公”，内外两忘，便可以达到“仁”的境界。因此，程颢强调“只心便是天，尽之便知性，知性便知天”，以为天理内在于心中，穷理尽性，“当处便认取，更不可外求”“先圣后圣，若合符节，非传圣人之道，传圣人之心也；非传圣人之心也，传己之心也。己之心，无异圣人之心，广大无垠，万善皆备，欲传圣人之道，扩充此心焉耳”。显然，按照程颢的理解，理心一体，万物皆在我心中。因此，人们不需去认识客观世界，而只需认识自身自心即可。这不仅上承周敦颐等人的思想，而且直接开启了此后的“陆王心学”。

而程颐则不然。他认为，所谓“理”，重在指客观事物之所以然，“如火之所以热，水之所以寒”“天地之所以高深，鬼神之所以幽显”都是因为“天下之物皆可以理照。有物必有则，一物须有一理”，但“一物之理即万物之理”，而“万物皆只是一个天理”。显然，这种主张虽说与程颢的主张并不根本冲突，但差别却是极其明显的。在“气”与“道”的关系问题上，程颐以为离开了阴阳便无道，所以阴阳是道。阴阳者，气也。气是形而下者，道是形而上者。为此，程颐特别强调形而上与形而下的区别，以为一阴一阳之谓道。道非阴阳也，所以，阴阳者道也。这就在某种程度上肯定了外部世界的客观性，此点显然与程颢的见解有所不同。

二程之间的不同是一种本然事实，但这并不影响他们在创建理学过程中的相同点，而且在相当程度上可以说，他们的不同只是细节，同才是根本。即以“天理”而论，尽管程颢说过“吾学虽有所受，天理二字却是自家体贴出来”，然而从实际情况看，他们二人在天理问题上基本一致，都是将天理作为宇宙本体，并把全部学说建立在天理的基础上，从而开创了宋明理学的新体系。

“理”作为中国哲学的一个基本范畴，早在先秦时期业已出现，《周易·系辞上》有“易简而天下之理得矣”，这里的“理”便明显具有事物的规律的含义。再如《孟子》所说：“心之所同然者何也？谓理也，义也。”这里的“理”便具有准则的含义。在中国古代哲学史上，“理”作为哲学概念基本上是与“气”的含义相一致，即中国古代哲人一般也是将“气”视为世界的本原。这样一来，理气二字便不是相对峙而存在，而是有点理气不分。

二程的贡献是将理气的性质与功能做了明确区分，并将二者视为一组相对立的基本概念。当然，这一点在程颢的思想体系中表现得尚不明显，但在程颐的思想体系中则具有相当重要的地位。程颐认为，理是精神的实体，是宇宙万物产生的根源，“理无形也，故因象以明理。理见乎辞矣，则可由辞以观象。故曰：得其义，则象数在其中矣”。也就是说，理是无形的，天地万物是理派生的，是理的体现，受理的支配，理比万物更实在、更具有本体的意义。举天地之间万物万事只是一个理，这个理既是客观事物存在的根本准则，也是超越于客观事物之上的最高存在的实体。

至于气，二程认为，气只能是理的派生物，而不是世界的本原。但是，作为有形的物质实体，气来自理，有此理，才有此气，有此气才有此形。因而理气二者虽不可分，但二者实有形而上与形而下之别。

如果二程仅仅将理气做这样的区分，问题或许并没有多么复杂。由于他们将本体论的问题引进人性论和修养论，遂使问题变得不那么简单。其中最著名的命题便是“天理”与“人欲”的绝对对立。在二程看来，天理是道德本体，伦理道德是天理的具体体现和主要内容，因而要求“视听言动，非理不为”“礼者，理也，文也”。换言之，这种理就是中国传统社会等级秩序所要求的人伦规范："父子君臣，天下之定理，无所逃于天地之间。""为君尽君道，为臣尽臣道，过此则无理。"所以，在二程的心目中，"理只是人理，甚分明"。至此，一个以仁为核心，由人及天的理学伦理精神体系便基本形成。

本来，强调天理的人伦性质应该说具有人本主义的意义，因为它肯定人的欲望的合理性与合法性，然而由于二程将天理与人欲绝对对立，并以天理遏制人欲，遂使天理说具有明显的非理性色彩。在这一点上，二程实际上是接着孟子、张载的意见往下说，其理论的致误之由也主要源于此。那就是将人性一分为二，即所谓"天地之性"和"气质之性"。在他们看来，天地之性是性之本，是天理在人身上的体现。因此，可以说性即理；气质之性是人受生之后形成的，因而气质之性有善有恶，是气在生成过程中与生俱来的，故而又称性即气。为此他们将天理绝对化，将物欲非道德化，并使二者绝对对立，强调个体道德对社会伦理的绝对认同，从而提出"存天理，灭人欲"的口号，以此化解个体与社会、个体欲望与社会秩序之间的矛盾。

"存天理，灭人欲"是二程理学的最高境界，也是其伦理修养的最高要求。那么怎样才能达到这种境界和要求呢？这便是二程提出的"居敬集义"与"克己改过"的主张。在他们看来，道教的"绝圣弃智"与佛教的"坐禅入定"只能达到"寂灭湛静"的初级目的，只能使人身如枯木，心如死灰，而无法达到存理灭欲的境界。反之，如果用主敬的方法代替佛道主静的方法，便很容易形成对伦理纲常的敬畏心，从而培养高尚的道德情感，并能真心实意地去履行社会公认的道德规范，达到"慎独"的精神境界，以虔诚的心专一于天理。这样，天理才能存在，人欲才能被有效遏制，儒家的伦理规范才能变为现实。

至此，二程完成了理学思想体系的基本建构，成为理学发展史上的重要人物。

理学传播与禅化：程门弟子

二程的门人，其门户并不明显，学大程者，亦师小程。然二程思想、性格毕竟有所不同，于是门下弟子各得其性之所近而守之，学术造诣也就各不相同。其后学最著者，有谢良佐、杨时、游酢、吕大临等所谓“程门四先生”。其最有名者，当数杨时、谢良佐二人。二程的学术也主要是经过他们的传播而流传到南方，并最终形成以朱熹学术为主体的新儒学，开启儒学史上的新篇章。

杨时号龟山，在程门弟子中最为有名，深得二程赏识。据《龟山先生年谱》记载：“时明道之门，皆西北士，最后（杨时）先生与建安游定夫酢，往从学焉，于言无所不说，明道最喜。每言杨君最会得容易，独以大宾敬先生。后辞归，明道送之出门，谓坐客曰：‘吾道南矣。’”由此可见程颢对杨时的赏识与赞许。

就杨时学术而言，其特征在于基本上不提佛学与道教，而更着力于对儒家经典的探讨，他多次强调：“今人自是不留意六经，故就史求道理，是以学愈博而道愈远。”故而他着力从儒家经典的文本中阐发新义，格外重视《周易》和《中庸》，以为《中庸》合内外之道，精义入神，既能致用，又能安身，为圣学之渊源，为入德之大方。其学南渡之后，传于罗从彦，罗从彦传于李侗，李侗传于朱熹，由此可见杨时在理学发展史上的重要地位。

在程门弟子中，与杨时地位相当的是上蔡谢良佐。明清之际的学者黄宗羲在《宋元学案·上蔡学案》中评价说：“程门高弟，予窃以上蔡为第一。”“上蔡在程门中英果明决，其论仁，以觉，以生意；论诚，以实理，论敬，以常惺惺；论穷理，以求是。皆其所独得，以发明师说者也。”也恰恰在这一点上，上蔡学术深受后人诟病，朱熹以为上蔡论仁说觉，“分明是禅”。

与谢良佐学术相类似的是游酢。作为程门弟子，游酢为学也有明显的偏禅倾向，认为禅宗所说，当时儒家学者并未深加考察。因此，要辨禅儒异同，必须亲自阅读佛教经典。他说："前辈往往不曾看佛书，故诋之如此之甚。"其晚年更从禅师游，几乎成为程门"罪人"。

至于吕大临，初学张载，张载去世后，改从二程学，是著名的蓝田吕氏三兄弟（大临为小弟，其兄为大防、大钧）之一。其为人深淳近道，其为学以防检穷索为宗旨。以为君子之为学，主要在于变化气质，以赤子之心为良心，以为"人心所同然，乃吾性之所固有"，修养功夫在于存喜怒哀乐未发之中的赤子之心。

比"程门四先生"稍后一些或三传弟子有胡宏、李侗、张九成等。胡宏是胡安国之季子，胡安国虽未及二程之门，但由于其与谢良佐、杨时、游酢等人"义兼师友"，乃"私淑洛学大成者"，因而在南宋有倡明洛学之功。正如全祖望所说，几乎与杨时的地位相埒。胡安国竭力倡导"穷理尽性"之学，又以治《春秋》学见长，所著《春秋传》三十卷深得官方赞赏，宋高宗以为其书"深得圣人之旨"，为元明两朝科举取士的官方定本，对后世具有相当的影响。

胡宏在继承家学的同时，又从杨时、侯仲良问学，优游衡山之下二十余年，潜心玩索，不舍昼夜，力行所知，关心国事，力主收复中原。其学以论心性为基本特色，分析颇为精细，以为心由性而分，以性为本体，主张性体心用。性是第一位的，心是第二位的，是由性之动、性之所发而派生出来的。故而强调性不能不动，动则心矣。即心是性的体现，性是被体现者。性是内在的、深藏的，心是性的外在表现。由此可见，胡宏把心与理排除在宇宙本体之外，只有性才被赋予宇宙本体的属性而被置于心与理之上。这样一来，胡宏对心、性、理等理学概念的解释都颇有新义，一方面超过了洛学已有的范围，有所创建；另一方面这种超越也理所当然地被视为对洛学的背叛，故而后来张栻、吕祖谦、朱熹等人都一直怀疑胡宏之学尤其是其主要著作《知言》非属程学。不过，也正是由于胡宏思想的独创性，使其在南宋时成为湖湘学派开创时期的一位重要人物。

李侗是朱熹的老师，学者称“延平先生”。由于其为南剑州剑浦人，因而又与其师罗从彦及杨时并称“南剑三先生”。罗从彦原从杨时问学，又直接师事程颐，后入罗浮山静坐，为学以主静为宗，常教人“于静中看喜怒哀乐未发时作何气象，不惟进学有力，亦是养心之要”。李侗年二十四开始从学罗从彦，退而屏居，终生不仕，谢绝世故近四十年，只是因朱熹的叩问而有《延平答问》。

李侗之学以静为主，动辄教人静坐，以体认大本未发之前之气象，以达洒然之境。初学时，默坐澄心，以验喜怒哀乐未发前之气象，久而用力，便会“理与心一”，知天下之大本真在于此。如此便能达到涵养的纯熟境界，即“浑然气象”，真有所见，“虽一毫私欲之发，亦退听矣”。对于程颐的“理一分殊”之说，李侗格外重视，以为是区分儒学和佛教、道教的根本标志。他说：“吾儒之学，所以异于异端者，理一而分殊也。理不患其不一，所难者分殊耳。”“若概以理一，而不察其分之殊，此学者所以流于疑似乱真之说而不自知也。”据此可知，李侗之学大体能继承程颐的学说而又有一些发展。

至于张九成，虽然也是理学发展过程中从二程到朱陆的关键性人物，但其思想倾向则明显地表现出“援佛入儒”。他是杨时的门人，是二程的再传弟子，研思经学，多与训解，然其早年多从佛者游，受禅学的影响颇深，向为学者诟病。黄震批评道，盖杨时言禅学，每每明言禅学，尚算是直情径行，然而张九成则“改头换面，借儒谈禅，而不复自认为禅，是为以伪易真，鲜不惑矣”。朱熹更斥其书为“洪水猛兽”，以为张九成虽学于杨时，然而最终是“逃儒以归于释”，其所论“皆阳儒而阴释”。

然而从另一方面看，张九成在理学的一些基本问题上尚能保持洛学的传统，其“天理论”“格物说”，以及“慎独说”等，都能照着二程往下说。其天理论认为，万物皆有理，“天下无一物之非理”“天理者，仁义也”“夫父子、君臣、夫妇、兄弟、朋友，皆有天理在其间。日用之中，天理每于此而发见”；其格物论强调，“格物者，穷理之谓也。穷一心之理以通天下之理，穷一事之理以通万事之理”“是故于一念之微，一事之间，一物之上，无不原其始而究其终，察其微而验其著，通其一而行其万，则又收万以归一”。即通过对万事万物的穷究，而后了悟万理出于一理，显然这是程颐所谓“格物致知”或“格物穷理”的原初本意。至于通其一而行其万，便是先了悟万物出于一理，而后遇万事万物自然通晓。此后，陆九渊强调的正是这一点，即以为心即理，只要明心，则一切皆明。因此，从这个意义上说，张九成对格物穷理的发挥，正是从二程转向陆九渊的一个重要环节。

关于张九成的“慎独说”，主要是受杨时的思想影响，而后又有新的发挥。他强调，君子慎其独：“礼在于是则寂然不动之时也，喜怒哀乐未发之时也。《易》所谓‘敬以直内’也。孟子所谓‘尽其心知其性’也。有得于此未可已也。释氏疑近之矣，然止于此而不进。”与此同时，他还强调：“天命之谓性，喜怒哀乐未发以前者也，所以谓之中。”也就是说，张九成所谓的慎独境界，就是所谓“中”，就是所谓“性”，就是所谓“天命”，就是指喜怒哀乐未发时寂然不动的心理状态。这种状态近似于禅宗所谓“善恶虽殊，本性无二”，然又稍有不同。即释氏“于此而不进”，而张九成则更进一步，不仅将慎独作为一种境界，而且作为一种功夫，“有得于此未可已也”，即达到这种境界后，还要有所行动，以完成“修齐治平”的圣人事业。

朱熹：理学思想体系的集大成者

新理学经过周敦颐、张载、邵雍、程颢、程颐等人的努力，至二程后学已基本成型，思想体系基本构成，主要概念基本提出。然而真正将理学构成一个庞大的思想体系，并真正使儒学发生重大转折的，还要数南宋时期朱熹思想体系的建成。从这个意义上说，朱熹对儒学的突出贡献不在于创造，而在于总结和综合。正是由于他的总结与综合，才使得儒学真正完成从经学到理学的转变，理学的思想体系也才真正建立起来。朱熹是真正意义上的理学思想体系的集大成者。

朱熹：毁誉参半的一生

就思想资源的继承性而言，朱熹可谓无所不包，无所不受。

他自幼熟读经史，宋高宗绍兴十八年（1148）中进士。其父朱松也为进士，且与李侗同学于罗从彦之门。中进士之后，朱熹被授予左迪功郎，泉州同安主簿。其间治绩卓著，业余时间醉心于释老之学。

年二十四，徒步数百里往受学于延平李侗，后正式拜李侗为师，承继洛学传统，为二程四传弟子。自受学李侗后，始知昔日泛滥佛老之非，遂专心于圣贤之学。师徒二人往来论学之书信，后编为《延平答问》一卷，流传于世。

年二十八，罢官归里。此后数年曾多次因朝廷之召上书应对，提出一些政治、文化变革的积极主张。后以讲学为业，与吕祖谦合编《近思录》，共辑周敦颐、张载、二程等人关于大体而切于日用之言，分类编排，分为道体、为学、致知、存养、克治、家道、出处、治体、治法、政事、教学、警戒、辨异端、观圣贤十四门，共六百二十二条，极便学者使用，实为此后性理诸书之祖，阅读五经之必要的阶梯，对后世儒学影响极大。清代学者江永等人曾专门作注，有《近思录集注》传世。

淳熙二年（1175），应吕祖谦之约，与陆九渊、陆九龄兄弟会于鹅湖，讲论治学之方。此会不仅是朱熹思想进程中的一个重大事件，也是理学史乃至整个儒学史上的一个重大事件。在此之前，朱陆的思想分歧已相当明显。吕祖谦的本意是要调和朱陆，不料在此会上双方依然各持己见。二陆攻击朱熹为学失之支离破碎，坚信简易功夫终究大，而朱熹钟情的以传注为基本特色的支离事业必然“陆沉”。对此朱熹当然表示不满，他素来主张先博览然后归之于约，以为二陆教人失之太简。此次争论不了了之。

淳熙五年（1178），年四十九且辞官已达二十余年的朱熹知南康军，修复白鹿洞书院，并亲定书院学规。淳熙九年（1182），朱熹与浙东事功学派的主要代表人物陈亮相互拜访，并于此后五年通过书信往来展开“义利王霸之辨”。陈亮为学主致用，极不满于当时学术界的主流思想，即所谓性理之说，以为“盈宇宙者无非物，日用之间无非事”，自然物及人事日常活动是宇宙的实际内容，因此“道”只能存在于人事与万物之中，而不可能脱离万事万物独立存在。“道非出于形气之表，而常行于事物之间”，故而“舍天地则无以为道，天地常运而人道不息”。对此，朱熹多有批评，然因出于理学家的偏见，其理论并未使陈亮折服。

几乎与陈亮辩论的同时，朱熹又与陆九渊展开了一次关于“太极”“无极”无问题的争论。争论的导火线是周敦颐的《太极图说》。陆九韶和陆九渊认为，《太极图说》似乎不是周氏所为，“无极”二字出于老子，为圣贤之书所未有。因此，“无极而太极”乃道家的思想，似与先儒无涉。而朱熹认为，只要合乎义理，先儒未言者后贤未必不可言，关键看这种思想是否合理。他认为，“极”即“至极”“标准”，“无极而太极”就是“无形而有理”。而二陆认为，“极即中”，太极即心，指责朱熹对“无极而太极”的解释是“架屋下之屋，叠床上之床”“是头上安头，过为虚无好高之论”。由此，又引发阴阳道器之辨。

当是时，朱熹之名渐重，其学说亦影响日著，故而遭到一些人的忌恨。朱熹也一度被指为“伪学”“逆党”之罪首，诏落职罢祠。后卒于家，年七十一，时宋庆元六年，即1200年。

集结四书

通观朱熹的学术经历，也不难明了其学术的基本特色。陆九渊、陈亮等人对其学术的批评，不论是否有足够的理由，但他们的观察无疑是正确的。据此再看朱熹的学术特征，一个最明显的事实是他格外重视儒家经典的文本整理和义理化的解释，其基本方法是将义理之学与章句训诂之学相结合。

在文本的整理方面，朱熹涉及的范围极为广泛，著作极多，大凡儒家的基本经典差不多都经过他的整理，《诗》有《诗集传》，《易》有《周易本义》《易学启蒙》《周易参同契考异》，《礼》有《仪礼经传通解》，《春秋》有《资治通鉴纲目》，《论语》《孟子》《大学》《中庸》则有《四书章句集注》《四书或问》等。其他如宋代理学的基本史料，似乎也由朱熹最先整理，如《伊洛渊源录》《近思录》《程氏遗书》《程氏外书》《上蔡语录》《太极图说解》《通书解》《西铭解义》等。尤其是他的《四书章句集注》，体大思精，影响深远，为此后八百年的官方定本，成为中国知识分子科举考试的必读之书，并上升到“五经之先”的地位。

八百年来的中国儒学，除了专门家以外，似乎只知四书，而不知五经。在西汉以后唐朝之前，中国历代统治者从来都是以五经作为官方教科书，《汉书·艺文志》也只将《论语》等附于《六艺略》之后，视为“幼学之书”，其地位虽不能因此而判断高低，但其学术定位据此可见一斑。至于《孟子》一书更退而后之。孟子本是战国儒家之一，东汉赵岐的《孟子题辞》虽然提到西汉文帝时曾立《孟子》学博士，但其说由于缺乏直接的证据，似不可靠。《汉书·艺文志》以来，历代书目都将其列于子部儒家类，与《荀子》并称。只是到了北宋，才开始有四书并重以教学者之风。

四书正式结集成书，并给予很高的地位，实始于朱熹。朱熹认为，四书为学者进入圣贤之门的必要阶梯，“若理会得此四书，何书不可读，何理不可究，何事不可处”。在他看来，《论》《孟》之书实为“学者所以求道之至要。古今为之说者，盖已百有余家，然自秦汉以来，儒者类皆不足以与闻斯道之传”。他不仅如是说，而且如是做。毕生于四书用力最勤，“一生用功”，“四十余年理会”，相关著作达八种之多。在这些著作中，朱熹以儒家道统的传承者自居，再三强调训释四书是为了继承孔孟的真精神，是为了发扬光大二程业已开辟的宏大事业。

《大学》原本是《礼记》中的一篇，成书年代大约在秦汉之际，似乎唐代之前，并无单行之本。从北宋开始，儒者们将其从《礼记》中抽出，着意表彰，以为与《论语》《孟子》具有相当的地位。朱熹继承了北宋的这一学术传统，对《大学》也格外重视。其《大学章句序》指出：“《大学》之书，古之大学所以教人之法也。”“教之以穷理、正心、修己、治人之道。”他还谆谆告诫弟子：“《大学》是为学纲目，先通《大学》，立定纲领，其他经皆杂说在里许。通得《大学》了，去看他经，方见得此是格物、致知事；此是正心、诚意事；此是修身事；此是齐家、治国、平天下事。”据此，他把《大学》看成一部无所不包、无所不容的百科全书，是中国传统社会修身、齐家、治国、平天下的纲领。

其实，《大学》“格物”“致知”这两个基本概念的最初提出应得益于程颐，只是朱熹的解释较程颐又有新的意思。朱熹认为，“格物”的基本意思是要“穷理”，然而穷理必须到具体事物上去穷，且必须穷到极致。至于“致知”，并不是与格物不同的另一种功夫或方法，也不是指人们去努力发挥自己固有的知识或用已知去推知未知，而是指认识主体通过考究物理在主观上得到的知识扩充的结果。

《中庸》也本是《礼记》中的一篇，相传为战国时子思所作。《汉书·艺文志》有《中庸说》二篇，《隋书·经籍志》有《中庸传》二卷，梁武帝有《中庸讲疏》一卷，似《中庸》别行，古已如此。《中庸》以“中庸”作为最高的道德准则，以“诚”作为世界的本原，提出“唯天下至诚，为能经纶天下之大经，立天下之大本，知天地之化育”，认为“至诚”则能达到人生之最高境界。在宋代之前，《中庸》的地位也与《大学》基本相似，并未引起人们的重视。也是到了宋代，一些学者才把它列为四书之一。朱熹以为《中庸》是子思“忧道学之失其传”的发奋之作，“盖自上古圣神继天立极，而道统之传有自来矣”。为此，他把《古文尚书》中的“人心惟危，道心惟微，惟精惟一，允执厥中”十六个字奉为孔门心传。

而他的《论语集注》收录二程等宋儒治《论语》的十一家学说，比较其义，择善而从，成为元明以降最有影响的《论语》注释本。

至于《孟子》，如前所说，原本并无多少学者重视。只是到了北宋，因为性理之学兴起，方有一个“孟子的升格运动”，遂将《孟子》配《论语》。据周予同先生的研究，将《孟子》与《论语》同列于经部的最早记载是宋陈振孙的《直斋书录解题》。陈氏以为，自韩愈称孔子传孟子，孟子死不得其传以来，天下咸称孔孟。“孟子之书，固非荀、扬以降所可同日语也。今国家设科取士，《语》《孟》并列为经；而程氏诸儒训解二书，常相表里，故今合为一类。”可见孟子的升格运动主要是在北宋时期大体完成。到了朱熹，集宋儒《孟子》十二家解说于一书，并下以己意，于是朱注《孟子》遂成为元明以来《孟子》学的标准文本。

据此反观朱熹的《四书章句集注》，应该承认其成就是巨大的，影响是深远的，然而其义理化的解释方法和训诂学方法相结合而产生的结果，又并非毫无问题。一是当解释那些所谓“微言大义”之际，往往托经学以言哲学，有宋代理学家无法克服的主观立场，故而很难说他的那些解释完全合乎经典的原初本义。二是从经学史的立场看，朱熹治经的最大问题在于好改经文，其方法绝不可为训。如《大学》一书，他不仅强分经传，以经一章为曾子述孔子之言，传十章为门人记曾子之意，而且颠倒其旧次，以为流传下来的《大学》文本缺失了原有对“格物”的解释，于是据二程的“格物论”在他的《大学章句》中作了一个《补格物致知传》，此种做法理所当然地受到后人的责难。

上述两个缺点是朱熹治学的致命伤，但如果考虑他的学术的出发点并不在于经学，而在于思想理论体系的建构，那么对于上述缺点也是可以理解的了。

建构最庞大的思想体系

朱熹的思想体系是中国思想史上公认的最庞大的思想体系，包罗万象，无所不容，大体可从以下几个方面介绍：

1. 关于理气、太极

朱熹的理气、太极思想基本上是承袭二程，特别是程颐的“理气说”，同时又充分吸收了周敦颐的“太极说”、张载的“太虚之气说”、邵雍的“先天说”等。理气、太极等在他的思想体系中占有格外重要的地位，其思想体系的核心便是“天理论”，而天理论的核心又是“理气说”。

一是他认为“理”或“天理”是宇宙的本原或根本，天地、人物都是因天理而存在，都是由最根本的“理”所产生、所覆载。“未有天地之先，毕竟也只是理。有此理，便有此天地；若无此理，便亦无天地，无人无物，都无该载了！有理，便有气流行，发育万物”。至于“太极”，朱熹认为“太极只是天地万物之理，在天地言，则天地中有太极；在万物言，则万物中各有太极。未有天地之先，毕竟是先有此理。动而生阳，亦只是理；静而生阴，亦只是理”。故此，在他看来，太极就是理，其为宇宙本体非属气，也不是理气之外而别有一物。

二是在理气的关系问题上，朱熹认为理为根本，气是依附于理的。气为形而下，理为形而上。天下没有无理之气，也没有无气之理。然而，理也不是能够脱离气而独立存在的。因此，必须强调，理只能存在于气之中。“无是气，则是理亦无挂搭处”，至此，他便比较好地解决了北宋儒者一直想解决而未能解决的问题。

三是在谈到宇宙的统一性与多样性问题时，朱熹着意发挥“理一分殊”的思想，以为“万物各具一理，万理同出一源”。理是宇宙万物的唯一本原和共同本质，是多样性之所以统一的根据，故谓之“理一”。与此同时，由于统一之理又表现为多样性的万物，故而又谓之“分殊”。“理一分殊，合天地万物而言，只是一个理。及在人，则又各自有一个理。”为了更好地说明理一分殊的道理，朱熹还借用佛教的“月印山川”说来解释：“本只是一太极，而万物各有禀受，又自各全具一太极尔。如月在天，只一而已，及散在江湖，则随处而见，不可谓月已分也。”

2. 关于心性问题

对理气、太极的探讨虽然重要，但绝不是朱熹思想的全部，而且他探讨的真正目的依然是为了解决当时学术界的思想主题，即心性问题。在这个问题上，朱熹依然是在继承了张载、程颐等人的思想的基础上而有了新的发挥。其要点大致有二：

其一，“天命之性”与“气质之性”。“天命之性”与“气质之性”的提法最初见于张载与程颐。应该说，这种说法远较先前的一些诸如“性三品”“性恶”“性善”等更有说服力。《朱子语类》卷四载有朱熹的看法：“某以为（天命之性与气质之性的说法）极有功于圣门，有补于后学，读之使人深有感于张、程，前此未曾有人说到此。如韩退之《原性》中说三品，说得也是，但不曾分明说是气质之性耳。性那里有三品来！孟子说性善，但说得本原处，下面却不曾说得气质之性，所以亦费分疏。诸子说性恶与善恶混。使张、程之说早出，则这许多说话自不用纷争。故张、程之说立，则诸子之说泯矣。”朱熹在张、程理论的基础上做了进一步的论述和发挥，并进一步区分了“天命之性”与“气质之性”的不同和联系。

他在《孟子集注·告子章句上》的按语中指出，性是天理的体现，是形而上的本然状态；人禀气而生，是形而下的有形存在。人是天理的体现，万物也是天理的体现；人是禀气而生的，万物也是由气而构造的。据此，人与物是相同的。然而从另一方面看，人与物又有着根本的不同，因为只有人才具备仁义礼智信，而任何物则是不可能的。人的这种本性就是天理，天理从来就不可能有不善的状态。故而“天命之性”与“气质之性”分别的意义在于强调人的根本使命就是要认识人自身，就是要克服人类的本然的劣根性，即要在气质之性的改变上下功夫。《朱子语类》卷四记载朱熹的原话是，人“须知气禀之害，要力去用功克治，裁其胜而归于中乃可”。这便是朱熹所强调的变化气质的功夫。

其二，心与性情的关系。“心”在朱熹的思想体系中占有极其重要的地位。他认为，“心”的性质与职能是“虚灵知觉”。虚灵是表明“心”能够禀赋理而构成至善之性；知觉是表明“心”能够据此性而与事物发生感应作用。据此他认为，心居于“无对”的主宰地位，以“心统性情”并决定着人们的行为。为此，朱熹区分了“人心”与“道心”，并进而将人心、道心与天命之性、气质之性联系起来进行考察。

《朱子语类》卷九：“如有天命之性，便有气质。若以天命之性为根于心，则气质之性又安顿在何处？谓如‘人心惟危，道心惟微’，都是心；不成只道心是心，人心不是心？”在他看来，道心人心，“只是这一个心，知觉从耳目之欲上去，便是人心；知觉从义理上去，便是道心”。道心是天理的体现，是“原于性命之正”，是义理之心，是人心的主宰；人心是气质的表现，是“出于形气之私”，故而必须接受道心的主宰和统领，此即“心统性情”。心统性情是指心兼有、包括性情，主乎性而行乎情，贯通于未发与已发，“故喜怒哀乐未发则谓之中，发而皆中节则谓之和，心是做工夫处”。未发为体，已发为用，因而心又具有“体用”的功能。《朱子语类》卷五说：“心有体用，未发之前是心之体；已发之际乃心之用。”这样，朱熹在继承张载思想的基础上更为明确地解决了心与性情之间的关系问题。

3. 关于修养论

朱熹的修养论大体上是继承二程，尤其是程颐的思想而又有所发展。其要点大约包括“持敬”“格物致知”“知先行后”等几个方面。

在“持敬”问题上，程颐认为，“涵养须用敬，进学在致知”，以此作为个人修养的两大纲目，朱熹进而发挥为“持敬说”和“格物致知论”，以为“敬”是为学修养的立脚处，是圣人第一要法。《朱子语类》卷十二说：“敬字工夫，乃圣门第一义，彻头彻尾，不可顷刻间断。”“敬之一字，真圣门之纲领，存养之要法。一主乎此，更无内外精粗之间。”“程先生所以有功于后学者，最是敬之一字有力。人之心性，敬则常存，不敬则不存。”

在二程之前，周敦颐也曾提出过“主静”的主张，但是他认为“无欲故敬”，以牺牲人的合理欲望为代价，具有明显的禁欲主义倾向，故而很难在实践中得到运用。朱熹认为，周敦颐的主静主张稍有偏失，要求过高，“卒急难凑泊。寻常人如何便得无欲！故伊川只说个‘敬’字，教人只就这敬字上崖去，庶几执捉得定，有个下手处。纵不得，亦不至失。要之，皆只要人于此心上见得分明，自然有得尔”。据此可知朱熹将“持敬”看得非常重要。

敬的要求首先是“正衣冠”“肃容貌”“整思虑”。在他看来，持敬之说，不必多言，只要能做到上述三点，进而达到“主一”和“专一”，那么不论是有事或无事，都可以达到“持敬”的目的。因此，持敬并不要求放弃目前的事务而去静坐修炼，而是要做到无事时敬在里面，有事时敬在身上。有事无事，持敬的功夫都不应稍有间断。如应接宾客，敬便在应接上；宾客去后，敬又在这里。显然朱熹的“持敬说”要求将敬贯穿动静，并不是专一的“居静”，而是“居敬”。

“居敬”在朱熹的修养论中占有极为重要的地位。但是居敬并不是目的，而只是功夫，居敬的目的在于“穷理”。而穷理又是“格物致知”的功夫。朱熹认为，格物即是穷理，只是“穷理”二字不如“格物”二字更为妥切，因为理总显得有点不可捉摸，而言物则理自在。

“格物致知”本是《大学》提出的一种修养方法，但在《大学》中并没有关于如何“格物致知”的解释。后来，朱熹在整理《大学》文本时，据程颐的一段话作了补充。在朱熹看来，格为至，为尽；物为事，上至无极太极，下至一草一木，君臣父子都可视为物。因此，朱熹的“格物”包括认识一草一木之理，但又不认为这是格物的主要任务，格物的主要任务是“穷天理，明人伦，讲圣言，通世故”。至于如何格物，在朱熹看来，主要还是读书，“穷理之要，必在于读书”。以书本上的知识作为人的认识的主要来源，显然这是一种不完全的认识论和修养论。

由于朱熹的修养论涉及认识问题，因而必然要触及知与行的问题。在这个问题上朱熹的思想要点有三：

一是知先于行，“须先知得方行得”“圣贤教人，必以穷理为先，而力行以终之”“万事皆在穷理后。经不正，理不明，看如何地持守，也只是空”。

二是行重于知。“学之之博，未若知之之要，知之之要，未若行之之实。”“若曰讲习渐明，便当痛下克己功夫，以践其实，使有以真知其意味之必然，不可只如此说过，则其言为无病矣。”

三是强调知行之间的依存性。即行是行其所知，如知而不行，即证明所知未至或知之尚浅。在强调知先行后的同时，也格外重视对传统道德的践履和笃行，主张致知、力行均应予以相当的重视。这一点对中国后来的思想界影响甚大，即便是与其对立的陆王学派也无法摆脱这一基本的思想框架，尤其是王阳明的“知行合一”说，显然与朱熹的见解有着一定的关联。

4. 关于“天理”与“人欲”之辨

自从二程提出“天理”与“人欲”的问题以来，就一直引起学术界的争论，但一直没有合理的解释出现。对于这个问题，朱熹的基本看法是，“天理”与“人欲”确实是一组相互对峙的概念，天理胜，则人欲退。然而他没有像程颐那样用“天理”过分地遏制“人欲”，而是在相当程度上承认“人欲”存在的合理性，以为“天理”与“人欲”之间既没有硬性的界限，也没有明确的规定。“人只有个天理人欲，此胜则彼退，彼胜则此退，无中立不进退之理。凡人不进便退也”。关键是人们在“天理”“人欲”之间要体认省察，要“存天理，灭人欲”。

这样说，当然并不意味着朱熹完全否定“人欲”存在的合理性。事实上，他更强调“人欲”是一种本然存在，不可能完全遏制。问题在于，要使人的欲望有一合乎情理的限度：“若是饥而欲食，渴而欲饮，则此欲亦岂能无？”“虽圣人不能无人心，如饥食渴饮之类。”他认为只要是合乎情理的人欲，便有其存在的合理依据。然而如果是过分要求美味美食，那便是不合理、不应该存在的人欲。“须是食其所当食，欲其所当欲，乃不失所谓道心”，过此，便是“人欲”。

综上所述，朱熹建立了一个庞大而又精深的新理学思想体系。其价值在于总结先前儒家学者的思想贡献，回答了当时所能回答的一系列问题，从而使儒学真正摆脱几百年来佛教与道教的冲击，重新恢复了权威和信心，故而能成为此后几百年的官方学说。

不过，朱熹在生前，其学其说并不被世人，尤其是官方所看重，甚至因政治上失意，一度遭到查禁，其学被列为“伪学”，其人也被列为“罪首”，被编入“伪学逆党籍”。只是在他死了之后，他的冤案才开始平反，其学术地位才逐步得到提升，至元代而下至明清，朱熹学说才成为官方学说，受到高度重视，并在13世纪以后流传到海外，在日本、朝鲜等地也产生很大的影响。

朱熹的讲友：张栻、吕祖谦、陈亮、叶適

朱熹在生前，讲友很多。而且一个比较突出的现象是，这些讲友的思想主张差不多都与朱熹的思想相冲突，而尤以湖湘学派、永康学派和永嘉事功学派最为突出。这既反映了宋代思想界一直存在的宽容学风，也是儒家思想生命力所在的一个重要的人文因素。这些讲友不论是否赞同朱熹的思想见解，但他们的学术活动尤其是与朱熹的交往，都或多或少地对朱熹思想的形成与发展产生过一定的作用和影响，因此有必要在此略作论述。

在其众多讲友中，首推张栻和吕祖谦，时人将之与朱熹合称为“东南三贤”，或曰“乾淳三先生”。他们之间相互辩论问难，颇为相得。

张栻是继胡宏之后，奠定湖湘学派规模的重要理学家。他长期主持岳麓书院的教学工作，从学者甚众。其学术渊源直接来自胡宏，但他与胡宏相处的时间并不长，其学术主要依靠自身重涵养、重力行、重“默体实践”，所以后来一般理学家认为，张栻的学术思想上承二程遗绪，与其师胡宏的思想略有区别，而更具有理学正宗的性质。他的理学思想主要以明人伦、辨义利、重力行为特色。在宇宙观上，推崇周敦颐的《太极图说》，以“理”作为产生世界万物的本原，用“太极”说明人与物的关系，认为太极流行无间，贯通古今，通乎万物。在心性问题上，提出“同体异取”的命题，以明理与心、性、命的关系。《孟子说》卷七说：“理之自然谓之天命，于人为性，主于性为心。天也，性也，心也，所取则异而体则同。”他在强调“理”的本体性的同时，也格外强调“心”的主宰性，以为“心”是贯万物通万理的主宰。故而其学术思想更接近程颢的心学，而与朱熹所传承的程颐的理学稍有区别。尽管如此，张栻与朱熹的个人关系相当好。自他们相识之后，书信往来不断，相互切磋学问，互为相长，各有所益。

吕祖谦是与朱熹关系密切的另一个重要学者。他们二人再加上陆九渊，被称为当时最著名的三大家。全祖望说：“宋乾淳以后，学派分而为三：朱学也，吕学也，陆学也。三家同时，皆不甚合。朱学以格物致知，

陆学以明心，吕学则兼取其长，而复以中原文献之统润色之。门庭径路虽别，要其归宿于圣人，则一也。”由此可见，吕祖谦学术思想的基本特色是兼收并蓄，他一方面力图调和朱陆之间的学术矛盾，另一方面又接受永嘉学派的经世致用思想，合陈傅良、陈亮二人的“学问而一之”，从而自成一个新学派——吕学，鼎立于东南学术界。

至于吕学的基本特色，大体说来有如下两点：一是在哲学上竭力调和朱熹理学和陆九渊心学之间的矛盾，希望朱陆放弃分歧“会归于一”。为此，由吕祖谦召集的“鹅湖之会”，便是其调和朱陆的最好证明。二是吕学由于和永嘉学派有相当深的关系，故而吕学本身也具有明显的经世致用的思想倾向。

从其著作看，他虽然继承二程尤其是程颐的“心性之学”而大谈心性，其理学思想同样以“天理”作为最高范畴，但他和那些空谈心性的理学家明显不同。这种不同主要表现在他格外重视治经史以致用，以为学者须当为“有用之学”。其《杂说》写道：“今人读书全不作有用看。且如人二三十年读圣人书，及一旦遇事便与闾巷无异。或有一听老成人之语，便能终身服行，岂老成人之言过于六经哉？只缘读书不作有用看故也。”为此，他对当时的科举制度持相当严厉的批评态度，主张参加科考者应加强对历史和现行典制的研究，力求了解历史事件的发展脉络和前因后果，总结经验，以为借鉴。

与此同时，他还格外重视学经与学史的有机结合。其《左氏传续说纲领》说：“学者观史各有详略，如《左传》《史记》《前汉》三者，皆当精熟细看，反复考究，直不可一字草草。”其《史说》更强调：“观史当如深在其中，见事之利害，时之祸患，必掩卷自思，使我遇此等事，当作如何处之？如此观史，学问亦可以进，知识亦可以高，方为有益。”由此可见，吕学已严重脱离理学家的思想轨道，而与南宋时期崛起的永嘉功利学派的思想主张相一致，故而吕祖谦虽为朱熹的学术好友，但他实际上没少受到朱熹的攻击和责难。朱熹一直认为，历史书籍不值得学习和研究，阅读历史著作只是像看人打架，非但不能从中得到什么好处，弄不好还会把人看坏了。在朱熹看来，陈亮、吕祖谦的学术之所以驳杂不纯，没有成为“纯儒”，最重要的原因就是历史书看得太多。为此，朱熹提出了“读书须是以经为本，而后谈史”的主张。据此可知，朱熹与吕祖谦的学术异同。

至于陈亮，也算是朱熹的一个重要讲友。他曾和朱熹为了辩论“王霸之学”而有许多书信往来。作为浙学永康学派的创始人，陈亮的思想主旨是专务实学，以“务实”二字为学术的根本宗旨。因此，他极力反对空谈性命的理学，以为“性命之学”并不能解决当时南宋社会所面临的现实问题。自北宋理学家的性命道德之学兴，“而寻常烂熟无所能解之人自托于其间，以端悫静深为体，以徐行缓语为用，务为不可穷测以盖其所无，一艺一能皆以为不足自通于圣人之道也。于是天下之士始丧其所有，而不知适从矣。为士者耻言文章行义，而曰‘尽心知性’，居官者耻言政事书判，而曰‘学道爱人’，相蒙相欺以尽废天下之实，则亦终于百事不理而已”。可见性命之学危害之深，误国之重。

基于此，陈亮在与朱熹的反复辩论中，主要讨论的是这样几个问题：一是关于“道”与人事的关系问题。他们都肯定“道”的重要性，但其争论的焦点在于“道”能否离开人事、万物而独立存在。对此，朱熹持基本的肯定态度，以为从原本的意义上说，“道”是可以离开人事、万物而独立存在的形而上者。陈亮反对这种神秘主义的解释，以为“盈宇宙者无非物，日用之间无非事”，自然及人事的活动是宇宙间的实际内容，所以“道”只能存在于人事与万物之中，“道非出于形气之表，而常行于事物之间”，离开了人事万物便无所谓“道”。

二是关于“王霸”“义利”的关系问题。朱熹认为，不能以成败论英雄，不能以功利论是非，而主张将“王道”“义理”作为评价历史的标准。对此，陈亮并不是直接反对“王道”“义理”与“仁义”，而是主张应该将王与霸、义与利统一起来。“王道”“仁义”无非是爱人利物的救民之心，而“仁义”之心只能通过利民的事功表现出来，此即“义利双行，王霸并用”。对于陈亮的这些见解，朱熹一直视为极为危险的言论，《朱子语类》载其语录说，陈亮的学术已传到“江西，浙人信向已多，家家谈王伯，不说萧何、张良，只说王猛；不说孔孟，只说文中子。可畏，可畏”。由此也可反证陈亮学说在当时的影响。

和陈亮的思想倾向比较一致的是叶適。作为永嘉事功学派的主要代表，叶適的思想主旨也与朱熹的理学思想相对。永嘉事功学派的学统源远流长，它虽然昌盛于南宋前期，但其实际渊源至少可以上溯到北宋中期。当时有王开祖、项昌期、石林三人在永嘉一带讲学授徒，开永嘉学派之先声。至薛季宣的时候，永嘉学派的规模大体形成，别开生面，自成一家。从这个意义上说，薛季宣是永嘉学派的真正开创者。薛季宣为学的基本特色如《宋元学案》卷五十二所说：“教人就事上理会，步步着实，言之必使可行，足以开物成务。盖亦鉴一种闭眉合眼，蒙瞳精神，自附道学者，于古今事物之变，不知为何等也。”因此，不论薛季宣的学术渊源从何而来，其思想主旨与正统的理学传统已明显不同。

继薛季宣而起并传其学的第一人是陈傅良。他格外重视事功，以为：“所贵于儒者，谓其能通世务，以其所见之事功。”也正因为他对事功的重视，遂引起朱熹的极端不满。朱熹在《答胡季随（大时)》的一封信中抱怨道：“君举（薛季宣）先未相识，近复得书，其徒亦有来此者，折其议论，多所未安。最是不务切己，恶行直道，尤为大害，不知讲论之间颇及此否？王氏《中说》，最是渠辈所尊信，依仿以为眼目者，不知所论者云何。”据此不难看出陈傅良与朱熹的思想冲突。

陈傅良的学生很多，但真正能发挥其学术、张扬其事功旗帜的首推叶適。叶適师承陈傅良、薛季宣，并在他们的基础上将永嘉事功之学又向前推进。他不仅比较系统地清算了永嘉学派所承袭的二程道学思想，而且把永嘉事功之学系统化，从而成为永嘉事功学派的集大成者。叶适早年与朱熹的学术思想倾向有些接近，这主要是因为他们政治观点一致。但是到了晚年，他对朱熹的学术思想则持相当严厉的批评态度，双方的分歧也日趋严重。这主要表现在：

第一，关于儒学的道统问题。“道统说”原本起自韩愈，但到朱熹又有新的发展，他们以儒学的直接传承者自居，打击别人，抬高自己。对此，叶适极为反感。他在写给学生吴辅明的一封信中说：“道学之名，起于近世儒者，其意曰：举天下之学皆不足以致其道，独我能致之，故云耳。”也就是说，儒学道统是理学家编造的一个学术谎言，如果圣人之道真如他们所说的那样，是神秘地代代相传，那么此“道”于天下国家又有什么意义呢？

第二，关于“道”与“物”的关系问题。叶适认为，“道”不能离开“物”而单独存在，“物之所在，道则在焉”，这显然与朱熹的理气观有所不同。

第三，关于“义利”的关系问题。叶适和陈亮一样，坚决反对“高谈者远述性命，而以功业为可略”的主张，以为善为国者的起码要求是“务实而不务虚”。那些所谓的正统理学家“以性为静，以物为欲，尊性而贱欲”，认为人欲是一种极为不洁的东西。叶适则持相反意见，认为人的自然欲望是一种本然的东西，是一种无法掩饰的本能欲望，是情势之必然。故此，他主张顺其所欲而有适当的节制，而不能“教人抑情以徇伪”。

统观永嘉、永康学派与正统理学家的思想分歧与争论，可知他们虽说意见不一致，但依然是在儒学的思想框架内进行思考，其思想资源依然是儒家经典。如果说他们不同于朱陆的理学与心学之争，那么只是因为他们是站在理学的外部去反对理学正统。

朱熹与陆九渊的分歧

对于朱陆之争和朱熹与永嘉、永康学派争论的不同性质，朱熹清醒地意识到，陆九渊的学术思想虽然有失偏颇，但也只是较深地受到佛教尤其是禅宗的影响罢了，“禅学，后来学者摸索一上，一旦无可摸索，自会转去”。而像浙东永康、永嘉学派的功利思想则不然，一是功利之学“大不成学问”，二是“若功利，则学者习之便可见效，此意甚可忧”。因此，从这一点上看，朱熹反而将陆九渊视为同调。

关于陆九渊与朱熹的争论过程，前面已有大概的描述，现在所要讨论的是他们的分歧要点，并由此概述陆九渊的思想特征。

1. 关于“理”的分歧

原则上说，朱陆都认为，“理”是世界万物的终极本原。然而从这个共识继续探讨，他们之间的分歧愈趋明显。陆九渊借助儒学天人合一的思维模式，以为“心即理”，万事万物皆由自心而生发。其《杂说篇》谓：“四方上下曰宇，往古来今曰宙，宇宙便是吾心，吾心即是宇宙。”陆九渊《语录》卷三十四说：“万物森然于方寸之间，满心而发，充塞宇宙，无非此理。”显然陆九渊对“理”的理解与朱熹不同。也正是由这些不同，导致了他们在学术思想的一些基本方法上产生严重分歧，比如，朱熹谈“穷理”（“道问学”），陆九渊说“明心”（“尊德性”）。由道问学，强调格物致知，即物穷理，强调学习知识的重要性，以为人的道德水准必将随着知识的增长而愈进，朱熹说：“格物穷理，乃吾人入圣之阶梯。夫苟信心自是，而惟从事于覃思，是师心之用也。”由尊德性，必然强调“先立乎其大，而后天之所以与我者，不为小者所夺。夫苟本体不明，而徒致功于外索，是无源之水也”。故此陆九渊强调，为学的目的并不仅仅在于增进知识，更是为了实现道德的至高境界。因此，对儒家经典的学习与研究、对外界事物的认知与把握，都不可能直接有助于实现增进道德境界的目的，人的本心就是道德的根源。因此，只要扩大、完善人的良心结构，就能实现增进道德的目的。有鉴于此，陆九渊格外强调“求放心”“存心”的功夫，而视“格物穷理”为支离破碎的为学手段。

2. 对“气”的不同理解

在朱熹的思想体系中，“气”是一个和“理”相对的哲学范畴，它的含义一是指宇宙万物生成的基础，构成万物的物质材料；一是指形成人物之别，贤愚之殊的内在因素，即“气质之性”。而在陆九渊的思想体系里，虽然陆九渊也大谈“气质之性”的问题，为其人性论寻求客观根据，但是在他的概念中，“气质”只是一个生理、心理意义上的问题，它的哲学价值只是作为“心蔽”的外界原因之一而已。他说：“人亦有善有恶，天亦有善有恶，岂可以善皆归之天，恶皆归之人？”又说：“学者之病，随其气质千种万态，何可胜穷，至于各能自知有用力处，其致则一。”由此可见，陆九渊思想中的“气质”实是指人的一种生理或心理状态。故而和朱熹不同，陆九渊认为，人的这种生理、心理品性和人的社会行为之间虽然有联系，但并不是必然的、唯一的关系，即人的气质并不能决定人的善恶贤愚，也不能决定人的最后归宿。

在他看来，人的“心蔽”主要有两个原因，一是“资禀”，二是“渐习”。资禀源于先天，人共生于天地之间，无非同气，人的气禀清浊不同，故有沉滞者，有轻扬者，有恣纵而不能自克者，有能自克而用功不深者等不同状况。针对这种状况，陆九渊认为，学能变化气质，只要能“动皆听于义理……践履不替，则气质不美者，无不变化”。也正是由于朱陆对气的这种不同解释，进一步导致了他们在为学宗旨和修养方法上的分歧。在陆九渊看来，人心本善，“气有所蒙”只是外界的因素，因此，为学的功夫或修养，从根本上来说，便是“尽在我心”的“简易功夫”。

3. 对“心”的不同理解

在朱熹看来，所谓“心”，是人的知觉认识能力，是人的行为主宰。在陆九渊看来，“心”是人的伦理本能，是人的本质所在。他说：“收拾精神，自作主宰，万物皆备于我，何有欠阙。当恻隐时自然恻隐，当羞恶时自然羞恶，当宽裕温柔时自然宽裕温柔，当发强刚毅时自然发强刚毅。”

基于此，陆九渊反对朱熹关于“人心”与“道心”的区分，以为“人心”“道心”只是从不同方面描述“心”的性质和状态，如果强将二者对立起来，则分明是“裂天人为二”，从理论上也很难说得通。

基于此，不难看出陆九渊的思想特征，主要是在与朱熹的思想冲突中来开展自己思想的论证。至于其学说的积极意义，便是打破了朱熹理学思想体系的一元性和至上性，上继孟子而建立了“心学”思想体系，从而成为宋明理学中“心学”的开创者。后经王阳明及其后学的进一步发挥，终于使得“陆王心学”在宋明理学中独树一帜，与“程朱理学”长期对立。

辽夏金元时期的儒学

经过两宋时期的发展，儒学完成了一次新的转折，重建了儒学的新体系，此即人们常说的新儒学。不过，新儒学的影响范围主要在北宋和南宋的统治区域，而当时与两宋先后处于对峙状态的辽、西夏、金等由少数民族统治的区域，所接受的还是儒学的传统内容，并没有受到新儒学的影响。到了元朝，情况才有些微改变，两宋的新儒学即程朱理学和陆九渊的心学才开始在元朝的政治生活中发挥作用，而儒学本身也有了新的发展。

辽、金、西夏的儒学：官方统治学说

辽朝自 916 年立国，到 1218 年西辽灭亡，前后历经三百余年。此期间，辽朝的统治者虽然也信奉佛教和道教，但儒学依然获得了较大的发展，并似乎占据了统治地位。

辽朝立国之始，统治者就注意吸取中原汉族统治者利用儒学进行统治的成功经验，极力提倡儒学。尤其是辽朝的贵族群体，对儒学更是崇拜与信奉，尊孔子为“大圣”，并不断向中原统治区域派遣人员学习。辽太祖

耶律阿保机公开主张祭祀孔子，以为孔子宜为万世所尊。

与此同时，辽朝的统治者还注意吸收尊奉儒学的中原汉族知识分子加入他们的统治队伍，较早仿照中原地区建立了一套完整的科举考试体系，以笼络汉族知识分子参与政权，巩固统治。976年，辽景宗下令恢复南京礼部试院，计划实行科举考试。至辽圣宗时，正式实行开科取士。各地也纷纷建州学和孔庙，举国上下一致尊儒，一派儒家文化欣欣向荣的景象。

到了辽朝中后期，儒学的地位已有相当大的提高，各地的孔庙都得到了很好的修缮，儒家学说也随之提升为施政的指导思想，开始具有一种法典的意义，在思想文化及社会生活中发挥越来越多的作用，有力地推动了辽朝统治者的汉化进程。

1115年，女真族建立金朝。由于女真族素来具有崇尚汉文化的精神传统，因而自然尊信儒家学说，并自觉地以儒家学说作为官方的统治学说。这主要表现在：

第一，重视儒家经典的学习和使用。金朝历代统治者都相当重视儒家经典，他们不仅自己精心研读，而且于1164年下令将一些重要的经典如《周易》《尚书》《论语》《孟子》等译成女真文字。他们还强调学与行的结合，要求学者既能诵之，又能行之，将儒学视为进行统治的有效工具。特别是随着金朝社会经济的发展，中原的理学开始在金朝的统治区域里流传，像周敦颐、程颢、程颐、邵雍、朱熹等人的学说，差不多在北方金朝的统治区域内都能找到学术传人，只是学术水平不及宋的理学家高而已。

第二，实行科举制度以选聘人才。金朝在其统治区域里，建立了许多学校，有女真府学、汉儿府学等。1151年，建国子监；1166年，建立国子太学；1173年，建立女真国子学。由于这些学校以儒家经典作为基本教材和考试的主要内容，因而自然尊重孔子和儒学。另外，在各地还建立许多孔庙，按时祭祀孔子。

金朝的儒学与辽朝的儒学稍有不同的是，由于金朝的文化素质相对高一些，因而不像辽朝没有值得一提的儒家学者。在金朝，影响最大的儒家学者是赵秉文。他毕生提倡儒学，自称“韩愈第二”，精研儒家经典，其学较为纯正，故被誉为“儒之正理之主”。他的学术思想主要来源于二程的理学和韩愈的“道统说”，除了祖述先前儒学大师的一些见解外，真正有价值的是继承了儒家民本主义的传统，即孟子所谓“民贵君轻”的思想。

西夏王朝由北方少数民族党项族建立，曾长时期与北宋、南宋及金朝对立。因而西夏王朝便较早、较自觉地吸收汉文化的思想和传统，崇尚儒术，尊孔子以帝号，称“文宣帝”，此为孔子在中国历史上称帝之始。礼事孔子，极其尊亲；又仿行中原王朝的政治制度，采纳儒家思想以治国。早在西夏立国之初，统治者就极为注意对儒家经典的翻译，尤其是儒学的启蒙读物《孝经》，不仅被译成西夏文字，而且要求各级各类学校一律将之作为教科书来使用，并借此强调以孝治天下的政治理念。其他如《论语》《孟子》《尚书》《左传》《贞观政要》等，也都先后被译成西夏文字，并被列为各级学校的必读之书。

立国之初，西夏就在其统治区域广置学校，并在蕃学之外，建立国学，使之成为专门传授汉文化的高等学府。国学设教授，选子弟三百人入学。1145 年，创设“大汉太学”。1147 年，设立唱名取士法，复立童子科。1160 年，设立翰林学士院，进一步确立了儒学在国家政治生活中的主导地位；于此前后又令各州、县设立学校，增子弟员三千余人。

西夏儒学的另一特色是儒士云集，人才辈出。像创立西夏文字的野利仁荣，以及斡道冲等，都对儒家经典有极深的造诣，在民族文化的交流与融合方面，也做出了相当重要的贡献。

元朝儒学：朱陆合流与理学的转折

元朝是由兴起于漠北的蒙古人所建立。由于他们游牧民族的特征，从而使他们主要是依靠军事征服的办法而建立统一的大帝国，其文化素养在很多时候较之被其征服者可能显得落后。所以当后来横跨欧亚的帝国土崩瓦解的时候，蒙古人并没有回到先前的文化生活状态，而是不同程度地为其所征服者同化。

1. 统治者对儒学的推崇

早在成吉思汗和蒙哥从欧洲回师东向、征战中原的时候，蒙古统治者就注意网罗汉族知识分子或已高度汉化了的少数民族知识分子以为己用，像耶律楚材、元好问、郝经、郝枢、杨惟中等人。蒙古人通过他们接触了儒学，从而有助于蒙古人的汉化过程。到忽必烈建立元朝的时候，儒家学说一开始并没有受到重视，尽管赵复、姚枢、刘因、许衡等人大力倡导程朱理学，但并未被官方予以认可。只是由于这些汉族知识分子的极力宣扬，元朝统治者便顺理成章地进一步推行汉化，适度地尊重儒学。

忽必烈本人对儒学大师尊礼有加，除了任命这些儒学大师担任相当重要的职位外，还欣然接受“儒教大尊师”的称号，并真诚地接受儒学知识分子向他传授的儒家“三纲五常”“正心诚意”等治国平天下的道理。1313年，元仁宗设立科举法，儒学的地位在元朝获得真正的确立，即由此开始以经义取士，程朱理学正式上升为官方意识形态。

当然，在任用汉文化知识分子参与统治的同时，元朝统治者也格外注意对儒家思想的宣传与推广，逐步意识到孔孟之道有利于化民成俗。忽必烈即位以后，接受姚枢“立学校以育才”的建议，旋即任命许衡为国子祭酒，使贵族子弟接受儒家思想的教育；随后又增设蒙古国子监，以儒家文化教育蒙古贵族子弟。1287年，立国子监七品以上官员的子弟为生员，初一百二十人，后增至四百人。1313年，元仁宗下令在全国范围内实行科举考试制度，并规定中试者可选聘为官。这既增加了汉族知识分子的仕宦途径，也使得儒家思想在蒙古、色目人中得到进一步传播。

国子监之外，元朝在各路府州县普遍设立了学校，书院活动也很活跃。书院以讲授儒家思想为中心，或以儒学讲学相标榜。当时一些著名的理学家如吴澄、金履祥、许衡等都曾在这类书院讲过学。南方的理学家在宋亡之后不愿出仕元朝，也大都退隐书院，以讲学为尚。对此，元朝统治者一般不加制止反而予以引导，并由官府委任书院的山长或直讲，从而使书院在传播理学时，也能维护元朝的统治。

随着儒学在蒙古贵族中的传播，儒学经典开始被大量翻译，像《贞观政要》《资治通鉴》《大学衍义》等，当时都有蒙古语译本。元文宗时，在大都建奎章阁学士院，以精通汉文化的翰林学士为奎章阁大学士，又设授经郎二员，讲授经学。凡此种种，不仅聚集了人才，而且有助于汉文经史与儒家思想在蒙古和色目官员中的传播与影响。

元朝统治者对儒学的推崇，主要表现为对孔孟和宋明理学的崇奉。元成宗即位时，便诏令中外崇奉孔子。元武宗加封孔子为“大成至圣文宣王”。元仁宗时，以宋儒周敦颐、程颢、程颐、张载、邵雍、司马光、朱熹、张栻、吕祖谦及许衡从祀孔子庙庭。元文宗时，遣儒臣去曲阜代祀孔子；又诏修孔庙、建颜回庙；1330年，加封孔子父母及诸弟子，如颜子、曾子、子思等，封孟子为“邹国亚圣公”，封程颢为“豫国公”、程颐为“洛国公”，以董仲舒从祀孔庙，位在孔门弟子七十子之下。

至于元朝统治者所尊奉的儒学思想，大体说来不外乎是宋朝理学，尤其是程朱理学。从当时科举考试的主要内容看，基本是从《大学》《论语》《孟子》《中庸》四书中设问，而标准答案只能是朱熹的《四书章句集注》。如加试《诗经》，则用朱熹的《诗集传》。加试《周易》，兼用程注及朱注。科举考试明文规定使用朱熹的注释，实自元朝始。这样一来，程朱理学便开始上升到官方学术的地位，思想文化界实际上完成了从经学向理学的重大转折，程朱理学的独尊地位开始确立。

2. 理学家赵复、许衡

元朝的重要理学家首推赵复和许衡。

作为南方的儒士，赵复被元朝所俘。后经姚枢的救护，被送至燕京，遂居燕京，讲学于太极书院，后隐居并终老于北方。赵复至燕京，以所学教授学子，从学者百余人。并将所记程朱所著诸经传注，尽录之以付姚枢，解决了南北之间因道路隔绝而不通载籍带来的困难，实际上他是将程朱理学传至北方的第一人。在其之前，蒙古人所接触的儒学只是从亡金儒士那里得到的"章句之学"，而赵复所传基本上是南方最新的学术，即程朱的理学宗旨。

朱熹的学术思想之所以能被元朝立为官方学术，主要还是因为赵复的传播。至于他本人的思想见解，由于史阙有间，不太明晰，大体是主张简易，以直求文王、孔子之用心；主张以"人心惟危，道心惟微，惟精惟一，允执厥中"为君子之学，以得圣人之心，以止于王道，而不应孜孜于流俗之事功；以国难家仇，严华夷之辨，隐居不仕，独善其身。

赵复在元朝的影响颇大，尤其是他将所记程朱的诸经注释交付姚枢后，便使理学的传播有了明晰的线索可寻。姚枢退隐后，将赵复之学传授下来。北方儒士许衡、刘因、郝经等才得以阅读程朱的著作并予以研究。

至于许衡，实为北方的一大名儒，但其先前所受的儒学教育基本上是金之落第老儒的"句读之学"。后来，他从姚枢处得读程朱遗书，大有所得，遂与姚枢、窦默相讲习。他长期位居国子祭酒，以儒家六艺教授蒙古子弟，这对于保存以儒家思想为主体的汉族文化，促进民族间的文化交流，都有积极的意义。另外，他极力劝说元朝的统治者力行汉法，促进了蒙古族的汉化进程。故而可以说他对元朝儒学的发展，尤其是宋儒的理学传播影响甚大，死后获得了从祀孔庙的殊荣。

许衡的学术宗旨大体上是以朱熹之学为依归。他格外重视朱子的《小学》和《四书章句集注》，强调进学的次序和践履力行。在为学方法上，强调"慎思"，以为视之所见，听之所闻，一切都可归为一个思字，"要思无邪"。在理欲问题上，他以为天理就在人的心中，以为直求本心即可得天理，表现出依违于朱陆二人的思想倾向，当然也意味着朱陆的合流或者说是理学的转折。

3. 理学家吴澄、刘因

在当时，与许衡齐名的大儒有吴澄，人称“南吴北许”。吴澄是江西人，世代业儒，自幼用力于圣贤之学，直承宋代理学的端绪，自以朱熹学术的传承者自居。其学也更加精微，尤其是他的“道统说”，主张道之大原出于天，突出圣贤之传道本于天的思想。他还根据《周易》“元亨利贞”的说法，排列“道统”的历史顺序，表现了其儒学的正统思想。吴澄在儒家经学上的贡献，主要见于他所著的《五经纂言》，这部书“尽破传注穿凿，以发其蕴，条归纪叙，精明简洁，卓然成一家言”。特别是其中的“三《礼》”研究，实是完成朱熹的未竟之业，将《礼记》重新分类编次，从而使流传千年之久的历来号称难读的《仪礼》得见大概，确为经学史的一大贡献。

至于其理学思想，主要以折中朱陆为特色。他说：“朱子于道问学之功居多，而陆子静以尊德性为主。学问不本于德性，则其敝必偏于言语训释之末，故学必以德性为本，庶几得之。”据此可见其对朱陆分歧的基本看法。当学者执经问难时，吴澄往往先令其主一持敬，以“尊德性”，然后令其读书穷理，以“道问学”，其意图在于使学者先反之于心，而后求之五经。其于“天道”“理气”，认为“理”在“气”中，原本不离，“理”是“气”的主宰。而又以为为学之要在于“心”，主张反之吾心，体仁之本，敬为要；用仁之用，孝为首。孩提之童无不爱亲，此“良心发见”之最先者，苟能充之四海皆准。此处的“良心发见”说，多少透露着王阳明心学的信息。

与许衡齐名并同列为“元北方两大儒”的是刘因。他终生未仕，隐居乡野，授徒以终。初从国子司业砚弥坚习经学章句，但不满章句的训诂疏释之学，以为圣人精义绝不在于此。及得赵复所传宋儒周敦颐、邵雍、二程、张载、朱熹、吕祖谦等人的著作，深为折服。以为邵雍至大也；周敦颐至精也；二程至正也；朱熹极其大，尽其精，而贯之以正也。遂转向理学，推崇邵雍和朱熹，极力发挥邵雍的“象数学”和“观物”思想。

至于其理学思想，虽自谓上承朱熹，属于朱学的范畴，但他在服膺程朱理学的同时，并不严守门户，实也杂入陆九渊“反求诸己”“自求本心”的思想。如言“天道”，则把自然与社会的发展变化归于“天地之心”，“天地之心”即“理”，认为由“理”而有世界万物和人的生命，由“理”产生伦理纲常。主张将“人欲”化为“天理”，其方法是当求于己，无待于外。其在经学上的贡献是提出“返求六经”及与此相关的“古无经史之分”的见解，以为《诗经》《尚书》《春秋》原本是史，只是后来由圣人删定才变成经典，此种议论实开明清儒家学者论经史关系之先。他一方面看到理学的思想价值，另一方面也清楚地看到理学家易患穿凿附会的毛病，即往往脱离经典原义而发空论，故而主张读书必先传注而后疏释，疏释而后议论，肯定汉唐疏释的合理价值，并欲以此来纠正宋儒的空疏。

4. 理学家郑玉和许谦

元朝著名的理学家除上述之外，还有郑玉和许谦。他们都是隐居不仕的儒家学者，思想及学术贡献也不尽相同。

郑玉的理学思想与吴澄大体一致，折中朱陆而又有点偏向于朱熹。他以《太极图说》和《西铭》作为学问的本原，以为《太极》之说是“即理以明气”；《西铭》之作是“即气以明理”。天地之大，人物之繁，无出理气的范围，故而二书之言虽约，但天地万物无不在其间，即以理气作为宇宙万物的本体。至于谈到朱陆之间的异同，郑玉认为，两家各有利弊，陆九渊之质高明，故好简易；朱熹之质笃实，故好邃密。各因其质之所近，故所入之途不同。至于仁义道德等方面，两人似乎并无太大的差异。因此，郑玉主张调和朱陆，欲吸收陆九渊的简易之说，以补朱熹后学忽视力行的毛病。他说，朱熹之学是教人为学之常，陆九渊之说是才高独得之妙。前者之流弊是缺少力行的功夫而流于空谈；后者之流弊是有点像佛教谈空说妙，而不能尽致知之功。

许谦乃朱熹后学，由黄榦传至何基，又传至王柏，而由王柏传金履祥至许谦。何基、王柏、金履祥、许谦四人又被称为“北山四先生”，实为宋元之际金华学派的主要成员。何基从学于朱熹及门弟子黄榦，得闻程朱学术之渊源，确守师说，是朱熹的忠实信徒。其宗旨是熟读四书，而四书又以朱熹的注释为主。以为朱熹的注释义理自足，若添入诸家的思想，反而显得“缓散”。王柏与其师不同，好问难，不太盲从，对《尚书》《诗经》《大学》《中庸》等儒家经典，以及朱熹的解说，多有怀疑，并不认为朱注为不可更易的定本。

至于金履祥，对经史多有研究，也多有心得，毕生训释《尚书》，著有《尚书表注》，搜集旧说，损益折中，成一家之言。他如《大学》《孟子》《论语》等书，也对朱注多有核补。

至于许谦，则坚持朱熹门户，以为儒学传至朱熹已大体完备。他说，圣人之学以圣人为准的，然必得圣人之心而后可学圣人之事。圣人之心具在四书，而四书之义，备于朱熹。照他的说法，要理解圣人之心，最好的办法就是认认真真地读四书，故而被视为朱子学的正传。由于他讲学长达四十年，从学者千余人，对于推广和传播朱熹的学术思想功劳甚巨，在当时可与北方的理学大家许衡齐名，故有“南北二许”之称。死后被后世统治者极力褒扬，并被列为理学的正宗。所著《读四书丛说》，以阐发朱熹学术思想为主旨，并用绘图的方式以明其说，在当时影响颇大。

综上所述，元朝儒学的基本特色，是以程朱理学为基本内容而又有所发展，在发展的同时，实际上是以陆九渊的心学去补充朱熹学术思想的不足。这样一来，元代理学便呈现出调和朱陆的倾向，为此后理学的发展提供了新的机会和可能。因此，元代理学虽然没有多少新的思想贡献，但其在理学史、儒学史上的转折意义却值得重视。

附录

儒学人物小传

孙复(992—1057),字明复,晋州平阳(今山西临汾)人。因曾隐居泰山,故有泰山先生之称。

孙复与胡瑗、石介一起提倡“以仁义礼乐为学”,三人遂被合称为“宋初三先生”。宋初三先生重新解释儒家学术,完成了儒学从汉唐时期经学的架构向宋明理学的转型。孙复与范仲淹关系不错,但由于他将毕生精力都放在了讲学著述上,因此基本没有机会参与现实政治。他的学术主旨是张扬《春秋》学的“尊天子黜诸侯”理论,排斥佛老,重建儒学道统,这对宋代及其以后《春秋》学的兴起及转向贡献极大。

胡瑗(993—1059),字翼之,泰州海陵(今江苏泰州)人。世居山西路安定堡,故学者又称其为安定先生,与孙复、石介合称“宋初三先生”。

胡瑗追随范仲淹从事一些关于教育的工作,曾任国子监直讲,官至太常博士。胡瑗博通儒家典籍,尤长于《周易》,是宋代《周易》“义理派”的开创者,对象数(易学术语,是《易》的组成要素)持批评立场。

石介(1005—1045),字守道,兖州奉符(今山东泰安东南)人。因曾隐居徂徕山下,故学者习惯称其为徂徕先生,与胡瑗、孙复并称“宋初三先生”。

石介是宋仁宗时的进士，曾任国子监直讲，官至太子中允。石介的仕途并不顺利，他是当时政治冲突中的失败者或失意者。他的贡献主要体现在学术上，石介排斥佛老，重建并竭力张扬儒家道统，对儒学复兴并向理学转型起到了先导作用。

邵雍（1011—1077），字尧夫，自号安乐先生，谥康节，祖籍江北范阳，父辈始迁往共城（今河南辉县市）。因隐居于苏门山百源之上，故又被称为百源先生。北宋哲学家。

邵雍虽然终生不仕，隐居读书，但是与司马光、二程等学界名流过从甚密。邵雍的贡献是将“河图”“洛书”与《周易》学术流派中的象数之学充分结合起来，再糅合儒道，重构了一套原始儒学所不曾有的先天象数八卦学说，并构建出了元会运势周而复始的运行模型，以此来解释自然、社会和历史。时至今日，能真正懂得邵雍这套学问的人已经很少了，但其内在蕴含着的一套自成体系、自圆其说的数学模式，似乎又是许多研究者的共识。

周敦颐（1017—1073），字茂叔，道州营道（今湖南道县）人。世称濂溪先生。与邵雍、张载、程颢、程颐并称北宋五子。北宋哲学家。

周敦颐的从政经历并不复杂，曾任虔州通判、知南康军。他的贡献主要体现在学术上，他是宋明理学谱系中“濂学”的开创者。他的《太极图说》化用道教系统知识要素，构建了儒学体系的宇宙生成模式，这是孔孟之后儒家学者不曾讨论的。他的《通书》继承并发扬了自孔子以来的儒家概念，如心性论、伦理学、功夫论等，都较前儒更具学理性和思辨性，开启了此后的理学体系。

张载（1020—1077），字子厚，凤翔郿县（今陕西眉县）人。世称横渠先生。与周敦颐、邵雍、程颢、程颐并称北宋五子。北宋哲学家，宋明理学谱系中“关学”开创者。

张载为宋仁宗时的进士，除了一段时间不长的知县经历外，他大致只能算是一个文化工作者，一个教育工作者，他的主要著作有《西铭》《正蒙》《易说》《经学理窟》等。张载对佛道二教持批评的立场，但实际上又化用了二教的许多思想要素，重新构建了新儒学，推动了宋明理学的发展。

程颢（1032—1085），字伯淳，世称明道先生。洛阳（今属河南）人。北宋哲学家、教育家。

曾与其弟程颐师从周敦颐，同为北宋理学奠基者，世称“二程”。二程出身于官宦之家，都受过良好的教育。程颢获取进士功名后，仕途并不顺利，官阶也不高。他将主要精力放在了讲学著述上，泛滥于诸家，出入于释老，返归于六经，以重振儒学为己任。程颢最突出的贡献是“体贴出来”宋明理学的核心概念——“天理”，以此规范了宋明理学的基本原则——“存天理灭人欲”。这对后来的朱熹有很多启发，因而人们将这套学问称为“程朱理学”。

二程虽为兄弟，思想也有接近甚或相同之处，但差别也甚为明显。大致而言，程颢更注重个人的内心体验，强调演绎，因而深刻影响了后来陆九渊、王阳明的心学；程颐则更注重对外部事物的观察，强调归纳，因而开启了朱熹等人格物致知的学术风格。

程颐（1033—1107），字正叔，世称伊川先生，与其兄程颢合称“二程”。洛阳（今属河南）人。北宋哲学家、教育家。

二程都曾向周敦颐问学，程颐屡试不第，后在司马光的推荐下，以布衣的身份任职秘书省、崇政殿，负责教导年幼的宋哲宗。在新旧党争后，程颐被放归田里，以著书讲学度日。程颐在儒学发展史上的贡献，主要在于接续孟子性善论的讨论，提出了“天命之性”与“气质之性”的区别，强调“涵养须用敬，进学在致知”，这在很大程度上规范了宋明理学的一些主要概念，对朱熹及其他后来者启发良多。

谢良佐（1050—1103），字显道，上蔡（今属河南）人，学者称上蔡先生。与游酢、吕大临、杨时并称为“程门四大弟子”。北宋学者。

谢良佐因仕途不顺，遂致力于学问，切问近思，主诚主敬，以禅证儒，去欲存理，回复人性的本真，就是明理。谢良佐的“格物穷理”学说是对二程思想的继承与超越，开启了朱子穷理之说；提出心为天之理，实开陆九渊心学（心即理）认识的先河，其学说是宋明理学发展史上一个重要节点。著有《论语说》《上蔡语录》。

游酢（1053—1123），字定夫，一字子通，建州建阳（今属福建）人。学者称广平先生，又称廌山先生。与杨时、谢良佐、吕大临并称为“程门四大弟子”。北宋学者。

游酢是元丰年间的进士，历官太学博士、监察御史等。治学有明显的禅学倾向。他追随二程，别有所悟。著有《易说》《中庸义》《论语孟子杂解》等。

杨时（1053—1135），字中立，南剑州将乐（今属福建）人。因晚年隐居龟山，故学者称其为龟山先生。北宋学者。

杨时先后问学于程颢、程颐，甚得二程赏识，与游酢、谢良佐、吕大临并称“程门四大弟子”，而杨时又是被公认成就最高的。初，杨时“以师礼见颢于颍昌，相得甚欢”。等到杨时归去，程颢目送他远行，情不自禁地说："吾道南矣。"程颢离世后，四十岁的杨时又师事程颐，程门立雪的典故说的就是这个故事。宋室南渡后，杨时致力于二程学说的传播，《宋史》说"东南学者推时为程氏正宗"，盖非虚语。在学术上，杨时主张"合内外之道"，强调致知必先格物、理一分殊，这些观点对朱熹及此后理学的发展影响甚巨。著有《龟山集》，编有《二程粹言》。

李侗（1093—1163），字愿中，学者称延平先生。南剑州剑浦（今属福建南平）人。南宋学者。

李侗师事罗从彦，与朱熹之父朱松是同门，为程门的三传弟子。因此机缘，朱熹不时便向李侗问学，两人的往来书信后被朱熹编为《延平答问》一书，从中可见李侗对朱熹影响的深度与广度。李侗认为，学问之道不在多言，主张"默坐澄心，体认天理"的认识方法。

胡宏（1106—1162），字仁仲，号五峰，学者称五峰先生。崇安（今福建武夷山市）人。南宋学者。

胡宏是胡安国之子，二程的再传弟子。张栻曾从之问学。胡宏终生无意仕途，追随父亲胡安国及杨时等人，选择潜心学术，并以振兴儒学为己任，认为天命之谓性，性乃天下之大本。胡宏是洛学在南宋的最早传人，开宋明理学的湖湘学统。著有《知言》《皇王大纪》《五峰集》等。

朱熹（1130—1200），字元晦，一字仲晦，号晦庵，别称紫阳。祖籍徽州婺源（今属江西），生于南剑州尤溪（今属福建），侨寓建阳（今属福建）。南宋哲学家、教育家。

朱熹是宋高宗绍兴十八年（1148）的进士，因不喜为官，"仕于外者仅九考，立于朝者四十日"。他的兴趣只在讲学、读书、著书。朱熹为二程的四传弟子，学问渊博，广注典籍，建构了一个庞大的思想体系，是孔子之后最有功于儒学发展的学者。所著的《四书章句集注》是元明清最重要的官方读本，也是科举考试的指定教科书。

朱熹所强调的“格物致知”，并不是大众通常所理解的格物致知。按照清代学者及胡适的解释，朱熹的格物致知其实就是近代科学方法中的观察与归纳，是具有实验、实践性质的。

除了《四书章句集注》之外，朱熹著述还有很多。对群经诸子，朱熹都有整理与解读，最重要且最具影响力和可读性的，应该是由其弟子及再传弟子整理并结集而成的《朱子语类》。这部著作不仅规模宏大、无所不谈，而且是以浅显白话写定的，极为准确地表达了朱熹的深刻思想，最值得一读。

张栻（1133—1180），字敬夫，一字钦夫，又字乐斋，号南轩，世称南轩先生。汉州绵竹（今属四川）人，后迁居湖南衡阳。南宋学者。

张栻出身于官宦之家，父亲张浚官至宰相，不仅是抗金名将，也是程颐、苏轼的再传弟子。张栻幼承家学，又师从胡宏，接续二程学脉，却无心仕宦，长期主持岳麓书院。

张栻在学术上的主要贡献是让二程开启的理学获得了更大的发展。他见识不凡，又注重实践，因此，湖湘弟子从学者众，开启了一代学术新风向。与朱熹、吕祖谦齐名，时称“东南三贤”。著有《论语解》《孟子说》《南轩集》。

薛季宣（1134—1173），字士龙，号艮斋，永嘉（今浙江温州）人。南宋学者。

薛季宣出身于官宦家庭，因恩荫出任常熟知县，官至大理正。薛季宣博通经史，学问渊博，反对空谈性命义理，认为天理应在日用中自知自见，义与利不仅不冲突而且相辅相成，利为义之和。薛季宣开浙东功利学派或事功学派之先河，是永嘉学派的开山祖师，对陈傅良、叶適等人影响极大。

吕祖谦（1137—1181），字伯恭，学者称东莱先生。婺州（治今浙江金华）人。南宋哲学家、文学家。

吕氏为北宋望族，家学源远流长，吕祖谦承家学又有所发展，为南宋金华学派（也称婺学或吕学）的创始者。吕祖谦与朱熹、张栻交往甚密，时人称之为“东南三贤”。他还与浙东诸子如陈傅良、陈亮、叶適，以及江西三陆（陆九韶、陆九龄、陆九渊）私交甚深，是朱陆鹅湖之会的召集人。

吕祖谦为学明理躬行，重视经学，以经为史，强调致用，与浙东事功学派陈亮、叶適相呼应。著有《东莱集》《吕氏家塾读诗记》《东莱左氏博议》等。

陈傅良（1137—1203），字君举，号止斋，学者称止斋先生。温州瑞安（今属浙江）人。南宋学者。

陈傅良是乾道年间的进士，曾任吏部员外郎、中书舍人兼侍读等，官至宝谟阁待制。他师承薛季宣，也指导过叶適，是浙东永嘉学派承前启后的人物。陈傅良学问渊博，重视事功，不尚空谈，多主张实事实理和经世致用。著有《春秋后传》《正斋文集》等。

陆九渊（1139—1193），字子静，号存斋，因曾讲学于象山（今江西贵溪），学者称象山先生。抚州金溪（今属江西）人。南宋哲学家、教育家。

陆九渊是儒学史上的重要人物，其学说认为宇宙便是吾心，吾心即宇宙，此一说法远承孟子尽心之说，近取程颢心即是理的命题，不仅与朱熹理学针锋相对，而且直接开启了王阳明的心学。陆九渊认为，心只是一个心，上而千百载圣贤之心，下而千百载复有一圣贤其心亦只如此。心之体大，若能尽我之心，便与天同。因而知识、修养，均无须外求，只要切己自反，发明本心，就可以实现道德的自我完善。这是对孟子心学思想的新解释。推而极之，陆九渊强调六经注我，我注六经，不反对读书，不反对知识，但反对朱熹"道问学"的支离破碎，反对朱熹的格物致知，而强调尊德性而后道问学。

千百年来，人们对朱陆的分歧均未得真解，其实如果借助于清代学者的研究，以及梁启超、胡适的解读，就可以看出朱陆分歧的所谓尊德性与道问学，其实就是演绎与归纳两种方法的差异。朱子强调试验、归纳，陆子强调思考、演绎。陆九渊认为，"易简功夫终久大，支离事业竟浮沉"。一种新的范式，一种新的理论架构，一定胜过细节的研究，尽管这些细节研究也有意义，但毕竟不是一种超越、一种突破。

陈亮（1143—1194），字同甫，学者称龙川先生。婺州永康（今属浙江）人。南宋思想家、文学家。

陈亮出身社会底层，年过半百才中进士，被授予佥书建康府判官厅公事，未及赴任却卒于家中。

陈亮是坚定的抗金派，反对妥协，反对苟安，反对空谈性命道德，反对偶像，力主"推倒一世之智勇，开拓万古之心胸"。他和朱熹进行过多次"王霸义利之辩"，反对朱熹认为的三代以下天地人心日益退化的观点。著有《龙川文集》《龙川词》。

叶适（1150—1223），字正则，温州永嘉（今属浙江）人，后定居永嘉城郊水心村，故学者称水心先生。南宋哲学家。

叶适是淳熙年间的进士，官至吏部侍郎。他力主抗金并身体力行，曾率军与金军殊死搏斗。后来，叶适在党争中失势，也因此被夺职奉祠，回到永嘉，开始了著述课徒的生活，最终老于家中。

叶適师从薛季宣、陈傅良，是浙东事功学派的主力，与朱熹的理学、陆九渊的心学三分天下。叶適不太认同董仲舒“正其谊不谋其利，明其道不计其功”的说法，而是主张以利和义，不以义抑利，进而反对重本轻末、重农抑商。换言之，叶適认为发展的正确路径应该是“通商惠工，以国家之力扶持商贾，流通货币”；应该承认商品经济、雇佣关系和私有制的合理性，认为富人才是社会的中坚力量。这些看法明显具有近代气息。

赵复（生卒年不详），字仁甫，学者称江汉先生。德安（今湖北安陆）人。宋元之际的理学家。

赵复在元军攻取德安时被俘，之后入元，受邀至燕京（今北京）建太极书院，并在其中讲学。赵复对儒家学术在元代的传播发挥了实质性作用，姚枢、许衡、郝经、刘因等人，都或多或少地受到了赵复的影响，北方所谓知有程朱之学并进而尊信，实际上自赵复始。故而赵复是中国儒学史上承前启后的一个枢纽人物。

许衡（1209—1281），字仲平，号鲁斋，河内（今河南沁阳）人。宋元之际的理学家。

许衡成长于金朝，蒙元帝国建立后，数度出任国子祭酒，参与元朝官制、朝仪的制定，是元朝官方学术的掌门人。许衡学宗程朱，也适度尊重与接纳了陆九渊的学说。许衡在中国儒学史上的意义，不是对儒学做出了什么新的解释与贡献，而是他将传统儒学及儒学在南宋的新发展比较真实地传递给蒙元帝国统治者，并使朱子的《四书章句集注》成为元朝科举取士的指定教材，许衡因而被视为蒙元帝国的儒学宗师。

刘因（1249—1293），字梦吉，号静修。雄州容城（今属河北）人。

宋元之际的学者。

刘因是赵复的门徒，虽然致力于程朱理学，但也并不完全排斥陆九渊的心学。刘因认为学问当以六经为根本，而六经之要在求实，求实之途在读史，经即史，《诗经》《尚书》《春秋》，皆史也，因经圣人手，遂为经。作为元朝大儒，刘因与许衡齐名，对程朱理学在元朝的发展与传播贡献极大。

吴澄（1249—1333），字幼清，学者称草庐先生。抚州崇仁（今属江西）人。宋元之际的学者。

吴澄出身于儒学世家，师承朱熹一系。入元后，受邀进京担任国子司业、翰林士郎、集贤直学士等。与许衡齐名，有元朝“南吴北许”之誉，对元朝儒学恢复发展贡献不小。著有《老子注》等。

许谦（1270—1337），字益之，学者称白云先生。婺州金华（今属浙江）人。宋元之际的学者。

许谦师从金履祥，于书无所不读，故精通儒家经典，旁通释老之学，熟悉天文地理、典章制度、食货刑名。他归结于圣人之说，认为学以圣人为准的，必得圣人之心，而后可学圣人之事。提倡程朱的圣人“心传”说，强调“圣人之心，具在四书，而四书之义，备于朱子”。通朱子，就是通往圣人之学的门径。

郑玉（约1298—1357），字子美，徽州歙县（今属安徽）人。元代学者。

郑玉终生不仕，尽心于学术，博通六经，尤精于《春秋》。因他多年主持师山书院，门徒众多，故又被称为师山先生。著有《师山文集》传世。郑玉的学问之趣在于调和朱陆，认为朱子的格物和陆子的简易，各有优长，可以互补，不必冲突。

第九章

明代：理学的式微与心学的崛起

朱元璋建立明朝之后，出于现实政治的需要，深知夺天下可以马上，但治天下则必须依靠儒家思想和知识分子。于是他对孔子顶礼膜拜，尊礼有加，不仅下令全国祭祀孔子，由各级各类学校将孔子的学说普及化，强调治国以教化为先，教化以学校为本，而且身体力行，每于宫中无事时，便取孔子之书观之。于是在明王朝初年，便出现了盛况空前的尊崇儒家学说的思潮。

理学的官学化与式微

朱元璋尊崇儒家思想，其实更尊崇程朱理学。早在洪武三年（1370），朱元璋就下令在科举制度的乡试、会试中，一律采用程朱一派理学家对儒家经典的标准注本，竭力提高程朱理学在官方学说中的地位，促使程朱理学出现前所未有的盛况。正如明末清初思想家陈确所说：“世儒习气，敢于诬孔孟，必不敢倍程朱！”永乐年间，明朝统治者接受儒家学者的建议，下令由官方出面，编修有关程朱理学的著作，由此开启官修理学书籍的先声。1415 年，由明成祖朱棣亲自主持和作序，由胡广、杨荣等人具体负责的《五经大全》《四书大全》《性理大全》开始编修，这标志着程朱理学官学化的完成和确立。程朱理学不仅成为明朝八股取士的唯一学术根据，而且成为牢笼天下人心的唯一凭借。

明初名儒：宋濂、方孝孺、曹端、薛瑄、吴与弼

程朱理学的官学化虽然提高了理学的地位，有助于统治者利用程朱理学进行政治统治，但是这种官学化的过程，对儒家思想的发展实际上是弊大于利。因为任何思想一旦定于一尊，都势必导致其活力的减弱和式微。最突出的表现，便是当时的学者不仅缺少思想的创造，而且在学术上也极少创新，画地为牢，一依程朱的范围。如明初名儒宋濂、方孝孺、曹端、薛瑄、吴与弼、胡居仁等，虽然名气颇大，但其思想和学术方面的贡献却极少。

在上述诸名儒中，宋濂是宋元以来“金华朱学”的传人，其学以程朱理学为宗，是元明易代之际承前启后的大理学家。他对明初礼乐制度的制定起过相当大的作用，其理学思想也对后来影响甚巨，是有明三百年首倡“钟吕之音”的人物。然而对其思想进行分析，就会发现其独特的贡献殊少。他的理学思想属于典型的朱学系统，以为世界之所以有万物和万物之所以变化运动，主要是因为“元气”的作用。而“元气”的背后，则是“天地之心”即“理”的主宰，这显然与朱熹所讲的理气关系基本一致。此外，他的思想还杂有佛教和道教的因素，甚至公开援佛入儒；作为“金华朱学”的传人，他又对浙东功利之学相当倾心，主张用世，立事功，著之民用；又曾学于吕祖谦的后学李大有，故而其学又有吕学重经制、典籍的特点。

方孝孺是宋濂的学生，其思想见解上承宋濂，而实出于朱熹。他遵从朱学博学致知的功夫，同时又主张践履笃实。强调学问要和事功、践履结合起来，主张齐家为治国之本，而齐家又以《周礼》中的宗法制为遗典大法，企图以《周礼》的模式来改造现实社会。在对待佛教与道教的态度上，他与宋濂稍有不同。宋濂出入于二教，方孝孺则以二教为叛道者，公开声言要驱逐佛教，有“持守之严，刚大之气，与紫阳真相伯仲，固为有明之学祖也”的声誉。

曹端与方孝孺同时而稍后，是明初北方一大儒，其学术为明初理学之冠。他毕生专心性理，躬行实践，倡明儒学，排斥佛教与道教。他读宋儒的《太极图说》《通书》《西铭》等书，深叹“道在是矣”，遂笃志研究，用力极深。他所说的“太极”，就是“理”。“理”是万物之源，是万物的主宰。“理”与“气”的关系，是“理”驭“气”，而不是朱熹所说的“理之乘气，犹人之乘马，马之一出一入，而人亦与之一出一入”。其实，他和朱熹一样，都是把“理”与“气”视为二物而非一物。因此他强调，为学欲至圣人之道，必须从“太极”上立脚跟。不过，他在尊崇程朱的同时，也并不完全笃守程朱，而对陆九渊的心学也相当倾心，具有一定的心学倾向。他说：“事事都于心上做工夫，是入孔门底大路。”这种事心之学，主要是在一念萌动的瞬间下功夫，即偏重于自思反省。显然曹端思想已很明显地向陆九渊心学的靠拢。

继曹端而起的是薛瑄。薛瑄开北方“河东之学”，门徒遍布山西、河南、关陇一带，蔚为北方朱学之大宗。薛瑄为学，一主程朱，注重躬行。在他看来，儒家学术发展到朱熹，“斯道已大明，无烦著作，直须躬行耳”。认为四书五经及周、程、张、朱之书，已将道理说得很明白，道统正传全在于是，舍此而他学哪里还有什么学问可言呢？由于他恪守宋儒的学说原则，因此被清儒视为朱学的正宗。

其学以“复性”为宗，强调为学只要知“复性”而已，所谓学实际上只是学天理人伦，“天地万物，惟性字一字括尽”，并留有“七十六年无一事，此心始觉性天通”的哲理诗名句。至于其“复性”的方法，主要强调朱熹的“下学”功夫，以为性非特具于心者为是，凡耳目口鼻手足动静之理皆是。因此，功夫之要不在于体会那些天理，而是要在平常的事中加以体现。事事不放过，而皆欲合理。在理学家极为重视的“理气”问题上，薛瑄的基本态度是着力发挥曹端的“理气一体说”，从而完成对朱熹“理先气后说”的修正。他说：“理气无先后，无无气之理，亦无无理之气。”

与薛瑄同时并为明初程朱理学大家的还有吴与弼。他像薛瑄一样依宋人成说，不同之处是薛瑄主“下学”功夫，而吴与弼寻“向上”功夫。他认为，圣贤所言、所行，无非是存天理，去人欲。因此要学圣贤，就不能舍此而他求，故此，他格外强调以身心的修养去变化人的气质。其方法，就是去读圣贤书，去体会圣贤的遗言，如有不合，则当下克己复礼，务使此心湛然虚明，固有的仁义礼智不为外物所胜。这样，即便当不成圣贤，做事也可以最大限度地减少失误。其言心，则以知觉而与理为二；言功夫，则静时存养，动时省察。由于他提倡静中体验，兼采朱陆之长，故而其学传至陈白沙（陈献章），反而背叛了朱学而开启王阳明心学的先河，这似乎也意味着朱学的式微与心学的崛起。

吴与弼的弟子有陈献章和胡居仁。胡居仁虽为吴与弼的弟子，但其学似乎较吴与弼更为纯正，他既不满于陆九渊，也不满于陈献章，指前者空虚近禅，视后者流于黄老，故而被《明史》视为明初诸儒中守朱学之最纯者。在理气问题上，他以为“理”是“气”之主，“气”是“理”之具，宇宙间只有实理流行。其学以忠信为先，以求放心为要，而最为关键的一点则是如何持敬的问题。他说：“圣贤工夫虽多，莫切要如敬字。敬有自畏慎底意思，敬有肃然自整顿底意思，敬有卓然精明底意思，敬有湛然纯一底意思。”“敬为存养之道，贯彻始终。”在心与理的问题上，胡居仁提出“心与理一”的观点，以为：“心理不相离，心存则理自在，心放则理亦失；理明则心必明，心明则理也著。”故而主张“存心穷理，交致其功”。至于穷理的方法，在他看来则不止一端，或在读书上得之，或在讲论上得之，或在思虑上得之，或在行事上得之。

统观明初的理学，这些理学家虽然恪守程朱的遗规，但也同时继续了元朝儒家学者已开启的朱陆合流的倾向，自觉或不自觉地采纳了一些陆学的观点，以完善程朱理学之不足。

陈献章：明代心学的先驱

明朝的天下是朱元璋率领农民军从元朝统治者手中夺取的，他深知打天下不易，守天下更难。大约到了明朝中期，明代的帝王已远没有当年朱元璋的气象和勤政精神，他们对国家政事也无心过问，大权经常落入奸人和宦官的手中。随着资本主义生产关系的萌芽，中国人的人际关系也随之发生了相当重要的变化。人心不古，崇尚奢靡，公开追求物质享受，尤其是在东南沿海商品经济比较发达的地区，这种情况尤为突出。一股强烈要求摆脱儒家思想束缚，追求个人意志自由的思潮应运而生。儒家的伦理道德与现实社会开始发生严重的冲突。作为统治阶级的意识形态，如何面对并纠正这些现实，以回归到中国传统社会纲常伦理的基本要求上来，便成为儒家学者必须面对的一个重大问题。

其时正在盛行的程朱理学虽然势力强大，深得官方的青睐，但由于其思想体系本身的局限性，使其根本无法担此重任。尤其是程朱理学格物致知、格物穷理思想方法的支离破碎，更使为数众多焦灼于现实的知识分子对其失望。他们渴望获得一种能够迅速解决社会问题的良方，于是便自觉或不自觉地抛弃程朱理学，而向陆九渊的心学靠拢。

从思想史的角度看，最先有意这样做的是陈献章。自从他开始倡导涵养心性，“静养端倪”之说，明代的儒学思想便明显地被划分为前后两个阶段。他既是明代复兴陆九渊心学的第一人，也是开启明代心学尤其是王阳明心学的重要先驱者之一。

陈献章的思想以自然为宗，以虚为基本，以静为门户，以自得为归旨，并以自得之旨教人。他的所谓“自得”，即“舍彼之繁，求吾之约”“然后见吾此心之体隐然呈露”。换言之，自得即求之吾心。于是陈献章的心学便自然是以心为本体，以静坐求心为其基本方法。

在他看来，静坐是去掉驳杂支离之病的手段，静坐的目的是寻见端绪，找到心与理的“凑泊吻合处”，所以他又有“静养端倪”的说法。他以为，为学须从静中坐养出个端倪来，方有商量处，不可仅仅凭借书本上的知识。学问之要在于求诸心，只有心静若水，虚明静一，才能达到内外合一，一以贯之的自然、自得的精神境界。此点正是陆九渊的“宇宙便是吾心，吾心即是宇宙”的另一种说法。心即理，静坐求之吾心，而吾心即是理，此理是包摄一切的。

陈献章心学思想的直接传承者，是其及门弟子湛若水。湛若水与王阳明同时讲学，各立门户，在明代心学的发展史上都具有相当大的影响力。从思想资源的凭借来说，陈献章继承陆九渊，将陆九渊的思想，尤其是其主静的思想上推到周敦颐和二程兄弟，并根据自己对儒家经典的理解，甚至对释老学说有所体会和吸收，因而具有明显的开山性质。湛若水的思想基本上是承袭陈献章的。他所提出的“随处体认天理”的修养方法，被陈献章嘉许为以自然为宗，达到圣贤境界的可靠途径。陈献章对他说：“日用间随处体认天理，着此一鞭，何患不到古人佳处也。”“此学以自然为宗者也……自然之乐，乃真乐也。宇宙间复有何事？”由此可见，湛若水正是把陈献章的“自然自得之道”，演化为“随处体认天理”的修养。

只是湛若水不同意陈献章“舍书册，弃人事”而单纯习静的修养功夫，以为此种方法必将流于禅学。他认为，体认天理只能作为动静合一、体用一致的方法，并由此进一步提出“勿助勿忘”以作为体认天理时所应维持的心理状态，这是对陈献章以自然为宗思想的发展。同时，由于他以体认天理解释格物，这自然与王阳明以致良知为格物的说法发生分歧。他斥王阳明的“格物”为“正念头”之说，并批评王阳明指“腔子里”而为心。以为王阳明的格物说有“不敢信者四”，而自信自己的格物说有“可采者五”。

在明代儒家思想史上，湛若水、王阳明二人各立门户、相互对立是本然事实，但是这并不意味着他们真的视若仇敌。事实上，他们二人的关系非常好，思想上也有许多相同和相互吸收之处。他们的弟子或学于湛若水，而卒业于王阳明；或学于王阳明，而卒业于湛若水。对于湛若水，王阳明评价道：“吾与甘泉友，意之所在，不言而会；论之所及，不约而同；期于斯道，毙而后已者。”“予之资于甘泉多矣。”对于王阳明，湛若水评价也很高：“阳明公初主格物之说，后主良知之说，甘泉子一主随处体认天理之说，然皆圣贤宗旨也。而人或舍其精义，各滞执于语言，盖失之矣。故甘泉子尝为之语曰：‘良知必用天理，天理莫非良知。’以言其交用则同也。”由此可见，二人的交情不仅深厚，其思想的互补性也极强。

王阳明：心学之集大成者

王阳明系浙江余姚人，本名守仁，字伯安，曾筑室阳明洞中攻读、讲学，故世称“阳明先生”。他早年因反对宦官刘瑾专权，被贬为贵州龙场驿丞。其后任职江西，因镇压赣南匪乱及平定宁王之乱有功，而官至南京兵部尚书，卒谥“文成”。

他是明代著名的哲学家、教育家，继承和发展了陆九渊的学说，创立了阳明学派，在中国儒学史上影响甚大。王阳明一生的活动，主要集中在两个方面：一是“破山中贼”，二是“破心中贼”。前者谓其镇压各地匪乱的事功，后者谓其建立心学理论体系，以“辅君”“淑民”为根本目的。

王阳明的思想历程与学理资源

就其思想历程看，王阳明在为学初期并不反对理学，他只是从程朱理学的阵营中走出来的一位思想家。黄宗羲在谈到王阳明的学术思想时明确指出，其学大致经历了两个阶段，每个阶段又分别有三次转变。

前三变，他“始泛滥于辞章，继而遍读考亭（即朱熹）之书，循序格物，顾物理吾心终判为二，无所得入。于是出入于佛老者久之”。及至在贵州龙场驿处于困顿的环境下，穷荒无书，日绎旧闻，方“动心忍性，因念圣人处此更有何道”？忽然悟出格物致知之旨，悟出圣人之道的基本要旨在于：“吾性自足，不假外求。”只需自求诸心，而不需求诸物。于是喟然叹曰：“道在是矣！”此即所谓“龙场悟道”。它标志着王阳明舍弃程朱，归心于陆九渊，以及其心学思想的基本形成。

在第二阶段，王阳明思想又经历了后三变。他：“尽去枝叶，一意本原，默坐澄心为学的。有未发之中，始能有发而中节之和，视听言动，大率以收敛为主，发散是不得已。”此为第一变。再而专提“致良知”，以良知为未发与已发，收敛与发散，动与静，知与行合一。“默不假坐，心不待澄，不习不虑，出之自有天则。”此为第二变。其为教，专以致良知为主，以为儒学发展到北宋周敦颐、二程之后，只有陆九渊的思想简易直截，有以接孟子之传。而朱熹的《四书章句集注》《或问》等，乃是朱熹中年未定之说。于是学者翕然从之，世遂有“阳明学”的提法。

王阳明居越之后，他的思想的基本特点是：“所操益熟，所得益化，时时知是知非，时时无是无非，开口即得本心，更无假借凑泊，如赤日当空而万象毕照。”达到出神入化的境地，此为第三变。

至于王阳明心学的学理资源，从上述不难看出主要是出于自得，而非师传。他既没有对陆九渊的著作进行过系统研究，也没有从学理上对朱熹的学说进行清算，而是因为龙场独特的生存环境和生命体验，使他突然领悟到儒家思想的真谛绝不在于那些书本中的学问，而是发自内心的一种感受和体验。这是王阳明思想体系学理资源的独特之处。

当然，这样说并不意味着完全否认王阳明对前人思想资源的继承性。事实上，虽然他在“龙场悟道”出于自得，但统观其思想脉络，其继承性也并非不明显。一是直接有得于陆九渊。他在《象山先生全集叙》中极力称赞陆九渊的学说：“简易直截，真有以接孟氏之传”，认为陆九渊倡导的“必求诸心”的心学，是继承了儒家孔孟之学“精一”之说的传统。在对朱陆之争的评估上，王阳明竭力为陆九渊辩诬，以为“象山辨义利之分，立大体，求放心，以示后学笃实为己之道”，其功岂可以禅学去比附之？岂可以禅学尽诬之？据此可见，王阳明之所以竭力为陆学辩诬，主要是因为他对朱子格物之说的支离极为不满，转而倾向于陆九渊简易明了的心学。

王阳明心学还受到陈献章和湛若水思想的深刻影响，也是其学理资源的第二个方面。湛若水与王阳明生于同一时期，共同倡导心学，私下关系也相当不错。王阳明曾说过：“予求友于天下，三十年来未见此人。”湛若水也说：“某平生与阳明公同志，他年当与同作一传矣。”二人为学虽各有宗旨，但在倡导心学、主张自得方面却是相当一致。至于王阳明与陈献章之间的关系，王阳明几乎从不提及，但是如果从其思想的内在理路看，毫无疑问，王阳明的思想与陈献章的思想有较多的相似和相近之处，王阳明受陈献章影响是显而易见的。真实的情况可能就像顾宪成推测的那样：“阳明目空千古，直是不数白沙，故生平并无一语及之。”

影响王阳明心学成立的第三个方面，是其对儒家思想资源的继承和发展，以及对佛老之学的吸收。王阳明讲心、讲性、讲良知、讲仁、讲诚、讲修齐治平、讲万物一体等，实际上多得之于传统儒学的基本概念。尤其值得强调的是，作为其思想体系基本框架的所谓良知、良能、诚意、明德、亲民等范畴，基本上都来自《孟子》和《大学》。至于他所强调的万物一体，不仅继承了先秦早期儒学，尤其是孔子的仁学思想，以及孟子的“万物皆备于我”的思想，还吸收、融合了张载的《西铭》、程颢《识仁篇》的主要内容。这是王阳明之所以成为儒家学者的主要方面。

王阳明之所以成为王阳明，还在于他继承和发展传统儒家思想的同时，并不局限于儒家思想的基本框架，而是适度吸收了传统儒家学者不愿或不敢吸收的佛老思想。他早年曾真诚地学过佛学，对佛教思想有着相当深厚的理解，表现出合儒释于一炉的明显倾向。他说：“释氏之说，亦自有同于吾儒，而不害其为异者，惟在于几微毫忽之间而已，亦何必讳于其同，而遂不敢以言；狃于其异，而遂不以察之乎？”在他看来，不必过于关注儒佛之间的异同，而是要求其是者而学焉。这样一来，他便能很坦然地吸收佛学的思想因素。对于道教，王阳明也基本上作如是观。

影响王阳明学术发展的最后一点是其对朱子学的信仰与背叛。如果从其思想发展的大致线索看，他在早年对朱子学确实下过一番功夫，有过相当深入的理解。但由于其思想的批判特征，使其并没有沿着朱子学的路线继续前进，而是站在朱子学的反面去批评朱熹，同时也无可避免地吸收了朱子学的某些合理要素。因此，王阳明在继承陆九渊心学资源外，其思想体系中仍留存有若干朱子学的因素。如陆九渊不讲理气，少讲心性情之间的关系，而王阳明却从不回避，大讲特讲，显然其学理资源也或多或少地来源于朱熹的思想。

王阳明的思想体系

王阳明思想体系的核心是“致良知”。它包括“心即理”“知行合一”“致良知”，以及“万物一体之仁”等几个方面，而其思想体系的基点和出发点则建立在对朱熹“格物致知”说的批判上。

1. 对格物致知说的批判

王阳明对“格物致知”说的批判主要体现在两个方面：一是从道德修养的角度批判其理论的内在矛盾；二是从朱熹身后的影响来批判“格物致知”说的“学术之弊”。从第一个方面看，由于王阳明年轻时一度笃信朱子的格物说，然而当他用这种方法去进行个人的道德修养时，发现无论是“即物”去穷理，还是“循序”而读书，都只能是“物理吾心，终若判而为二”，并不足以解决个人的道德修养问题。因而，他对朱熹的“格物致知说”产生了深深的怀疑。

其《传习录》下说：“先儒解‘格物’为‘格天下之物’。天下之物如何格得？且谓一草一木亦皆有理，今如何去格？纵格得草木来，如何反来诚得自家意？”在他看来，朱子训“格物致知”为“即物穷理”，欲以“格天下之物”而达“诚自家意”的目的，显然是徒劳的。因为其“格”的后果只会析心与理为二，使主观之心与客观之理不能统一。

至于第二个方面，王阳明认为，由于朱熹主张问学致知而不注重身心修养，遂造成其后学在道德修养方面的“知”“行”脱离，以为先知然后能行。这种支离割裂的学术之弊必然给社会秩序带来危害，有“以学术杀天下”的危险。

2. 心即理

鉴于朱学“格物致知”的教训，王阳明主张“心即理”，并据此提出“知行合一”的口号，决心创立良知之学，从而用一种注重身心修养的学说来取代朱熹沉溺辞章、务外遗内、博而寡要、支离决裂的“格物致知”说。他对格物的解释是：“格物者，格其心之物也，格其意之物也，格其知之物也；正心者，正其物之心也；诚意者，诚其物之意也；致知者，致其物之知也。此岂有内外、彼此之分哉？”在他看来，“格物”没有内外彼此之分，因此“格物”是格“心”之物，“是去其心之不正，以全其本体之正”。这样，王阳明的“格物”便不是朱熹即物穷理的求知方法，而更偏重于为善去恶的内心涵养，从而使“格物”与“致良知”完全吻合起来。

这种新的“格物”说，正包括了王阳明所谓的“心即理”“知行合一”以及“致良知”的心学观点。所谓心即理，在王阳明看来，就是不能像朱熹那样将心与理分而为二，导致知与行、学问与修养的分离。为此，他继承和发挥了陆九渊的心即理的思想，以为宇宙万物的规律皆归于吾心判断的范畴，并由此说明进行道德修养只要求之于心，于心上下功夫就够了。

3. 知行合一

知行问题是中国哲学中一个相当古老的问题，知与行的先后及难易问题则是中国哲学家一直未能很好解决的问题。对此，王阳明的基本立场是主张“知行合一”。其大概意思包括：知行同一于心之本体，知行是同一个功夫，知行合一并进不可分离等。具体说来，他认为知则必行，不行不足谓之知；真知则必行，不行终非真知；知不限于思想，行不限于行动，知行同是心的两个方面，即知即行。

其创“知行合一”说的目的，据王阳明自己说，一是为了“吃紧救弊而发”，二是为了论证“知行本体本来如是”。也就是说，“知行合一”说的核心内容是“知行本体合一”，重点在强调“行”。“知是行的主意，行是知的功夫；知是行之始，行是知之成。”至于这里的“行”，虽然含有社会实践的意义，但说到底只是中国传统社会的道德践履，是专指一种所谓“克己”功夫。在这一点上，王阳明与朱熹并没有什么根本性的不同。他们都是要求“去人欲而存天理”，只是在方法与手段上，朱熹更多地强调以知识的增进为学圣人的基本途径，而在王阳明看来，学问思辨都是行，不徒朱熹所说的由“问学”而达到“致知”的一条途径，而应该包括陆九渊所强调的尊德性、重实行的修养方法。由此可见，王阳明的知行合一说，实际上是朱陆学说的折中与调和。

4. 致良知

良知的说法来源于《孟子》，其含义是指一种“不虑而知”的天赋道德观念。王阳明对此加以发挥，并引进《大学》中的“致”字，《大学》说“致知在格物”“物格而后知至”。据此，王阳明提出“致良知”的主张，以为“良知”即是“天理”，从而进一步要求人们首先认识和恢复内心所固有的“天理”，并由此推及自己的“良知”于事事物物，那么事事物物皆得其“天理”，即把自己的一切行为和活动都纳入中国传统社会道德规范的轨道。其要点包括：

第一，“良知即是天理”。在孟子那里，“良知”本是一种先验的道德观念，指恻隐之心、羞恶之心、辞让之心、是非之心，而王阳明对此则做了本体方面的发挥，“为吾心之良知，即所谓天理”。把先验的道德良知视为代表世界本原的“天理”，因而良知便成为人人心中不假外求的道德本原。在王阳明看来，良知是是非之心、好恶之心，是判断是非的唯一标准；良知人人俱在，自圣人以至愚人，无不相同；人人同具良知，人人有判断是非善恶的自家标准。因此，他强调，良知就是人人所具有的“心之本体”，它先验地存在于人们的心中，人们依良知而行便会产生正确的道德行为，故而无须向外寻求道德行为的来源。

第二，“良知是心之本体”。在王阳明看来，天理在人们的心中，天理的昭明灵觉就是人心的虚灵灵觉。通过它，人们便自然地感觉或判断出人的行为的善恶是非，从而推动良知并使它充分发挥自己的机能，以善念支配人的道德行为，此过程即“致良知”的功夫。由此可见，王阳明“致良知”的学说，充分强调了“良知”在道德修养中去恶为善的主观能动作用，并使之成为支配人的道德行为的精神本体。

第三，对朱熹格“物致知”说的改造。朱熹的“格物致知”说强调知识在人的道德修养过程中的作用，忽视了人心在此过程中的能动功能。对于朱学的这一内在欠缺，陆九渊表示过严重不满，以为朱学的这一原则实在是“支离破碎”，并由此而提出自己的新解释。王阳明在这一问题上，基本是接着陆九渊的思想继续前进，如果说有所不同的话，那就是他对朱熹反复强调的“格物致知”进行了一番新的解释，即将“物”解为“事”，将“格”解为“正”。这样“格物”便是在意念发动处的件件事情中为善去恶，避开主观意念中恶的认识，接近善的直接感觉。他以为这样的格物便可避免“务外遗内”之弊，杜绝“支离破碎”之病。以这种格物说解释《大学》的“致知在格物”，在意念的发动处为善去恶，不欺骗良知的感觉，这就是诚意。

因此可以说，王阳明的“格物致知”其实就是穷究吾心之良知，从而把《大学》的实践道德思想转变成自己“格物致良知”的道德修养论。

5. 万物一体之仁

“万物一体之仁”说，是与王阳明的“明德、亲民”说相联系和贯通的。他把“致良知”的哲学扩展到社会政治层面，并与《大学》的政治伦理学说结合在了一起。他的“万物一体之仁”说的意义在于强调天地万物以人为中心，人心便是天地鬼神的主宰，人的良知也是草木瓦石的良知。按照他的说法，“圣人之心”便应以天下万物为一体，每一个人都应将自己的良知推广到天下，如此便能救社会于水火之中。

王学的传播与分化

王阳明是宋明时期与朱熹、陆九渊等人齐名的儒学大家，他继承和发展了陆九渊的心学思想，在宋明理学中形成了陆王学术流派，在明中后期的思想界风靡一时，一度取代了程朱理学的地位，左右中国思想界长达百年之久。不仅如此，他的思想学说还传至日本，形成日本的阳明学，对日本的历史，尤其是其近代历史进程有相当重要的影响。

王阳明去世后，其学一度受到排斥，其思想也一度受到攻击，但是经过门下弟子的不懈努力，其学依然风行天下，辉煌一时。但彼时谨守程朱学说者，几复无人，可见阳明学的影响之大。至于阳明后学，据《明儒学案》所列，计有浙中、江右、南中、楚中、北方、粤闽、泰州等七个学案。其他受王学影响，并以其为宗者也不在少数。

1. 浙中学派

浙江是王阳明的家乡，因而浙中学派受到了王阳明的直接影响。这一派的主要弟子有王畿、钱德洪、徐爱等。徐爱是王阳明的妹夫，也是王阳明最早的及门弟子。他初闻王学，以为和先儒的传统解说有出入，惊异不定，觉得无从下手。既而深入进去，并反身实践，“始信王学为孔门之嫡传”，由是而成为笃信王学的第一人。王阳明也称他为自己门下之颜渊。他在王学门下的实际地位，也确实与颜渊在孔门之地位有相似之处：一是他去世较早，未及得闻王阳明的“致良知”之说；二是他笃信实践，虽得王学之真，但在理论上却极少发明。他曾根据王阳明讲解《大学》的基本宗旨，编成王阳明最主要的著作《传习录》。三是徐爱为学的特点在于强调涵养、省察、克治、收放心，以培养心之体。他认为，学者之患在于好名，只有去私才能宜于物。他说：“心德者，人之根源也，而不可少缓；文章名业者，人之枝叶也，而非所汲汲。”“夫人之所以不宜于物者，私害之也。”

与徐爱的情况稍有不同，王畿师从王阳明的时间比较长，后且在吴、楚、闽、越、江、浙一带讲学长达四十余年，专心传播王学。所至之处，听者云集，影响极大，莫不以其为王学之宗主。他为学主张大彻大悟，以无念为宗，将儒学的宗旨归为虚寂，具有融合儒释道的思想倾向。其学最值得称说者，是他与钱德洪关于王阳明“四句教”的一番争论。王阳明的“四句教”是：“无善无恶心之体，有善有恶意之动，知善知恶是良知，为善去恶是格物。”

嘉靖六年（1527）九月，王阳明将赴广西，临行前的一天晚上，王畿与钱德洪就这四句话的理解发生争议。王畿认为，心、意、知、物只是一事，若悟得心是无善无恶之心，则意、知、物俱是无善无恶；若说意有善恶，毕竟心体还有善恶在。为此，他强调王学之四句教纯系“权法，未可执定”，并由此进一步提出“四无”说，以为为学须“悟得心是无善无恶之心，意即是无善无恶之意，知即是无善无恶之知，物即是无善无恶之物”。主张从先天心体上立根，断言良知一点虚明，便是作圣之机。时时保住此一点虚明，便是致知。由此把王阳明的良知说进一步引向禅学。

对于王畿的解释，钱德洪当然无法赞成。他认为，王学的四句教是“定本，不可移易”。因为心体原是无善无恶的，但人有习心，意念上便有善恶在，格物、致知、诚意、正心、修身，正是复那性体的功夫。两人争论不休，遂请王阳明详加解释。王阳明的解释是：

二君之见，正好相资为用，不可各执一边。我这里接人，原有此二种。利根之人，直从本源上悟入，人心本体原是明莹无滞的，原是个未发之中；利根之人一悟本体即是功夫，人己内外一齐俱透了。其次不免有习心在，本体受蔽，故且教在意念上实落为善去恶，功夫熟后，渣滓去得尽时，本体亦明尽了。汝中之见，是我这里接利根人的；德洪之见，是我这里为其次立法的。二君相取为用，则中人上下皆可引入于道；若各执一边，眼前便有失人，便于道体各有未尽。

由于这段话是王阳明在越城天泉桥上说的，故史称“天泉证道”。

钱德洪也是王阳明的一个著名弟子，其学术思想除了上述与王畿的争论外，主要是阐释王学的一些基本精神。他认为：“充塞天地间只有此知。天只此知之虚明，地只此知之凝聚，鬼神只此知之妙用，四时日月只此知之流行，人与万物只此知之合散，而人只此知之精粹也。”其学以收敛为主，注重在事物上的实心磨练，主张在诚意之中求正心之功，反对“虚忆以求悟，而不切乎民彝物则之常”。钱德洪曾说：“着衣吃饭，即是尽心至命之功。”其学宗旨与王畿从心体上顿悟有着明显的不同。

王学浙中学派的另一重要传人是黄绾。黄绾早年师从谢铎，刻苦自修，宗程朱理学，后笃信王阳明良知之说，以为“简易直接，圣学无疑”，遂以阳明为师，称门弟子。然而到了晚年，黄绾又背叛王学，以为王学是禅学，其“空虚之蔽，误人非细”。于是他对王学持严厉的批评态度。他从天性人情之真出发，反对王阳明去欲去七情的说法，认为情与欲皆不能去，因为人有喜怒哀乐之情是自然的，故而只能使情的发挥得其正，而不能强去之。他又反对“正其谊不谋其利”的传统思想，主张圣人之学既要探讨义利如何统一，又要研究人之情如何得其正。他的基本观点是利义并重，二者皆不可轻。“利不可轻矣，然有义存焉。”因此，从黄绾的思想倾向来看，不仅透露了王学乃至整个宋明理学的危机，而且预示着与心学、理学相对峙的经世致用之学的勃兴。

2. 江右学派

王阳明思想的影响除了在他的家乡形成势力巨大的浙中学派外，还在他长期做官讲学的江右（江西）地区形成了颇有势力的江右学派。主要代表有邹守益、聂豹、罗洪先等。他们因坚持王学“致良知”的正统观念，往往被视为王学的正宗。

邹守益的从学经历与黄绾相似，也是先宗程朱，后师阳明。只是后来他并没有像黄绾那样背叛王学，而是谨守王学传统。故而黄宗羲称其“能推原阳明未尽之旨”而不失其传者。其学以主敬为根本特色，以为：“圣门要旨，只在修己以敬。敬也者，良知之精明而不杂以尘俗也。”修己以敬，就是“戒慎恐惧，常精常明，不为物欲所障蔽。”“一有障蔽，便与扫除，雷厉风行，复见本体。”他主张“寂感无二时，体用无二界，如称名与字。然称名而字在其中，称字而名在其中”，反对“分知为内，物为外；知为寂，物为感，故动静有二时，体用有二界”的观点。认为这分明是破裂心体，是害道。在谈到良知问题时，邹守益认为：“良知虚灵，昼夜不息，与天同运，与川同流。”以独知为良知，以戒惧谨独为致良知的主要修养方法，并尽力身体力行，可谓有功师门不少。

聂豹原本并不是王阳明的弟子，他只是在研究了王阳明的学说，并与之辩难之后，才开始信服其学说，并在王阳明死后始称阳明弟子。聂豹之学以主“归寂”为根本特色。据《明儒学案》卷十七：“先生之学，狱中闲久静极，忽见此心真体，光明莹彻，万物皆备。乃喜曰：‘此未发之中也，守是不失，天下之理皆从此出矣。’及出，与来学立静坐法，使之归寂以通感，执体以应用。”以为“良知是未发之中，廓然大公的本体”之说乃是王阳明所谓“致良知”思想的精髓。故而主张求学要“自其主乎内之寂然者求之，使之寂而常定”。以为“养本体”是“动静无心，内外两忘”的涵养功夫。对于聂豹的“归寂说”，王畿等人坚决反对，纷纷指责他与师门有悖，类似于禅学之语。

在当时，只有罗洪先赞成聂豹的“归寂说”。罗洪先认为，聂豹所言，“真是霹雳手段，许多英雄瞒昧，被他一口道着，如康庄大道，更无可疑”。至于罗洪先个人的学术思想倾向，则有一个复杂的演变过程。他年轻时致力于践履，中年归于寂静，晚年才彻悟于仁体。开始认为：“知善知恶即是良知，依此行之即是致知。”后来体会到，如果中无所主，善恶交杂，而依此行之，岂能“无乖戾于既发之后，能顺应于事物之来”？因此，必须经过枯槁寂寞之后，消除一切杂念，使天理炯然。这就是他以“收摄保聚”为功夫的主静说。

在江右学派中，另一位重要学者是欧阳德。他青年时代师从王阳明，服膺“致良知”之学。以良知为世界的本原，由良知产生万事万物。“夫人神发为知，五性（即喜怒哀乐视听言动等）感动而万事出”“视听喜怒之外，更有何物”？他反对罗钦顺斥陆王以知觉为性的观点，强调良知与知觉、良知与意的区别，认为视听言动皆知觉，不全是善；意有妄意、私意、意见，有善恶。知觉不可谓之性、理，知觉与良知，名同而实异。在动静关系上，欧阳德主张良知无动无静，认为学贵循其良知而动静两忘，然后为得。对于格物致知，他虽认为离事物则无知可致，但主张践行然后可以尽性。

3. 泰州学派

阳明后学除了浙中学派、江右学派的几个代表人物外，当时真正产生极大影响的，还要数泰州学派。泰州学派的创始人是王阳明的高足王艮。王艮出身盐丁，家贫不能竟学，后师从王阳明，颇得阳明思想的精髓，《明史》评论他“艮本狂士，往往驾师说上之，持论益高远，出入于二氏”。王艮的学术特征是发挥百姓日用之学，讲说儒家经书时颇多自己的独到心得，不拘泥于传统的传注。与传统儒者一直囿于知识分子的小范围中明显不同，他的宣讲主要是面向下层民众，即所谓“入山林求会隐逸，过市井启发愚蒙”。

鉴于宣讲对象的特点，王艮在发挥阳明学说时，更注意结合百姓的实际情况而发议论。他认为，天地万物一体，人性之体就是天性之体。天性之体是活泼的，如鸢飞鱼跃。因此，人性也就不假安排，顺着天性去做就是了。无为其所不为，无欲其所不欲，只是致良知便了。至于他所说的“良知”，也只是百姓日用。“圣人之道，无异于百姓日用。凡有异者，皆谓之异端”，他这样说，自然地将儒家与道学原本神圣的外衣扯了下来，使愚夫愚妇也能知之行之。从这个意义上说，王艮的学说虽然预示着宋明理学危机的加深和崩溃，但其思想体系中确实闪耀着某些近代理性因素的火花。当然，这些因素已与王阳明的思想相差甚远。

王艮死后，由他的儿子王襞继承讲席。王襞之学提倡一切听任自然，所谓“鸟啼花落，山峙川流，饥食渴饮，夏葛冬裘，至道无余蕴矣”。他强调，“学者所以全其乐也，不乐则非学矣”。

从传学系统看，王艮之学除了传其子之外，其弟子尚有林春、徐樾。其子王襞的弟子有韩贞、李贽。徐樾的弟子有赵贞吉、颜钧。颜钧的弟子有何心隐、罗汝芳。在这些众多的及门及三传、四传弟子中，像李贽、颜钧、何心隐等人均具有极强的叛逆性格和异端思想，故而他们的学术传承系统虽仍属于王学一系，但其思想资源已非王学这一孤立的系统，而是具有似儒、似道、似禅，亦儒、亦道、亦禅的复杂特征。这实际上是在晚明特殊社会背景下一股强劲的异端思潮。

这股异端思潮在阳明学说本身即已存在，而真正形成一股有影响的势力，无疑是这些弟子所处的时期。他的三传弟子颜钧，为学力主一任自然，宣称：“性如明珠，原无尘染，有何睹闻？着何戒惧？平时只是率性所行，纯任自然，便谓之道。”并公开批评说：“凡儒先见闻，道理格式，皆足以障道。”这无疑是向儒学所称道的先圣先贤公开挑战。

颜钧的弟子何心隐（*原名梁汝元*）走得更远。他以《大学》先齐家的观念为原则，建立“萃和堂”以合族，“身理一族之政，冠婚丧祭赋役，一切通其有无”，颇具有乌托邦的意味。他竭力反对宋儒的无欲主张，以为人心不能无欲，寡欲则可，无欲则不可。

颜钧的另一个弟子罗汝芳，其学主要以“赤子良心、不学不虑”为核心，“以天地万物同体、彻形骸、忘物我为大”。纯任自然，当下现成。“解缆放船，顺风张棹，无之非是。”“一洗理学肤浅套括之气，当下便有受用。”其不受传统束缚的叛逆性格跃然纸上。

罗汝芳的弟子周汝登，教人重在此心之自得和当下承当，宣称此心一刻自得便是一刻圣贤，一日自得便是一日圣贤，常常如是便是终身圣贤。强调当下受用得着，以为这是学问的下落去处；如果只是悬空说去，便是无下落。其学具有浓厚的禅学特征，其主观上似乎也有意会通儒释。

在王学后学尤其是泰州学派的传人中，最具有异端性格和叛逆精神的还要数李贽。他实是泰州后学中的“异端之龙”，连当时的最高统治者也将之视为“敢倡乱道，惑世诬民”的洪水猛兽，并下令逮捕入狱，将其迫害致死。

李贽的叛逆性格主要体现在对宋明理学正统性的批判上。他从阳明心学的一些基本原则出发，竭力反对宋明理学家的道德说教和神秘主义。他认为，宋明理学家所推崇的孔子已远不是历史上真实的孔子，真实的孔子是人，而不是神。真实的孔子人人可学，而被宋明理学家神秘化了的孔圣人，则不可学，也不必学。因此，他竭力反对以孔子之是非为是非，反对对孔子不切实际的迷信。

对于儒家典籍，李贽认为，多半并不出于那些圣人之口。因此，并不能作为“万世之至论”，而应根据这些话语的具体背景进行研究和分析。他坚决反对宋明理学家假借圣人语言以治人的把戏。他称这些理学家为假道学，为“穿窬之盗”，为欺世盗名者。他们“阳为道学，阴为富贵，被服儒雅，行若狗彘然也”，既可恶、可恨，甚切可杀、可剐。由此可见，李贽对那些假道学家是如何的憎恨。

李贽对假道学的憎恨，按理说并没有涉及儒学的整体和真正的儒家精神。事实上，在没有新资源可做凭借的历史条件下，他所向往的也只能是那些所谓的真儒学、真道学。也正是从这个意义上说，李贽的叛逆性格和异端思想只是对宋明理学正统有效，他所呼唤和向往的依然是传统的儒学或早期儒学。

儒家精神的重建：补儒与超儒

清流运动：顾宪成、高攀龙、刘宗周、黄道周

李贽及整个泰州学派异端思想的出现绝非偶然，它意味着宋明理学的式微，也意味着陆王心学同样无法解救现实社会的危机。然而在没有新的思想资源作为凭借的历史条件下，思想家们的思考只能在旧有的范围内打转。于是在晚明思想界涌现的清流运动，所反对的只能是逐步变质的宋明理学，所呼唤的也只能是儒家的早期精神。他们的表现形式虽与李贽等异端思想家有别，然其思维趋势则殊途而同归，所期望的都是要重建儒家精神。

清流运动的开展主要以东林书院为中心。东林书院由顾宪成、高攀龙等人于明万历年间创建。其时，宦官专权，政治黑暗，大有东汉末年的气象。这批清流学者相聚在一起创立东林书院，在讲学之余，积极参加政治活动，讽议朝政，裁量人物，反对宦官专权，向往政治清明。他们在学术思想上一般认为程朱、陆王之学均有流弊，然两害相权取其轻，大体以程朱之学为宗，批评陆王心学尤其是王学末流谈空说玄、引儒入禅的学风，提倡治国救世的务实之学。

东林学派的著名学者首推其主要创始人顾宪成。顾宪成早年曾潜心王

学，后转向朱学。其学术倾向是调和于朱陆之间。他认为："以考亭（朱熹）为宗，其弊也拘；以姚江为宗，其弊也荡。拘者有所不为，荡者无所不为。拘者人情所厌，顺而决之为易；荡者人情所便，逆而挽之为难。"总之，朱学、王学皆有流弊，均不是最为理想的思想形态。只是二者加以比较，朱学的流弊要稍逊于王学。故而顾宪成强调："与其荡也，宁拘。"

顾宪成所见王学的弊病，当然是指王学的末流。他的用意显然是要用朱学的切实来纠正王学末流的空谈。至于对王学尤其是阳明思想本身，顾宪成则给予相当高的评价，以为当中国知识分子拘泥于儒家经典烦琐的训诂章句与辞章之学的时候，王阳明大胆倡言良知之说，打破了圣贤神圣的偶像，以及以圣贤为准则评价是非的标准，"一时心目俱醒，恍若拨云雾而见白日，岂不大快"？然而王学的问题也在于此，当良知说风行天下的时候，其后学亦远离其原初宗旨："往往凭虚见而弄精魂，任自然而藐兢业。陵夷至今，议论益玄，习尚益下，高之放诞而不经，卑之顽钝而无耻。"连带所及，自然要对王学进行一番清算。这种清算简单地说，就是针对王门后学的放荡空谈，而纠正的办法就是以朱补王。

如果说顾宪成的思想是有意调和朱王的话，那么东林学派的另一位重要创始人高攀龙的思想则是明显地排斥王学，倾向朱学。在他看来，朱熹真正得到了儒家精神的真谛，其功不在孟子之下。他说："孔子之学惟朱子得其宗，传之万世而无弊。孔子集群圣之大成，朱子集诸儒之大成。"朱熹之下，高攀龙尤其佩服薛瑄，以为薛瑄崇尚实行而不空谈。对于王阳明的个人人格，高攀龙当然也相当钦佩，然而对于王学后学的流弊，他则深恶痛绝。在比较薛瑄与王阳明时，他以为薛瑄与王阳明俱是大儒，薛瑄之学"严密而无流弊"，阳明之学"未免有放松处"。究其因，薛瑄之学病于实，阳明之学病于虚。只是实病易消，虚病难补。故而他提出返之于实，即在批评阳明学说的同时，欲回归到朱熹—薛瑄一系的学术正途上来。

除东林学派的一批清流人士外，在晚明思想界与其思想倾向相呼应的还有许多学者，如刘宗周、黄道周等。他们大都像东汉末年的清流学者一样，敢直言，曾多次上疏指陈时政，弹劾奸党，声援东林，其学问、气节向为后世学者所推重。

刘宗周是黄宗羲的老师，他所开创的蕺山学派对当时和后世都有相当重要的影响。就其思想来源而言，刘宗周主要继承的还是王阳明的心学。只是据黄宗羲说，刘宗周对王学有一个始而疑、中而信、终而辩难的演变历程。因此，他的思想既以王学为出发点，又对王学有若干重要的修正。至于其学术的基本特点则是以“慎独”为宗。他认为，“慎独”不仅是《大学》格物的真下手处，且就《中庸》慎独的原义来看，“慎独”也是一种通过内心省察以达天德、天命的途径。因此，“慎独”虽然讲的是个人的道德修养，但实在具有本体论和人性论的意义，是学问的第一要义。他说：“言慎独而身、心、意、知、家、国、天下一齐俱到。故在《大学》为格物下手处，在《中庸》为上达天德统宗、彻上彻下之道也。”在他看来，“慎独”之外别无学。显然，这里的“学”和“慎独”，都是为了纠正王学末流的空谈心性，为了提倡一种具有实践意义的道德学说，如此举动都可视为对王学的一种修正。

至于黄道周，其思想倾向与刘宗周大体相似，主要是调和程朱、陆王之学，而倾向于程朱。他公开宣称，自己的使命就是以陆九渊的学术思想救朱熹之弊，又用朱熹的学术思想济陆九渊学术思想之不足，从而使陆学“不失于高明”，朱学“不滞于沈潜”。为了达到这一目的，他提出一种独具特色的“知止”说。他以为：“千古圣贤的学问，只是致知。”此“知”字只是知止，那“止”字又是何物呢？对此，陆九渊等心学家说：“向空去，从不闻空中有个止宿。”朱熹等理学家说：“逐物去，从不见即事即物，止宿得来。”黄道周认为此“止”字只是至善。“至善说不得物，毕竟在人身中，继天成性，包裹天下，共明共新。”对于刘宗周所强调的“慎独”说，黄道周也有同样的认识。他说：“诚意只是慎独。慎独者，自一物看到百千万物。”“古文继慎独于知至知本之后，正是格物大关。”

总之，晚明这批清流思想家出于对王学末流的不满，他们在向被王学所否定的朱学寻求思想资源的同时，也不能不承认朱学的内在缺陷。他们一方面呼唤着朱学的复归，另一方面又试图超越朱学，向早期儒学复归，以重建儒家思想体系。

西学东渐：罗明坚、利玛窦、徐光启

正当晚明思想界的清流们热衷于重建儒家思想体系，而李贽等思想异端拼命攻击宋明理学正统的时候，从西方吹来了一股清新之风，那就是西学东渐。西学东渐不仅是中国文化史上的一件大事，而且对儒家思想的发展和演变具有至关重要的意义。在某种程度上说，它既启发了晚明的异端思想家，同时也为儒学思想体系的重建提供了新的思想资源。

西学东渐发生在16世纪中期。当时，欧洲的一些国家受到资本主义生产方式的刺激，开始竭力通过寻求海外贸易市场以扩大财源和势力范围。1514年前后，葡萄牙商船第一次抵达广东海岸；1554年，葡萄牙人终于以贸易的名义进入广东浪白澳；1557年，葡萄牙人又通过行贿的手段骗取了在澳门建房的居住权，开始和中国和平通商。毋庸讳言，他们的主观目的是为了在中国和远东掠夺财富，开辟新的殖民地及国外市场。

踏着早期殖民者的足迹，西方传教士也蜂拥而至。1551年，耶稣会士沙勿略经过千辛万苦终于抵达距广州三十海里的上川岛。然而由于明王朝奉行海禁，严禁外国人登陆，因此沙勿略最终也未能得偿所愿，不久就病死在上川岛。但他的努力激励着他的同道撞开了中国大门。在葡萄牙人抢占澳门之后，耶稣会士便以此为据点，设法向中国内地渗透。1582年，传教士罗明坚等人向两广总督陈文峰行贿，终得允居住在肇庆天宁寺，次年陈文峰为其准备文书，准许定居肇庆。罗明坚等人在肇庆逗留时间五个月左右。

罗明坚在肇庆传教的时间并不长，倒是与其同时进入中国内地的利玛窦，由于极快地熟悉了中国，并适时地变通其传教原则，因而得以在中国长期居住和传教。利玛窦受过良好的教育，具有极高的科学素养，他解释那些中国人尚未知道的事物，轻而易举地震撼了中国人。特别是他关于欧洲和中国之间隔着无数海陆地带的解释，有效化解了中国人对欧洲人的恐惧。在这之后，利玛窦又用铜和铁制造天球仪和地球仪，用以表明天文和地球的形状，使中国的官员和文人很容易地相信他是一个善良和有学问的人。“当时都中缙绅，交许可其说，投刺交欢，倒屣推重，倾一时名流。”

利玛窦及其他早期传教士在向中国人传播西方文明的同时，也对中国固有的文化成就表示了极大的尊敬，他们真诚地希望能从与中国正常的文化交流中获益，使欧洲文明获得更大的进步。尤其是利玛窦，作为第一个真正直接掌握中国语言文字，并对中国的古典文明进行过相当深入的钻研的西方学者，他对孔子的哲学极为钦佩。他把孔子及四书五经热情地介绍给西方人，明确指出如果西方人批判地研究孔子那些被载入史册的言行，就不得不承认孔子可以和世界上其他任何哲学家相媲美，甚至还要超过他们中的大多数人。

利玛窦对孔子及儒学的尊重代表了当时欧洲普遍的社会文化心态。然而作为西方传教士，他们当然也极容易地看到儒学的缺点和内在的不足。早期传教士普遍认为，中国固有文明的精华无疑只在于早期儒学，孔子所开创的道德哲学是世界上其他民族难望项背的，在一定意义上可以弥补欧洲文化的不足。不过，他们也指出，儒家早期道德哲学主要是着眼于个人、家庭及整个国家的道德行为，以期在人类理性的光芒下对正当的道德活动加以指导，然而由于没有引进逻辑等规范的概念，因而在处理伦理学的某些教诫时，毫不考虑这一课题各个分支相互间内在的联系。结果伦理学这门科学只是中国人在理性之光的指引下所达到的一系列混乱的格言和推论，非但没有把事情弄明白，反倒让人更糊涂了。

在早期传教士看来，就人类认识发展的一般规律而言，早期儒学的基本精神与基督教文明并无二致，儒家经典中的“天”，与基督教中的“上帝”具有同一的内涵和外延，都是唯一的至高无上的创造者和主宰者，是全知全能全在的，是无始无终的，是善恶的审判者与赏罚者。中国从尧舜禹汤文武周孔以来圣圣相传的“尊天、畏天、事天、敬天之学”和基督教的基本精神是一一相符的，都是人类精神的最高升华。然而他们在研究了到当时为止的整个中国儒学史之后也明确指出，基督教文明与中国儒学的一致性，仅仅在于早期儒学，并不包括汉代以后的所谓异端思想。他们认为，先儒是真儒，后儒是伪儒、俗儒或拘儒。后儒不察正理，专于虚句，而曲论古学之真意，虽与佛老不同，实则殊途而同归。

基于对先儒、后儒的区别，这些传教士一般主张，中国文化的发展应该是批判后儒而返于先儒，进而再通过对先儒精义的重新阐释，最终达到超儒，重建中国文明的新体系。为此，他们对汉以后的儒学，特别是宋明理学进行了严厉的批判，认为宋明理学溺于佛教与道教的“邪说”，以形而上的手法，将反映皇权和宗统意识的“天理”“太极”取代“天”和“上帝”，不仅和基督教的“创世纪”观点相矛盾，也与先儒的观点相冲突，势必混淆自然界与超自然界之间的区别。

早期传教士在排斥后儒的同时，对先儒的理论也做了相当的修正。他们认为，早期儒学的观点虽然正确，但只涉及有形世界，而缺少超乎有形世界的更高级学说。因此，中国早期儒学如果能和基督教的教义相结合，或者说有选择地吸收基督教的天学观念，那么早期儒学的复兴才能达到至善至美的境地。早期传教士有见于此，故竭力将基督教对人类心灵安慰的功能移植到中国，此即所谓的合儒、益儒、补儒和超儒。

传教士的这些努力，在一定程度上取得了预想的效果，他们不仅在不太长的时间内“归化”了很多中国老百姓，而且受到了中国官僚阶层与广大知识分子的欢迎。据统计，自利玛窦 1583 年在肇庆开始收受的第一个信徒，到他1610年去世为止，仅经利玛窦施洗的中国信徒就多达两千五百人，全国的信徒更是不计其数。其中受洗入教的著名知识分子有徐光启、李之藻、杨廷筠、李天经、冯应京等。

这些知识分子之所以接受基督教信仰，不可否认具有宗教方面的原因，然而如果从当时社会文化背景来考察，则可看到这种信仰的转变与儒学自身的发展趋势密切相关。从社会方面看，当时明王朝虽然国势已十分衰弱，有天崩地裂之虞，但毕竟没有什么新生的力量可以取而代之。正是这种老大帝国的传统惯性和心理，使明王朝对外来异教持一种宽大为怀的容忍态度，并未因为士大夫阶层有人信仰异教而恐惧。

就中国学术，尤其是儒学发展的趋势而言，早期传教士对先儒、后儒的区别，特别是对后儒的抨击正符合当时的学术潮流，因而极容易在知识分子阶层引起共鸣。儒家学术发展到宋明，几经变迁，已和原始儒学有较大的差异。正如传教士所分析的那样，宋明儒学吸收了佛道二氏的思想因素，试图以太极、天理取代早期儒学中天的观念；在学术风气上，宋明儒学尤其是陆王心学崇尚空谈，愈发使本来就不讲究逻辑规则的儒学变得更加空疏。当然，不可否认陆王心学内部具有某些自发的启蒙思想因素，但对整个中国知识分子阶层来说，儒学发展到王学尤其是阳明后学阶段，实已部分地失去了权威。儒学处在一个新转型期的前夜。

在这个转型期，儒学的前途有多种可能，一是否定陆王心学，向程朱理学复归，这是当时或稍后一些知识分子如刘宗周、黄道周等人都曾努力做过的。另一种可能是对陆王心学本身进行改造，使之适应现实需要，而徐光启、李之藻及黄宗羲等人实际上都是朝着这种可能努力的。

相对说来，陆王心学的可塑性很大。由于这一学派强调“六经注我”“万物皆备于我”的致良知的主体意识，因而较容易借助于外来的思想因素重新自我塑造。而恰当此时，耶稣会传教士给中国知识分子带来一个全新的世界，这就难怪那些王学信徒如李贽、徐光启等趋之若鹜了。

就文化心态来说，中国知识分子向来以一事不知而为耻，他们面对传教士带来的全新世界，在惊叹之余便是努力地了解它、掌握它，从而最终超过它。这和传教士所提出的合儒、益儒、补儒、超儒等观念一样，都是一种正常的文化交流心态。

徐光启、李之藻等人对基督教的信仰是真诚而坚定的。有关史料表明，他们是在认真研究基督教的教义之后而改宗的。他们相信，基督教的观念有“我中华昔贤”所未及道者，正可弥补中国传统文化尤其是儒学的不足。他们所向往的是那种浓厚的宗教氛围和圣洁仪式。在他们看来，这种宗教式的精神安慰正可弥补只重现世的儒家思想的内在缺陷。徐光启在《泰西水法序》中说：“余尝谓其教必可补儒易佛，而其绪余更有一种格物穷理之学，凡世间世外万事万物之理，叩之无不河悬响答，丝分理解；退而思之，穷年累月，愈见其说之必然而不可更易也。”徐光启的这种判断基本上代表了当时中国知识分子的一般看法。

当时的知识分子在热情地欢迎西方文化的同时，也没有对中国固有文化，尤其是儒学传统失去信心，而是持一种多元开放的文化心态。即便是那些西学的中坚人物如徐光启、李之藻、李天经等人，也无不认为中国固有文明自有其优长之处，与西方文明相比，中国文化有弱点，也有优点。中国文化的未来发展绝不是也不可能是废弃固有文化特别是儒学，而让西方文化在中国专行，正确的选择只能是取中西古今之所长，“参合诸家，兼收西法”，重建中国文化的新体系。

在这种心态的指引下，当时的知识分子大度地接受并吸收西方文化。同时，更竭诚地欢迎西方的科学技术，并计划大规模地翻译西书，后因各种原因未能实现这个计划。但在那不太长的几十年里，西方的科学技术与文化源源不断地传入中国，确实为古老的中华文明注入了勃勃生机。中国文化尤其是儒学必将出现一个新的转折和大发展。

附录

儒学人物小传

宋濂（1310—1381），字景濂，号潜溪，浙江浦江人。

宋濂出身贫微却读书刻苦，博览强记，贯通五经。元末他被推荐为翰林院编修，却坚辞不就，选择隐居，过着读书、著述、课徒的生活。至正二十年（1360），宋濂受朱元璋礼聘，被征为五经师，后负责《元史》撰修，官至翰林院学士，是明初文坛的领袖，礼乐典章制度多由其裁定。

宋濂在学术史上的贡献有二：一是课太子读书，二是主持修《元史》。尽管《元史》问题很多，但宋濂的开创之功依然不应被忘记。总体而言，作为儒学正统派，宋濂注意释老二教的独特性，并予以合理吸收，对明初学术发展的贡献是正面的。他最著名的弟子是方孝孺。

方孝孺（1357—1402），字希直，又字希古，学者称正学先生。浙江宁海人。

方孝孺早年从宋濂问学，建文帝时任侍讲学士。燕王朱棣兵入南京后，方孝孺因不肯为其起草登基诏书而被处死，并被诛及十族（宗亲九族及方孝孺的学生），死者达八百七十余人。

方孝孺学宗程朱，对释老二教持批评立场，这一点与其师宋濂不同。方孝孺以圣贤自任，重视修身、主静，认为入道之路，莫切于公私义利之辨。《明儒学案》称赞他“持守之严，刚大之气，与紫阳真相伯仲，固为有明之学祖也”。

曹端（1376—1434），字正夫，学者称月川先生。渑池（今属河南）人。明代理学家。

曹端于永乐六年（1408）中举，曾任霍州学正。好研究“河图”“洛书”，专心性理，躬行实践，以存静为要，主张天下无性外之物，性无所不在，无所不能，性即理。对于释老二教，曹端持批评立场，认为“佛氏以空为性，非天命之性；老氏以虚为道，非率性之道”，三教相较，唯儒学正大光明，值得推崇。故学术史上认为，曹端昌明儒学，是有明数百年理学之大功臣。

薛瑄（1389或1392—1464），字德温，号敬轩，河津（今属山西）人。明代理学家。

薛瑄是永乐十九年（1421）的进士，曾任大理寺丞，官至礼部右侍郎。薛瑄学宗程朱，修己教人，主敬持敬，强调复性。主张向外求知，笃实践履，重视躬行实践，下学而上达，内外兼修。

吴与弼（1391—1469），字子傅，号康斋，抚州崇仁（今属江西）人。明代理学家。

吴与弼毕生隐居故里读书课徒，传播儒学，不应科举。他致力于四书五经，以及周敦颐、张载、二程、朱熹等人的学问，承袭前贤的同时，也有自己的创见，最善课徒。知名弟子有胡居仁、陈献章、娄谅等。

陈献章（1428—1500），字公甫，号石斋，新会（今广东江门市新会区）白沙里人，学者称白沙先生。明代理学家、教育家。

陈献章屡试不第，于是放弃举业，但依旧专心读书，足不出户，成为名儒吴与弼的弟子。陈献章初宗朱子，后逐渐转入心学，认为人生的终极目的，就是重新找回人心的本来面目，因而强调读书固然重要，比读书更重要的是洗心——洗心革面，使心无累于形骸，无累于外物，恢复到纯粹、纯洁的状态。为此，陈献章强调静坐，认为："会此则天地我立，万化我出，而宇宙在我矣。"

胡居仁（1434—1484），字叔心，号敬斋，余干（今属江西）人。明代理学家。

胡居仁从学吴与弼，与其师一样，他绝意仕进，专心于读书、课徒，以布衣终其生。曾主持白鹿洞书院。其学主忠信、求放心、笃践履、诚敬慎独，谨守先儒正传，粹然为儒学正宗。著有《居业录》。

罗钦顺（1465—1547），字允升，号整庵，泰和（今属江西）人。明代理学家。

罗钦顺是弘治六年（1493）的进士，官至南京吏部尚书。罗钦顺早岁笃信佛学，后断然舍弃，以为释氏之明心见性，与儒学之尽心知性，貌似而实异。辞官后，他潜心学问二十余年，其学上接张载，下启王夫之，认为通天地亘古今，无非一气而已。

湛若水（1466—1560），字元明，号甘泉，学者称甘泉先生。增城（今属广东）人。明代理学家。

湛若水是陈献章的得意门生，与王阳明交好但观点各异。王阳明认为湛若水之学为求之于外，湛若水认为王阳明之学尤其是格物之说多不可信。湛若水为弘治十八年（1505）的进士，选庶吉士，授翰林院编修，历官南京礼部、吏部、兵部尚书。湛若水论学，以随处体认天理为入圣的工夫。

王阳明（1472—1529），名守仁，字伯安，尝筑室于故乡阳明洞中，世称阳明先生。余姚（今属浙江）人。明代理学家、教育家。

王阳明曾在绍兴阳明洞隐居读书，也曾创办阳明书院，从事著述讲学，他的学说后来被命名为阳明学，或王学、心学。如果从中国学术史的角度讲，阳明学的影响力在中国传统社会后半段取代了程朱理学，对近代中国变革、革命，以及日本、东亚地区的近代转型，都起到了相当重要的作用。王阳明继承了陆九渊的思想路数，不断挑战程朱思想的权威，这是陆王心学成立的关键。但是王阳明对朱子的解读是错误的，比如，他认为朱子的格物致知就是对着竹子发愣，此说法是对朱子学说的误读。从认识论的立场看，朱子的格物致知是一种科学的方法论，强调的是实验精神，是归纳、统计。后来的清代学者，比如梁启超，尤其是胡适都看到了这一点。至于王阳明挑战程朱之后的立异，其实也是一种方法论，即范式革命，是演绎。归纳与演绎，是两种不同的方法，各自都具有重要意义。今天我们再讨论程朱与陆王，不应该延续他们各自的偏见。

王阳明还提出了知行合一的理论，这既是对中国思想史的总结，是公允之论，也深刻启发了后续的研究，而且具有很强的实践意义。不论对其持赞成还是反对的立场，后续讨论都无法绕开王阳明，如孙中山的知难行易论。

王阳明思想的主轴是致良知，这是他接续孟子的讨论，并将之发挥到了极致。他不仅强调知行合一，而且自己也是中国历史上少有的真正做到知行合一的思想家、政治家。王阳明上马能打仗、下马能治国，有思想、有理论，自成体系、自圆其说。他在军事上、社会治理上的贡献，也很值得注意。

黄绾（1480—1554），字宗贤，号石龙、久庵，黄岩（今浙江台州市黄岩区）人。明代理学家。

黄绾官至南京礼部尚书。早岁学宗程朱，后笃信阳明学说，以王阳明为师，尊为圣学。晚年又转而批判王学，认为“宋儒之学，其入门皆由于禅”，批评王阳明的“致良知”说。

王艮（1483—1541），初名银，王阳明为其更名为艮，字汝止，号心斋，泰州安丰场（今江苏东台安丰镇）人。明代理学家、教育家，泰州学派的创立者。

王艮出身盐丁，壮年才开始学习《大学》《论语》等书，后拜王阳明为师，但又“时时不满师说”，于是自立门户，开山授徒，门徒中有樵夫、陶匠、农民等，多来自社会底层。

王艮主张日常情理即良知，“百姓日用即道”，认为人的欲望是自然本能，与圣人的主张并不冲突。当时，商品经济日趋发展，城市市民生活也日渐繁荣，王艮的学说正好反映了骚动时代的意识觉醒和伦理自觉，对稍后中国早期的启蒙思潮和异端思潮的发生起到了至关重要的作用。

自王艮始，王阳明的思想被推向了另一个极端。颜钧、何心隐、罗汝芳、李贽等人，或是其及门弟子，或是其思想遗产的继承者。

聂豹（1487—1563），字文蔚，号双江，永丰（今属江西）人。明代理学者。

聂豹是正德十二年（1517）的进士，曾任兵部尚书，官至太子太保。他自称是王阳明的弟子，推崇王阳明的“致良知”学说，但其学术宗旨又与王阳明并不完全一致。聂豹主张静极而顿悟，以见此心之真体。

邹守益（1491—1562），字谦之，号东廓，安福（今属江西）人。明代理学者。

邹守益是正德六年（1511）的进士，曾任太常少卿兼侍读学士，官至南京国子祭酒。邹守益先是学宗程朱，后师事王阳明，并笃信王学。作为王阳明的门徒，邹守益毕生谨守师说，有功于师门。

欧阳德（1496—1554），字崇一，号南野，泰和（今属江西）人。明代理学家。

欧阳德是嘉靖二年（1523）的进士，官至礼部尚书、翰林院学士。他师事王阳明，谨守“致良知”的师训。良知即天理，天理即良知之条理，知恻隐、知羞恶、知恭敬、知是非，为本然之善。良知每每为私意遮蔽，故须致良知，也就是需要去除其私意杂念，恢复固有之良知。

钱德洪（1496—1574），本名宽，字洪甫，号绪山，余姚（今属浙江）人。明代理学家。

钱德洪与王阳明是同乡，也是王阳明的著名弟子，跟随王阳明的时间较长。嘉靖十一年（1532）进士，官至刑部郎中，后因政治斗争失败而退居乡野。他著述讲学三十年，也是阳明学得以广泛传播的一大功臣。

王畿（1498—1583），字汝中，号龙溪，山阴（今浙江绍兴）人。明代理学家。

王畿年轻时豪迈不羁，后拜王阳明为师，是王阳明的著名弟子。嘉靖十一年（1532）取得进士，官至南京兵部郎中。后从事讲学著述四十余年，致力于传播阳明学。

何心隐（1517—1579），原姓梁，名汝元，字夫山，永丰（今属江西）人。明代思想家，泰州学派代表人物之一。

何心隐是颜钧的弟子、王阳明的三传弟子。何心隐以儒家“修齐治平”的理论为依据，曾在家乡创办“聚和堂”，身理一族之礼俗、赋税、教育诸多事务，试图推行其社会理想。后因得罪张居正，卒遭杀害。

何心隐认为传统儒家伦理有正有误，君臣、父子、昆弟、夫妇诸关系的从属性质就极不正常，五伦中只有师友关系稍有可取之处。这是何心隐的重要理论，显然具有名教异端的意味，也是其罹祸之根由。

李贽（1527—1602），原姓林，名载贽。后改姓名，号卓吾、宏甫，别号温陵居士。泉州晋江（今福建泉州）人。明代思想家、文学家。

李贽家族世代经商为巨富，从祖辈起家势渐衰。李贽家族信仰伊斯兰教。李贽家族或在中原时受其影响，或在泉州这个五胡杂处之地受其影响，还可以继续研究，但其信仰与其异端思想的发生有关联。李贽中举后在各处官学教读，官至姚安知府。后辞官，专职于著述讲学。万历三十年（1602）以敢倡乱道，惑世诬民罪名被抓捕，自杀于狱中。

李贽是王襞（王艮之子）之徒，属于王阳明一系。其治学不主一家，发誓不做孔学门徒。李贽认为，人即道，道即人；人外无道，道外无人。穿衣吃饭即是人伦物理；除却穿衣吃饭，别无其道，别无伦理。这种穿衣吃饭的哲学观，无疑别具风味，是人间烟火。相对于那些儒家理学信徒，当然又具有异端倾向，而且极为激烈，这也是李贽不见容于时代的根本原因。接续王阳明致良知的讨论，李贽有童心说，以为人人都有纯洁无瑕最初一念之本心，只是后来闻见道理日多，遮蔽渐厚，童心渐失，虚伪渐多。李贽承认人的欲望、私心正当合理，人欲就是人的正常欲望，任何以存天理的理由去灭人欲，都是对人性的戕害，都是在激活人性之恶，增饰虚伪。李贽的思想是市民社会发展的必然结果，因而在19世纪晚期、20世纪收获了一大批知音。

顾宪成（1550—1612），字叔时，号泾阳，世称东林先生。无锡（今属江苏）人。明代思想家。

顾宪成是万历八年（1580）的进士，官至吏部文选司郎中，后因介入政争，于万历二十二年（1594）被削职为民。之后，他便回到故乡参与重建东林书院，并在此讲学著述，议论朝政，裁量人物，直到终老。虽然是王阳明的四传弟子，但顾宪成并不完全赞成王学。他崇尚实学，反对空谈心性，自言平生有二癖，一是好善，二是忧时。二者合并而发，情不自禁。此说对之后黄宗羲等人思想的形成影响巨大，是明清之际政治异端思想的先导。

高攀龙（1562—1626），字云从，后字存之，号景逸。无锡（今属江苏）人。明代学者、文学家。

高攀龙是万历十七年（1589）的进士，官至左都御史，因反对魏忠贤，被削职为民。之后仍因魏忠贤的迫害，最终自杀而亡。高攀龙曾参与重建东林书院，并在此坚持著述讲学，讥讽朝政，是东林党人的中坚。高攀龙学宗程朱，不认同王阳明，倡导治国平天下有用之学，亦认为百姓日用即是学问，为一时儒宗。

徐光启（1562—1633），字子先，号玄扈，上海人。明代科学家。

徐光启是万历三十二年（1604）的进士，官至礼部尚书、文渊阁大学士。万历二十八年（1600），他结识了耶稣会士利玛窦，于万历三十一年（1603）受洗加入天主教。万历三十四年（1606），与利玛窦合作翻译了《几何原本》（前六卷）及《测量法义》。徐光启翻译的西方科学著作，对于中国知识体系的重构贡献至伟。

徐光启所处的时期，是中国对西方文明态度最坦然、最大度，吸收效率最高的时期。那时，通过传教士传入中国的西方典籍有六千余部，徐光启和一些中西的知识人发誓，要用二十年时间合作翻译全部作品，可惜后来的政治变动让这些期待都落空了。

刘宗周（1578—1645），字起东，号念台。因讲学于蕺山，学者称蕺山先生。山阴（今浙江绍兴）人。明末理学家。

刘宗周是万历二十九年（1601）的进士，官至南京左都御史。他性格刚正，敢于直谏，曾批评崇祯帝有自用之心，“见小利而速近功”。因与阉党魏忠贤、权相温体仁发生冲突，数度被黜。等到福王监国时，他又因弹劾马士英、阮大铖而乞休告归。南明福王政权倾覆时，刘宗周绝食殉国。

刘宗周的学问，上承濂洛，下贯朱王，以为圣学之要只在慎独。独者，静之神动之机也。得慎独，则发皆中节，天地万物在其中矣。刘宗周的著名弟子有黄宗羲、陈确。

黄道周（1585—1646），字幼平（平一作玄），号石斋，漳浦（今属福建）人。明代学者、书画家。

黄道周是天启二年（1622）的进士，南明弘光帝时官至礼部尚书。弘光政权失败后，又与郑芝龙等人在福建拥立隆武帝。之后前往江西征兵，在婺源被清兵所俘，最终在南京被杀。

黄道周学贯古今，认为千古圣贤的学问只是致知，知即知止，止即至善。学问吃紧处只在慎独。

第十章

清代：儒学的繁荣与危机

明清之际，来华的传教士受到了中国文化的熏陶，向欧洲输入了大量优秀的中国文化，有力地推动了欧洲启蒙运动的开展，中国文化通过传教士的努力传播为人类文明做出了不可磨灭的贡献。

在中国，由于统治者和绝大多数知识分子能够以正常的心态对待中西文明，坚持取长补短的文化交流宗旨，充分利用西方来华的人才，大度吸收西方科学文化知识。同时以不影响国家安全，不妨碍中国的国家利益为前提，适当允许传教士正常的传教活动，使中国文化通过吸收西方文化而获得新的发展。若能长此以往，包括儒学在内的中国文化必将改变自己已有的形态和体系，以崭新的面貌走向未来。然而遗憾的是，这种对双方都有利的文化交流却由于中国内部的政治变动而几乎中断。

乾嘉汉学的前驱

1644 年 3 月 19 日，李自成的农民起义军攻占北京，对西方文化怀有好感的明崇祯帝吊死煤山，明王朝灭亡了。同年 5 月 1 日，清军进入北京，颠覆了李自成的政权，满族人所建立的清王朝开始了在中原地区的统治。

清王朝在定鼎中原之后，出于社会发展的需要，延续了明王朝对西方文化容忍和吸收的态度，在顺治、康熙时期，清政府对传教士依然优礼有加。为明王朝几乎竭尽忠心的汤若望仍然受到新王朝的信任，奉命与龙华民“依西洋新法”测验天象，改定历法。

传教士在顺治朝一般说来尚能受到应有的尊重和礼遇。接替顺治帝君临天下的是康熙帝。就康熙的个人爱好和品性而言，他对西方文化的态度是开明的和大度的，不仅鼓励和提倡学习西方的科学文化，而且亲自研究其中的一些问题，督促一些大型项目的实施。但是，康熙对西学的爱好只限于个人的范围，始终没有考虑将这种爱好扩大到广大的知识分子阶层中去，更不要说建立一支能够掌握科学知识，并能制造西方先进器械的中国人队伍。

康熙为了巩固自己的统治，一方面不得不与传教士建立良好的关系，以便从他们那里学到西方的科学技术知识；另一方面，出于文化方面的考虑，又感到那些西洋人“渐渐作怪”——骂中国的圣人孔夫子，这样下去，有朝一日也许会动摇清王朝统治的根基。在这种矛盾心情的支配下，康熙不得不权衡利弊，做出推崇程朱理学以与天主教相抗衡的初步行动。

“《不得已》案”：西学中断

从传教士方面说，早期传教士对中西文化的交流功不可没，但是自从这些传教士和中国最高统治者交往并获得礼遇之后，便渐渐地失去文质彬彬、温文尔雅的姿态，开始变得骄横、嚣张和强硬，遂引起与中国知识分子的严重不和。如汤若望在取得朝廷的信任后，蓄意排斥“大统”“回回”和“东局”三家历法，丢弃利玛窦、徐光启、李天经等人“参合中西”的传统，企图以“西局”把持历局，严重伤害了中国知识分子和某些本来就很保守的官僚的感情，引起了一场大争论。

更有甚者，一些传教士无视中国的文化传统和礼仪，竭力反对天主教中国化，禁止教徒祭祖尊孔，使天主教与中国社会习俗、礼仪制度处于对立的境地。经过几次反复，康熙帝遂于 1717 年下令禁止天主教在华传教，“免得多事”。

禁教的命令几乎中断了中西之间的文化交往，然而对中国知识阶层而言，这个命令正与他们其中某些人的愿望相合。尤其是一些汉族知识分子，他们在明末对西方文化表现出浓厚的兴趣，企图引进西学以补中国文化尤其是儒学的不足。然而，入清之后，大批汉族知识分子不甘于满族的统治，大都以遗民自居。他们在政治上的表现是一种不合作主义，在文化上则表现出一种典型的逆反心理。

顺治及康熙一度对传教士优礼有加，表现了对西方文化的极大尊敬。这对不合作的知识分子来说，无疑是一种极强的刺激，他们慢慢地对西方文化表现出冷漠，至少是阴受阳拒。特别是西方传教士愈来愈猖狂，中国知识分子在感情上所受到的刺激更是无法容忍，最典型的事例便是当时震惊中外的“《不得已》案”。

“《不得已》案”的中方主角是杨光先。早在1659年，杨光先就著有批评西洋历法的《摘谬论》和攻击天主教的《辟邪论》。次年年底，杨光先又向礼部上《正国体呈》，攻击汤若望所编制的《时宪书》每每在正文部分注有“依西洋新法”的内容，认为汤若望居心叵测，不仅明确标榜大清王朝奉行西洋历法，而且试图以西洋历法推行天主教，以天主教“谋夺人国”。故此，杨光先要求清政府严禁天主教。

杨光先的这次上书因客观依据太少，主观感情太浓，所以并没有得到清政府的重视。然而到了1664年，由钦天监李祖白署名的《天学传概》一书刊布。此书公开宣称基督教是最古老、最完善的宗教。伏羲氏本是亚当的子孙，从犹太国迁来而成为中国的初祖。李祖白以此立论，其漏洞实在是太明显了，这不能不遭到中国士人的强烈反对。

杨光先充分利用这种漏洞，正式向礼部提交《请诛邪教状》，点名指控汤若望等人犯有三条大罪：一是阴谋叛逆，待机谋夺中国；二是宣传邪教，蔑视中国纲常名教；三是传播舛谬的天文学说，其日月交蚀的推算往往与天象不合。

对于杨光先的指控，礼部当天便转呈辅政王大臣会议。后经长达七个月的调查，各种力量之间也进行了博弈，最终汤若望虽免于一死，但传教士势力却因此而受到极为严重的打击。杨、汤之间的这场冲突，表面上看是关于中西历法的，但实际上具有更为深刻的政治文化背景，是中国知识分子文化心态的最典型的反映。

从政治层面说，这场冲突和当时清廷内部的权力冲突有关，实际上是权臣鳌拜利用杨光先向立储有功的汤若望发难，以增强自己对少年康熙的影响，从而达到“挟天子以令诸侯”的政治目的。就文化层面而言，这次争论充分表现了中国知识分子“非我族类，其心必异”，以及“严华夷之辨”的思想传统。这种意识集中体现在杨光先的《不得已》中。

《不得已》是杨光先攻击传教士的二十八篇文章的汇编，其思想主旨是反对西洋人职掌钦天监。杨光先对西洋人来华用心的分析，今日看来则不免有夸大其词之处和许多的误解。他说：“吾惧其挥金以收拾我天下之人心，如厝火于积薪之下，而祸发之无日。”因此，他要求清政府，无论西洋历法如何先进，都应坚决排斥。他说：“宁可使中夏无好历法，不可使中夏有西洋人。无好历法，不知合朔之法，日食多在晦日，而犹享四百年之国祚。”然而，如果西洋人利用他们的所谓先进历法和他们占据钦天监监正的职位煽动叛乱、宣传邪教、动摇国基，那么中国的前途就岌岌可危了。显然，杨光先的分析夸大了文化交流在政治生活中的作用，对于传教士的真实想法也并不了解。

杨光先的这种心态在当时也不是个别现象。这实际上是处在转型期的中国知识分子面对外来文化所产生的必然困惑。再加上汉族知识分子尚不能适应满族的统治，故而做出这种反应。

“《不得已》案”的最后结果是杨光先没有真的胜利，但由此开始清政府对西方文化已不再那样热心，中西之间的文化交流实际上至此中断。

入主中原的满族人在文化上远远落后于汉族，因此，他们在取得对中原的统治地位之后，便必然地要被汉文化所同化。

从顺治到康熙，再到雍正、乾隆，他们无不崇尚中国古典文明，并倡导知识分子研究中国固有文明，从心态上多少表现出以中国固有文明与西方文明相抗衡的倾向和意识。早在满族人入关之初，摄政王多尔衮就积极而颇富远见地争取汉族知识分子的支持和投效，沿袭明朝大部分的制度和惯例，通过科举考试和荐举，结纳、网罗汉族知识分子，也确实从中选择了一大批颇富学识的人担任新朝的官员。

多尔衮本人并不通晓汉字，但他对中原固有文化的好感，无疑深深地影响了清朝入关后的第一个皇帝顺治。顺治是一个年轻、好学而又明智的君主，他开始执掌朝政时很难看懂向他呈递的汉文奏折，由此他深感自己对汉文的无知所带来的障碍。于是，他以极大的决心和毅力攻读汉文，在短短的几年时间里，就能用汉文读写。顺治对汉文古典小说、戏剧和禅宗文学的兴趣也在不断增长，虽然以他的名义刊行的十五部著作可能没有一部是他亲自写的，但也反衬了清朝皇帝对中原固有文化的爱慕之情，以及一个征服民族迅速屈服于被征服民族的文化并为其同化的历史过程。

接替顺治统治中国的康熙，虽然对西方文化表示赞赏，并力图加以吸收，但他更是中国传统文化的“伟大赞助者”。在满汉关系仍然相当紧张的清朝早期，康熙便礼贤下士，特开博学鸿词科以招揽众多有能力的汉族学者与清政府合作，共同振兴传统文化。至于那些对新政权持抗拒态度的汉族学者，康熙也设法缓和他们的反抗情绪，支持他们从事自己所喜爱的明史编修工作。在康熙时期，传统文化开始复兴，并取得了相当的成就，如《古今图书集成》《朱子全书》的刊行，《康熙字典》《佩文韵府》等大型图书的编撰和出版。

雍正较其父康熙来说，对中原文化尤其是儒家文化更为崇拜。即位之初，便追封孔子的五世先人为“王爵”，并真正把孔子当作老师来看待，在中国历代帝王中第一个向孔子行跪拜礼。他认为，孔子以仁义道德启迪万世之人心，以三纲五常教人安守本分，这不仅可以使社会风俗纯正，于民有益，而且也大有利于帝王。因此，应当对孔子的学说大加弘扬。他继承康熙的传统政策，以程朱理学为儒学正宗，以科举考试笼络汉族知识分子，试图以儒释道三家思想来抵抗西方宗教在中国的传播和影响。

清朝统治者对传统文化的提倡，在乾隆时期达到顶峰。乾隆不仅毕生致力于文学事业，以他的名义发表的诗词总数超过四万二千首，而且，他像祖父康熙那样，也致力于中国文化尤其是儒学的复兴。因此，在顾炎武、阎若璩等人倡导，于17世纪开始形成的“汉学运动”，至乾隆、嘉庆时期达到高峰，史称“乾嘉之学”。

乾嘉之学的繁荣，或者说汉学运动的昌盛，除了统治者的提倡外，当然还有其他更为复杂的政治和文化背景。就政治背景看，满洲贵族在定鼎中原后的一段时间里，统治地位远未巩固，汉族人民的抗清意识普遍存在。清朝的统治者忙于集中精力对付反清的武装力量，对一般汉族知识分子则采取比较缓和的措施，并不过于计较他们的讥清意识，甚至通过特设博学鸿词科的办法对汉族知识分子表现出一种和平的姿态。

但是到了康熙末年和雍正、乾隆时期，清朝在全国的统治已基本巩固，经济也获得了恢复，武装的反抗力量已基本上被镇压下去。在这种情况下，清政府没有必要继续向那些不合作甚至敌视清朝政权的汉族知识分子做和平的姿态，而是采取了一种强硬措施，钳制言论、压制排满思想，先后造成一批较有影响的文字狱案。如康熙时的“《明史》案”“《南山集》案”，雍正时期的“吕留良案”等，动辄造成几百人冤死。

乾隆时期，清朝的专制政治达到高峰，文网之严密、罗织之苛细，是康熙、雍正时期所未有的，知识分子动辄得咎，无所适从，人人自危，时时、处处惶恐不安。在这种政治背景下，知识分子无法从事与现实有密切关系的经世致用之学，甚至如李祖陶在《与杨蓉诸明府书》所描述的那样，不敢研究历史，不敢读书，“古人之文一涉笔必有关系于天下国家，今人之文一涉笔唯恐触碍于天下国家”。于是，知识分子只能走上与现实相脱离的道路，一头钻进故纸堆，“诠释古训，究索名物，真所谓于世无患，于人无害”。从这个意义上说，所谓乾嘉之学就是清政府文化高压政策的产物，是征服者与被征服者之间文化冲突的产物。

反理学运动：顾炎武、黄宗羲、王夫之、方以智

就文化背景和学术发展的一般趋势看，乾嘉汉学的兴起是对宋明理学的反动，也是中国学术发展的必然趋势。

1. 顾炎武：开乾嘉学术之先河

入清之后，由于王学的空疏，知识分子已不屑于做王学的传承人，开始否定王学，继而反对整个宋明时期的学术风尚，而遥承两汉学术旨趣。学术界的主流是遵循顾炎武、阎若璩等人开创的“好古敏求”“经世致用”的“汉学”路线，企图通过对传统儒家经典的重新诠释，发掘中国文化的精髓，重建中国文化的新体系。

顾炎武认为，王学末流尽废先儒之说而欲出其上，不学无术则借“一贯”之言而掩饰其浅陋，置四海困穷不言而讲“危微精一”，实为一种亡国的清谈之风。在他看来，明末“神州荡覆，宗社丘墟”的结局，实由王学末流的空谈误国所造成。王学末流背离孔门为学宗旨，不习六艺，不考百王之典，不综当代之务，而专心于内，实乃内释外儒之学，已非儒学之正宗。

对于程朱理学，顾炎武也只是有限度地肯定，对理学家津津乐道的“性”与“天道”等，则持坚决的反对态度。他指出，整个宋明理学的出现是对中国文化发展的“误导”：“古今安得别有所谓理学者？经学即理学也。自有舍经学以言理学者，而邪说以起。不知舍经学，则其所谓理学者，禅学也。”这就从根本上使理学的价值大打折扣，从而摘除了理学家头上神圣不可侵犯的光环。诚如梁启超在《清代学术概论》中所说：“自炎武此说出，而此学阀之神圣，忽为革命军所粉碎，此实四五百年来思想界之一大解放也。”

在抛弃了宋明理学的为学宗旨之后，顾炎武试图身体力行，为中国文化开辟出一条新的道路。在方法上，顾炎武强调学术贵在创新，反对抄袭古人，注重实证，每一事必详具始末，参以佐证，尤不以孤证自足，必取之甚博而后笔之于书。他强调为学不仅要勤于读书，而且要勤于调查研究，向实践学习。他自己毕生游学南北：以二马二骡载书自随，所至阨塞，即呼老兵退卒，询其曲折。或与平日所闻不合，则即坊肆中发书而对勘之。或径行平原大野，无足留意，则于鞍上默诵诸经注疏，偶有遗忘，则即坊肆中发书而熟复之。”顾炎武从研究方法上一反宋明人坐谈性命的空疏之学。不仅如此，在研究门类上，顾炎武参证经史，讲究音韵，精研地理，开乾嘉学术之先河。

他的提倡和身体力行促使当时一批学者如朱鹤龄、费密等，同样主张治经信古、从实志道，从而形成了一股浩大的实学声势，使得清初在学术方法上逐步向博稽经史的方向走去，并最终形成有别于宋明理学学术方法的考经证史的学术思潮。

2. 黄宗羲：精研六经，独立思考

和顾炎武一样，清初大儒黄宗羲、王夫之的思想虽然从宋明理学尤其是王学中来，但他们也明显地意识到宋明理学尤其是王学的危机，因而主张以六经为根底，以经世致用为目的。这些都对乾嘉汉学的形成起到不可估量的作用。

作为东林名士黄尊素的公子，黄宗羲以半生精力致力于匡复明室。然因时代条件使然，他的理想只能付诸东流。于是，他只得归家著述讲学，将自己的所有理想都寄托在他的那些浩繁的著作中。

就学术传统而言，作为刘宗周的弟子，黄宗羲对晚明王学的内在缺陷理所当然地有一种清醒的认识。故而，他竭力反对王学末流的空谈，批评明代学者不以六经为根底，往往抄袭语录之糟粕。他主张为学的首要前提是精研六经，必源本于经术，而后不为蹈虚；并要博通诸子，必证明于史籍，而后足以应务。同时，他认为，为学务必要独立思考，自辟蹊径，以经世致用为唯一目的，反对固守前人的思想观点。黄宗羲在学术思想和方法上实开一代新风，初步纠正了王学末流“束书不观，游谈无根”的空疏学风。

3. 王夫之：于六经皆有发明

如果说顾炎武、黄宗羲在学术上的贡献是开一代新风的话，那么王夫之的主要贡献则是以六经为根基对宋明理学在学术上和理论上进行深入的批判和总结。他在长达四十余年的隐居生活中，潜心著述，大量笺衍六经，“于六经皆有发明”，成书多达百余种、四百余卷。

王夫之在长期的学术生涯中，主要思考的是如何重建儒学传统的问题。他认为，儒家思想在孔子之后就开始变质。发展到秦汉，大多变质了。秦汉以后的绝大多数儒学，并不是真儒，而是伪儒、败类之儒。到了宋明，儒学更进一步地蜕化，严重束缚于形式主义之中，在麻木、糊涂中而沾沾自喜，沉醉于自视清高与傲慢之中。殊不知，这样的儒学早已失去信仰的价值，教而误人子弟，执而误人国家。到了明清之际，儒学更是走向反面，无论在取士还是教学内容上都毫无生气，拾前人牙慧以为密藏，而不知心为何用，性为何体，三王起于何族，五霸兴于何世。显然，王夫之对儒学传统的清理与晚明以来的学术思潮、西方传教士对中国学术传统的辨析有相近或相似之处。

基于对儒学传统的辨析，王夫之提出儒家思想的重建主要应该批判后儒对儒家思想的曲解，以恢复儒学的正统地位。那就是儒学要彻底摆脱佛道二教的思想影响，真正回归到孔子时代，即以忠孝仁义为主体的形态。

基于对儒学传统的这种认识，王夫之对宋明理学持一种激烈的批判态度。在他看来，不论是程朱理学还是陆王心学，实际上都是儒学的异端邪说，而非儒学正宗。他的主要观点是：

第一，气外无理，天下惟气。他继承张载的气本论思想，认为气是宇宙的唯一实体，理只是气的内在规律，理依气而存在，因此没有离开气而单独存在之理。

第二，变化日新与性“日生”“日成”。王夫之在总结理学的辩证思想时，明白地提出“生化”思想。他认为，天地间的生化是宇宙中不可更易的规律，由此才有世界的存在和发展。据此进一步推论，人性也和自然界万物一样，是一个不断生化的过程，未成可成，已成可革，而非一旦成形便永远不再改变。故而天命也不是受之于初生之顷，一成不变。

第三，因所发能与能必副所。“能”“所”原本是佛学的概念。“能”指认识能力，“所”指认识对象。佛学以为“所”不能离开“能”而存在。后来，陆王心学引进“所”“能”的概念讨论心学的心物问题。王夫之认为，对所、能之义必须严加区分，所，作为认识对象必实有其体，能，作为加于客观对象之上的认识主体必实有其认识作用。他主张必须尊重客观事物，在此基础上调动人的主观能动性，认识事物，把握客观规律。据此，他对心学以心代物的观点进行了严厉的批判，其《尚书引义》卷五指出：“耳苟未闻，目苟未见，心苟未虑，皆将捐之，谓天下之固无此乎？越有山，而我未至越，不可谓越无山，则不可谓我之至越者为越之山也。”显然这种批判比较深入地抓住了心学的内在矛盾。

第四，行可兼知，而知不可兼行。知行问题既是宋明理学的一个主要问题，也是儒学史上的一个古老的问题。对于这个问题，王夫之既不满于程朱的“知先行后”说，也反对王阳明的“知行合一”论。他认为，“知先行后”是以一整齐划然之次序，困学者于知见之中，且将荡然以失据，割裂了知行的有机联系，显然与圣人之道有异。对于“知行合一”论，他认为其主要问题是混淆了知行的界限，取消了知行的先后次序。他强调，知以行为基础，行可以验知之真伪，但他承认知也对于行有积极或消极的影响，即一方面重视行为实践，另一方面承认知行之间相互影响的辩证关系。

第五，理在欲中。“存天理、灭人欲”是宋明理学的一个主要观点。尤其是在朱熹看来，天理与人欲无法并立，因此只有革尽人欲，才能复尽天理。对此，王夫之认为，人欲为人人皆有的事实，不仅一般人有，即便圣人也不能没有人欲，故而人欲即是天理，天理即是人欲，理只能存在于欲之中。

4. 方以智：最懂科学的儒者

在王夫之的思想体系中，不难看到明末清初西方思想文化影响的蛛丝马迹。他虽然几乎从不提及西学，但在实际的研究过程中却处处体现了西学的思路和方法。这种状况在当时的另一大家方以智的思想体系中更加明显。

方以智的政治经历与王夫之、黄宗羲等人差不多，前半生几乎都在致力于匡复明室，后半生方有暇从事于著述。他的著作格外多，其基本倾向是“纷纶五经，融汇百氏”，讲究“质测”“通几”之学。前者以儒学为主，改铸老庄，援引佛道，以《易》学为核心，实现三教兼容，而且还尽力吸收当时从西方传来的自然科学知识。后者直接使用西方传来的科学方法和手段，从事自然科学的实证研究，以自己的研究成果和学术倾向批评宋明理学家空谈心性之弊病，确实取得一些有价值的结论。如物质的恒动规律、火一元论等。凡此皆为传统儒者所不为，于此可见儒学传统在新的历史条件下有某种转向的可能。

理学的终结

就这批知识分子的文化心态来说，他们着力营造的以实证考据为基本特征的汉学，在某种程度上也反映了他们对清朝统治者的不合作态度和逆反心理。清朝建立之后，统治者为了笼络汉族知识分子，曾经有意识地提倡宋明理学，尤其是程朱理学，并有意识地提拔了汤斌、李光地等一大批理学名臣，企图以理学来消弭汉族知识分子对其统治的敌视。当时，具有高度民族气节的学者不得不将反对理学作为反清斗争的一个手段，如顾炎武、黄宗羲、王夫之等人对理学的批评在很大程度上是对清朝统治者的反抗。

从这个意义上说，他们对理学的攻击不仅仅是个学术问题，而且是当时特定政治背景下知识分子逆反心理的一种反映。这批知识分子为了反对清朝统治者，就必须在学术层面将统治者所提倡的理学批得一钱不值，并设法寻找一种新的学说，以与统治者提倡的理学相抗衡。宋明理学的基本态度是对原始儒学的修正，其主要弊病就是用含糊、抽象、空洞的词句混淆是非概念。因此，当时这批反对理学的知识分子就采取一种与理学相反的治学方法，从正名开始，考证儒家经典中一些重要概念，并进行新的分析，附加新的意义。如王夫之与黄宗羲对君臣、夷夏概念的辨析就不仅仅是纯粹的学术问题，而是借学术来鼓励人们反对清朝统治。

另一方面，由于意识形态的需要，明末清初的思想界“由王返朱”的呼声也日高一日。他们把矛头直接指向王学及其末流，虽然没有提出新的理论形态去取代王学，但他们基于王阳明学说与朱熹学说直接对立的历史事实，遂以复古的形态，以否定之否定的手段，提出由程朱理学来取代王学在思想界的地位，以填补意识形态的“真空”。

此一运动导源于王学的直接传承者，然而正式发难由张履祥、吕留良等人肇其始，中经陆陇其、魏象枢等人的艰苦努力，到熊赐履、李光地等人因传承朱学而官至卿相，便大体完成了由朱代王的学术更新运动。在康熙朝，朱熹之像从孔庙的两庑提升为大成殿十哲之次，朱熹的学说也被钦定为“集大成而继千百年绝传之学，开愚蒙而立亿万世一定之规”。似乎只要永远高举朱子的旗帜，人世间的一切难题便可迎刃而解。理学的复兴不再只是一种可能，而是一种实实在在的运动。

由朱代王或许有助于解救王学的危机，然而实在说来，朱学远非一种尽善尽美、万世无弊的思想学说。不要说它在历史上曾经有过被淘汰的经历，即使从朱学的内在结构说，其所强调的内圣外王学说也过于“说玄说妙”“骛高骛远”，于社会实际生活意义不大。正如朱舜水所指出的那样：“宋儒辨析毫厘，终不曾做得一事，况又于屋下架屋哉？”因此，伴随着程朱理学的复兴，一场以理学为主要批评对象的运动也在悄然进行。

1. 反理学的实学思潮出现

对理学的批评虽然不始于明末清初，然而明末清初的反理学运动实际上导致了理学的终结。顾炎武、黄宗羲、王夫之、方以智等人都对理学有所批评，但由于他们的思想主旨并不在此，故而影响不算太大。在当时，真正专以批评理学为为学宗旨的有陈确、颜元、李塨等人。正是由于他们的批评才最终使理学走向终结。

陈确的思想深受王阳明和刘宗周的影响，他敢于蔑视权威，打破成见，对程朱理学予以强烈的攻击。首先，他集中精力批评宋明理学所凭借的儒家经典《大学》和《中庸》，公开怀疑这两部书的正确性和权威性，从根底上抽空理学家的学术依据。他指出，被理学家奉为为学总纲的《大学》首章，并不是“圣经”，也不是孔子之言；其传十章也非曾子之作，更非“贤传”。他认为，观其实，“其言似圣而其旨实窜于禅，其词游而无根，其趋罔而终困，支离虚诞，此游夏之徒所不道，决非秦以前儒者所作可知”。这种分析显然是给了理学家致命的打击。

其次，在谈到性理问题时，陈确着力批评理学家的先天道德论，以为人性的善恶主要在于后天的学习和环境的影响，是后天事功的必然结果。对于理学家的天理人欲不可并存说，陈确也持坚决的反对态度，以为人欲的存在不仅是客观的事实，而且具有必然性和合理性，是人人所固有的生理属性，普遍存在于包括圣人在内的每一个人的身上。因此他强调，天理只能从人欲中见，人欲恰到好处，即是天理。

对于宋明以来的伪道学，陈确和先前的李贽一样表示极端憎恶和反感，主张将伦理道德规范与实际经济能力结合起来，反对不顾经济能力的厚葬以崇孝道、厚礼以行婚嫁等社会陋习。他们的思想表现了“事事求实理”，以日常生活中实实在在的理去反对虚伪的礼教，用“实理”反对“天理”，是明清之际实学思潮在日常生活中的具体化和实用化。

具有实学思想倾向的学者在清初还有许多。如与黄宗羲、李颙并列为清初三大儒的孙奇逢，也是以实学思想对宋明理学进行猛烈攻击的一员健将。孙奇逢早在明代即已显名，入清之后，绝意仕途，不求闻达，潜心学术，著述甚丰。就其学术倾向而言，他并不是坚决站在程朱理学的立场上反对王学，而是表现出调和朱王的思想倾向。只是其学术宗旨毕竟出于王阳明，而变以笃实，化为和平，兼采程朱之旨以弥补王学之不足。因此，他既“不欲判程朱陆王为二途”，也不过分地站在一方而反对另一方。他以为朱王之间同而异，异而同，互有短长，正确的选择只能是以虚泄实，以实补虚。他主张治学与治世相结合，认为学术之废兴，系世运之升降。他又主张遇事敢言，见危授命，而经世宰物，随地自见，此圣门之所以贵于学，而其用甚大。他认为，若平日只会空谈身心性命，一遇事便束手无策，此乡曲腐儒之流，并非真儒学。

提倡经世致用之学并不一定要反对程朱理学，这在当时似也是一个较为普遍的现象。如陆世仪，初师刘宗周，后归宗于程朱，被称为恪守程朱家法、道体纯正者。但是鉴于当时的条件，他也并不是死守程朱理学的传统不变，而是期于经世，其为学宗旨与顾炎武大体相近。一方面，他对程朱理学空谈身心性命之学已不太感兴趣，而阳明之学的直截似更可取；另一方面，他和其他理学家也不尽相同，不仅力倡经世致用之学，而且如顾炎武一样身体力行，于农田、水利、田赋、兵阵以及中国古代政治制度等都有相当精深的研究。凡此，均表明他的思想更接近于顾炎武而并不拘于传统理学的旧范式。

清初三大儒之一的李颙，其学先以经世致用为唯一准的，欲“开物成务、康济世艰”，后转而对心性义理的探讨，提倡反身悔过之学，并标出心性修养的宗旨为“悔过自新”四个字。这里虽有明显的理学家的气味，但其真实的用意无疑是对当时知识界寡廉鲜耻状况的批评，欲以此唤醒士人，达到救世济时的目的。李颙认为，儒学的基本功能就是“明体适用”，既要讲究识心悟性，又要讲开物成务，两个方面浑然而不可分离。“明体而不适于用，便是腐儒；适用而不本明体，便是霸儒；既不明体，又不适用，徒灭裂于口耳伎俩之末，便是异端。”据此可见，李颙的思想虽没有超出理学家的范围，但其实学实用的倾向已极为明显。

2. 颜李学派

具有实学实用倾向而又超出理学范围，并对理学持批评态度的，在当时除了陈确之外，尚有颜元和李塨。他们二人着力批判理学空谈心性，倡导经世致用和实学学风，重视实际操习之“行”，强调“习行”“习动”“践行”，反对死读书，读死书。其所代表的学派史称颜李学派。

颜元早年好陆王心学，后改事程朱理学，信之甚笃。不久，他又怀疑朱学已掺杂佛学，陆王也近支离。颜元中年以后，目睹宋明理学空谈的流弊，再加上因义祖母去世，代父居丧时，行朱子“三日不食，朝夕哭”的家礼，饥饿哀毁几至于死，于是开始怀疑程朱理学的价值，断然背离程朱理学，转而走向彻底批判程朱理学的学术道路。他始信程朱之道不熄，周孔之道不著，以为“必破一分程朱，始入一分孔孟”。颜元进而认为孔孟自孔孟，程朱自程朱，程朱学说并不是孔孟学说的真传，而是儒学的变种。他给自己制定的学术目标是：推翻程朱，复归孔孟。

在对理学的批判上，颜元和其他的反理学家都不太相同，他不是从理学命题的对立面入手，不是在理学家津津乐道的心性义理方面提出反命题，而是以实事实行为标准来判断各种命题的价值和意义。他认为，早期儒学的基本特点是尚实：“凡天地所生以主此气机者，率皆实文、实行、实体、实用，卒为天地造实绩，而民以安，物以阜……降自汉晋，滥觞于章句，不知章句所以传圣贤之道，而非圣贤之道也；妄希于清谈，不知清谈所以阐圣贤之学，而非圣贤之学也。”到了宋代，理学家的所谓儒学更是集汉晋释道之大成，所有的学问无不尚虚。“宋元以来儒者，却习成妇女态，甚可羞，无事袖手谈心性，临危一死报君王。”他们不关经济，不干实事，不学军事，只知静坐以养性，读书以揣摩八股。他们著述集文，不是为了经世致用，而是“贪从祀庙廷之典”，为了吃点冷猪肉。因此，他认为：“古之学有用，今之学无用。”他进而指出理学与心学实际上都是满口胡说，是自欺欺人，是要把人引向歧途，甚至可以说是一种杀人之学。他说：“果息王学而朱学独行，不杀人耶？果息朱学而独行王学，不杀人耶？”在程朱陆王之学当道的时候，发出这种呼声无疑需要相当大的勇气。

为了纠正理学所带来的弊病，颜元竭力提倡“实学”和“实行”。他以为，只有“实行”才能真正精通各项具体的事物，静坐读书而不接触实际，所得只是空的知识，或假的知识，“便如望梅画饼，靠之饥食渴饮不得”。他认为：“读书欲办天下事，如缘木而求鱼也。”只有亲自动手去做，才能获得真知识。

李塨是颜元的弟子，由于他频繁出入京师，广泛交游，因此在传播颜元的学术思想方面贡献极大。他的学术思想与颜元大体相近，以为纸上的阅历多，则世事阅历少，笔墨之精神多，则经济之精神少，宋明之亡，皆由于此。因而他和颜元一样，反对“高坐而谈性天，捉风捕影，篡改章句语录”，而主张应于“礼乐兵农官职地理人事沿革诸实事”，多下功夫，以实行实学补救理学的偏颇。

对于传统儒学的义利之辨，颜元继承陈亮“义利双行，王霸并用”的主张，坚决反对汉儒的“正其谊不谋其利，明其道不计其功”的说法，认为应改为“正其义以谋其利，明其道而计其功”。李塨则更以为“明道而不计其功”二语，“学者奉斯言为旨，则学无事功，举世陆沉”，后果不堪设想。颜李主张义与利、道与功应该统一和结合，而不是相互对立的关系。如此，他们便撕破了道学家的虚伪面纱，这实际上意味着宋明理学的终结。

实证考据规范的建立：毛奇龄、阎若璩

有了颜元、李塨等人对理学和心学的批判，又有了顾炎武、黄宗羲等人对实证之学的提倡和力行，中国学术的转向似已呼之欲出。然而，他们毕竟没有在技术和操作层面建立起一套完整的规范。而真正从技术上、从操作层面上建立一套完整规范的，是毛奇龄、阎若璩与胡渭等人。

毛奇龄是一位有才华而不修边幅的学者，为人好争好胜，全祖望曾评价说毛奇龄“有造为典故以欺人者，有造为师承以示人有本者”，故而其学体系虽庞大，然缺少精思，缺少学者应具有的起码道德。其所著经学方面的书凡五十种，合其他方面的著述共达二百多卷，仅《四库全书》就著录有四十部。其学主要与朱熹立异，朱熹疑伪孔古文，毛奇龄则以为伪孔古文可信；朱熹信《仪礼》，毛奇龄则以为可疑。其所著《经问》，指名攻击顾炎武、阎若璩、胡渭三人，以为三人博学重望，值得攻击，而余人碌碌，不足齿录。他的贡献主要在于基本辨明“河图”“洛书”的源流，以为今之“河图”即大衍之数，当名《大衍图》，而非古所谓“河图”；今之“洛书”，则太乙行九宫之法，也非《洪范》九畴。

故意立异是毛奇龄学术的一个显著特点。尤其是在关于《古文尚书》真伪的问题上，他与阎若璩的对立和立异就显得没有多少道理。阎若璩所著的《古文尚书疏证》，对宋明理学家盲目崇拜的《古文尚书》提出根本怀疑，以为其书以篇数不合，篇名不合，所叙文字、年代次序不合，然后知晚出的《古文尚书》盖不古不今，其造作者非伏生也非孔安国，而是其他学者。这就从根本上抽空了理学家的理论依据，证明理学家所崇拜的东西原来不过是粪土一堆，原以为没有问题的神圣经典也可以而且应该拿出来重新研究。

阎若璩的研究成果虽仍有不尽如人意处，但基本结论是正确的。然而毛奇龄于不疑处立异，专门针对阎若璩的《古文尚书疏证》著有《古文尚书冤词》以与之抗辩，强辩《古文尚书》为真。这一时间成为当时学术

界公开讨论的大问题，结果是阎胜毛败。此后，伪《古文尚书》一案遂成定论。

辩证古书之真伪，是中国学术史研究的基础性工作，也是清代汉学的一个相当突出的特点。而在这方面，具有突出性贡献，甚至在某种程度上可以说是集大成的，是与阎若璩同时代的姚际恒。姚际恒以疑古精神炽烈而知名于世，他疑《古文尚书》，疑《周礼》，疑《诗序》，乃至疑《孝经》，疑《易传》十翼。年五十着手注九经，阅十四年而成，名曰《九经通论》；又著《庸言录》，杂论经史理学诸子。尤其是他所著的《古今伪书考》，被完全判为伪书者达六十九种，立论严谨公允，向为学者所推崇。凡被其判为伪书者，后人确实一般不再轻信。

以考辨伪书知名者，在当时还有胡渭。胡渭的《易图明辨》论证宋儒所谓的“太极”“无极”，所谓的“河图”“洛书”，并非来自伏羲、文王、周公、孔子，更非儒家真传，而是与唐末五代的道士陈抟渊源极深。这便以实证的方法从根本上阐明了原始儒学与宋明理学的区别，使学者知道欲求儒家思想的真谛，舍弃宋明理学的方法，还有其他的道路可走。

诚如梁启超所说，阎若璩、胡渭等人的贡献，不仅在于辨明个别图书的真伪与源流，而且从思想上引起知识分子的极大震动，使他们感到欲摆脱宋明理学所带来的文化危机，必须另开新的途径。于是，以实证考据为基本特征的乾嘉汉学逐渐形成了。

乾嘉学术系统

乾嘉汉学是一种时代文化，其内部并没有统一的派别和团体，然而如果从学术倾向与学术特征来分析，至少可分为两大学术系统：一派是以苏州人惠栋为中心，以“信古”为标志的吴派；另一派是以徽州人戴震为中心，以“求实”为特征的皖派。在吴派和皖派两大系统之外，还有以焦循、汪中为代表的扬州学派，以及以全祖望、章学诚为代表的浙江学派。这些学派均以考证、实证为基本特征，被通称为乾嘉汉学或乾嘉之学。当然它们又各具特色，具有不同的学术所长和学术贡献。

惠栋与吴派

吴派学术开始于徐枋和汪琬，然而真正建立吴派学术体系的是惠周惕、惠士奇以及惠栋祖孙三代。惠周惕的经学著述有《易传》《春秋问》《三礼问》《诗说》等。其子惠士奇也博通六艺、九经、诸子及《史记》《汉书》等，著有《易说》《礼说》《春秋说》。其《易》学不取王弼及其以后的注解，以为尽改为俗书，又创为虚象之说，遂使比较纯正的汉学就此消失。其《礼》学亦然，以为郑玄的《三礼》，去古未远，多引汉法，故借以为说。而此后的诸家《礼》说因不了解古意，往往改从俗说，故不尽可信。“夫汉远于周，而唐又远于汉，宜其说不能尽通也，况宋以后乎”，因此在他看来，要治经学，只有追踪周汉。

到了惠栋的《周易述》《易汉学》，更是跨唐宋而越魏晋，专采汉代人的注解，汉以下的学说一概不取，遂使汉学的旗帜更加鲜明。其治学方法和特点是唯汉是从，凡古皆真。“凡学说出于汉儒者，皆当遵守，其有敢指斥者，则目为信道之不笃。”故而其学虽可视为“纯粹的汉学”，但其过于泥古的弱点，则明显影响了他的学术成就。正如王引之稍后所批评的那样，惠栋在学术上考古虽勤，但见识不高，心不细，见异于今者则从之，大都不论是非。

惠栋的弟子及再传弟子有沈彤、江声、余萧客、钱大昕、王鸣盛、江藩等。其中以学术贡献和影响而论，王鸣盛、钱大昕及江藩更为突出。

沈彤笃志学问，博通诸经，尤精于三《礼》。其《果堂集》多订正经学之文，颇见功力。后世学者以为其经学著作稍逊于惠士奇而醇于万斯大。

江声毕生未仕，着力于《尚书》之学，“集汉儒之说以注二十九篇，汉注不备，则旁考他书，精研古训，成《尚书集注音疏》十二卷”，实为《尚书》古注之集大成者。其弟子知名者有顾广圻等。

余萧客年十五即通五经，“知气理空言无补经术，思读汉唐注疏”。所著《古经解钩沉》一书，博采唐以前各种古书中所引的旧注，按《十三经注疏》的顺序详加叙录，所录旧文一一标明出处，故而该书价值颇大，是研究唐以前儒家经学的重要参考书。

王鸣盛的主要学术贡献在史学，他的《十七史商榷》是清代史学的重要成就之一。他在经学和儒家学术的研究方面，主攻的重点是《尚书》，著有《尚书后案》，另有经史考证之作《蛾术编》。他主张训诂必以汉儒为宗，甚至认为治经断不敢驳经，但当墨守汉人家法，定从一师。由此反映了他的治学态度十分守旧。

和王鸣盛一样，钱大昕的主要学术贡献也在史学，他不仅著有《廿二史考异》这样的史学名著，而且还著有《三史拾遗》《诸史拾遗》《元史氏族表》《元史艺文志》以及各种史学年表等。在经学和儒家学术的研究上，他不专治一经而无经不通，不专攻一艺而无艺不精。其《潜研堂文集》《十驾斋养新录》等，都是经史考证的名著，具有相当大的参考价值。尤其值得注意的是，钱大昕的学术思想不像吴派其他学者那样冥顽不化、墨守成规，而是相当自觉地意识到古人的学问既不可轻易诋毁，也不应过分株守，而要有选择地吸收。

钱大昕的学术理念在吴派学者中算是一个特例，不足以反映整个吴派学者的特点。这派学者的基本特点是以博闻强识为入门，以遵古儒守家法为究竟。他们认为，汉代以下的学说皆不可信，只有汉代经师去古未远，所说最得儒家真精神。因此，凡出于汉儒的学说，在吴派学者看来皆当遵守，如有谁敢于指责汉儒，便被他们视为信道不笃。

这一派的治学方法，便是凡古必真，凡汉皆好。这种方法壁垒森严，旗帜鲜明，独守汉儒家法与师法，对于理解汉代学术文化自是一种极有利的工具，但是对汉儒的盲目信从，不仅失去学者应有的怀疑精神，而且极容易走向复古主义的道路。就学术范围而言，吴派学者就经学论经学，虽有厘清经学与宋明理学关系的作用，但也明显地表现出一种脱离现实政治的倾向，部分地丧失了顾炎武等人通经致用的思想传统。

戴震与皖派

和吴派学者不同，以戴震为中心的皖派学者不仅具有极强的怀疑精神，而且敢于对现实政治，对统治者所信奉的官方学说进行最无情最严厉的批判。戴震曾经受学于江永，也曾向惠栋执经问难，以师礼事之。江永学识渊博，贯通古今，专心于《十三经注疏》，对于三《礼》的研究尤其精深，并长于比勘，明推步、钟律、声韵，在学术上对戴震影响甚大，世称“江戴”。

作为皖派学术的中坚，戴震较早就表现出怀疑精神。在他刚刚学习《大学章句》时，就曾对朱熹关于儒家经典的注释表现出不信任的态度。戴震认为，朱熹去孔子已一千多年，他的那些解说很难说真的把握了孔子学说的精髓。就这种精神推而广之，戴震治学不以人蔽己，也不以己自蔽，不论何人所言，绝不轻易盲从盲信，而必求其所以然之故。假如不足以凭信者，即便是圣哲父师之言也绝不轻易相信。故而皖派学术一般说来严于深思求证，虽一字之解，也不肯轻易放过。

戴震在《与某书》中谈到其治学经验时说：“治经先考字义，次通文理，志存闻道，必空所依傍。汉儒故训有师承，亦有时傅会；晋人傅会凿空益多；宋人则恃胸臆为断，故其袭取者多谬，而不谬者在其所弃。我辈读书，原非与后儒竞立说，宜平心体会经文，有一字非其的解，则于所言之意必差，而道从此失。”这是皖派与吴派的重要分别。

皖派异于吴派的另一个特点是吴派学者仅重视淹博而缺少识断，皖派学者不仅博古通今，实事求是，不偏主一家，而且能分析条理，识断精审。

皖派与吴派的不同还在于，吴派学者为经学而经学，始终未能超出考证学的范围；皖派学者，尤其是戴震，不仅学有专精，而且试图建立新的哲学体系，其志愿确欲为中国文化转一新方向。

在当时，清朝统治者倡导宋明理学，企图以宋明理学窒息人们的情感，维护社会的既成秩序。戴震所著的《孟子字义疏证》以孔孟圣贤为旗帜，以《孟子》《中庸》等儒家基本典籍为依据，通过对儒家经典的重新诠释，对宋明理学的以理杀人进行了无情的批判，曲折地表达了一种人道主义的精神。

戴震认为，宋明儒者将天理与人欲严格对立，无视人欲存在的必然性与合理性。其实，人欲之不可无，乃是基于人类生存繁衍的需要。欲为实体，理为节制这一实体的准则，无欲何以言理？进而，他从语义学的角度指出“无欲”这一概念并非儒学所本有，而是来源于释道。这种批判意识用诸学术也必然与吴派学者凡古必真，凡汉皆好的盲从盲信大不相同，而能保持一种冷静、严密的分析批判和经世致用精神。皖派学者不拘泥于一家一派之说，而能旁征博引，择善而从，具有一种自发的科学归纳方法，因此被胡适誉为与培根以来的西方科学方法相近。

戴震后学，名家甚多，最能光大其业者，莫如段玉裁及王念孙、王引之父子。段玉裁所著《说文解字注》《六书音韵表》，时人评价甚高，以为自有《说文》一千七百年来，未有善于此书者，不独为许慎之功臣，而且为道德之指归，其有益于经训者功劳最大。

王念孙少时即向戴震学习经义，受过文字、音韵、训诂学的训练，毕生专注许慎、郑玄之学，考文字、辨音韵，为其治学的主要范围。著有《读书杂志》《广雅疏证》。其子王引之受其影响，也毕生专心于音韵、文字、训诂之学，取《尔雅》《说文》《方言》及《音学五书》读之，日夜研求。著有《经义述闻》《经传释词》二书，与其父所著二书合称“王氏四种”。

王氏父子基本贯彻了惠栋、戴震所开创的学术精神，以渊博的知识熟练地运用归纳和演绎的方法，在训诂和校勘方面取得了惊人的成就。其成果均为清代校勘训诂方面的佳作，不但饮誉有清一代，被公认为乾嘉汉学的代表作，而且至今仍有意义，是研读古代经传诸子的重要参考书。

扬州学派：汪中、阮元、焦循

吴派是乾嘉汉学正式形成的标志，皖派是乾嘉汉学的主流。在吴派和皖派之外，比较有影响的学术派别还有扬州学派。扬州学派继承了吴派和皖派的学术传统而又有所创新，并形成了自己独特的学术风格，具有相当浓厚的近代气息，在清代儒学发展史上具有承前启后的作用。

就学术源流而言，扬州学派是从吴派和皖派发展而来。一方面，吴派的学术领袖惠栋、皖派的学术领袖戴震都曾久居扬州，其学术思想和学术活动不能不在当地发生影响。另一方面，扬州学派的中心人物王念孙、王引之、汪中、任大椿、阮元、焦循、刘台拱、凌廷堪等都曾出入于吴、皖两派学术之门，和吴派学者王鸣盛、钱大昕或皖派学者戴震等都有或多或少的学术渊源。他们构成了扬州学派的中坚，在学术研究范围上的广博，在学术研究深度上的贡献不亚于吴、皖两派的任何学者。在某种程度上诚如张舜徽在《清代扬州学记》中所分析的那样：吴派最专，皖派最精，扬州之学最通。焦循明确地说过：“古学未兴，道在存其学；古学大兴，道在求其通。”因此说，如果没有吴、皖两派之专精，则乾嘉汉学不能兴盛；然而如果没有扬州之通学，那么乾嘉汉学也不能广大。不过，吴学专宗汉儒遗说，排斥其他各家，其失也固；皖派实事求是，但除戴震之外，似乎仅知详于名物度数，不及称举大义，其失也偏；只有扬州诸儒，承二派以起，始由专精汇为通学，中正无弊，最为近之。正是由于扬州学派的努力，才使乾嘉汉学达到学术上的高峰。

王念孙、王引之父子的学术贡献已见于皖派学术部分的介绍。他们二人的学派身份既可视为扬州学派的主要代表，也可视为皖派的重要传人。在二王之外，扬州学派的学者首推汪中。汪中早年丧父失学，遂受雇于书商。贩书之余，浏览经史百家之书，卓然成家。其学术渊源，据他自己说，在少年时期是私淑顾炎武，“故尝推六经之旨以合于世用，及为考古之学，惟实事求是，不尚墨守”。其后，又受惠栋和戴震的学术思想和学术方法的深刻影响，治经不专一家，不拘于汉宋门户，唯是为求。

汪中所作《尚书》《春秋述义》《仪礼》及《尔雅》诸校本，均纲提条析，得其会通。尤其是他具有一般学者所没有的眼光，重视先秦子书辑佚、考证和思想研究，所作《墨子表微》《墨子序》，创孔墨并称说，推崇已成绝学的墨子学，以为墨子是凡民有丧，匍匐救之之仁人，力辩孟子辟墨为过枉。他又作《荀卿子通论》和《荀卿子年表》，充分肯定荀子为孔子经学之真传，以为荀子之学出于孔子，而尤有功于诸经，六艺之传得以不绝者，主要是因为荀子的传授。故而他以孔荀并提，否定唐宋儒者的所谓道统说。由此，汪中也被当时的一些经学卫道士视为名教罪人。可见，他已不是乾嘉汉学中不问思想只问学术的旧学者，而是带有相当浓郁的近代气息。

汪中之外，扬州学派的学者要数任大椿。任大椿与戴震同举于乡，故而得闻其学术方法，遂究心于汉儒之学。由于受到戴震的悉心指点，他实为其及门弟子，传戴震的典章制度之学。他深知儒家经典浩博难罄，因依类稽求，博征其材，约守其例，以释名物之纠纷。故而他的学术成就也主要表现在对典章制度的考释方面，尤长于三《礼》，著有《弁服释例》《深衣释例》《释缯》等，以即类以求，推类而广的方法，博综群书，下以己意，详加考证古礼名物。《四库全书总目提要》中的礼经类提要虽不是出于其一手，但皆经其审定。于此可见他在典章制度方面具有相当深厚的功力和卓识。

其他学者如焦循，不仅学术成就较高，学术思想丰富，而且治学范围也较广泛，兼通经学、数学和戏剧理论。其论学之旨，以为不可以注为经，也不可以疏为注，于近儒执一之弊，排斥尤为严厉。在儒家学术方面，由于焦循的家族世传《易》学，因而他承祖父之学，幼年好《易》。后私淑戴震，最信服其《孟子字义疏证》，以为此书发明理道性情之训，分析圣贤老释之界，为清儒不可多得的一部重要哲学著作。

焦循在儒学和经学方面的贡献，一是他的《六经补疏》，对《礼记》《周易》《尚书》《论语》《诗经》《左传》等儒家主要经典的历代注疏进行了系统的清理和补充，于儒学史的研究贡献良多。二是他的《易》学三书，即《易图略》《易学章句》和《易通释》，于《易》学研究颇多心得，自称发明《周易》所讲的“旁通”“相错”“时行”三义，直接从《周易》的卦辞本身去寻找“参伍错综”的关系，祛除了汉宋诸儒给《周易》附加的神秘色彩。他一方面用数理解释《周易》，另一方面更由治《易》的方法通释诸经。三是他的《孟子正义》，实为清代群经新疏的代表作，以东汉赵岐之注为主，博采数十家之说，又收集、援证顾炎武以下百余学者之考订校释成果，广征博引，凡难解之处，均一一罗列各家之说，并酌加己注，为历代关于《孟子》注释中最为详备的一种。

阮元是焦循的族姐夫，二人来往也颇密切，其学术自然受到焦循的影响。作为王念孙、刘台拱的同乡后学弟子，他也受到王、刘二人的指点，因此知音韵、文字、训诂之学。王念孙为戴震学术之嫡传，因而阮元的学术实与戴震一脉相承。诸如他的《性命古训》《论语论仁论》《孟子论仁论》等，都与戴震的思想和学术方法相接近。阮元的师友尚有任大椿、凌廷堪、程瑶田等。

阮元的学术特征是主于细微之处，偶有一得，初若创获，然持之有故，言之成理，贯纂群言，昭若发蒙，异于饾饤猥琐之学。在儒家学术方面，阮元治经专宗汉学，以为圣贤之道存于经，经非诂不明，故而毕生致力于提倡学术，先后创办浙江诂经精舍、广东学海堂，素来被视为乾嘉汉学的殿军。他格外重视罗致人才从事编书刊印工作，所主编的《经籍纂诂》，校刻的《十三经注疏》，汇刻的《皇清经解》，实为乾嘉汉学在训诂、校勘、经解方面的系统总结，对于后人了解和研究乾嘉汉学提供了极为丰富的思想资料，至今都具有相当广泛的影响和极高的价值。

浙东学派：全祖望、邵晋涵、章学诚

浙东学术具有悠久的历史传统。清初大儒黄宗羲也是浙东人。入清之后，浙东学术一直较为发达，到了乾隆时期，实已成为当时学术界的一支重要力量，是乾嘉汉学的一个重要分支。此时期的中心人物为全祖望、邵晋涵、章学诚等，他们的主要学术贡献在史学而不在儒家思想和经学。只是他们与乾嘉诸老的学术精神有相通之处，故而列为乾嘉学术的一支。

全祖望是黄宗羲、万斯同、万斯大的私淑弟子，一生勤于治学，著述甚多。其学兼及经、史、辞章，重点在历史文献学。关于儒家思想和经学，主要是他博采众书，以十年之力续补完成了黄宗羲的《宋元学案》，将宋元两代学术思想按不同派别加以系统总结，并列表说明其源流，其中独自撰写的约占全书的三分之一。

邵晋涵在《四库全书》编纂馆的主要工作是负责史部提要的撰写，其学术地位与戴震相当。其时有经学则戴震、史学则邵晋涵的说法。于儒家经学，他著有《尔雅正义》《孟子述义》《穀梁正义》《韩诗内传考》等，对《春秋》三传有相当精深的研究，新刊十三经中《春秋》三传，便是由他负责完成的。他的《孟子述义》，对前人之失多有纠正，其《南江札记》中另有关于《孟子》的考证三百八十余条。

章学诚是浙东学派的集大成者，其主要学术成就也在史学。如果说他

在儒家思想和经学的研究方面有什么见解的话，也往往与乾嘉学术正统派相反或有异。他的一个重要见解是“六经皆史”。这一论点虽然前人早已提出，但基本都是从经史不分这个角度来认识的。而章学诚的不同处，在于他认为应该把经纳入史的范围，以为史先于经，史包括了经。显然这一见解与前人乃至乾嘉诸老的认识有所不同。

乾嘉汉学的分化与儒学传统的重建

乾嘉之学兴起于惠栋，至戴震而达到高峰，至扬州学派则一方面使乾嘉汉学的势力大为扩张，另一方面也预示着乾嘉汉学的没落。实际上在戴震死后，乾嘉汉学即已发生明显的分化，一派是以段玉裁及王念孙、王引之父子为代表的保守势力，另一派是以龚自珍、魏源等为代表的激进势力。

乾嘉汉学的没落

乾嘉汉学原本是清初顾炎武等人开创的经世致用学说的延续。然而自乾嘉汉学形成之日起，它的性质就在发生变化。在清初，经世致用学说虽未被列为异端，但它和统治阶级的意识形态——程朱理学形成鲜明的对立，事实上是一种在野学说。到了乾隆时期，统治阶级虽然没有放弃程朱理学作为官方意识形态，仍以朱熹的《四书章句集注》作为科举取士的标准和笼络知识分子的手段，然而程朱理学在知识分子中的信誉则江河日下。理学的命运，已奄奄一息。

面对这一事实，乾隆皇帝和一些官方知识分子自然非常着急，希望寻找一种弥补的办法。乾隆三十七年十一月二十五日（1772 年 12 月 19 日），安徽学政朱筠上奏建议校核《永乐大典》，辑录遗书。负责这一事务的机构逐步演化成《四库全书》馆。《四库全书》馆的开设，是中国文化史上的大事件，它的现实意义是将在野的以考证为主要特征的学术派别，提到了半官方乃至官方的地位。后来以乾嘉之学闻名的汉学家，多是以《四库全书》馆作为大本营。

随着汉学地位的提高，乾嘉诸老几乎一时间都成为达官贵人，阮元、毕沅等作为封疆大吏就不必说了，戴震、段玉裁、王氏父子等地位有根本改变，生活也阔绰得多。这时，除了个别学者如戴震还能保持怀疑、批判的精神外，绝大多数的乾嘉诸老已慢慢地蜕化为保守学者，遂使原来反清反理学的思想武器——汉学，一变为“纾死避祸”的防空洞，再变为“孤芳自赏”的娱乐品，三变则为“润饰鸿业”的点缀品，四变为束缚思想的绳索了。

戴门弟子段玉裁，号为最能光大戴氏学术的传人。段氏在音韵、文字、训诂等方面功不可没，成就巨大，尤以《说文解字注》最见功力。但段氏之学，较其师戴震，何止大师与小师之异！不论当时人如何诋毁戴震追逐名利，窃他人之书为己有，为否认不知“义理”而著《孟子字义疏证》，然而事实证明，戴震不仅是音韵、训诂、文字等方面的专家，而且具有极强的怀疑精神和批判勇气。他对“以理杀人”的批判，矛头直指官方统治学说，这需要多么大的勇气！段玉裁虽也偶尔触及一些理学的思想问题，但他不仅没有形成自己的思想体系，而且时常捉襟见肘，有时坚持戴震的学说，有时违反戴震的说法。段氏的主要贡献，也就仅限于音韵、文字、训诂等考据学方面。

和段玉裁一样，王念孙、王引之父子的学术成就虽然被誉为“海内无匹”，但通观他们的著作，不仅没有建立思想体系，而且根本没有政治思想和反理学的内容。王氏父子以“好学深思”而著名，但这种“思”不是基于对历史与现实的批判，而是停留在古代经典文字校勘的细节上面，如阮元所说：“凡古儒所误解者，无不旁征曲喻，而得其本义之所在。”这虽然使后辈学子研读古书省却了精力，然却不可避免地将乾嘉汉学引向狭窄的方向，流于纤巧与琐碎，舍本而逐末，使学术成为逃避现实的掩护所。

乾嘉汉学发展到段玉裁、王念孙阶段，从表面上看，已克服宋明理学给中国文化所带来的危机，呈现出一派学术繁荣的景象（如大型图书的收集、汇编与刊刻），但这种繁荣是虚假的，掩盖着民族精神的空虚乏力。知识分子纷纷钻进象牙塔里讨生活，思想界呈现出一片冷落沉寂的景象。中国文化在这种缺乏思维与创造的考据学的支配下，面临着新的更深刻的危机。

此时的文化危机与政治、经济危机相伴而来。乾隆皇帝做了六十年太平天子，在其当政的前半期，基本是国泰民安，一片升平景象。但是到了后来，奢侈之风从朝廷蔓延到全国，弄得民穷财尽，已种下之后大乱的祸根。乾隆一死，清政府的内部矛盾和外部困境暴露无遗。继位者嘉庆皇帝试图革新，挽救日趋崩溃的局势。在思想文化领域的行动，便是开放舆论，譬如纠正以上书直言而获罪的洪亮吉冤案等，以期唤醒知识分子关注现实的热心，提出能适应统治需要的救世治弊方案，以利重建社会秩序。

嘉庆的革新不仅是一个政治问题，而且关涉中国文化的命运与前途。同时，其成功与否，也在很大程度上受制于文化的发展方向。于是，学术界内部也酝酿着一种新的思潮，这种思潮把批判的锋芒直接指向那种脱离现实、回避现实，而适应过去统治需要的乾嘉汉学。

最先站出来系统批判乾嘉汉学的是那些能深入汉学内部，“入其垒，袭其辎，暴其恃，而见其瑕”的汉学传人，而最主要的代表人物就是章学诚。章学诚认为，治学不可能没有目的性，不能不为现实服务，自古以来，“六经皆史”，古之所谓经，不过是三代盛时典章制度见于政教行事之实，而非圣人有意作成文字以传后世的东西。然而考据学者不明底里，“舍今而学古”，疲精劳神于经传子史，事实上是一种逃避现实的好古之弊，是欺人之术。学者但诵先圣遗言，而不达时王之制度，“昧于知时，动辄博古”，不计其学术之实用，故而其学问再大，也不过是供贵族们玩赏的游戏而已。

章学诚指出，对于古史和古代典章制度，不是不可以研究，但绝对不能像乾嘉诸老那样研究，而应该首先精通当代典章制度与文化，再从历史上寻求经验与教训。“君子苟有志于学，则必求当代典章制度，以切于人伦日用；必求官司掌故，而通于经术精微；则学为实事，而文非空言，所谓有体必有用也。不知当代而言好古，不通掌故而言经术”，即便显得很有学问，那又有什么用处呢？这无疑是对乾嘉诸老的当头棒喝。

常州学派：庄存与、刘逢禄

章学诚对乾嘉诸老的批判是正确的，但是他的建树不足，而真正从学术本身克服乾嘉诸老的弱点，为中国文化开出一个新的方向，并深深影响后世中国的还是常州学派。

常州学派的学术渊源，据梁启超的研究有两个，一是今文经学，二是从桐城派转手来的阳湖派文学。两派合起来产生一种新精神，就是在乾嘉考证学的基础上重拾顺治、康熙年间的经世致用之学。

他们的经学是《公羊》家说经，即用一种特别的眼光去研究孔子和《春秋》。《春秋》在西汉中叶已上升为中国社会的最高法典，然在两汉之际则形成势同水火的今古文之争。今文《春秋》尊孔子，以为《春秋》之作为汉代立法，信奉《公羊传》；古文《春秋》尊周公，以为《春秋》不过是史学著作，仅存古代史迹而已，信奉《左传》。后世治《春秋》者多遵循今古文的划分。

然而常州学派的开山者庄存与、刘逢禄等人在研究《春秋》时抛却今古文的界限，虽在学术上混淆了今古文或者说汉宋的学统，但其现实意义无疑是超越乾嘉之学而对宋明理学的呼唤。庄存与的《春秋正辞》《公羊春秋何氏释例》等著作以宋明理学解释儒学传统，不斤斤分别汉宋，刊落训诂名物之末，专求所谓微言大义，但期融通圣奥，归诸至当，与乾嘉诸老的学术方法显然不同，其主要目的无疑是想在汉宋学术的基础上重建中国文化结构。

庄存与表现出的对乾嘉汉学的反叛和批评，仍然是就学术论学术，即没有将学术直接用于政治变革和政治斗争，实际上在当时学界的影响也极小。真实的情况或如阮元在《庄方耕宗伯经说序》中所说，庄氏之学“与当时讲论或枘凿不相入，故秘不示人。通其学者，门人邵学士晋涵孔检讨广森及子孙数人而已”。他的贡献只是在清中期最早倡导《公羊》学，在学术的基本思路上给后学以重要启迪。

庄存与的弟子很多，知名者有孔广森、刘逢禄及宋翔凤等。孔广森著有《春秋公羊通义》，大体上承袭庄存与的思想，但同时又师法戴震，实以古学之法治今学，常以己见取代何休。其“三科九旨”，即以“天道——时、月、日”“王法——讥、贬、绝”“人情——尊、亲、贤”释之，显然异于何休。故在基本点上，孔广森不像庄存与那样混淆汉宋，而是以乾嘉之学的精神治《公羊》，同时也进行一些义理性的发挥。虽不是乾嘉汉学的正统，但多少保留了乾嘉考据学的思想传统。所以此后守今文之家法者，大多绕开孔广森而直承庄存与，以为庄氏之学才是今文经学的真精神。

只是到了刘逢禄，常州学派才真正以《公羊》学为旗帜正式建立。刘逢禄实为常州学派的奠基人。他治学极重家法，此为吴派学者惠栋之遗风；主条例，则为皖派学者戴震之遗说，故而兼有吴皖两派之所长。著有《公羊经何氏释例》《公羊春秋何氏解诂笺》《左氏春秋考证》等，他以西汉董仲舒、东汉何休对《公羊》学的研究结论为宗旨，以笃守董、何之学为正途，着意发挥《春秋》之微言大义，使《公羊》学与现实政治、社会变革相结合，并成为政治斗争的武器。刘逢禄有感于清朝的衰败，格外重视《公羊》学中的“王鲁”之义，以期建立一个强有力的中央政权，克服内忧外患。但是，如何建立一个强有力的中央政权，刘逢禄心中也很茫然。

刘逢禄没有为清朝政治和中国文化的发展提供可行性方案，但他关于《公羊》学的研究成果，实为清代今文经学的奠基之作，使当时学者逐步摆脱乾嘉考据学的束缚而另外开辟学术道路。这就在事实上解决了章学诚所提出的音韵训诂之学并不是唯一学问的问题。在庄存与、刘逢禄等人的先后影响下，《公羊》学成为当时异军突起的学问，许多学者都以治《公羊》学而成名。

宋翔凤是庄存与的外孙，幼从舅父庄述祖受业，颇得常州学派之旨。后就学于段玉裁之门，兼通训诂和考证。其名与刘逢禄并称，然其学远不如刘氏精纯。他治经发挥董仲舒天人感应论，把儒学解释成神学，并喜附会，常杂以谶纬神秘之词，以言圣王大义。著有《周易考异》《尚书略说》《小尔雅训纂》《过庭录》《论语说义》《大学古义说》等。

庄存与、刘逢禄等人奠定了今文经学复兴的基础，但是他们在义理方面的发挥毕竟太少，今文经学实际上还停留在纯学术的领域。真正超越学术，从思想上光大《公羊》学，并给整个社会以震撼的还是龚自珍。

龚自珍：重构中国文化

龚自珍为段玉裁的外孙，十二岁即从段玉裁受训诂之学。后拜刘逢禄、宋翔凤为师，专治《公羊传》。他一反乾嘉诸老的媚古之习，而留意于当代事物，于是盱衡世局而首倡变法之论。大概从他开始，学者往往引《公羊》“讥切时政，诋排专制”。龚自珍的思想给光绪初年的中国思想界以很大影响。梁启超在《清代学术概论》中说：“晚清思想之解放，自珍确与有功焉。光绪间所谓新学家者，大率人人皆经过崇拜龚氏之一时期。初读《定盦文集》，若受电然。”

在龚自珍所处的时代，清政府的统治已摇摇欲坠，而外国的势力又接踵而来。在这种形势下，龚自珍以《公羊》义理探讨如何摆脱社会危机，建立新的社会秩序。他从《公羊》“三世”说的历史观出发，强调变革才是克服危机的唯一办法。他认为：“自古及今，法无不改，势无不积，事例无不变迁，风气无不移易。”他恳切地要求统治者注意，“一祖之法无不敝，千夫之议无不靡，与其赠来者以劲改革，孰若自改革”，真诚地希望通过改革以重新振兴社会。

改革社会关系，重新确立新的分配原则，达到富国强兵的目的，是龚自珍思考的重点。但是社会基础变了，与之相适应的上层建筑也不能不发生变化。在思想文化领域，龚自珍继承庄存与、刘逢禄等人开创的《公羊》学传统，猛烈抨击乾嘉考据学为“琐碎饾饤”的无用之物，是脱离社会实际的有闲阶级的学问，于社会实际生活无补。他认为，所谓实事求是并不是汉代学者的专利，而且同是汉代学者，也家各一经，经各一师，那么所谓汉学究竟是指哪一家呢？至于乾嘉诸老以汉宋作为两种相对峙的学问，实际上也是一种不通的分析。因为汉代学者并不是不言性道，宋代学者也不是不言名物训诂。故而他指责乾嘉诸老以名物训诂为尽圣人之道实在是以偏概全，以此去解说汉代儒者的学术精神，恐怕汉儒也不会接受。在他看来，真正的或者说传统的儒家学说不外乎“尊德性”“道问学”两大端而已。如果以为儒家之学仅尽于名物训诂，则是以圣人有博无约，有文章而无性与天道。另一方面，龚自珍也不满意宋明理学家坐谈性命的风气，指责其同样无补于社会，“其徒百千”“何施于家邦，何裨于孔编”？明显地表现出超越汉宋之学而重新建构中国文化的企图。

林则徐、魏源：睁眼看世界

假如不是外部环境的变化，具体地说，假如不发生鸦片战争以及以后一系列的帝国主义的入侵，中国文化或许能像龚自珍所期望的那样，超越汉宋，而重建一个新的体系。然而遗憾的是，历史总不能尽如人意。1840年，鸦片战争爆发了，中国的历史与文化再也不能按照旧有的轨道前进了，而只能在已变化了的条件下另谋发展。

鸦片战争以中国的失败而结束，背后有复杂而深刻的原因，但缺乏对外界的了解、盲目自尊自大则是最直接的原因。当时清醒的知识分子对此已有切身的感受，故在开战之初就呼吁加强对西方的研究和了解，成为近代中国最早开眼看世界的有识之士，其中尤以林则徐最为典型。他利用封疆大吏的条件，广泛地招揽人才，翻译西文书报，然后根据实际需要整理成专辑以供内部参考，并将部分内容附在奏折中呈给道光皇帝看。这些资料成为中国人真正用功夫研究当时世界的最早的一批文献。

林则徐倡导对西方的研究是出于救世救国的目的，这种研究虽然扩大了中国传统学术的视野，有助于中国学术的发展和转化，然而无疑也使中国学术本有的那种“实用理性”更加膨胀，从而使中国在刚刚起步学习西方的时候，不是去学习西方文化的真精神，以弥补中国固有文化之不足，改变中国文化的结构与形态，重建中国文化的新体系，而是抱有一种极强的功利目的，“师夷之长技以制夷”。

最先提出“师夷之长技以制夷”的是魏源。魏源早年学过王阳明的心学，后从刘逢禄习《公羊》学。在当时民族危机与社会危机的刺激下，魏源以提倡今文经学为旗帜，一直很重视经世致用之学。著有《诗古微》《书古微》等，《诗古微》不但反对《毛序》，而且根本反对《毛传》，说全是伪作；《书古微》不但否定梅赜所献孔传本《古文尚书》，而且直接否定东汉时《古文尚书》的存在。凡此种种都表现了清代今文经学的观点，对后来的康有为等人皆有重要的启发作用。

魏源在1822年中举后，曾为江苏布政使贺长龄编辑《皇朝经世文编》，一反汉学家支离破碎的治学方法。又先后为两江总督陶澍、林则徐等筹议漕运、水利、盐政等经济事务，素以擅长经世之学而闻名。鸦片战争爆发后，魏源入两江总督裕谦幕府，参与筹划浙江的抗英斗争。1842年，正值《南京条约》签订时，魏源著成《圣武记》，通过对清代战争史的评述来检讨鸦片战争的得失，并以此激励清朝统治者振兴武备，抵抗外国侵略。后魏源受林则徐的委托，在林则徐编辑整理的《四洲志》的基础上，参考西人《地理备考》《合众国志》等，扩编完成《海国图志》一书。这是中国最早与最有系统地研究世界各国历史、地理、文化的专著，从中也充分表现了魏源了解西方、研究西方、学习西方并最终赶超西方的精神。

魏源认为，中国在鸦片战争中的惨败，自然应当归咎于武器不如西方，但是更重要的原因，则取决于国内政治的不景气。因此中国的当务之急是去伪、去饰、去畏难、去养痈、去营窟，以克服对内对外的不真切了解，做到知己知彼，才能泰然处理与外国的关系，从而实现在外国入侵的关头战而胜之的目的。

对于西方的东西，魏源并不盲目崇拜，而大体上保持了冷静的态度。他认为，西方近几百年来对外扩张与发展，从道义上说并不值得我东方民族所效法。但由于西方入侵的刺激，东方各个民族欲求生存，不能不急起直追，以与西方处于平等的地位。就这个意义而言，魏源认为应当承认西方文化、科技的价值，应当虚心地予以尊重，并由模仿而走上独立的创造。果真如此，不仅能克服自身弱点，弥补不足，而且可以最终赶上并超过西方。

基于这样的认识，特别是鸦片战争失败的刺激，魏源明确提出中国要克服老大思想，放下架子，虚心学习西方，至少要达到“师夷之长技以制夷”的目的。为此，他建议设立造船厂、火器局，延聘外国技师进行指导，如钦天监、夷馆之例，并在此基础上发展民族工业，从而使中国赶上西方，与世界同步。

魏源强调向西方学习，但他和后来的洋务派以及全盘西化派有着本质的区别，他并不认为西方的一切东西都较中国的优越，对民族文化并不是采取虚无主义的态度。相反，他从中国悠久灿烂的历史文明中看到中国人并不亚于其他民族的聪明和智慧，看到中国文化自古以来的开放意识和大度，完全可能“尽得西洋之长技为中国之长技”“集众长以成一长”，赶上和超过西方民族。

魏源向西方学习的主张虽然带有浓厚的功利色彩，但确实是中国人在鸦片战争之后的最重要的觉悟。如果沿着这条道路持续走下去，中国文化势必要改变方向和结构。然而，在鸦片战争结束后不久，太平天国运动又在中国南方爆发了，紧接着又有捻军和回族、苗族的起义。在北方有英法联军之难。中国一时间陷入内外交困中，到处风声鹤唳，民不聊生。学术研究也受到非常严重的影响，因为当时的文化中心在江苏、安徽和浙江，而这三省又处于战争的中心，受害最深，公私藏书荡然无存，未刻的著述稿本，散亡的更是不少。许多耆宿学者遭难凋落，后辈在受教育者，也多半失学。所谓“乾嘉诸老的风流文采”，到此时只成为“望古遥集”资料；考证学本已在落潮的时代，到这时更是日落西山了。

曾国藩：经世致用之儒学

在太平天国运动之后，思想界尤其是儒家学术界提出一条新思路，即复兴宋学，并期望以此拯救人心，整合力量，重建社会新秩序。这一思路的主要倡导者是湘军将领罗泽南和曾国藩。他们在平定太平天国的过程中，深切感到乾嘉以来的汉学不仅门户极深，而且支离破碎，实已引起人们的厌倦。因而他们独以宋学相砥砺，倡导以宋学拯救人心。从此之后，学术界只重汉学而轻理学的观念为之一变，对汉学的评价逐步低落，反汉学的思想却在酝酿之中。

作为湘军的重要将领，罗泽南和曾国藩当然都不是职业哲学家或思想家，但是他们出于最为现实的考虑，确实是晚清思想界最先提倡理学，并以理学思想统领湘军、以儒学传统与太平天国思想相抗衡的少数几个人。

罗泽南出身下层，自幼刻苦读书，所著皆言性理，忧道不忧贫。在参加湘军之前，假馆四方，穷年汲汲，与其徒讲求宋儒周敦颐、张载、二程及朱熹之学术，并自称服膺王夫之的学说。他在参与湘军事务后，竭力主张以儒家的精神治军，究心性理之事，通知世务，期见诸实行。曾国藩曾称其“矫矫学徒，相从征讨。朝出鏖兵，暮归讲道。洛闽之术，近世所捐。姚江事业，或迈前贤”。罗泽南前后克城二十余，大小二百余战。其临阵以坚忍性，如其为学。有人问制敌之道，他说：“无他，观《大学》‘知止’数语，尽之矣；《左氏》‘再衰三竭’之言，其注脚也。”著有《西铭讲义》《读孟子札记》《人极衍义》《姚江学辨》等。

至于曾国藩，不仅是湘军的首领，晚清政局中的重要政治家，而且在晚清学界有相当重要的影响，是儒学转折及重建过程中最值得重视的一位思想家。曾国藩对在此之前不被学界重视的宋明理学格外看重，相当推崇。他以为，在当时没有新的思想取代儒学和理学的条件下，儒学和理学所面临的困难只能通过改革与重建来解决。他提出，为学之术有四，即义理、考据、辞章和经济。他在推崇宋明理学的同时，反对空谈心性，反对汉学与宋学的直接对立，主张汉宋结合，道德修养与经世致用相结合，并在此基础上重建新的儒学思想体系，以满足时代对理论的需求。

故而他的思想特点，一是调和汉宋，博采众长。对儒学内部的各种流派，都尽可能地兼收并蓄。于汉宋之别，曾氏主张一宗宋儒而不废汉学，达到通汉宋两家之结，而息顿渐诸说之争。于宋明理学中的程朱与陆王，他也以为各有所长，不可偏废。程朱之学虽正，而陆王之学也属江河不废之流。于儒学与其他学派之间的分歧，他也主张不必偏废，在推崇儒学的同时，又格外推崇庄周，盛赞其才，许为圣哲。二是他在吸收诸家学说的基础上，重建一个新的儒学思想体系，这个体系的最大特点就是经世致用。

由于第二个特点，曾国藩便不是一个纯粹的思想家或学者，而是儒学素来所推崇的那种立德、立功、立言相结合的经世致用之才。他所参与兴办的洋务，他所介入而成就的“同治中兴”，处处都表现了他的这一思想特点。也就是说，他对包括儒家思想在内的全部传统文化的继承，都不是为了单纯的学术目的，而是为了回应时代的挑战，为了经世致用的目的。鉴于此，他当然不能把儒学看成一成不变的凝固体系，当然要吸收早期儒学根本不可能知道的一些东西。只有这样，儒学才能满足社会的理论需求，也才能在晚清的大变局中继续发挥作用。

曾国藩在强调经世致用的同时，也格外重视人心的修养，素来主张为政与修身的统一。他认为，经世致用、船坚炮利等固然重要，但一个社会更重要的是树立正确的道德标准，培养一批有德之士，一定要把个人以全部才能献身于维护“伦纪”的行动看作比处理实际事务的知识更重要，而这种献身行动只有通过立志和居敬，通过践履程朱理学的修身之道才能做到。他说：“苟通义理之学，而经济该乎其中矣。”也正在这一点上，他和儒家经典《大学》中的“身修而后家齐，家齐而后国治”“自天子以至于庶人，壹是皆以修身为本”的思想原则相一致。将修身作为一切事功的前提条件和安身立命的基础，时常以“勤廉谦”三字自惕自省，这样，他不仅成就了一番丰功伟业，而且在人格上也确实达到了早期儒者以及宋明儒者所期望达到的圣贤境界或天地境界，真正做到了立德、立功与立言的高度统一。

曾国藩等人的历史责任是挽狂澜于既倒，在错综复杂的国内外矛盾中为当时政权寻求一条新的出路。他们充分意识到自己的历史责任，站在时代潮流的浪尖上，以期引导中国走上现代化之路。

在当时，要突破旧有藩篱，引导中国前进，就必须破除传统观念中的“夷夏”界限，既尊重中国旧有的文化传统的价值，又能充分吸收全人类的文化遗产和科学创造，为古老的中国文化在新的历史条件下注入生机，使之焕发青春。就此而论，曾国藩绝不是顽固的守旧派，因为他既看到传统文化特别是儒家精神是中国人安身立命之所，又看到西方科学技术也是中国进一步发展所必须倚重的东西，而不应盲目地排斥，相反，应当努力学习和掌握。

对魏源“师夷之长技以制夷”的主张，曾国藩认为不应做急功近利的理解，否则，虽可使中国得纾一时之忧，有利于中国最直接、最近期的利益，但从长远来看，中国欲富强，必须学习外国的科学技术，兴办近代工业，只有中国自己的工业基础获得充分的发展，才能彻底摆脱外来势力的压迫，自立于世界民族之林，可期“永远之利”。正是基于这种“永远之利”的思考，曾国藩才领衔奏表，促使清政府派遣第一批留学生出洋深造，并鼓励科学家借鉴外国技术，依靠自己的力量发展近代工业。

和曾国藩一样，淮军首领李鸿章也能以比较正常的心态看待西方的科学技术与文明，比较正确地对待中国的传统文化。他认为，中国传统文化的基础和知识分子的聪明才智，足以使中国产生和西方近代科技文明相媲美的科学创造，只是由于旧有的传统文化偏见和体制方面的原因，严重挫伤了中国知识分子的积极性，窒息了他们的创造灵性，遂使士大夫沉溺于章句八股的积习，以致所用非所学，所学非所用。无事则嗤外国之利器为奇技淫巧，以为不必学；有事则惊外国之利器为变怪神奇，以为不能学。再加上中国旧有的教育体制将明理与制器分为二事，重明理，轻制器，不尊重发明与创造，而着重在人的道德意识的训练上，造成儒者明其理，匠人习其事，造诣两不相谋，故功效不能相并。艺之精者，充其量不过为匠人而已。

由此，李鸿章强调，中国的富强虽以学习西方的科学技术、发展近代工业为出发点，但最终必改变中国传统文化观念，形成尊重科学、尊重技术、尊重人才的文化环境才能实现。要像西方国家那样，对发明创造有贡献的人，则举国崇敬之，而不以曲艺相待。能造一器为国家利用者，以为显官，世袭其职。这就由学习西方科学技术而引发反思、改造中国传统文化的问题。

中体西用：文化精英的再思考

以西方文化作为参照改造中国文化，原本是一个复杂的问题，但是经过魏源、曾国藩、李鸿章等人的鼓吹，至少到了19世纪60年代已不是不可议论的问题。那时的知识分子差不多都在思考中国文化的前途，都在想怎样才能以西方文化之长补中国文化之短，重建中国文化的新体系。显然，这势必牵涉儒学的前途和命运问题。如冯桂芬指出，中国在许多方面不如西方是本然的事实，要改变这种事实只能反求诸己，或“道在反求”上，他建议从改革传统的教育制度入手，改变以八股文体为科举唯一内容的做法。八股时文禁锢生人之心思才力，不能复为读书稽古有用之学，意在败坏天下之人才，非欲造就天下之人才。急需取消，而保留科举的形式，以经学、策论、古学等有用之学为取士的标准。同时，在科举正途之外，注意选拔有真才实学特别是学习外国科学技术卓有成效的人参与政权，个别出“夷制”之上者，给予进士，一体殿试。这样，中国便有可能在较短的时间里赶上西方发达国家。

不难看出，冯桂芬虽然看到了中国文化的危机，注意到向西方学习，但他所强调的学习内容依然局限在坚船利炮等技术层面，“有待于夷者独船坚炮利一事耳”。而对于西方的政治理论、文化思潮，冯桂芬和他同时代的绝大多数中国人一样，仍采取不屑一顾的态度，依然忘情于中国传统文化精神，并明确提出“以中国之伦常名教为原本，辅以诸国富强之术”，作为改造中国传统文化、向西方学习的原则。这在语言的表达上都与后来张之洞提出的“中学为体，西学为用”的口号极为相似。因此张之洞在《劝学篇》中把冯桂芬引为同调。从这个意义上说，冯桂芬不仅播下了19世纪后半叶中国维新思潮的种子，也开启了19世纪后半叶乃至20世纪上半叶中国保守主义的先河。

抱有这种愿望的在当时并非冯桂芬一人，可以说当时主张向西方学习的所有先进知识分子都难以忘怀中国文化和儒家思想，都试图将中西文化进行沟通和融合，只是程度深浅不同而已。较为激进的郑观应曾无情地抨击抵制西学的顽固派为自命清流，自居正人。主张中国必须向西方学习科学技术，广译西书、广设书院、富国强兵、注重兵战更注重商战，甚至建议像英国、日本等君主立宪政体一样建立议院制度，以沟通民情。这就不是对中国社会制度进行小修小补的改革，而是近代资产阶级要求参政的政治意识和民权意识。显然较龚自珍、林则徐、魏源、曾国藩、李鸿章、冯桂芬等人仅从科技层面学习西方具有更为深刻的文化意义，是试图从政治制度层面对西方的侵略进行积极的回应。

然而遗憾的是，当我们回过头来再看郑观应对中国传统文化和儒学的基本态度，我们又不难感到他和冯桂芬一样对传统文化表现了恋恋不舍之情。他一面不满意洋务派只知学习外国的科学技术，将体用分为两橛，认为西方国家也有自己的体与用，科学技术等只不过是用，而论证于议院，君民一体的君主立宪政体才是他们的体。他朦胧地意识到，中国要获得真正的进步，必须解决体的问题。而问题也恰好出在这里。郑观应强调建立议院制度，以为能够解决体用两橛的问题，但在观念形态上，在涉及中国传统文化与西方近代文化的冲突问题时，他总希望回到“圣之经”上，仍强调中学其体也，西学其末也，依然主张以儒学作为解决中国问题的根本方案。

持这种态度的知识分子在当时并不是个别现象，如王韬、马建忠、薛福成、陈炽、何启、胡礼垣等莫不如此。他们一方面迫切感到中国必须学习西方，另一方面，又深切地感到“中国之病，固在不能更新，尤在不能守旧”。因此他们提出的中国改革发展方案是“宜考旧，勿厌旧；宜知新，勿骛新”，在新旧之间寻求平衡。他们几乎一致否认西方资产阶级社会的政治思想移植到中国的任何可能性，几乎无保留地拥护和期待以儒家思想特别是纲常名教作为中国社会转型期的指导思想。

王韬说：“可变者器，不可变者道。”“盖万世而不变者，孔子之道也。”他们坚信，中国在科学技术上或许不及西方，但中国的道德、学问、文章、制度等，则远迈西方。陈炽甚至宣称：“他日我孔子之教，将大行于西，而西人之所以终底灭亡者，端兆于此。”故而他们对中西文化的基本态度可以用薛福成的一句话来概括，那就是“取西人器数之学，以卫吾尧舜禹汤文武周孔之道，俾西人不敢蔑视中华”，即“中体西用”。

中体西用是那个时代文化精英们的普遍思考，然而对这一命题进行比较系统的阐述和发挥的还是张之洞。洋务、维新兼而有之又都不彻底的张之洞，无论在理论上还是在实践上，都不可能坚决反对变法图强。他认为，当时确实到了不变不可的地步，即是孔孟复生，岂有议变法之非者哉？为此，张之洞提出一整套向西方学习的废科举、改学制、开矿藏、修铁路、讲究农工商学、发展近代工业的计划和主张，并身体力行，做出许多颇有实效的贡献。而且，他在肯定中国必须向西方学习的前提下，更充分地肯定中国传统文化在现代化过程中的作用，强调只有在树立健全的民族自信心的基础上才能有效地吸收外来文化。

张之洞说：“中国学术精微，纲常名教以及经世大法，无不毕具，但取西人制造之长，补我不逮，足矣。”“至于立学宗旨，无论何种学堂，均以忠孝为本，以中国经史之学为基，俾学生心术壹归于纯正，而后以西学沦其智识，练其艺能。”“今欲强中国存中学，则不得不讲西学。然不先以中学固其根柢，端其识趣，则强者为乱首，弱者为人奴，其祸更烈于不通西学者矣。”坚持以儒家精神为主体，合理吸收外来文化，重新建构民族文化的新体系。这就是中学为体，西学为用的确切含义。

应该说，中体西用的思路是 19 世纪下半叶中国发展的方向。正是在这一思想的指引下，中国在 19 世纪 60 年代之后不到三十年的时间里获得了长足的发展，此即洋务运动时期。洋务运动确实增强了中国的综合国力，使中国因鸦片战争而丧失的元气基本获得恢复。

康有为：晚清今文经学集大成者

然而到了19世纪80年代，中国的外部环境发生了微妙的变化。外国资本主义不满足于两次鸦片战争所获得的好处，试图再次依靠军事力量进入中国内地，将整个中国都纳入它们的世界市场体系。为此目的，外国势力不断在中国边境蚕食，北有沙俄，南有法国，西有英国，东面则是日本、美国对中国台湾和朝鲜的骚扰，并最终导致了1883年的中法战争和1894年的中日战争。而恰恰这两次战争又都以中国的失败而告终，这便自然引起人们对洋务运动是否真的能解决中国问题，中体西用的思路是否能给中国带来繁荣与富强的根本怀疑。于是，出现了康有为托古改制的新建议和新思路。

康有为也是常州学派出身，而以经世致用为标的。他早年酷好《周礼》，尝著《政学通议》。后见廖平所著之书，乃尽弃其学而学之，遂成为晚清今文经学的集大成者。

廖平是当时今文经学大家王闿运的弟子。他毕生致力于经学尤其是《公羊》学的研究，前后期的思想变化也很大。他最初认为，今文经学与古文经学的重要区别在于礼制不同，今文经学的礼制祖《王制》，古文经学的礼制宗《周礼》。此即其经学思想之第一变。之后他认为，今文经学为孔学之真，所谓古文经，基本是刘歆作伪。因此他竭力攻击王莽、刘歆的古文经学，以为古文经学与西汉正统的今文经学“天涯海角，不可同日而语”。又鼓吹孔子受命改制，为“素王”。凡此，都表现了他鲜明的今文经学家的观点，对同时代的康有为产生了相当大的影响。

受家学传统的影响，康有为较早接受了理学的启蒙教育，少时便有志于圣贤之学。青年时代，师从著名学者朱次琦，对陆王心学发生浓厚的兴趣，逐渐厌弃在故纸堆中讨生活而“究复何用”的考据之学。然而随后不久，他对陆王心学也开始厌弃，以为理学空疏，无济于事；心学空想，无补于世；汉学琐碎，无用于世，于是开始专究佛道之书。1879年，他因一个偶然的机会到香港，看到这个与自己生活且厌倦的旧世界全然不同的新天地，给他以前所未有的心灵震荡，并促使他开始访求西学之书，自是大讲西学，始尽释故见。1888年，他第一次上书光绪帝，历陈中国处境危险的真相，建议光绪帝取法泰西，实行改革，提出“变成法、通下情、慎左右”的三点建议。

康有为的这次上书因九门深远，终不得达。他在心灰意冷之后，决定回广东通过讲学培养人才、凝聚力量，创造与完善关于变法图强的理论体系，然后再谋发展。当时，他因人介绍于1890年春在广州与廖平相识，“两心相协，谈论移晷”，于是康有为尽弃其学而学焉，决定利用今文经学的特点来对传统文化进行新的阐释，以创建和完善他关于变法图强的理论体系。1891年，他循弟子之请，在广州长兴里设万木草堂开始讲学，讲学内容主要是中国数千年来学术源流、历史政治沿革得失，取万国以比例推断之，以研求救中国之法。同年，他在弟子的协助下，刊行《新学伪经考》，之后又作《孔子改制考》，通过对中国文化传统的重新阐释，创造性地建立了变法维新的理论体系。

在《新学伪经考》中，康有为抨击清代正统学派——乾嘉诸老的汉学——所依据的儒家经典并不可靠，以釜底抽薪的手法否定正统学说的权威。他祖述廖平的学说而又有新的发展，以为西汉并无所谓古文经学，东汉以来的所谓古文经学，皆是刘歆为了王莽“新朝”改制而伪造的，与儒家之祖孔子并无关涉，故名之曰“新学伪经”。这就通过并不太复杂的历史考证方法，打掉正统学派所尊奉的古文经典的神圣灵光，而断定这些古文经书只是“记事之书”，而淹没了孔子作经以托占改制的原意，孔子之道遂亡矣。在康有为的笔下，孔子俨然成为替天行道的教主。

在《孔子改制考》中，康有为通过对今文学经典的研究，断定《春秋》为孔子改制创作之书，正面阐发被古文经学所淹没的孔子托古改制的微言大义。他指出，孔子以前的历史，是茫然无稽的，孔子创立儒教和当时诸子百家一样，都试图通过托古的方式重建自己理想中的社会。他说：“六经中之尧舜文王，皆孔子民主君主之所寄托，所谓尽君道，尽臣道，事君治民，止孝止慈，以为轨则，不必其为尧舜文王之事实也。”“六经中先王之行事，皆孔子托之以明其改作之义。”这就轻而易举地将孔子作为自己变法维新的王牌。

康有为试图通过对文化传统的重新解释，寻求变法维新的历史依据。他在貌似不谈政治的掩护下，借助学理的研究开通了政治变革的道路。诚如梁启超所分析的那样，康有为的这两部著作不乏武断、强辩之处，以好博好异之故，往往不惜抹杀或曲解证据，其对客观的事实，或竟蔑视，或必欲强之以从我，以证明自己的观点。就学术研究本身来说，康氏的著作有多少价值确实令人怀疑，它使本来已经相当混乱的今古文学问题更加混乱不堪。但是就学术研究所产生的政治影响来说，康氏抽空了正统学派的学术根基，启发学者务必持一种怀疑态度，一切古书皆需重新检查估价，这无疑在晚清学术界引起各方的广泛注目，实思想界一大飓风。

康有为重新阐释儒学传统，给原本保守的儒家思想赋予革旧图新的积极内容，获得了空前成功。1898 年 6 月，清政府在民族危亡之际不得不接受康有为的建议，轰动中外的戊戌变法正式开始。在这场运动中，康有为充分利用光绪帝赋予他的权力，接二连三地提出不少有关改革的建议，就政治、经济、军事、文化各个方面的除旧布新进行了通盘设计。在文化方面，康有为着力抨击八股科举蔽固人才，学非所用，为空疏迂谬之人所共托，无济世艰。废八股为国家之大利，守旧无用之人所不利。建议尊孔子为改制圣主，请定孔教于一尊。

然而由于利益方面的原因，光绪与康有为的改革运动仅仅进行了一百零三天，便在西太后的军事镇压下全部破产。维新运动的主力谭嗣同、林旭、杨锐、杨深秀、刘光第、康广仁（史称“戊戌六君子”）遇难，康有为、梁启超等人在外国势力的庇护下流亡国外。

康有为倡导并主持的维新政治运动的失败是他个人的悲剧，更是中国社会历史的大悲剧。这一结局早在康有为构思变法的思想理论体系时即已呈现，只是他自己无从自觉而已。因为康有为一方面期望中国学习西方谋求变法，另一方面，他又寄希望于与西方思想文化体系截然不同的中国传统文化，指望从中寻求帮助，促使改革成功。就中西文化的比较和利用传统文化的资源而言，康有为获得了成功，然而正是这种成功本身导致了他个人乃至全民族的悲剧。

在中国传统社会里，以孔子为代表的儒家学说，两千多年来发生剧烈的变化，后期的思想面目与孔子本身不能说风马牛不相及，但相差甚远是谁都不怀疑的事实。只是有一点，在中国传统社会中，孔子和儒家学说的最高统治地位虽然不时面临来自外部的挑战，但几乎始终不曾动摇过。就这种历史条件来看，康有为借重孔子，把孔子打扮成托古改制的圣主，通过重新阐释儒家精神，以求在孔子的权威下获得大多数知识分子的认同，这当然对打击顽固守旧分子，解放思想，扫除改革的障碍起了积极的作用。不过，孔子及儒家思想既然可以阐释为托古改制，也为守旧分子对改革的攻击提供了借口和理论上的依据。

事实上，康有为的反对派在对他进行攻击时，也无不借孔子为招牌，以为康有为擅改孔子和儒家精神，罪不容赦。如《翼教丛编》的作者就曾明确地指出这一点。他们说，康有为之徒，煽惑人心，欲立民主，欲改时制，乃托于无凭无据之《公羊》家言，以遂其附和党会之私智。他们也借重孔孟的招牌，以康有为相同的手段重新塑造孔子的形象，重新解释儒家的精神，鼓吹纲常名教为千古不易的定律，并指责康有为擅解儒家精神，鼓吹君主立宪与孔子的事君以忠、孟子的保民而王的精义大相径庭，是非驴非马的议论，中无此政，西无此教，故恐地球万国将众恶而共弃之。显而易见，康有为试图借重儒家文化以谋革新虽逞一时之便捷，而最终失败也正在于此。

康有为和其他变法志士差不多都生长在传统文化的背景下，他们对西学表示过无限的向往与渴慕，主张向西方学习，但他们割不断与传统文化千丝万缕的联系。何况他们是出于现实的需要而构筑思想体系，不可能冷静、从容不迫地从事中西文化的研究和比较，而只能匆忙地从古今中外各家各派的思想学说中尽量寻觅适合现实需要的理论武器。此点诚如梁启超后来所反省的那样，康有为等人生于此种“学问饥荒”之环境中，冥思苦想，欲构筑一种“不中不西即中即西”之新学派，而已为时代所不容。盖固有之旧思想既根深蒂固，而外来之思想又来源浅薄，汲而易竭；其支细灭裂，固其宜矣。有鉴于此，康有为等人不能不从传统文化中寻求理论支持。比如，他所演绎的《公羊》三世说的历史进化论，与其说是他接受了西方近代进化论的思想，不如说是他受西方自然科学的启发而大胆发掘传统文化的结果。在那种条件的制约下，他们不可能与传统彻底决裂，而只能在传统幽灵的庇护下进行改革。

康有为、梁启超等人不消说了，即便是“冲决网罗”的斗士谭嗣同也同样如此。谭嗣同早年倾心于旧学，后来较多地接受西方自然科学的知识，三十岁之后，其学洒然一变，前后判若两人。当此时，又值中日甲午战争，全球局势忽变，谭嗣同的学问更大变，毅然与旧学决裂，走出传统文化的营垒，加入向西方寻求真理的先进的中国人的行列，用获得的西学直接对传统文化发动了猛烈的攻击，大胆反对传统社会忠孝节义及三纲五常等伦理观念，其激烈程度远远超过康有为、梁启超等同时代的人。他虽然连欧洲启蒙运动的思想家卢梭之名也不知道，但他指责君主为“独夫民贼”，“常以为二千年来之政，秦政也，皆大盗也；二千年来之学，荀学也，皆乡愿也。惟大盗利用乡愿，惟乡愿工媚大盗，二者交相资”。又以为两千年来所谓君臣一伦，尤为黑暗否塞，无复人理，延续至今，更为剧烈。凡此，无疑与卢梭的理想暗合，表现出对传统社会、传统文化的批判精神。

然而另一方面，谭嗣同无法摆脱传统文化的束缚。他对康有为“所发明《易》《春秋》之义，穷大同太平之条理，体乾元统天之精意”，深表佩服，不仅称康有为为“一佛出世”“孔教之路德”，自称“私淑弟子”，而且由此“乃服孔教精”，寄希望经过康有为路德式的宗教改革，使儒家文化在新的条件下继续发挥作用。

简言之，正是康有为、梁启超、谭嗣同诸人对传统文化的依恋与幻想，才是导致维新变法运动失败的最深层的原因。传统文化在这里起到决定性的作用。这是一代中国知识分子的悲剧。

康有为、梁启超、谭嗣同等人以今文经学家的立场重新解释儒学传统，从事维新变法的政治运动，结果以失败而告终。今文经学的价值不能不引起人们的怀疑。对今文经学价值的怀疑当然并不始于戊戌变法失败之后。事实上，早在康有为、梁启超等人钟情于今文经学的时候，就有人对他们的做法表示过严重不满，尤以乾嘉汉学之余绪最为典型。

乾嘉汉学余绪：俞樾、孙诒让、章太炎

乾嘉汉学虽经今文经学的打击在晚清开始式微，但作为一种学术思潮和派别，在晚清学界依然有很大的势力。如俞樾、孙诒让、王先谦、章太炎等，都是当时最为著名的古文经学大家，在学术上的影响都相当大。

俞樾治学私淑王念孙、王引之父子，以正句读、审字义、明通假而见称。著述极多，对学术界影响较大者有《群经平议》《诸子平议》及《古书疑义举例》等。这几部书基本采用王氏父子的研究方法，并有所发明，其价值不在王氏父子的著作之下。其弟子知名者有章太炎等。

孙诒让可以说是清代最后一位朴学大师，他一生著述甚多，主要有《周礼正义》《墨子间诂》等。他治学严谨，论断精当，极受学界推重。章太炎称其为“一代大宗”。其为学不偏不党，务求其实，务求其真，既广存旧说，又匡谬纠失；既充分尊重他人之善，又确审证据之来源。尤其是

他对《周礼》的训释成果远在汉唐注疏之上，其中许多问题都得到比较合乎情理的解决。

至于王先谦，他是继阮元之后集大成的学者。他所主持完成的《皇清经解续编》，是继阮元正编之后最重要的经学成果的汇集，是研究经学必备的参考书。他的《汉书集解》《后汉书集解》等，也对中国学术史、经学史的研究有相当重要的贡献。

上述诸人基本上都是以纯学者的面貌出现在晚清学术界，真正有学术功底而又具有思想家性格和贡献的要数章太炎。章太炎起初是康有为、梁启超政治思想的同情者和支持者，但在学术上他却几乎从一开始就站在康有为、梁启超的反面。他认为，中国的改革与发展不可能依靠清政府从上而下地进行，更不可能依靠传统文化的权威进行。中国问题的真解决，必须有待于借助国际力量，吸收外来文化，兼容并包，创造一全新的文化意识，动员各阶层有影响的力量，联合一致，揭露乃至推翻以西太后为首的清朝统治集团中的守旧势力。在戊戌变法失败之后，他又倡言以孔子的后裔做中国的虚君，以清朝皇帝作为客帝，以此恢复汉民族统治的法系，又照顾到满族人实际统治中国的现实。到了 1900 年，他的思想更进一步，开始持坚定的反清立场。

在文化上尤其是经学上，章太炎与康有为的区别更是明显。章太炎早年接受过传统文化的系统训练，较早即被称为古文经学的传人名家。在学术上受到康有为今文经学的刺激，便愈加坚定古文经学立场。然而由于他从来不是一个纯粹的学者，而是一位有学问的革命家，因此他对中国传统文化的研究，几乎从来不以认识历史真相为唯一目的，而是以认识历史真相作为实现最直接的政治理想的手段。所以，他对传统文化的认识并无一定之规，而是因时而变。

章太炎接受了进化论和西方近代科学之后，较早开始以西方新方法重新阐释中国文化传统，揭露康有为假孔子而进行的托古改制是对人民的愚弄。他认为："六经皆史之方，治之则明其行事，识其时制，通其故言。"换言之，儒学典籍均为古代国家政典，既无神秘的意味，更不因孔子删定而成为后世之成法或神圣经典。孔子固然是中国历史上伟大的教育家和思想家，但绝不是完美的上帝或圣人，他既缺少知识分子应有的独立人格，也往往因其思想的负面影响而对后世产生一些相当消极的作用。因此对孔子的学说必须批判地进行分析，既要看到其思想的积极意义，也要看到其消极作用。尤其重要的是，要将孔子的思想与其同时代的诸子的思想进行比较研究，以诸子之长补儒家学说之短，然后在糅合中西的前提下，重新建构中国文化的新体系。

附录

儒学人物小传

陈确（1604—1677），原名道永，字非玄，明朝灭亡后改名确，字乾初。浙江海宁人。明清之际的思想家。

陈确是刘宗周的弟子，明朝灭亡后，他便开始隐居著述。一生都不喜程朱理学和佛教。陈确注重独立思考，具有批判意识，提出过不少惊世骇俗的主张。比如，他认为天理正从人欲中见，没有人欲，就没有天理；人欲恰到好处，即天理也；向无人欲，也就没有什么天理可言；等等。著有《大学辨》《葬书》等。

黄宗羲（1610—1695），字太冲，号南雷，学者称梨洲先生。浙江余姚人。明清之际的思想家、史学家。

黄宗羲的父亲黄尊素为东林党人，被魏忠贤迫害致死。黄宗羲继承父志，坚决反对宦官专权。清军南下时，他招募义军成立“世忠营”以抵抗。明王朝覆亡后，黄宗羲便隐居不出，潜心学术，著述课徒。

黄宗羲博学广通，于学无所不能，与孙奇逢、李颙并称为“清初三大儒”。所著《明儒学案》体大思精，条分缕析，对有明一代学术进行了系统总结，被誉为后学之津梁，千秋不朽之盛业，开启了学案体编撰的新模式。

在思想上，黄宗羲极具近代意识，他的《明夷待访录》深刻启发了近代中国的许多思想者。在这部并不太长的著作中，他大胆揭露了君主私天下的问题及其症结，认为私天下是一切罪恶的根源，强调“天下之治乱不在一姓之兴亡，而在万民之忧乐”。黄宗羲主张改革土地制度、赋税制度，反对农本工商末的观点，认为工商皆本。因而黄宗羲被誉为中国早期启蒙思想运动中最重要的思想家之一。

方以智（1611—1671），字密之，号曼公，桐城（今属安徽）人。明清之际的思想家、科学家。

方以智出身于名门望族，与陈贞慧、冒襄、侯方域参加“复社”活动，品评人物，讥讽朝政，被合称为“明季四公子”。方以智是崇祯十三年（1640）的进士，明王朝灭亡后，他在梧州出家，拒不臣清，开始潜心学术。

方以智读书涉猎广博，经史子集无所不读，尤精于传统儒者所不屑的小道。所著《物理小识》《东西均》《通雅》等，均蕴含丰富的自然科学，尤其是应用技术方面的知识，并从中明显可以看到西学的影子。

顾炎武（1613—1682），原名绛，字忠清。明亡后改名炎武，字宁人，学者称亭林先生。江苏昆山人。明清之际的思想家。

顾炎武因屡试不第，遂绝意科举。少年时参加复社，反对宦官权贵。清军南下后，顾炎武便长时期游走华北，结交各方豪杰，始终不忘反清复明，六十岁时才定居陕西华阴。

顾炎武属于读万卷书、行万里路的典型，他根据自己对各地风物山川的考察所得，在经学、史学、典章制度、天文地理，以及诸子学、音韵训诂等诸多方面都有深入研究，并著有《日知录》《音学五书》《天下郡国利病书》《肇域志》等。

顾炎武是开一代新风的大学者，对晚明学术沉痛反省，倡导重建明道救世的新学术，提出“博学于文”“行己有耻”的古训。

顾炎武认为天下兴亡，匹夫有责。不过，他也重申了儒学中亡国与亡天下的区别，认为易姓改号谓之亡国；仁义充塞，而至于率兽食人，人将相食，谓之亡天下。亡天下匹夫有责，亡国则不尽然。这是对孟子思想的新发挥，极具近代意义。在学术上，顾炎武笃志原典，强调“读九经自考文始，考文自知音始”。他不仅倡导此主张而且身体力行，清代学术面貌由此一新，从宋明理学转型为考据实学。

王夫之（1619—1692），字而农，号姜斋。晚年隐居于衡阳石船山，学者称船山先生。湖南衡阳人。明清之际的思想家。

王夫之少承家学，博览群书。明王朝灭亡后，他举兵反清，失败后便隐居深山，开始潜心学术，艰苦研究了四十年，留下了大量著作。在他去世一百多年之后，他的这些作品受到同乡曾国藩的推崇，被整理并得以出版，嘉惠后学。王夫之著作的传播对晚清思想的启蒙贡献极大。

王夫之重要的著作有《读通鉴论》《宋论》《思问录》《俟解》《黄书》《噩梦》等，大都是读书心得。王夫之的思想在这些著作中得到充分发挥，许多解读都极具创见。他是中国思想史上的开创者。

毛奇龄（1623—1716），字大可、齐于，号初晴、秋晴等，又以郡望称西河。浙江萧山（今杭州市萧山区）人。明末清初学者、文学家。

毛奇龄于康熙十八年（1679）通过推荐被博学鸿词取中，授翰林院检讨，充明史馆纂修官。毛奇龄学问渊博，经史子集无不贯通，但太好立异，有时甚至以不异为异，尤喜以朱熹、顾炎武为论战对象。此举也充分体现了后学话语强势照样会存在许多问题，并不是后学一定高于前学。其《古文尚书冤词》等作，力辨《古文尚书》为真。故梁启超在《清代学术概论》中认为毛奇龄在近代学术启蒙发端期，不失为冲锋陷阵的猛将，但从学者的道德角度来评估，毛奇龄似乎并不那么完美。

李颙（1627—1705），字中孚，号二曲，陕西盩厔（今周至）人。明清之际的哲学家。

李颙虽然出身寒微，却没有放弃读书。他借书苦读，遍读经史子集，旁及佛道，自学成才。但他终身不仕，选择潜心读书著述，开堂课徒，与黄宗羲、孙奇逢鼎足而三，合称为“清初三大儒”。李颙之学主陆王，以尊德性为本体，以道问学为功夫，明己心，见己性，反躬自省，除物诱，致良知，明体适用，认为人人皆可为圣贤。

胡渭（1633—1714），初名渭生，字朏明，号东樵，浙江德清人。清代经学家。

胡渭毕生潜心于学问，醉心于经义，尤精舆地之学。他学有根底，所论一轨于正。汉儒附会之谈，宋儒变乱之论，经胡渭辨识，一扫而除。他研究《禹贡》一书，认为孔安国、孔颖达等人对地理多错误认识，于是乃博稽载籍及古今著述，考其异同，辨其正误，著成《禹贡锥指》二十卷。此为《禹贡》传世以来最权威、最重要的整理成果。此外，胡渭的《易图明辨》试图解决宋代以来聚讼纷纭的“河图”“洛书”问题，也是非常重要的著作。

颜元（1635—1704），字易直，又字浑然，号习斋。博野（今属河北）人。清初思想家、教育家。

颜元终身不仕，却教读行医，弟子众多，知名者有李塨。二人一起倡导注重实学，强调“习行”“习动”，反对死读书的学风，世称“颜李学派”。后徐世昌等人提倡颜李学派的实践精神，在近代影响甚大。

颜元认为，程朱理学并不是儒学正统，甚至与孔门敌对。如欲继承孔子儒学的真精神，就必须破除对程朱的迷信，“破一分程朱，始入一分孔孟”。程朱之道不熄，孔子之道不著。颜元还认为，程朱理学空谈心性，不仅无益于社稷，无功于疆场天地，而且耗尽了天下人的聪明才智，是误人才，败天下事。而矫正之法，就是提倡实文、实体、实用之学，天下士人只可向习行上下功夫，不可向语言文字上着力。

阎若璩（1636—1704），字百诗，号潜邱（一作潜丘），山西太原人，迁居江苏淮安。清代经学家。

阎若璩平生学术重在考订，天生具有一种怀疑精神，以三十年时间反复阅读《古文尚书》，为其疏通大意，弄清症结，著《古文尚书疏证》。此作引经据典，终于用事实证明了东晋梅赜所表彰的《古文尚书》为伪作，成为《尚书》学研究的一大功臣。而且，阎若璩此举开启了清人的疑古之风，与顾炎武等人一并成为乾嘉汉学思想学术的先驱。

李塨（1659—1733），字刚主，号恕谷，保定蠡县（今属河北）人。清初思想家。

李塨从小从学于颜元，是颜元的大弟子，二人思想极为一致。李塨重视实践知识，认为“纸上之阅历多，则世事之阅历少”，倡导亲身习行践履。

惠栋（1697—1758），字定宇，号松崖，江苏吴县（今苏州）人。清代经学家，吴派经学的奠基人。

惠栋是经学大家“红豆先生”惠士奇之子，故学者又称惠栋为“小红豆先生”。惠栋得传家学，博览群书，将祖传的《周易》研究提升到了一个新的境界。对于《尚书》《左传》，惠栋也别有心得，其学深刻影响了清代学术的发展进程。余萧客、江声、王鸣盛、钱大昕、戴震等人，均是惠栋的门人。

全祖望（1705—1755），字绍衣，自署鲒埼亭长，学者称谢山先生。浙江鄞县（今宁波）人。

全祖望是乾隆元年（1736）的进士，初为翰林院庶吉士，但之后因遭到权贵排斥，遂辞官归家，潜心著述讲学，终生不仕。全祖望学问渊博，创见亦多，续修《宋元学案》，七校《水经注》，三笺《困学纪闻》，另著有《经史问答》《汉书地理志稽疑》等。

庄存与（1719—1788），字方耕，号养恬，江苏常州人。清代经学家，常州学派的开创者。

庄存与是乾隆十年（1745）的进士，官至礼部左侍郎。庄存与出身于官宦世家，见多识广，很早就醉心于学问，但不屑于跟随乾嘉诸老的旧步。精研《春秋》，独得先圣微言大义于语言文字之外，所著《春秋正辞》开启了常州学派今文经学的先河。他接续前人讨论，认为孔子删削鲁国史书而作《春秋》，此举并不是一般意义上的历史资料编纂，而是蕴含着深刻的微言大义，诸如尊君、大一统、讥世卿等。庄存与对《春秋》的新解读，极大启发了后人的讨论，开启了一代学术的新风气。

王鸣盛（1722—1797），字凤喈，一字礼堂，别字西庄，晚号西沚，江苏嘉定（今属上海）人。清代史学家、经学家。

王鸣盛是乾隆十九年（1755）的进士，官至内阁学士兼礼部侍郎、光禄寺卿。师从惠栋，以郑玄为宗，认为凡汉皆对，值得坚守。对贞观诸儒撰写的诸经义疏以迄清代的经学作品，王鸣盛均持保留看法。他认为这些作品离古太远，未得古经真意。王鸣盛最重要的成就是撰写了《十七史商榷》。为了完成这部著作，王鸣盛校勘文本，补正讹脱，审定事实，充分体现了清人实事求是的学术精神。这部著作是清代学者对古史最重要的研究成果之一，至今仍具有非常重要的参考价值。

戴震（1724—1777），字东原，安徽休宁人。清代思想家。

戴震先是师从音韵学家江永，与程瑶田、金榜成为同门。后又问学于惠栋。戴震是清代学人中少数几个汉宋兼通的人，他的学术渊博宏大，识断精审，真正做到了既有尊德性又有道问学，既是有思想的学问，又是有学问的思想。他的考据之作，从识字读音开始，明古训、通古经，进而体认古代圣贤之义理，坚守不以人蔽己，亦不以己自蔽。对汉宋诸儒说经论史，戴震也持开放的态度，不以门户之见束缚自己，主张实事求是，不主一家。他的义理之作《孟子字义疏证》，以经学考订的方法治义理，有理有据，有议有叙，为乾嘉一代学人增色不少。无此书则乾嘉一代学人不过两脚书橱，有此书则乾嘉一代学术同样有思想、有议论，只是碍于格局不愿说、不想说而已。

钱大昕（1728—1804），字晓徵，号辛楣，一号竹汀，晚称潜揅老人。江苏嘉定（今属上海）人。清代学者。

钱大昕是乾隆十九年（1755）的进士，官至少詹事，曾在钟山、娄东、紫阳等各大书院担任主讲。钱大昕读书涉猎范围极广，兴趣也多，治经不主一经而无经不通，治艺不专攻一艺而无艺不习。他不仅精于经史、音韵、训诂、典章、金石、历算，就是辽、金的语言，也无不通晓，被誉为一代儒宗。所著《廿二史考异》体大思精，考订精细，至今可供参考的内容依然很多。钱大昕有志重写元史，完成《元诗纪事》《补元史氏族表》《补元史艺文志》，又著有《潜揅堂文集》《十驾斋养新录》等，均极具学术价值。

段玉裁（1735—1815），字若膺，号懋堂，江苏金坛（今常州市金坛区）人。清代文字训诂学家、经学家。

段玉裁是乾隆年间的举人，师从戴震，以文字训诂为治经门径，专心于小学，是顾炎武、江永之后古音韵学最重要的学者之一。他以毕生精力专治《说文解字注》，逐字解读《说文解字》，训其义，释其形，正其音，是《说文解字》成书之后从未有人完成过的鸿篇巨制。段玉裁此举前无古人，后无来者，对于中国古文字研究贡献巨大，即便在甲骨文成为一种专门学问后依然如此。

章学诚（1738—1801），字实斋，号少岩，会稽（今浙江绍兴）人。清代史学家、思想家。

章学诚是乾隆四十三年（1778）的进士，官至国子监典籍。毕生以讲学著述，尤其是为各地编修地方志为主要活动。章学诚对汉学有精深的理解，属于登堂入室而又看出问题的智者。他的《文史通义》不再像乾嘉诸老那样计较于考证饾饤之学，而是从宏大视野总结数千年来中国学术之得失，从中创获甚多。章学诚通过自己的努力，将中国学术从乾嘉汉学中拯救出来，引发了一场思想上的解放运动。

汪中（1744—1794），字容甫，江苏江都（今扬州）人。清代哲学家、文学家、史学家。

汪中出身寒微，因贩卖图书而有机会读到一些书，进而遍读经史诸子百家，成为一代通人。之后由博而约，专意于经史，接续了顾炎武、阎若璩、梅文鼎、胡渭、惠栋、戴震等人的学术研究，对同时代的学术大家也时有影响。代表作有《述学》一书。汪中最大的贡献是他最早注意要研究墨子、荀子，这对于乾嘉学术领域的再开拓贡献极大，拓宽了清代学术疆域的边界。

王念孙（1744—1832），字怀祖，号石臞，江苏高邮人。清代音韵训诂学家。

王念孙是乾隆年间的进士，历官工部主事等。师从戴震学习古文字学，所著《读书杂志》《广雅疏证》《古韵谱》等，对古书中的传写之误、校读之讹、古义之隐晦，皆据古书旁征博引，详加考辨，予以更正，对于中国文明的传承贡献极大。

孔广森（1752—1786），字众仲，一字㧑约，号顨轩，山东曲阜人。清代经学家、音韵学家、数学家。

孔广森是孔子的第七十代孙。于乾隆三十六年（1771）中进士，曾任翰林院检讨。他早岁跟随戴震读书，又师事姚鼐、庄存与，对经史、训诂，靡不贯通，尤长于《春秋公羊传》《大戴礼记》。对汉晋以来治春秋之书，孔广森不论今古文之别，无不综览，然后删其支离，存其精义，兼采古今文，择善而从，自成一家之言，完成著作《春秋公羊通义》。他认为孔子有帝王之德而无其位，见世道衰微，选择退而作《春秋》以寄托自己的情怀。

江藩（1761—1830），字子屏，号郑堂，晚年自号节甫老人。江苏甘泉（今扬州）人。清代经学家。

江藩出身寒微，是惠栋的再传弟子，他博究群经，旁及诸子，兼通数学，所著《国朝汉学师承记》《国朝宋学渊源记》为中国学术史名著。他将经学分为汉学、宋学两大派，实际就是尊汉而抑宋，重考据而轻义理，也大致代表了清人对汉宋学术发展演变的立场。但从史料价值，以及对学术史的贡献的角度看，这两部著作分别初步梳理了清代汉学和宋学的发展，其学术价值还是非常高的。

焦循（1763—1820），字理堂，一字里堂，江苏甘泉（今扬州）人。清代哲学家、数学家、戏曲理论家。

焦循是嘉庆年间的举人，出身于文化世家，博闻强识，无所不通，最重要的成果是运用数理解读《周易》，又著《孟子正义》，试图以《易》学的变通理论解读《孟子》，受到此后孟子研究者的推崇。

阮元（1764—1849），字伯元，号芸台，江苏仪征人。清代学者、文学家。

阮元是乾隆五十四年（1789）的进士，官至体仁阁大学士。他虽然身居高位，但是不忘为学，经史、音韵、舆地、历算、小学、金石，无不涉猎，无不精通。他还长于考订，著述甚丰。阮元曾创办杭州诂经精舍、广州学海堂，提倡朴学，主编《经籍纂诂》，校刻《十三经注疏》，汇刻《皇清经解》等。这些至今仍具有很高学术价值。

王引之（1766—1834），字伯申，号曼卿，江苏高邮人。清代训诂学家。

王引之是王念孙之子，嘉庆四年（1799）进士，官至工部尚书。王引之幼承家学，精研典籍，在其父学术研究的基础上更进一步，以小学说经，以小学校经，完成《经义述闻》《经传释词》。其作摘经句而解之，不为凿空之谈，不墨守一家之言，合经传综合排比，凡古儒所误解者，无不旁征曲喻而得其本意之所在，解决了古书传承中留下的许多问题。

刘逢禄（1776—1829），字申受，号申甫，别号思误居士。江苏常州人。清代经学家，常州学派奠基人。

刘逢禄是嘉庆四年（1799）的进士，曾任礼部主事、仪制司主事。他早岁跟随外祖父庄存与、舅父庄述祖读书，尽得其学，成为常州学派的开山之祖。刘逢禄为学不专主章句，而强调通大义，即从总体上把握经典的要旨。治《春秋公羊传》，体会董仲舒、何休学说的深意，认为何休的《公羊解诂》成书于古文经学盛行之时，传经之功，时罕其匹。晋唐以来之非何氏者，皆不得其门，不升其堂者也。刘逢禄著《春秋公羊经何氏释例》，深刻揭示何休理论中的可怪之论，诸如张三世、通三统、绌周王鲁、受命改制等。刘逢禄的讨论深刻启发了后来者，当近代中国处在西方文化强烈冲击下而找不到出路时，刘逢禄提供了一种理论方向。

宋翔凤（1779—1860），字于庭，江苏长洲（今苏州）人。清代经学家。

宋翔凤是嘉庆五年（1800）的举人，官至湖南新宁县知县。宋翔凤少年时代跟随舅父庄述祖读书，又师事段玉裁，精研训诂名物，深究儒学微言大义，竭力发挥董仲舒的天人感应理论，杂以谶纬，得常州学派真传。他格外推崇《论语》，认为《论语》是代表孔子思想最重要的作品，其言与《春秋》中之事相映照，如能寻其条理，求其旨趣，便可获太平之治，成素王之业。

林则徐（1785—1850），字元抚，一字少穆，福建侯官（今福州）人。清末政治家。

1838 年 12 月，林则徐受命任钦差大臣，专责广东禁烟事务。林则徐属于较早知道西洋情况的中国人，抵达广州不久就委派专人收集外国报纸，主持编译《四洲志》，供朝廷了解外国动态。这部书后来由他的好友魏源扩充为《海国图志》，深刻影响了后来中国人以及日本人对世界形势的认识。

龚自珍（1792—1841），一名巩祚，字璱人，号定盦。浙江仁和（今杭州）人。清末思想家、文学家。

出身于官宦之家的龚自珍，聪明早慧，才华横溢，早岁追随外祖父段玉裁读书，因此学问基础非常扎实。但他在科场的经历并不顺利，只担任过内阁中书、礼部主事等闲职。

龚自珍具有强烈的用世思想，也是那个时代最敏锐的思想家，被誉为中国的但丁，并预感到中国即将发生不可避免的大变局。他对未来并不乐观，甚至很悲观，以为上百年的思想禁锢，国家已无可用之才，万马齐喑，知识分子已经不会说话，也不知道如何说话。这是时代的悲剧，更是统治者的悲剧。所以他劝统治者弄清世界大格局，不拘一格选拔人才，认为这样或许可以救国家于危亡，“我劝天公重抖擞，不拘一格降人才”。但在龚自珍死后第二年，清政府被迫开始五口通商，中国两百年变局也由此拉开大幕。

魏源（1794—1857），原名远达，字默深，湖南邵阳人。清末思想家、史学家、文学家。

魏源早岁就读于岳麓书院，师从刘逢禄研习今文经学。他是道光二十五年（1845）的进士，此前曾在贺长龄、陶澍、林则徐、裕谦等人的幕府中做事，直接参与了浙江抗英的战役。魏源对中国历史的意义在于他在林则徐《四洲志》基础上完成了《海国图志》。这部书向中国士大夫阶层传递了世界历史地理的知识，并明确提出了“师夷之长技以制夷”的主张，这不仅对后来中国的变革意义重大，更直接影响了日本。

冯桂芬（1809—1874），字林一，号景亭，晚号邓尉山人。江苏吴县（今苏州）人。

冯桂芬曾师事林则徐，是道光二十年（1840）的进士。先授职翰林院编修，后入李鸿章幕府，并参与创办淮军，总司江南机器制造局添建广方言馆一事。著有《校邠庐抗议》，“以中国之伦常名教为原本，辅以诸国富强之术”，最早表达出了“中体西用”的意思。

曾国藩（1811—1872），原名子城，字伯涵，号涤生，湖南湘乡白杨坪（今属双峰）人。清末洋务派和湘军的首领。

曾国藩是道光年间的进士，官至两江总督、直隶总督。他是中国历史上少有的上马打仗、下马治国的文武全才，其事功就是平定了太平天国，拯救了清帝国，开启了所谓的“同光中兴”，也开启了中国的工业化和现代化之路。

在思想文化上，曾国藩坚信中国旧有文明与道路的价值，认为中国的失败并不是因为中国的文明不行，而是因为中国缺少西方创造出来的科学技术。于是，他相信“中学为体，西学为用”是中国走向富强的不二之途。在曾国藩看来，创办工业、创立海军、派遣留学生等，都不应该被视为问题，而是应该更加积极、更加主动地去实施。

俞樾（1821—1907），字荫甫，号曲园，浙江德清人。清代学者。

俞樾是道光三十年（1850）的进士，官至翰林院编修、河南学政，后于苏州紫阳书院、上海求是书院、杭州诂经精舍担任主讲，培养出章太炎等著名弟子。俞樾治学以王念孙、王引之为宗，正句读、审字义、通假借，所著《群经平议》《诸子平议》《古书疑义举例》等触类旁通，发明古义，对后学启发很多，影响巨大。

王先谦（1842—1918），字益吾，号葵园，湖南长沙人。

王先谦是同治四年（1865）的进士，历任国子监祭酒、江苏学政。他退职回籍后主讲于岳麓书院、城南书院。在学术上，王先谦秉持乾嘉诸老志趣，以考据为主，编有《十一朝东华录》《后汉书集解》《荀子集解》《庄子集解》《诗三家义集疏》等，校刻有《皇清经解续编》。这些著作博采众说，兼疏古今，校正错讹，详明精确，最为善本，是相关研究不可不读的参考书。

孙诒让（1848—1908），字仲容，号籀高（庼），浙江瑞安人。清代经学家、文字学家。

孙怡让是同治六年（1867）的举人，官至刑部主事。他淡于名利，后选择退职居家，专事著述。通过精研《周礼》，完成了《周礼正义》，此书精深广博，不仅疏通了典籍，而且弄清了周代制度的源流真相，同时还与近代西洋制度进行比较，对晚清政治改革颇具启发意义。孙怡让另著有《墨子间诂》一书，此书被誉为自《墨子》成书以来最具意义的研究之作，开启此后墨学研究之风，对梁启超、胡适等人影响很大。此外，他还著有《札迻》一书，此书仿王念孙《读书杂志》、俞樾《诸子平议》，精心校释了七十余种古籍，具有很高的学术价值。对新发现的甲骨文，孙诒让也抱持浓厚的兴致并予以研讨，著有《契文举例》，此书成为甲骨学开山之作之一。

廖平（1852—1932），原名登廷，字季平，晚号六译先生。四川井研人。中国经学家。

廖平早岁入尊经书院读书，是张之洞、王闿运的门生。他于光绪十五年（1889）进士及第，先后在尊经书院、九峰书院等处教读。廖平治经主今文，观点凡六变，一变平分古今，二变尊今抑古（此变影响了康有为），三变小统大统，四变人学天学，五变天人大小，六变五运六气。代表作为《知圣篇》《辟刘篇》，学界一般认为康有为的《新学伪经考》《孔子改制考》即便不能说完全抄袭，但说他因袭祖述，详细展开了廖平的观点，应该是不争的事实。

康有为（1859—1927），原名祖诒，字广厦，号长素，又号更生。广东南海丹灶（今属佛山市南海区）人，学者称南海先生。中国近代维新派领袖、思想家，后为保皇会首领。

康有为出身于官宦之家，是岭南名儒朱九江的门生。他以经营天下为志，知西人治国有法度，于是比较早地具有了变法主张。

在学术上，康有为受廖平影响，著《新学伪经考》《孔子改制考》，宣称东汉以来所谓古文经乃刘歆为王莽篡汉而伪造的新学，已经湮没了孔子学说的真精神。在康有为看来，孔子的真精神就是托古改制，通三统，张三世，为后世立法。甲午战后，维新思潮渐起，康有为受到光绪帝召见，促成维新运动，成为显赫一时的政治人物。

章太炎（1869—1936），初名学乘，名炳麟，字枚叔，后因仰慕顾炎武改名绛，号太炎。浙江余杭（今杭州市余杭区）人。中国民主革命家、思想家、学者。

章太炎早岁入杭州诂经精舍追随俞樾研读，并因俞樾的关系，得以拜黄以周、谭献等名儒为师。他潜心精读二十多年，甲午后走出诂经精舍，至上海担任《时务报》的撰述，从此走上政治道路，成为维新运动的积极参与者，也因此被通缉而流亡日本。1900年，章太炎走向反清革命。1903年因“苏报案”被捕入狱。1906年出狱后，他应孙中山之邀，担任同盟会机关报《民报》的主编，与改良派论战。随着革命运动的不断发展，和孙中山在思想上分歧日益明显，很快就和孙中山发生分裂，后他曾一度支持袁世凯，但因1913年宋教仁被刺后参与讨袁，被袁世凯软禁。获释后，章太炎参加了护法军政府，担任秘书长。1935年后，他渐渐退出政治，开始专事讲学著述，收徒授业。

章太炎是中国学术史上的枢纽型人物，他既是中国传统学术的殿军，又是现代新学术的开启者。现代中国的文史哲政法以及音韵训诂等诸多人文领域的新学术，都可以直接追溯到章太炎，或者追溯到其门人或再传弟子。

第十一章

现当代：儒学思想新进程

1911 年的辛亥革命推翻了清王朝，建立了共和制国家，中国的历史掀开了新的一页。作为帝制下的官方意识形态，儒学一时间面临极为严重的危机。儒学能否像过去那样主宰中国人的生活和心灵，成为全社会关注的重大问题。

孔子之道与现代生活的冲突

武昌起义后不久，迫于各方面的压力，清政府终于宣布主动放弃政权，延续二百余年的清王朝成为历史的陈迹，持续两千年之久的皇权专制体制也一去不复返，中国由此而转入民主共和时代，中国的现代化进程似乎也必将由此而加速。

然而由于这一结果来得过于迅猛，中国人在经历了短暂的欢欣鼓舞之后，反而变得越来越失望，于是有反共和主义的情绪，于是有复辟帝制的运动，于是有尊孔思潮的盛行。所有这些，不能不引起人们的重视与思考：中国究竟向何处去呢？

一种意见认为，中国应该继续向前走。因为辛亥革命之后的一系列问题不仅不能归罪于革命，恰恰相反，正是革命不彻底的结果；另一种意见认为，中国问题的根本解决恐怕不能单纯采取革命的手段，更不能不顾及中国国情而盲目行动，要尽快地恢复秩序和稳定，就要充分考虑中国的国情，恢复旧有的形式，然后再以渐进的方式推动中国的进步与发展。前一种意见无疑是革命的，后一种意见则是保守的复辟思潮。

20 世纪形成的价值观念，即革命的等于进步的；保守的、复辟的等于反动的、落后的。然而历史的发展并不以这种判断为唯一取向，革命的主张虽然给 20 世纪的中国带来许多好处，但其负面效应也随着这个世纪结束而日趋明显。相反，保守的主张虽然在辛亥革命之后只是昙花一现，但其思想的影响却随着 20 世纪的结束而愈加持久和深远。这一奇特现象颇值得玩味。

帝制与共和的冲突

辛亥革命对中国的冲击是多方面的，其中影响最大的当属推翻君主政体，建立民主共和政治。它的意义不同于中国历史上常见的改朝换代，也不仅仅限于赶跑了一个皇帝，而是从根本上动摇了大多数中国人的信仰，使中国人特别是那些从传统文化氛围中走出来的中国知识分子阶层一时间觉得无所适从。他们既对新的世界感到迷惘不解，又不可避免地对中国传统社会怀有眷恋之情。

在中国传统社会，君主政体是因中国社会条件的特殊性从而使社会得以协调、稳定与发展的一种根本条件。它在中国两千年的历史中的作用具有两面性，既有积极的意义，也有负面的效果。它之所以得以长期存在，绝非任何人为的力量所能左右，而是因为君主政体在本质上合乎中国社会的需要，与中国传统社会的血缘政治、宗法政治以及小农经济形态相吻合。君主政体并非仅仅关涉君主个人，也不仅仅关涉某些利益集团。在中国绝大多数人的心目中，君主是中国社会秩序和谐与持续稳定的保障和象征，它的功能不仅有助于确定政治秩序，而且有助于社会公众理解人生和世界的整体的意义和秩序。

正是基于中国人的意义世界存废的原则性思考，故而在辛亥革命前后的若干年里，保皇与复古的思潮就不局限于政治层面的反动与革命、保守与进步的意义，而是关涉如何在充分把握理解中国国情的前提下推动中国社会的进步与发展。1912 年 6 月，当君主政体被废除不久，康有为就预言，共和制度虽美，民治虽正，但中国数千年来从未实行过，中国的老百姓对共和为何物也根本不知道，在这种情况下迅速实行此种制度，其结果可能与推行者的主观愿望相反，老百姓得到的可能不是共和的实惠，而是一种新的祸害。

换言之，康有为并不坚持认为帝制优于共和，而是强调中国的国情实在没有达到实行共和的水平，如此骤行共和，则可能适得其反，不仅无法收到预想的效果，甚至可能延误中国进步与发展的时机。在他看来，共和也好，帝制也罢，必须以有利于中国发展为根本前提，而不应仅仅停留在名词的优美动听上。在中国传统社会生存方式并没有发生根本性变革的时候，政治体制的变革应当慎之又慎，否则后患无穷，变不如不变。

推翻帝制，建立共和，在 20 世纪初的中国确实不失为一种重要的选择。然而问题在于，中国毕竟有两千年君主专制的历史，当时绝大多数的中国人毕竟尚不具备民主共和的知识和经验，天子一旦从人们的视野中消失，中国的政治生活就不可避免地乱了套，因为这时的国家元首没有获得通常那种思想意识上的公认，来行使最终的权力。由一个朝代体现出来的统治权，毕竟比宣称的人民的统治权要具体和明确得多，特别是还没有什么选举过程来把权力的某种形式赋予人民的时候，情况更是如此。如果从这个意义上来理解辛亥革命之后的复辟思潮，就不能不承认他们的主张或许有不尽合理之处，但也并不完全是无的放矢，而是中国人意义世界从总体上瓦解之后的本能反应，只是他们以复辟旧有的秩序来回应这种危机，未免显得其智慧资源的贫乏乃至枯竭。

中国人在辛亥革命之后意义世界的丢失并不仅仅表现在君主政体被推翻这一个方面。事实上，君主意义的丢失只是中国人信仰危机的一部分，是中国人信仰危机在政治层面的凸现。这种现象之所以发生，除了现实政治的不尽如人意外，最主要的在于中国人旧有的价值体系的崩溃。

辛亥革命之后，中国政治并没有走上正轨。军阀擅权，武人专制，在推翻了清王朝之后，除了民族主义在理论上和实践上获得了胜利之外，政府的权威丧失殆尽，中华民国在事实上深受中央政权衰微之苦。辛亥革命并没有使政权的实质发生改变，却因为甩掉一个作为权力象征的清朝皇帝，反而造成了公开的军阀割据，内战不已，人民连起码的生命和权利保障也没有，现实走到原来理想的反面。中华民国仅仅剩下一幅空招牌，人民的处境甚至远远不如革命前平静、安宁。

权威信仰的危机，是当时急剧变化的政治形势下的必然产物。千百年来，中国人习惯于在圣明天子浩荡皇恩的荫庇下生存。旧的皇帝被打倒了，新的权威建立不起来，更有甚者，一般国民如丧考妣，社会精英却一筹莫展，人们开始怀疑革命是否必要，进而思考如何在中国现实条件下建立新的权威，以稳定中国的社会秩序，推动中国社会的进步和发展。这时，政治强人袁世凯接替孙中山任中华民国大总统。

袁世凯从来都不是一个真正的共和主义者，虽然在当总统的第一年中遵循就职时的誓言，但他信仰的转变程度毕竟很浅。因此当共和政体无法实现他期望建立的权威政治时，袁世凯便开始怀疑共和政体本身。他总觉得中国秩序的混乱不已，除了地方势力的破坏外，主要是因为中国人信仰体系的崩溃。要使国人在中国的未来发展模式上形成共识，首要的问题自然是要寻找到一种既合乎中国国情，又有益于中国进步与发展的学说作为官方意识形态，作为中国人价值取向的参照系。

在当时，西方的自由、民主等思潮虽然大量输入，并逐步在知识分子阶层赢得了相当多的信仰者，但对绝大多数中国人特别是下层民众来说，自由、民主尚是十分陌生的东西，国人不仅没有这方面的经验，甚至没有这方面的常识。即便是在此后的若干年里，连《新青年》一班人和晚年的孙中山都一再抱怨中国人智力低下，期望以改造国民性作为解决中国问题的突破口，遑论民国初建的时候呢！

自由、民主在民国初期尚不足以成为中国人价值体系的参照，袁世凯别无选择，只能在共和政体的框架内，利用传统文化的资源完成意识形态的重构，欲以孔子的教义作为中国的民族精神。据他的解释，中国旧有的纲常伦理不仅合乎中国国情，而且也并不与共和政体相冲突，甚而更有助于解决当时的问题，有助于重建国人的信仰体系。于是在辛亥革命之前已受到进步知识分子质疑乃至批判的传统文化尤其是儒家学说，再一次引起人们的注目，成为人们尤其是知识界讨论的对象。

按照孙中山等革命党人的说法，在推翻清朝、建立民国之后，凡我国民，均应“涤旧染之污，做新国民”。也就是说，民国旗帜下的国民应该具有全新的价值标准和道德观念。孙中山的这种期望，就其理想而言，固然是善良而合理的，民主共和政体下的国民确实应当树立全新的价值标准和道德观念。只是价值标准和道德观念的变化虽然在一定程度上不能不受到政治体制变动的影响，但在根本上，价值标准和道德观念毕竟是当时社会经济状况的产物。这里既有价值标准和道德观念的发展与变化，又有其既往观念的历史继承性。

很显然，辛亥革命虽然给中国带来急剧的政治变动，但社会经济的状况并不可能在短时期内发生根本性的变动，人为地、凭借于行政命令的手段去改变人们的观念，除了进一步导致社会公众价值标准和道德观念的紊乱外，又能有多少实际效果呢？

当然，这样说并不意味着在政治变动之后不应当积极地去改变意识形态，恰恰相反，为了使政治上的变动得以长期维持，就必须积极稳妥地从事意识形态领域里的革命。当辛亥革命获得政治上的成功之后，理所当然地应该改造与共和政体不合的那些意识形态。问题在于，辛亥革命之后在意识形态领域里进行的革命毕竟发生得很仓促，因此其选择的标准只能屈从于政治上的需要，而无法顾及社会经济状况。

比如，民国教育的开创者蔡元培，虽然有意将教育分为隶属于政治和超逸于政治的两大类，以为在专制时代，教育家循政府的方针以标准教育，常为纯粹之隶属于政治者。那么符合逻辑的结论是，旧的教育应当被废弃，而代之以新教育。他在那篇具有纲领性意义的《对于新教育之意见》一文中说：“满清时代，有所谓钦定教育宗旨者，曰忠君、曰尊孔、曰尚公、曰尚武、曰尚实。忠君与共和政体不合，尊孔与信教自由相违。”既然不合与相违，那么当然应当废除。中国是以儒家精神立国的国家，自西汉以来的中国社会几乎一直以孔子的思想和儒家的学说作为治理国家的基本原则，儒学在中国虽然不是典型意义上的宗教，实际上千百年来已明显具有准宗教的意义。

于是我们看到，辛亥革命之后社会的混乱、价值标准的紊乱，几乎莫不与中国传统社会以儒家学说为核心的纲常伦理观念的破坏密切相关。

批孔与尊孔：如何重建价值体系

辛亥革命之后欲废除孔子和儒家思想作为治国的原则，而代之以民主共和。这不仅关涉如何对待中国的文化遗产和智慧资源，而且势必触及中国社会公众的信仰问题。换言之，以政府的权威强行要求人们信仰孔子和儒家学说固然与信教自由相违，而以政府的权威强行要求人们改变对孔子的尊奉也很难说与信教自由相一致。中国人对孔子的尊奉与信仰是千百年来自然形成的，这一事实虽然在一定程度上是由于政府的倡导，而在更大程度上则取决于中国社会的经济状况，是中国人的社会存在决定了中国人的信仰。因此，关于孔子学说的存废问题便不是人为的力量所能决定的，只能有待于社会经济状况的根本改观。

1912 年年初，南京临时政府依据民主共和的原则颁布一系列法令，要求各地小学废止读经和跪拜孔子之礼，禁止使用前清学部颁行的各种教科书，要求学校教员遇有教科书中与共和宗旨不合者，可随时修改，禁止讲授。这确实在一定程度上为资产阶级民主教育扫清了障碍，有助于共和精神的宣传和普及。

然而正是这一激进措施，不仅为守旧势力的反击提供了口实，而且导致了国人的信仰危机，使革命事业渐渐失去了群众的支持。革命理想与群众的实际觉悟水平相差太远，社会公众在新的信仰无法确立之际，要么归复旧的信仰，要么无所适从。在一定意义上，辛亥革命之后社会秩序的长期混乱，与南京临时政府文化政策方面的某些失误或仓促决策有着一定的关联。

南京临时政府颁布废止读经和尊奉孔子的命令，在社会上引起强烈反响，首先起来的反对者当然是来自旧的营垒。1912年10月7日，陈焕章、沈曾植等人在上海发起成立“孔教会”，宣称目击时事，忧从中来，惧大教之将亡，而中国之不保也。因此他们创设孔教会，以讲习学问为体，以救济社会为用，希望以此挽救人心，维持国教，大倡孔子之教，聿昭中国之光。至少在感情上对废止孔子学说表示了无限的隐忧。

同年，王锡蕃、刘宗国等在济南发起成立“孔道会”，推康有为为会长。1913年4月27日，徐世昌、徐琪在北京成立“孔社”，以阐扬孔学，讲求实用，巩固国基为宗旨。10月3日，沈维礼等在上海发起成立“环球尊孔总会”。几乎与此同时，严复、马其昶、夏曾佑、林纾、吴芝英、梁启超等学界名流二百余人发起成立“孔教公会”。一时间，尊孔的呼声甚嚣尘上，尊孔的势力遍及国内。

这些提倡尊孔的人政治主张虽有差异，但在根本上，他们一致认为孔子的学说代表了中国人的文化精神，是中国社会秩序得以恢复和持续稳定的根本条件，其思想原则不仅合乎帝制时代，而且与民主共和的原则也并不相违。陈焕章说：“今日国体共和，以民为主，更不容违反民志，而为专制帝王之所不敢为。且共和国以道德为精神，而中国之道德，源本孔子，尤不容有拔本塞源之事，故而中国当仍奉孔教为国教。”在这些人看来，孔子的思想与理想不仅与共和的原则相合，而且正足以在共和的原则下解决中国当前所面临的实际社会问题。

一般说来，这些尊孔倡导者并不反对以自由、平等为基本内容的共和原则，他们承认这些原则迟早都应当在中国得以实现。他们反复论证的只是这样两点：一是实现共和理想的手段与途径离不开孔子学说；二是孔子的学说合乎自由平等、民主共和的理想。

在谈及前一问题时，尊孔者无不基于辛亥革命后社会秩序严重混乱的事实，主张“今者保救中国之亟图，在整纲纪，行法令，复秩序，守边疆。万事之本乎，莫先于弭暴乱以安生业”。因为“即欲进而讲平等自由、文明幸福，亦必由弭乱之后乃能进化也。天下未有举国日乱而能得文明幸福平等自由者。今不求弭乱，以保内对外，乃先求文明平等自由自立，则航断流绝港而无由至，何其颠倒哉？”在他们看来，文明自由平等自立并不单是西方人的理想，也应该成为中国人的追求，只是中国人在进行这一追求时，应当先求不乱，而后求治。

辛亥革命之后的社会秩序混乱，不独表现在政治、军事方面，而且表现在社会公众的价值取向和道德标准上。因此如何尽快地收拾人心，统一观念，重建中国人的价值体系，便成为当时意识形态领域中的迫切问题。从当时的实际情况看，共和原则下的新观念与新道德在新知识分子阶层中拥有一定的影响力，但对中国绝大多数人特别是中下层人来说，新道德与新观念毕竟影响甚小。民权自由等说，不过最近数十年被留学生所倡导，尚不足以成为社会道德的主流。

出于最现实的考虑，尊孔者主张，今欲存中国，必先救人心，善风俗，拒邪行，放淫辞。而欲做到这些，舍孔教则无从下手，也不可能成功。他们在尊重事实的前提下，强调“国体虽更而纲常未变”。章太炎在《大共和日报》发刊辞中说：“民主立宪、君主立宪、君主专制，此为政体高下之分，而非政事美恶之别。”专制体制也并不是没有好的规矩，共和政体之下也并不是没有不良的政治。“政治法律皆以习惯而成，是以圣人辅万物之自然而不敢为，其要在去甚、去奢、去泰。”他依然主张以中国传统的政治法律、道德观念去规范人们的行为，从而实现社会的稳定，并进一步达到真正的共和。

《孔道会上大总统书》说：“中国由专制一跃而为共和，上等社会之人，多预知将来共和之幸福有过于专制万万者，而中下社会之人，尚多以为骇怪，乡里无知之徒，以为民国乱成，古昔之法制、人类之纲常皆可废除，因而桀骜狂悍之风，日甚一日，推原其故，盖由于人心无道德之标准。”对一个社会来说，绝大多数成员没有道德标准，那将是一件多么可怕的事。

其实，持这种观点的在当时也不仅仅限于以尊孔为名的守旧人士，即使在革命阵营内部，对社会秩序的混乱不宁也有较为深刻的认识和反省，也有人认为应该以中国旧有的伦理道德规范人们的行为。章太炎指出：“国体虽更为民主，而不欲改移社会习惯，亦不欲尽变旧时法制，此亦依于历史，无骤变之理也。清之失道，在乎偏任皇族，贿赂公行，本不以法制不善失之。旧制或有拘牵琐碎，纲纪犹自肃然。”显然，他并不认为中国旧有的道德观念应该完全废除。

既然恢复秩序，实现共和理想的手段与途径离不开孔子的学说和中国旧有的纲常伦理，那么随之而来的问题便是孔子的学说是否合乎自由、平等、民主等共和的理想。换言之，孔子的学说与民主共和的原则是否存在着相通相容之处？

依据后来批孔者的意见，孔子的学说或儒家精神不仅与民主共和原则毫无相通相容之处，而且处于根本对立的两极。他们认为，孔子的学说是“帝政主义”，儒家的精义在于谗谀帝王，以维护一己私利，与共和精神背道而驰。易白沙在《孔子平议》中说，孔子尊君权漫无限制，易演成独夫专制之弊；孔子但重做官，不重谋食，易入民贼牢笼。

另一批孔名将吴虞在分析中国历史发展的实际情况之后也说，孔子的学说几乎一直没有起过积极的作用，中国自秦以来，以愚百姓为上策，这一基于儒家“民可使由之，不可使知之”的统治路线，实在是中国千百年来的最大失误，既没有造成完全之国民，且笼罩天下后世，阻碍文化之发展，以扬专制之余焰。

民主共和的基本前提是培养国民独立自主之人格，而中国传统伦理观念向以三纲五常之说为之大原，其基本精神便是为了维护传统社会森严的等级制度，这与民主共和的原则根本不相容。因此陈独秀认为，欲建立真正的民主共和制度，首要的问题在于启发国民的伦理觉悟，此为吾人最后觉悟之最后觉悟。只有在彻底排斥了以儒家伦理为主体的中国传统精神，民主共和的原则才能真正深入人心。伦理问题不解决，则政治学术皆枝节问题。纵一时舍旧谋新，而根本思想未尝变更，不旋踵而仍复旧观者，此必然之事也。

然而在尊孔者看来，孔子学说或许在历史上起过某种不良的作用，为专制帝王所利用，但这不应归罪于孔子和儒家学说。因为从本质上看，孔子学说是好的，只是没有得到发挥而已。当今国体已更，民主共和的原则已经确立，此正是孔子学说得以真正发挥积极作用的时候。换言之，孔子的学说不但与民主共和理想没有丝毫对立，而且民主共和理想正与孔子学说相契合。在他们看来，似乎共和国能否持久生存下去，最重要、最关键的就看能否尊奉孔子及其学说。

批孔者对于孔子及其学说的最大不满，在于其为君主说法，缺乏民主精神。面对这一指责，尊孔的倡导者予以积极的回应。他们通过对儒家精神的重新阐释，着力发挥孔子的民主之义。陈焕章说：“今之议者或谓孔教之道多为君主说法，与民主国体相左。此不知孔教为何物者也。孔子祖述尧舜，以托为大同，且自号素王以躬作民主，其他提倡民权之经义，实为各地大主教所无。”这样，孔子教义不仅不与民主国体相左，而且正与民主国体相合，正足以作为民主国体的最高指导原则。

在回答批孔者对儒家伦理的指责时，尊孔的倡导者反复强调，就儒家伦理本身而言，并没有压抑人性的主观企图，儒家伦理既基于中国传统社会的基本结构，又足以解决共和国所面临的一些复杂问题。他们说："自孔教之关系于一国者言之，彼但知尊孔教，将虑帝制之复生，而不知废灭孔教，则专制魔王必再出现于世。今中华人民之众，群生芸芸，何以为治？借孔教以为治也。父子亲、兄弟和、夫妇睦，自家族推至社会，由社会推至国家，天下之治治以此也。朋友则列在社会之中者，君臣虽废，然易君主专制为民主共和，政体不同，而人民忠爱国家、服从法律之心则一也。尊孔教以维持秩序，保护治安，共和政体正可由此实行……废孔教则国粹陵夷，人心不靖，伦纪荡然，相率为盗贼之举，坠入于禽兽之途。国民既顿失国民之程度，仁人志士所忧者，巨奸大慝所喜也，挟以于资。专制魔王必再出现于世。是则借口于君主之说，以废灭孔教者，必因废灭孔教之故，予人口实，反至破坏共和也。"

由此不难看出，至少在尊孔思潮的早期，尊孔的一部分人并不像传统评论所判断的那样，目的在于为帝制复辟制造舆论。资料显示恰恰相反，尊孔倡导者不仅立足于维持民主共和政体，而且他们尊孔的目的，也只在于防止帝制复辟，在于维护民主共和原则。

新传统主义者的新主张

辛亥革命后尊孔者对儒家思想精义的解释已明显不同于辛亥革命前的保守主义，他们实际上是站在民主共和的立场上对儒家思想进行现代性的发挥，故而可称他们为新传统主义，以有别于此前的文化保守主义。新传统主义者认为，国体的变更已是不可更易的事实，但伴随着国体的变更是否一定要彻底推翻全部的文化传统呢？这种困惑当然反映了文化保守主义的思想倾向，但它在本质上却关涉在进行现代化的过程中如何面对本民族的固有传统这一普遍性的问题。

然而由于新传统主义者过于张扬固有传统的现代意义，更由于中国的现代化毕竟刚刚突破旧的牢笼而立足未稳，故而他们的理念不仅无法获得革命者的理解和同情，而且不可避免地引起新一代知识分子的反感和批判。在新一代知识分子看来，中国现代化之所以裹足不前，除却其他复杂的国际国内背景外，最重要的原因是传统的负担太沉重。于是他们向传统发起了全面的进攻，在某种意义上确实造成了中国历史上少有的“全盘性的反传统主义的思潮”。

平心而论，如果站在民主主义、科学主义及社会主义等现代化的立场上看，中国传统文化无疑具有相当多的反现代化的因素，因此，适度地批判和抛弃中国思想传统的糟粕部分，在某种程度上说是中国现代化过程中的应有之义。然而由于第一次世界大战的爆发，不仅科学的神话被打破，而且民主乃至西方国家的现代化经典模式也理所当然地受到中国人的怀疑。社会主义在中国的倡行是一个显例，而“五四”之后不久所出现的倡明国故的中国文化复兴论也是一例。

在中国文化复兴论者看来，他们并不是不要中国走上现代化之路，相反，他们坚信中国的唯一出路在于尽早实现现代化，只是他们基于对西方现代国家经典模式的怀疑，强调中国的现代化道路不可能重蹈西方的覆辙，而应寻求一条合乎中国国情的现代化模式，对固有传统采取一种适度的保守态度，甚至期望在旧文化的老根上开出现代化的新枝。

然而问题在于，如果新传统主义者仅仅停留在学理性的探讨，或者说他们也能像黄兴、章太炎、孙中山等人那样出于对民主共和的爱护和信仰而发掘传统文化的智慧资源，那么他们不仅没有错，反而正可补救辛亥革命这一政治运动之不足。只是这种假设毕竟不能替代或改变历史事实，辛亥革命后第一代新传统主义者除了少数人具有一定的民主共和信仰外，他们中的大多数人都不相信民主共和的原则可与中国固有文化相调和。如康有为、陈焕章等人即是其著名代表。

更值得注意的是，鉴于辛亥革命后微妙的政治背景和脆弱的民主政治基础，新传统主义者如果不能保持冷静的学术立场和适度的锋芒，那么他们必然不是被政治利用，便是被动地卷入政治旋涡。事实表明，辛亥革命后第一代新传统主义者并无明显的政治企图，但由于他们的致思倾向是借思想文化以解决现实中的政治问题，故而过分夸大思想传统的力量，强调秩序的恢复与重建唯一可以凭借的智慧资源在于那些业已被革命打破了的东西。这样，他们在学理上并不太错的东西，一旦运用于政治实践，其结果便极有可能走向其主观愿望的反面，使学理探讨陷入尴尬和进退维谷的境地。

袁世凯在通往帝制复辟的道路上，除了伪造民意等拙劣的手段之外，其他的一些举措，在相当程度上是按照国内外一些学者的指点而行事的。他的尊孔祭天、帝制自为等重大活动，都有相当的学理基础，与新传统主义者的设计并无太多不同。但是，当袁世凯将学理的探讨推向极端并运用于实际政治之后，他给中国带来的并不是学理探讨的必然之果，而是走向了反面。

袁氏的帝制自为使新传统主义者蒙受了极大的耻辱。它的失败本应当引起新传统主义者的高度警醒，但事实上却进一步刺激了新传统主义者沿着借思想文化以解决政治问题的途径前进。1916 年 9 月 11 日，也就是在袁世凯暴死之后仅三个月，孔教会的首领陈焕章再次上书参众两院，重提请定孔教为国教的事。11 月 12 日，尊孔议员百余人在京成立“国教维持会”，并掀起声势浩大的国教请愿运动。似乎在此之前所发生的一切不仅与他们毫无干系，而且恰恰是袁世凯没有按照他们的设计而行事的结果。

然而，在当时中国特殊的政治背景下，以恢复旧有的伦常观念为主要目的的尊孔运动在本质上并不能独立进行。例如，此后不久，以复辟清王朝的统治为终生大业的张勋，便不止一次地联合地方军阀通电全国，强行要求国会速定孔教为国教，甚至声称如再不通过国教案，他们就要以武力解散国会，再三表示“安见宗教之战不于我国见之”。显然，他们是以尊孔为幌子而进行政治复辟的舆论准备。故而等到张勋复辟失败后，新传统主义者便不得不陷入极为尴尬的困境之中。

经学的终结与儒家思想的新开展

辛亥革命之后的第一代新传统主义者终于因政局的变动而以尴尬告终，但他们提出的那些问题并没有因其失败而得到解决。也就是说，当中国不得不面对世界而走向现代的时候，传统究竟有多大的作用？传统与现代是否就是对立的两极？传统难道就没有一点积极的意义吗？平心而论，无论新传统主义者的论证多么荒谬，多么漏洞百出，但他们所关注的这些问题本身无疑是对辛亥革命这一急剧性的政治变动所带来的负面效应的弥补和修正，因而其积极意义也不应低估。

但是，由于新传统主义者过分张扬传统的积极意义，尤其是他们自觉或不自觉地将学理的探讨不恰当地转为政治实践，故而伴随着袁世凯、张勋两次帝制复辟运动及其失败，新传统主义实际上陷入一种深深的危机之中。只是他们并无这种自觉，不仅不愿承担两次帝制复辟的责任，反而以为中国自辛亥革命以来所发生的种种问题都是没有听从他们的劝告所造成的。换言之，在他们的自我认知中，他们并不认为自己是旧派的文化保守主义者，甚至相反，他们认为只有他们才真正找到了传统与现代、旧与新之间的连接点。

这种状况正如《青年杂志》一卷一号《新旧问题》一文所分析的那样，中国“自发生新旧问题以来，迄无人焉对于新旧二语下一明确的定义。在昔前清之季，国中显分维新、守旧二党，彼此排诋，各不相下，是谓新旧交哄之时代。近则守旧党之名词，早已随前清帝号以俱去，人之视新，几若神圣不可侵犯。即在昌言复古之人，也往往假托新义，引以为重。夷考其实，则其一举一动罔不与新义相角触。因此之故，一切现象，似新非新，似旧非旧，是谓新旧混杂之时代。”处此时期，“非但是否不明，且无辨别是否之机会”。这段分析虽然不尽准确，但基本反映了辛亥革命后包括新传统主义者在内的第一代知识分子在思想理论上的困惑与贫乏。

全盘反传统主义者的批判

辛亥革命后第一代知识分子的这种状况实际上预示着他们已不可能久占历史舞台，他们的历史使命已经完成，必将让位于更年轻的一代知识分子。而当此时，新一代知识分子在积极参加了辛亥革命之后，并没有得到预想的结果，中华民国除了一幅空招牌外，民主共和与中国人实际上依然无缘。正是在这种背景下，新旧知识分子的分化已不可避免，新一代知识分子自动脱离老一代知识分子的固有轨道，而探寻新的救国道路。

关于这一点，最具有象征意义的是陈独秀创办的《青年杂志》，即后来更名为《新青年》的那份刊物。不论它叫“青年”或“新青年”，实际上都意味着新一代知识分子的觉醒，意味着他们不可能再循着老一代知识分子所开辟的道路前进。中国的未来或许应该走上一条新的道路，而这条道路的开辟似乎又只能依靠这批“新青年”。同样具有象征意味的是，《青年杂志》创刊号开篇便说：“国势陵夷，道衰学弊，后来责任，端在青年。本志之作，盖欲与青年诸君商榷将来所以修身治国之道。”

在《新青年》的早期，其人文关怀已不限于旧范畴的新旧之争，而是以现代化的理念为指导重新审视中国传统文化的价值，重建当代青年的价值核心。他们在检讨传统文化的现代价值时，既敢于正面驳斥辛亥革命后新传统主义的观点，充分阐述传统文化与现代生活不相和合的方方面面，又敢于站在积极的立场上，以近代以来中国人从未有过的勇气宣布中国传统文化从总体上说已经严重落伍，不仅毫无积极意义可言，而且已经成为中国走向现代化的严重障碍。

陈独秀曾形象地比喻说，当此除旧布新之际，理应从头忏悔，改过自新，在历史上画一鸿沟之界。此后，“吾人首当一新其心血，以新人格，以新国家，以新社会，以新家庭，以新民族，必迨民族更新，吾人之愿始偿，吾人始有与晳族周旋之价值，吾人始有食息此大地一隅之资格”。如果说在当时真的存在一个全盘反传统的新思潮的话，那么，陈独秀的这段话无疑是最典型的代表和宣言书：中国传统文化在现代理性的法庭上接受审判只是一个时间问题。

陈独秀和《新青年》的早期作者对中国文化传统的批判，无疑是站在现代理性的立场上，是以现代化的理念为指导而进行的文化重建工作。在他们看来，中国的现代化运动从19世纪中叶以来裹足不前，除却复杂的国际国内背景外，更深层的原因恐怕只在于文化方面。按照陈独秀的分析，中国的现代化运动在根本上起源于中西社会的接触和西方文化的输入，但由于中国文化的根性过于深厚，中国社会与文化对西方的反应相当迟钝。天朝上国的虚骄使中国只能沿着器械—制度—文化这一曲折的道路缓慢地爬行，而不能从文化的根本——价值观念的重建入手。因此，他强调：“自西洋文明输入吾国，最初促吾人之觉悟者为学术，相形见绌，举国所知；其次为政治，年来政象所证明，已有不克守缺抱残之势。继今以往，国人所怀疑莫决者，当为伦理问题。非彻底之觉悟，盖犹在惝恍迷离之境。”故而陈独秀大胆断言：“伦理的觉悟为吾人最后觉悟之最后觉悟。”

从各国现代化的实际进程尤其是那些后发国家的情况看，伦理的觉悟即价值观念的重建确为至关重要的问题。也就是说，如果人们的伦理价值观念不能随着已经变化了的社会经济状况而变动，那就不仅观念有滞后于社会之嫌，而且伦理价值观念的反作用必将阻碍社会的发展。以此反观中国的文化传统和社会现实，我们不能不承认陈独秀和《新青年》的早期作者对文化传统尤其是传统价值观念的批判确实有振聋发聩的作用，确实在一定程度上抓到中国现代化长期裹足不前的关键。

正如陈独秀所分析的那样，现代生活以经济为命脉，而个人独立主义，乃为经济学生产之大则，其影响遂及于伦理学。故现代伦理学上之个人人格独立，与经济学上之个人财产独立，互相证明，其说遂至不可动摇；而社会风纪，物质文明，因此大进。中土儒者以纲常立教，为人子为人妻者，既失个人独立之人格，复无个人独立之财产。此甚非个人独立之道也。个人之人格独立既不完全，财产之个人独立更不相涉。鳏寡孤独有所养之说，适与个人独立之相违。西洋个人独立主义，乃兼伦理经济二者而言，尤以经济上个人独立主义为之根本。言下之意，中国传统的伦理价值观念与现代生活不仅不合，而且相反，故在彻底排斥之列。

中国自古以来圣圣相传的伦理道德观念在几千年的历史演进过程中确曾起过巨大的作用，但不必否认的事实是，随着社会的进步与发展，伦理道德中的一些观念必然会被淘汰，同时也不可避免地注入一些新内容。然而，由于这种伦理体系的整体不可动摇性，遂使某些改造、重塑并不可能从根本上减弱这种伦理道德观念的作用。尤其是站在《新青年》早期作者的立场上看，中国旧的伦理价值体系并非无优点，而缺点则较多。尤其是与西方近代社会之绝不相容者，为其一贯伦理政治之纲常阶级说。此不攻破，中国之政治法律、社会道德，俱无由出黑暗而入光明。基于此种考虑，他们当然无法顾及传统伦理价值体系的整体意义，而试图予以全盘推倒而重建合乎现代人需要的新的价值核心。吴虞说："不佞常谓孔子自是当时之伟人，然欲坚执其学以笼罩天下后世，阻碍文化之发展，以扬专制之余焰，则不得不攻之者，势也。"

正是基于这种对现实政治的感受，《新青年》的早期作者们对中国传统文化发起了全面的攻击，其全盘反传统的倾向甚为明显。然而，由于他们除了借用进化论的思想武器之外并无新的理论凭借，因而他们全盘反传统的论证便留下很多理论漏洞。他们所谓的"现代理性"实际上等同于西方精神，而他们的现代化诉求便实际上只是如何西方化的问题。也就是说，他们看到了东西文化间的根本区别，但不明白这种区别的民族、时代差异，而相对武断地认定中国固有的文化传统全盘不合乎现代生活，表现了一种过于焦躁的情绪。陈独秀在《东西民族根本思想之差异》中写道："五方风土不同，而思想遂因以各异。世界民族多矣，以人种言，略分为黄白；以地理言，略分为东西两洋。东西洋民族不同，而根本思想也就只能各成体系，若南北之不相并，水火之不相容也。"将东西文化的差异视为根本对立的两极，二者之间毫无相通相容之处。

接棒新传统主义者

东西文化间的差异是一种本然的事实，但这种事实似乎并不意味着在价值判断上的孰优孰劣。在一定意义上甚至可以这样说，一定的文化只能是一定环境的产物，中国文化的产生与发展只能是中国两千年来社会经济发展的必然结果。在中国两千年来自给自足的农业经济没有发生根本性变革的时候，它的文化便只能是与其经济生活方式相吻合的东西。如果不是中西文化开始接触，似应承认中国文化在几千年的历史上功不可没，它的自调机制不仅在一定程度上有效地保障了文化与社会的相对一致性，而且在相当程度上促进了中国社会经济的稳步发展。因此，中西文化之异虽为本然的事实，但并不能由此而断定西方文化绝对地优于中国文化，中国人只能尽弃其学而学焉。全盘反传统主义者这一至关重要的理论漏洞，其实预示着其思想体系的深刻危机。

由于全盘反传统主义者过于张扬传统的惰性，过于相信精神力量的反作用，因而他们在理论体系的建构上留下了一个重要漏洞。那就是即使人们可以像他们一样承认中国文化罪孽沉重，中国的伦理道德信条已成为社会发展与进步的严重障碍，但人们也不必相信只有尽快抛弃这些信条和中国文化的全部才能前进。中国的文化传统确实已成为现代化的障碍，中国的进步与发展确实需要一次思想启蒙运动。正如吴虞所说，西方正因为有马丁·路德的宗教改革，才为数百年来西方宗教界开辟一片新国土；有培根、笛卡儿的新学说，才为数百年来学术界开辟一片新天地。中国的儒学不革命，儒学不转轮，中国遂无新思想、新学说，何以造新国民？悠悠万事，唯此为大。他的理由是，孔子尊君权漫无限制，易演成独夫专制之弊，与现代民主政治的原则不相合；孔子讲学不许问难易演成思想专制之弊，与现代思想自由、言论自由的原则相冲突。所以，中国的进步与发展完全取决于能否将儒家学说彻底打倒，需要思想文化方面的一次彻底革命。

正当全盘反传统主义者全力排斥儒家思想和传统文化、鼓吹向西方学习并全盘西化的时候，西方社会内部却爆发了具有毁灭性后果的战争，即第一次世界大战。第一次世界大战不仅在一定程度上打碎了中国人学习西方的迷梦，而且使西方人对自身文化的价值也产生了深深的怀疑，中西文化之间的关系也由此发生了深刻的变化。在此之前很长的时间里，西方人对于东方文化抱有一种极为严重的偏见，多以东方民族为劣等国民，偶或见有长处，则直惊呼“黄祸”将倾。有时对东方人之言论持赞词者，也往往出于好奇心或外交辞令而已。第一次世界大战粉碎了西方文明的权威，西方人对于自己文明的价值既然有了怀疑，因而对于东方文明也能稍抱有一种谦虚的姿态。

毫无疑问，西方人此时对于东方文明的好感，其立足点是以东方文明的优长去弥补西方文明之不足，绝不意味着东方文明在整体上比西方近代文明高明，更不是要实行“全盘东化”。即便是那些对东方文明素来抱有好感的学者如罗素，他的关怀之所在也只是为了救治西方文明的弊病。罗素认为，东西方的接触可能对双方都是富有成果的。中国可以向西方学习必要的、最低限度的效率，而西方可以向中国学习某些沉思的智慧，这些智慧使中国持续地生存下来，而其他古老民族则都已消亡了。显而易见，罗素在这里并不是从学理的角度评判中西文化的利弊得失，而是出于对其民族文化命运的关怀提出向东方文明学习。

罗素的这些想法在当时的西方思想界并不是孤立的文化现象。那时的西方哲人大多在思考着这些问题，他们在一定程度上赞美孔子伦理的优越，而视西方伦理为纯粹的物质主义。这在西方人看来本是一件寻常事，它既不意味着西方文化真的走向没落，更不意味着只有中国文明才能拯救世界。恰好相反，西方哲人的这种态度正表明西方文化的生机与大度，表明西方文化的自我调控功能并未因第一次世界大战的摧残而失灵。

可悲的是，西方人如此寻常的话头却深深地刺激了中国人，不仅使相当一部分中国人对西方文化感到失望，以为西方文明不可学，而且更多的人则陷入自我陶醉和盲目的乐观之中，似乎“中国人的世纪”真的要来临。他们以为孔子的那些道理和儒家学说，不仅能够带领中国步入新世纪，而且能够拯救西方文明，使世界步入先儒们梦寐以求的世界大同，于是他们竭力鼓吹儒家思想的新开展。

和辛亥革命后第一代新传统主义者稍有不同，这批鼓吹儒家思想新开展的人物，不仅认为中国文化是解救中国问题的良药，中国的现代化只能在传统的基础上起步，而且乐观地认为中国文化是拯救人类免于毁灭的唯一出路。辜鸿铭在《战争和出路》中不无自信地写道，西方人如果能够研究中国文化，就可以帮助解决现代世界最严重的问题，这个问题就是要拯救西洋文明的破产。正是西方文化专言功利的特征，致使人类涂炭。甚至连相当长时期内对西方近代文明表示倾心的严复，也在第一次世界大战和西方哲人那些寻常话头的刺激下转而认为，“往闻吾国腐儒议论谓：‘孔子之道必有大行人类之时。’心窃以为妄语。乃今听欧美通人议论，渐复同此……可知天下潮流之所趋也”。他还说，西方文明说到底不过是“利己杀人，寡廉鲜耻”八个字，而回观孔孟之道，真量同天地，泽被寰区。

严复、辜鸿铭等人的认识在当时并不是孤立的文化现象，它既是对全盘反传统主义理论漏洞的修补，是对反传统主义的反动，也是基于对西方近代文明暂时破产的困惑而对辛亥革命后第一代新传统主义者思想遗产的认同和继承。他们和第一代新传统主义者稍有不同的地方在于，第一代新传统主义者基本认定西方文明不仅不合乎中国国情，而且在某种程度上正是引起中国动荡的根源，中国当时最迫切的问题不是要不要走上现代化的道路，而是如何抵挡住西方文化的冲击，从而使圣圣相传的文化传统不至于在他们那一代人手中丢失。他们的人文关怀侧重点不是中国怎样向前走，而是如何对待文化传统这个沉重的历史包袱。

第一代新传统主义者经过全盘反传统主义的冲击，其理论形态已不再引起人们的兴趣。然而由于全盘反传统主义理论体系的内在缺陷，以及其理论体系在现实中国缺少足够的可操作性，再加上此时西方社会内部所爆发的那些令人生畏的问题，于是人们的关怀点便从外部移入内部，思考既要使中国获得进步与发展，又要避免西方业已出现的那些问题。故而当他们在提出儒家思想新开展的时候，当他们在竭力营构儒家思想新体系的时候，他们已不能再像他们的思想前辈那样，竭力排斥西方近代文明，而是能够相对坦然地面对西方近代文明对中国文化的冲击，能够在一种比较适度的范围内主张中西调和，重建中国文化的新体系。就连曾经激烈反对张之洞中体西用说的梁启超，在目睹了欧洲所遭受的第一次世界大战的惨状之后也不能不说，中国目前的责任就是拿西洋的文明来扩充我的文明，又拿我的文明去补充西洋的文明，并叫它化合起来成为一种新文明。从这个意义上说，儒学的价值可能并不像五四新文化运动主流派所批评的那样尽是糟粕，而其现代意义和价值正有待于我们去认识。

胡适：对儒学的再思考

五四新文化运动中的激进派确实有一种全盘反传统反儒学的倾向，他们把儒学与传统文化说得一无是处，以为中国的未来前途只能有待于中国放下老大的架子，虚心地学习西方的近代文明。这种观点虽为五四新文化运动所特有，但并不能代表新文化运动的全部。事实上，同样都是新文化运动中的人，他们的主张并不完全相同。

新文化运动中的稳健派如胡适，他虽然对儒学同样持一种严厉的批评态度，然而出于学者的理性态度，他似乎从来不主张将儒学彻底打倒，而主张持一种分析和批评的态度。他认为，中国几百年来的落后确实应该归罪于儒学，因为儒学在宋明之后仅仅作为一种意识形态，而无法再提供新的工具和方法。宋明理学的根本要义，或者说理学家们着意寻找的新方法，与西方近代以实证、实验为根本特征的科学方法相比相距千里。简言之，即便是儒家传统经典《大学》中的“格物致知”，仍带有一种直觉主义的神秘色彩，所强调的知识“以积蓄学问开始引导至豁然贯通的最后阶段的方法”。到了 16 世纪的王阳明，更将这一方法推到极端，宣布“天下之物本无可格者，其格物之功只在身心上做”。离开了心，即无所谓理，也无所谓物。很显然，王学的格物并不是以科学的方法去研究事物，而是去心之不正，以全其本体之正。

对于王学的缺点，以及宋明理学中的全部争论，胡适有着较为明白和正确的认识，既看到了他们认识的不足，又着意发掘他们认识中的合理内核，以寻求与西方近代科学方法沟通的突破点。他认为，宋明理学的全部争论是关于“格物”两字应做何种解释，以朱熹为代表的一派以为应解为“穷究事物之理”；以王阳明为代表的一派则解为“正心致良知”。前者的解释虽然十分接近归纳的方法，即强调从寻求事物之理开始，旨在借助于归纳而获得智慧的最后启迪。但是，由于朱学缺乏实验的程序，忽略了心在格物中的积极的、指导的作用，朱学的逻辑方法对于中国新的哲学范式的建立并不能起到太大的作用。至于王学，由于把心看作与天理同样广大，又以演绎的方法部分地克服了朱学只见局部不见整体的缺陷，具有一定的价值。然而在根本点上，王学的逻辑理论与科学的程序和精神也是对立的。

而且更为重要的是，整个宋明理学不论其内部对格物致知有多少相异的解释，但他们无不把“物”训为“事”。这一人文主义的解释虽然合乎中国传统精神，但必然会造成忽视客观事物之理的倾向。因此，包括宋明理学在内的中国哲学，虽然有不少新的创造，但在根本上都不可能突破经典儒家哲学的束缚，创立新的范式。故而胡适强调，宋明理学的出现虽为中国哲学的发展提供了新的机会，但结果却是中国哲学最不幸的事。宋明理学对“物”的人文主义解释，势必强化经典儒家哲学中原有的纯理性和伦理性的部分，导致没有形成适当的逻辑方法，从而使以后中国哲学与科学的发展受到极大的阻碍。

既然知道了西方科学的逻辑方法较中国传统思维方式先进，那么是否意味着可以用西方的方法来直接填补中国方法的缺陷，或者说是否可以以“中体西用”的原则引进西方科学的方法呢？胡适认为，问题绝不如此简单。如果一个民族因生存的需要被迫从其他民族输入新文化，那么这个民族必定感到不自在，必定激起各种各样的强烈反对。同时，如果对新的文化不是有组织地吸收，而是用替换的形式，用外来文化取代固有文化，造成民族固有文化的消亡，这不仅不太可能，而且即使可能，也实在是全人类的重大损失。

在胡适看来，文化的交流与发展是一个极为复杂的过程，虽然现代的欧美文化较中国文化远为先进，但也不是可以盲目引进的，而必须使欧美现代文化的精华与中国固有的文化精神真正联结起来，而不发生“排异”反应。为此，首要的问题是寻求彼此可以融通、联结的基础或契机。也就是说，必须在中国大地上寻找出一块可以嫁接欧美文化的土壤，并在这两种不同文化内在调和的基础上建立中国自己的文化新体系。

那么，这块土壤在哪里呢？按照胡适的分析，儒家文化经过宋明理学的阶段，已充分证明了儒学的生命力已经枯萎，因此在现代社会条件下，任何复兴儒学的努力都是无益的和徒劳的。中国文化的未来发展有待于从儒学的道德伦理中解放出来。

怎样才能从儒学的枷锁中解放出来？胡适认为，必须满足下列两个条件，一是西方现代文化的大量输入，二是提倡非儒家的诸子学的研究，以减轻儒家一尊的束缚，开思想自由之风，并以非儒学派的恢复为基础嫁接西方现代文化。尤其是后者，胡适认为是绝对必要的。其理由是：第一，只有非儒学派的恢复，才能真正打碎儒家枷锁，才能使儒学真正回到它本来的历史地位上去。胡适的真实意思不是要将儒学彻底打倒，而是以恢复儒学在历史上的真实地位的做法排斥儒家一家独尊，把儒学作为思想史的研究对象，而不是意识形态的法典。第二，非儒学派的恢复之所以是必要的，是因为在这些学派中可望找到移植西方哲学和科学的最佳土壤。从历史的和发展的观点看，现代西方文化最重要的贡献，差不多都能从中国古代那些非儒学派的思想里找到先驱。

基于这样的认识，胡适在他自己的学术实践中，一方面竭力张扬非儒学派的精神与方法，另一方面则从历史学的角度揭示儒家思想文化在历史上的发生、发展与变化。他到北京大学讲授中国哲学史，劈头就是“中国哲学的结胎时代”，用《诗经》做时代的说明，丢开唐、虞、夏、商，径从周宣王以后讲起。这种“截断众流”的魄力在当时确实引起不小的震动，使读者自然觉得已有的历史并不可信，要想知道真实的历史就必须剔除儒家的正统观念，不能再把儒家经书当作万世的常道，而要对一切旧事物持现代理性的怀疑态度，彻底废除儒学的迷信偶像。于是，以顾颉刚为核心的“古史辨派”开始兴起。

顾颉刚与古史辨派

古史辨派除了受胡适的影响外，还有一个重要的学术源头，即钱玄同的思想。钱玄同曾是古文经学大师章太炎的得意弟子，后又受到今文经学疑古大师崔适的影响。由于这种特殊的学术传承机会，钱玄同对今文、古文两派都不满意，以为这两派都犯了从主观成见出发的错误，对于古籍的整理都不实事求是。他认为，今文经学由孔子学派所传衍，经长期的蜕化而失掉它的本来面目。古文经学家得到一点古代材料，用自己的意思加以整理改造，七拼八凑而成其古文学，目的是把它作为工具和今文家唱对台戏。所以今文家攻击古文经伪造，这话对；古文家攻击今文家不得孔子的真意，这话也对。我们今天该用古文家的话来批评今文家，又该用今文家的话来批评古文家，把它们的假面目一齐撕碎，方好显露出它们的真相。

他将这些主张告诉他的门生顾颉刚，并谆谆告诫顾颉刚在治学时一定要从开始就弄清一个目标：现在治经学的任务不是要延长经学的寿命，而是要促成经学的死亡，使得我们以后没有经学，把经学的材料全数变成古代史、古代思想史的材料。他宣称，我们乃是经学的结束者，我们要结三千年来经学的账，结清了就此关店。这样，章学诚等前辈学者所向往的将经学变成史学的前景就能实现。

由于顾颉刚具有经学基础，因而他在胡适、钱玄同等人点拨下很快便心领神会。他充分利用乾嘉汉学的学术成就，开创疑古学的新领域，真正做到入经学之室，操经学之戈，以伐经学。他在1923年发表的《与钱玄同先生论古史书》中大胆地提出“层累地造成的中国古史”的观点，认为传统的所谓中国古史，完全是后人一代代垒造起来的，并非客观真实的历史。这一创见在当时的学术界立即引起轰动，胡适、钱玄同、傅斯年、周予同、罗根泽等人表示支持，并齐心合力考辨古史，出版《古史辨》丛刊，他们遂被称为古史辨派或疑古学派。

古史辨派的工作就是推翻伪古史，他们的方法就是不信任一切没有证据的东西。他们在儒家经学上的意义，就是将自东汉王充、马融以来，及至唐代的刘知幾，宋代的欧阳修、程颐、郑樵、朱熹、王应麟，以及明代的宋濂、胡应麟，清代的姚际恒、阎若璩、康有为、崔述等人疑古惑经的学术传统在新的历史条件下发扬光大。他们在经学上的成就是依靠科学的方法对中国传统社会具有宗教性的最高法典——儒家经典进行了科学的整理和批评，破除了其神圣尊严的一面，还其本来面目，从而扫除儒家经学在学术界的余威，使经学完成自己的历史使命而终结。

五四新文化运动激进派对儒学的批评，尤其是古史辨派对儒家经学的清理，就其本意来说，当然是期望以历史的、科学的态度对待儒学，如胡适所说是为了减轻儒术独尊的压力，以营建学术思想的自由空间。然而事与愿违，五四新文化运动激进派对儒学的偏见激起了文化保守主义者的责难和批评，古史辨派对儒家经学系统的清理，实际上又启发了人们对中国传统文化尤其是儒家文化真面目的重新认识，对其真精神的重新阐释。诚如贺麟在《儒家思想的新开展》中分析的那样，五四新文化运动的最大贡献在于破坏和扫除了儒家文化的僵化部分的躯壳和形式末节，以及束缚个性的传统腐化部分。但它并没有打倒孔孟的真精神、真学术、真意思，反而因其洗刷扫除的功夫，使得孔孟程朱的真面目更是显露出来。

胡适抨击儒学的策略，据他英文本《先秦名学史》的前言，约有两个要点：第一，解除传统道德的束缚；第二，提倡一切非儒家的思想，也就是提倡诸子之学。但推翻传统的旧道德，实为建设新儒家的新道德的预备功夫；提倡诸子哲学，正是改造儒家哲学的起点。用诸子来发挥孔孟，发挥孔孟以吸收诸子的长处，因而形成新的儒家思想。假如儒家思想经不起诸子百家的攻击、竞争和比赛，那也就不成其为儒家思想了。换言之，愈反对儒家思想，儒家思想愈是大放光明。这一点恐怕是五四新文化运动的主将以及古史辨派的干将们始料不及的。

梁漱溟对批孔反儒的回应

最先对五四新文化运动的批孔反儒进行回应的是梁漱溟。他在 1921 年完成的《东西文化及其哲学》一书中，基于对中西印三方文化的比较研究，全面回答了五四新文化运动的主流派对儒家学说的责难，论证儒家文化代表着人类文化的未来发展方向。他认为，从精神生活、物质生活、社会生活三个方面看，东方文化和儒家哲学都远远不及西方。尤其是西方近代以来的科学与民主精神，更是世界上无论哪一个民族都不能排除在外的。据此他判断，东方文化是一种未进的文化，西方文化是一种既进的文化。但是他并没有就此推导出中国应该向西方学习，反而认为中国社会的再发展必有待于文化上开辟新局面，寻找新的生机，“必须翻转才行。所谓翻转，自非努力奋斗不可，不是静等可以成功的。如果对于这个问题没有根本解决，打开一条活路，是没有办法的”。在他看来，中国文化未来发展的唯一机会，就是旧传统上的新创造，就是回归到儒家的真精神然后再现代化，而根本不存在全盘西化或东西方调和的可能。

在梁漱溟看来，中西文化的不同是本然的事实，但不能据此说明中国文化比西方文化落后。因为文化不仅无法进行量的测定，离开了它所赖以生存发展的社会生活便无从判定其优劣，而且，文化的发展并不是单向的进程，中国文化与西方文化的不同不是前者不及后者，而是文化体系、思维路向和人生态度的根本不同。他断言，假如西方不和我们接触，中国是完全闭关与外界不通风的，就是再走三百年、五百年、一千年，也断不会有火车、轮船、飞行艇、科学方法和民主精神。他认为，中国人的人生态度之所以与西方不同，除了农业生活的影响外，更主要的是由于儒家思想的作用而使中国人的宗教意识太淡薄。儒家的理想没有别的，只是要求人们顺着自然的道理，一任直觉，遇事随感而应，活泼流畅地去生发，便可得中，便可调和，便所应无不恰好。这种直觉来不得半点有意识的作为，而是如孟子所说的不虑而知的“良知”、不学而能的“良能”，是人的“本然敏锐”。这也是孔子的所谓“仁”。而这一点恰恰是世界未来文化所需要的东西。他宣称，西洋人没有看到孔子的学说则罢，一旦看到，便不怕他不走孔子的路。他既看到人类生活本来是怎么一回事，则他将不能不顺着生活本性而听任本能冲动的活泼流畅，一改那算账而统驭抑制冲动的态度。

在理性层面上，梁漱溟冷静地比较中西文化的优劣长短，采取对西方文化既吸收又排斥、对中国文化既排斥又再创的基本态度。这样他可以毫不犹豫地主张全盘接受西方近代以来的全部文化成就，又可以毫不犹豫地宣称中国文化是世界文化的未来，代表人类文化的发展方向。而在非理性层面，梁漱溟几乎采用了巫术般的论证，高度赞美中国文化尤其是儒学崇尚直觉的精神和礼乐意识，企图以宗教式的生命体验重整中国文化对人生的勖勉安慰作用。

此点正如贺麟在《五十年来的中国哲学》中所分析的那样，梁漱溟虽然致力于比较中西文化的异同，但他有一个长处，即他没有陷入狭隘的中西文化优劣的无谓争执。他一方面重提儒家的态度，隐约地暗示着东方的人生态度比西方人向前争逐的态度要深刻和完善。然而另一方面，他又公开宣称西方人的科学与民主，中国人应该全盘承受，并且认为这两种是人类生活中谁也不能排除在外的普遍因素。因此他虽然没有完全跳出中体西用的老圈套，然而他毕竟巧妙地避免了东方文化优于西方文化的偏狭复古见解，他也没有呆板地赞成中体西用或旧瓶装新酒的机械拼合。这不能不说是他立论高明圆融的地方。

张君劢：科学与人生观论战

当梁漱溟宣称以儒家学说拯救人类未来的时候，张君劢于1923年挑起了科学与人生观的论战，正面阐发儒家的思想，反对科学主义，以为科学不能解决人生观问题。是年4月14日，他在清华大学发表演讲，以梁启超的科学破产论和梁漱溟的中国文化拯救人类论为立论的前提，提出人类文化正处于一个转变时期，这一转变的实质是从西方走向东方，从物质走向心灵，从向外追求走向反求内省。故此，他认为，科学方法不能解决人生观的问题，因为人生观的基本特点在于主观、直觉、综合、自由意志和单一性。而这五个特点是科学无论怎样发达都无法真正解决的。

基于此，张君劢极为反感唯科学主义，以为国人迷信科学，以科学无所不能、无所不知，实在是不知科学一旦成为主义之后的流弊。他指出，对科学的迷信是与工商立国的政策和单纯地追求物质快乐、求一时的虚荣的价值观联系在一起的，而这一切将导致中国社会循欧洲之道而不变，必蹈欧洲败亡的覆辙。更何况欧洲数十年来的思想发生了重大的转变，已由原来的机械主义、主智主义、命定主义等走上了新的玄学时代了呢！而这种新玄学，在张君劢看来，其基本精神与我先圣尽性以赞化育之义相吻合，与宋明以来的理学基本精神足资相互发明。所以他强调，“自理论实际两方观之，宋明理学有倡明之必要”，“诚欲求发聋振聩之药，惟在新宋学之复活”，“心性之发展为形上的真理之启示，故当提倡新宋学”。在此后的生命岁月里，张君劢虽然一直徘徊于政治与学术之间，但他在学术上的所有努力，似乎都可以一言而括之，即一切都是为了宣扬新宋学。

那么，张君劢的新宋学究竟是什么呢？难道真的是程朱理学在新的历史条件下的复活吗？显然不能做如是简单的回答。细绎其思想的真意，他心目中所谓的新宋学，主要是与唯科学主义相对的唯道德主义，是以提倡道德主义来纠正科学主义的弊病。他说，孟子之所谓“求在我”，孔子之所谓“正己”，即我之所谓内也。“本此意以言修身，则功利之念在所必摈，而惟行己心之所安可矣；以言治国，则富国强兵之念在所必摈，而惟求一国之均而安可矣。”主张以道德立国和修身养性，这虽然有复归传统的意思，但实际上是基于西方科学主义的失败而做出的深刻反省。

熊十力：开启当代新儒家

当张君劢与五四新文化运动中的科学派正在进行科学与玄学的论战的时候，当代新儒家的开启人熊十力也正在北京大学宣讲《新唯识论》。熊氏的思想早年倾向于王夫之、顾炎武等人的学术，遂有革命之志，参加过辛亥革命。后念党人争权夺利，革命终无善果，于是和梁漱溟一样离开了革命，先是师从欧阳竟无，究心于佛教，从大乘有宗唯识论入手，以期真正解决自己内在终极关怀的问题。不久舍弃有宗，深研大乘空宗。当时，他受章太炎的思想影响甚深，崇佛贬儒，认为佛学不仅哲理精微，而且可以使人摆脱小我之见和利欲之私，而儒学虽讳言利，但其思想本质则每每为谋私利者所利用。

1922 年，熊十力应蔡元培之邀到北京大学讲学，又和梁漱溟一样，也在那里彻底改变了佛教信仰，遂不敢以观空之学为归宿，于是返求诸己，忽悟于《大易》，归宗于儒家大易生生之旨，转而倾心于儒家思想。1932 年，他正式出版《新唯识论》的文言文本，立即受到佛学界、西化论者和马克思主义者等多方面的批评。佛学界指责他杂取儒道二家的思想以阐释佛教义理，是对佛学正宗的离经叛道。

熊十力不像冯友兰等人那样有名，但当代新儒家的几位代表人物如唐君毅、牟宗三、徐复观等，都出于他的门下。他是现代新儒学的开山大师，其学术价值与意义或许正如陈荣捷在《中国哲学资料书》中所说，在冯友兰与熊十力之外，20 世纪还有其他人尝试重组传统哲学，特别是欧阳竟无、太虚与梁漱溟。欧阳竟无与太虚只不过恢复了唯识之学，并没有增加任何新意。梁漱溟给予儒家仁的概念以力动直觉的新解释，对新文化运动发挥了极大的影响力，但他并没有构建自己的哲学系统。熊十力则做了这项工作。此外，他更多地影响了年轻一代的哲学工作者。中华人民共和国成立后，熊十力写作了《原罪》一书，该书在哲学上基本没有改变他早年新唯识论的根本宗旨。

至于其为学目的，熊十力自认不是专家之业，而是为了对人生宇宙等大问题求得一个明了正确的认识，为人生提供一个可以安身立命的道理，认识生命存在的真实意义。又由于他的智慧资源基本上来自儒学的思想传统，因而到了 20 世纪 30 年代中期，那些鼓吹儒家思想新开展的人便把熊十力引为同调。

按照著名儒学学者杜维明的说法，熊十力作为“后五四时代”的一员，也具有中国知识分子所共持的“救国”愿望。他深切地知道思想救国这项工作的庄严性与尝试着去消化、吸纳西方动力的迫切性。然而，熊十力坚信，如此的意图必须立足于高度的自我认知上。他说西方洞识的采用，必须与中国价值的重建相辅相成。深入研究中国人的心灵，不只具有内在的价值，而且就成功吸取新观念而言，也是力图发挥必要的功能。五四时执迷于西方思想的皮毛表象，比起毫不拣择地接受西方的那种心态，更叫熊十力担心。

就体用而言，熊十力认为一定要重建中国之“体”，并以此作为了解西方之体的真实途径。同样的道理，他主张，对西方之体的了解欣赏将反过来加深中国自我认知的层面。唯有如此，才可能有创造性的相辅相成。熊十力相信，零零星星地将西方思想浪漫化，并不能精辟地把握西方思想的基层结构。假如没有触及中西两方之“体”的问题，那么任何想利用外来思想的企图，终将是徒然的。他相信他所倡言的本体论的使命，对于中国之存亡是重要的，并且作为健康活泼的传统，中国文化的赓续也正有赖于此。这一信仰表现了熊十力自尊自重的使命感，同时也反映在全民致力于救国的行列中，熊十力自己所应奉献投身的事业乃当务之急。

文化复古主义的政治企图是多元的，不可一概而论。这是近代中国文化对西洋文化刺激的本能反应，只是由于抗日战争时期特殊的历史背景而有所加强和增长，从而使更多的学者相信中国哲学，尤其是儒家哲学必将伴随着民族的复兴而获得新的开展。逻辑学大家沈有鼎在1937年所作的《中国哲学今后的开展》一文中，对于中国哲学发展的前途，抱有极为强烈的乐观态度。他在分析了中国哲学已经走过的道路之后指出，无论如何，我们现在已经可以知道：哲学在中国将有空前的复兴，中国将从哲学的根基中找到一个中心思想，足以扶植中华民族的更生，这是必然的现象。因为中国文化同其他文化一样，有其特殊的波动方式，一往一复的节律。尤其是儒道两种精神，更是相成而又相反，是一起一伏而互为消长的。每一个起伏的大波，在中国文化史里是要占几百年乃至上千年的时间的。可是在每一次新的文化产生增长的时候，就是整个中国文化在进化的历程上跨了一大步。因为每一次新的文化的产生，是对旧的文化的反动，是革命，同时是回到前一期的文化精神，是复古。只有革命是真正的复古，也只有复古是真正的革命。第一次新的文化的产生，是综合着正反两方面的精神，而达到一个新的、自古未有的形式的。因此是前进、不是后退，是创新、不是因袭，是成熟、不是返旧。也只有创新才是真正的复古。

类似于沈有鼎这样的思考在抗日战争时期并不是个别的现象。今日被学术界竭力张扬的所谓新儒家，其实真正的形成期似乎也在这段时间。新儒家提出的返本开新、内圣外王等理论，虽然具有五四新文化运动之后思想发展的内在依据，但其现实社会背景似乎与抗日战争时期中华民族的政治处境及整体意识的觉醒不无关系。当时，由于日本帝国主义的侵略，中华民族的全面危机日趋加深，救亡的呼声一时间成为时代的最强音。同时，救亡并不仅仅意味着一城一地的收复和政治上的主权夺回与独立。全面危机导致了全面救亡，全面救亡便需要全面觉醒。于是思想文化界伴随着救亡的呐喊，必然要对“五四”以来怀疑一切、重新评估一切的激进主义思潮做一反思，并适时提出在中西文化融合基础上的民族文化复兴的口号。凡此，既是沈有鼎等人乐观展望中华民族文化前途的现实依据，也是新儒家以文化救亡并最终重建具有中国气派、中国特征的儒家精神的政治背景。

贺麟：重建儒家精神

在抗日战争时期较早提出重建儒家精神、复兴儒家文化的，是以研究西学，尤其是康德、黑格尔哲学而闻名的哲学家贺麟。他之所以敏感地意识到这一点，据他自己所说，完全是基于抗日战争时期的生命体验。他在1938年所写的《抗战建国与学术建国》中指出："老实说，中国百年来之受异族侵凌，国势不振，根本原因还是由于学术文化不如人。"基于此种认识，贺麟在抗日战争时期较早地提出文化救亡论，以为近代以来的中华民族危机说到底乃是文化的危机。因此，中国目前摆脱危机的根本出路绝不在于文化的全盘西化，或将中国沦为西方的"文化殖民地"，而是要有计划、有目的地吸收与容纳西方文化的精华，提升和发扬最具有中国特色的儒家文化，从而为儒家思想的新开展奠定坚实的学术基础。

贺麟在《儒家思想的新开展》一文中说："中国当前的时代，是一个民族复兴的时代。民族复兴不仅是争抗战的胜利，不仅是争中华民族在国际政治中的自由、独立和平等，民族复兴本质上应该是民族文化的复兴。民族文化的复兴，其主要的潮流、根本的成分就是儒家思想的复兴，儒家文化的复兴。假如儒家思想没有新的前途、新的开展，则中华民族以及民族文化也就不会有新的前途、新的开展。换言之，儒家思想的命运，是与民族的前途命运、盛衰消长同一而不可分的。"

贺麟还强调，在思想文化范围里，现代绝不可与古代脱节，任何一种现代的新思想，如果和过去完全没有联系，便有如无源之水、无本之木，绝不能源远流长。而这个本和源，就是儒学。"在儒家思想的新开展里，我们可以得到现代与古代的交融，最新与最旧的统一。"显而易见，贺麟对儒家文化前途的自信并非前此文化复古主义那样非理性地信仰和鼓吹，而是建立在对思想文化发展一般规律的理性分析的基础上。

儒家文化的未来前途是否如贺麟所预料的那样，在此不必讨论，但贺麟如果不能有效地回应新文化运动对儒学的责难，那么他的这些预言便很难成立。为此，贺麟并没有像梁漱溟那样在20世纪20年代正面回应新文化运动对儒学的责难，而是相当机智地从辨认新文化运动的性质入手，直截了当地指出新文化运动的根本用意并不是要彻底破坏和放弃儒家文化，恰恰相反，新文化运动的最大贡献在于破坏和扫除了儒家思想的僵化部分的躯壳和形式末节，以及束缚个性的传统腐化部分。它并没有打倒孔孟的真精神、真学术、真思想，反而因其洗刷扫除的功夫，使得孔孟程朱的真面目更加显露出来。故而从这个意义上说，新文化运动促进儒家思想新发展的功绩和重要性，乃远远超过前一时期曾国藩、张之洞等人对儒家思想的提倡。应当承认，贺麟的这种分析虽然并不一定合乎新文化运动主流派的自我评估，但毫无疑问是比较圆满地回答了新文化运动与儒家文化的真实关系问题。

其实，儒家思想的危机并不始于新文化运动，假如没有 19 世纪中叶之后西洋文化大规模地、无选择地输入，儒家文化依然会随着社会的变迁陷入某种困境。但是凭借儒学的自我调适能力，或许无须太久儒家文化就能够克服危机，再创辉煌。然而历史的发展毕竟没有走上这条道路，儒家文化不仅没有再度辉煌，相反却被人们所唾弃。因此，儒学能否在未来获得新开展，儒学能否从根本上扭转中国文化乃至中华民族的危机，除了正面阐释儒学的功能与意义外，另一个最为重要的问题就是必须直面并回应西洋文化的挑战。

在这个问题上，贺麟与同时期的新儒家，以及此前的文化复古主义者明显不同，他既不认为中国文化的未来只有待于吸收西方文化的精华和长处，更没有用儒家典籍中的只言片语与西方近代文化相比附，而是提出“整体超越”说。他认为，这个问题的关键在于中国人是否能够彻底真切、原原本本地了解并把握西洋文化。因为认识就是超越，理解就是征服，真正认识了西洋文化便能超越西洋文化。能够理解西洋文化，自能吸收、转化、利用西洋文化，以形成新的儒家思想、新的民族文化。儒家思想的新开展，是建立在西洋文化大规模输入之后，要求自主的文化。文化的自主，也就是要求恢复文化上的失地，争取文化上的独立与自主。由此看来，包括贺麟在内的新儒家，他们提出儒家文化的复兴问题，除了对儒家文化的自信外，并不是盲目地拒斥一切外来文化。

冯友兰：对儒家精神的新解释

在抗日战争时期，真正对儒家思想做出新的解释的是冯友兰。作为留学归来的哲学教授，冯友兰师承美国新实在主义哲学和实用主义哲学流派。早在抗日战争之前，他就用新实在论研究和诠释程朱理学，表现出营构新理学体系的思想倾向。

新实在论是西方现代哲学实证主义的一个重要流派，它的基本特征是要求放弃专门的哲学方法和依靠它自己的手段获得某一类特殊知识。他们主张哲学方法与科学方法没有区别，哲学只能采用重分不重合的逻辑分析方法去认知某种东西的必然存在，以求得部分的知识，满足于对局部做细小、冷静的分析，而不再像黑格尔的辩证法和柏格森的直觉方法那样，动辄以求得整个宇宙的知识作为哲学的目的。

以实在论的方法诠释中国哲学是一种纯粹的哲学活动，是一种象牙塔内的功夫。然而卢沟桥的炮声中断了冯友兰这种纯哲学的工作，使他于颠沛流离之际只好放弃诠释中国哲学，不再“照着”宋明理学说，而是“接着”宋明理学说。在这一时期，冯友兰怀抱诚挚而悲愤的忧患意识，坚定中华民族必然复兴的信念，一方面吸收外来学说，一方面不忘本民族的地位，先后著成《新理学》《新事论》《新世训》《新原人》《新原道》《新知言》六部书，俨然构成一套相对完整的哲学体系。

据冯友兰自己说，这六部书实际上只是一部书分成六个章节而已，故而合称“贞元六书”。至于著述宗旨，冯氏说得更明白，即主要是对中华民族的传统精神生活进行反思。凡是反思，总是在生活中遇到了什么困难，受到了什么阻碍，感到了某种痛苦，然后反观经验，提供方案。因此，从这个意义上说，贞元六书实是抗日战争的现实在冯友兰头脑中的反映。其《新原人》之自序说："'为天地立心，为生民立命，为往圣继绝学，为万世开太平。'此哲学家所应自期许者也。况我国家民族值贞元之会，当绝续之交，通天人之际，达古今之变，明内圣外王之道者，岂可不尽所欲言，以为我国家致太平，我亿兆安身立命之用乎？虽不能至，心向往之。非曰能之，愿学焉。"换言之，冯友兰之所以当此贞元之际著此书，主观上是期望中华民族经过抗日战争以达民族复兴、民族重振的目的。

故此贞元六书意在通过形而上的分析，着意考察自然、社会和人生，寻求重建形而上学的新方法和新途径，为作者认为正确的社会形态提供思想上的"太祖高皇帝"，即最高指导思想。他说：

> 我们现在所处的世界，在表面上看起来，似乎不很注重哲学。但在骨子里，我们这个世界是极重视哲学的。走遍世界，在大多数国家里，都有他所提倡及禁止的哲学。在这一点我们可见现在的人是如何感觉到哲学的力量。每一种政治社会制度，都需要一种理论上的根据。必须有了理论上的根据，那一种政治社会组织才能"名正言顺"。我们在历史上看起来，每一种社会，都有他思想上的"太祖高皇帝"。例如，中国秦汉以后的孔子、西洋中世纪的耶稣、近世的卢梭，以及现在苏联的马克思。都是一种社会制度的理论上的靠山，一种社会中的思想上的"太祖高皇帝"。现在不仅只是各民族竞争生存的世界，而且是各种社会制度竞争生存的世界，所以大家皆感觉到社会制度之理论为根据之重要。

由此反观冯友兰新理学体系，它的创建显然也是为他所处的社会制度提供一种理论上的根据。他在1935年发表的《哲学年会闭会以后》一文中说："中国的新环境是早已有了。新需要是迫切急了。中国如果要有一种新社会，作这种社会之理论的根据之哲学一定会出来。"如果理解不错的话，冯氏的新理学便是为了满足中国新环境的新需要而创造出来的。

在作为贞元六书总纲的《新理学》中，冯氏主要是为后面的讨论提供一种形而上的依据，力图以西方新实在论所看重的逻辑分析方法来改造中国传统哲学，指出哲学是从分析经验、分析实际的事物入手，由分析实际的事物而知实际，由知实际而知真际。进而将逻辑分析方法运用于理学体系的改造，并提出对实际事物的分析是“格物”，由分析实际的事物而知真际，就是“致知”。而欲致知必先格物，因此说“致知在格物”。为此，冯友兰在新理学的系统中给出四组主要命题：

第一组命题是：凡事物必都是什么事物。是什么事物必都是某种事物。有某种事物，必有某种事物之所以为某种事物者。借用中国旧日哲学家的话说，“有物必有则”。这是就某种事物著思。

第二组命题是：事物必都存在。存在的事物必都能存在。能存在的事物必都有其所以能存在者。借用中国旧日哲学的话说，“有理必有气”。这组命题是就一个一个的事物著思的。

第三组命题是：存在是一流行。凡存在都是事物的存在。事物的存在，是其气实现某理或某某理的流行。实际的存在是无极实现太极的流行。一切流行所蕴含的动，谓之乾元。借用中国旧日哲学家的话说，“无极而太极”。

第四组命题是：总一切的有谓之大全。大全就是一切的有。借用中国旧日哲学家的话说，“一即一切，一切即一”。

冯友兰强调，这四组命题都是分析命题，也可以说是形式命题，给予人们四个形式的观念，即理之观念、气之观念、道体之观念及大全之观念。真正的形而上学的任务，就在于提出这几个观念，并说明这几个观念。显然，冯氏的新理学是在采用新实在论的观念和方法去营构最哲学的哲学。

在冯友兰看来，营构最哲学的哲学是哲学家的责任。哲学家只在肯定凡物莫不有理。至于穷究每一种事物之理，则是科学家的责任。因此，最哲学的哲学所讲之理，只是形式的，无内容的，哲学是不肯定实际的。换言之，哲学只对于实在有所肯定而不特别对于实际有所肯定。实在与实际不同。实在是指凡可称为有者，也可名为真际。实际是指有事实的存在者。实际又与实际的东西不同。实际的东西是指有事实的存在的一件一件的东西，如这个桌子，那个椅子等。实际是指所有有事实的存在者。是实际者也是实在，但实在者不一定是实际。

依据《新理学》所确定的这些形而上原则，冯友兰在贞元六书中的其他诸书中更多地探讨形而下即“有事实的存在者”。《新世训》分析、解释许多道德概念，以指导青年修养，只是法家、道家的味道稍重；《新原人》讲四种人生境界，由自然、功利、道德境界，而归极于天地境界；《新原道》诠释中国哲学之精神，以此完成极高明而道中庸的理想；《新知言》主要讲哲学方法，运用中国哲学的直觉传统，批评和重新诠释西方哲学；在《新事论》中，冯友兰依据城乡的差别，以及士农工商职业上的差别，探讨东西方文化，以及封建主义和资本主义文化的差别问题。至此，新理学的体系基本完成。

在谈到东西方文化时，冯友兰没有停留在简单的对比研究上，更没有简单地判定孰优孰劣，而是认为东西文化的不同主要是类型的不同，只有从类型去比较研究东西文化问题，才能抓住问题的关键。他说，中国人之所以长时期地不能正确地把握中西文化的异同，之所以长时期地在中国文化建设问题上歧异甚多，一个最为重要的原因就在于当他们比较中西文化时，不知道区别文化的共相与殊相，缺乏一种文化类型的观念。因此，难以在东西文化那许多的性质中区分出哪些是主要的、本质的，哪些是非本质的、偶然的、次要的，无法突破东方的或西方的地域界线，无法在对文化的思考中脱离个体而把握一般。

循此思路，冯友兰对 19 世纪中叶以来的各种文化观念、现代化选择方案进行了审查和反省，以为无论是西化、东化，或中国本位等文化观念，实际上都是以文化个体为考察对象而形成的，都存在不少的问题。所以，冯友兰对东西文化的考察，着重的不是二者之异，而是二者之同。只有了解了文化之同，才能正确地把握文化之异。这自有其道理。然而他在研究中国文化时并没有有效地解决他所提出的问题。比如，他依据文化共相的理论去研究中国文化时，就认为儒家思想包含着许多现代化的因素，如儒家说的“民贵君轻”“天视天听”，便是“民主政治的根据”；而“人人皆可以为尧舜”“尧舜与人同乐”等，实含有“人人平等的意思”。儒家的这些态度，“都是实行民主政治的必要条件，必须大家都具有这种见解，抱这种态度，人人尊重此种作风，才能实行真正的民主政治”。他显然是把古代的民本思想与近代的民主思想混淆了。其实民主与民本、自主与恩赐，是完全不同的两码事。他还明确赞同中体西用说，以为“所谓中学为体，西学为用者，是说组织社会的道德是中国人所本有底，现在所须添加者是西洋的知识技术工业，则此话是可说底”。可见，他比较研究中西文化差异的结果，仍然是中体西用说，虽然理论更多些，方法更新些。

文化复古与民族新文化建设

经过新文化运动的洗礼，儒学本已成为历史的陈迹。然而到了 20 世纪 20 年代中期，儒学又有了复兴的迹象。梁漱溟、张君劢、熊十力等人对儒学的新解释是儒学复兴的一个原因，而当时政治上的需要也是重要原因。

当时的中国处于军阀混战时期，为了争得正统的地位和合法性，这些军阀差不多都在鼓吹中国传统文化的优越性，这既是为了与正在形成重要力量的中国马克思主义相抗衡，也是军阀之间争权夺利的一个手段。尤其是南京国民政府于1927年成立之后，文化复古就不是一般意义上的文化活动，而具有明显的意识形态的意义。他们拉来孔子做招牌，要求人们对孔子继续崇敬乃至跪拜。这当然是对新文化运动的反动。特别是戴季陶这样的御用文人，以曲解的手法将孙中山孔子化，将三民主义儒学化，从而使儒学不仅重新获得合法的地位，而且与官方意识形态的三民主义相结合，取得了至高无上的地位，成为中华民国的立国之本。

蒋介石说，孙中山是中国传统，尤其是儒学道统的真正继承者，他的思想就是继承尧舜至孔孟而中绝的仁义道德的思想。三民主义就是从仁义道德中生发出来的，是中国固有的道德文化的结晶。这既是中国的国魂、民族精神，又是中国立国的精神和基础。它的核心，如果从伦理和政治方面讲，就是忠、孝、仁、爱、信、义、和、平。因此，他认为，要恢复民族精神，要使国家民族复兴，就要先恢复中国固有的忠、孝、仁、爱、信、义、和、平的民族道德。也就是要恢复《大学》中所讲的格物致知、正心诚意、修身齐家治国平天下。显然，蒋介石的这种解释既是对孙中山思想的曲解，也是对儒家思想的利用。他的真实目的，当然是想以儒学控制人心、重建秩序，以维护其一党独裁的政治统治。

也正是基于这种政治考虑，蒋介石在1929年制定的《中华民国教育宗旨及其实施方针》中，明确提出以中国传统道德中的所谓四维（礼、义、廉、耻）、八德（忠、孝、仁、爱、信、义、和、平）、五达道（五伦：君臣、父子、夫妇、兄弟、朋友）、三达德（又称武德，即智、仁、勇）等作为中华民国道德教育的基本内容。

1933年，蒋介石于军事极为吃紧的关头，亲自发动所谓“新生活运动”，以期在更大的范围内鼓吹文化复古主义。翌年，南京政府规定每年的八月二十七日即孔子诞辰日为国家纪念日，全国奉命举行盛大的孔子诞辰纪念会。是年2月，蒋介石主持成立新生活运动促进会；7月，又在南昌成立总会。新生活运动的本意，无疑是为了反对中国共产党的革命活动，这在蒋介石的几次讲话中体现得非常明白。他曾对他的心腹说："你们光喊攘外安内和拥护领袖还是不行，应该从范畴更大的整个民族文化前途着眼，提出我们反对什么和要求什么，这才能建立起一个巨大文化思潮来更有力地反对共产党。"至于新生活运动的核心内容和基本原则，蒋介石也亲自规定为"礼义廉耻"四个字，要求全体国民将礼义廉耻完全表现在每一个人的衣食住行上面，始终不懈地坚持下去。显而易见，新生活运动的根本目的就是要巩固其一党独裁的法西斯统治。

对于国民党利用儒学进行的统治宣传，中国共产党和自由主义知识分子都起而反对。周恩来在《论中国的法西斯主义》中说，蒋介石所强调的四维八德是一种抽象的道德，若一按诸实际，则在他身上乃至他领导的统治群中，真是亡理弃义，寡廉鲜耻。张东荪也在《现代的中国怎样要孔子？》一文中说，南京政府当局忽然尊孔起来了。然而很不巧！正值日本人也在那里尊孔；满洲国也正在尊孔。孔子的思想确实应该尊重，但是从事于此的人必须躬行实践，应该用自己的行动而不仅仅是言论来尊孔。然而不幸得很，中国历史上的尊孔者几乎从来都是利用孔子。他们利用孔子做了无数的罪恶，却不曾被人们发现，于是一概记在孔子的账上。于是推崇孔子的人愈推崇孔子，而痛恨孔子的人便愈痛恨孔子。

正是基于这种政治现实，在蒋介石提出尊孔之后，一些不通文墨的军阀也开始利用孔子为自己服务。据胡适《南游杂忆》记载，他在 1935 年初南游两广的时候，发现南方的军阀如陈济棠等人对孔子的作用特别偏爱。陈济棠在广东不但提倡古文，反对用语体文，而且明确提倡读儒家的经书。他明确表示自己的态度，说："读经是我主张的，祀孔是我主张的，拜关（羽）岳（飞）也是我主张的。我有我的理由……我民国十五年到莫斯科去研究，我是预备回来做红军总司令的。但我后来觉得共产主义是错的，所以我决心反共了。"他还说在广东的两大政策，一是生产建设，一是做人。在生产建设方面，可以尽量用外国机器，外国科学，甚至不妨用外国工程师；至于做人，必须有本，这个本就必须到中国古文化里去寻找。这就是他主张尊孔读经的理由。

也正是基于这种政治现实，如张东荪所说，尊孔的人越来越尊孔，反孔的人必然越来越反孔。胡适在听了陈济棠的理由之后感慨地对他说："五千年的老祖宗，当然也有知道做人的。但就绝大多数的老祖宗来说，他们在许多方面实在够不上我们'做人'的榜样。举一类很浅的例子来说罢，女人裹小足，裹到骨头折断，这是全世界的野蛮民族都没有的惨酷风俗。然而我们的老祖宗居然行了一千多年。大圣大贤，两位程夫子没有抗议过，朱夫子也没有抗议过，王阳明、文文山也没有抗议过。这难道是做人的好榜样？"

正当胡适对南方的尊孔读经复古运动深感忧虑和起而反对的时候，何炳松、陶希圣、萨孟武等上海十位知名教授联名，于1935年1月10日发表《中国本位的文化建设宣言》。他们在宣言中悲哀地叹息："中国在文化的领域中是消失了；中国政治的形态、社会的组织和思想的内容与形式，已经失去它的特征。由这没有特征的政治、社会和思想所化育的人民，也渐渐地不能算得中国人，所以我们可以肯定地说：从文化的领域去展望，现代世界里面固然已经没有了中国，中国的领土里面也几乎已经没有了中国人。"他们主张不能任其推移，而要使中国能在文化的领域里抬头，要使中国的政治、社会和思想都具有中国的特征，要求必须从事于中国本位的文化建设。为此，他们提出几项具体主张，即要注意中国目前地域、时代的特殊性，对固有的文化加以检讨，存其所当存，去其所当去。其可赞美的良好质地、伟大思想，当竭力为之发扬光大，以贡献于全世界；而可诅咒的不良制度、卑劣思想，则当淘汰务尽，无所吝惜。对欧美文化也复如此，吸收其所当吸收，而不应以全盘承受的态度，连渣滓都吸收进来。吸收的标准，当决定于现代中国的需要，"要言之，中国是既要有自我的认识，也要有世界的眼光，既要有不闭关自守的度量，也要有不盲目模仿的决心”。

从表面上看，中国本位的文化建设主张具有明显折中调和的倾向。但从中国文化建设的长远观点看，这种主张无疑是有害的，自然会激起学界的反对和批评。最先也是最严厉批评这种见解的是以主张全盘西化的陈序经。他认为，对于已经落后的中国文化来说，最要紧的是要认识文化的时代性和普遍性，而任何坚持中国特殊的理由，都只能成为复古和倒退的借口。所以他主张在目前的情势下，为了中国的进步与发展，与其主张折中调和，不如主张全盘西化。主张全盘西化当然并不意味着西洋文化在今日已到了尽善尽美的地位。其立论的基本根据是，中国文化根本上既不若西洋文化之优美，而又不合于现代的趋势和环境，故不得不彻底将其全盘西化。这里的西化尤其是全盘西化不是别的，而是世界化和现代化。陈序经认为，在实质上，所谓趋于世界化的文化与所谓代表现代化的文化，无非就是西洋的文化。所以他坚信中国文化全盘西化，不但有可能，而且是较为完善、较少危险的出路。

当这场争论刚刚开始的时候，胡适并不在北平。但由于在争论中陈序经的文章涉及胡适，并将胡适定性为折中论者，因而胡适不得不站出来说话。他在是年 3 月 17 日为《独立评论》第 142 号所写的《编辑后记》中明确表态说：“我是主张全盘西化的。但我同时指出，文化自有一种惰性，全盘西化的结果自然会有一种折衷的倾向。”所以，此时的中国没有别的路可走，“只有全盘努力接受这个新世界的新文明。全盘接受了，旧文化的惰性自然会使它成为一个折衷调和的中国本位的新文化”。据此，他宣布，他是完全赞成陈序经全盘西化论的。

当中国本位论者与全盘西化论者争论正炽的时候，中国的民族危机日趋加深，中日之间的全面战争不可避免地爆发了。在这种情势下，全盘西化论者只得收起论战的武器，而民族文化复兴论者的势力则自然得到壮大。后者成员来自各种政治阵营，他们的共同愿望都是在民族危机的历史关头能为中华民族提供一种精神力量和智慧资源。

郭沫若在 1937 年所写的《理性与兽性之战》一文中说，复兴民族就是要复兴我们民族的精神，就是要保卫住我们中华民族三千年的文明，保卫文化的责任现在落到我们中国人，尤其是中国的文化人的肩头上了。我们不仅要争取我们民族的自由、祖国的独立，我们同时要发动至大至强的理智力来摧毁敌人的一切矫伪的理论，暴露敌人的一切无耻的阴谋，廓清敌人的一切烟幕的言论，以保卫世界文化的进展、人类福祉的安全。这就明确提出中国文化人在抗日战争时期负有保卫中国文化、重建民族精神的重大责任。

综括抗日战争时期中国思想文化界的情况看，尽管存在着许许多多的争论与冲突，但在民族精神的复兴与重建这一点上，各派学者都有相当一致的基本共识。他们都在竭尽自己的智慧与能力，从哲学、学术层面证立中华民族不畏强暴的抵抗精神和热爱和平的根本特性。比如，新儒学的重要代表人物熊十力，在抗日战争之前致力于儒家思想的返本开新，从事于纯哲学的研究。但当抗日战争全面爆发后，熊十力在颠沛流离之际，深感唤醒民族精神的重要性，在着力于形而上思考的同时，不废讲学，并撰写《中国历史讲话》一书，倡言五族同源，提倡民族精神，推论“日本人决不能亡我国家，决不能亡我民族，决不能亡我文化”，表现了中国思想文化界知识分子的忧世情怀、乐观精神和哲人的睿思。

如果能够深切地了解抗日战争时期，特别是其早期的国内民众的一般情绪，我们便很容易理解思想文化界倡导保卫中国文化、重建民族精神的活动并不是杞人忧天，而是具有相当明确的针对性。当抗日战争刚刚爆发的时候，中国的综合国力确实不如日本，中国军民起而抗战确实带有被迫的意味。因此，在一个相当长的时期里，国内弥漫着一股悲观主义的气氛，有相当一部分人担心抗日战争究竟能否获得胜利。

国人的情绪在很大程度上正像毛泽东在《论持久战》中所描述的那

样："身受战争灾难，为着自己民族的生存而奋斗的每一个中国人，无日不在渴望战争的胜利。然而战争的过程究竟会要怎么样？能胜利还是不能胜利？能速胜还是不能速胜？很多人都说是持久战，但是为什么是持久战？怎样进行持久战？很多人都说最后胜利，但是为什么会有最后胜利？怎样争取最后胜利？这些问题，不是每个人都解决了的，甚至是大多数人至今没有解决的。于是失败主义的亡国论者跑出来向人们说：中国会亡，最后胜利不是中国的。"针对这种情况，毛泽东认为，这一半是因为客观事件的发展还没有完全暴露其固有的性质，还没有将其面貌鲜明地摆在人们面前，使人们无从看出其整个的趋势和前途；另一半则是因为我们的宣传解释工作还不够。鉴于这种状况，我们反观思想文化界重建民族精神、保卫中国文化的努力，便自然很容易理解其价值和意义。

思想文化界保卫中国文化、重建民族精神的努力是多方面的。但鉴于抗日战争时期的特殊形势，保卫中国文化，重建民族精神的本质说到底就是要重提和强调对外抵抗的不妥协主义，即民族主义。而民族主义是一个复杂的概念，它在中国历史上的正面功能，便是当异族入侵的时候，比较容易唤醒国人的觉悟，形成极强的民族凝聚力，一致对外，从而赢得民族的独立和解放，为民族的再生与发展开辟通途。但是另一方面，不论民族危机多么严重，如果一味提倡民族主义，它固然有助于唤醒国人进行不妥协的抵抗，但终究因其狭隘性的见解，极容易形成故步自封的排外心态，从而有害于民族的再生与发展。尤其是民族自信心和民族文化优越感经过了不恰当的夸大，从长远来看，无疑弊大于利。

正是在这一背景下，抗日战争时期的中国思想文化界在重建民族自信心和民族精神的同时，也多少有意无意地夸大了民族文化的优越性，其最直接的后果便是导致了五四新文化运动主体精神的中断，并不同程度地造成文化复古主义的复活。比如，钱穆在抗日战争时期自念万里逃生，无所贡献，复为诸生讲国史，倍增感慨。在弘扬民族精神、重建民族自信心方面，确实做出了突出性的贡献，但是毕竟囿于当时的特殊环境，钱穆在思考中国文化的过去、现在与未来时，未免落入民族文化自尊自大的旧窠臼，表现出浓厚的文化复古主义情绪。

钱穆认为，中国文化从根本上并不错，中国文化的未来绝不能寄托在一切向西方学习这种幼稚的想法上面，而有待于进行调整和更新。同时他还强调，这种调整和更新的动力并非来自西方文化，而必须来自中国文化系统的内部，他相信，只有这一文化系统在经过现代洗汰之后仍能保持传统的特色，中国才算获得了新生。如果仅从文化演进的观点看，钱穆的分析多少有些道理，但是如果结合他所要保持的究竟是哪些特色，则明显是一种文化复古主义。他说，中国的文化不但没有走到尽头，而且如今仍然要继续着。“所以我对中国文化仍抱乐观，中国的文化未老未死，缺点是有的，只看中国将来怎么办”，那么怎么办呢？钱穆强调，一定要恢复中国固有的道德，这就是修身、齐家、治国、平天下，就是忠、孝、仁、爱、信、义、和、平等。

对此，胡绳批评道，钱穆等人的折中见解，在根本上是复古，也是排外，因为他把一切外国的东西，从中国旧文化的传统立场上看去是新的、不适宜中国的东西都加以排斥，它排斥一切西洋文化中对于当前中国的现实具有进步意义的东西。但它却看出了在西洋文化史上也还有时期的不同，也曾有过一个时期，西洋文化与中国文化只是“貌异神同”——看出这点倒是对的，因为中国传统文化是封建时代的文化，而欧洲也有过它的封建时代的文化。但从此出发，认为中国文化自己要向后转，并和向后转的西洋文化合作，这却是拿人类文化史开玩笑了。

面对文化复古主义的逆流和新儒学的鼓噪，以中国共产党为核心的进步文化势力进行了坚决的批判和反对。胡绳在批评冯友兰的新理学时说，冯氏的新理学就其本质而言不过是中国老哲学圈子里理论的杂芜、混乱和空虚的一种表现，是和现实脱离的倾向，它忘记了哲学与大众的关系，和实际生活的关联。

陈家康也指出，由于冯友兰的新理学将真际与实际分开，且不从实际肯定真际，仅仅从形式逻辑上肯定真际，结果便是最哲学的哲学脱离实际，所以不是实理，同时也不是真理。

赵纪彬认为，冯友兰自谓新理学是“讲理之学”不妥。因为宋明以来，不仅理学家讲“理”，心学家实际上也讲“理”。理学之所以为理学，并不在于讲理，而在于其有讲理的特征和方法。就特征和方法而言，理学家以理气为本，心学家以反对理气二本为缘起，而持心本论。反理学家则基于物本论建立自己的哲学体系。而冯氏的新理学以“不切实际，不管实用”“不合实用”“不问内容”为特征，那么在方法上实际是承袭程朱理学而有些微创新，即“以真际为根本，个物为派生；真际之有不在个物，而个物之有则为真际所规定”，结果便是一种“客观的心本论”。

对于国民党官方利用儒家思想以维护其独裁统治的做法，中国共产党人更是进行了坚决的批判，比如，对陈立夫、蒋介石等人反复宣扬的儒家一些道德伦理观念如“诚”的观念，胡绳就明确地指出这种宣传的目的不外乎是消灭人民大众的自觉。因为在长期的东方专制主义政治统治下，“诚”这个概念本是为了说明人的合理关系而产生，却在神秘主义的外衣下被抬上神圣的殿堂，使人们顶礼膜拜；作为欺骗与麻痹人民的思想工具。由此，在东方专制主义下的“诚”的神秘性，就和近代最反动倒退的、反对人民大众的法西斯思想一脉相承。

理论是行动的指南。中国共产党在批判各种文化复古主义、保守主义的同时，也着力于自己体系的创建。1940年年初，毛泽东发表《新民主主义论》，正面阐述了中国共产党对待文化传统，尤其是儒学的基本立场。他指出，中国共产党人多年来不但为中国的政治革命和经济革命而奋斗，而且为中国的文化革命而奋斗。一切这些目的，在于建设一个中华民族的新社会和新国家。在这个新社会和新国家中，不但有新政治、新经济，而且有新文化。建设中华民族的新文化，就是中国共产党人在文化领域中的目的。

为了建设新文化，必须说明中国的旧文化。毛泽东认为，中国自周秦以来占统治地位的文化是封建的文化；近代以来由于中国社会性质的变化，中国近代占统治地位的文化则是半殖民地、半封建的文化。他说，在中国，有帝国主义文化，这是反映帝国主义在政治上经济上统治或半统治中国的东西。这一部分文化，除了帝国主义在中国直接办理的文化机关之外，还有一些无耻的中国人也在提倡。一切包含奴化思想的文化，都属于这一类。在中国，又有半封建文化，这是反映半封建政治和半封建经济的东西，凡属主张尊孔读经、提倡旧礼教旧思想、反对新文化新思想的人们，都是这类文化的代表。帝国主义文化和半封建文化是非常亲热的两兄弟，它们结成文化上的反动同盟，反对中国的新文化。这类反动文化是替帝国主义和封建阶级服务的，是革命的对象，都是应当废除的。不把这些东西打倒，什么新文化都是建立不起来的。

至于中国共产党人所要建立的新文化，毛泽东说，就是新民主主义文化。所谓新民主主义的文化，“就是人民大众反帝反封建的文化；在今日，就是抗日统一战线的文化”。这种文化，只能由无产阶级的文化思想即共产主义思想去领导，任何别的阶级的文化思想都是不能领导的。所谓新民主主义文化，一句话，就是无产阶级领导的人民大众的反帝反封建的文化。这种新文化的特点，按照毛泽东的概括，具有三个方面的内容：

一是民族的。它是反对帝国主义压迫，主张中华民族的尊严和独立的。它是我们这个民族的，带有我们民族的特性。它同一切别的民族的社会主义和新民主主义文化相联合，建立互相吸收和互相发展的关系，共同形成世界的新文化。但是决不能和任何别的民族的帝国主义反动文化相联合，因为我们的文化是革命的民族文化。中国应当大量地吸收外国的进步文化，作为自己文化食粮的原料，这种工作过去还做得很不够。这不但有当前的社会主义文化和新民主主义文化，还有外国的古代文化，例如，各资本主义国家的启蒙时代的文化，凡属我们今天用得着的东西，都应该吸收。但是一切外国的东西，如同我们对于食物一样，必须经过自己的口腔咀嚼和胃肠运动，凭借唾液、胃液、肠液，把它分解为精华和糟粕两部分，然后排泄其糟粕，吸收其精华，才能对我们的身体有益，决不可生吞活剥、毫无批判地吸收。所谓全盘西化的主张，乃是一种错误的观点。形式主义地吸收外国的东西，在中国过去是吃过大亏的。外国任何好的东西，都要和民族的特点相结合，经过一定的民族形式，才有用处，绝不能主观地公式地应用它。对于中国自己的民族文化遗产，毛泽东主张批判地继承。他在同时期所作的《中国共产党在民族战争中的地位》一文中说："学习我们的历史遗产，用马克思主义的方法给以批判的总结，是我们学习的另一任务。我们这个民族有数千年的历史，有它的特点，有它的许多珍贵品。对于这些，我们还是小学生。今天的中国是历史的中国的一个发展，我们是马克思主义的历史主义者，我们不应当割断历史。从孔夫子到孙中山，我们应当给以总结，继承这一份珍贵的遗产。这对于指导当前的伟大的运动，是有重要的帮助的。"

二是科学的。毛泽东认为，新民主主义文化是反对一切封建思想和迷信思想，主张实事求是，主张客观真理，主张理论和实践一致的。在这一点上，中国无产阶级的科学思想能够和进步性的资产阶级的唯物论者，以及自然科学家建立反帝反封建反迷信的统一战线。中国共产党党员可以和某些唯心论者，甚至宗教徒建立在政治行动上的反帝反封建的统一战线，但是决不能赞成他们的唯心论和宗教教义。对于中国传统文化，毛泽东认为，中国在长期的封建社会中，创造了灿烂的古代文化。清理古代文化的发展过程，剔除其封建性的糟粕，吸收其民主性的精华，是发展民族新文化、提高民族自信心的必要条件。但是决不能无批判地兼收并蓄，必须将古代封建统治阶级的一切腐朽的东西与古代优秀的人民文化即多少带有民主性和革命性的东西区别开来。中国现时的新政治新经济是从古代的旧政治旧经济发展而来，中国现时的新文化也是从古代旧文化发展而来。因此，我们必须尊重自己的历史，绝不能割断历史。但是这种尊重，是给历史以一定的科学的地位，是尊重历史的辩证法的发展，而不是颂古非今，不是赞扬任何封建的毒素。

三是大众的，因而是民主的。毛泽东认为，新民主主义文化应当为全民族中百分之九十以上的工农劳苦民众服务，并逐渐成为他们的文化。

通过对新民主主义文化理论的分析，我们可以清楚地看到，毛泽东不仅区分了中国的旧文化和新文化，而且阐明了中国共产党在文化建设问题上应取的态度，那就是对传统文化批判地继承，拒斥其糟粕，吸收其精华；对外来文化，有选择地吸收，但必须通过民族形式的转化，使之成为中国民族文化的一个有机组成部分。显然，这种文化观要比文化复古主义、文化保守主义，以及国民党利用传统文化进行独裁统治更有道理，更有说服力。因而这种主张既是中国民主革命胜利的光辉旗帜，也是近代中国中西古今文化论争的科学总结，是百年来国人在文化问题上基本可以达成的共识。

儒学褪掉主角光环

中国共产党经过长时期的艰苦奋斗，终于推翻了国民党的政治统治，建立起中华人民共和国。从此，国内逐步以中国化的社会主义和共产主义思想代替各种非社会主义、非共产主义的思想。连带所及，儒学在政治生活中的地位自然下降，并逐步退出意识形态的主导地位，仅仅成为专家学者的研究对象。

1949 年 9 月 29 日，中国人民政治协商会议第一次全体会议通过的

《中国人民政治协商会议共同纲领》确认："中华人民共和国的文化教育为新民主主义的，既民族的、科学的、大众的文化教育；人民政府的文化教育工作，应以提高人民文化水平，培养国家建设人才，肃清封建的、买办的、法西斯主义的思想，发展为人民服务的思想为主要任务；提倡爱祖国、爱人民、爱劳动、爱科学、爱护公共财物为中华人民共和国全体公民的公德……提倡用科学的历史观研究和解释历史、经济、政治、文化及国际事务。"

在这种思想观念的指导下，中国从 20 世纪 50 年代开始陆续在意识形态领域开展对资产阶级思想、唯心主义的批判，逐步确立马克思主义、唯物主义等革命思想在意识形态领域中的主导地位，西汉以来中国意识形态的主角即儒家学说便自然地退出了政治意识形态的舞台，儒学从此不再被尊为治国平天下的神灵，历代儒宗、各地的孔庙也不再被国家法定为尊奉、朝拜的对象，而在学术界，也仅仅把儒学作为中国历史文化遗产的一部分进行研究。

非意识形态化的儒学研究在 1949 年之后的中国有过几次大的起伏或者说是高潮。第一次高潮是 1957 年毛泽东正式提出"百家争鸣、百花齐放"方针，学术界先后开展了道德的阶级性与批判继承问题的讨论，关于文学艺术的社会性与阶级性问题的讨论，关于唯物主义与唯心主义相互转化及评价问题的讨论，关于社会主义过渡时期的经济基础与上层建筑、生产力与生产关系问题的讨论，关于历史分期问题、资本主义萌芽问题，以及关于历史人物殷纣王、秦始皇、汉武帝、武则天、李自成等人的讨论，都或多或少地涉及儒学与孔子，都不可避免地要谈到儒家学说的价值与政治理念问题。

在那时，由于从事研究的学者大都是学有根底的老专家，他们在相信马克思主义的同时，也尽可能地尊重历史事实，用马克思主义的观点对孔子和儒学进行比较客观、科学的分析，也确实得出一些有价值的见解。如范文澜对他20世纪40年代写成的《中国通史简编》进行修订时，就专门增写了《孔子及其所创儒家学说》一节，对孔子及儒学进行新的评价。他认为，孔子的确是中国封建社会集大成的“圣人”，是中国古代文化的伟大代表者，孔子的学说是士阶层思想的结晶。由于士阶层思想偏上而地位近下，因此其思想的本质是对上妥协、对下也妥协，表现了浓厚的中庸色彩。中庸思想的特色是妥协，这种妥协虽然在理论上偏重于贵者和尊者方面，但由于妥协，就不能不顾及下层民众的利益和愿望，这在客观上势必有利于下层民众的利益。比如，孔子反对横征暴敛，以为苛政猛于虎；主张举贤才，慎刑罚，薄赋敛，重教化，强调导之以德，齐之以礼，等等。这都可视为其学说的进步方面，都在客观上对下层民众有利。

范文澜也承认孔子的学说具有多面性，它既有有利于下层民众的一面，也有不利于下层民众而有利于统治者的一面。然而也正因为如此，孔子的学说才能长时期地适合中国历代统治者的需要，才能长时期地成为中国官方意识的主角。不过今天中国的社会毕竟发生了翻天覆地的变化，人民既然已成为国家的主人，那么便不再需要将孔子作为偶像来崇拜。孔子走下神坛是历史的必然，只是作为一个伟大的文化人物，尤其是一个伟大的思想家，范文澜认为孔子的思想仍有研究和继承的价值。孔子对中国历史与文化的杰出贡献和他在中国文化思想史上的伟大地位并没有因为历史条件的变化而丧失：他删定六经，保存了古代中国的文化典籍；他创造了儒学，从而形成了中国传统社会的文化核心；他的学说的某些内容充分表现了汉民族在文化特点上的某些精神形态，如有教无类等；他的学说也深刻地影响了中国境内外的非汉族民族，对这些民族的发展与进步起过相当积极的作用，尤其是在中华民族的形成过程中，孔子及儒学起了不可估量的凝聚和向心作用。因此，范文澜主张把孔子的学说分解成精华和糟粕两个部分，吸取其精华，排斥其糟粕，从而建设与发展中国的社会主义新文化。

在20世纪50年代，中国对孔子与儒学研究颇有成绩的学者还有杨荣国。他在1954年出版的《中国古代思想史》一书中，相当系统地表述了对孔子与儒学的基本看法。他认为，殷周种族统治者为了巩固氏族贵族的统治，就已提倡“仁”。孔子处于贵族日趋没落的时期，为了挽回贵族没落的命运和稳定他们的专制局面，便也宣扬“仁”。但是，孔子的仁只是包括了当时的王公大人和士大夫，只是以仁作为团结当时王公大人和士大夫的中心骨干。孔子的克己复礼就是要求宗族中的人都要尽最大可能地克制自己的欲望，不能犯上作乱，这样便可使被统治阶级自然趋于道，从而有助于复归于礼，复归于族有的奴隶制国家的轨范。以孝悌巩固血族，以克己复礼巩固族有的奴隶制国家，这一切都做到了，便可以天下归仁焉。

与范文澜的观点明显不同，杨荣国认为，孔子在骨子里是要维护自殷周以来的奴隶族有的政治统治，只是在表现形式上，孔子以仁治代德治，走仁治的道路，而不走法制的道路。基于这种考察，杨荣国对孔子和儒家学说基本上持相当严厉的批判态度。他说，孟子的所谓仁政只是如孔子一般，在竭力维护“无君子莫治野人，无野人莫养君子”的局面；而孟子仁政的第二步，也就在于保持这尚未被破坏的井田制。显然，杨荣国对孔子与儒学的看法更多的是基于阶级分析的立场，是1949年之后中国学人运用马克思主义阶级分析的观点进行历史研究的范例，这也便从学术的探讨逐步演变成了一种政治信念。

20世纪50年代，在孔子和儒学研究领域对儒学的价值与意义进行批评乃至批判，这实际上也是百家争鸣、百花齐放的一个必要组成部分。到了60年代，孔子及儒学方面的文物典籍虽然受到严重的破坏，但由于此时运动的重心尚不在孔子与儒学本身，因而还没有触及孔子与儒学的思想观念问题。到了70年代初，在全国范围内掀起了一场规模浩大的评法批儒、批林批孔运动，这算是中国儒学史上一场不可多见的闹剧吧！

儒学走向复兴之路

1976年，中国历史发生了重大转折，中国共产党一举粉碎“四人帮”，结束了长达十年之久的“文化大革命”。

随着“文化大革命”的结束，一切被颠倒了的历史自然要重新恢复过来，孔子与儒学的重新评价与重新考察也自然要进入学术界的议事日程。不久，随着匡亚明、庞朴等人评价孔子与儒学的文章相继发表，中国新一轮孔子与儒学研究热潮开始出现了。1984年，中国孔子基金会正式成立，并于同年9月在孔子故里曲阜召开全国孔子讨论会。这充分表明中国开始走向思想的解放。

在这一时期，更多学者的研究主要是针对长期以来强加给孔子和儒学的一些与历史事实并不符合的罪名，进行拨乱反正。在这一过程中，各地以儒学、孔子、传统文化为义的学术讨论会接连不断，不同名目的研究机构也如同雨后春笋一样纷纷成立。在这些讨论会上，学者们对孔子和儒学进行了一些新的评价，其基本的价值取向是：认为孔子的学说不仅在中国历史上已经发挥过重要作用，而且在未来的现代化过程中必然要继续发挥作用。

许多学者根据东亚现代化的成功经验认为，“五四”以后强加给孔子和儒学的罪名，如儒学伦理基本上不合乎现代化的需求，儒学是现代化的根本滞碍等，都势必在东亚成功的事实面前被粉碎。他们渴望儒学的复兴与体系的重建。

1989年，为了使中国的改革开放事业继续深入发展，中国政府做出了弘扬民族文化以振奋民族精神的选择。也正是在这种政治背景下，中国学术界开始出现一种新的学术思潮。

季羡林：儒学拯救人类

这种思潮认为中国的暂时落后并不意味着文化传统的落后，真实的情况可能相反，即根据“三十年河东，三十年河西”的道理，他们甚至大胆地预言21世纪必将是中国人的世纪，而其基本特征便是中国人可以用中国文明，尤其是儒家学说去拯救西方、拯救人类。这种观点的突出代表者是著名学者季羡林。

季羡林虽然不是研究孔子和儒学的专门家，但由于其在学术界的地位，他的这一观点引起国内外学术界的广泛注意。他在代表作《从宏观上看中国文化》一文中说：

> 我个人总觉得，探讨中国文化问题，不能只局限于我们生活于其中的这几十年近百年，也不能局限于我们居住于其中的九百六十万平方公里。我们必须上下数千年，纵横数万里，目光远大，胸襟开阔，才能更清晰地看到问题的全貌，而不至于陷入井蛙的地步，不能自拔。总之，我们要从历史上和地理上扩大我们的视野，才能探骊得珠。
>
> ……必须把全人类的历史发展放在眼中，更必须特别重视人类文化交流的历史。只有这样，才能做到公允和客观。我是主张人类文化产生多元论的。人类文化绝不是哪一个国家或民族单独创造出来的。法西斯分子有这种论调，他们是别有用心的。从人类几千年的历史来看，民族和国家，不论大小，都或多或少地对人类文化宝库做出了自己的贡献。这恐怕是一个历史事实，是无法否认掉的。同样不可否认的事实是，每一个民族或国家的贡献又不完全一样。有的民族或国家的文化对周围的民族或国家产生了比较大的影响，积之既久，形成了一个文化圈或文化体系。根据我个人的看法，人类自从有历史以来，总共形成了四个大文化圈：古希腊、罗马一直到近代欧美的文化圈，

从古希伯来起一直到伊斯兰国家的闪族文化圈，印度文化圈和中国文化圈。在这四个文化圈内各有一个主导的、影响大的文化，同时各个民族或国家又是互相学习的。在各个文化圈之内也是一种互相学习的关系。这种互相学习就是我们平常所说的文化交流。我们可以毫不夸大地说，文化交流促进了人类文化的发展，推动了社会前进。

倘若我们从更大的宏观上来探讨，我们就能发现，这四个文化圈又可以分为两大文化体系：第一个文化圈构成了西方大文化体系，第二、三、四个文化圈构成了东方大文化体系。“东方”在这里既是地理概念，又是政治概念，即所谓第三世界。这两大文化体系之间的关系也是互相学习（的关系）。仅就目前来看，统治世界的是西方文化。但是从历史上来看，二者的关系是三十年河东，三十年河西。

基于这种判断，季羡林详尽地分析了西方文化将走上末路的原因在于其学术的分析框架和原则，如欲济其之穷，则不可避免地要寻求东方的即中国的综合的方法和原则。他说：“我觉得，目前西方的分析已经走得够远了。虽然还不能说已经到了尽头，但是已经露出了强弩之末的端倪。照目前这样子不断地再分析下去，总有一天会走到分析的尽头。那么怎么办呢？我在上面说过，东西两大文化体系的关系从几千年的历史来看是三十年河东，三十年河西。现在球已经快踢到东方文化的场地上来了。东方的综合可以济西方分析之穷，这就是我的信念。”

季羡林的观点引发了学术界相当激烈的争论，它作为一种思潮在20世纪90年代出现，确实耐人寻味。

对新儒家的研究

在20世纪80年代的文化热中，一个最引人注意的现象是学术界重新开展对新儒家的研究。这一研究既开拓了人们的视野，同时也给当时文化热中的儒学复兴论者提供了理论和事实上的依据。

从学术史的观点看，所谓现代新儒学主要是指五四运动以后产生于中国的一股文化保守主义学术思潮。被指为新儒学的代表人物虽不尽相同，但大体说来不外乎梁漱溟、熊十力、冯友兰、贺麟等人。这批学者面对西方文化的冲击和五四运动全盘反传统的刺激，出于对中国未来前途的担忧，觉得中国的未来应以弘扬先秦原生儒家精神为根基，接续宋明儒家心性义理之学为核心，谋求以中国传统文化为本位，充分吸收西方的科学与民主，在中国建设“三统并建”的现代文化，以期儒家思想在现代乃至未来中国能有一个大的发展。

1949 年之后，马克思主义成为中国社会的指导思想。上述新儒家的代表人物因种种原因留在了大陆，而他们的弟子尤其是熊十力的弟子唐君毅、徐复观等人则转移到中国台湾地区、香港地区等地继续活动。

新儒家沉寂了三十年之后，于 20 世纪 80 年代随着中国的改革开放而再次引起学人的重视。1985 年，第三代新儒家的重要代表人物、美国哈佛大学教授杜维明到北京大学讲学访问达半年之久，并应邀到各种学术会议和讲习班做报告，接受记者访问，积极宣传儒学在现代社会的价值及其“第三期发展”的前景，在知识界产生了相当大的影响，学术界也开始正视新儒学的存在及其价值。

1986 年 3 月，国家教委召开文科科研咨询会，方克立在会上做了“要重视对现代新儒家的研究”的专题发言，提出不论在中国现代思想史的研究意义上，还是在当代中国文化讨论或中国现代化道路的现实抉择的意义上，都应该开展对新儒家的研究。与此同时，当时力主反传统的代表包遵信也在《北京社会科学》1986 年第 5 期发表《儒家思想和现代化》，现代新儒家第三代重要传人、香港中文大学教授刘述先也在台湾东吴大学《传习录》同年第 5 期发表《当代新儒家的探索》。他们三人虽有各自不同的立场和学术背景，但基本上都强调开展对现代新儒家的研究具有相当的重要性和迫切的现实意义。

1986 年年底，由方克立主持的“现代新儒家思潮研究”的课题被国家教委列为国家哲学社会科学“七五”规划重点科研项目。1987 年，课题组正式组成并开始工作。他们从最基础的资料收集工作开始做起，几年的时间已是成果累累，影响重大。1987 年，课题组在安徽主持召开全国首次现代新儒家思潮学术研讨会；1989 年在天津主持召开“现代新儒家学案”研讨会，推动了新儒家的研究。

20 世纪 80 年代，文化讨论的中心是传统文化与现代化的关系问题。由于历史上儒家思想在传统文化中占有特殊的地位，因此，传统与现代化的关系问题便自然归结到儒家思想与现代化的问题。从这个意义上说，现代新儒家的观点受到重视并被提上研究日程，是相当自然的。

现代新儒家课题的提出，以及此项研究的全面开展，反映了 20 世纪 80 年代文化研究的深入，即将文化讨论中的古今中西哲学文化性质、特征等一般性的议论引向深入，人们已从抽象的、一般性的泛泛之论转向具体的讨论对象；然而另一方面，现代新儒家研究课题的深入，也在一定程度上影响了学术界对儒学的整体看法，即在一定程度上与儒学复兴的呼声遥相呼应，从而使儒学复兴由一部分人的无意识走向有意识的提倡，尤其是部分从事现代新儒学研究的学者已明显从原来的研究者的立场自觉地转到现代新儒学的立场，成为现代新儒学的新一代传人。

当然，由于研究者的立场不同，并不是所有的新儒家研究者都转而信仰了新儒家。事实上，自觉坚持用马克思主义的立场、方法进行新儒家研究的学者大有人在。这批学者认为，一味地抹杀新儒家的思想贡献是不可取的方法，对新儒家进行实事求是的研究是完全必要的。从马克思主义的立场来看，新儒家所提及或论证的问题至少在三个方面不能被中国的马克思主义者所接受：

第一，中国马克思主义者不能赞成现代新儒家文化保守主义的基本立场，因为就其实质而言，新儒家的思想主张仍然没有摆脱“中体西用”的格局，尽管他们对“体”“用”的理解和规定已与当年的洋务派相去甚远。20世纪20年代，梁漱溟主张在坚持儒家人生态度的前提下接受西方的科学与民主；40年代，贺麟明确提出以儒家精神为体，以西洋文化为用；50年代以后，港台新儒家又提出“返本开新”的思想纲领，“本”即儒家内圣修己之学，是为体；“新”是指“新外王”，亦即现代科学与民主，是为用。二者之间的体用本末关系依然没有超出中体西用的范畴。

第二，现代新儒家站在唯心主义的立场上，把儒学的基本义理看作某种超时空的、脱离具体社会文化背景的、体现永恒天道和人性的“常理”“常道”，把儒家的伦理精神视为推动社会历史发展的根本力量，把它变成超越物质的形上实体，并由此出发，把一切都归结为道德精神的自我发展和自我实现。这种泛道德主义的唯心史观，自然是马克思主义者绝对不能接受的。

第三，新儒家对“五四”精神的否定，尤其是他们对马克思主义、列宁主义和社会主义的攻击，在马克思主义学者看来是绝对不能调和、不能忽视的。

鉴于这种判断，马克思主义学者认为，对现代新儒家进行研究的目的不是简单地把新儒家作为批判对象，而是要在批判现代新儒家某些错误的理论观点的同时，也充分肯定他们在维护和发扬中国民族文化传统、谋求中国文化现代化方面所做出的努力和贡献，认真吸收他们所取得的理论成果，总结经验教训。

他们认为现代新儒家至少在这样几个方面是值得肯定和有益于学术健康成长与发展的：

首先，现代新儒家在中国文化遭到空前危机的情况下，反对全盘西化论者的民族虚无主义，强调民族文化的主体性和民族文化自身发展的连续性，这是值得肯定的。尤其是抗日战争时期，新儒家学者弘扬民族文化，对于振奋民族精神、增强国人的民族自信心，应该说是起了积极作用的。20 世纪 50 年代以后，港台新儒家对于传统文化的整理、研究、弘扬和表彰，对于纠正某些西方学者对于中国文化的无知与偏见，增强港台和海外华人的民族认同感，也不无积极的影响和作用。只是在对于传统文化资源价值意义的分疏，认同于传统文化的角度、方面和层次等方面，双方仍有相当的距离和实质性的差异。

其次，现代新儒家在哲学上认同儒家的人文主义，对中国哲学的特质和现代意义做了较多的研究和探讨。从这个意义上说，新儒家的这些探讨是有意义的，也正是学术界几十年来所忽视的。例如，心性之学确实从一个侧面反映了中国哲学的特点，特别是对于理解和把握儒家思孟、陆王一系的思想学说很重要，然而学术界几十年来一直将心性之学定性为主观唯心主义，因此就没有下功夫去认真研究。而港台新儒家却在这方面下了很扎实的功夫，写出许多有分量、有影响的著作，这对大陆学术界开展这方面的研究是有启迪和借鉴作用的。

最后，在近代以来的古今中西之争中，不同的思想文化派别都做出了回答。现代新儒家虽然是站在文化保守主义的立场上，其回答也不是全无可取之处。他们对如何承继和创造性地转化儒家传统，如何引介西方近代的科学与民主，如何建设有浓厚的中国特色的现代文化，都进行了一些有益的探索，提出了一些值得重视的意见。例如，现代新儒家强调传统道德文明、人文价值的弘扬和重建，对于克服片面发展工具理性、唯科学主义盛行所造成的人生意义的失落和危机，自有补偏救弊之功。

五四以来的马克思主义、激进主义、文化保守主义三大思潮之间既有互相对立的一面，也确实存在着某种互补的关系。可以说，它们都构成了 20 世纪中国文化启蒙不可或缺的方面。中国的马克思主义者在哲学上更多接受了自由主义者所主张的科学主义思潮的影响，而对现代新儒家等文化保守主义派别的研究成果和理论建树似乎重视不够。1923 年，在科学与玄学的论战中，唯物史观与科学派结成一定程度的联盟就颇能说明这一点。所以他们认为，在马克思主义中国化的过程中，如何在思想文化层面上实现与民族文化优良传统的有机结合，是一个需要认真解决的课题。现代新儒家学者在融合中西、实现中国哲学现代化方面所做的探索和所取得的成果，对于中国继续坚持马克思主义的学者应该说有相当重要的借鉴意义。

附录

儒学人物小传

严复（1854—1921），初名传初，曾改名宗光，字又陵，又字幾道。福建侯官（今福州）人。中国近代启蒙思想家、翻译家。

严复原本出身于小康之家，父亲是当地小有名气的医生，但在严复未成年时，一场瘟疫改变了他们家的命运，他的父亲不幸病逝，十四岁的严复只好中断原来规划好的道路，就读不需要费用且可以获得补贴的福州船政学堂学习海军知识。之后，他奉命留学英国继续深造，回国后长期服务于北洋水师学堂，官至总教习、总办。甲午海战中国大败，极大地刺激了严复，他愤而发表《论世变之亟》《原强》《辟韩》等檄文，迅即成为舆论界的骄子，名震国内。稍后他又翻译《天演论》，介绍进化论、天赋人权说，深刻影响了中国几代人，成为近代中国最重要的启蒙思想家。

严复的思想具有多元性，一方面开启了中国自由主义思潮，另一方面引导了权威主义的产生。其实严复始终是一个渐进的改良主义者，在政治上则是典型的英国君主立宪政治的信仰者，他的目标是人的充分自由，同时注意“群己权界”；他主张变化，追随世界潮流，但反对窜等，反对跨越；他主张发展经济，教育领先，支持按部就班地渐进改良，但反对毁弃传统，主张以儒家伦理去修补西洋近代功利主义的绝对化。过去的研究者将严复概括为早期激进，中年稳健，晚期保守，这种看法其实只见一隅而不见全貌。

辜鸿铭（1857—1928），名汤生，字鸿铭，号汉滨读易者，福建同安（今厦门市同安区）人。清末民初翻译家、散文家。

辜鸿铭生于南洋（马来西亚槟榔屿），学于西洋（先后留学于英、法、德等国），婚于东洋，仕于北洋，熟练掌握英语、法语、德语、日语等数种语言，将《论语》《中庸》等传统儒家典籍译成英文，并在西方出版。1885年，他受聘成为湖广总督张之洞的外文秘书，参与了张之洞一系列洋务自强的外交事务。后一度出任外务部侍郎、南洋公学监督、北京大学教授，所著《中国的牛津运动》《春秋大义》等不仅对西方世界影响很大，而且对于我们重新理解晚清也具有启发意义。

也许是因为在张之洞身边参与机要的缘故，辜鸿铭大致知道清政府决策的内幕，所以少有康有为、梁启超的政治想象与偏执，大致真实记录了晚清的政治路径及其逻辑。对于中西文化的看法，辜鸿铭的讨论也很有价值，因为在近代中国，似乎还没有人像辜鸿铭这样，对中西文化有如此广泛而深刻的体验。

熊十力（1884—1968），原名升恒，字子真，一作子贞，晚号漆园老人。湖北黄冈人。学者。

熊十力出身低微，幼年失怙，勤奋自学，亦耕亦读，醉心于陈献章、王夫之、顾炎武的学问与志向，后投军并参加了武昌首义、护法战争。之后，他感到各政党只知争权夺利，革命终无善果，认为与其革政不如革心，遂弃政向学，专心于学问，最终熟读中国古籍经典与印度哲学。1920年，他进入南京支那内学院追随欧阳竟无研读佛学两年，之后应蔡元培的邀请至北京大学任教。抗日战争爆发，熊十力前往四川避难，先后在复性书院、勉仁书院、武汉大学讲学。1946年4月，他回到北京大学任教。先后出版有《新唯识论》《原儒》《体用论》等。

熊十力属于第一代新儒家的代表，他所构建的新唯识论体系，接续陆王心学，并糅合了早期儒学、佛教哲学，以及西方近代哲学如柏格森的直觉主义，深刻影响了牟宗三、唐君毅、徐复观等新儒家。

钱玄同（1887—1939），原名师黄，一名夏，后更名玄同，字德潜，号汉一、疑古等。浙江吴兴（今湖州）人。语言文字学家。

钱玄同早岁跟随兄长钱恂留学日本早稻田大学，后又跟随章太炎研习经史语言文字，是新文化运动的积极参与者，也是《新青年》的轮值编辑，参与了那时几场比较重要的论战。钱玄同虽为章太炎的门生，但又格外倾慕崔适、康有为等人的今文经学，是顾颉刚疑古辨伪运动最重要的赞助者。

不过，钱玄同疑古太过，导致他怀疑一切，自孔子至桐城文学，都被钱玄同视为应被打倒的对象。他还强调欲使中国不亡，欲使中国民族成为 20 世纪文明之民族，必以废孔学为根本解决方案。后来的研究者强调五四新文化运动有一个全盘反传统的倾向，其实，在很大程度上就是在说钱玄同等少数几个人。

张君劢（1887—1969），原名嘉森，字士林，号立斋，笔名君房。江苏宝山（今属上海）人。

张君劢十二岁时进入上海江南制造局广方言馆学习，十六岁时，追随创办震旦学院的马相伯。1906 年，他留学日本，在早稻田大学研习政治经济。辛亥革命后，为躲避袁世凯的迫害，在梁启超的安排下，张君劢进入德国柏林大学攻读政治学博士学位。回国后，他担任了上海《时事新报》总编辑，以及北京大学、燕京大学教授。1932 年，他又与张东荪等人一起创办“中国国家社会党”，创办《再生》杂志。抗日战争爆发后，张君劢积极投身政治活动，任国民参政会参政员，后又参与创建了中国民主政团同盟并担任中央常委。1946 年 8 月，他将国社党改组为“中国民主社会党”。11月，他因同意民社党参加国民党包办的“国民大会”而被民盟劝退。1949年，张君劢离开中国到国外讲学，后定居美国，最后病故于美国旧金山。

张君劢一生都在政治与学术之间游走，是1923年科学与玄学论战中玄学派的主将。他强调东方精神文明的价值，并倡导儒学走出传统，接受新知，开启儒学新发展，因而被誉为新儒学开创期的代表人物。他的讨论对战后世界思想发展趋势的影响非常大，特别是他参与起草的《中华民国宪法》在制度层面融合了中西文明，是中国文明对西方文明冲击的有价值的回应与调适。

胡适（1891—1962），原名洪骍，后改名适，字适之，安徽绩溪人。学者、政治活动家。

胡适出生时，他的父亲胡传已经五十岁。胡适两岁左右时，父亲便去世，他跟随母亲在故乡生活、读书，后跟随哥哥去上海学习，先后就读于梅溪学堂、澄衷学堂、中国公学，受到梁启超、严复思想的影响。1910年，胡适留学美国，先在康奈尔大学学习农学，后进入哥伦比亚大学追随杜威研习哲学。其间，他参与了陈独秀《新青年》发起的新文学讨论，倡导文学改良和白话文。1917年，他回国任北京大学教授，迅速成为中国知识界领袖，具有极大的影响力。1938年，他出任驻美大使，为抗日战争胜利贡献力量。

胡适在文史哲各个领域均有重要的建树。他的作品精华集中在《胡适文存》和他的日记中，后来结集为《胡适全集》，由安徽教育出版社出版。中国台湾地区编辑的新本更全、更精良，但目前也只包含了胡适作品很少的一部分。

顾颉刚（1893—1980），原名诵坤，字铭坚，江苏苏州人。历史学家、历史地理学家。

顾颉刚自幼广泛涉猎经史，1913年考入北京大学预科，两年后进入北大哲学系，于1920年毕业。

顾颉刚的学问深受章太炎、陈独秀，尤其是胡适的影响，具有怀疑批判的精神，他怀疑中国古代历史并不是一次性完成，而是由层累建构、逐步添加而来的。由此，他发起了相关讨论，并将这些讨论结集为《古史辨》系列并出版。因此，他这一派又被称为“古史辨派”。

顾颉刚的讨论很有意思，也很有意义，由此揭示了中国古史叙事是一个历史的系统，一个发展演进的过程，特别是他对许多个案的讨论，比如，孔子的历史与历史上的孔子、汉代的方术与儒生。此外，他还毕生致力于对《尚书》以及中国疆域地志的研究，对中国现代历史学的形成也贡献极大。

梁漱溟（1893—1988），原名焕鼎，字寿铭，广西桂林人。哲学家、教育家。

梁漱溟出身于官宦之家，是蒙元宗室帖木儿的后裔，生于北京长于北京。在青年时期，梁漱溟曾是康梁改良主义的追随者，也一度追随孙中山，甚至一度信仰社会主义。五四新文化运动期间，在北京大学任印度哲学教师，后来以出家人的精神从事入世事业，复兴书院教育，开展乡村建设，以一个知识人、城里人的身份长居乡间，引导农民重建组织系统，学习科学知识。他理想中的中国现代化道路是城市文明、工业文明的成果应有尽有，但中国的社会组织方式和管理方式不妨尽量多地予以保留利用。在梁漱溟看来，传统中国的伦理本位、职业分途并不都是消极的。

由于抗日战争爆发，梁漱溟的乡村建设试验戛然而止，他随即投身于救亡运动，投身于政治改革，是第三势力特别是民主同盟的领袖人物。20世纪80年代，他再度登坛宣讲孔子之道，这对90年代之后为儒学正名起到了积极作用。

钱穆（1895—1990），原名思鑅，字宾四，江苏无锡人。历史学家。

钱穆大概属于自学成才的代表，他长期在中小学教书，却始终具有学术的自觉，教书的同时也下功夫研究学问。1930年，他发表《刘向歆父子年谱》一举成名，被顾颉刚推荐至燕京大学教书，后又转任于北京大学、西南联大、江南大学等，并于1949年赴香港创办亚洲文商夜校（后更名为新亚书院，即香港中文大学建校三大书院之一）。1967年，钱穆迁居中国台北，任中国文化学院（今中国文化大学）教授。

钱穆是中国多产且高质量的大学者，是20世纪中国最重要的历史学家之一。他的《刘向歆父子年谱》《先秦诸子系年》，均属严谨的考订之作，对中国近代学术史的梳理和解疑贡献良多。他的《国史大纲》《中国近三百年学术史》体大思精，视野宏阔，有自己的体系与逻辑，对学人启发极多。尤其是他的《国史大纲》，理性地使用温情与敬意，重述了中华民族的过往，在五四新文化运动之后，这种写法实属别出新途，对重建民族自信，以及抗日战争的胜利，提供了一种历史的依据。

冯友兰（1895—1990），字芝生，河南唐河人。哲学家、哲学史家。

1915年，冯友兰考入北京大学哲学系，开始研读中国哲学。1919年，他又公费留学美国，进入哥伦比亚大学专攻哲学并获得博士学位。回国后，他先后执教于中州大学、中山大学、燕京大学、清华大学。抗日战争期间担任西南联大教授兼文学院院长。

冯友兰一生数度撰写中国哲学通史，接续胡适建构了中国哲学独特的表达范式。对中国哲学的贯通理解，以及对西方哲学的研习，使他具有不一样的观者视角，当然也得益于他的哲学思维能力。他是20世纪中国少有的几位可以被称为哲学家的学者。

1939年到1946年，冯友兰撰写并连续出版了“贞元六书”(《新理学》《新事论》《新世训》《新原人》《新原道》《新知言》)，以此解释自己的本体论、知识论、知行观、历史观。此系列在短期内为中华民族坚持抗战，坚定必胜信念提供了哲学依据；在长期看来则是尝试解决中西思想文化的融合问题，为中国文明再造、再出发奠定了哲学基础。

贺麟（1902—1992)，字子诏，四川金堂人。哲学家。

1919年，贺麟以优异的成绩考入北京清华学堂（清华大学的前身)，在求学期间，他在思想上受到了梁启超等人的影响。1926年，贺麟从清华大学毕业后，又赴美求学，四年后又转赴德国专攻德国古典哲学。1931年，他回到中国并任教于北京大学，是当代中国真正理解康德、黑格尔哲学的为数不多的学者。

与其他纯粹的西方哲学研究者不同，贺麟自幼对中国古典哲学就有极大的兴趣，他在研读中西哲学的同时，实际上也期望能建构自己的哲学体系。他在《儒家思想的新开展》中就直白表达了自己的哲学诉求，他期待中国在融合中西的基础上展开自己的哲学思路，让圣圣相传的儒家思想在现代与未来的世界获得新的开展。他所著的《文化与人生》《当代中国哲学》对中西哲学，尤其是儒家思想都有全新的解释，大致建构了一个逻辑自洽的“新心学”体系，对战后知识界重新理解中国文化有重要启发。

季羡林（1911—2009)，字希逋，又字齐奘，山东清平康庄人。东方学学者、语言学家。

1934年毕业于清华大学西洋文学系的季羡林，于次年赴德国留学，主修印度学，研习梵文、吐火罗文等“死文字”。1941年从哥廷根大学毕业并获得哲学博士学位。1946年，季羡林回国，经陈寅恪的推荐，受聘担任北京大学教授，主持创建了北京大学东方语言文学系，并任系主任。

1978 年复出后，他继续担任北京大学东方语言文学系系主任，并兼任北京大学副校长。他的研究主要集中在佛教史、中印文化关系史等专业性极强的领域，这些领域一般人很难进入。

第十二章

港台：新儒家的阵地

当年在中国信奉儒家学说的一批学者转移到港台地区后，仍在进行儒家学说的研究和宣传。伴随着港台地区经济的发展与繁荣，儒学的传人一代又一代地传承下去，从而形成颇具特色的港台新儒学学术派别。

新儒家对中国文化前途的基本认识

新儒家宣言

港台新儒学的形成，始于20世纪50年代。1957年，唐君毅到美国访问，他在与张君劢谈及欧美学人对中国文化的研究方式及观点多有不当时，两人拟联名发表一份文件，以纠正西方学者对中国文化问题的偏见。后由张君劢致函在台湾地区的牟宗三、徐复观，以征求他们的意见，然后由唐君毅负责起草，寄给张君劢、牟宗三过目，二人未表示其他意见就签署了。当寄给徐复观时，他做了两点修正，一是关于政治方面，徐复观认为要将中国文化精神中可以与民主政治相通的内容疏导出来，推动中国的民主政治。这一点原稿讲得似乎不太充分，徐复观就改了一部分。二是由于唐君毅的宗教意识很浓，所以在原稿中也就强调了中国文化的宗教意义。而徐复观则认为，中国文化虽也有宗教性，也不反宗教，然而从春秋时代起中国文化就逐渐从宗教中脱离，在人的生命中实现，不必回头走。所以徐复观便把这一部分的原稿也改了，然后寄给唐君毅。唐君毅接受了徐复观的第一个建议，第二个建议则未接受。

1958年元旦，这份文件以唐君毅、牟宗三、张君劢、徐复观四人的名义联名发表，其正式名称是《为中国文化敬告世界人士宣言——我们对中国学术研究及中国文化与世界文化前途之共同认识》。

这份宣言洋洋四万言，基本反映了他们四人在20世纪50年代对中国文化的认识与反省，是他们文化保守主义观念的一次最为完整的表现。他们强调之所以发表这份宣言，主要是要表达他们对于中国文化过去与现在的基本认识及对其前途的展望，与今日中国及世界学人研究中国学术文化及中国问题应取的方向，并附及他们对世界文化的期望。

因为他们真切地相信，中国文化问题有其世界重要性，姑且不论中国为数千年文化历史迄未断绝之世界上极少的国家之一，及18世纪以前的欧洲人对于中国文化的赞美，与中国文化对于人类文化已有的贡献，仅中国现有近于全球四分之一的人口之生命与精神何处寄托？如何安顿？实际上就早已成为世界的问题。而此问题的解决，实系于我们对中国文化过去、现在与将来有真实的认识。如果中国文化不被了解，中国文化没有将来，则这四分之一的人类之生命与精神，将得不到全人类在现实上的共同关怀，而且全人类的共同良心的负担将永远无法解除。

然而，在唐君毅等人看来，近代以来西方学人研究中国文化的动机和方法多不正确。这些西方学者研究中国文化或是出于传教的目的，或是出于对中国古代文明、古代文物的好奇心，或是出于对中国政治与国际局势的现实关系的关注，由此产生了种种误解。尤其重要的是，许多西方学者把中国文化等同于早已中断的古埃及、古波斯及小亚细亚文明，用考证古董的心态和方法对待它，这样便不免产生错误。

宣言强调指出，中国与世界学人研究中国学术文化者，首先必须承认中国文化活的生命之存在，我们也不必否认中国文化正在生病，甚至生出许多奇形怪状的赘疣，以至于失去原形。但是病人仍有活的生命，我们要治病，先要肯定病人生命的存在，不能先假定已死，而只足供医学家解剖研究。既然肯定中国文化是活的生命存在，也就是肯定这中间有血、有汗、有泪、有笑，有一贯的理想与精神在贯注。因为忘了这些，便不能把过去的历史文化当作客观的人类精神生命的表现，遂在研究时没有同情，没有敬意，亦不期望此客观的精神生命的表现能继续发展下去，更不会想到今日还有真实存在于此历史文化大流之中的有血有肉的人，正在努力使此客观的精神生命的表现继续发展下去，因而对之亦产生一些敬意和同情。他们强调，研究中国历史与文化必须对中国历史文化传统怀有同情和敬意，敬意向前伸展增长一分，智慧之运用也随之增长一分，了解也随之增加一分。

在谈到中西哲学文化之间的差别时，宣言认为，中国文化中并不缺少超越层面，它体现了伦理道德、超越情感和宗教精神的和谐统一。中国学术思想的核心是儒家的心性之学，心性之学是以人的道德实践为基础的，这种心性之学可以包含形而上学。这种形而上学不同于西方传统的形而上学，后者旨在探讨宇宙的终极实在及客观构造，儒家的心性之学则涵摄道德的形而上学，即以道德实践为基础，亦由道德实践而证实的形而上学。儒家心性之学是统贯天人、内外、伦理道德与宗教精神为一体的，所以不能认为它只是一种道德说教，或者说只是一些关于如何处理人与人之间关系的外在规范和信条。

对于西方近代以来的民主与科学，宣言继承新文化运动以来新儒家的思想传统，强调中国文化依其自身的要求应当伸展出文化理想，是要使中国人不仅有其心性之学，以自觉其自我为“道德实践的主体”，同时当求在政治上能自觉为“政治的主体”，在自然界、知识界成为“认识的主体”及“实用技术的活动之主体”。这也就是说，中国需要真正的民主建国，也需要科学与实用技术，中国文化必须接受西方或世界文化。但是其所以需要接受西方或世界文化，乃是使中国人在自觉成为道德的主体之外，兼自觉为政治的主体、认识的主体及实用技术活动的主体。而使中国人的人格有更高的完成，中国民族的客观的精神生命有更高的发展。此人格更高的完成与民族精神更高的发展，也正是中国人要自觉成为道德实践主体之本身所要求的，也是中华民族客观精神生命在发展道路中所要求的。

他们承认中国文化历史中缺乏西方近代民主制度与西方科学及现代各种实用技术，致使中国未能实现真正的现代化工业化。但是他们不承认中国文化没有民主思想的种子，其政治发展的内在要求不倾向于民主制度的建立，也不承认中国文化是反科学的，即轻视科学实用技术。关于后者，他们认为中国自古以来分明是重视实用技术的，故传说中的古圣王都是器物的发明者。而儒家亦素有形上之道见于形下之器的思想，而重“正德”“利用”“厚生”。天文、数学、医学知识，中国也发达甚早。在18世纪之前，中国制造器物与农业上的技术知识实际上高于西方甚多。然而他们也明确承认中国文化缺乏科学，这种科学已不是中国古代的实用技术，而是超实用技术的科学精神。鉴于这种判断，他们主张中国文化的未来发展必当建立纯理论的科学知识世界，或独立科学的文化领域，在中国传统道德性的道德观念之外，兼需建立一个学统，而此事正为中国文化的道德精神，求其自身完成与升迁所应有之事。

至于西方的民主制度，他们认为，中国过去政治虽是君主制度，但与一般西方君主制度不完全相同。此种不同，自中国最早的政治思想上说，即以民意代表天命，故奉天承命的人君必表现为对民意的尊重，且需受民意的考验。故而从这个意义上说，中国文化中本来并不乏民主政治的种子。因此，至于中国未来的民主政治制度问题，他们格外强调应该充分尊重中国传统政治发展的“内在要求”，即使从制度层面看，中国也可从原来的宰相御使制度中“转出”一种政府外部的人民权力，对政府权力做有效的限制，即由全体公民所建立的宪法之下的政治制度，取消君主专制，使政权的转移成为政党间的“和平转移”。他们认为，这样的民主制度就是从孔孟到黄宗羲“一贯相仍”的思想。

在谈到他们对于世界学术思想的期望时，宣言指出，第一，由于现在地球上的人类已经由西方文化向外膨胀而拉到一起，并在碰面时彼此头破血流。因此，现代人类学术的主要方向，应该是各个民族对于其自身文化的缺点进行深刻的反省，把人类前途的问题，当作一个共同的大问题来考虑、来处理。除本于西方多元文化传统而产生的分门别类的科学哲学专门研究外，人类还需发展出一大情感，以共同思索人类整个的问题。这一大情感中，应当包括不同民族、不同文化本身的敬重与同情，以及对于人类苦难有真正的悲悯与恻隐之仁。由此大情感，我们可以想到人类的一切民族文化都是人的精神生命的表现，其中有人的血与泪，因而人类皆应以孔子作《春秋》的存亡继绝的精神，来求各民族文化价值方面的保存与发展，由此以为各种文化互相并存、互相欣赏、互相融合的天下一家的世界做准备。

第二，人类要培植出此大情感，只是用人的理性，去对各种自然社会人类历史做客观的冷静的研究，便只当为人类学问的一方面。人类应当还有一种学问，这不是只把自然与人类自己所有的一切客观化为对象，加以冷静研究的学问，而是把人类自身当作主体的存在看待，而求此主体的存在状态，逐渐超凡入圣，使其胸襟日益广大，智慧日益清明，以进达于圆而神的境地，情感日益深厚，以使满腔子存有恻隐之仁与悲悯之心的学问。这种学问不是神学，也不只是外表的伦理规范之学，或心理卫生之学，而是一种由知贯注到行，以超化人的存在自由，以升进于神明之学。此即中国儒者所谓心性之学，或义理之学，或圣学，或称中国所谓立人极的学问。

第三，从立人极之学所成之人生存在，他是道德的主体，但同时也是超化自己以升进于神明的，所以他也是真能承载上帝而与天合德的。故此，人生存在，兼成为“道德性与宗教性之存在”。而由其为道德的主体，在政治上即为民主国家中真正的公民，而成“政治的主体”。到人类天下一家时，他即成为天下的公民，而仍为天下政治的主体。在知识世界，则他成为“认识的主体”，而超临涵盖于一切客观对象的世界之上，而不沉没于客观对象之中，同时对其知识观念，随时提起，也能随时放下。故其理智的知识，不碍与物宛转的圆而神的智慧之流行，而在整个人类历史文化世界，则人是“继往开来，生活于悠久无疆之历史文化之主体”。而同时于此历史文化世界悠久无疆中，看见永恒的道，也即西方所谓上帝的直接显示。这些他们以为皆应由一个新的学术思想方向而开出。

总之，在唐君毅等人看来，现在，东方与西方确实到了应当真正以眼光平等互视对方的时候了。人类应一同通古今之变，相信人性之心同理同的精神，共同担负人类的苦难、苦病、缺点与过失，然后才能开出人类的新路。

钱穆与新亚书院

在港台新儒学发展史上，香港的新亚书院是一个值得重视的学术基地。新亚书院创办于 1949 年。是年秋，钱穆为了解决因战乱而滞留香港地区的学生就学问题，遂与唐君毅、张丕介等人商量，决定创办一所亚洲文商专科夜校。他们租赁九龙桂林街一所中学的两间教室上课，招收学生五十余名（一说学生不超过二十人）。翌年春，夜校改为日校，并易名为新亚书院。钱穆任校长，唐君毅任教授，兼任教务长、哲学系主任，并一度兼任数学系主任等职。

“新亚”的意思就是亚洲新生之义。钱穆揭示新亚书院的宗旨是：上溯宋明书院的讲学精神，并旁采西欧导师制度，以人文主义教育为宗旨，沟通世界东西文化。由此可见，新亚书院是力图把中国传统的书院教育与西方近代以来的学校教育结合起来，即把对学生的道德理想的培养和专业知识的训练结合起来。

新亚书院初建的时候，条件十分艰苦，校舍简陋，图书馆则根本不存在，更谈不上“大学”的规模。整个学校的办公室只是一个很小的房间，一张长桌已占满了全部空间。故而徐复观在后来谈到新亚书院的成就时说，新亚书院主要是靠钱穆的名望、唐君毅的理想和张丕介的顽强精神支持下来的。

经过一段时间的发展，新亚书院的规模开始扩大，条件也开始改善。1953年，新亚书院得到亚洲基金会的资助，在九龙太子道租了一层楼创办研究所，这就是新亚研究所的前身，当时的研究生只有三四人。新亚研究所一如新亚书院，仍以文化创新与人格完成为第一事、第一义，而视纯学术研究为第二事、第二义。按钱穆的本意，似同于晚清广东著名学者陈澧（号东塾）所谓“第一事必在乎第二事，第一义必在乎第二义，除此第二事第二义更无捷径”。所以可以说，新亚研究所与近世其他文史研究机构截然异趣。

在得到外部各基金会的支持后，新亚书院遂有了较大的发展，其学术开始得到国际的承认。

随着新亚书院与国际上的交往日见增多，它也开始成为中国向欧美介绍和传播中国文化的一个窗口，同时也成为港台新儒家最重要的活动阵地，港台新儒家的一些代表人物也差不多视这里为中国学术复兴的基地。20世纪60年代，张君劢曾先后三次到新亚书院讲学，其中1964年在此开设中西方哲学讲座达半年之久。从1950年冬天开始，到1955年，新亚书院的文化讲座共进行了一百三十九次，当时在港台的一些学术名流差不多都到这里讲过学。20世纪60年代末和70年代初，牟宗三和徐复观也先后到新亚书院任教。

1964年，新亚书院与崇基书院、联合书院三个私立学院联合组成香港中文大学。唐君毅被聘为中文大学讲座教授，并兼任文学院院长、哲学系主任等职。中文大学成立之初，在体制上实行联邦制，各学院有相对的独立性。但是，由于新亚书院的教育理想与香港中文大学的学校教育体制之间存在相当大的差距，因此便不免发生冲突。钱穆乃毅然引退，著述自娱。特别是到了1973年，中文大学在体制上放弃联邦制，而改为一元化的集权制，在教育体制上也一味仿照香港大学。面对这种情况，素持人文主义教育理想的新亚书院遂陷入了一种新的困惑。唐君毅认为，中文大学如成为香港大学第二，则中文大学没有独立存在的必要。如果中文大学坚持为华人社会的需要而存在，就不应一味仿效香港大学。他力争新亚书院的相对独立性，但终因势单力孤而未果。于是他与牟宗三于 1974 年先后从中文大学退休，这时新亚研究所也为中文大学所裁撤。针对这种状况，唐君毅与牟宗三、徐复观等人在新亚书院老校舍重建新亚研究所，由唐君毅继续担任所长，牟宗三等人任教授。又创建新亚中学，致力于基础教育。他们遥承新亚书院的理想，并以期实现新亚书院弘扬儒学的目标。

唐君毅：新儒学的返本开新论

在港台新儒家中，唐君毅是一位具有相当影响力的学者。他不仅协助钱穆创办新亚书院和新亚研究所，而且在儒家思想的阐释方面也做出了相当重要的贡献。

1926 年，十七岁的唐君毅考上北京大学，他听过梁启超、胡适和梁漱溟等学者的演讲或课程。对于胡适推崇西方文化的态度，唐君毅几乎从一开始就表示反感，而对梁漱溟所宣扬的儒家思想及保守主义观点，则表示相当的欣赏，受梁漱溟的影响相当深。次年，唐君毅转到南京中央大学哲学系，师从方东美和汤用彤，学到了西方新实在论哲学。在他求学中央大学期间，著名的新儒学代表人物熊十力曾到校宣讲其新唯识论哲学，唐君毅又受他影响不小。

在大陆执教的时候，唐君毅虽然对中西哲学的异同进行过比较研究，并著有《中西哲学思想比较论文集》，但是，他的治学重点主要在人生哲学和道德问题，尚未表现出后来那么明显的新儒学倾向。在这一时期，他认为，人生的根本在心，或者说在精神。因为从外面看，人虽是现实的物质存在，但是从内里看，则人是精神的存在。精神与身体比较起来，更能代表人的“自我”。因此，心是身的主宰，而身则只是心的外壳。基于此认识，他把人的一切活动都视为心的活动，精神的活动。他指出，人生的目的不在追求快乐，不在满足欲望，也不在求生命的更广大丰富，而应该在实现自我。人生的最大幸福，乃是纯粹的精神活动的幸福。人要时时以反刍的精神细细地品味生活的意义，去求取人生的智慧，使自己的心灵对于真理永远有新发现的欢悦。同时，人不要悲叹自己的失望，而要勇于战胜自己的烦恼，也不要把自己的快乐化为狂欢，而要经得起生活的狂澜。

唐君毅到香港地区之后，由于直接感受到中西文化的激烈冲突，便将学问的重点逐步转到文化问题上来。通过对中国传统文化的反省，以及对西方文化的考察和直接感受，他觉得应该解决中国传统文化的“开新”问题。在中西文化的根本区别方面，唐君毅在前人探讨的基础上，认定中国文化重人，西方文化重物；中国文化重视道德和艺术，西方文化重视科学与宗教；中国文化重人伦，西方文化重个人自由；中国文化重统绪，而西方文化重分殊。

唐君毅具体解释道，中国思想与西方思想不同的地方，关键在于中国思想很早便特重视“人”的观念。儒家的六经是中国最早的经典，六经主要讲的便是“人道”。中国的经典也讲天，但中国古代讲天，重要的是为了治历法、明天时。这和西方或印度的宗教基本不同。自孔孟以来，中国文化更明于人禽之别，着重指明人之所以为人，就在于人有仁义理智四端，以此系统地确立了着重人道的根本精神，而西方文化所重的是物。西方的心理学、生理学、人类学研究的虽是人，但是这种研究实际上是把人作为一种物来研究，是把人的构造当作一部活的机器来研究。至于说中国文化重道德艺术，西方文化重科学与宗教，这是再明显不过的了。

唐君毅指出，中国文化发展到周代，特别重视礼乐，这种重礼乐的精神，就是重道德和艺术的精神。孔子以六艺教人，就含有道德艺术的意义。在仁义礼智四德中，智德居于末德，尤其表现了中国文化以道德艺术为先的精神。以艺术的眼光看自然，自然便被人空灵化，统属于道德律之下。因此，中国古代求客观必然的自然律动机，就得不到滋长。故而中国古代的科学与宗教也就得不到充分的发展。而西方则不同，西方自古以来所重视的都是人的理智的理性活动，西方人总是把自然作为与人相对的客观对象来研究，所以西方人以求自然必然律则的科学和向外追求超越精神的宗教，便自然得到特别的发展。

至于中国人重人伦，西方人重个人自由的分别，这是中西文化比较中较一致的观点。在这方面，唐君毅格外指出，中国人重视人伦的基本特点是，在人与人的关系中，特别重视忠信，不像西方国家人与人互相疏远。在这种伦理关系中，中国人都替对方设想，将心比心，人人都超越个人的自私心，而从对方的心中去发现自己的价值。西方文化则不然。西方文化自古以来就表现了尊重个性自由的精神。特别是到了近代，由于社会分工的过度发展，人不断地个体化，人们无不崇尚自由，因此，有天赋人权、人人生而自由、生而平等的口号。

对于中西文化特点的分析，唐君毅比较突出的贡献是他认定中国文化重统绪，西方文化重分殊。在这一判断上，似乎尚不见前人的研究。唐君毅认为，中国古代社会阶级的分化不明显，个人又很容易改变职业，所以文化学术就着重统绪而忽视分类。也就是说，注重各类文化学术精神的融合而不重视文化学术的多途发展。当代中国在文化中分出宗教、政治、艺术、哲学、科学、经济、文学等，实际上都是西方输入而中国乐于接受的，而不是中国文化本有的特征。中国古代各派的学术虽然也有其所重的宗旨，如朱熹重穷理居敬，王阳明重本心良知，但这只是他们讲学的重心不同，而不是表示他们主义的不同。故不同宗旨的学术文化，在中国古代常常可以互相涵摄而并存。

在唐君毅看来，中国文化的最大特点就在于它的融合性，或一体性。而西方文化则相反，基本特点就在于它的分殊发展。它很早就有宗教、艺术、科学、文学、哲学等的学科分类。到了近代，这种文化学术的分类是愈分愈细，不同的主义和派别，愈来愈多，各种学术文化中的人物都喜欢各行一端，呈其所长，显其所偏。所以西方每一时代中各文化流派的独特精神就比较彰明显著。如一时代的宗教，或主一神，或主多神、超神或泛神。文学中各派或为浪漫，或为写实，或为古典。哲学中各派或倡唯心，或倡唯物，因而西方文化自始就表现出色彩斑斓的景象。

基于此，唐君毅把中国文化称为“圆而神”，把西方文化称为“方以智”。圆而神，就是说中国文化以神来把握万物，能与天地周流而转；方以智，就是说西方文化能以理智把握事物，能得其一而不能尽其二。他说，中国文化是自觉地求实现，而非自觉地求表现；西方文化则是能自觉地求表现，而未能自觉地求实现。中国文化能随具体事物变化，而具与之宛转俱流的智慧，因而是圆而神。西方文化善于把握普遍的概念原理，都是直的，其一个接一个，即成为方的，因而是方以智。唐君毅认为中国文化的缺点在于未能多途发展，未来的中国文化应该吸收西方文化的精神，尽量做到多途发展。这正如一把伞，要尽量地撑开。西方文化的缺点在于它往而不返，故西方文化虽然现时表现出奇光异彩，但将来如何，却很难说。

显然，唐君毅对中国文化表现了相当的自信心，并认为西方文化的未来发展如欲克服自身的问题，必须学习中国文化重统绪的精神。唐君毅以为由孔孟开创的中国文化精神的基本核心是依天道以立人道，而使天德流行（上帝之德直接现身）于人性、人伦、人文之精神仁道。中国文化的精神在于一方面以天心即人心，另一方面以人心见天心。这种精神依宋儒的说法，就是依太极以立人极，而于人极中见太极。用西方理性主义思潮的术语说，就是直接依绝对之生命精神，以成就主观生命精神，而使绝对生命精神内在于主观生命精神，并通过主观生命精神，以表现于客观生命精神。

既然中国文化的精神这样有价值，那么中国文化何以面对西方文化的挑战时是如此的不堪一击，步步退守，以至于全线崩溃？对此，唐君毅的解释是，近百年来，西方文化确实对中国文化造成了极大的冲击，但这主要表现在西方的科学思想与民主思想输入中国所造成的问题。科学的态度是怀疑的态度，是对任何问题都要问一个为什么，甚至对为什么还要问一个为什么，直至问到使人自认对他所知的东西不知道为止。在这种态度的支配下，中国传统文化中的许多东西都经不起追问，于是中国传统文化中的许多并不一定坏的东西都在这种追问下逐步丧失。而且，科学方法的应用，也同样起到瓦解中国传统文化的作用。因为科学的方法是从事理智的分析，而理智的分析，都是从解剖和破坏对象开始的。这样，中国文化就面临着重建人文的问题。

至于西方民主思想的输入，更引起中国传统的伦理道德的破坏与混乱。西方的民主思想特别重视人的人格和人权，这当然是好的。但是如果一味加以提倡，特别是在整个文化中讲民主，而不局限于政治学的范围内讲民主，就有可能走到抹杀社会伦理的地步。例如，如果仅仅重视个人的人格，则我要维护我个人的尊严，那么可不可以不孝敬父母，不尊重别人呢？在唐君毅看来，虽然民主制度、民主思想并不一定就是破坏社会伦理，但是提倡的附带效果，则可能严重破坏中国家庭和社会伦理。于是中国文化也面临着一个重建道德伦理的问题。

既然中国文化面临一个重建的问题，那么怎样才能重建呢？唐君毅认为，中国文化是真实不虚的存在，它贯穿于中国过去的历史中，也将贯穿于中国当前的历史和未来的历史中。问题是中国文化需要复兴，就需要对症下药，就要明白中国文化的问题之所在。为此，唐君毅提出几条基本看法：

第一，依本成末。本即根本，即本体。末即用，即本之外在表现。唐君毅认为，中国文化在本原上，或者说在度量上、在德量上，乃已足够，无足以过之者。中国文化所缺的是没有充量的表现。因此，中国文化必然依本而有多途的发展，即依本成末。但是只有本而无末，有如身躯和四肢，四肢不发达，终累及身躯。在唐君毅看来，中国的先哲偏重于视人文为人心的流露，以及视人文直接为陶冶人格精神之用，而未重视使人的精神开展为分途发展的人文世界，故有中国文化的危机。今日欲消除中国文化的危机，只有依赖人文世界的多方分途发展。中国文化只有立足于中国文化的根基，充分吸收西方文化多途发展的精神，才能使中国文化克服危机，走上全新的发展道路。

唐君毅的所谓多途发展，实际上就是强调中国传统文化应该改变原来只重视内圣而忽略外王的弊病。他认为，外王的基础在内圣，但内圣必须化为外王。没有内圣的功夫，外王的事业终不能长保，但是没有外王，内圣便缺少外在的表现。

第二，返本开新。唐君毅认为，遍观中外历史，每有新的创造，无不以复古为前导。在中国古代，不要说孔墨俱道尧舜，就是王莽、王安石也都主张复古，而他们都是要改革时代的。韩愈、柳宗元倡导文学复古，但他们都是开一代文风的大文学家。韩非、王充反对复古，而他们思想的价值，却只在怀疑方面，而并不在于建树。追逐时文的，一般都是一些轻浮之徒。西方文艺复兴是复希腊文化之古，启蒙运动时的政治法律思想是复斯多葛派之古，德国的浪漫主义文学运动是复原始的神话歌谣之古。总之，文化发展的一般趋势，总是以复古为革新。

显然，唐君毅的这种说法是梁启超、沈有鼎等人说法的延续。梁启超在《清代学术概论》中揭示清代学术以复古为解放的一般规律。沈有鼎于1937年在《中国哲学今后的开展》一文中也指出：中国文化——同其他文化一样——有它特殊的波动方式，一往一复的节律……每一次新的文化产生，是对旧的文化的反动，是革命，同时是回到前一期的文化精神，是复古。只有革命是真正的复古，也只有复古是真正的革命。每一次新的文化产生，是综合着正反两方面的精神，而达到一个新的，自古未有的形式的。因此是前进，不是后退；是创新，不是因袭；是成熟，不是返旧。也只有创新才是真正的复古。

据此可知，唐君毅的复古革新论的说法并不是最新的，只是他在谈到中国文化的未来怎样以复古进行救治时，明显是主张以宋明理学作为中国文化复兴的基础。他说，原因很简单，一切被认为复古主义的人，都是有感于当前现实的社会文化的种种弊端，而此种弊端，在距另一文化精神之前的时代，则不存在。反之，救治此时代弊端的文化精神，恰巧在前一时代；于是便加以提出，以为改造现代的文化缺点，而推进时代走向更合理的道路。而今日中国文化之弊主要表现在三百年来清代学术文化使人心灵流荡而不能凝聚，散乱而不能回归。所以今天要复兴中国文化，就必须弘扬宋明时期的心性之学，矫正清代以来的学术之偏，重新重视内圣之道的精神，从而使中国文化在宋明理学的根基上寻求多途的发展。此即返本开新的全部意义。

第三，回应挑战。所谓回应挑战，实际上是针对西方文化的冲击而言。唐君毅指出，中华民族文化在其数千年的历史发展过程中，经历过各种外来文化的冲击和挑战，但都回应过去了。然而，中国文化现在所经历的西方文化的冲击是空前的，中国文化如果不能很好地综合以往的各种回应方式，便很难迎接今天所受到的挑战。那么如何回应这种挑战呢？唐君毅认为主要是中国文化的重建问题。中国文化如果能够以过去的仁教去统率和接受西方的民主和科学思想，正像中国过去接受佛教而又超越佛教，创造出中国特色的新佛教那样，中国文化便能战胜西方科学与民主思想的挑战而重建自己的新体系，重新坦然地面对世界，走向未来。

徐复观：儒家思想与民主政治

在第二代新儒家的学者中，徐复观可谓情况比较特殊，他半生从政，1946年，以少将衔退役，时已五十岁，才开始从事学术研究，宣传新儒家的学说。在他的后半生，他写作并出版了十几部学术专著、论文集，发表近百篇学术论文和杂文，是第二代新儒家中比较有成就的学者。

徐复观一生中最佩服新儒家的开山祖师熊十力。他于1943年在重庆北碚勉仁书院以军人的身份初次拜见熊十力，请教熊十力应该读什么书。熊十力让他读王夫之的《读通鉴论》。徐复观说早年已经读过了。熊十力以不高兴的口气说，你并没有读懂，应该再读。过了些时候，徐复观再去看熊十力，说《读通鉴论》已经读完了。熊十力问，有什么心得？于是徐复观便说出许多他不太满意的地方。熊十力未听完便高声斥骂道："你这个东西，怎么会读得进书！任何书的内容，都是有好的地方，也有坏的地方。你为什么不先看出他好的地方，却专门去挑坏的；这样读书，就是读了百部千部，你会受到什么益处？读书是要先看出他的好处，再批评他的坏处，这才像吃东西一样，经过消化而摄取了营养。比如，《读通鉴论》，某一段该是多么有意义；又如某一段，理解是如何深刻。你记得吗？你懂得吗？你这样读书，真太没有出息！"这一骂，骂得徐复观目瞪口呆，脑筋乱转，原来这位先生骂人骂得这样凶！原来他读书读得这样熟！原来读书是要先读出每部书的意义！正如徐复观后来回忆时所说，这对他是起死回生的一骂。恐怕对于一切聪明自负，但并没有走进学问之门的青年人、中年人、老年人，都是起死回生的一骂！这次见面对其后半生的影响甚巨，从此使他决心步入学术之门。

或许是从政经历所起的作用，徐复观比起其他新儒家的学者来，相对说来比较开明。可以说，他是新儒家阵营中批判封建专制主义最力和为民主呐喊最勤的一位。他虽然不赞成把他纳入一般的自由主义者，但他确实称自己的思想是“人文主义的自由主义”。他在坚持新儒家文化保守主义的立场论学的同时，在涉及政治问题时，他的基本态度大体可以归为自由主义的原则。所以有人说，徐复观是以自由主义论政，以保守主义论学。这大体反映了徐复观思想的两个方面。

和其他的新儒家学者相比，徐复观的学术成就不是对儒家思想的新开展做出多少新的理论阐发，而是比较多、比较系统地进行了中国思想文化史的研究，尤其是先秦、两汉学术思想史的研究，这是其他新儒家学者较少留意的地方。正是通过这种研究，徐复观的思想较多地带有历史学者的色彩，比较清楚地看到儒家思想的历史价值和现实意义，尽管这种看法也不免带有新儒家学者的偏见。他认为，儒家思想在长期的专制政治下，不可避免地会发生某些歪曲、变形，但这只能说是专制政治歪曲并阻止了儒家思想的正常发展，怎么能倒过来说儒家思想是专制制度的护身符呢？而且，儒家思想在长期的适应、歪曲中，仍能修正与缓和专制制度的毒害，不断给予社会人生以正常的方向和信心，因而使中华民族度过了许多黑暗时代，这乃由于先秦儒家立基于道德理性的人性所建立起来的道德精神的伟大力量。研究思想史的人，应就具体的材料，透入于儒家思想的内部以把握其本来面目。

在徐复观看来，中国思想史研究的主要任务，就是要在中国文化传统中发现那些好的东西，发现中国文化中可以和民主政治相衔接的地方。对中国文化持严厉批评态度的那些人，徐复观深不以为然。他在《儒家政治思想与民主自由人权》中说，这些年来谈中国文化的人士，不论站在正面或反面的立场，都忽略了文化性格上的不同，而仅拿同一的尺度去夸张附会。凡说中国文化是落后的，这是拿西方的文化做尺度去衡量中国文化；凡说中国文化是超越的，这是拿中国的文化尺度去衡量西方文化。殊不知以一个尺度去衡量两种不同性质的文化，恐怕这不能不是一个错误。

鉴于此，徐复观对近代以来不遗余力地批判中国文化、诋毁中国文化、肆意贬低中国文化的学者极为不满，以为目前中国所需要的一种精神自觉的运动就是要对中国文化再肯定。对中国文化的再肯定，只是精神觉醒的自然流露，只是觉醒的起点。人类历史中，只看见有的民族消灭了，但其民族的文化却依然有另一个民族所传承而不绝的事实，断乎没有民族未消灭，便首先会消灭其自身所创造的文化。人一生下来即浸润于其自身文化之中，任何人都不能自外。采取纯否定态度的人，实际在他的生活中，并不能将其完全否定掉，而只是由他这种缺乏自觉之情，反而使自己的无形中站在文化坏的方面。现在一笔抹杀中国文化的人，其上焉者，多半是中国型的文人习气；下焉者，只是中国型的无赖之徒。只有自觉地先承认自己的文化，才能站在自己文化好的一方面。同时，对于自己的文化有一副真诚的良好的态度，则对于为人类所分工成就的其他文化，也自然会有一副真诚的良好态度，没有不努力加以追求吸收之理。

徐复观的上述态度显然是对全盘反传统思潮的一种批评，但是毫无疑问，他试图从中国文化传统中寻求以西方文化嫁接的土壤和条件，实为五四全盘反传统中相当一部分人所具有。而这种思想意识似乎也正是胡适早年思想的延续。胡适在其名著《先秦名学史》中写道，当前的中国由于在政治、经济、军事、科技等各方面明显落后于西方，遂使中国人的精神状态处于一种萎靡不振的境界之中。无疑，中国要改变落后挨打的被动处境，以自立于世界民族之林，首要的是经济、实业的重整与振兴。但是，一个具有光荣历史，以及创造了灿烂文化的民族，在面对新的文化挑战的时候绝不会感到自在。

在胡适看来，中国当前的问题固然在于经济的繁荣，科技的发达，但又必须同时考虑到中国人心理严重失衡的问题，即我们中国人如何能在这个骤看起来同我们的固有文化大不相同的新世界里感到泰然自若？欲达此目的，胡适认为，首要的在于弄清中国文化与西方文化的本质差异及其内在的可通融性。他指出，人类文化就本质而言，东西双方原是一致的。双方之所以有其基本上的相同点，就是因为彼此都是从人类的常识出发。换言之，任何一种文化不论其形式如何，起初所要解决的问题在出发点上都是基本相似的，所面对的问题和将要采取的手段也是极为相似的。只是到了后来，由于社会条件的不断变化，中西双方的文化才开始出现差异，才开始走上不同的发展道路。正是由于这种不同，中西文化才需要交流，需要沟通。然而文化的交流与沟通又是一个十分复杂的问题，虽然现在的欧美文化较中国文化远为先进，但也不是可以盲目引进的，而必须使西方现代文化的精华与中国固有的文化精神真正联结起来，而不发生排异反应。为此，首要的问题是寻求彼此双方可以沟通、联结的基础或契机。也就是说，必须在中国大地上寻求出一块可以嫁接欧美文化的土壤，并在这两种不同文化内在调和的基础上建立中国自己的新的文化体系。

不过，胡适的研究结果是中国文化如欲与西方文化进行有机的结合，必须排除宋明理学的阶段，并基本排除了儒学复兴的可能性。相反，中西文化之间的交流与沟通，必须有待于非儒学派的复兴。因为只有在这些非儒学派中才能找到移植西方哲学和科学最佳成果的合适土壤。从历史和发展的观点看，现代西方文化最主要的贡献差不多都能从中国古代那些非儒学派的思想里找到遥远而高度发展的先驱。因此，从这个意义上说，徐复观虽然与胡适对中西文化的认识基本相同，他们都是为了寻求中国文化能够接受移植的土壤。然而二人所找到的基础则显然不一样。

徐复观认为，中国悠久的思想传统早已具有西方民主政治和科学精神的内涵，正是这些内涵足以成为嫁接西方文化的土壤。要完成这一使命首先必须努力还原儒家思想的本来面目，因为顺着孔孟的真精神追下来，在政治上一定是要求民主，只是在专制政权建立之后，这种精神才受到了压抑。在西汉的专制统治下，大思想家如贾谊、董仲舒，都是反对专制，反对家天下的。《吕氏春秋》和《淮南子》的政治思想都是要求民主的。正是基于这种考虑，徐复观竭力要把中国文化传统中原有的民主精神重新显豁疏导出来，这便是他所期望的为往圣继绝学；然后用这部分精神来支持中国现代的民主政治，这在徐复观看来就是为万世开太平。

在徐复观大量的思想史研究著作中，他着力探讨的基本上都是中国思想史上的民主因素和他视为进步的思想因素。正如他在谈到钱穆的史学与他的史学的区别时所说的那样："我和钱先生有相同之处，都是要把历史中好的一面发掘出来。但钱先生所发掘的是两千年的专制并不是专制，因而我们应当安住于历史传统政制之中，不必妄想什么民主。而我所发掘的却是以各种方式反抗专制，缓和专制，在专制中注入若干开明因素，在专制下如何多保持一线民族生机的圣贤之心，隐逸之节，伟大史学家文学家面对人民的呜咽呻吟，以及志士仁人忠臣义士，在专制中所流的血与泪。"由此可见，新儒家的学者虽然具有浓厚的现实关怀，但他们从中国数千年历史传统中所寻求的价值却主要是以他们个人的直接感受为原则，因而他们所论说的中国传统似乎并不是中国历史文化的真相。

通过对思想史的研究，尤其是对儒家思想的重新体认，徐复观认为，中国文化中没有出现民主政治，这似乎是中国文化的最大污点。但是在中国思想史中，则不乏民主的思想或者说是思想因素。从这点出发，徐复观对孔子的民无信不立进行了重新诠释，对孟子的一些民治原则也做了一些颇具新意的重新解释。基于这些解释，他认为，如果将儒家的内在道德落实到政治层面上，尽管儒家的政治思想有其纯粹的精致的理论，但由于历史条件的制约，儒家所祖述的思想，从政治这一方面看，总是站在统治者的地位为统治者想办法，总是居于统治者的地位以求解决政治问题，而很少站在被统治者的地位去规定统治者的政治行为，以谋求解决政治问题。这样便与西方近代以来的民主政治由下向上去争的发展的情形，成一极明显的对照。因之中国政治的主体性始终建立不起来，中国政治思想也就始终没有从民本走向民主。按照这种思想继续推论，中国政治的未来当然是应该以西方的民主政治制度来弥补儒家的重礼治而不重法治的思想传统的结论。

然而，遗憾的是，徐复观基于新儒家思想的局限，特别是基于西方民主政治发展进程中的问题不断出现的事实，又深刻地感觉到西方的民主政治制度虽然有其合理性和有用性，但是很难解决社会生活中实际存在的个人与全体的矛盾和冲突，因此，在不远的将来可能要爆发相当严重的危机。而正是在这一点上，徐复观又感到儒家文化，尤其是儒家素来强调的德治似乎可以为解决西方政治制度危机提供一条很好的思路和办法。他在《儒家政治思想的构造及演进》中说，如果采用西方近代权力竞争的政治观点，而不承认对个体的基本权力的限制，这种把中西坏的方面糅合在一起的政治，便是世界上最不可救药的政治。比如，近代法制的基本观念，本是规定相互关系，以限制统治、保障人民的。而在这种政治下，则变为压抑人民、放纵统治的工具。所以等于无法，更何优于礼让。据此可知，民国以来的政治既不是西方的民主政治在替我们负责，也不是儒家的政治思想在替我们负责，而是亦中亦西、不中不西的政治路线在作祟。

徐复观强调说："我们今日只有放胆走上民主政治的坦途，而把儒家的政治思想重新倒转过来，站在被统治者的立场上再做一番新的体认。首先把政治的主体从统治者的错觉中移归人民，人民能有力量防止统治者的不德，人民由统治者中的'民本'一转而为自己站起来的民主。知识分子一变向朝廷钻出路、向君王上奏疏的可怜心理，转而向社会大众找出路、向社会大众明是非的气概。对于现实政治人物的衡断，再不应当着眼于个人的才能，而应首先着眼于他对建立真正的政治主体，即对民主所发挥的作用。所以今后的政治，先要有合理的争，才归于合理的不争。先要有个体的独立，再归于超个体的共立。先要有基于权利观念的法的限定，再归于超权利的礼的陶冶。"

总之，要将儒家的政治思想由以统治者为起点的迎接到下面来，变为以被统治者为起点，并补进中国历史中所略去的个体自觉的阶段。这样，民主政治则可因儒家思想的复活而得其更高的依据；而儒家思想也可因民主政治的建立而得完成其真正客观的构造。这不仅可以斩断现实政治上许多不必要的葛藤，且可在反极权主义的斗争中为中国为人类的政治前途开一新的运会。

牟宗三：儒家思想在现代化过程中的意义

与徐复观一样，港台新儒家学者牟宗三也是熊十力的学生，甚至在一定意义上说，牟宗三也是得益于熊十力的当头“棒喝”，才真正回归到儒家思想的轨道上来的。他在回忆其早年与熊十力相识时的感受时说：“我当时好像直从熊先生的狮子吼里得到了一个当头棒喝，使我的眼睛心思在浮泛地向外追逐中回光返照：照到了自己的‘现实’之何所是，停滞在何层面。这是打落到‘存在的’领域中之开始机缘。”这一哲学路向，就是牟宗三后来所说的“生命的学问”。

对儒家思想本原的倾心，是现代新儒家的一个共同特点。然而由于儒家思想的本原也不是一个固定的体系，其内部也有各种不同的派别。即便是宋明理学内部也有程朱理学与陆王心学的区分，那么牟宗三的新儒学到底是倾心于何种新儒家呢？简言之，他是陆王心学一系的传人。甚至还可以说，儒家哲学中的心学一系，尽管在现代中国一直有人如梁漱溟、熊十力等都试图将其继承和发展，但他们在现代化方面做得都不够，这一方面是因为时代条件的限制，另一方面则主要是因为他们尽管对儒家心学体认较深，但毕竟对西方哲学所知有限，实际上是到了牟宗三的时候，儒家心学才真正完成现代化的转化过程。

牟宗三与冯友兰的工作有一定的相似之处，他们都是致力于用西方哲学分析的方法来重建中国哲学。其区别在于，冯友兰的研究过多地强调西方的色彩，而牟宗三的研究则主要坚持中国儒家的学术立场。

在牟宗三学术生涯的早期，他的学术兴趣主要在于追随罗素等西方数理哲学大师，从事逻辑、知识论和康德知性哲学的研究，到了20世纪40年代，当他与熊十力相处的时候，受熊十力影响，牟宗三开始思考中国文化和儒家哲学的现代意义等问题。当时，他的思考重点是中国文化，尤其是儒家哲学能否在外王的层面开出一片新天地，即儒家哲学能否容受西方民主与科学思潮，开出中国的现代化的问题。面对这种问题，牟宗三的回答当然是肯定的。他认为，西方的现代化实际上已面临严重的危机，解救西方现代化危机的根本出路就在于重提儒家的道德理想主义，在于提出儒家的“生命的学问”。

牟宗三回顾近代以来中国思想界的情况时说，近代以来的学术方向毫无疑问是向西方看齐，但是中国人在向西方看齐的时候，实际上只注意到了西方的科学，而科学中并无生命的途径。西方人关于生命的灵感与关于生命的启示，是在他们的文学艺术和宗教之中。然而中国知识分子以其浅薄的理智主义，对于道德宗教是并无严肃的意识的，因之对于西方的宗教并没有发生兴趣。近代以来的学术方向是以科学为普遍的价值尺度。中国人并不注意他们的生命的学问，所以近代中国知识界的知识中心主要是接受一些西方的逻辑思辨成果、科学成果，以及一些外在的思辨的形而上学的问题，而并没有注意生命的问题。结果，近代以来的中国现代化便只好停留在一些器物的层面，而缺少现代化社会应有的人文关怀。在牟宗三看来，这些问题的症结主要在于文化理想的失调和价值意识的丧失，克服之道就是要唤醒中国人的文化意识和价值意识。而要做到这一点，就必须返归于孔孟所开示的“怵惕恻隐之仁”，重建儒家的道德理想主义。

在牟宗三看来，儒家的道德理想主义即儒家式的人文主义就现代而言，其完成与实现的关键主要在于由此开出新外王这一环节上。也就是说，儒家的道德理想主义如果不能容受西方现代的科学与民主，那么这种道德理想主义便没有存在的价值。他在《从儒家的当前使命说中国文化的现代意义》中指出：

> 儒家的理性主义在今天这个时代，要求新的外王，才能充分地表现。今天这个时代所要求的新外王，即是科学与民主政治。事实上，中国以前所要求的事功，亦只有在民主政治的形态下，才能够充分的实现，才能够充分的被正视。在古老的政治形态、社会形态下，瞧不起事功，故而亦无法充分实现。这种事功的精神要充分地使之实现，而且在精神上、在学问上能充分地证成之，使它有根据，则必得靠民主政治。民主政治出现，事功才能出现。若永停在打天下取得政权的方式中，中国的事功亦只能永停在老的形态中，而无法向前开展。

现代社会的一个最大特点是对经济成长的追求远比古代更迫切，对个人自由、政治民主的追求也远比古代更迫切。因此儒家的道德理想主义要想在现代中国生根开花，首先就必须解决儒家道德理想主义与现代的经济生活和政治生活相适应的问题。换言之，就是要解决儒家的道德理想主义与近代科学、近代民主政治之间的关系问题。儒家之所以在近代中国面临那样大的挑战，五四新文化运动之所以提出“打倒孔家店”的口号，归根结底，都是因为儒家的道德伦理与科学、民主的时代思潮相冲突。

对此，牟宗三为儒家的道德理想主义进行了辩护。他认为，儒家伦理确实在历史上并没有推动科学与民主政治的发生，在道德层面，中国文化确实达到了很高的境界，但就文化生命的特质及其发展的限度而言，也存在相当严重的问题或缺陷，这主要表现在，一是科学精神，无论中国人如何为自己的文化进行辩护，但中国文化尤其是儒家的思想缺少科学精神则为不易的事实；二是在中国文化的历史中，不论帝王专制有怎样的好处，但毋庸讳言，中国缺乏西方近代民主制度机制。换言之，中国文化从知识方面说，它缺少了知性这一环节，因而也不会出现逻辑数学与科学；从客观实践方面说，中国文化缺少了“政道”建立这一环节，因而也就不会出现民主政治，不会出现近代化的国家政治与法律。

在牟宗三看来，儒家思想在历史上没有开出科学与民主之花，并不能简单地归结到儒家思想本身，而是有着相当复杂的其他政治原因、社会原因，并不等于儒家思想与现代民主政治、现代科学存在根本的滞碍和冲突。他在《从儒家的当前使命说中国文化的现代意义》中说：

> 中国从清末民初即要求现代化，而有人以为传统儒家的学问对现代化是个绊脚石。因此似乎一讲现代化，就得反传统文化，就得打倒孔家店。事实上，儒家与现代化并不冲突，儒家亦不只是消极地去“适应”“凑合”现代化，它更要在此中积极地尽它的责任。我们说儒家这个学问能在现代化的过程中积极地负起它的责任，即是表明从儒家内部的生命中即积极地要求这个东西，而且能促进、实现这个东西，亦即从儒家的“内在目的”就要发出这个东西、要求这个东西。所以儒家之于现代化，不能看成是“适应”的问题，而应看成是“实现”的问题。惟有如此，方能讲“使命”。

在他看来，儒家的学问原来是讲内圣外王的，此外王的现代含义当然应该包括科学与民主。现在的问题不是中国文化是否包含民主与科学，也不是民主与科学的普遍价值和对于我们民族存在与发展是否具有足够的重要意义，而是中国社会在吸收西方的科学与民主的时候，不可能采取某种外在的加法，而必须通过民族文化的自我调整，从民族文化生命内部开显出来，即从儒家的内圣之学、心性之学中开显出来。这就是内圣开出新外王的基本含义。

对此，他在《道德的理想主义》一书中说，儒家的道德理想主义在道德理性的客观实践一面确实能够转出并肯定民主政治，并且从道德理性方面通出去，必于精神主体中转出“知性主体”以成立并肯定科学，否则，儒家的道德理想主义便没有在现代社会存在的价值和意义。

那么，怎样才能从儒家的道德理想主义中开出民主与科学来呢？对此，牟宗三的设想是，在科学方面，真正的儒家思想并不反对知识，发展科学也是现代新儒家最为关切的问题之一。儒家讲良知，讲道德，乃重在存心、动机之善，然而如果只有一个好的动机而没有知识，那么道德上的好的动机也就无从表达。所以，儒家基于良知和动机的简单要求，也自然需要一种现代科学知识作为传达的工具。正是从这个意义上说，儒家伦理、儒家的道德理想主义是一定能够容受现代科学成就的。他在《时代与感受》中说，发展科学是新外王的物质条件，也即新外王的材料、内容。科学的精神即是事功的精神，科学也是卑之无高论的。英雄不能做科学家，圣人则超过科学家，故也不能做科学家。天天讲王阳明，讲良知，是讲不出科学的，因为良知不是成功科学的一个认知机能。然而科学也可以与儒家的理性主义相配合，科学乃是与事功精神相应的理性主义的表现。

至于儒家的道德理想主义与现代民主政治之间的关系，牟宗三认为二者之间也是相同相容的。他说：

> 科学知识是新外王的一个材质条件，但是必得套在民主政治下，这个新外王的材质条件才能充分实现。否则，缺乏民主政治的形式条件而孤立地讲中性的科学，也不足称为真正的现代化。一般人只从科技的基层面去了解现代化，殊不知现代化之所以为现代化的关键不在科学，而是民主政治；民主政治所涵摄的自由、平等、人权运动，才是现代化的本质意义之所在。假如在这个时代，儒家还要继续发展，担负他的使命，那么，重点即在于本其内在的目的，要求科学的出现，要求民主政治的出现，要求现代化，这才是真正的现代化。

他认为，儒家在现实上谈政治，总是以夏商周三代作为理想标准，其最高的境界就是尧舜的禅让、天下为公的大同政治。这种政治的实质便很接近现代民主政治的意思。所以说，要求民主政治实为现代新儒家的主要目的之一。对此，他在《时代与感受》中还指出，要求民主政治乃是新外王的第一要义，是新外王的形式意义、形式条件，事功得靠此解决，这才是真正的理想主义。而民主政治即为理性主义所蕴含，在民主政治下行事功，这也是理性主义的正当表现，是儒家自内在要求所透显的理想主义。

在牟宗三看来，中国社会本来早已有了治权的民主，但是因为政权不民主，则此民主并不可靠，所以中国未来民主的政治当然应该运用原来的民主思想作为基础向前推动，即把理性的作用表现转成理性的架构表现，要求政权的民主。真正的政治民主是在政权的民主上表现的，只有政权的民主，治权的民主才能得到真正保障。所以中国以前理性的表现虽是相当的民主与自由，然因政权不民主，中国的民主政治并无真正的保障，因此，中国政治现代化的根本任务就是要求建立政权上的民主政治。从这个意义上说，牟宗三的思想并不是背离现代社会的基本要求，而是合乎现代社会事实的。

问题在于，牟宗三在谈到中国社会的未来，即如何建立现代民主政治，吸收西方科学，建立真正意义上的现代社会时，其思想的着眼点不是基于全球化的眼光看待中国传统文化，尤其是儒家精神，而是基于中西文化的二元对立的立场，强调中国文化的现代价值即在终极层面的思考，而视西方文化只是一种功利的形而下的文化形态，它除了可以提供现代社会所需要的科学与民主外，似乎并不能在形而上或终极关怀的价值层面提供有益的东西。显然，牟宗三的这种认识是现代新儒家的通病，是儒家文化本位论的基本表现。

附录

儒学人物小传

徐复观（1903—1982），原名秉常，字佛观，后由熊十力更名为复观。湖北浠水人。哲学家，新儒家代表人物之一。

徐复观少年时就读于武昌第一师范，1926年参加国民革命军，1928年赴日留学，先是在明治大学学习，后进入日本士官学校。1931年，他因秘密从事抗日活动被遣送回国，回国后继续军人生涯，在国民党政府任团长、军参谋长，并获少将军衔，也参加过武汉保卫战。1949年，徐复观前往香港，创办了《民主评论》。1958年，他与唐君毅、牟宗三、张君劢联名发表《为中国文化敬告世界人士宣言》。1969年赴香港，任新亚研究所、中国文化研究所研究员。

徐复观是熊十力的弟子，其学术研究不喜欢谈虚谈无，而是注重历史的、现实的、具体的内容，他在秦汉思想史研究领域的贡献极大，在民主政治的推进中也有自己的主张，他认为必须从中国文化的根上找到与现代民主政治可以衔接的地方。

唐君毅（1909—1978），四川宜宾人。哲学家，现代新儒学代表人物。

唐君毅出身于书香门第，受到较优越的启蒙教育，先后就读于中俄大学和北京大学，毕业于中央大学哲学系，深受梁启超、梁漱溟、熊十力等人的学术影响，后历任华西大学、中央大学、金陵大学、江南大学等校教授。1949年，他前往香港，参与创办了新亚书院。20世纪60年代，随着“新亚转制”，唐君毅受聘为香港中文大学文学院院长、新亚研究所所长，并任哲学教授。

唐君毅是现代新儒学的代表人物，在1958年就与徐复观、牟宗三、张君劢联名发表《为中国文化敬告世界人士宣言》，这也是现代新儒学的纲领性文件。唐君毅接续严复、梁启超、胡适、梁漱溟等人的讨论，并不认为中国文化在西方文化的冲击下已经全线崩溃。他认为中国文化的真精神是以仁为核心的孔孟之道，这种文化具有极强的乃至无限的统摄性和宽容性，中国文化一定能像几百年前统摄印度文明那样，统摄、吸纳、融会西方文明；中国文明也一定会在西方近代文明的冲击下涅槃重生，成为世界文明的一个有机组成部分。

牟宗三（1909—1995），字离中，山东栖霞人。哲学家，现代新儒学的代表人物。

1933年，牟宗三从北京大学哲学系毕业，先后在华西大学、中央大学、金陵大学、浙江大学任教。1949年前往中国台湾，历任台湾师范学院、东海大学、香港大学、香港中文大学教授，讲授逻辑学、哲学概论和中国哲学。1958年，牟宗三与唐君毅、徐复观、张君劢联名发表《为中国文化敬告世界人士宣言》。1960年起任教于香港大学、香港中文大学新亚书院。

牟宗三被誉为中国最具原创性的哲学家，也是当代港台新儒家的重镇，受熊十力思想的巨大影响，他着力于打通儒家哲学与康德哲学，重建儒家道德的形而上学。他认为，中国文化的出路在于从儒家原有的“内圣之学”中挖掘出“新外王”，由道统重建政统与学统。

儒学大事年表

前 1046 年（武王元年）	周	周朝建立（此据夏商周断代工程阶段成果报告）。
前 1044 年（武王三年）		箕子作《洪范》。
前 1042 年（成王元年）		周公摄政称王，一年救乱，二年克殷，三年践奄，四年建侯卫，五年营成周，六年制礼乐，七年致政成王，被誉为中国儒学奠基者。
前 551 年（灵王二十一年）		孔子生。
前 498 年（敬王二十二年）		孔子相鲁，整肃争食。
前 490 年（敬王三十年）		颜回卒，后世尊为“复圣”。
前 487 年（敬王三十三年）		孔子返鲁，始致力于古文献整理，作《春秋》，删《诗经》，演《周易》，理《尚书》。
前 479 年（敬王四十一年）		孔子卒。翌年，鲁改孔子宅为孔庙。
前 402 年（威烈王二十四年）		孔子之孙子思卒，后世尊为“述圣”，其再传弟子孟子发挥其说，史称“思孟学派”。
前 289 年（赧王二十六年）		孟子卒，元朝时被追封为“亚圣”。
前 238 年（秦王政九年）		荀子卒。
前 233 年（秦王政十四年）		韩非卒。
前 221 年（始皇帝二十六年）	秦	秦灭齐，六国尽亡，秦统一。
前 213 年（始皇帝三十四年）		始皇用李斯议，下令焚书，非秦记尽烧之，有敢偶语《诗》《书》者弃市；翌年，以仙药未获，方士逃亡，诸生在咸阳者为妖言以乱黔首，遂坑杀四百六十余人，是为坑儒。

续表

前 210 年（始皇帝三十七年）		始皇卒于巡视途中；翌年，陈胜、吴广起兵反秦，建张楚。孔子八世孙孔鲋与鲁地诸儒往归，为博士。
前 205 年（高祖二年）	汉	故秦博士叔孙通率弟子百余人往归汉王刘邦。
前 201 年（高祖六年）		叔孙通为汉王朝制定《汉仪》十二篇。
前 196 年（高祖十一年）		陆贾约于此时献《新语》十二篇。
前 195 年（高祖十二年）		刘邦亲以大牢祠孔子，是为帝王祠孔之始。
前 191 年（惠帝四年）		废秦挟书律。
前 179 年（文帝元年）		贾谊约于此时作《过秦论》。
前 178 年（文帝二年）		诏“举贤良方正能直言极谏者”，是为汉察举之始。
前 174 年（文帝六年）		贾谊上《治安策》，建议众建诸侯而少其力。
前 172 年（文帝八年）		约于此时，晁错奉命往济南从伏胜传《尚书》。
前 157 年（文帝后元七年）		始置专经博士。
前 149 年（景帝中元元年）		辕固生为《诗经》博士，创今文《齐诗》学派。景帝初年，与黄生廷辩汤武革命。
前 141 年（景帝后元三年）		鲁恭王坏孔子宅，于壁中发现《古文尚书》《礼记》《论语》《孝经》等。
前 140 年（武帝建元元年）		汉武帝及丞相窦婴、太尉田蚡俱好儒术，征申培公与议。
前 139 年（建元二年）		窦太后好黄老，恶儒者，窦婴、田蚡免官，申培公免归。
前 136 年（建元五年）		增立《易》《礼》博士，五经博士始齐备。
前 135 年（建元六年）		窦太后卒，田蚡为丞相，延揽儒者数百人，黜黄老刑名百家言，学风为之一变。
前 134 年（元光元年）		董仲舒上天人三策，建议“罢黜百家，独尊儒术”，“诸不在六艺之科、孔子之术者皆绝其道”。

前 130 年（元光五年）	征《齐诗》大家辕固生诣京师；河间献王刘德卒，刘德好儒术，善访书，相传收有《周官》《尚书》《礼记》等典籍，并在封国内自立《毛诗》《左氏春秋》等博士，开经今古文分派立说之先河。
前 124 年（元朔五年）	公孙弘以通经任丞相，开启以经术致相位之先河；公孙弘上奏“为博士置弟子五十人，复其身。太常择民年十八已上，仪状端正者，补博士弟子。郡国县道邑有好文学，敬长上，肃政教，顺乡里，出入不悖所闻者……诣太常，得受业如弟子。一岁皆辄试，能通一艺以上，补文学掌故缺，其高弟可以为郎中者，太常籍奏……”至是，太学始具规制。
前 123 年（元朔六年）	丞相公孙弘约于此时奉命主持董仲舒与江公辩论《公羊》《穀梁》之优长，公孙弘素习《公羊》，自然袒护董仲舒，于是《公羊》学盛行。
前 81 年（昭帝始元六年）	开盐铁会议。
前 78 年（元凤三年）	董仲舒再传弟子眭弘以《公羊》附会灾异论，建议汉朝廷求贤禅让。
前 71 年（宣帝本始三年）	宣帝闻卫太子私善《穀梁》，遂接受丞相韦贤及夏侯胜建议兴《穀梁》，召荣广弟子蔡千秋选郎十人从受《穀梁》。
前 54 年（五凤四年）	约于此时，宣帝仿武帝故事，召刘向等大儒讲论六艺群书。
前 53 年（甘露元年）	宣帝告太子：“汉家自有制度，本以霸王道杂之，奈何纯任德教，用周政乎？”
前 51 年（甘露三年）	丞相萧望之主持石渠阁会议，召群儒刘向、韦玄成、戴德、戴胜、严彭祖、尹更始、施雠等人讲论五经异同，宣帝临朝称制，决定增立《穀梁春秋》以及梁丘贺《易》学、大小夏侯《尚书》学博士于学官。
前 49 年（黄龙元年）	孟喜今文《易》学立为博士。

续表

前 48 年（元帝初元元年）		孔子后裔孔霸食邑八百户奉祀孔子。
前 26 年（成帝河平三年）		刘向刘歆父子奉命校理群书，并为各书作提要成《别录》一书。
前 16 年（永始元年）		刘向上《列女传》。
前 7 年（绥和二年）		刘歆代父领校秘书，并为每书提要，成《七略》。
前 6 年（哀帝建平元年）		刘歆请立《古文尚书》《春秋左氏传》《毛诗》《逸礼》于学官，遭拒，刘歆作《移让太常博士书》。
1 年（平帝元始元年）		追谥孔子为褒成宣尼公，封孔子后裔孔均为褒成侯。
3 年（元始三年）		郡国以下皆立学官，置经师。
4 年（元始四年）		王莽奏建明堂、辟雍，为学者筑舍万区；增博士员额；立古文博士约于此时。
6 年（居摄元年）		王莽居摄，仿古制，行大射礼于明堂。
9 年（王莽始建国元年）		王莽封刘歆为国师，托古改制，更订官名、地名。
23 年（地皇四年）		谶记云刘秀当兴，国师刘歆数年前更名为刘秀，以为应谶，谋劫王莽归汉，事泄自杀。
25 年（光武帝建武元年）		刘秀以谶记发兵捕不道，此后朝中争言谶纬。
26 年（建武二年）		约于此时或稍后，立经学博士十四家，设祭酒一人总领太学。
28 年（建武四年）		命公卿、大夫、博士于云台集会，讨论增设《左氏春秋》博士问题。争论激烈，旋立旋废。
33 年（建武九年）		约于此时置五经大夫。
56 年（建武中元元年）		封禅泰山；宣布图谶于天下；桓谭卒，桓谭极言谶纬荒诞不经。
59 年（明帝永平二年）		明帝亲临辟雍行养老礼。
64 年（永平七年）		约于此时，遣使适天竺求法。

65 年（永平八年）		楚王刘英崇尚浮屠、斋戒、祭祀。
72 年（永平十五年）		明帝亲赴曲阜孔子故宅，祭祀孔子及七十二弟子。
76 年（章帝建初元年）		贾逵条奏以为《左传》与谶纬多合，可立博士，章帝以为可，命贾逵选《公羊》学高才生二十人改习《左传》。
79 年（建初四年）		从杨终议，召集博士、议郎、儒生丁鸿、班固、贾逵等人于白虎观，仿石渠阁故事，讲论五经同异，章帝亲临称制决断。
83 年（建初八年）		选高才生习《左氏春秋》《穀梁春秋》《古文尚书》《毛诗》等。
85 年（元和二年）		命郡国举明经。
86 年（元和三年）		约于此时诏褒扬巨孝江革。自此始，孝道成为社会伦理最基本的信条。
87 年（章和元年）		曹褒奉诏撰次冠婚吉凶诸礼仪制度。
101 年（和帝永元十三年）		诏边郡举孝廉。
110 年（安帝永初四年）		诏命刘珍等人校雠东观五经、传记、诸子、百家等；命宦官近臣赴东观受读儒家经传；班昭《女诫》约成书于此时，系统解释三从四德等伦理。
123 年（延光二年）		诏选能通《古文尚书》《毛诗》《穀梁春秋》者。
132 年（顺帝阳嘉元年）		新太学竣工，二百四十房，一千八百五十室；试明经下第者补为弟子；除郡国耆儒九十人补郎、舍人；约于此时，贾逵、马融、张衡、朱穆、崔寔、荀爽等人先后建议禁图谶。
135 年（阳嘉四年）		童子谢廉、赵建等人年仅十余岁，因通经举为童子郎。
136 年（永和元年）		伏无忌、黄景等人奉诏校定皇室收藏之五经、诸子百家等。

续表

146年（质帝本初元年）		命郡国举明经，赴太学受经。岁满课试，高第补郎中。
156年（桓帝永寿二年）		约于此时，三年丧服之制普遍流行。
166年（延熹九年）		党锢之祸始发。
175年（灵帝熹平四年）		诏蔡邕、卢植、韩说、马日磾等人勘校中书五经传记，并以隶书于太学，历时八年，十六方，曰熹平石经，为最早的官定经文。
178年（光和元年）		始置鸿都门学，画孔子及七十二弟子像。
205年（献帝建安十年）		荀悦成《申鉴》五篇，抨击图谶符瑞。
210年（建安十五年）		曹操下《求贤令》。
220年（延康元年）		吏部尚书陈群奏立九品官人法。
221年（文帝黄初二年）	三国	魏以孔子后裔孔羡为宗圣侯，奉孔子祀。
241年（齐王正始二年）		魏以古文、小篆、汉隶刻儒经，史称三体石经，或称正始石经。
249年（嘉平元年）		司马懿发起高平陵政变，何晏等人被杀。
263年（景元四年）		司马昭杀嵇康。
276年（武帝咸宁二年）	晋	晋立国子学，与太学并立，置博士祭酒。
317年（元帝建武元年）		晋豫章太守梅赜自称得孔子宅壁所出古文《尚书》及孔安国《尚书》孔氏传，上之，立于学官。
318年（太兴元年）		石勒设宣文宣教崇儒等小学数十，课将佐豪右弟子。
319年（太兴二年）		汉刘曜迁都长安，改国号为赵，立宗庙社稷，禁胡人凌辱衣冠华族，史称后赵；晋以《周易》王氏、《尚书》郑氏与古文孔氏、《毛诗》《周官》《礼记》《论语》《孝经》郑氏、《春秋左传》杜氏与服氏各置博士一人。

320 年（太兴三年）		前赵立太学、小学；后诏令公卿等举秀才孝廉等。
321 年（太兴四年）		晋增置《仪礼》《春秋公羊传》《周易》郑氏博士各一人。
326 年（成帝咸和元年）		后赵始立秀才孝廉试经之制。
332 年（咸和七年）		后赵令郡国立学官置博士祭酒。
337 年（咸康三年）		立太学。
339 年（咸康五年）		后赵令诸郡国立五经博士；前凉立辟雍明堂。
343 年（康帝建元元年）		后赵石虎遣国子博士往洛阳写石经校中经于秘书。
361 年（穆帝升平五年）		前秦广修学宫，苻坚亲临讲论儒学经意，命各州郡举孝廉。
375 年（孝武帝宁康三年）		前秦令尊儒学，禁老庄、图谶。
376 年（太元元年）		晋孝武帝与群臣讲论经义。
388 年（太元十三年）		晋秘书郎徐广校秘阁所藏典籍。
399 年（道武帝天兴二年）	南北朝	魏初令五经群书各置博士。
400 年（慕容德建平元年）		南燕立学官，燕主每月初亲临测试。
401 年（天兴四年）		魏集博士儒生比校儒家众经，义类相从，凡四万言，号《众文经》。
407 年（李暠建初三年）		西凉置儒林祭酒。
414 年（明元帝神瑞元年）		博士祭酒崔浩为魏明元帝讲论《周易》《洪范》。
416 年（冯跋太平八年）		北燕建太学，选高才生教之。
422 年（武帝永初三年）		宋立国子学。
423 年（泰常八年）		魏明元帝至洛阳观石经，撰《新集》。
426 年（太武帝始光三年）		魏建太学祀孔子，以颜渊配；北凉遣使至宋，求《周易》诸书。

428年（文帝元嘉五年）	北魏以太牢祭黄帝、尧、舜庙。
431年（元嘉八年）	宋谢灵运奉命整理秘阁藏书，撰《四部书目》。
440年（太平真君元年）	魏常爽设馆授徒，撰《六经略注》。
442年（元嘉十九年）	宋修鲁郡孔子庙、孔子墓及学舍。
446年（元嘉二十三年）	宋文帝亲临国子学策问诸生。
448年（太平真君九年）	魏颁崔浩所注五经。
450年（元嘉二十七年）	百济遣使至宋求《易林》等书；北魏太平真君十一年，魏太武帝使使以太牢祀孔子。
454年（孝武帝孝建元年）	宋建孔子庙。
462年（大明六年）	宋孝武帝初祀五帝于明堂。
463年（大明七年）	宋会稽太守刘子尚立左学，置儒林祭酒。
466年（献文帝天安元年）	魏初立乡学。
470年（明帝泰始六年）	宋初置总明观，有道儒文史四科。
472年（孝文帝延兴二年）	魏祭孔子庙。
473年（延兴三年）	魏以孔子二十八世孙为崇圣大夫；王俭奉命校宋秘阁藏书，依《七略》作《七志》。
480年（高帝建元二年）	齐豫章王开学馆，置儒林参军文学祭酒。
482年（建元四年）	齐立国子学，旋因国哀而罢。
485年（武帝永明三年）	齐复立国子学。
487年（永明五年）	约于此时，齐竟陵王萧子良召文人学士开西邸，抄五经百家成《四部要略》千卷。
489年（永明七年）	范缜在西邸与齐竟陵王萧子良辩因果报应，因著《神灭论》。
491年（太和十五年）	魏作明堂建太庙。

492年（太和十六年）		魏祀唐尧、虞舜、夏禹、周文王，改谥孔子为文圣尼父。
495年（太和十九年）		魏孝文帝亲祀孔庙；立国子学、太学。
504年（宣武帝正始元年）		魏置国学，弟子达数千。
505年（武帝天监四年）		梁立孔庙。
510年（天监九年）		梁武帝亲临国子学讲论。
512年（天监十一年）		梁修五礼成。
521年（孝明帝正光二年）		国子学祭酒崔光奉诏讲《孝经》。
523年（普通四年）		阮孝绪撰《七录》，后为《隋书·经籍志》所借鉴。
538年（大同四年）		皇侃奉诏进宫讲《礼记》义。
541年（大同七年）		百济遣使至梁求《涅槃》等经疏及《毛诗》博士，梁武帝许之。
542年（大同八年）		梁武帝撰《孔子正言章句》。
550年（文宣帝天保元年）		北齐遣使祭祀尧、舜、孔子；北齐学子学习《礼经》。
556年（恭帝三年）		西魏仿《周礼》建六官。
573年（武帝建德二年）		周武帝召群臣及沙门道士辨三教先后，以儒为先，道次之，佛为后。
574年（建德三年）		周武帝废佛道二教。
578年（宣政元年）		周以熊安生为博士，传《周礼》《礼记》《孝经》等。
580年（静帝大象二年）		周在京师建孔庙。
581年（文帝开皇元年）	隋	隋崇火德，朝服尚赤，依儒家礼仪。
583年（开皇三年）		隋征马光等山东礼学之士为太学博士。
585年（开皇五年）		隋颁行修订后的《隋朝仪礼》一百卷。
587年（开皇七年）		隋令诸州每年贡士三人，或以为此即进士科之始。

601年（仁寿元年）		废太学四门学及州县学；稍后又改国子学为太学。
603年（仁寿三年）		诏以志行修谨清平干济二科举士，此为后世特科之先声。
607年（炀帝大业三年）		诏十科举人，以文才定优劣，或以为此为后世进士科之始。
608年（大业四年）		立孔子后裔为绍圣侯。
618年（高祖武德元年）	唐	唐置国子、太学、四门生三百余员。
619年（武德二年）		国子学立周公孔子庙。
622年（武德五年）		诸州贡明经、秀才、俊士、进士若干，由吏部考录，选放为牧民，此为贡举之始。
624年（武德七年）		高祖临国子太学。
625年（武德八年）		诏叙三教先后为老、孔、释。
628年（太宗贞观二年）		罢周公祠，改以孔子为先圣，颜回为先师。
630年（贞观四年）		命州、县学皆作孔子庙；令颜师古考订五经。
637年（贞观十一年）		孔颖达奉太子李承乾之令撰《孝经义疏》。
640年（贞观十四年）		国子监学生达两千多人，其中有一些是来自高丽、百济的留学生；孔颖达等人奉命撰定《五经正义》一百八十卷，融合南北学术，为此后科举取士之标准。
647年（贞观二十一年）		诏以左丘明、卜子夏、公羊高、穀梁赤、伏胜、高堂生、戴圣、毛苌、孔安国、刘向、郑众、杜子春、马融、卢植、郑玄、服虔、何休、王肃、王弼、杜预、范宁、贾逵等二十二人配享孔庙。
653年（高宗永徽四年）		令明经科以《五经正义》考试。
662年（龙朔二年）		东都洛阳亦置国子监。
666年（乾封元年）		高宗、武侯至泰山封禅，还至曲阜祀孔子，至亳州，谒老君庙。

674年（上元元年）	武后奏请王公百僚皆习《老子》，明经科以《孝经》《论语》为考试内容。
678年（仪凤三年）	令《道德经》并为上经，贡举人须兼通；余经及《论语》，任依常式。
681年（开耀元年）	规范明经、进士诸科考试科目。
683年（弘道元年）	再规范科举考试科目。
689年（武则天永昌元年）	开贤良方正科以广罗人才。
690年（天授元年）	武后亲策贡士于洛城殿，开殿试之先河。
696年（万岁登封元年）	封禅嵩山，并改称为神岳。
699年（圣历二年）	凤阁舍人韦嗣立上书，云自永淳以来二十余载，国学废散，时轻儒学之官，莫存章句之选。
702年（长安二年）	始置武举。
703年（长安三年）	王元感上《尚书纠谬》《春秋振滞》《礼绳愆》，得以拜官。
705年（中宗神龙元年）	始定进士科须试三场。
717年（玄宗开元五年）	置乾元院编校四部书。
718年（开元六年）	改乾元院为丽正修书院，编校经史子集四库。
719年（开元七年）	召群臣议《孝经》注，后定以河上公、郑玄、王肃、孔安国四注并行。
720年（开元八年）	诏以颜渊、曾参等人为十哲，配祀孔子，并以颜渊为亚圣，玄宗亲为赞。
722年（开元十年）	玄宗注《孝经》颁行天下。
725年（开元十三年）	玄宗封禅泰山；丽正修书院改为集贤殿书院。
731年（开元十九年）	应远嫁吐蕃的金城公主之请，抄录《毛诗》《礼记》《左传》《文选》各一部赐予吐蕃。
739年（开元二十七年）	追谥孔子为文宣王，并褒赠其弟子为十哲。

续表

745年（天宝四年）	建石台壁刻《孝经》。
750年（天宝九年）	国子监增置广文馆，以为修进士业者研读之处。
752年（天宝十一年）	颁科试新则，规范考试科目。
754年（天宝十三年）	玄宗亲试诸科举人。
775年（代宗大历十年）	校勘后的五经书于论堂东厢之壁，谓之“壁经”。
796年（德宗贞元十二年）	命僧人道士儒官共论三教。
797年（贞元十三年）	命僧端甫入内殿议三教。
806年（宪宗元和元年）	整饬国子监。
827年（文宗大和元年）	诏白居易与僧义林、道士杨弘元于麟德殿论三教。白居易以为儒佛二家同出而异名，殊途而同归。
830年（大和四年）	定进士及第每年二十五人以下。
833年（大和七年）	借鉴古制，置五经博士以劝学；进士试议论，停试诗赋。
834年（大和八年）	定明经每年录取不过一百一十人；进士复试诗赋。
835年（大和九年）	进士额增至四十人，明经减为一百人。
836年（开成元年）	约于此时，秘阁藏书增至五万六千多部。
837年（开成二年）	国子监石经刻成，史称“开成石经”，现存计六十余万字；渤海国十余留学生入太学读书。
838年（开成三年）	又限进士举人录取数。
840年（开成五年）	新罗遣留学生来唐百余人。
845年（武宗会昌五年）	诏陈佛教之弊，毁天下寺庙四千多所，归俗僧尼二十六万多人；明经、进士修习者改隶太学，每季一试。
847年（宣宗大中元年）	允会昌所毁佛寺修复。

续表

908年（太祖开平二年）	五代	后梁始行科举。
918年（神册三年）		辽诏建孔子庙、佛寺、道观。
919年（神册四年）		辽太祖谒孔子庙。
924年（庄宗同光二年）		后唐初行科举。
932年（明宗长兴三年）		国子监事田敏校定之九经制版发售。此乃“监本”之始。
936年（天福元年）		后晋首开科举。
947年（天福十二年）		后汉始开科举。
948年（乾祐元年）		后汉补制《周礼》《仪礼》《公羊》《穀梁》四经印版。
951年（广顺元年）		后周始开科举。
952年（广顺二年）		后周以孔子四十三代孙为曲阜县令，颜渊裔孙为曲阜县主簿；南唐初开进士科。
953年（广政十六年）		后蜀毋昭裔出私财百万营学馆，刻印九经销售，由是蜀中文学大盛。
955年（世宗显德二年）		令天下寺院改学舍。
961年（宋太祖建隆二年）	宋	新修《三礼图》颁行。
962年（建隆三年）		宋增修国子监，绘塑先圣先师像，太祖及大臣分撰像赞。
973年（开宝六年）		宋太祖亲试举人，开殿试之先河。
976年（太宗太平兴国元年）		岳麓书院创建；辽复南京礼部贡院。
977年（太平兴国二年）		宋增进士等科录取员额；庐山白鹿洞书院颁布九经。
978年（太平兴国三年）		宋增藏书八万余卷；宋封孔子世嗣为文宣公。
982年（太平兴国七年）		宋颁布新定士庶车服丧葬制度。
988年（辽圣宗统和六年）		辽初置贡举。

990 年（淳化元年）		宋赐诸路印本九经。
994 年（辽统和十二年）		辽命州县贡明经茂才等。
1001 年（真宗咸平四年）		宋赐诸州县学校九经；新编《九经疏义》成。
1006 年（辽统和二十四年）		辽扩大进士录取员额。
1009 年（大中祥符二年）		宋封孔子弟子颜回等七十二人为公侯。
1011 年（大中祥符四年）		宋命诸州置孔庙。
1016 年（大中祥符九年）		宋真宗赠高丽王诏书经史等。
1017 年（天禧元年）		真宗制止国子监图书提价，以为国子监并不以盈利为诉求。
1031 年（仁宗天圣九年）		宋赐青州州学九经。
1036 年（景宗大庆元年）		夏以西夏文译《孝经》《尔雅》。
1038 年（宝元元年）		宋以《大学》赐及第进士。
1039 年（天授礼法延祚二年）		夏建蕃学，以西夏文《孝经》《尔雅》等教学生。
1041 年（庆历元年）		宋修成《崇文总目》，录三馆秘阁所藏书凡三万六百余卷。
1043 年（庆历三年）		夏天授礼法延祚六年，宋立四门学；夏各州县始立学校，又在皇宫设小学。
1044 年（庆历四年）		宋置太学，又令州县皆立学；宋改贡举法，规定参加科举考试者须在官学三百日，此后私立书院渐衰。
1050 年（皇祐二年）		宋诏祀明堂，令所司详定仪式以闻，于是宋祁、李觏及礼院分别就明堂制度、样式回奏。
1051 年（皇祐三年）		文彦博等人进《明堂大飨记》，仁宗作序刻板以赐近臣。
1055 年（至和二年）		宋封孔子四十七世孙为衍圣公。衍圣公始此。
1057 年（嘉祐二年）		欧阳修知贡举，整顿科场文风，禁抑险怪奇涩之文。

1058 年（嘉祐三年）	宋定制科等第授官法。
1060 年（辽道宗清宁六年）	辽中京置国子监，命以时祭先圣先师。
1061 年（嘉祐六年）	宋三馆秘阁上所编校书九千四百五十卷；“嘉祐石经”刻成。
1062 年（嘉祐七年）	夏表请宋赐九经等；翌年，宋赐夏九经及《孟子》等。
1064 年（辽清宁十年）	辽诏求乾文阁所缺经籍，命儒臣校雠。
1068 年（神宗熙宁元年）	王安石上神宗书，力主变法；宋太学置外舍生员，国子监生以九百人为额。
1069 年（熙宁二年）	王安石建议兴学校，罢诗赋，以经义取士。
1070 年（辽咸雍六年）	辽设贤良科。
1071 年（熙宁四年）	宋改贡举法，罢诗赋，以经义、策论取士；宋置诸路学官，给学田；宋立三舍法，将太学分为外内上三舍，以此升学。
1073 年（熙宁六年）	宋置经义局，修《诗经》《尚书》《周礼》三经义，王安石提举。
1075 年（熙宁八年）	宋在熙（甘肃临洮）、河（甘肃临夏）两州置蕃学，召蕃部官宦子弟入学；宋颁王安石修订的《三经新义》，令应试者据此。
1079 年（元丰二年）	宋增太学生名额。
1080 年（夏惠宗大安七年）	夏下令国中悉去蕃礼而行汉礼。
1081 年（元丰四年）	宋诏进士加试律义。
1086 年（哲宗元祐元年）	宋以程颐为崇政殿说书，苏轼为翰林学士。程氏门徒攻击苏轼，旧党内部党争开始，并逐渐形成洛、蜀、朔三党，分别以程颐、苏轼，以及刘挚、梁焘为首，互相攻讦，多为宗派意气之争。
1088 年（辽大安四年）	辽道宗命燕国王耶律延禧写《尚书・五子之歌》。

1089年（元祐四年）	宋立经义诗赋两科试士，罢明法科。自此习诗赋者渐多。
1090年（元祐五年）	宋以《大学》为经筵讲读之书。
1094年（绍圣元年）	宋罢进士习诗赋，专用经义取士。
1097年（绍圣四年）	宋再贬元祐党人，并禁锢其子弟。
1101年（夏崇宗贞观元年）	夏御史中丞薛元礼上书倡汉学。夏始立汉学为国学。
1102年（宋徽宗崇宁元年）	宋徽宗调和新旧党争失败；宋列文彦博、司马光、苏轼等一百二十人为元祐奸党，刻石立碑，并禁元祐学术；宋兴学校，增员额。
1103年（崇宁二年）	宋令销毁苏洵、苏轼、苏辙、黄庭坚、秦观、范祖禹等人著作，重禁元祐学术；宋于诸路设提举学事司，简称提学，其制一直沿用至清。
1104年（崇宁三年）	定元祐党籍，制作元祐党人碑；宋罢贡举，取士悉由学校。
1106年（崇宁五年）	毁元祐党人碑，赦苏轼、刘挚等一百五十二人。
1107年（大观元年）	宋诏以孝、悌、睦、姻、任、恤、忠、和八行取士。
1110年（大观四年）	宋修《大观礼书》《祭服制度》成。
1112年（夏贞观十二年）	夏御史大夫谋宁克任上书反对汉化，夏崇宗不纳。
1113年（政和三年）	宋颁行《新修五礼新仪》。
1115年（辽天祚帝天庆五年）	辽耶律大石登进士第。
1120年（宣和二年）	宋以儒道已合二为一，罢道学，复僧尼原名。
1123年（金太宗天会元年）	金始开科取士。
1128年（高宗建炎二年）	宋以诗赋、经义二科取士。
1131年（绍兴元年）	宋追增程颐为龙图阁直学士。

续表

1134 年（绍兴四年）	临川邓名世进所著《春秋四谱》。
1138 年（熙宗天眷元年）	金诏南北各以经义、词赋两科取士。
1140 年（天眷三年）	金以孔子四十九代孙孔璠袭封衍圣公。
1141 年（皇统元年）	金熙宗祀孔子。
1143 年（皇统三年）	金初立太庙、社稷。
1144 年（仁宗人庆元年）	夏令各州县立学增弟子员。
1145 年（人庆二年）	夏重建太学。
1146 年（人庆三年）	夏尊孔子为文宣帝，令州县立庙祭祀。
1148 年（人庆五年）	夏建内学，选名儒主教。
1150 年（海陵王天德二年）	金始行殿试。
1151 年（绍兴二十一年）	宋高宗书《大学篇》赐新及第进士；宋令国子监复刻五经等；金置国子监、翰林学士院。
1153 年（贞元元年）	金定考试车服之制。
1156 年（绍兴二十六年）	宋高宗手书所撰孔子及七十子像赞刻石。
1157 年（绍兴二十七年）	宋令国子监生及进士习诗赋者兼习经义。
1161 年（绍兴三十一年）	宋以经义、诗赋难以兼精，复分为两科取士；夏天盛十三年，夏立翰林学士院。
1162 年（绍兴三十二年）	孔子四十七代孙约于此时被封为仙源县开国男。
1164 年（世宗大定四年）	金译经史为女真文。
1165 年（孝宗乾道元年）	岳麓书院重建，张栻主教。
1166 年（大定六年）	金始置国子太学。
1171 年（大定十一年）	金设女真进士科。
1173 年（大定十三年）	金立女真国子学，地方立女真州府学。

1175年（淳熙二年）	吕祖谦约请陆九龄、陆九渊兄弟会朱熹于鹅湖寺（江西）论学，意在调和朱陆论点之矛盾。此即中国儒学史上最著名的鹅湖之会。
1177年（淳熙四年）	宋太学光尧建石经阁，放置宋高宗所御书的儒家诸经典。
1179年（淳熙六年）	朱熹访求白鹿洞书院遗址并重建之。朱熹为之拟定的学规为后世所尊行。
1183年（大定二十三年）	金译出《易》《书》《论语》《孟子》等女真文本；夏编成《圣立义海》格言集。
1189年（大定二十九年）	金置诸节镇学、诸防御州汉儿学各数十处，初立经童科。
1190年（章宗明昌元年）	金诏修曲阜孔子庙；金设制举，有贤良方正，能言极谏，博学弘材，达于从政诸科。
1192年（明昌三年）	金修曲阜孔庙，令臣庶避周公孔子讳。
1194年（明昌五年）	金诏求购《崇文总目》所缺书籍。
1196年（宁宗庆元二年）	宋禁道学，即理学，以为“伪学”；翌年公布伪学籍，中有赵汝愚、朱熹、叶適等五十九人；史称“庆元党禁”。
1202年（嘉泰二年）	宋弛伪学党禁。
1204年（嘉泰四年）	宋俞鼎孙、俞经编成《儒学警悟》，收宋人著作六种；金泰和四年，金诏州郡无宣圣庙学者，增修之；金命亲军习《孝经》《论语》。
1209年（卫绍王大安元年）	金试鸿词科。
1212年（嘉定五年）	宋以朱熹《论语》《孟子》集注立学。
1214年（成吉思汗九年）	蒙古军攻占曲阜，焚毁孔庙。
1227年（理宗宝庆三年）	宋理宗诏赞朱熹及其所撰《四书章句集注》，追封其为信国公；孔子五十一代孙孔元措著《孔氏祖庭广记》，述历代崇奉孔子事。

1233年（窝阔台汗五年）		蒙古续封孔子五十代孙孔元措为衍圣公；蒙古改燕京故金枢密院为宣圣庙。
1236年（端平三年）		姚枢随蒙古军攻宋，着力收集理学书籍，理学名家赵复来到北方，理学始在北方流布。
1237年（嘉熙元年）		宋诏经筵进讲朱熹《通鉴纲目》；蒙古修缮曲阜孔庙；蒙古以经义、词赋、论三科试士。
1238年（窝阔台汗十年）		蒙古建太极书院于燕京，赵复主讲。
1239年（窝阔台汗十一年）		衍圣公奉窝阔台命至燕京。
1241年（淳祐元年）		宋诏以周敦颐、张载、程颢、程颐、朱熹从祀孔子；黜王安石从祀。
1247年（贵由汗二年）		蒙古礼遇理学名士姚枢、窦默等人。
1251年（蒙哥汗元年）		蒙古免除儒士徭役。
1252年（蒙哥汗二年）		元好问为忽必烈上“儒家大宗师”尊号。
1254年（蒙哥汗四年）		忽必烈任命理学名家许衡为提举兴学。
1261年（世祖中统二年）		蒙古听被俘儒士赎为民。
1266年（至元三年）		蒙古始建太庙。
1267年（至元四年）		蒙古敕修曲阜孔庙，并在上都重建孔庙。
1270年（至元七年）		蒙古设社学，选通晓经书者为师，习读《孝经》《小学》及四书。
1271年（至元八年）	元	世祖忽必烈用刘秉忠议，取《易》“大哉乾元”之意，改国号为“大元”；设国子学。
1273年（至元十年）		元敕南儒被人掠卖者，官赎为民。
1275年（至元十二年）		元派员至江南罗致儒学等人才。
1276年（至元十三年）		元对北方原有儒户再行考试汰选。
1281年（至元十八年）		元袭宋制，于各行省设儒学提举司。

续表

1286年（至元二十三年）	免除儒户徭役，命各道儒学提调选拔生徒至太学以备录用。
1287年（至元二十四年）	立国子监；设江南各路儒学提举司。
1289年（至元二十六年）	高丽留学生安珦等人在大都获新版《朱子全书》，携回国，在成均馆中讲授，是为程朱理学进入高丽之始。
1294年（至元三十一年）	元成宗即位，旋诏中外崇奉孔子。
1295年（成宗元贞元年）	命各省存儒学提举司一，余皆罢。
1307年（大德十一年）	加封孔子为“大成至圣文宣王”。“大成”之名始此。
1312年（仁宗皇庆元年）	国子监用程颢、胡安国、朱熹之法约为教法四条，即经学、行实、文艺、治事。
1313年（皇庆二年）	议行科举。规定经学用程朱《传》《注》；以周敦颐、程颢、程颐、张载、邵雍、司马光、朱熹、张栻、吕祖谦及许衡从祀孔庙。
1316年（延祐三年）	诏以颜渊、曾参、子思、孟子配享孔庙。
1329年（明宗天历二年）	始置艺文监隶属于翰林国史院，专责儒学典籍翻译刻印事；改凤翔岐阳周公庙为岐阳书院，春秋祭奠一如孔子庙仪。
1330年（文宗至顺元年）	追封颜渊为兖国复圣公，曾参为郕国宗圣公，子思为沂国述圣公，孟子为邹国亚圣公；程颢为豫国公，程颐为洛国公；并以董仲舒从祀孔庙，位于七十子下。
1334年（惠宗元统二年）	诏儒户依旧制免役。
1335年（至元元年）	诏罢科举。
1336年（至元二年）	敕赐上都孔子庙碑，载历朝尊崇之意。
1340年（至元六年）	诏复行科举。

1360年（至正二十年）		吴国公朱元璋初置儒学提举司，以宋濂为提举。
1362年（至正二十二年）		元追封杨时、李侗、胡安国、蔡沈、真德秀等人，为吴国、越国、楚国、建国、福国公，从祀孔庙。
1365年（至正二十五年）		吴置国子监。
1367年（至正二十七年）		吴王朱元璋令设文、武科取士。
1368年（太祖洪武元年）	明	命儒臣修《女诫》，以朱升总其事；命孔子后裔袭封衍圣公并授曲阜知县。
1369年（洪武二年）		命儒臣置礼局修礼书；诏天下府州县立学校定学制。
1370年（洪武三年）		诏设科举，定考试规制；规定此后中外文臣皆由科举进，非科举不得为官；颁科举诏于高丽、安南、占城。
1371年（洪武四年）		始行会试；宋濂因议论祀孔仪礼被贬为知县。
1372年（洪武五年）		太祖览《孟子》有“草芥寇仇”语命罢孟子配享孔庙；逾年，以为“孟子辟邪说，辨异端，发明先圣之道”，诏命恢复。
1373年（洪武六年）		颁布《正定十三经》；诏暂停科举，命有司察举贤才。
1375年（洪武八年）		始诏天下立社学。
1381年（洪武十四年）		为北方学校颁四书五经；改国子学为国子监。
1382年（洪武十五年）		诏天下通祀孔子；诏复设科取士。
1384年（洪武十七年）		以衍圣公班列文臣之首；颁科举取士式，试四书主朱熹《集注》，《周易》主程朱《传义》，《尚书》主蔡沈，《诗经》主朱熹，《春秋》主《三传》及胡安国，《礼记》主古《注疏》。
1385年（洪武十八年）		诏修《孟子节文》，凡不以尊君为主者皆删之。
1396年（洪武二十九年）		罢扬雄从祀孔庙，增祀董仲舒。

1406年（成祖永乐四年）	礼部遣使购求图书。
1407年（永乐五年）	《永乐大典》成。
1414年（永乐十二年）	命胡广等人修《五经大全》《四书大全》《性理大全》；稍后颁行两京六部、国子监及天下府州县学。
1425年（仁宗洪熙元年）	更定科举法。
1427年（宣德二年）	科举始分南北中卷取士。
1431年（宣德六年）	陈祚劝宣宗读《大学衍义》。
1435年（宣德十年）	约于此时始，独重进士科，罢荐士之路，一切进以科第。
1436年（英宗正统元年）	开经筵进讲，立为定制；访得孔子第四十八代孙及周敦颐、程颢、程颐、司马光、朱熹后裔，修其祠墓，免其徭役。
1438年（正统三年）	禁天下祀孔子于释老庙宇。
1450年（景帝景泰元年）	诏会试取士，毋拘额。
1454年（景泰五年）	重定会始分南北中卷，各按额取士。
1458年（天顺二年）	始定制，非进士不入翰林，非翰林不入内阁。
1478年（宪宗成化十四年）	覃吉以《四书章句集注》《孝经》等授太子，太子却从其他内侍读佛经。
1487年（成化二十三年）	邱濬进《大学衍义补》。
1495年（孝宗弘治八年）	以宋儒杨时从祀孔庙。
1496年（弘治九年）	增文庙佾舞七十二人如天子之礼。
1504年（弘治十七年）	重修曲阜孔庙成。
1506年（武宗正德元年）	王阳明被贬至贵州龙场驿，于此悟良知说。
1509年（正德四年）	王阳明在贵阳书院开讲知行合一、致良知说。

1520 年（正德十五年）	王艮始入王阳明门，后为泰州学派创始人。
1521 年（正德十六年）	旌德人梅鷟约当此前后著《尚书考异》等，接续朱熹，怀疑孔壁古文和《古文尚书》，以为是孔安国、皇甫谧分别伪作，这对后来阎若璩的研究有前导意义。
1522 年（世宗嘉靖元年）	诏尊朱熹为正学，禁以陆九渊为正学。
1523 年（嘉靖二年）	以朱熹后裔朱墅为五经博士。
1530 年（嘉靖九年）	立曲阜孔、颜、孟三氏学；定孔子为“至圣先师”。
1539 年（嘉靖十八年）	以曾子后裔曾质粹为五经博士。
1571 年（穆宗隆庆五年）	诏以薛瑄从祀孔庙。
1579 年（神宗万历七年）	诏毁天下书院；何心隐被捕，旋被杀害，罪名为“名教罪人”。
1582 年（万历十年）	免孔子及朱熹、李侗、罗从彦、蔡沈、胡安国、游酢、真德秀、刘子翚及杨荣后裔赋役有差；利玛窦、罗明坚来华；翌年，利玛窦至肇庆传教。
1584 年（万历十二年）	诏以陈献章、胡居仁、王阳明从祀孔庙。
1593 年（万历二十一年）	利玛窦将四书译成拉丁文寄回意大利。
1594 年（万历二十二年）	顾宪成、顾允成、高攀龙、邹元标、赵南星等人参与无锡东林书院讲学，讥讽朝政，臧否人物。
1595 年（万历二十三年）	准许宗室弟子应试入仕，唯不得任京朝官。
1602 年（万历三十年）	李贽以惑乱人心罪被捕，于狱中自杀。
1606 年（万历三十四年）	徐光启与利玛窦合译《几何原本》前六卷。
1613 年（万历四十一年）	以罗从彦、李侗从祀孔庙。
1616 年（万历四十四年）	给事中熊明遇上疏以为“朝廷无纲纪、远方无吏治、士大夫无人心”；南京礼部侍郎沈漼等发起反天主教运动。

1622年（熹宗天启二年）		命祭葬方孝孺并追谥；邹元标、高攀龙在京师创首善书院讲学。
1625年（天启五年）		诏毁天下书院；魏忠贤兴大狱，杨涟、左光斗、魏大中等人俱受酷刑死。
1626年（天启六年）		魏忠贤以“聚徒讲学”罪名抓捕高攀龙、周顺昌、黄尊素等人；传教士金尼阁将五经译成拉丁文在杭州刊行。
1628年（思宗崇祯元年）		倪元璐上书驳东林邪党说。
1629年（崇祯二年）		张溥等人组成复社，并召集第一次盛会；后金开文馆，翻译汉籍。
1630年（崇祯三年）		授宋儒邵雍后裔邵继祖五经博士。
1633年（崇祯六年）		复社数千人在苏州集会。
1636年（后金天聪十年）		金改文馆为内三院。
1642年（崇祯十五年）		明诏左丘明为先贤，并改周敦颐、程颢、程颐、张载、朱熹、邵雍六子为先贤，位七十子下，汉唐诸儒上。
1644年（世祖顺治元年）	清	清世祖亲临太学释奠，孔孟等后裔及官学师生咸与观礼；清沿明制，定乡会试例；设八旗官学；于南北两京置国子监。
1645年（顺治二年）		清定乡会试内容皆取于四书五经，且以朱熹说为主；定府州县学岁贡额；罗马教廷禁止在华天主教徒参加祭祖祀孔礼仪；清廷定称孔子为“大成至圣文宣先师”；置启圣祠祀孔礼，以闵损等十哲、公冶长等六十九先贤、公羊高等二十八先儒配享从祀；刘宗周绝食殉明。
1646年（顺治三年）		行会试。
1650年（顺治七年）		废南京国子监，裁为江宁府学，以北监为太学。
1652年（顺治九年）		禁各地别置书院，群聚结党，空谈废业；会试分满汉二榜；命每乡置社学。

1656年（顺治十三年）		命纂修《孝经衍义》；《御定易经通注》《御注孝经》成；罗马教廷允准在华教徒行祭祖祀孔礼仪。
1657年（顺治十四年）		改孔子谥号为“至圣先师”；沿明制举经筵，祭孔子弘德殿；允各省复建书院。
1658年（顺治十五年）		置翰林院；朱之瑜定居日本。
1662年（圣祖康熙元年）		诏禁演孔子及诸贤，以免亵渎圣贤。
1663年（康熙二年）		乡会试停用八股文体，改策论。
1668年（康熙七年）		内秘书院学士熊赐履奏请提倡程朱理学，以为非六经《语》《孟》之书不读，非濂洛关闽之学不学；乡会试复以八股取士。
1669年（康熙八年）		禁传天主教；翌年，复准传教。
1670年（康熙九年）		以宋儒程氏后裔袭五经博士职。
1676年（康熙十五年）		禁八旗子弟考试生员、举人、进士。
1677年（康熙十六年）		设南书房；《日讲四书解义》成书。
1678年（康熙十七年）		开博学鸿词科，立明史馆征举名儒，李颙、顾炎武、吕留良等人拒荐不赴。
1679年（康熙十八年）		博学鸿词科开考，一百多名应试者云集京师，朱彝尊、汪琬、汤斌、毛奇龄、尤侗等人均被授予翰林官，参与《明史》编撰；张玉书等人奉命编《明史》，顾炎武、黄宗羲等人被聘不就，万斯同以布衣参与。
1680年（康熙十九年）		谕旨恩准耶稣会士李守谦到各省传教；翰林院学士库勒纳等人奉旨编成《日讲书经解义》。
1683年（康熙二十二年）		御书万世师表悬大成殿，并颁直省学宫；国子监遵旨修补残缺之《十三经注疏》。
1684年（康熙二十三年）		御驾东巡，命周公七十三代孙世袭五经博士，如孔孟颜曾等例。

1685年（康熙二十四年）	定乡会试俱钦命四书题；置传心殿，祀伏羲、神农、轩辕、尧、舜、禹、汤、文、武、周公、孔子。
1687年（康熙二十六年）	琉球遣陪臣子弟四人入国子监读书；比利时传教士柏应理在巴黎刊印《中国哲学家孔子》，并附有《大学》《中庸》《论语》的拉丁译文。
1692年（康熙三十一年）	因上年耶稣会士请愿，清廷宣布废除康熙八年禁教令，以为传教士曾有功于朝廷，允其存留传教实有益于国家；曲阜孔庙修缮完工。
1693年（康熙三十二年）	增加满洲蒙古汉军八旗乡会试录取名额。
1694年（康熙三十三年）	召徐乾学、王鸿绪、高士奇等人入京修书。
1695年（康熙三十四年）	吴乘权、吴调侯编选的《古文观止》刊行。
1697年（康熙三十六年）	许宗室子弟与满洲诸生一体应科举试。
1699年（康熙三十八年）	《钦定春秋传说汇纂》成书。
1700年（康熙三十九年）	停宗室子弟参与科举考试。
1702年（康熙四十一年）	颁御制《训饬士子文》于直省各学，期风教修明；京城崇文门内外设立义学，五城各设一小学。
1706年（康熙四十五年）	罗马教廷多罗特使入觐圣祖，圣祖告以中国祭祖祀孔的意义，西方教士必须加以尊重。
1707年（康熙四十六年）	多罗特使宣布罗马教廷禁止祭祖祀孔的教令；清廷震怒，即驱逐法国人颜珰主教出境，多罗特使被解往澳门拘禁；复令各地教士均应声明遵行利玛窦成规，违者驱逐出境。
1711年（康熙五十年）	翰林院编修戴名世因所撰《南山集》多采方孝标《滇黔纪闻》所述南明事获罪；《佩文韵府》成书；比利时传教士卫方济于布拉格大学刊行四书译本及《中国哲学》。
1713年（康熙五十二年）	《南山集》案定案，方孝标开棺戮尸，戴名世被杀，全案牵连数百人；《御纂朱子全书》颁行。

1715年（康熙五十四年）	罗马教廷重申严禁中国教徒奉行祭祖祀孔礼仪。
1716年（康熙五十五年）	《康熙字典》成书。
1720年（康熙五十九年）	罗马教廷特使嘉乐使华抵京，数度觐见圣祖，但在传教士祭祖祀孔问题上无法达成共识，无功而返。
1721年（康熙六十年）	《钦定书经传说汇纂》《钦定诗经传说汇纂》成书。
1723年（世宗雍正元年）	因礼教之争，准礼部议，所有传教士除任官职外不得从事传教，令各地传教士缴回前内务府所发传教票，逐至澳门；诏封孔子五代王爵；乡会试改用《孝经》；圣祖御制圣谕十六条刊行天下。
1724年（雍正二年）	禁止国人信西教；准传教士可在广东永久居留；命避孔子讳；颁布《钦定孝经衍义》于直省学官。
1725年（雍正三年）	《古今图书集成》重辑成书。
1727年（雍正五年）	《御纂孝经集注》成书；英国首次向华输入鸦片二百箱。
1729年（雍正七年）	首次公布吸食鸦片禁令；穷治曾静、吕留良案；御史谢济世因毁谤程朱获罪；工部主事陆生枏著《通鉴论》借古非今被治罪。
1730年（雍正八年）	庶吉士徐骏因诗文讥讪悖乱被杀；颁布《御纂性理精义》《书诗春秋三经传说汇纂》。
1731年（雍正九年）	孔林出竹简数十枚。
1732年（雍正十年）	吕留良案结案。
1733年（雍正十一年）	令各省设书院；法国传教士孙璋以拉丁文译注《诗经》。
1735年（雍正十三年）	高宗即位不久杀曾静、张熙。

1736年（高宗乾隆元年）	再禁国人信西教；试博学鸿词，杭世骏、齐召南等十五人取中；为各省府州县颁行十三经；《钦定四书文》《钦定大清通礼》成书，命修周公、颜子、曾子、子思、孟子庙；制定书院条规。
1738年（乾隆三年）	变更孔子从祀位次，升有子为十二哲，位次子夏；朱子位次下移至十二哲之末；高宗诣太学行释菜礼；复临辟雍讲学。
1739年（清乾隆四年）	颁行《钦定四书文》给八旗官学；江南金坛贡生蒋振生因手书十三经获赐国子监学正。
1740年（乾隆五年）	谕诸臣讲求宋儒之书以正人心厚风俗。
1741年（乾隆六年）	命各省学官设先贤先儒神位。
1742年（乾隆七年）	改六年拔贡一次为十二年拔贡一次。
1744年（乾隆九年）	诏于敏中等人编内廷秘籍为《天禄琳琅书目》；兵部侍郎舒赫德上《废科举疏》。
1758年（乾隆二十三年）	《御纂春秋直解》成书。
1761年（乾隆二十六年）	沛县监生阎大镛著《俣俣录》，被告发内有愤激不平狂悖不经之语，命引吕留良例严办；江西李雍和投呈学政，被认为有怨天、怨孔子、指斥乘舆处，被凌迟处死；沈德潜进《国朝诗别裁集》，因首列钱谦益诗，获谴。
1765年（乾隆三十年）	准八旗大臣子弟一体参加科举考试。
1767年（乾隆三十二年）	浙江天台生员齐周华因作祭吕留良文，被凌迟处死，其堂弟齐召南被革职。
1769年（乾隆三十四年）	以钱谦益《有学集》《初学集》荒诞悖谬，诋谤朝廷，命将所有钱氏著述均予销毁。
1770年（乾隆三十五年）	法国传教士宋君荣所译《书经》在巴黎刊行。
1772年（乾隆三十七年）	令购访古今著作，此实为《四库全书》搜编工作之始。

1773年（乾隆三十八年）	安徽学政朱筠奏派员校核《永乐大典》；命开《四库全书》馆。
1774年（乾隆三十九年）	命各省查毁诋毁本朝之书；《钦定学政全书》成书。
1775年（乾隆四十年）	查阅各省呈交应毁书籍；令四库馆臣对所收书籍务须详慎抉择，使群言悉归雅正。
1776年（乾隆四十一年）	命删改“抵触本朝”旧籍。
1777年（乾隆四十二年）	江西王锡侯刻《字贯》，因变更《康熙字典》被处斩决。
1778年（乾隆四十三年）	于敏中等人按《四库全书》式样，选辑其中四百六十种为《四库全书荟要》，分缮两部；已故江苏徐述夔《一柱楼诗集》有“明朝期振翮，一举去清都”句，遂被剖棺戮尸；河南刘峨印卖《圣讳实录》内有庙讳御名，遂被斩立决；湖南陶煊等人编辑《国朝诗的》选入钱谦益、吕留良、屈大均诗，被查；湖南安化八十六老翁刘翱呈交旧作有议国政处，原本希望免罪，结果被斩决；明袁继咸《六柳堂集》因语多悖逆遭查禁；江西举人龙凤祥刻卖《麝香山印存》，语多怪诞，意存怨望，发伊犁苦役。
1779年（乾隆四十四年）	智天豹献所编清朝年号书，希求富贵，结果被斩决；已故湖南沈大绶刻《介寿辞》等语多狂悖，被开棺戮尸；安徽贡生程树榴文有“造物者之心，愈老而愈辣”句而被斩立决；祝庭诤以《续三字经》案戮尸；湖北冯王孙《五经简咏》有“飞龙大人见，亢悔更何年”句获不避庙讳罪，凌迟处死。
1780年（乾隆四十五年）	令删改、销毁戏曲剧本，凡违碍之处，如明季清初之事，有涉清朝字句者；四库馆开具应销毁书目共三百二十五部；山东人魏塾因批《徙戎论》而被斩决；安徽宣城戴移孝因诗中有“短发支长恨”等句遭戮尸。

1781年（乾隆四十六年）	吴碧峰刻明末瞿罕《孝经对问》，自行交出，在监病死，免议；程明禋文有“创大业于河南”等语被斩决；广东梁三川《奇冤录》案发，被凌迟处死；演绎宋金故事的《乾坤鞘》，语涉荒诞之《全家福》，以及《鸣凤记》《金雀记》等，均被查禁。
1782年（乾隆四十七年）	《四库全书》修成；《四库全书总目提要》完成初稿；安徽生员方国泰因收藏其五世祖《浣亭诗》而被处刑三年；四书五经被译成满语。
1784年（乾隆四十九年）	高宗临辟雍行讲学礼。
1785年（乾隆五十年）	《清文献通考》成书。
1787年（乾隆五十二年）	诏令重定《诗经乐谱》。
1788年（乾隆五十三年）	谕各省严查禁书；乡会试改试五经。
1799年（仁宗嘉庆四年）	阮元《畴人传》初编成书。
1804年（嘉庆九年）	宣南诗社创立。
1807年（嘉庆十二年）	马礼逊来华，标志着基督教新教传入中国。
1811年（嘉庆十六年）	命各省严查西洋人，禁民人习天主教。
1813年（嘉庆十八年）	马礼逊译《旧约全书》刊印；浙江生员鲍廷博为《四库全书》进书六百余种。
1814年（嘉庆十九年）	《全唐文》成书。
1815年（嘉庆二十年）	马礼逊《华英字典》第一卷刊行；《察世俗每月统计传》创刊。
1829年（宣宗道光九年）	阮元主持的《皇清经解》刻成。
1831年（道光十一年）	重修《康熙字典》成。
1836年（道光十六年）	禁三教同庙。
1841年（道光二十一年）	林则徐主持编译的《四洲志》成书。
1842年（道光二十二年）	魏源《海国图志》五十卷本完成。

1843年（道光二十三年）		上海、广州、厦门开埠；墨海书馆在上海开办。
1848年（道光二十八年）		徐继畬《瀛寰志略》刊行。
1851年（文宗咸丰元年）		颁布《性理精义》《圣谕广训》为各地生员必读物。
1853年（咸丰三年）		太平军攻克南京，改为天京；太平天国删改四书五经，对孔子不敬称，直呼孔某；太平天国开科取士。
1854年（咸丰四年）		曾国藩发布《讨粤匪檄》。
1856年（咸丰六年）		道光朝《筹办夷务始末》成书；罗泽南死于战场。
1858年（咸丰八年）		陈澧《汉儒通义》刊行。
1861年（咸丰十一年）		总理各国事务衙门设立；冯桂芬《校邠庐抗议》成书，主张以中国伦常名教为原本辅以诸国富强之术；发布《钦定黜异端以崇正学四言韵文》；英国传教士理雅各将《论语》《大学》《中庸》译成英文，编为《中国经典》第一卷；此后二十五年，又将《孟子》《春秋》《礼记》《尚书》《孝经》《易经》《诗经》等先秦名著译成英文，被西方视为标准译本。
1862年（穆宗同治元年）		上谕规定凡校阅试艺悉以程朱为宗；天一阁藏书大量毁于战火；京师同文馆开学。
1863年（同治二年）		上谕规定此后课士于时文外兼课策论，以经史性理诸书命题；上海、广州分设广方言馆。
1869年（同治八年）		曾国藩发表《劝学篇·示直隶士子》，强调义理、考据、辞章、经济并重；张之洞在武昌创办经心书院。
1874年（同治十三年）		张之洞在成都创办尊经书院。
1875年（德宗光绪元年）		郑观应《易言》成书；郭嵩焘为出使英国钦差大臣；张之洞撰《书目答问》五卷，附录两卷，收书两千余种。

续表

1876年（光绪二年）		傅兰雅主编的《格致汇编》在上海出版，格致书院开学；派遣赴德留学军校生。
1878年（光绪四年）		上海创办正蒙书院。
1879年（光绪五年）		黄遵宪《日本杂事诗》刊行。
1880年（光绪六年）		天津北洋水师学堂设立；黎庶昌《古逸丛书》刊行；杭州文澜阁藏书楼重建。
1882年（光绪八年）		抄补文澜阁《四库全书》，历时六年完工；以石印影印古籍的同文书局在上海创办；登州会馆开设大学部。
1884年（光绪十年）		上海同文书局招股重印《古今图书集成》；德国传教士花之安《自西徂东》在香港刊印。
1885年（光绪十一年）		康有为始撰《人类公理》，后演变为《大同书》。
1887年（光绪十三年）		曾纪泽发表《中国先睡后醒论》；黄遵宪《日本国志》成书；广雅书院创设。
1888年（光绪十四年）		孙衣言、孙诒让父子在浙江瑞安建藏书馆玉海楼；陆心源在浙江归安建皕宋楼，藏书万余卷；杭州嘉惠堂藏书楼建成；邵作舟《邵氏危言》刊行；王先谦《皇清经解续编》刊刻完成。
1890年（光绪十六年）		汤寿潜即汤震《危言》成书；两湖书院创设。
1891年（光绪十七年）		康有为长兴里开讲，并刊行《新学伪经考》；光绪帝开始学习外语；宋恕《六斋卑议》成书；英国外交官阿连璧将《诗经》译成英文。
1892年（光绪十八年）		陈虬《治平通议》成书；陈炽《庸书》成书。
1893年（光绪十九年）		郑观应增补《易言》为《盛世危言》。
1894年（光绪二十年）		清廷下令销毁康有为《新学伪经考》；何启、胡礼垣合撰《中国宜改革新政论议》。
1895年（光绪二十一年）		严复发表《原强》《救亡决论》等；孙诒让在瑞安成立兴儒会。

1896年（光绪二十二年）		康有为创办《强学报》，以孔子纪年；改强学书局为官书局；李端棻建议广建学校、藏书楼、译书局、报馆等；《时务报》创刊；梁启超撰《西学书目表》；宋伯鲁建议乡会试策论问时务；罗振玉等人创办农学会；严修在贵阳改书院为经世学堂。
1897年（光绪二十三年）		谭嗣同《仁学》完成；康有为创办圣学会；商务印书馆创办；通艺学堂创办；《知新报》创办；尚贤堂成立；湖北武备学堂创办；南洋公学开学；《湘学新报》创刊；湖南时务学堂创办；《国闻报》创刊；南学会成立；严修奏准设立经济特科；严复翻译《天演论》陆续发表；康有为《日本书目志》刊行。
1898年（光绪二十四年）		旨准开办京师大学堂；严复拟上皇帝万言书；《湘报》创刊；康有为《孔子改制考》刊行；保国会开会；张之洞发表《劝学篇》；光绪帝宣布“定国是诏”；废八股改试策论；东文学社招生；诏开京师大学堂；政变发生，慈禧太后再度垂帘；苏舆《翼教丛编》编成；康有为所著书遭毁版；恢复乡会试；《清议报》创刊。
1899年（光绪二十五年）		何启、胡礼垣发表《〈劝学篇〉书后》；章太炎《訄书》刊行；梁启超《戊戌政变记》成书。
1900年（光绪二十六年）		敦煌藏经洞发现。
1901年（光绪二十七年）		各省所有书院于省城改设大学堂，府设中学堂；奖励出洋留学；山东大学堂创设；求是书院改为浙江大学堂；叶德辉《觉迷要录》成书；梁启超提倡新史学。
1902年（光绪二十八年）		《外交报》创刊；《新民丛报》创刊；中国教育会成立；吴汝纶赴日考察教育；山西大学创办；《大公报》天津发刊；统一全国学制；京师大学堂开学。

续表

1903 年（光绪二十九年）		三江师范学堂创设；袁世凯、张之洞奏请递减科举以兴学校；天津中西学堂改为北洋大学；南通师范开学；四川绥定府教授廖平因离经叛道，行检不修而被革职。
1904 年（光绪三十年）		重定学堂章程；命宗室满洲御史一体考试。
1905 年（光绪三十一年）		国学保存会成立；《国粹学报》发刊；废科举。
1906 年（光绪三十二年）		学部奉旨宣布以忠君尊孔、尚公尚武尚实为全国教育宗旨；各省贡院改设学堂；学部奏准祭孔由中祀升格为大祀。
1907 年（光绪三十三年）		浙江吴兴陆心源皕宋楼、十万卷楼、守先阁藏书全部为日本人买去，后为东京静嘉堂文库；设礼乐馆制定学礼、军礼、宾礼以及民间丧祭冠婚器物舆服；张之洞创办存古学堂；陈焕章在纽约成立昌教会，以昌明孔教为宗旨；皮锡瑞《经学历史》刊行。
1908 年（光绪三十四年）		沈宗畸（太侔）在北京创办《国学一斑》，后更名为《国学粹编》半月刊；王先谦进呈《尚书孔传参证》；礼部奏准王夫之、黄宗羲、顾炎武从祀文庙。
1909 年（溥仪宣统元年）		京师图书馆筹建。
1910 年（宣统二年）		《保国粹》旬刊在广州创刊；章太炎《国故论衡》在日本刊行。
1912 年（元年）	民国	中华书局成立；中华民国南京临时政府教育部规定各教科书必须合乎共和宗旨；马裕藻等人组织国学会，章太炎为会长；内务部、教育部废止文庙祭祀跪拜之礼；教育部定孔子诞辰纪念礼；陈焕章、沈曾植成立孔教会，康有为为会长，出版《孔教会杂志》，主张定孔教为国教，以为国体虽更而纲常未变；孔道会在济南成立，推康有为为会长。

1913 年（二年）		陈焕章主编的《孔教会杂志》在上海创刊；康有为主持的《不忍》月刊在上海创刊，力主以孔教为国教；孔社在北京成立，以阐扬孔学融汇百家、讲求实用、巩固国基为宗旨，刊行《孔社》杂志，推徐世昌为名誉会长；大总统袁世凯发布尊孔祀孔令；严复、马其昶、夏曾佑、林纾、吴芝瑛、梁启超等人发起成立孔教公会；孔教会上书参众两院请定孔教为国教，各省都督民政长先后通电支持；环球尊孔总教会在上海成立；大总统袁世凯为衍圣公授一等嘉禾章；章太炎发表《驳建立孔教议》；正在访华的俄国伯爵盖沙令以为中国之新命必系于孔教。
1914 年（三年）		大总统袁世凯于孔子诞辰日率百官在孔庙举行祭祀典礼；袁世凯在天坛举行祭天大典；章太炎《訄书》修订为《检论》；温州建籀园图书馆纪念孙诒让。
1915 年（四年）		大总统袁世凯发布教育要旨，“法孔孟”为七项主张之一；叶德辉在长沙成立经学会，主张尊孔读经；陈独秀创办《青年杂志》，稍后改为《新青年》，反对旧道德，反对儒学；川人唐焕章创立悟善社，倡导儒、释、道、天主教、伊斯兰教诸教混合。
1916 年（五年）		易白沙发表《孔子评议》，打出新文化运动批孔第一枪；陈焕章以孔教会名义再次上书参众两院请定孔教为国教；陈独秀发表《宪法与孔教》，批评宪法草案中关于尊孔的条款；尊孔议员百余人成立国教维持会；道德学社在北京成立，宗旨为阐明圣学、敦崇道德、实行修身，参谋总长王士珍被推为社长；马相伯等人成立信教自由会，反对定孔教为国教。

续表

1917 年（六年）		李大钊发表《孔子与宪法》等文，批评宪法草案中的尊孔条款，以为孔子旧道德已失于今日之时代；公民尊孔会在上海成立，推张勋、康有为为名义会长；宪法审议会否决定孔教为国教议案。
1918 年（七年）		辜鸿铭发表《春秋大义》，倡导尊孔读经。
1919 年（八年）		中华民国政府宣布以颜元、李塨从祀孔庙；刘师培组织国故社，以昌明中国固有学术为宗旨；内务部定农历八月二十七日为孔子圣诞节。
1922 年（十一年）		梁漱溟《东西文化及其哲学》出版；熹平石经在洛阳重新出土。
1923 年（十二年）		胡适主持《国学季刊》，以整理国故为宗旨；胡适著文批评梁漱溟《东西文化及其哲学》；章太炎、汪东主持的《华国月刊》创刊，以甄明学术、发扬国学为宗旨；陈焕章主持的孔教大学在北京开学；齐鲁大学校长卜道成《朱熹及其著述：中国理学入门》出版。
1925 年（十四年）		清华大学国学研究院成立。
1926 年（十五年）		胡适发表《我们对于西洋近代文明的态度》，以为某些西方人高度推崇以儒家为代表的所谓东方文明，只不过是病态的心理。
1927 年（十六年）		王国维自沉昆明湖。
1928 年（十七年）		国民政府大学院训令废止春秋祭孔大典。
1929 年（十八年）		曲阜山东第二师范学校公演讽刺孔子的独幕话剧《子见南子》，后因孔子后裔指控，教育部训令山东省教育厅查办；陶希圣《士大夫身份的意识形态：孔子学说之发展》反对三民主义孔学化。
1932 年（二十一年）		熊十力著文言本《新唯识论》，1944 年改写为白话本，影响巨大。

续表

1933年（二十二年）		范文澜《群经概论》出版。
1934年（二十三年）		国民党中常会议决以8月27日为孔子诞辰纪念日，以孔子七十七代孙为“大成至圣先师奉祀官”，享受特任官待遇。
1935年（二十四年）		王新命、何炳松、陶希圣等十教授联名发表《中国本位的文化建设宣言》，强调中国本位；胡适著文赞成何炳松的全盘西化论，强调充分世界化；溥仪前往日本参拜孔子。
1938年（二十七年）		徐世昌主持编写的《清儒学案》刊行；甘鹏云《经学源流考》刊行。
1945年（三十四年）		郭沫若《十批判书》出版。
1946年（三十五年）		钱穆《国学概论》出版；冯友兰“贞元六书”出齐。
1947年（三十六年）		贺麟《当代中国哲学》《文化与人生》出版。
1949年	中华人民共和国	梁漱溟《中国文化要义》出版；美国汉学家顾立雅出版《孔子，其人及神话》。
1950年		钱穆等人在香港创建新亚书院。
1954年		杨荣国《中国古代思想史》出版。
1958年		唐君毅、张君劢、徐复观、牟宗三发表《为中国文化敬告世界人士宣言》。
1973年		评法批儒运动发生；梁漱溟在学习会上系统谈其对孔子的看法。
1974年		批林批孔运动开始。
1978年		庞朴发表《孔子思想再评价》。
1984年		中国孔子基金会成立。
1985年		杜维明在北京大学讲学，阐释儒学第三期发展问题。

续表

1986 年		《孔子研究》创刊；方克立建议重视新儒家的研究。
1989 年		季羡林发表《从宏观上看中国文化》，以为 21 世纪必是中国的世纪。
1994 年		蒋庆发表《中国大陆复兴儒学的现实意义及其面临的问题》；第四次儒学国际研讨会举行，其间成立国际儒学联合会。
1995 年		蒋庆《公羊学引论》出版。
2011 年		汤一介、李中华主编的《中国儒学史》由北京大学出版社出版。
2014 年		方朝晖《为"三纲"正名》、陈壁生《经学的瓦解》，分别由华东师范大学出版社出版；姚中秋《建国之道：周易政治哲学》由中央编译出版社出版。
2018 年		清华大学成立经学研究院；曾亦《儒家伦理与中国社会》出版；徐洪兴《唐宋之际儒学转型研究》出版。
2019 年		方旭东《新儒学义理要诠》由生活·读书·新知三联书店出版社出版。

儒学人物关系图

一、宋、元、明初理学家师承关系图（部分）

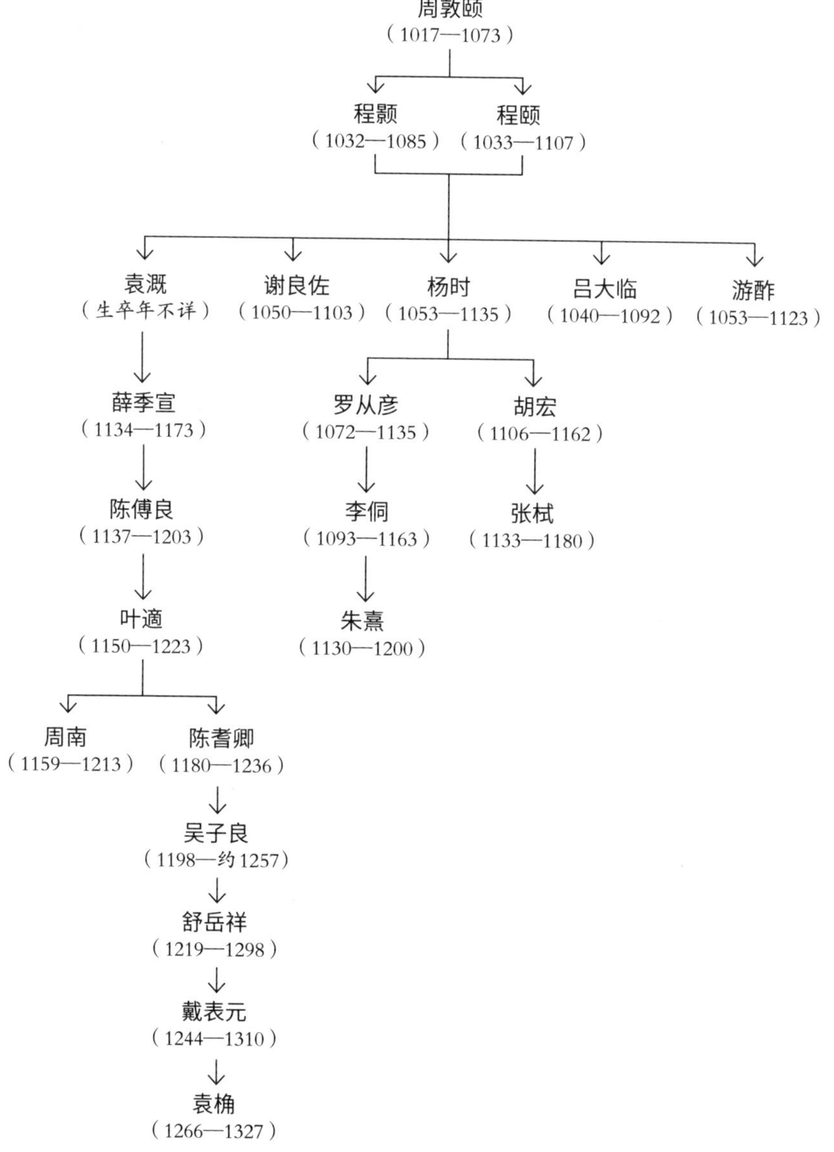

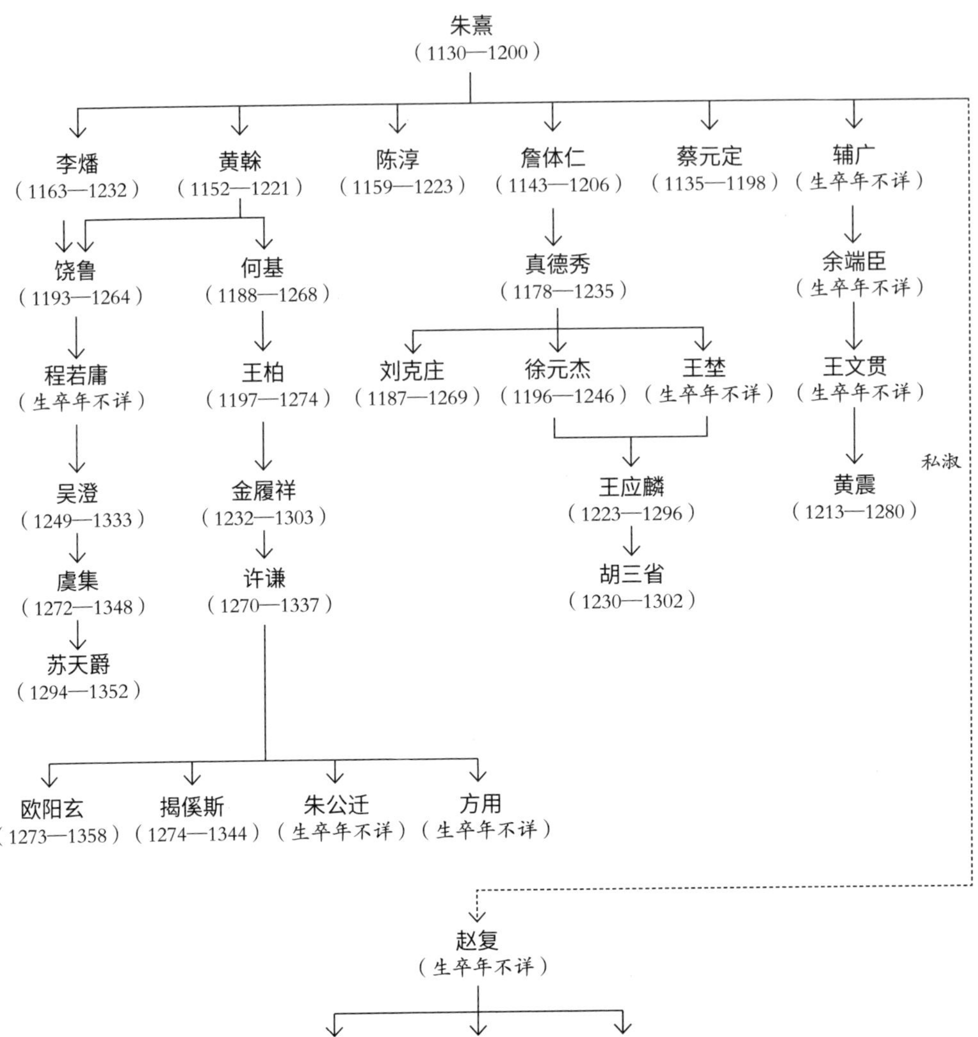

朱熹
（1130—1200）
李燔
（1163—1232）
黄榦
（1152—1221）
陈淳
（1159—1223）
詹体仁
（1143—1206）
蔡元定
（1135—1198）
辅广
（生卒年不详）
饶鲁
（1193—1264）
何基
（1188—1268）
真德秀
（1178—1235）
余端臣
（生卒年不详）
程若庸
（生卒年不详）
王柏
（1197—1274）
刘克庄
（1187—1269）
徐元杰
（1196—1246）
王埜
（生卒年不详）
王文贯
（生卒年不详）
私淑
吴澄
（1249—1333）
金履祥
（1232—1303）
王应麟
（1223—1296）
黄震
（1213—1280）
虞集
（1272—1348）
许谦
（1270—1337）
胡三省
（1230—1302）
苏天爵
（1294—1352）
欧阳玄
（1273—1358）
揭傒斯
（1274—1344）
朱公迁
（生卒年不详）
方用
（生卒年不详）
赵复
（生卒年不详）
姚枢
（1201—1278）
许衡
（1209—1281）
刘因
（1249—1293）

二、陆王心学师承关系图（部分）

陆九渊
（1139—1193）
沈焕
（1139—1191）
舒璘
（1136—1199）
袁燮
（1144—1224）
杨简
（1141—1225）
傅梦泉
（生卒年不详）
包扬
（生卒年不详）
子
袁甫
（生卒年不详）
史弥巩
（1170—1249）
钱时
（1175—1244）
子
包恢
（1182—1268）

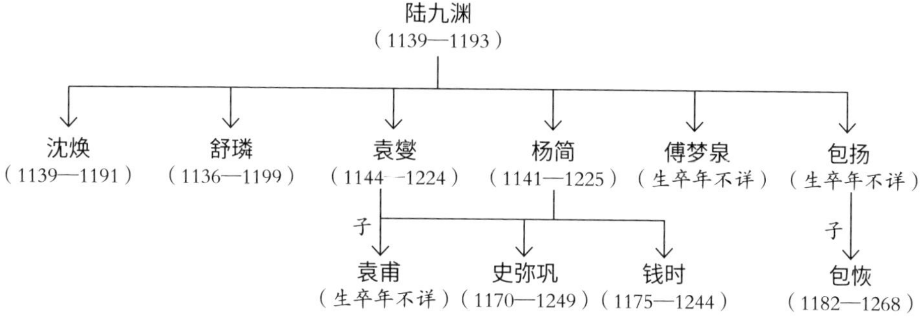

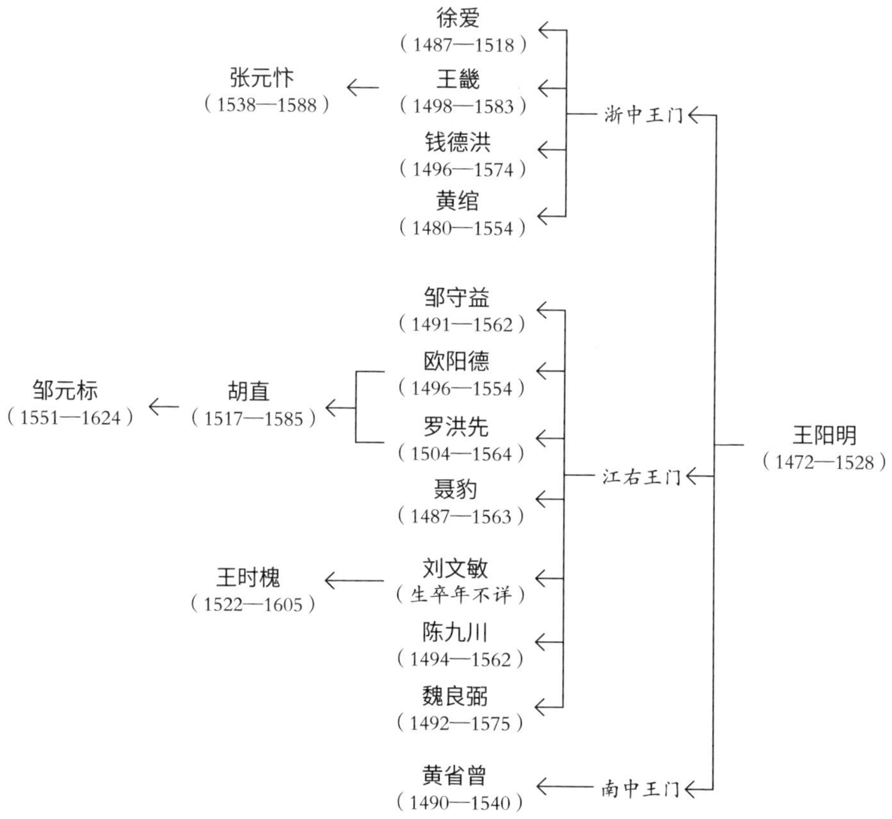

王阳明
（1472—1528）
浙中王门
徐爱
（1487—1518）
王畿
（1498—1583）
张元忭
（1538—1588）
钱德洪
（1496—1574）
黄绾
（1480—1554）
江右王门
邹守益
（1491—1562）
欧阳德
（1496—1554）
罗洪先
（1504—1564）
胡直
（1517—1585）
邹元标
（1551—1624）
聂豹
（1487—1563）
刘文敏
（生卒年不详）
王时槐
（1522—1605）
陈九川
（1494—1562）
魏良弼
（1492—1575）
南中王门
黄省曾
（1490—1540）

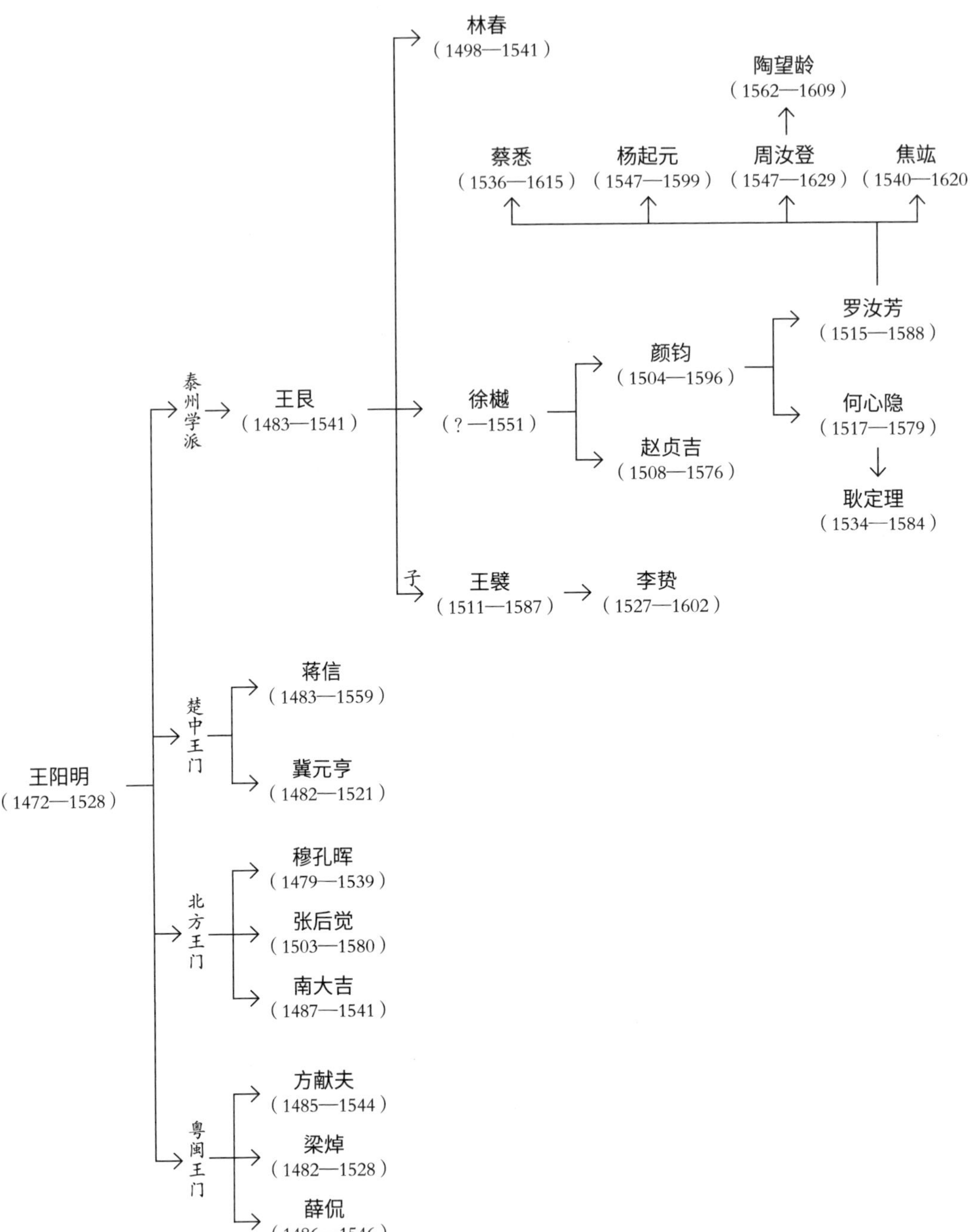
王阳明
（1472—1528）
泰州学派
王艮
（1483—1541）
林春
（1498—1541）
徐樾
（？—1551）
颜钧
（1504—1596）
赵贞吉
（1508—1576）
罗汝芳
（1515—1588）
何心隐
（1517—1579）
耿定理
（1534—1584）
蔡悉
（1536—1615）
杨起元
（1547—1599）
周汝登
（1547—1629）
焦竑
（1540—1620）
陶望龄
（1562—1609）
子
王襞
（1511—1587）
李贽
（1527—1602）
楚中王门
蒋信
（1483—1559）
冀元亨
（1482—1521）
北方王门
穆孔晖
（1479—1539）
张后觉
（1503—1580）
南大吉
（1487—1541）
粤闽王门
方献夫
（1485—1544）
梁焯
（1482—1528）
薛侃
（1486—1546）

三、明至清初陈献章一系师承关系图（部分）

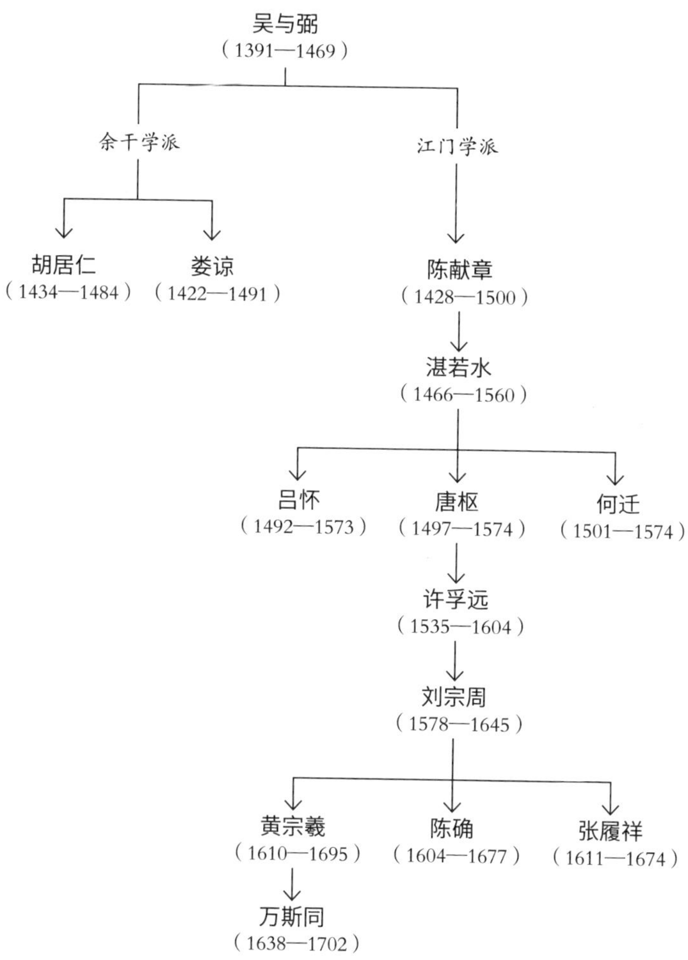

四、乾嘉汉学师承关系图（部分）

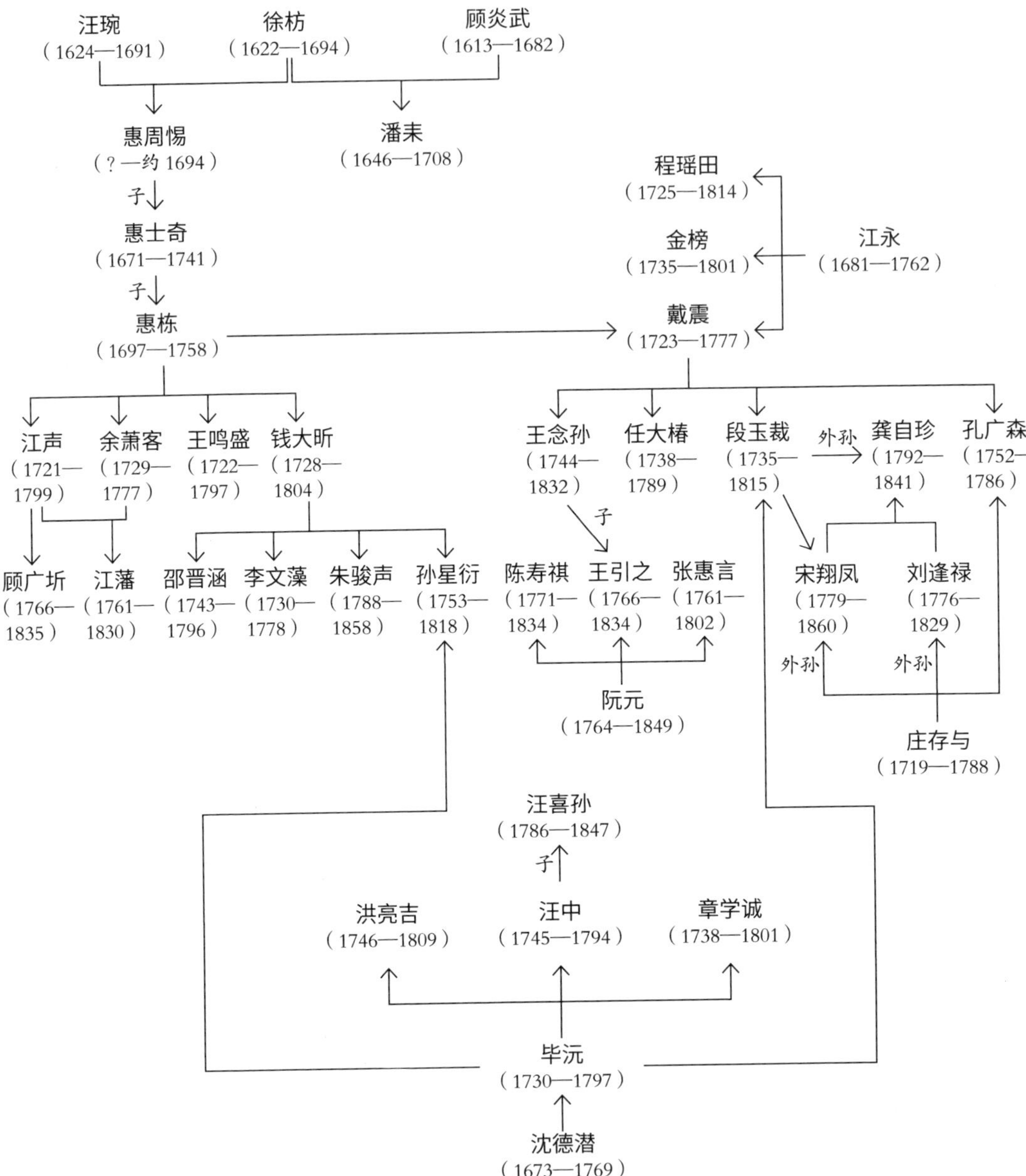

跋

经过半年断断续续的工作，我终于完成了《中国儒学三千年》的修订事宜。感谢赵易和她的团队，她们在编辑过程中给出了很详细的修订提示，使我在工作时有了一个具体方向，因而极大提高了效率。

在新冠肺炎肆虐的非常时期，长达半年的居家工作，我唯一下功夫的事情就是整理了这部书稿，做了很多修订工作。而这部书稿，我多年来一直希望修订再版，毕竟它涉及我的专业，也是我安身立命之所在。

这部书稿初稿的完成，还是在20世纪最后几年。那时，在东方出版中心担任领导的老同学褚赣生兄有意接续该社过去出版的《中国佛教》《中国道教》，故决定策划出版一套《中国儒学》。《中国佛教》是由中国佛教协会组织一流专家撰写，《中国道教》也大致相同。因而，《中国儒学》也应该找一个权威学者出面主持，同时也应该有一个专业的撰著团队。于是，赣生兄找到了庞朴先生。

庞先生担任过《历史研究》主编，也是联合国教科文组织《人类科学文化史》的国际编委会编委。更重要的是庞先生从1978年就公开发表文章《孔子思想的再评价》，呼吁重新研究、评估孔子和儒学。这篇文章影响很大，此后的孔子热、儒学热、国学热，都可以追溯到这篇文章。当然后来这些热潮中出现的问题，有些也背离了庞先生的本意。据我所知，庞先生对后来很多新提法并不认同。

庞先生同意出任《中国儒学》四卷本的主编，他很快起草了相关文字为写作依据。这些文字后来被庞先生改写为《跳出一元主义窠臼》，作为了《中国儒学》的序言。在这四卷本中，我负责第一卷《儒学简史》的写作，大致要求用比较流畅的语言去描述自殷周之际儒之发生至当下的儒学历史。庞先生和出版社都希望我在三十多万字的有限篇幅中，将三千年儒学史做一个系统、概略、完整的描述，让读者通过阅读该书能够清楚儒学发展历史的整体框架。我接受了这个安排之后，也曾想找朋友一起合作分段完成，但是后来我放弃了这个设想，决心自己动手写出一部系统、简洁、完整的儒学史。之所以这样做主要是基于以下两点考虑：

一是我们这一代人所读的通史类作品，不论是政治史、文学史、哲学史、思想史，几乎都是集体写作，这样做的好处当然不少，但是问题也很多，各个写作者素养的差别还在其次，主要是即便有很好的统稿者，书中依然会留下许多或遗漏或重复的问题，至于表述不一致、观点互相打架，更是比比皆是。因此很久以来，我一方面参加一些集体项目，切身体会着这种编撰形式的优点和缺点，另一方面又不止一次呼吁应该放弃或者尽量地减少集体项目，尽量鼓励与支持个人写史，写通史。我一直觉得吕思勉、钱穆、张荫麟、范文澜、蒋廷黻等个人写作的中国史；胡适、冯友兰等个人写作的中国哲学史，都远高于同时代人的集体写作成果。不论我们是否认同他们书中的观点，但我们都会承认其自圆其说，逻辑自洽，没有在一本书里自己打架。所以，我下决心自己动手写作这本《儒学简史》。二是到那时为止，除了皮锡瑞的《经学历史》，以及我的太老师周予同先生为皮著所做的注释版本，还没有一本完整意义上的儒学史、经学史，几种少得可怜的儒学史作品，或为集体写作，或仅描述一个时段或一个人。学界需要一部系统、简洁、全面的儒学史，而儒学史的写作需要一种逻辑自洽的个性化表述。我觉得自己有责任去做这件事。

总而言之，各种因素不仅让我接下了这件事，而且自己动手去做。在这一点，几十年之后回想起来，不能不佩服庞先生大学者的风范。他的认可与支持增强了我的信心，于是，我不仅及时完成了这部书稿，而且之后又与庞先生合作，完成了一本关于20世纪中国儒学研究的资料集以及一篇长篇述评。

说到这里，想起了与庞先生有关的一个小故事。在写本书时，我正经历一个“换笔”过程，假如不是庞先生，我很可能像同时代许多学者一样，与互联网背景下的“电脑写作”失之交臂。在这个项目开始，甚至项目的前半部分时间里，我一直采用的手写稿形式，那时根本就没有想到利用电脑写作。但是，庞先生的热心，特别是他的身体力行极大地影响了我，使我下决心使用电脑。为此，庞先生还为我提供了非常专业的建议，比如用什么牌子的电脑，什么样的输入法等，庞先生都给出了悉心指导和建议。学术界的朋友普遍知道，他是电脑等方面的超级发烧友，对硬件，对软件，对各种输入法，都有系统细致的使用、体会。庞先生那时六十多岁，身体也好，如果我或者其他根据他的建议“换笔”的同事在电脑使用上有任何问题，而且在电话上说不清楚的，他就会很快骑上自行车从皂君庙“火急火燎”赶到我们位于王府井大街的研究所，手把手现场指导。今天想来，让人感到格外温馨，也格外感激。

因为“换笔”，我的写作进度大受影响，甚至在最初阶段，对电脑有一种恐惧，既不敢随便乱动，也不敢在办公室抽烟，好像这个神秘的机器随时可能会给我点颜色看看。那时的硬件、软件也很落后，不像现在可以自动储存。结果最初我用电脑写的大约八万字文稿，就莫名其妙地丢失了，之后又引发我神经质的恐慌，每写一段或几段，自觉不自觉地就会储存，美其名曰“好习惯”。

与庞先生的合作是我学术生涯中一段美好的记忆，除了两次合作儒学方面的研究，还有中国文化书院主持的《梁漱溟全集》的编辑工作等等，将来有机会再写出来。我之所以有机会与庞先生多次合作，主要是因为他和我的导师朱维铮先生的特殊关系。他们那时合作编辑“中国文化史丛书”，一些事务性的工作有时由我从中传递或去执行。

而跟随朱老师读书，也是我后来有机会从事儒学史研究最不可缺少的前提，更是关键的关键。1983年，我从安徽大学考入复旦大学，跟随朱老师读研究生，主要是从事专门史、中国文化史方面的学习、研究。在大学期间，由于很多偶然因素，我系统听过哲学系中国哲学史、西方哲学史两门课程；也读过冯友兰、侯外庐、张岱年、任继愈等人的哲学史及哲学史史料学方面的著作；黑格尔、罗素等人的哲学史著作，我也下过功夫。记得大学四年，我还将二十四史中的思想家列传，以及荀子、韩非、庄子等人具有学术史性质的作品，都做了抄录。这一方面是为了加强记忆，另一方面也因为那时的中国精神食粮高度短缺，大学图书馆里根本就没有多少书。

系统的阅读，使我进入复旦大学后有可能实现和跟上朱老师布置的读书计划和教学节奏。记得入学不久，朱老师带我们读中国学术史名著，从《论语》开始，一周一部，朱老师基本上不先说，而是让我们先讲阅读心得。由于朱老师选的书目，我在大学时差不多都读过，因而对这些作品并不陌生，不仅可以听懂朱老师的讲解，偶尔也可以谈谈自己的看法。

进入研究生二年级，我们开始考虑毕业论文选题。朱老师让我们多考虑几个再和他单独讨论，他再从中优化、提升，最终找一个合适的有发展空间的题目。我当时报给朱老师好几个题目，今天还记得的有《董仲舒研究》《三〈礼〉研究》《春秋学史研究》等。朱老师看了之后告诉我，人物研究就不要选了，无论多大的人物，都不太容易支撑起一篇学位论文，而且将来发展空间也不大；三《礼》研究也不要做了，这样的题目太专业，没有极高的素养，进去了出不来，甚至有的人很久都进不去。春秋学史可以考虑，可大可小，可伸可缩，大了可以写通史，写一部《春秋学术史》，小了可以做个切面，一部断代学术史。于是，我后来就以《汉代春秋学研究》为题来做硕士论文。

汉代《春秋》学的研究并不只是汉代的问题，如果不能往前追溯，便无法讨论；而不能往后延伸，比如，不熟悉清人的研究乃至当代学者的研究也无法开展。这个题目实际上就是儒学史、经学史中的学术史与思想史，既需要知识面广博，也需要专精。更重要的是，跟随朱老师做这个题目后，我在接受庞先生的任务时，并不感到恐慌与忙乱。我只是将过去的阅读按照一个更宏大的框架写出来。

主题、思路、写作方法大致确定之后，做起来还是很愉快的。书稿完成后，庞先生和出版社提出了一些修改建议，这些都不是大的问题，很快这部书与其他几位朋友做的另外三册就一起出版了，并迅速在学界引起一点反响。

一个值得说的故事是，这本书竟然是我所有作品中网络盗版最多的，究其原因，自然与当时网络阅读刚刚兴起，网上资源极端匮乏有关。后来有家律师事务所竟然主动为我追回十万多的版权使用费。也有几次，我在网上查找资料，无意中搜到的句子感到很熟悉，仔细再看，这不就是我的这本书吗？好气又好笑，但我又觉得并不值得生气，因为我在研究中国启蒙时代新知识传播路径时，很清晰地感到一切盗版都是因为供需失衡，知识饥渴的必然结果。我研究过严复翻译的《天演论》的诸多盗版的详细情形，可以清楚地看到，这些盗版固然侵害了严先生的经济利益、著作权益，但这些盗版者一是出于对新知识的认同，二是并非随便找来一本就开印，他们对诸多类似图书有精细的比较，选择严译《天演论》就是比较的结果。基于这样的认知，我戏称从作者立场对自己的图书被盗版，某个角度讲有一种莫名的窃喜，但如果能追回或收回盗版者应该支付的报酬，我也就并不真的深恶痛绝了。

好在这本书又有机会重版了。发自内心感谢赵易，她的判断力、决断力，让我深表敬佩。

马勇